Giacomo Meyerbeer –
Eine Biografie nach Dokumenten

Giacomo Meyerbeer

Eine Biografie nach Dokumenten
von Reiner Zimmermann

parthas berlin

Bildnachweis

© kranichphoto: S. 147
© Foto: Binder, Stiftung Stadtmuseum Berlin: S. 31
© Foto: Wallmüller, Opernhaus Leipzig: S. 161

2. Auflage 2014
© Parthas Verag Berlin
Alle Rechte vorbehalten

Parthas Verlag Berlin
Gabriela Wachter
Planufer 92d, 10967 Berlin
www.parthasverlag.de

Lektorat: Dino Heicker
Gestaltung und Satz: Lisa Kröning
Covergestaltung: Pina Lewandowsky
Gesamtherstellung: GGP Media GmbH

Coverabbildungen: Edgar Degas, *Das Ballett aus Robert-le-Diable*, 1871 (unten); Giacomo Meyerbeer, Fotografie um 1850 (oben)

Jede Form der Wiedergabe oder Vervielfältigung, auch auszugsweise, erfordert die schriftliche Zustimmung des Verlags.

ISBN: 978-3-86964-085-3

Inhalt

- 7 Einleitung
- 14 Kindheit in Berlin 1791–1810
- 30 Lehrzeit bei Abbé Vogler 1810–1812
- 58 Reisen nach Wien, Paris und London 1813–1816
- 71 In Italien 1816–1824
- 105 *Robert-le-Diable* 1825–1831
- 144 *Les Huguenots* 1832–1836
- 172 Exkurs: Drei deutsche Meister
- 202 Romanzen
- 219 Preußischer Generalmusikdirektor 1842–1846
- 244 *Le Prophète* 1837–1849
- 268 *L'Étoile du Nord, Dinorah* 1849–1859
- 301 Epilog *L'Africaine / Vasco de Gama* 1837–1865

- 327 Lebenstafel
- 328 Werkverzeichnis
- 334 Literaturverzeichnis

Einleitung

Der »Fall Meyerbeer« ist einmalig in der Musikgeschichte. Der Vollender der Grand Opéra entwickelte das Modell eines umfassenden Musiktheaters, dessen Qualitäten durch ein ganzes Bündel von Fehl- und Vorurteilen verschüttet sind. Meyerbeer ist der zu seinen Lebzeiten am meisten gefeierte und später am gründlichsten verdammte Opernkomponist. Je nach Mentalität und geistiger Haltung disqualifizierten vor allem die deutschen Kritiker Meyerbeer als Juden, der zu keiner originären nationalen Kunst fähig sei (Richard Wagner), als Franzosenfreund, der keine deutsche Musik schreiben könne (Ludwig Rellstab) oder als Stil-Eklektiker von »höchster Nichtoriginalität« (Robert Schumann).

Bis zum heutigen Tag sieht sich die Musikwissenschaft und -kritik veranlasst, Meyerbeers Grand Opéra an der Elle des Wagnerschen Musikdramas zu messen und sich mit Wagners antisemitisch geprägter Abwertung der Meyerbeerschen Kunst als »Wirkung ohne Ursache« auseinanderzusetzen.

Es ist an der Zeit, von der Wiederholung altbekannter Vorurteile zur sachlichen Diskussion überzugehen, wie sie nunmehr anhand der erschlossenen Dokumente – Briefe, Tagebücher und Noten-Autografen sowie neuer textkritischer Ausgaben – möglich ist. Mit dem Wissen um die Subjektivität persönlicher Dokumente sowie auch die Subjektivität ihrer Bewertung ist die vorliegende Arbeit ein keineswegs erschöpfender Versuch, auf der Grundlage der Quellen ein sachliches Bild vom Komponisten und Menschen Meyerbeer zu zeichnen.

Die künstlerische Erscheinung Meyerbeers kann nur im Zusammenhang mit der Entwicklung ästhetischer, theaterpraktischer und gesellschaftlicher Probleme in Frankreich zwischen 1830 und 1865 gesehen werden, denn zweifellos sind seine Werke der künstlerische Höhepunkt jener Epoche. Der entscheidende Ansatz, an dem sich die deutsche Kritik entzündete, war Meyerbeers Erkenntnis, dass sich die Grand opéra nur in Paris herausbilden konnte.

Meyerbeers Lebensumstände, sein künstlerischer Weg, sein Reichtum, seine ausschließliche Konzentration auf das kompositorische Werk ohne schriftliche oder mündliche Äußerungen zu Absichten und Ansichten und schließlich ein Verbot der Erben, den Nachlass wissenschaftlich zu nutzen, öffneten Spekulationen und Unterstellungen Tor und Tür.

Auf die Witwe kam ein umfangreicher Nachlass: Er bestand aus der 1830 mit 500 Exemplaren begonnenen und ständig erweiterten Partitursammlung sowie den Autografen und Skizzen zu seinen vollendeten und unvollendeten Werken. Diesen Nachlass übergab Meyerbeers jüngste Tochter Cornelie Richter (1842–1922) der evangelischen Herrnhuter Gemeinde zur Aufbewahrung. Ihr 1895 zum Nachlassverwalter bestimmter ältester Sohn, der Philosoph Raoul Richter, verstarb am 14. Mai 1912, ohne eine sachgemäße Verwaltung verfügt zu haben. Die Testamentsvollstrecker verhandelten deshalb mit dem Direktor der Königlichen Bibliothek zu

Berlin, Adolf von Harnack, und überließen ihm 1915 den Nachlass als Leihgabe für 99 Jahre. Notenmanuskripte und Tagebücher blieben 20 Jahre lang jeder wissenschaftlichen Einsicht verschlossen.

Damals erhielt einzig Wilhelm Altmann als Direktor der Musikabteilung der Königlichen Bibliothek die Gelegenheit, den Nachlass einzusehen. Er fertigte Abschriften der Tagebücher an, weil er die dokumentarisch wertvollen Aufzeichnungen veröffentlichen wollte. Als Cosima Wagner einige Richard Wagner betreffende Dokumente zurück zu erwerben wünschte und in diesem Zusammenhang von einer Veröffentlichung der Tagebücher abriet, zogen die Erben die Genehmigung zur Herausgabe zurück. Daraufhin kaufte Cornelie Richter Altmann die Abschriften ab.

Als 1935 die Sperrfrist für die wissenschaftliche Nutzung der Bestände ablief, war es lebensgefährlich, sich mit Leben und Werk des Juden Meyerbeer zu befassen. 1944 wurde der in 16 Kisten verwahrte Gesamtbestand zusammen mit Autografen anderer Komponisten aus der Berliner Staatsbibliothek, der vormaligen Königlichen Bibliothek, ausgelagert. Die Meyerbeer-Quellen gerieten in ein Kloster nach Grüssau im ehemaligen Schlesien (heute Krzeszów bei Kaminia Góra). Bis 1980 gab es von den nach Krzeszów ausgelagerten Beständen keinerlei Nachricht. Dann wurde bekannt, dass die Autografen der vier Pariser Opern *Robert-le-Diable*, *Les Huguenots*, *Le Prophète* und *L'Africaine* (I.–IV. Akt) in der Biblioteka Jagiellónska in Kraków aufbewahrt werden. 1981 erhielt Sieghart Döhring als erster die Gelegenheit, die Partituren einzusehen. Der Verbleib der anderen Quellen ist bis heute nicht geklärt. Auffällig ist jedoch, dass die vier Partitur-Autografen zuvor nie vom übrigen Nachlass separiert worden waren. Inzwischen laufen auch mit der Republik Polen Verhandlungen über die Rückführung von Kulturgut, das im Zweiten Weltkrieg verlagert wurde. Es ist zu hoffen, dass dabei auch die Fragen zum Meyerbeer-Nachlass beantwortet werden können.

Neben diesem Nachlass existierten der größte Teil des Briefwechsels und die Abschriften der Tagebücher als geschlossenes Konvolut im Besitz der Familie. Der Musikwissenschaftler Emil Vogel ordnete nach 1880 die Briefe und stellte ein rund 3000 Dokumente umfassendes »Meyerbeer-Archiv« zusammen, das die NS-Zeit und alle Kriegswirren unbeschadet überstand. 1952 wurde es durch Cornelie Richters jüngsten Sohn, den 1955 verstorbenen Rechtsanwalt Dr. Hans Richter, dem Staatlichen Institut für Musikforschung in Berlin übergeben.

Heinz Becker begann im Auftrag der Akademie der Künste zu Berlin mit der wissenschaftlich kommentierten Herausgabe des Briefwechsels und der Tagebücher, von der seit 1960 vier Bände erschienen sind (Band III und IV gemeinsam mit Gudrun Becker erarbeitet). Diese reich kommentierte Ausgabe mit dem umfangreichen Literaturverzeichnis und der systematischen Ordnung der Werke Meyerbeers ist eine der Grundlagen der vorliegenden Arbeit. Beckers Edition enthält, im Gegensatz zu manch anderer Briefausgabe, auch die erreichbaren Briefe *an* Meyerbeer. Mit dem Erscheinen des vierten Bandes endete vorläufig die Veröffentlichung des Briefwechsels: »Im Oktober 1984, nach erfolgter Drucklegung des folgenden Bandes wurde das Meyerbeer-Archiv … seitens der Erben wieder in die private Obhut zurückgenommen und steht somit den interessierten Wissenschaftlern zur Zeit nicht zur Verfügung …«, erläuterte Heinz Becker. Damit blieb die Chance eines vollständigen Zugangs zu diesen Dokumenten ein weiteres Mal vertan. Dem Staatlichen Institut für Musikforschung verblieben nach dem Exodus des »Meyerbeer-Archivs« 1984 nur die seit 1952 käuflich erworbenen Dokumente: etwa 100 Briefe, die Aufzeichnungen der sizilianischen Volkslieder sowie der zweite Akt der ersten italienischen Oper Meyerbeers, *Romilda e Costanza*. In diesem Konvolut konnte ich 1988 eine getrennte Lage mit einer Arie aus der Oper *Emma di Resburgo* entdecken. Für die mir damals freundlich gewährte Unterstützung danke ich Herrn Dr. Zaminer und Frau Garschhagen.

Die Dokumente des Briefnachlasses wurden 1987 im Londoner Auktionshaus Sotheby's versteigert. Glückliche Umstände verhinderten, dass der Briefwechsel in Privatbesitz überging und damit unzugänglich blieb. Der gesamte Bestand konnte mit Unterstützung der Berliner Zahlenlotterie von der Musikabteilung der Staatsbibliothek Preußischer Kulturbesitz Berlin (West) erworben werden. Dank dem Entgegenkommen von Dr. Rudolf Elvers wurde es mir im März 1988 als damaligem DDR-Bürger ermöglicht, die vorhandenen Dokumente in »West-Berlin« einzusehen. Neben Briefen sind auch Taschenkalender, Schulhefte, Kompositionsskizzen, Partiturabschriften sowie Hochzeitslieder, weiterhin Rezensionen, Programmzettel und anderes mehr enthalten. Ich danke Frau Dr. Hertin und Herrn Dr. Klein für ihre Hilfe bei meinen Recherchen.

Inzwischen hatte das Meyerbeer-Institut e.V., das am 22. November 1991 als Folge der Aktivitäten des im September des gleichen Jahres abgehaltenen Thurnauer Meyerbeer-Kolloquiums gegründet worden war, die Fortsetzung der Veröffentlichung beschlossen. Nach Verhandlungen mit dem Verlag Walter de Gruyter bestimmten Gudrun und Heinz Becker nunmehr Sabine Henze-Döhring zur Herausgeberin. Sie hat, unter Mitarbeit von Hans Moeller, den V. Band im Sommer 1997 dem Verlag zur Drucklegung übergeben.

Der gegenwärtig in der Musikabteilung der Deutschen Staatsbibliothek Berlin Unter den Linden aufbewahrte Bestand an Meyerbeeriana umfasst nur wenige Quellen, die durch Zufall nicht ausgelagert wurden, darunter der V. Akt der *Africaine* und zwei Skizzenbücher aus der italienischen Zeit.

Ein umfangreicher Teil von Dokumenten wird in Paris aufbewahrt. Innerhalb der Bibliothèque Nationale befinden sich sowohl in der Bibliothèque de l'Opéra als auch im Département de la Musique Autografen- und Briefkonvolute. Hier sind besonders die im Probenprozess ausgeschiedenen Varianten der in Paris uraufgeführten Opern von Interesse. Da die Dokumente der letzten 15 Lebensjahre Meyerbeers noch nicht ediert sind, mussten die wichtigsten biografischen Einzelheiten anhand von Briefen belegt werden.

Das Manuskript zur ersten Auflage dieses Buches entstand noch vor 1989 zu DDR-Zeiten, als wissenschaftliche Forschungen im sogenannten »kapitalistischen Ausland« erhebliche finanzielle Probleme bereiteten. Sie konnten damals mit Hilfe von Dr. Wolfgang Kühnhold und Hans Moeller, Paderborn, bewältigt werden.

Dieses Buch wäre ohne das tätige Mitdenken verschiedener Kollegen nicht in der vorliegenden Form entstanden. Die ersten Anregungen erhielt ich 1968 von dem Dramaturgen Bernd Böhmel. In fruchtbarem Gedankenaustausch näherten wir uns den *Hugenotten* und schufen die Grundlage für eine Bühnenfassung, die Joachim Herz 1974 am Leipziger Opernhaus inszenierte. In vielen Gesprächen mit Bernd Böhmel habe ich Erkenntnisse gewonnen, die in das vorliegende Buch eingeflossen sind. Insbesondere die Gedanken zur Wiedertäuferpredigt in *Le Prophète* und die Erläuterungen zu Wagners *Das Judentum in der Musik* sind Ergebnis eines intensiven gemeinsamen Arbeitsprozesses.

Weiterhin danke ich den Musikabteilungen der Sächsischen Landesbibliothek Dresden, der Deutschen Staatsbibliothek Berlin, der Bibliothèque Nationale de Paris und der Musikbibliothek Leipzig; Unterstützung gewährten außerdem Jean-Michel Nectoux (Musée d'Orsay, Paris) sowie Françoise Barthélémy (Paris). Mein Dank gilt Herrn Horst Wandrey, Cheflektor der Henschel Verlag GmbH sowie in besonderer Weise Frau Renate Lerche, die als betreuende Lektorin das Projekt auf ermutigende Weise gefördert hat. Schließlich danke ich meiner Frau Eva, die sowohl viele Übersetzungen aus dem Französischen vornahm als auch viele andere Voraussetzungen schuf, ohne die das Buch nicht hätte geschrieben werden können.

Dresden, im November 1989
Reiner Zimmermann

Vorbemerkung zur zweiten Auflage

Seit die vorliegende Biografie im November 1989 als Manuskript abgeschlossen wurde, hat sich ein alle Lebensbereiche umfassender tief greifender Wandel in Deutschland und in den östlichen europäischen Ländern vollzogen.

Glaubte der Autor nach Manuskriptabgabe und Erscheinen des Buches im Frühjahr 1991 kaum etwas ändern zu müssen, so sieht er viele Details heute als überarbeitungsbedürftig an. Wenn jetzt die zum Teil neu recherchierte und um eine Anzahl an Quellen erweiterte zweite Auflage erscheint, so gehen ihre Veränderungen auf die auch durch dieses Buch ausgelöste Beschäftigung anderer Forscher mit dem Gegenstand Meyerbeer zurück.

Dem Autor war es im September 1991 anlässlich des vom Forschungsinstitut für Musiktheater der Universität Bayreuth abgehaltenen Meyerbeer-Kolloquiums auf Schloss Thurnau endlich vergönnt, Heinz Becker in persona zu begegnen, was zu DDR-Zeit zwei Jahrzehnte lang nicht möglich gewesen war.

Die Aktivitäten des Meyerbeer-Instituts, die hauptsächlich in der Neuausgabe des vom Verlag Ricordi betreuten Gesamtwerks Meyerbeers, in der fortgesetzten Herausgabe des Briefwechsels und der Erarbeitung eines Werkverzeichnisses bestehen, sind neben der »Langen Meyerbeer-Nacht« und einem Symposium im Oktober 1991 an der Universität-Gesamthochschule Paderborn Ursachen für das wachsende öffentliche Interesse an der Person und dem Werk Meyerbeers. Besonderer Aufmerksamkeit erfreute sich die 1991 anlässlich der Berliner Festspiele dargebotene Uraufführung des *Brandenburger Thors* sowie die von Heinz und Gudrun Becker konzipierte, viel beachtete Ausstellung »Giacomo Meyerbeer – Weltbürger der Musik« in der Staatsbibliothek Preußischer Kulturbesitz Berlin. Auch die Erstauflage dieses Buches wurde – zur Überraschung des Autors – in vielen Rezensionen gewürdigt, die ebenfalls dazu beitrugen, auf das Problem Meyerbeer aufmerksam zu machen. So wurde das Jahr 1991 nicht nur das Mozart-Jahr, sondern, zumindest für Interessierte, auch das Jahr, in dem eine vorurteilsfreie Beschäftigung mit Meyerbeer begann. Die Arbeiten des Meyerbeer-Instituts beginnen bereits Früchte zu tragen: Die Wiener Staatsoper wird 1998 *Le Prophète* mit Ergänzungen aufführen, die von einer Editionsgruppe des Meyerbeer-Instituts erarbeitet wurden; die Staatsoper Unter den Linden plant eine Aufführung von *Robert-le-Diable* nach der textkritischen Neuausgabe des Meyerbeer-Instituts. Sollte die zweite Auflage dieses Buches einen solchen Prozess weiter befördern, wäre es ganz im Sinne des Autors.

Gegenüber der Erstauflage wurde auf alle Inhaltsangaben der Opern verzichtet. Hier verweist der Autor auf den umfangreichen Artikel »Giacomo Meyerbeer« von Sieghart Döhring in Pipers *Enzyklopädie des Musiktheaters* in acht Bänden, herausgegeben von Carl Dahlhaus und Sieghart Döhring, München/Zürich 1986–1997.

Ich danke an dieser Stelle ganz besonders Herrn Hans Moeller, Paderborn, der sich kritisch und für mich hilfreich des Textes der ersten Auflage angenommen hatte und viele klärende Hinweise gab. Es konnten sowohl Ergebnisse über die Genesis von *Robert-le-Diable,* die im Zusammenhang mit der kritischen Neuausgabe des Werkes durch eine Paderborner Arbeitsgruppe um Wolfgang Kühnhold, Hans Moeller und Peter Kaiser erarbeitet wurden, als auch aus der neuerlichen Beschäftigung mit Meyerbeer gewonnene Erkenntnisse in die überarbeitete Fassung aufgenommen werden.

Auch meinen wissenschaftlichen Kollegen des Meyerbeer-Instituts bin ich zu Dank verpflichtet. In drei Symposien haben sie vieles zur Vertiefung der Problemstellungen und zur Klärung von Einzelfragen beigetragen.

Schließlich danke ich Herrn Horst Wandrey, Verlagsleiter des Parthas Verlages Berlin, der die Anregung zur vorliegenden zweiten Auflage gab.

Dresden, im November 1997
Reiner Zimmermann

Vorbemerkung zur dritten Auflage

Dass 2012 der Parthas Verlag, diesmal vertreten durch Herrn Dino Heicker, erneut an mich herangetreten ist, um die Möglichkeit einer dritten Auflage zu erkunden, erfüllte den Autor mit einem gewissen Stolz, weniger wegen seiner Person, sondern wegen der Notwendigkeit, das Bild Giacomo Meyerbeers um neue Erkenntnisse zu erweitern. Im letzten Jahrzehnt sind nicht nur an mehreren Orten wiederum Opern von Meyerbeer aufgeführt worden, sondern viele Fachkollegen haben auf mehreren Tagungen sowie in Einzeldarstellungen neue Einsichten gewonnen, die das Bild des Komponisten und seines Zeitalters vertiefen halfen, wie *Meyerbeer und das europäische Musiktheater* 1991, *Meyerbeer und der Tanz* 1995, *Meyerbeer und die Opéra comique* 1998, oder *Giacomo Meyerbeer, Le Prophète, Edition – Konzeption – Rezeption* 2007, und die Eingang in diese Neuauflage fanden.

Besonders hervorzuheben ist der Abschluss der achtbändigen Edition der Tagebücher und Briefe durch Sabine Henze-Döhring im Jahr 2006, der durch das große und andauernde Engagement des Verlages Walter de Gruyter & Co Berlin möglich wurde. Den überaus sorgfältigen Recherchen in den Kommentaren verdanke ich viele Hinweise auf biografische Einzelheiten. Außerdem konnte das Werkverzeichnis um viele Details erweitert werden.

Weiterhin sind inzwischen zwei Editionen der Giacomo Meyerbeer Werkausgabe des Verlages Ricordi München vorgelegt worden: *Robert-le-Diable* durch Wolfgang Kühnhold und Peter Kaiser sowie *Le Prophète* durch Matthias Brzoska, Andreas Jacob und Fabien Guilloux. Erschienen sind Partitur, Klavierauszug und Kritischer Bericht. Damit hat Meyerbeers Werk erstmals in seiner Geschichte eine textkritische Würdigung erfahren. Ferner bereitet Jürgen Schläder die Neuausgabe der *Afrikanerin/Vasco de Gama* vor und kann bereits auf eine Inszenierung des Werkes auf der Grundlage der erreichbaren Quellen am Opernhaus in Chemnitz verweisen, die am 2. Februar 2013 Premiere hatte. Durch die sorgfältige Erschließung aller zugänglichen Quellen, wobei immer noch schmerzlich die ehemals in der Berliner Staatsbibliothek befindlichen und 1944 Richtung Osten verbrachten umfangreichen Quellen-Konvolute vermisst werden, sind im Rahmen der Werkausgabe Arbeitsmethoden der Autoren sowie Fassungen von Werken identifiziert worden, die bislang unbekannt waren.

So möge diese Neuauflage dem interessierten Leser ein erweitertes Bild des großen europäischen Komponisten an die Hand geben.

Kreischa bei Dresden, im Juni 2013
Reiner Zimmermann

Kindheit in Berlin 1791–1810

Als Louis XVI. von seiner missglückten Flucht nach Varennes im Juni 1791 nach Paris zurückgebracht und in den Tuilerien von wachsamen Nationalgardisten festgehalten wurde, trafen sich in Pillnitz bei Dresden der preußische König Friedrich Wilhelm II. und der Habsburger Kaiser Leopold II., um dem französischen Volk wegen seiner Unbotmäßigkeit den Kampf anzusagen.

Zur selben Zeit hielt Robespierre im eben gegründeten Jakobinerklub scharfe Reden gegen die Gegner der Revolution. Die Deklaration der Menschenrechte durch die französische Nationalversammlung und die Pillnitzer Deklaration für das Ancien régime wurden beide im Spätsommer 1791 formuliert.

Mozart schrieb in Wien an der Partitur seiner *Zauberflöte*. Die Worte: »Er ist Prinz? Noch mehr – er ist Mensch!« ließ er unvertont; sie sollten deutlich gesprochen und verstanden werden. Die Damen in Schönbrunn ließen sich schnüren, dass ihnen der Atem stockte.

In Paris brachte Grétry den Schweizer Freiheitshelden *Guillaume Tell* auf die Bühne; die Pariser Damen zeigten sich in lockeren, fließenden Gewändern.

In Berlin träumte Alexander von Humboldt vom ungebundenen Leben weit weg von der Zivilisation, vielleicht in Südamerika –, während unter seinem Fenster preußische Soldaten den Paradeschritt exerzierten.

In diese Zeit hinein wurde Giacomo Meyerbeer am 5. September geboren.

Er entstammte einer der reichsten jüdischen Familien Berlins, die dort seit über hundert Jahren ansässig war. 1677 wurde einer der Vorfahren, Hirtz Aaron Baer, erstmals urkundlich erwähnt. Er gehörte zu den Begründern der jüdischen Gemeinde, die im Berlin des Großen Kurfürsten, der auch die aus Frankreich vertriebenen Hugenotten aufnahm, ihre Geschäftstätigkeit entfalten konnte. Auf Grund der seit dem Mittelalter herrschenden beruflichen Beschränkungen für Juden konnte diese nur im Bankgeschäft bestehen.

Meyerbeers Großvater Juda Hertz Beer kam aus Frankfurt an der Oder und war dort ein angesehenes, wohlhabendes Mitglied der jüdischen Bürgerschicht. Sein Haus in der Richtstraße Nr. 50, an der Ecke Schmiedegasse, unweit der ehemaligen Synagoge, ging nach dem Tode seiner Eltern in den Besitz von Giacomo Meyerbeer über; es wurde im Zweiten Weltkrieg zerstört. Noch zu Meyerbeers Zeiten war es das Stammhaus der Familie, in dem die Nachkommen geboren wurden.

Juda Hertz Beers Sohn, Meyerbeers Vater Juda Jacob Herz Beer (1769–1825), besaß Zuckersiedereien in Berlin und Gorizia (in der norditalienischen Provinz Udine). In Hannover und Hamburg gab es Niederlassungen; in der Hansestadt pflegte man geschäftliche Verbindungen zu Salomon Heine, dem Onkel des Dichters Heinrich Heine. Dank eines königlichen Patents war die Beersche Zuckerproduktion aus Rüben weniger mit Akzise belastet, so dass das Geschäft erhebliche Gewinne abwarf und Jacob Beer um 1815 als reichster Berliner Bürger gelten konnte. Wenn es auch im späteren Leben Meyerbeers Schwankungen in der Bilanz des väterlichen Geschäfts gab, so bestand doch, entgegen anders lautenden Andeutungen von Familienmitgliedern, niemals Grund zur Besorgnis. Denn auch mütterlicherseits war viel »Vermögen« in die Familie gekommen.

Der Großvater mütterlicherseits, Liebmann Meyer Wulff, als »Banquier Wulff« der »Krösus von Berlin« genannt, leitete während der Regierungszeit Friedrich Wilhelms III. die preußische Klassenlotterie, bei der er die Lose an die Lotterieeinnehmer verteilte und gleichzeitig die nicht unbeträchtlichen Abgaben an die Staatskasse regulierte. Die Geldgeschäfte überließ man für gewöhnlich den Juden. Zudem konnte man die »Geldjuden« zur Verantwortung ziehen, wenn es zu staatlichen Finanzschwierigkeiten kam. Der »Krösus von Berlin« in-

Amalia Beer, geb. Wulff, Meyerbeers Mutter, Gemälde von Carl Kretschmar

dessen war geschickt und vermehrte durch Finanzspekulationen sowie durch den Betrieb des preußischen Postfuhrwesens sein ohnehin beträchtliches Vermögen.

Meyerbeers Mutter Amalie (1767–1854), sie nannte sich Amalia, war eine ungewöhnliche Frau. Alle Zeitgenossen lobten ihren Charme, ihre Klugheit, ihre Gastfreundschaft, die sie sich leisten konnte, ohne damit zu prahlen. In musikalischen Dingen kannte sie sich bestens aus, war sie doch vom Berliner Hofkapellmeister Vincenzo Righini in Gesang und Musiktheorie unterwiesen worden. Ihre Briefe zeugen von einer starken Persönlichkeit. Für ihre uneigennützige karitative Tätigkeit während der Befreiungskriege wurde ihr 1816 der Luisenorden verliehen, eine für eine Jüdin ungewöhnliche Auszeichnung.

Heinrich Heine schrieb 1837 im neunten *Vertrauten Brief* an August Lewald: »Wohltätigkeit ist eine Haustugend der Meyerbeer'schen Familie, besonders der Mutter, welcher ich alle Hilfsbedürftigen, und nie ohne Erfolg, auf den Hals jage.« Sie könne, so sagte man von ihr, nicht ins Bett gehen, ohne nicht wenigstens eine edle Tat vollbracht zu haben.

Die Familie Beer führte ein großes Haus; seit 1801 in einer Luxusvilla in der Spandauer Straße 72, dann im Tiergarten am ehemaligen Exerzierplatz. Die weitläufige Villa, später als Kadettenanstalt genutzt, sah beinahe täglich illustre Gäste des künstlerischen Lebens.

Fast jeder namhafte Künstler, der in Berlin auftrat, besuchte das gastliche Haus Beer: die Komponisten und Virtuosen Louis Spohr, Carl Maria von Weber, Muzio Clementi, Ignaz Moscheles, Adolf Kalkbrenner, der Klarinettist Heinrich Joseph Baermann, der Organist Joseph Vogler, genannt Abbé Vogler, der komponierende Prinz Louis Ferdinand von Preußen, der 1806 bei Jena fiel.

Jacob Beer war ein »Theaternarr« und gehörte zu den Mäzenen des 1814 gegründeten Berliner Königstädtischen Theaters, in dem hauptsächlich Lustspiele, komische Opern und Melodramen aufgeführt wurden. Der regelmäßige Besuch des Theaters gehörte zu den selbstverständlichen Vergnügungen im Hause Beer, so dass Giacomo Meyerbeer frühzeitig mit den Gebräuchen vor und hinter der Bühne vertraut war.

Amalia Beer gebar vier Söhne. Der Erstgeborene sollte eigentlich im Frankfurter Stammhaus zur Welt kommen. Offenbar war die werdende Mutter zu spät in die Kutsche gestiegen; sie erreichte Frankfurt nicht mehr rechtzeitig und brachte auf der Poststation Tasdorf (heute Rüdersdorf bei Berlin) einen Knaben zur Welt, der die Vornamen Jakob Liebmann Meyer erhielt. 1810 wurde sein Name zu Meyerbeer zusammengezogen; er nahm den Vornamen Jakob bzw. französisiert Jacques an und nannte sich ab 1817, aus Dankbarkeit gegenüber Italien, Giacomo Meyerbeer.

Dem Ältesten folgten Heinrich, in der Familie Hans genannt (1794–1842), Wilhelm (Wulff 1797–1850) und Michael (1800–1833).

Die beiden älteren Söhne wuchsen gemeinsam auf, traten beide 1805 in Zelters Singakademie ein, und als Meyerbeer 1810 zu Abbé Vogler in die Lehre ging, begleitete ihn Hans für einige Monate. Zu dessen Hochzeit mit Betty Meyer am 30. August 1818 komponierte Bernhard Anselm Weber, Berliner Hofkapellmeister und häufiger Gast des Beerschen Hauses, auf den Text »Hochzeit ist ein lieblich Klingen« von Friedrich Wilhelm Gubitz ein Terzett. Später galt Heinrich unter den Beerschen Söhnen als das schwarze Schaf. Heine berichtete 1853 in seinen *Geständnissen*, nicht ohne boshafte Zwischentöne, was man ihm aus Berlin zugetragen hatte: »Jener Beer, nämlich der Heinrich, war ein schier unkluger Gesell, der auch wirklich späterhin von seiner Familie für blödsinnig erklärt und unter Kuratel gesetzt wurde, weil er anstatt sich durch sein großes Vermögen einen Namen zu machen in der Kunst oder Wissenschaft, vielmehr für läppische Schnurrpfeifereien seinen Reichtum vergeudete und z.B. eines Tages für sechstausend Thaler Spazierstöcke gekauft hatte. Dieser arme Mensch ... dieser aus der Art geschlagene Beer genoss den vertrautesten Umgang Hegel's, er war der Intimus des Philosophen, sein Pylades, und begleitete ihn überall wie sein Schatten.«

Wilhelm erhielt ebenso wie die anderen Söhne eine fundierte, vielseitige Ausbildung. Er war musikalisch interessiert und wirkte bei Liebhaberaufführungen als Sänger mit. Nach dem Tod seines Vaters übernahm er die Leitung der Firma. Er war der einzige Geschäftsmann unter den vier Söhnen. Das Wohl seines älteren Bruders Giacomo lag ihm genauso am Herzen wie die Prosperität der Firma.

Die Beersche Villa im Tiergarten, 1855–1857 Seekadettenanstalt der preußischen Marine, Auquarell um 1856

Viele Briefe Wilhelms an Giacomo geben Aufschluss über seine Beobachtungen der Berliner Opernwelt; in geschäftlichen Angelegenheiten beriet er seinen Bruder und führte in dessen Abwesenheit alle Verhandlungen mit der Berliner Opern-Administration. Wissenschaftlich arbeitete er als Astronom und veröffentlichte einige Schriften, unter anderem 1837 *Der Mond, oder allgemeine vergleichende Selenographie*. Der Kommerzienrat war eine einflussreiche Persönlichkeit der Berliner Finanzwelt, und sein Haus, das seine mit dem Berliner Musikverleger Schlesinger verwandte und als Berliner Schönheit bekannte Frau Doris Schlesinger führte, war ein viel besuchter Treffpunkt der Berliner Gesellschaft, wo der Adel gern seinen Tee trank. Als Wilhelm 1850 starb, wurde die Firma liquidiert.

Der jüngste Bruder Michael brachte schon als 19-Jähriger seinen dramatischen Erstling *Klytämnestra* in Berlin zur Uraufführung, was gewiss den weit reichenden Beziehungen seiner Eltern zu danken war. Nach dem Drama *Die Bräute von Aragonien* schrieb er 1828 den *Paria*, sein bedeutendstes Werk, in dem er am Beispiel des indischen Paria die Stellung der Juden in der Gesellschaft dramatisch gestaltete. 1829 konnte in München sein Schauspiel *Struensee* uraufgeführt werden, was der Berliner Hof mit Rücksicht auf das verwandtschaftlich verbundene dänische Königshaus untersagt hatte. Seine Laufbahn als deutscher Dramatiker wurde durch seinen frühen Tod 1833 jäh abgebrochen. Er war Meyerbeers Lieblingsbruder und sein bester Partner in Fragen der künstlerischen und menschlichen Existenz.

Jacob Beer legte Wert auf eine gediegene Ausbildung seiner Söhne im Sinne einer jüdischen »Aufklärung«. Er vertrat nicht das orthodoxe Judentum, das sich als auserwähltes Volk von allen Nichtjuden absonderte, sondern befürwortete eine Öffnung seiner Glaubensbrüder gegenüber progressiven bürgerlichen Bestrebun-

Jacob Hertz Beer, Meyerbeers Vater, Gemälde eines unbekannten Malers

gen, wie sie ihm sein realer Geschäftssinn eingab, ohne dass er zum Konvertiten, zum Verfechter des Glaubensübertritts zum Katholizismus oder zum Protestantismus wurde. In diesem Sinne wirkte er im Ältestenrat der Berliner Jüdischen Gemeinde für die Emanzipation der Juden in Preußen.

In der zweiten Hälfte des 18. Jahrhunderts verbreiteten sich in Berlin die Ideen der Aufklärung, die, wie von dem Aufklärer Moses Mendelssohn (1729–1786) gefordert, Toleranz, Gleichberechtigung der Konfessionen, Emanzipation und Gewissensfreiheit für die Juden zur Folge hatten.

Als Friedrich II. 1786 starb, versuchte der jüdische Ältestenrat über David Friedländer, den Vorsteher der jüdischen Gemeinde und einflussreichsten Mann nach Mendelssohn, eine Lockerung der diskriminierenden Vorschriften zu erreichen. Daraufhin wurde ein Jahr später der »Leibzoll«, eine Art Kopfsteuer, abgeschafft, der die Juden bisher einer Ware gleichgesetzt hatte.

Doch schon zu Beginn des 19. Jahrhunderts forderte der preußische Justizkommissar Grattenauer, ein Judenhasser, das Tragen des Davidsterns. Dagegen sahen die deutschen Juden Napoleon als Befreier an. Der Code Civil galt auch für die Juden, deren Finanzmächtigkeit Napoleon wohl zu schätzen wusste. Von Paris ging deshalb auch in späteren Jahren ein verständlicher Sog aus, der viele deutsche Juden nach 1820 in die französische Hauptstadt zog. Dort begegnete man ihnen mit größerer Toleranz. Heine, Börne, Meyerbeer waren nur die prominentesten der jüdischen deutschen »Emigranten«, die das Leben in der »Hauptstadt der Welt« der deutschen provinziellen Enge vorzogen.

Nachdem Napoleon kraft der Bajonette die Ausnahmegesetze aufgehoben hatte, wurden die Juden David Friedländer und Salomon Veit 1809 Mitglieder des Berliner Magistrats. Nach der vernichtenden Niederlage der preußischen Armee und dem Untergang des alten preußischen Staates wurden nun auch die Verhältnisse der jüdischen Mitbürger neu geregelt. Der preußische Staatskanzler Hardenberg, mit der Familie Beer befreundet, formulierte, unterstützt von Wilhelm von Humboldt, das »Edikt betreffend die bürgerlichen Verhältnisse der Juden in dem Preußischen Staate«, das am 11. März 1812 erlassen wurde und die politische Gleichstellung der Juden zum Ziel hatte. Schon 1808 durften Juden durch die Einführung der neuen Städteordnung Steins und Hardenbergs an der Gestaltung des

Gemeinwesens teilnehmen. Das Edikt galt zunächst nur für die Provinzen Brandenburg, Schlesien, Pommern und Ostpreußen, auf die der preußische Staat zusammengeschrumpft war. Im § 1 hieß es:»Die in unseren Staaten jetzt wohnhaften, mit General-Privilegien, Naturalisations-Patenten, Schutzbriefen und Konzessionen versehenen Juden sind für Einländer und Preußische Staatsbürger zu achten.« Damit waren die alten Gewerbebeschränkungen aufgehoben; die Juden konnten sich den Wohnsitz selbst wählen, akademische Schul-, Lehr- und Gemeindeämter bekleiden, sie waren nunmehr militärpflichtig, eine im Hinblick auf die kommende Zeit der napoleonischen Kriege wichtige Entscheidung. Die preußischen Juden setzten alles daran, auch als gleichwertige Mitglieder der Gesellschaft anerkannt zu werden. In dem 1806 gegründeten jüdischen Blatt *Sulamith, eine Zeitschrift zur Beförderung der Kultur und Humanität unter der jüdischen Nation* hieß es 1812: »Mit dem 11. März hat für unsere Glaubensgenossen im preußischen Staate eine neue, glückliche Ära begonnen. Durch die Erlangung der bürgerlichen Rechte, durch die Gleichstellung unserer Glaubensgenossen mit allen übrigen Einwohnern des Staates ist ein neuer Geist unter den Israeliten rege geworden, und unser ganzes Wirken und Streben hat eine ganz andere Tendenz erhalten.«

Meyerbeer war 21 Jahre alt, als er ein richtiger preußischer Staatsbürger werden durfte.

Jacob Herz Beer hatte 1812 einen Tempel in seinem Haus errichten lassen, um einem reformierten jüdischen Gottesdienst eine Heimstatt zu geben. Hier wurde deutsch gesungen; Carl Friedrich Zelter, Bernhard Anselm Weber und Meyerbeer schrieben die Chorsätze, die Predigten wurden in deutscher Sprache gehalten. Der Beersche Tempel war ein Sammelpunkt der modernen kunstliebenden Juden und wurde bald sowohl von den orthodoxen Juden als auch von konservativen Kreisen um Friedrich Wilhelm III. beargwöhnt. Der Monarch beauftragte 1816 den Staatskanzler Hardenberg mit der Schließung des Tempels. Gemeinsam mit dem Kanzler fand man im Hause Beer die Ausrede, der neue Tempel sei ein Ausweichort, weil die alte Synagoge inzwischen zu klein geworden sei. Jacob Beer stand also in der ersten Linie der jüdischen Emanzipationsbewegung, was sicher nicht ohne Eindruck auf den jungen Meyerbeer blieb.

Nach höfischem Vorbild erhielten die Beerschen Söhne Hauslehrer, die der Berliner Aufklärung nahe standen. Sie brauchten nicht die 1778 gegründete Gesellschaft für Knabenerziehung besuchen, der seit 1806 der Aufklärer Lazarus Bendavid vorstand und die Knaben aus armen Schichten Rechnen, Buchhaltung, Handwerk, Deutsch und Französisch beibrachte. Die Beer-Söhne waren privilegiert. Eduard Kley, von 1809 bis 1817 Erzieher von Michael Beer, war Schüler Johann Gottlieb Fichtes und Friedrich Daniel Ernst Schleiermachers. Für Meyerbeer und seinen Bruder Heinrich wurde Aaron Wolfssohn als Erzieher gewonnen. Dieser hatte noch mit Moses Mendelssohn, später mit David Friedländer Kontakt, als er Redakteur der 1784 gegründeten jüdischen Zeitschrift *Hameassif* (Der Sammler)

Seite aus einem Mathematikheft Meyerbeers, 1806

Meyerbeer elfjährig, Gemälde von Friedrich Georg Weitsch, 1802

wurde. Es war seine Absicht, die hebräische Sprache entsprechend den aufklärenden Ideen im Konzert der »Stimmen der Völker« als Literatursprache zu beleben, um der europäischen Aufklärung auch jüdisches Ideengut zu vermitteln. 1804 erschien Wolfssohns Schrift *Jeschurun, oder unparteiische Beleuchtung der dem Judentum neuerdings gemachten Vorwürfe*, in der er eine Veränderung der jüdischen Lebensformen und eine Angleichung an die Gebräuche der europäischen Völker forderte, was nichts anderes bedeutete als die geistige Überwindung des Ghettos. Gleichzeitig empfahl er, das rabbinische Schrifttum von überholten Lehrsätzen zu befreien. Als ein Pestalozzi der jüdischen Schulreform wirkte er an der Wilhelmsschule in Breslau, die er zu einer der bedeutendsten Bildungsanstalten jüdischer Konfession entwickelte. Damit war er für Jacob Beer bestens empfohlen. Wann er die Erziehung von Hans und Meyerbeer übernommen hat, ist ungewiss. Das früheste Dokument seiner Verbindung zum Hause Beer stammt aus dem Jahr 1807.

Wolfssohn pflanzte seinen Zöglingen die Ideen der Aufklärung ein, die Meyerbeer bis an sein Lebensende in sich trug. In seinen Werken setzte Meyerbeer dieses aufklärende Gedankengut in Beziehung zu den tatsächlichen Verhältnissen. Zu seinen wesentlichen Erfahrungen gehörte die Erkenntnis, dass Freiheit, Gleichheit, Brüderlichkeit im 19. Jahrhundert nicht verwirklicht wurden.

Durch Wolfssohns Einfluss vollzog Meyerbeer den Austritt aus dem Ghetto. Zu seiner künstlerischen Heimat wählte er die europäische Kultur, die ihm am ehesten in Paris zu gedeihen schien, und so wurde schließlich die französische Hauptstadt zu seiner Wahlheimat; in Berlin wollte und konnte er keine Wurzeln schlagen. Die Internationalität wurde sein Lebens- und Schaffensprinzip. Künstlerische Eindrücke nahm er zu gleichen Teilen in Deutschland, Italien und Frankreich auf, wobei die Entwicklung der französischen Gesellschaft den stärksten Einfluss auf sein Denken ausübte. Seine Korrespondenz führte er bis an sein Lebensende in allen drei Sprachen; in seinen autografen Notenskizzen mischen sich die deutsche und französische Sprache.

Zugleich mit der geistigen Überwindung des Ghettos gewann Meyerbeer Anschluss an die deutsche Klassik, die er durch Abbé Vogler in ihren besten Traditionen kennenlernte. Wolfssohns Glaubensreform wirkte sich auch auf Meyerbeers geistliche Kompositionen aus: Es gibt von ihm nicht einen einzigen hebräisch textierten Chorsatz, sondern nur deutschsprachige Kirchenmusik.

Allerdings war Meyerbeers Eroberung des klassischen deutschen Bildungsgutes und seine Annäherung an das christliche Europa nie ganz problemlos, da der Antisemitismus den Komponisten jederzeit an seine Herkunft erinnern konnte. Nur wenige Vertreter der deutschen Geisteswelt – darunter Alexander von Humboldt und Kanzler Hardenberg – waren frei von diesem »Gerücht von den Juden«.

Die Hauslehrer trafen auf einen lernwilligen und sehr aufnahmefähigen Knaben. Es sind einige Schulhefte erhalten, zum Beispiel Italienischer Aufsatz, Geografie (1805), Geschichte, ein Aufsatz »Was ist Glückseligkeit« (1806), Philosophie,

Mathematik, »Weltgeschichte nach dem Vortrage des Herrn Hübner«, seines Geschichtslehrers (1807). Der 15-jährige jüdische Schüler lernte die Geschichte der deutschen Nation als Königs- und Kaisergeschichte kennen. Es war der erklärte Wille der Eltern, dass ihr Sohn mit den deutschen Traditionen vertraut wurde.

Neben den humanistischen Fächern, zu denen auch Französisch bei Monsieur Fillon gehörte, erhielt Meyerbeer Kompositionsunterricht bei Carl Friedrich Zelter und Klavierunterricht bei Franz Lauska. Dieser 1764 in Mähren geborene Komponist war bei dem Kontrapunktiker Johann Georg Albrechtsberger in Wien ausgebildet worden und ließ sich 1798 in Berlin als Klavierlehrer nieder, wo er in vornehmen Kreisen und bei Hofe unterrichtete. So war es nur eine Frage seines Zeitplans, wann er Gelegenheit haben würde, die Studien von Meyerbeer zu beaufsichtigen.

Wann das Kind zum ersten Mal die Tasten eines Cembalos oder eines Hammerklaviers bewusst berührt hat, weiß man nicht. Aber in ihm schlummerte eine eminente musikalische Begabung, die eines Tages erkannt, gehegt und gepflegt wurde, um ein hohes Ziel zu erreichen: Meyerbeer sollte ein Wunderkind auf dem Pianoforte werden! So wurde noch vor der Allgemeinbildung der größte Wert auf eine fundierte musikalische Bildung gelegt.

Aus dem Jahr 1799 ist das allererste uns bekannte Notenblatt Meyerbeers überliefert: ein *Choral in Hypomixolydisch*, keine eigentliche Komposition, sondern eine harmonische »Rechenaufgabe«, die er offenbar unter Lauskas Aufsicht verfertigte. Es handelt sich um den nach einem unüblichen Ausgangston transponierten achten Ton der mittelalterlichen Kirchentöne. Der Achtjährige wagte den Sprung in eine längst vergangene musikalische Welt, die gleichwohl, und das werden ihn die kommenden Jahre lehren, zum Urgrund musikalischer Ausbildung gehört.

Nach dreijährigem Unterricht stellte sich der angehende Virtuose der Öffentlichkeit vor und spielte das d-Moll-Klavierkonzert KV 466 von Wolfgang Amadeus Mozart, dem erklärten Vorbild. Die *Allgemeine musikalische Zeitung* berichtete am 14. Oktober 1801: »Das vortreffliche Klavierspiel des jungen Bähr (eines Judenknaben von 9 Jahren), der die schweren Passagen und andere Solosätze mit seiner Fertigkeit bezwingt und einen, in solchen Jahren noch seltnern feinen Vortrag hat, machte das Konzert noch interessanter …« Von nun an ließ sich Meyerbeer mindestens einmal jährlich in Konzerten hören. Bald begann er, für seinen eigenen Gebrauch Klavierwerke zu komponieren, von denen zu Beginn unseres Jahrhunderts noch zwei Klaviersonaten in c-Moll und G-Dur zugänglich waren. Die erste dieser Kompositionen entstand am 12. Dezember 1803. Über ihren Stil kann nur spekuliert werden. Möglicherweise schlossen sie sich an das bewunderte Vorbild Mozart an. Gegenüber dem Musikgelehrten François Fétis bekannte Meyerbeer 1838: »Was meine Klavierkompositionen aus dieser Zeit betrifft, so lohnt es sich nicht, dass man darüber spricht.« Aus der späteren Sicht hatte er damit zweifellos recht.

Vermutlich 1803 begann der Kompositionsunterricht bei Carl Friedrich Zelter, dem Maurer- und Liedertafelmeister. Hier lernte Meyerbeer Choräle harmonisie-

G. Meyerbeer, Choral in Hypomixolydisch

ren, zwei Jahre lang. Auf die Dauer war das wenig ergiebig. Vielleicht brachte der sangesfreudige Meister zu wenig Abwechslung in die Tafellieder und Choräle, vielleicht lag ihm auch wenig an diesem sensiblen Jüngling, möglicherweise wollte er seine Zeit lieber der Singakademie widmen. Zelter gehörte zu jener in Berlin stark ausgeprägten bürgerlichen Musikergeneration, die sich vorrangig der Komposition geselliger Lieder zuwandte. Schon nach 1750 hatte es mit Christian Gottlieb Krause und Johann Abraham Peter Schulz eine erste Berliner Liederschule gegeben; Zelter gehörte neben Johann Friedrich Reichardt, Friedrich Heinrich Himmel und Ludwig Berger zur zweiten Berliner Liederschule. Viele Lieder Zelters und Reichardts sind, etwa im Vergleich mit den unscheinbarsten Schöpfungen Mozarts mit ihrer reichen harmonischen und motivischen Durcharbeitung, sehr schlicht gehalten. Sie basieren oftmals nur auf dem einfachen Wechsel der beiden Grundfunktionen Tonika und Dominante (Reichardt, »Jägers Abendlied«), gelegentlich erweitert um die Subdominante (Zelter, »Das Rosenband«, 1810). Die Reduzierung auf ganz wenige harmonische Reize geht einher mit einer in Terzen verlaufenden Melodik, die streng periodisch gefasst ist. Diese Lieder »im Volkston« stellen nur geringe Ansprüche, obwohl sie mit obligater, das heißt durchkomponierter Begleitung am Pianoforte, am Hammerklavier rechnen und keine Volkslieder mit improvisierter Begleitung darstellen. Nur in wenigen Goethe-Vertonungen hoben sich beide Komponisten vom Niveau ihrer übrigen Werke ab.

Für Meyerbeer war das kein Anknüpfungspunkt. Amalia Beer fand, das die zwei Jahre bei Zelter nichts gebracht hatten und sah sich nach einem anderen Lehrer um. Sie fand ihn um 1807 in dem seit langem mit der Familie Beer befreundeten Bernhard Anselm Weber (1766–1821), der seit 1792 am Berliner Nationaltheater als Zweiter Kapellmeister wirkte. Dem Klavier und der Oper galt nunmehr Meyerbeers Hauptinteresse, dem Weber gerecht werden konnte. Jetzt gehörte es zum Unterricht, in der Loge der Eltern Vorstellungen zu besuchen oder hinter den Kulissen Bühnenluft zu schnuppern. Es wurde eine Liebe fürs Leben. Ab 1814 hat Meyerbeer nur wenige Abende *nicht* im Theater verbracht und wenn das Theater spielfrei hatte, dann ging er eben ins Konzert.

Im Gegensatz zu Wien, München oder gar Paris und auch im Gegensatz zur bedeutenden Stellung Berlins in der europäischen Aufklärung war das Musikleben im 18. Jahrhundert nur für kurze Zeit über ein provinzielles Niveau hinausgewachsen: als 1742 Carl Heinrich Graun für die Eröffnung des Knobelsdorffschen Opernhauses Unter den Linden ein leistungsfähiges italienisches Opernensemble zusammenstellte. Damals konnte man sogar wagen, den Dresdner Hofkapellmeister Johann Adolf Hasse für Berlin zu werben, der aber vorsichtig ablehnte. Mit dem Ausbruch der Schlesischen Kriege gab Friedrich II. jedoch das Geld für Kanonen aus statt für Kunst. Damit verging rasch die Blütezeit des Opernhauses.

Aufgrund des mangelnden Interesses der preußischen Herrscher, die nur ab und an aus repräsentativen Gründen die desolate Lage des Hauses stabilisierten, und wegen eines liebevollen Konservatismus, der an den Werken Grauns und Hasses hing, ohne sich z. B. Glucks Kompositionen zu öffnen, war die künstlerische Leistungsfähigkeit der preußischen Hofoper im Laufe der zweiten Hälfte des 18. Jahrhunderts stark zurückgegangen. Johann Gottlieb Naumanns italienische Opern (*Andromeda*, 1788, *Protesilao*, 1789, *Brenno*, 1789, *L'Olympiade*, 1791) und Reichardts Kapellmeistertätigkeit (1775–1794) blieben ohne Wirkung. Reichardt gelang es auch nicht, ein deutsches Repertoire aufzubauen. Er ging wegen Querelen mit dem Surintendanten Duport auf Reisen und überließ das Feld den Italienern, die mit Felice Alessandri (1788–1792) und Vincenzo Righini (1793–1806) ihre Stellung als Hofkapellmeister behaupten konnten. Für Reichardt wurde Friedrich Heinrich Himmel engagiert, der wie Righini italienische Opern komponierte, die aber aufgrund ihrer geringen Qualität weder dem italienischen Ensemble aufhalfen noch dem deutschen Theater eine ernsthafte Konkurrenz sein konnten. Als sich das Ensemble 1796 und 1804 endlich Glucks *Alceste* zuwandte, war es für eine neue Blütezeit des Hauses zu spät: Mit Napoleons Einmarsch 1806 in Berlin wurde das Opernhaus geschlossen und das Personal entlassen. Damit endete nach 64 Jahren die italienische Operntradition in Berlin.

Friedrich Wilhelm II. stellte 1786 dem deutschen Singspiel das ehemalige französische Komödienhaus als »Nationaltheater« zur Verfügung. Theophil Doebbelins Truppe spielte zuerst darin. Eine rührige Generaldirektion, die bald an Doebbelins Stelle trat, engagierte beste Kräfte: Henriette Baranius, Friedrich Unzelmann, Therese und Friedrich Eunicke, Margarete Schick, Amalie Auguste Schmalz, Friedrich C. Lippert. Bernhard Anselm Weber trat 1792 sein Amt als Musikdirektor an. Mehr Anklang als Mozarts *Entführung* (1788) fand Dittersdorfs *Doctor und Apotheker;* trotzdem waren die Mozart-Opern in Berlin bereits kurz nach den Uraufführungen zu hören: *Le Nozze di Figaro* (September 1790), *Don Giovanni* (Dezember 1790), *Così fan tutte* (1792), *Die Zauberflöte* (1794). *La Clemenza di Tito* folgte 1801, *Idomeneo* 1806. 1795 stand mit *Iphigenie in Tauris* erstmals eine Reformoper von Gluck auf dem Spielplan des Nationaltheaters, nachdem man bereits 1783 seine frühen Stücke *Die Pilgrime von Mekka* und *Der betrogene Kadi* in der Hofoper gezeigt hatte. *Armide* wurde 1804 inszeniert.

August Wilhelm Iffland hatte 1796 die Intendanz des Nationaltheaters übernommen, das die Kriegswirren überstand und 1811 mit dem Opernhaus zu den »Königlichen Schauspielen« vereinigt wurde. Die anspruchsvolle Bezeichnung »Nationaltheater« wurde bei dieser günstigen Gelegenheit gestrichen. Ifflands Interesse galt mehr dem Sprechtheater, doch die Kapellmeister erweiterten ihr Repertoire um Händel, Padre Martini, Piccinni und Cherubini. Großen Erfolg hatten die neuen Opern Gaspare Spontinis, des kaiserlichen Hofcompositeurs aus Paris. *Die Vestalin* und *Fernand Cortez* wurden in Berlin jeweils zwei Jahre nach der Uraufführung vorgestellt (1811 und 1814). Etienne-Nicolas Méhuls *Joseph in Ägypten* erklang 1811, François-Adrien Boieldieus komische Oper *Johann von Paris* 1813. Damit hatte die Berliner Oper inmitten der Napoleonischen Kriege den Anschluss an das Pariser Repertoire gewonnen.

Meyerbeer hatte, ehe er 1810 Berlin verließ, genügend Gelegenheit, dieses zeitgenössische Repertoire kennenzulernen. Er konnte sich schon damals überzeugen, dass von Paris die interessantesten Anregungen ausgingen.

Vorerst nahm er auf, was Weber ihn lehrte. Sicher war der Kapellmeister weder ein Komponist noch ein Pädagoge von Rang, aber er war ein Theaterroutinier, der wusste, wie die Stücke gemacht waren. Das half mehr als theoretische Unterweisungen. Meyerbeer schrieb nunmehr Werke, in denen seine Virtuosität mit den neuen Anregungen verbunden wurde: zum Beispiel Variationen über Webers Marsch aus der Schauspielmusik zu Zacharias Werners Luther-Stück *Die Weihe der Kraft.* Meyerbeer nahm sie in sein öffentliches Repertoire auf und trug sie mehrfach in Berlin und Leipzig vor. Die *Allgemeine musikalische Zeitung* berichtete: »Der Marsch selbst ist altdeutsch einfach, kernig und unverziert. Herr Meyer-Beer, noch in frühen Jünglingsjahren und in Verhältnissen aufgewachsen, wo äußerst wenige es mit Wissenschaft und Kunst ernstlich zu nehmen pflegen, gewährt dem wohlgesinnten Beobachter einen sehr erfreulichen Anblick. Sein gesundes Urteil, seine mannigfaltigen Talente und Kenntnisse, sein besonnenes, anspruchsloses, einnehmendes Wesen würden ihm schon überall Freunde gewinnen, wenn er sich auch noch nicht durch eigene vorzügliche Produktion von irgendeiner Art hervortäte ... er zeigt durch die angeführte Komposition und deren Vortrag, daß er ein so entschiedenes Talent für dichtende und ausübende Tonkunst und in beidem auch schon eine solche Ausbildung besitze, wie sie in keinen Lebensjahren gemein, in so frühen aber sehr selten sind ... Alles, was er macht, ist richtig, sauber, belebt, angenehm, alles auch an seinem Platze, und so zeigt er sogleich, daß ihm auch jene durch keinen Fleiß zu erringende schöne Gabe des inneren zarten Regulativs – Geschmack genannt – verliehen sei.« So jedenfalls äußerte sich ein vermutlich der Familie Beer nahe stehender Rezensent. Das intensive Studium der Werke Glucks fand seinen Niederschlag in einer Ouvertüre zu Wielands *Alceste*. Weber hatte erkannt, dass für den ernsthaften Schüler diese Opern der richtige Lehrstoff waren.

Meyerbeer war zu dieser Zeit gewiss ein versierter Pianist; eine richtige Begabung, ein Wunderkind aber konnte man ihn nicht nennen, obwohl ihn die Familie gern so gesehen hätte. Er war auch kein komponierender Wunderknabe wie Mozart oder später Mendelssohn, der mit 13 Jahren seine ersten Bühnenwerke für den Hausgebrauch vorlegte. Dafür war, wie Heinrich Laube später bemerkte, das Wort Sorgfalt für Meyerbeer wie geschaffen. Das galt schon für seine Ausbildung, denn trotz Protektion durch das Elternhaus, trotz außergewöhnlicher Studienbedingungen war Meyerbeer gerade 19 Jahre alt, als am 26. März 1810 sein erstes Bühnenwerk in Berlin uraufgeführt wurde, jedoch ohne dass man den Namen des Komponisten erwähnte: das »ländliche Divertissement« *Der Fischer und das Milchmädchen oder Viel Lärm um einen Kuß*. Der französische Ballettmeister der Hofoper, Etienne Lauchery, hatte das Szenarium unter dem Titel *Le passage de la rivière ou la Femme jalouse* (Die Überquerung des Flusses oder Die eifersüchtige Frau) selbst entworfen und das Stück choreografiert. Die autografe Partitur trägt als Titel die Bezeichnung »Der Schiffer und das Milchmädchen / oder / Viel Lärm um einen Kuß / Ein pantomimisches Ballet in einem Aufzuge / Musik von Meier Beer«. Das einstündige Werk erlebte vier Vorstellungen, und wenn es dann auch für immer vom Spielplan verschwand, so ist es doch ein Dokument der ersten Begegnung Meyerbeers mit der Bühne und mit französischen Künstlern. Das freundliche Spielchen stammte noch aus der Zeit des Ancien régime – ein harmloses Vergnügen, nun mit einem Schuss preußischer Prüderie versetzt. Dazu schrieb Meyerbeer eine aus 22 Nummern bestehende Musik. Von der pastoralen »Ouvertüre« über ein »Allegro galante«, ein »Air de Chasse« bis zum Finale, dem »Contredanse generale«, enthält diese Partitur, was man von einem Ballett-Divertissement erwartet, nämlich Musik zum Tanzen. Die kleinen und großen Nummern zeugen

G. Meyerbeer, Der Fischer und das Milchmädchen

B. A. Weber, Deodata

G. Meyerbeer, Les Huguenots, *dritter Akt*

thematisch vom Erbe des ausgehenden 18. Jahrhunderts und unterscheiden sich in Melodik und Harmonik durch nichts von den Menuetten und Contredanses der Zeitgenossen, Mozart und Beethoven einmal ausgenommen. Die Besetzung mit 2 Flöten, 2 Oboen, 2 Klarinetten, 2 Fagotten, 2 Hörnern und Streichern entsprach dem Standard. Allerdings wird sie nicht durchgängig eingesetzt, da die von Stück zu Stück unterschiedliche Bläserbesetzung etwas Abwechslung bringt. Jede Nummer ist in sich sehr einheitlich geführt: ein Erfordernis für Ballettmusik. Das Notenbeispiel lässt darüber hinaus Verwandtschaften zwischen einzelnen Teilen (Nr. 2 und Nr. 6) erkennen.

Das Ballett war kein jugendlicher Geniestreich, sondern sorgfältig gearbeitete Gebrauchsmusik. Es ergab sich ein gefälliger Gesamteindruck. Nichts deutet auf spätere Meisterschaft.

Zwei Wochen vor Meyerbeers Ballett-Premiere war B. A. Webers bedeutendste Oper *Deodata* nach Kotzebue in Berlin uraufgeführt worden. Meyerbeer war of-

B. A. Weber, Die Weihe der Kraft

G. Meyerbeer, Les Huguenots, *fünfter Akt*

fensichtlich durch dieses Werk künstlerisch nachhaltig beeindruckt, denn schon hier prägen sich ihm Modelle ein, die in seinem späteren Werk wirksam werden sollten. Diese Art des Umgangs mit dem musikalischen Material wird noch häufig Gegenstand der Erörterung sein. Vorerst sei nur darauf aufmerksam gemacht, dass zum Beispiel das Spottlied der Turmwächter (II. Akt, Nr. 1 der *Deodata* von B. A. Weber) dem Wächterlied (III. Akt der *Huguenots*) durch die Unisono-Partie ziemlich ähnlich ist.

Noch ein zweites Werk Webers scheint Meyerbeer sehr beeindruckt zu haben: die Bühnenmusik zu Zacharias Werners Drama *Die Weihe der Kraft*, in der Weber 1805 den Luther-Choral »Ein feste Burg« als Ouvertüre in choralartiger Harmonisierung und in gleichmäßigen Halben Noten verwandte. In *Les Huguenots* wird dieser Choral eine zentrale Rolle spielen. Die Vorspiele beider Werke benutzen die Choralmelodie in ähnlicher Weise, die Ausarbeitung des Materials erfolgte aber auf sehr unterschiedliche Art. Der Chor der Nonnen »Höre deiner Töchter Chöre«, den Weber dreistimmig a cappella setzte, ist dem dreistimmigen Frauenchor aus dem fünften Akt der *Huguenots* vergleichbar. Zweifellos hat Meyerbeer in Berlin gut gelernt.

Lehrzeit bei Abbé Vogler 1810–1812

Doch Berlin war »ausgelernt«; Bernhard Anselm Weber hatte, was bei seiner liedhaften Kompositionsweise nicht verwunderlich ist, beim Kontrapunkt kapituliert. Er sah sich außerstande, eine von Meyerbeer vorgelegte Fuge zu beurteilen, sandte sie im Bewusstsein seiner Grenzen, was ihn ehrt, an seinen ehemaligen Lehrer, den Hofkapellmeister des pfälzisch-kurfürstlichen Hofes, Georg Joseph Vogler – und hörte nichts mehr davon.

Eines Tages jedoch kam ein Notenpaket aus Darmstadt; der Abbé hatte sich der Mühe unterzogen, die Fuge *Gott des Weltalls Herr*, die der »Schüler« eingereicht hatte, zu analysieren, ihre Vor-, besonders aber ihre Nachteile herauszustellen, selbst eine Fuge nach demselben Thema zu entwerfen und dabei über jeden Takt Rechenschaft zu geben. Vogler ließ sich zugleich zu einem »System« einer Fugenlehre anregen, die er mitlieferte. Die Sendung enthielt außerdem noch eine Einladung, nach Darmstadt zu kommen. Meyerbeer ließ sich durch die fundierte Kritik nicht etwa entmutigen, sondern machte sich mit großem Ernst an das Studium der Fugenlehre. Er wollte alles begreifen, um vor dem Mann bestehen zu können, der ihm zehn Jahre zuvor, als er nach einem Konzert am 29. November 1800 in der Berliner Marienkirche auch das Beersche Haus besucht hatte, eine ruhmvolle musikalische Zukunft vorausgesagt hatte.

Am 1. April 1810 verließ Meyerbeer Berlin für 15 Jahre. Er empfand kein Heimweh nach dieser Stadt oder nach seiner Familie. Seine Mutter wird er erst 1816 wiedersehen. Er wusste bloß, dass er lernen muss, um sich in der Welt zu behaupten. Dem Komponieren und Klavierspielen wird er sich vollständig verschreiben. Immer weiter wird er von Berlin abrücken. Darmstadt ist nur die erste Etappe auf dem Weg nach Süden. Und es werden wieder viele Jahre vergehen, bevor er eine neue Heimat finden wird: Paris.

Aber daran dachte er wohl nicht, als er im Frühling mit Bruder Hans, dem Erzieher Wolfsohn und einem Bediensteten nach Darmstadt aufbrach, zu dem in ganz Europa bekannten Komponisten, Organisten, Lehrer und Volksliedsammler, dem letzten Vertreter der »Mannheimer Schule«, zu Georg Joseph Abbé Vogler. Durch ihn erhielt Meyerbeer den Anschluss an eine reiche musikalische Tradition, die sich unter Kurfürst Karl Theodor von der Pfalz begründet hatte.

1749 bei Würzburg geboren, erhielt Vogler eine musikalische und eine theologische Ausbildung. Von Karl Theodor gefördert, lernte er von 1773 bis 1775 in Italien, studierte unter anderem ein halbes Jahr Kontrapunkt bei Padre Martini, dem Lehrer Mozarts, Grétrys, Johann Christian Bachs und Niccolò Jommellis, wechselte nach Padua zu Francesco Antonio Vallotti, einem gleichfalls großen Theoretiker und Komponisten. Vogler erhielt die Priesterweihen als Weltgeistlicher (wie da Ponte) und wurde Mitglied der berühmten »Accademia dell'Arcadia« in Rom, einer Vereinigung berühmter Künstler. 1776 gründete er in Mannheim die »Tonschule«, eine Vorläuferin der späteren Konservatorien, und unterrichtete dort neben anderen Bernhard Anselm Weber, Franz Danzi, Peter von Winter, Joseph Martin Kraus und Justin Heinrich Knecht, die den Mannheimer Ruhm an anderen Höfen verbreiteten. Von München aus, wohin er 1780 übergesiedelt war, unternahm Vogler Konzertreisen als Pianist und Organist. 1786 wurde er als Kapellmeister und Prinzenerzieher nach Stockholm berufen. Ab 1792 reiste er nach Gibraltar, Marokko (Tanger), Karthago, Athen, Russland und Holland; Vogler konzertierte in Deutschland und Österreich und verblieb ab 1805 in Darmstadt, wo er eine zweite »Tonschule« gründete. Carl Maria von Weber, Gottfried Weber, Johann Baptist Gänsbacher und Meyerbeer waren seine letzten Schüler.

Georg Joseph Abbé Vogler, Meyerbeers Lehrer

Um Vogler hatte sich zu Recht ein legendärer Ruhm verbreitet. Mannheim war neben Wien und München eine der Stätten des klassischen Stils. Dieser Mann war kein Scharlatan, obwohl Mozart ihn wegen seiner unorthodoxen Meinungen und seiner ungewöhnlichen Improvisationen einen elenden Spaßmacher genannt hatte. So schwankt sein Charakterbild in der Geschichte. Es gab wohl kein musikalisches Gebiet, auf dem er sich nicht mit neuen, eigenwilligen Ideen zu Wort gemeldet hätte. Er war ein »Aufklärer«, ein Rationalist, der zunächst alles analysieren musste, »zergliedern« nannte er es, bevor er sich einer neuen Aufgabe stellte. Die Mathematik betrachtete er als eine für Musiker wichtige Wissenschaft.

Obwohl Vogler einer gänzlich anderen musikalischen Tradition entstammte, erkannte er die Leistung und die Autorität Johann Sebastian Bachs an, plädierte aber für einen zeitgenössischen Umgang mit den Werken des Thomaskantors. 1810 harmonisierte er zwölf Choräle von Bach in einer vierstimmigen Bearbeitung für Orgel, wobei er jede Strophe gesondert ausführte. Carl Maria von Weber wurde mit der »Zergliederung« beauftragt. In einem Bericht gab er über jede Veränderung gegenüber dem Original Rechenschaft. Diese Veränderungen bestanden im häufigeren Gebrauch von Chromatik und von Durchgangsnoten, mit denen Vogler die Choräle dem Stil der neuen Zeit anzugleichen gedachte. Die unkritische, gläubige Übernahme des Erbes war ihm fremd, was ihm die Feindschaft der Bach-Kenner Forkel und Kirnberger einbrachte.

Da dem Abbé die Barockorgeln für seine Klangfantasien unzureichend erschienen, ließ er sich in Holland eine Orgel, genannt »Orchestrion«, mit 4 Manualen zu

63 Tasten, mit einem Pedal zu 39 Tasten, mit 35 Registerzügen und 900 Pfeifen bauen. Mit diesem Wunderwerk ging er auf Reisen und verblüffte seine Zuhörer durch ungewöhnliche Orgelimprovisationen. In seinem »Terrassenlied der Afrikaner« (»wenn sie Kalk stampfen, um ihre Terrassen zu befestigen, wo immer wechselweise ein Chor ruht, währenddessen der andere stampft«), wurde die Abwechslung der Chöre durch unterschiedliche Register hörbar gemacht. Bei der »Spazierfahrt auf dem Rhein, vom Donnerwetter unterbrochen« vernahmen die erstaunten Zuhörer das Fortgleiten des Schiffes, den Ruderschlag, das Wellengeplätscher, das Nahen des Gewitters, das durch den Gebrauch unterschiedlicher Registerkombinationen suggeriert wurde. Das Losbrechen des Donnerwetters vollzog sich, indem Vogler drei bis vier Pedaltasten gleichzeitig niedertrat. Wenn es galt, die Mauern von Jericho einstürzen zu lassen, drückte Vogler bei voll registrierter Orgel mit beiden Armen so viele Tasten nieder, wie er erreichen konnte. Das waren echte Sensationen! Fand er bei seinen Reisen große, alte Orgeln vor, empfahl er den Umbau der tiefen Register nach einem von ihm erdachten »Simplifikationssystem«, bei dem der 32-Fuß, zur Einsparung des teuren Metalls, aus einer engmensurierten Kombination von 16-Fuß und 10 2/3-Fuß, der 16-Fuß aus 8-Fuß und 5 1/2 Fuß gebildet werden können. Seine Reformidee stieß bei den Kirchenbehörden und vor allem bei den Organisten, die auf die Reinheit der Tonkunst und der Bässe achteten, auf heftigen Widerstand.

Von Voglers Kompositionen ist kaum ein Werk auf uns gekommen. Er vermittelte seinen Schülern jedoch vielfältige Anregungen, zum Beispiel den Umgang mit Blasinstrumenten, die von Weber und Meyerbeer dankbar angenommen wurden. In einer in Stockholm komponierten Kantate schrieb Vogler das Finale, einen »Cyclopentanz«, für 4 Oboen, 3 Klarinetten und 3 Fagotte (1788). In Idas Romanze aus der Oper *Hermann von Unna* (1795) führen Streicher mit Dämpfung und die Harfe die Begleitung aus, eine zu dieser Zeit ungewöhnliche Klangmischung. Gelegentlich wurden vier Fagotte verwendet, eine Besetzung, die sich Meyerbeer bis zu Beginn der 1840er-Jahre merkte, als er seinen *Prophète* schrieb. Die geisterhafte Wirkung tiefer Klarinettenregister, bei Vogler angedeutet, hat Carl Maria von Weber zu nutzen gewusst.

Neben dem oft unorthodoxen Gebrauch der Bläser löste sich Vogler auch von den klassischen Modellen der Tonartenwahl in einem Sonatensatz, indem seine zweiten Themen nicht in der vorgeschriebenen Dominanttonart, sondern in weiter entfernt liegenden Tonarten erklangen.

Im Großteil seiner Werke blieb er in der thematischen Arbeit dem älteren »Mannheimer goût« verbunden, dem Ideal einer Zweistimmigkeit von Oberstimme und Basslinie. Während in Wien Haydn und Mozart die thematische Arbeit immer mehr verfeinerten, verblieb Vogler bei einfachster Diatonik, bei Sekundgängen und Dreiklangsbrechungen in der Melodik, die auch in den Durchführungen nicht zu komplizierten thematisch-motivischen Komplexen führte, sondern mehr von Sequenzen lebte.

G. J. *Vogler*, Hermann von Unna, *Ouvertüre*

G. J. Vogler, Malborough-Variationen, Nr. 4, 1791

Doch gab es immer wieder diese Voglerschen Überraschungen wie etwa die 4. Malborough-Variation für Cembalo und Instrumente (1791), die sich weit vom Durchschnitt anderer Werke entfernte und in der Harmonik kühne Wege beschritt.

Der »Chor der Richter« aus *Hermann von Unna* steht ausdrücklich in »Phrygischer Tonart«, die entsprechend befremdlich klingt. Dagegen wird im Schlusschor »des Krieges Glücke« und »des Friedens Loos« in einem derart platten C-Dur gepriesen, dass man an der Ernsthaftigkeit des musikalischen Ausdrucks zweifeln könnte.

Vogler wäre kein Aufklärer gewesen, hätte er sich nicht auch mit den Liedern der Völker beschäftigt. Nachdem Herder in seinen *Blättern von deutscher Art* (1773) auf den Wert der Volkspoesie aufmerksam gemacht hatte, war es Vogler, der auf die Wichtigkeit der Volksweisen verwies und sie an praktischen Beispielen demonstrierte, zum Beispiel in einer Sammlung leichter Klavierstücke mit Variationen über ein venezianisches Schifferlied, mit schwedischen und russischen Volksweisen, mit sechs Variationen über eine grönländische Romanze. Beethoven, Cherubini und andere erfreute er mit dem Vortrag von Variationen über ein afrikanisches Thema. Solche musikalische Volkskunde betrieb Vogler nicht systematisch, sondern er las auf seinen Reisen Melodien auf und verarbeitete sie auf seine ganz persönliche Weise. Aber er besaß ein Gespür für die Kunst von ethnischen Gruppen, die damals nur exotisches Interesse beanspruchen konnten.

Wenn Meyerbeer in Sizilien Volkslieder und -tänze aufzeichnete, wenn er in Paris so viel Sorgfalt auf die Studien der »Couleur locale« verwandte, so hat Vogler ihm das Verständnis dafür geweckt, wie wohl auch die Internationalität von Voglers Denken nachhaltig Meyerbeers eigene kosmopolitische Haltung herausbilden half.

Als Meyerbeer in Darmstadt Quartier bezog, war auch Carl Maria von Weber angereist, um sich zum zweiten Mal der Lehre bei Vogler zu unterziehen, bevor er zu einer ausgedehnten Konzertreise aufbrach. Gleichzeitig fand sich Johann Baptist Gänsbacher (1778–1844) ein, der schon 1801 eine Lehrzeit bei Vogler und Albrechtsberger absolviert und trotz seiner Tätigkeit als Musiklehrer in Wien, Prag, Dresden und Leipzig das Gefühl hatte, bei Vogler noch etwas lernen zu können.

Die Darmstädter Jahre waren wohl neben seinem ersten Italien-Aufenthalt die unbeschwerteste Zeit, die Meyerbeer verlebte. Dabei war er alles andere als ein verbummelter Student; dennoch war die Mutter in ständiger Sorge: »Lieber Meyer aus Dem Schreiben von 7t ersehe ich mit nicht wenigen Erstaunen, daß Du Dich beklagst über die Kürße meiner Briefe, da Du immer Briefe von 4 Seiten erhältst, und ich nie Antwort erhalte auf dem was ich schreibe, so daß ich glauben müsste Du liest meine Briefe gar nicht recht durch, da die Beschuldigung aber zu hart wäre, so gebe ich es Deiner vielen Arbeit schuld. Denn daß Du viel arbeitest beweißt nicht allein das Verzeichniß was Vogler geschickt hat, als auch dem Psalm den Du an Weber geschickt hast. Weber sagt, daß der Psalm so brav und gelehrt gearbeitet wäre, daß es zum erstaunen ist, und wenn die übrige verhältnismäßig so gearbeitet wären, so begreift er kaum wie es möglich ist, daß Du in der kurze Zeit so viel hast machen können …« (Tgb. 15. Dezember 1810).*

Die einzige Brücke zum Elternhaus waren nunmehr die Briefe, die in großer Zahl von Berlin nach Darmstadt und in geringer Zahl von Darmstadt nach Berlin gingen. Jede Äußerung Meyerbeers oder Voglers wurde von der schreibfreudigen Familie mehrfach kommentiert und jede neue Komposition, wie der erwähnte 130. Psalm, dem ehemaligen Berliner Lehrer B. A. Weber vorgelegt. In den Augen der Mutter waren die Worte »brav und gelehrt« ein Lob; andere sahen es anders, wie noch zu berichten sein wird.

Der besorgten Mutter hatte Vogler am 3. Mai 1810 geschrieben: »Madame! Über die, mit dem Herrn Sohn vorzunehmende, Schule habe ich den Bericht an Sie so lang aufgeschoben, als es nur nöthig schien, um mit den Fähigkeiten dieses

---

* Alle Zitate mit Datumsangabe sowie Briefzitate sind, sofern keine anderen Angaben gemacht wurden, den acht Bänden Giacomo Meyerbeer, Briefwechsel und Tagebücher, hrsg. von Heinz und Gudrun Becker, Sabine Henze-Döhring, Berlin 1960–2006 entnommen. Dort abgedruckte Rezensionen sind durch MBT gekennzeichnet.

G. Meyerbeer, Sechs verschiedene Bässe zu der Melodie vom Tarantelstich vom Herrn Geheimrath Vogler

aufkeimenden Genies etwas vertrauter zu werden. Nun aber kann und darf ich Sie versichern, daß bei einer so vortrefflichen Anlage und vermittelst eines so seltnen, ausharrenden Fleißes in Zeit von einem Jahr eine Bildung erzweckt werden muß, deren vielleicht noch nie ein Tonschüler, der nach der Kenntniß eines Tongelehrten strebte, sich zu erfreuen hatte. Da ich das Opfer zu würdigen weiß, das Sie liebe, beste Mutter! dieser Bildung bringen, indem Sie in die weite Entfernung des Lieblings von Ihrem zart fühlenden Herzen willigen, so halte ich auch noch für Pflicht, Sie über meine Lehrmethode zu beruhigen, die jede, dem Körper lästige Anstrengung ausschließt, weil sie mit mannigfaltigen und ergötzenden Kunstunterhaltungen abwechselt. Kurz! Ihr guter Sohn, den ich väterlich liebe, ist hier sehr wohl aufgehoben, gesund und vergnügt und lernt spielend...«

Meyerbeer lernte wirklich spielend. Als versiertem Pianisten fiel es ihm nicht schwer, am Klavier zu improvisieren oder auf Kommando das Spiel des anderen fortzusetzen. Vogler unterrichtete auch oft in der Gruppe, wenn aus dem benachbarten Mannheim Gottfried Weber (1779–1839) herüberkam und dessen Schwager Alexander von Dusch. Jener hatte gerade mit Carl Maria von Weber den *Freischütz*-Stoff in Apel und Launs *Gespenster-Buch* entdeckt.

G. Meyerbeer, Six canzonettes italiennes, *Ariette IV*, Darmstadt 1810, Autograf Sächsische Landesbibliothek Dresden

Meyerbeer war Voglers treuester Schüler. Er wollte alles wissen, was dieser an Erfahrungen so reiche Mann nur weitergeben konnte. Seine geistige Disziplin und Hartnäckigkeit waren frühzeitig ausgebildet.

Er hatte den Ehrgeiz, alle Aufgaben Voglers vollkommen zu lösen. Und es gehörte gewiss eine große Ausdauer dazu, sie zu erfüllen. Vieles war zunächst mechanischer Übungsstoff, wie zum Beispiel unaufhörliches Sequenzieren gleicher Modelle durch alle Tonarten, um die Sicherheit im Modulieren zu üben. Aber nur so waren handwerkliche Fertigkeiten zu lernen, ohne die das spätere Werk nicht hätte entstehen können. Einige Blätter mit solchen Übungsaufgaben haben sich erhalten, darunter »Sechs verschiedene Bässe zu der Melodie vom Tarantelstich vom Herrn Geheimrath Vogler«. Ob der klassisch gebildete Vogler die Mitteilung von Cornelius Agrippa im Sinne hatte, »… daß in Apulien die von einer Tarantel Gestochenen erstarren und leblos daliegen, bis sie eine gewisse Melodie hören, nach deren Takt sie sogleich zu tanzen beginnen, was ihre Heilung herbeiführt, …« (Krausser 1993, S. 186) ist nicht ganz gewiss. Das Thema ist nicht sehr ergiebig, aber

G. Meyerbeer, Canzotte 6

sein Anfangston C" lässt sechs verschiedene harmonische Deutungen zu (C-Dur, a-Moll, c-Moll, F-Dur, As-Dur, D-Dur), die Meyerbeer alle zu nutzen weiß. Hier konnte er auf kleinstem Raum einen großen Variantenreichtum entfalten.

Doch Meyerbeers größter Wunsch war die Ausführung einer »dramatischen Komposition«. Also komponierte er unter Anleitung des Lehrers zunächst im »italienischen Styl« auf italienische Texte. Bis Ende September 1810 hatte Meyerbeer »12 italienische Arietten und 6 Canzonetten komponiert, meine 12 Psalme instrumentiert, und eine italienische Scene geschrieben«, wie er Gänsbacher mitteilte. Die Arietten sind nur in einer Abschrift überliefert, die *Six canzonettes italiennes* erstmals 1982 veröffentlicht worden. Der Komponist hatte sie der Tochter des preußischen Großkanzlers Karl Friedrich Graf Beyme anlässlich ihres Abschieds von Darmstadt gewidmet. Dass er Texte des Wiener Hofpoeten und Hauptlibrettisten des 18. Jahrhunderts, Pietro Metastasio (1698–1782), wählte, kennzeichnet den geistigen Standort des Schülers, der sich an vielfach bewährte Vorbilder hielt, an Texte aus *Temistocle* (1, 6), *Attilio regolo* (2), aus Cantata VIII, »La Gelosia« (3, 4) und aus *Adriano in Siria* (5).

Lernen beginnt mit Nachahmen. Also versuchte Meyerbeer zu komponieren, was er für »italienischen Styl« hielt. Er suchte seine Vorbilder von Anfang an in Italien. Dort wusste man seit Langem, wie man für Singstimmen schreiben muss. Von dort kam der Belcanto, der sich im Laufe von 200 Jahren entfaltet hatte und den Meyerbeer von den Aufführungen italienischer Werke in Deutschland und vom Studium der Partituren her kannte.

Was die Canzonetten auszeichnet, ist ihre melodische Leichtigkeit, ihr schwingender Rhythmus, die Aufhebung von Taktschwerpunkten durch melodische Vorhalte, durch Pausen in der Begleitung, die Verschleierung des Metrums durch Überbindungen und Pausen in der Singstimme.

Setzt man diesem Beispiel eine vergleichbare Stelle aus Zelters »Rastloser Liebe« (1796) entgegen, wird ein fundamentaler Unterschied zur Berliner Liederschule erkennbar: Zelter legte Wert auf große Einheitlichkeit des musikalischen Ablaufs, die in jedem Takt durch eine starke Betonung der ersten Zählzeit mit entweder verharrender oder wechselnder Harmonik unterstützt wurde.

C. F. Zelter, Rastlose Liebe, 1796

Der Konvention entsprechen in den Canzonetten die vielen melodischen Vorhalte, Seufzer, die Wortwiederholungen, die Fioriturn in der Singstimme, die chromatischen Wendungen und Alberti-Figuren in der Begleitung.

Typisch für die ersten Versuche eines Komponisten ist die Überfülle der musikalischen Gedanken. Meyerbeer verfügte noch nicht über die Ökonomie der Mittel, die er später so meisterhaft beherrschen wird. So moduliert er beispielsweise in Canzonetta 5, kaum dass er innerhalb der regelgerechten Periodenlänge bei Takt 4 die Dominante erreicht hat, schon in Takt 5 in die Tonika-Parallele G-Dur und findet erst bei Takt 16 zur Tonika e-Moll zurück. Den musikalischen Satz wünscht er sich dicht gebaut und möglichst farbenreich. Später wird es Lieder geben, die mit einer einzigen Figur auskommen.

Metastasios Arien-Texte lassen zwei Affekte zu, für die die Komponisten des 18. Jahrhunderts die A-B-A-Form gefunden hatten: Der erste Vierzeiler wurde im A-Teil, der zweite im B-Teil ausgedeutet; danach folgt die variierte Wiederholung des A-Teils. Dieser schematischen Vorgabe versucht Meyerbeer zu entgehen, indem er einzelnen wichtigen Worten durch Tonmalerei Gewicht gibt oder aus der Arie eine Szene entwickelt. Er wird niemals ein »Lied« im deutschen romantischen Verständnis komponieren, sondern als geborener Dramatiker immer darauf achten, was der Text als dramatische Szene hergibt. So bescheiden hier ein Anfang gemacht ist – bereits entwickelt Meyerbeer ein besonderes Verhältnis zum Text.

Trotz aller Ecken und Kanten, die der Lehrer beließ, zeigen sich auch andere Merkmale der Meyerbeerschen Vokalkunst, wie zum Beispiel die Ansprüche an die Sängerin, der ein Umfang von zwei Oktaven abverlangt wird. Ferner erhält die Singstimme – durch die vielen Pausen in der Begleitung und die freie, selten vom Klavier mit gleichen Tönen unterstützte Melodieführung noch herausgehoben – den absoluten Vorrang. Schließlich findet sich bereits hier eine, trotz der hohen technischen Anforderungen gut »sitzende«, der menschlichen Stimme angenehme, Melodieformung ausgeprägt.

Meyerbeer war sich über die Bezeichnung seiner sechs Lieder unschlüssig. Im Autograf steht auf dem Titelblatt »Six canzonettes italiennes«; die einzelnen Nummern sind als »Arietten« bezeichnet, was ihre weit ausholende musikalische Geste rechtfertigt.

Der Komponist hat die Lieder zeit seines Lebens nicht veröffentlicht, doch sie sind frühe Dokumente seiner Kompositionsweise und belegen seine Absicht, ein »Singekomponist« zu werden.

Da Carl Maria von Weber im September in Frankfurt die Uraufführung seiner Oper *Silvana* vorbereitete, hatte Meyerbeer Grund, das ruhige Darmstadt für ein paar Tage zu verlassen, um an den Endproben teilzunehmen. Am 16. September war Premiere. Webers Erfolg war der Anlass für Meyerbeers erste musikkritische Arbeit, die am 3. Oktober 1810 in der Nummer 237 des Stuttgarter *Morgenblatt für gebildete Stände* (MBT) erschien: »Die diesjährige Herbstmesse hat uns mit einer höchst erfreulichen theatralischen Neuigkeit beschenkt. Es ist dieses die Oper Silvana von Hiemer, in Musik gesetzt von Karl Maria von Weber ... Der Herr von Weber ist zwar dem Publikum schon lange, sowohl als ausübender Künstler (durch sein vortreffliches Klavierspiel), wie auch als Komponist (durch seine Symphonien, Klaviersachen und Gesangstücke) auf eine sehr rühmliche Weise bekannt, und man versprach sich daher schon sehr viel Gutes von seiner neuen Oper. Allein Hr. von Weber hat unsere gerechten Erwartungen bei weitem noch übertroffen, denn er hat uns in dieser Silvana ein Meisterwerk geliefert, deren die deutsche Bühne wenige besitzt – Originalität der Gedanken und Formen, ohne jedoch im mindesten bizarr zu werden; höchst frappante Wirkungen durch Blasinstrumente, die indes niemals den Gesang chargieren; ungemein zarte und liebliche Melodien, die demungeachtet nie ins Triviale verfallen; kurz, Kraft und Anmut, Würde und Liebreiz, Deklamation und Gesang; dieses sind die Schönheiten, deren sich die Oper in musikalischer Hinsicht zu erfreuen hat. – Wenn man nun noch bedenkt, daß Hr. von Weber eine bedeutende Kenntnis der Scene mit einer rein ästhetischen Ansicht derselben verbindet, daß er folglich Charaktere und Situation vor allem berücksichtigt, und seine obgedachten musikalischen Vorzüge nur dazu anwendet, das innere Leben jener durch ein lebhaftes Kolorit zu erhellen, und dem Gemüte des Hörers dadurch ansprechender zu machen; so muss man von der Vortrefflichkeit einer Oper überzeugt sein, deren Komponist so viele seltene Eigenschaften in sich vereinigt. – Die Philosophen und Ästhetiker unter den Musikern werden leider immer seltener. Gewöhnlich sind diese nur von einer musikalischen Ansicht geleitet, und daher erliegt auch meistenteils die poetische Idee unter der musikalischen Form. – Um so schätzbarer muß uns also Hr. von Weber erscheinen, der stets den geistigen Begriff mit dem Stoffe so innig zu verschmelzen weiß, daß beyde sich zu einem wohlgeordneten Ganzen einen, und der Beschauer sie mit Klarheit aufzufassen vermag. – Doppelte Verehrung daher unserm Komponisten, denn schon nach Lessings Ausspruch ist der denkende Künstler noch eins so viel werth. – Man kann indeß auf der ändern Seite nicht leugnen, daß der Komponist dem Dichter vielen Dank schuldig sey, der ihm (fast mit Aufopferung seiner selbst) eine Menge der schönsten musikalischen Situationen und Charaktere aufstellte, und diese auf eine höchst sinnreiche Weise zu motivieren wußte, ohne die Klarheit der Anlage dadurch im mindesten zu beeinträchtigen, der man es beym ersten Anblicke gar nicht zutrauen sollte, daß sie so auszuarbeiten wäre. Vor allem, wie fließend und voll Numerus ist seine Versifikation. – Die Luftfahrt der Mad. Blanchard, die an demselben Tage stattfand, und welche diese Dame bis zum Anfange des Theaters verschob, war Schuld, wenn ein großer Theil des Publikums die Dichtung nicht ganz faßte. Die meisten der Zuhörer kamen erst zum Ende des ersten Akts ...«

Neben dem Freundschaftsdienst, den er gegenüber Weber selbstverständlich zu leisten bereit war und der sich in einigen Lobpreisungen äußerte, konnte Meyerbeer seine Ansicht von einem guten Libretto und von guter Musik äußern, konnte seine gute Allgemeinbildung anbringen und zeigen, dass er ein ordentliches Deutsch zu schreiben imstande war. Er lernte auch, dass eine Uraufführung unmöglich gleichzeitig mit einem anderen Ereignis stattfinden könne, das die Leute derart in seinen Bann schlug. Es war eine Lehre fürs Leben.

Meyerbeers *Silvana*-Kritik war eine Art Prüfstein für die praktische Umsetzung der Satzungen des »Harmonischen Vereins«, den Weber und Meyerbeer nach dem Vorbild der römischen arkadischen Gesellschaft begründet hatten. Gänsbacher, Gottfried Weber, bei dem der »Zentralpunkt« (das Archiv) lag, und Alexander Dusch waren neben Weber und Meyerbeer weitere Mitglieder. Im Sommer 1810 schrieb Weber einige Satzungen als »Hülfsbüchlein« für seine Mitstreiter nieder: »Die so häufig einseitigen parteiischen Beurteilungen von Kunstwerken, von Verlegern gedungene Lobpreiser ihres Verlages und die Schwierigkeit, dem wahrhaft Guten, auch ohne großen Namen in der Welt Platz und Würdigung zu verschaffen, bewogen (uns) ... einen Verein zu knüpfen, der zum besten der Kunst, sich gegenseitig tätig unterstützend, handeln und wirken könnte ... Die wahre untadelhafte Ansicht des Vereins ist bei jedem Gliede vorauszusetzen, und da manche schiefe Ansicht und Deutung möglich wäre und auch manches Hindernis nur durch Beharrlichkeit zu überwinden sein wird, so wählte man zum Wahlspruch: Beharrlichkeit führt zum Erfolg ...« (MBT)

Der Verein gedachte in das musikalische Leben Deutschlands einzugreifen, wo eine professionelle Musikkritik nur in Ausnahmefällen existierte. Liebhaber, also Dilettanten im wörtlichen Sinne, äußerten in den Zeitungen ihre ganz privaten Meinungen, wenn nicht gerade bestimmte Verlagsinteressen durchgesetzt werden sollten. Wollten die Vereinsbrüder ihre eigenen Werke popularisieren, so ließ sich das nur über die viel gelesenen Blätter wie die Leipziger *Allgemeine Zeitung*, die Leipziger *Zeitung für die elegante Welt*, das Mannheimer *Badische Magazin*, das Stuttgarter *Morgenblatt*, das Münchner *Gesellschaftsblatt für gebildete Stände*, die Hamburger *Privilegierten gemeinnützigen Unterhaltungsblätter* oder die *Rheinische Korrespondenz* erreichen. In den Redaktionen dieser Zeitungen war man nicht abgeneigt, Beiträge von jungen Leuten abzudrucken, die offenbar etwas von ihrem Fach verstanden. Sie wurden unter folgenden Pseudonymen veröffentlicht:

»Melos« beziehungsweise »Simon Knaster« für C. M. v. Weber; »Giusto« oder »Dikaios« für Gottfried Weber; »Julius Billig« oder »Philodikaios« für Meyerbeer; »Triole« oder »Trias« für Gänsbacher und »The unknown man« für Dusch.

Die Strategie, die Weber ausarbeitete, kam einer modernen Public Relation gleich. Es handelte sich gar nicht darum, tiefschürfende Analysen mit wissenschaftlichem Anspruch zu schreiben, sondern in kleinen Notizen die Namen der Vereinsbrüder und ihrer Freunde, wie Vogler, B. A. Weber, Peter von Winter, Franz Lauska oder Marianne Schönberger, eine Sängerin von »junonischer Gestalt«, für die Weber besonders schwärmte, immer wieder ins Gespräch zu bringen. Die Zeitungen druckten ohnehin sehr persönliche Nachrichten ab, zum Beispiel die An- und Abreise von Gästen und deren Begehr. So hatte jeder Vereinsbruder ein bestimmtes Gebiet zugewiesen bekommen, in dem er die betreffenden Blätter zu »betreuen«, das heißt die Redakteure zu bearbeiten hatte, damit die Nachrichten eingerückt wurden. Wenn Meyerbeer später so viel Geduld, Zeit und gelegentlich Geld für den Umgang mit der Presse einsetzte, so deshalb, weil er in der Darmstädter Zeit die Anfangsgründe der Pressearbeit gelernt hatte.

Dass ohne Presse nichts, gegen die Presse auch nichts, aber mit der Presse viel möglich war, davon konnten sich die jungen Komponisten während ihrer künstlerischen Laufbahn unablässig überzeugen. Im Gegensatz zu dem anfangs eher zurückhaltenden Meyerbeer hatte sich Carl Maria von Weber zeit seines Lebens und sehr wortgewandt für seine Angelegenheiten schriftlich eingesetzt. Er stellte dem Publikum neue Werke vor, machte es, wie bei seinem Amtsantritt in Prag und Dresden, mit seinen künstlerischen Absichten bekannt, verteidigte sich gegen Anwürfe oder befasste sich als Schriftsteller in seinem Fragment gebliebenen Roman *Tonkünstlers Leben* satirisch mit den musikalischen Zuständen in Deutschland.

Gottfried Weber war neben »Melos« der fleißigste Rezensent. Als hochgebildeter Theoretiker lagen ihm die Analysen am besten. Er wirkte daher auch am energischsten, wie der Brief vom 27. Mai 1811 an Meyerbeer erkennen lässt: »Die recension über ›Gott u Natur‹ [ein Oratorium Meyerbeers] ist fertig u geht heute noch an Melos ab. – Eine ditto ausführl. Notiz darüber schike ich heute an di Elegante. – Das hiesige Badische Magazin hat nie auswärtige Kunstnachrichten, es war also zu auffallend u merklich. Mein nächster Transport an Hamburgs: gemeinnüzige Unterhaltungs Blätter wird übrigens auch Berlins erwähnen ... Die Süddeutschen Miscellen betreffend warte ich noch absichtlich ob sie mich nicht einladen ... Raisonnire nicht zu sehr über Unknown er hat zwar noch nichts gethan, aber beinahe so viel wie Du. – Nun habe ich Dir alles nöthige geschrieben, morgen erhältst Du das mir heute geschikte zurük, u villeicht ohne Brief, denn seit gestern Abend 6 Uhr bis heute 3 Uhr nach Tisch arbeite ich in Vereins Angelegenheit u bin noch nicht fertig. Hätt ich dafür Componirt so hätt ich was gelernt.«

Fünf Tage später bat er Meyerbeer: »Komm doch nach Mannheim. – Schikke mir doch einige Notizen über die Städte, kurz u schlecht, nur etwas, für d. Badi-

> **Mittwoch, den 8. May 1811.**
>
> # CONCERT SPIRITUEL,
> in dem
> ## Saale des Königlichen National-Theaters.
>
> Ouvertüre zu Regulus; von Weber. Hierauf folgt unmittelbar:
> 1) Gott und die Natur; lyrische Rhapsodie, vom Herrn Professor Schreiber in Heidelberg; in Musik gesetzt von Mayer Beer.
> 2) Psalm: de profundis; von Gluck.
> 3) Arie: Singt dem göttlichen Propheten, von Graun; gesungen von Demoiselle Schmalz.
> 4) Dreistimmiger Trauergesang auf Haydn's Tod, von Cherubini.
> 5) Der Gang nach dem Eisenhammer, declamirt von Herrn Beschort, mit musikalischer Begleitung von Weber.
>
> Der Text, von der lyrischen Rhapsodie, vom Psalm und Trauergesang ist à 2 Gr. Courant; und der Text vom: Gang nach dem Eisenhammer, ebenfalls für 2 Gr. Courant, an der Casse zu haben.
>
> Die Soloparthien in der lyrischen Rhapsodie, und im Trauergesang, haben gefälligst übernommen: Demoiselle Schmalz, Herr Eunike, Herr Grell, Herr Gern.
>
> Billets im Saale à 16 Gr., und zu den Logen à 1 Rthlr. klingend Courant, sind beim Herrn Kastellan Leiß im National-Theater, und am Abend des Concerts am Eingange zu haben.
>
> Anfang 7 Uhr; Ende nach 9 Uhr.
> Der Eingang des Saals wird um 5 Uhr geöffnet.

Programmankündigung der Rhapsodie Gott und die Natur von G. Meyerbeer, Sammlung Becker

sche Magazin, damit ein Anfang gemacht wird mit Notizen u die über Dich nicht allein stehen bleibt. Nur allerley dummes Zeug, Topographisch, Agro- u Gemisch, wenig musicalisch und theatralisch. Du glaubst nicht wie dumm das Blatt ist, was Du auch schikst ist gescheiter als alles übrige, Meine Opera ausgenommen.« Das sind stolze Worte eines Mannes, der sich seiner Qualitäten durchaus bewusst war.

Wenn Gottfried Weber auch das Blatt für dumm hielt, ein Leser ließ sich nicht für dumm verkaufen. Am 3. August 1811 konnte man im *Badischen Magazin* (MBT) lesen:

> Epigramm an ein paar Kritikaster:
> Der eine nennet sich gerecht
> Der andere, unbekannt.
> Wär' ihre Kritik nicht so schlecht
> Sie hätten sich schon längst genannt.

Als Gottfried Weber im Herbst erneut angegriffen wurde, ließ er durchblicken, er kenne den anonymen Schreiber und nannte einen Namen. Der so Beschuldigte beteuerte seine Unschuld, doch Weber hielt den Streit noch ein wenig auf kleiner Flamme, um im Gespräch zu bleiben. Meyerbeer veröffentlichte am 10. Dezember einen Artikel (MBT): »Aus einem Briefe an den Herausgeber, geschrieben nach Durchsicht des Aufsatzes Ueber die Concurrenz von zwey Kritiken« (den Weber selbst redigiert hatte): »Wenn gegen einen Mann, wie Herr Gottfried Weber, dessen Verdienste um den theoretischen Teil der Tonkunst überhaupt, und um den Musikzustand in Mannheim insbesondere, sonst anerkannt sind, plötzlich von unbekannter Hand ein Pfeil geschleudert wird, so würde gewiß jeder Unbefangene von selbst auf den Gedanken gekommen seyn, daß leidenschaftliches Privat-Interesse diese Hand geführt habe ... Wenn nun gleich Beleidigungen ... sich am leichtesten verschmerzen lassen ... so liegt doch in der Art ... zu viel die Rechtlichkeit Empörendes, um es ganz mit Stillschweigen übergehen zu können.

Herr Weber ist kein Dilettant, (als welcher ihn der Verfasser der Antikritik stets behandelt), sondern Künstler ... Wer nun aber mit der Beherrschung aller technischen Schwierigkeiten, mit der Kenntniß der Ursachen und der Mittel, auch die schöpferische Kraft verbindet, der darf gewiß auf den Namen Künstler Anspruch machen. Daß Herr Weber diese Bedingungen erfüllt, davon haben alle Musikkenner in den öffentlichen Aufführungen seiner Messen und Kantaten sich zu überzeugen Gelegenheit gehabt. Auch hat ein kompetenter Richter, das Mannheimer Publikum, seine Übereinstimmung mit der eben geäußerten Behauptung zu erkennen gegeben.

Sollte es mir daher der Verfasser der Antikritik wohl übel deuten können, wenn ich aus allem diesen vermuthe, daß er von den Kompositionen des Herrn W. nur wenig und flüchtig oder auch vielleicht gar nichts gehört, von dessen verschiedenen theoretischen Abhandlungen nichts erfahren habe? Alsdann hätte er aber doch das Verdienst des Künstlers etwas weniger schnell und leichthin würdigen sollen ... J. Meyer Beer«

Der Anlass war geringfügig genug, es war die einzige öffentliche Äußerung Meyerbeers, die er mit vollem Namen unterschrieb. Sie blieb die einzige, da er bald lernte, sich zurückzuhalten, wenn es um Streitigkeiten ging. Je mehr er selbst komponierte und sich mit seinen Werken der Öffentlichkeit stellte, umso weniger äußerte er sich öffentlich zu seinem Werk. Bezeichnenderweise war es Gottfried Weber, dem er später eine seiner seltenen Meinungsäußerungen (über *Les Huguenots*) zukommen ließ.

Gottfried Weber war der dritte von vier Männern mit dem Namen Weber, die Meyerbeers Lebensweg kreuzten. Weber hatte in Heidelberg und Göttingen Jura studiert, war Rechtsanwalt, Richter und Staatsbeamter (Fiskalprokurator) in Wetzlar, in Mannheim (seit 1804), in Mainz (seit 1812) und in Darmstadt (seit 1818). Als Komponist und Musiktheoretiker bildete er sich autodidaktisch, galt aber bald als geachtete Autorität. 1806 hatte er in Mannheim ein Konservatorium und eine »Hofmusikakademie« ins Leben gerufen, die die damals bekannten Museumskonzerte veranstaltete. Sie bestand aus 29 Berufsmusikern und 23 Liebhabern und trug wesentlich zur Belebung des Mannheimer Musiklebens bei, das nach der Verlegung des Hofs nach München (1778) fast zum Erliegen gekommen war. 1824 begann Weber mit der Herausgabe einer eigenen Musikzeitschrift *Caecilia*. In einer Nummer des Jahrgangs 1826 bezweifelte er als erster die vollständige Echtheit des *Requiems* von Mozart. In seinen musiktheoretischen Schriften *Versuch einer geordneten Theorie der Tonsetzkunst* (1817–1821), *Allgemeine Musiklehre* (1822) oder *Die Generalbaßlehre im Selbstunterricht* (1833) führte er für Akkordbezeichnungen deutsche Buchstaben ein: große für Dur, kleine für Moll.

Nach Gänsbachers Zeugnis hatten die Eleven Voglers 1810 deutsche Psalmen auf Worte von Moses Mendelssohn zu vertonen. Vogler »teilte« nach kritischer Durchsicht den Schülern seine Meinung »mit«. Gottfried Weber erbat sich manche Komposition für seine Mannheimer Museumskonzerte und verband die kritische Sicht sogleich mit der Aufführung, um dann Hinweise über Ungeschicklichkeiten im musikalischen Satz zu geben. So erhielt er 1812 von Meyerbeer *Sieben geistliche Lieder* auf Texte von Klopstock, die er im Oktober desselben Jahres aufführen ließ. Weber sah sich die Partitur der vierstimmigen Gesänge an und äußerte einige Bedenken: »Die Klopstockschen Lieder betr so ist mein Spruch: das erste bleibt aus, theils vor relatio das schlechteste, Theils weil darin die Text Radbrechungen am ärgsten sind, welche Du in Deinen 3 lezten zu meiner großen Freude Dir nicht mehr zu Schulden kommen läßest, … Deine Psalmen sollen mich unendlich freuen u auf di noch übrige Zeit meines Lebens glüklich machen« (MBT, 24. Februar).

Meyerbeer hat daraufhin einige Kleinigkeiten berichtigt; die Nr. 1 ließ er unangetastet, Nr. 2 erschien 1813 als Beilage der *Allgemeinen musikalischen Zeitung,* und 1838 kramte Meyerbeer alle sieben Lieder aus seiner Kiste, übergab sie seinem Verleger Schlesinger, der sie mit einer französischen Übersetzung von Ernest Legouvé 1841 veröffentlichte. Sie sind Zeugnisse für Meyerbeers »Kirchen-Styl« aus seiner Studienzeit.

Im Gegensatz zur weltlichen Vokalmusik und zur Instrumentalmusik der Klassik, die mit ihrer motivisch-thematischen Arbeit den Weg vom Affekt zum Dialog-, zum Kontrastprinzip ging, blieb der Kirchenstil mehr den älteren kontrapunktischen Künsten verbunden, wenn er sich nicht, wie in Mozarts »Ave verum«, einer neuen liedhaften Gestaltung anschloss. Da nun Meyerbeer bei Vogler beides lernte und Bachsche Choräle analysierte, nutzte er die Möglichkeiten einer farbigen, chromatischen Harmonik und erprobte die Verbindung von kantablem Satz und vierstimmigem Kontrapunkt.

Auffällig ist, dass das Thema der Nr. 7 mit dem Thema der Cabaletta »Ah, pitié pour ma mémoire« (Laßt mein Flehen euch beschwören / Gnade meinem Angedenken), dem meist gestrichenen Teil der berühmten Arie des Vasco da Gama »O paradis« (Land so wunderbar) aus *L'Africaine* identisch ist.

Während der flehende Gestus in der Arie durch Pausen und Vorhaltnoten noch verstärkt wird, bleibt das geistliche Lied streng im Periodenbau, der die Kurzatmigkeit des Motivs durch Wiederholung zusätzlich unterstreicht. Die Wiederverwendung des Motivs zeigt eine von Meyerbeer später oft genutzte Kompositionsweise, bei der er bestimmte musikalische Modelle erfand, denen erst nachträglich Texte unterlegt wurden. Diese »monstres« folgten einem festen rhythmischen

G. Meyerbeer, Sieben geistliche Gesänge von Klopstock, Nr. 7

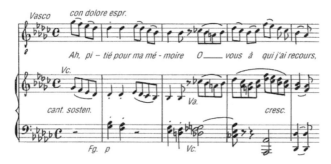

G. Meyerbeer, L'Africaine, vierter Akt, Arie des Vasco da Gama

Schema und konnten jederzeit durch entsprechende Worte gefüllt werden. Diese Methode funktionierte, weil die Reimstruktur verbindlich festgelegt war.

Da wegen der Kriegshandlungen im Herbst 1812 auch in Mannheim größere Oratorienaufführungen unterblieben, kamen die Geistlichen Lieder Meyerbeers für eine Aufführung unter Gottfried Webers Leitung gerade recht. In der *Allgemeinen musikalischen Zeitung* vom 27. Januar 1813 (MBT) schrieb Weber: »Schönen Ersatz gewährten indessen manche weniger vollstimmige Gesangsstücke, vorzüglich aber einige geistliche Lieder für Sopran, Alt, Tenor u. Bass, componirt v. Meyer Beer; wahrlich Meisterstücke im Kleinen, sowol an Wohlklang und Lieblichkeit, als an harmonischem Reichthum, glücklich abgerundetem Stimmenfluss, und höchst ansprechender Auffassung des Sinnes der edlen Klopstockischen Texte ... Dass sie sämmtlich nicht blos die musikalisch Gebildeteren lebhaft ansprachen, sondern auch allgemeinen und lauten Beyfall gewannen, beweiset bey prunklosen, blos vierstimmigen, geistlichen Gesängen gewiss viel für das Talent des Tonsetzers, und zugleich für den Kunstsinn des doch gemischten Auditoriums. Noch unbedingter wäre vielleicht dieser Beyfall gewesen, fände sich nicht zuweilen der Zusammenhang des Textes, den musikalischen Figuren und Eintritten zu Liebe, etwas zerrissener – eine Nachlässigkeit, welche Ref. schon an einem anderen Ort ... an einem größeren Werke desselben Meisters gerügt, und durch angeführte Textstellen belegt hat ...« Diese Besprechung war wiederum ganz im Sinne des »Harmonischen Vereins« gehalten mit dem aufführungspraktischen Hinweis auf die geringen Anforderungen und die Werbung für das Nachspielen; ein wenig Tadel, damit das Lob nicht zu überschwänglich ausfällt, gab die Würze.

Die Beziehung zu Gottfried Weber riss auch nicht ab, als Meyerbeer Deutschland verließ. 1815 sandte Weber ihm nach Paris einen Aufsatz »Über chronometrische Tempobezeichnung und insbesondere gegen die Einführung der J. Mälzelschen Taktmessungsmaschine«, in dem er gegen die mechanische Zeitmessung durch das Metronom protestiert. Als Musiker, der in der Klassik erzogen worden war, fürchtete er eine Einengung des Künstlers durch die Maschine und verfocht die individuelle Temponahme durch den Interpreten. Da Mälzel seine »Taktmessungsmaschine« in Paris patentieren lassen wollte, bemühte sich Meyerbeer, diesmal diplomatisch ungeschickt, seinem Freund Weber zu helfen, indem er ausgerechnet Mälzel aufsuchte, um diesen mit dem Weberschen Artikel von seiner »Maschine« abzubringen. Dann brach die Beziehung auf Jahre hinaus ab. Zwar hatte Weber in der Berliner *Allgemeinen musikalischen Zeitung* (Nr. 28, 1825) den Klavierauszug des *Crociato* noch wohlwollend besprochen, doch vom Komponisten kein Echo erhalten. Damit endete auch Webers Rezensententätigkeit für die Mitglieder des »Harmonischen Vereins«.

Endlich, am 20. August 1833, fasste sich Meyerbeer ein Herz und schrieb an Weber, indem er zunächst ganz kurz ein paar Entschuldigungen fallen ließ, um dann rasch zur Tagesordnung überzugehen: »Lieber Bruder! Hättest Du mir nicht gesagt, daß Dir Rocks Briefe unangenehm sind, weil sie immer so viele Versicherungen seiner Liebe und Freundschaft enthielten, so hättest Du gewiß schon den Tag nach meiner Abreise aus Darmstadt eine vielseitige Liebeserklärung von mir erhalten, denn es hat mich wahrhaft glückselig gemacht, als ich Dich wiedersah und Dir (nachdem ich meine ›griefs‹ vom Herzen herunter geredet hatte) sagen durfte, wie teuer und wert Du meinem Herzen bist, und sah, daß auch Dir an der Seite Deines liebenden Jugendfreundes behaglich zu Mute war. – So, nun wird es doch ein Rock'scher Brief und sollte es doch nicht. Doch es drängte mich Dir es wenigstens einmal zu sagen.«

Auguste Weber wandte sich am 15. April 1837 an Meyerbeer: »Da ich weiß daß Sie gegen uns ... noch so freundlich gesinnt sind wie früher, so wende ich mich vertrauend ... an Sie, daß Sie mir behülflich sein mögen bei ausführung einer Idee, es ist nämlich dies, ich weiß daß es meinem Gottfried viel Freude machen würde, sich als Mitglied des conservatoirs- oder Academie in Paris aufgenommen zu sehen, ... Sie Verehrtester könnten Ihrem alten Freund – der noch für Sie wie anno 1810 glüth – diese Freude bereiten nur darf er Nie wissen daß ich die Veranlassung dazu gab ... uns Frauen hat die Vorsehung das schöne Loos zugeteilt in den mit

Dornen besäeten Geschäftsweg unserer Männer die Rosen einzuflechten – ...« Am 21. Juli schrieb Meyerbeer dazu an seine Frau Minna: »Ich habe Gottfried Weber in Darmstadt besucht und ihm meinen Plan für die Akademie mitgetheilt, natürlich ohne des Briefes seiner Frau zu erwähnen. Er schien sehr gerührt, weinte sogar, war auch sonst sehr freundlich und herzlich, berührte aber auch nicht mit einem einzigen Worte der ›Hugenotten‹. Ja als seine Frau erzählte sie wäre mit ihrem Manne zwei maale nach Mannheim gereiset um ›Robert‹ zu hören, blieb er still. Übrigens habe ich ihn unendlich geältert, und verrostet durch das ewige Leben in einer kleinen Stadt gefunden, wo es ihm natürlich an Umgang mit großen Künstlern und hören großer Werke fehlte. Das sind beides unerläßliche Bedürfnisse für den Künstler welcher das höchste erstreben will.«

Beide Freunde hatten sich nicht nur räumlich voneinander entfernt. Als Weber 1839 in seiner *Caecilia* einen bereits 1837 eingegangenen Artikel eines anonymen »Hugenotten«-Besuchers abdruckte, wurde deutlich, dass der ehemalige Mitstreiter zu alt geworden war, um die neuen Wege zu begreifen, die Meyerbeer inzwischen beschritten hatte. In dem Bericht »Einige deutsche Gedanken bei Gelegenheit einer französischen Oper« (MBT) heißt es: »... Ich ... will nicht sagen, daß die Hugenotten eine schlechte Oper sind; im Gegenteil hinsichtlich der Musik scheinen sie mir eine sehr schöne Oper zu seyn; sondern nur, daß ihre Aufführung in Deutschland eine unpassende Handlung ist; und daß man daher, wegen des Schadens, der dadurch für die ungebildeten Zuschauer entstehen kann, sie ohne Gnade von der Bühne verbannen sollte, es den Gebildeten überlassend, ... die Musik daraus in ihren Concerten und Privatcirkeln aufzuführen.«

Gottfried Weber starb am 21. November 1839 in Bad Kreuznach und hinterließ zehn Kinder. Auguste Weber bat Meyerbeer um Unterstützung; der notierte im Taschenkalender vom Dezember 1839: »Wechsel für Witwe Weber«. Er veranlasste seinen Freund Johann Georg Kästner, eine Würdigung Webers für eine französische Zeitschrift zu verfassen. 1845 bedankte sich Auguste Weber unter anderem für die Hilfe, die Meyerbeer ihrem Sohn hatte angedeihen lassen, als dieser Medizin studieren wollte. Vom 18. Juni 1846 ist ein Brief Auguste Webers an Meyerbeer überliefert, in dem sie ihn um Rat wegen der Herausgabe »Sämtlicher Artikel von der Hand Gottfried Webers« befragt, worauf Meyerbeer laut Taschenkalender vom September antwortete. Dies ist der letzte dokumentarische Beleg der Verbindung Meyerbeers zur Familie Gottfried Webers.

Carl Maria von Weber trat im Februar 1811 eine große Konzertreise an, die ihn zuerst nach München führte, wo er den Klarinettisten Joseph Heinrich Baermann und dessen Frau, die Sopranistin Helene Harlas, kennenlernte. Beide sollten bald zu Meyerbeers Freundeskreis gehören. Bestens empfohlen, nahmen Weber und Baermann in Berlin bei der Familie Beer Quartier. Weber notierte in sein Tagebuch (MBT): »Er [Meyerbeer] ist mir ein lieber wahrer Freund, die Trennung von ihm tat mir sehr wehe, und nur die Hoffnung ihn bald wiederzusehen, tröstete mich.« Meyerbeer über Weber (an Gänsbacher, September 1810): »Schade um den jungen Mann. Wenn er noch eine Weile den Kontrapunkt bei Wenzel Müller, den guten Gesang bei Zelter und Klavierspielen bei Eberl studiert hätte, so würde einmal ein recht braver Künstler aus ihm werden können.« Am 12. August schrieb Weber: »Lieber Bruder! Ich kann aus Dir gar nicht klug werden. Seit den ersten 14 Tagen meiner Abreise von Darmstadt habe ich keinen ordentlichen Brief beynah mehr von Dir zu sehen bekommen. allem sezt aber Dein lezter die Krone auf, den ein so confuses Ding ohne Anfang und Ende ist mir noch nicht vorgekommen.«

Zwischen solchen Extremen schwankte zukünftig das Verhältnis beider Komponisten. Es wurde zunehmend belastet durch die auch von der Familie immer wieder beklagte Schreibfaulheit Meyerbeers. Sie beruhte einerseits auf Bequemlichkeit und Unentschlossenheit, war andererseits aber auch Ausdruck des Lösens von Personen und Beziehungen. Das wollten beide Webers nicht wahrhaben, und sie begriffen nicht, dass sich Meyerbeer innerlich von ihnen zu entfernen begann, dass er reifte und sich nach neuer Gesellschaft umsah.

Seit Anfang 1811 war nun Meyerbeer Voglers einziger und letzter Schüler. »Der Papa nämlich hat vor einigen Wochen vom Großherzog einen miserablen Text zu einer komischen Oper erhalten, mit einem Auftrage dieselbe zu komponiren. Da hat nun Papa den glücklichen Einfall gehabt, daß ich dieselbe auch komponiren sollte, und zwar Nummer für Nummer zu gleicher Zeit mit ihm. Denke Dir nun zu was für interessanten und lehrreichen Vergleichen das Gelegenheit giebt« (10. Januar 1811 an Gänsbacher). Das waren keine Schüler-Aufgaben mehr, das war Gesellenarbeit von hohem pädagogischem Wert. Meyerbeers Szenen zur komischen Oper *Der Admiral oder der verlorene Prozeß* sind nicht erhalten oder haben in einem anderen Werk ihren Platz gefunden, aber das Werk hätte ohnehin keine Aufführungschance gehabt. Auch ein 1810 erwähntes *Abu Hassan*-Projekt blieb unausgeführt. Meyerbeer konzentrierte sich doch lieber auf eigene Arbeiten und nutzte seine Berliner Verbindungen, um am 17. März 1811 den 98. Psalm im Rahmen einer Gedenkfeier für die verstorbene preußische Königin Luise aufführen zu lassen. Bernhard Anselm Weber leitete die Aufführung.

Im Februar erhielt Meyerbeer von Vogler den Text zu der Lyrischen Rhapsodie *Gott und die Natur*, einem Oratorium, das der Dichter und Ästhetik-Professor Aloys Wilhelm Schreiber (1761–1841) verfasst hatte. Von Schreiber stammte die Forderung nach einer stehenden deutschen Schauspielbühne, die er 1788/89 in Mainz in einer von ihm herausgegebenen Theaterzeitschrift aufgestellt hatte (Knepler, 1991). Meyerbeer machte sich vehement an die Arbeit, »… daß ich leider gar nicht an das Briefschreiben denken darf …« (27. Februar an Gänsbacher), und schrieb ein Werk, dem man die Vorbilder Händel, Hasse, Haydn anmerkte. Im Gegensatz zu Haydns Spätwerk *Die Schöpfung* (1798) mit seiner klassischen Entwicklungsdramaturgie vom Nichts zum Licht ist *Gott und die Natur* ein Lobpreis der Schöpfung Gottes, wird die Existenz von Lebewesen (Nr. 6, Chor der Blumen) oder die Geburt

G. Meyerbeer, Gott und die Natur

der Elemente besungen (Nr. 8, Luft, Feuer, Erde und Wasser haben je ein Thema, zu welchen je ein Begleitthema tritt, so dass sich »acht Themata« ergeben, deren kontrapunktische Verschmelzung Weber bewunderte). Nach der Bestätigung durch den Chor (Nr. 10) »Er war, er ist und er wird seyn« treten im Duetto Nr. 11 der »Zweifler« und der »Gottesleugner« auf: Der anschließende Männerchor verkündet Zuversicht und gläubige Hoffnung. »An dieser Stelle schließt sich der Chor (C-Dur): Hörst du die Posaun erklingen?, wo es mich freute, daß der Komponist nicht die Plattitude beging, Posaunen hören zu lassen … Der Text wendet sich zur Auferstehung, wo alles Gestorbene zu leben wieder anfangen wird. Der Sopran tritt solo und pianissimo, nur von einem Paukenwirbel begleitet, nach der spannenden Stille einer Fermate ein [folgt ein Notenbeispiel] … Endlich tritt die Schlußfuge ein …«, schrieb Carl Maria von Weber in der *Allgemeinen musikalischen Zeitung*, XIII, 1811, (MBT) über das Werk des Freundes. Er fand, dass »… alle Melodien, selbst die schmeichelhaftesten, … in den Grenzen des ernsten Stiles (bleiben).« Wie eine einfache Aufstellung einiger Themen zeigt, sind sie weder originell noch von individueller Gestalt, vielmehr eignet ihnen eine fast »scholastische« Strenge.

Mit ihren lapidaren Themen, dem gravitätischen Tempo und den Chorfugen in langen Noten ist Meyerbeers Musik der Versuch, den Stil der Klopstock-Gesänge ins Große zu übertragen. Für ihn war es dabei wichtig zu lernen, größere Teile formal gut zu disponieren, eine Aufgabe, vor der er bei den folgenden dramatischen Vorhaben immer wieder stehen sollte.

Mit allem Einfluss setzten sich Meyerbeers Eltern für eine Aufführung ein. Bernhard Anselm Weber dirigierte, erstaunt über die Fortschritte, die sein ehemaliger Schüler inzwischen gemacht hatte; erste Kräfte des Nationaltheaters wie Auguste Schmalz, Friedrich Eunicke, Johann Georg Gern sangen die Uraufführung am 8. Mai 1811. Sogar der gestrenge Kritiker der *Vossischen Zeitung*, Johann Karl Friedrich Rellstab, äußerte sich vorsichtig zustimmend; den 98. Psalm hatte er noch verrissen. Meyerbeer war es nicht gewohnt, dass man sich kritisch mit ihm auseinandersetzte, denn bisher hatte er von Lehrern und Freunden nur Lob geerntet. Gewiss gab es seitens der Berliner Musikkritik immer eine gewisse Animosität gegenüber Meyerbeer, er aber baute daraus schon als 19-Jähriger ein regelrechtes Feindbild auf. So schrieb er am 22. Mai an Gottfried Weber über Rellstabs Kritik: »... welches um so mehr zu verwundern ist, da sie ... von Feinden von mir verfaßt sind, und die eine sogar ... meinen berüchtigten Gegner Rellstab zum Autor hat, der einige Monate vorher so beißend über mich abgeurteilt hat. Welche Demütigung für diesen Elenden, so fast wider seinen Willen mich loben zu müssen.« (MBT)

Bald nach der Uraufführung des Oratoriums, zu der Meyerbeer nicht nach Berlin kam, lag pünktlich am 30. Mai »Zur Geburtsfeier des Herrn Jacob Hertz Beer« eine Kantate vor, von Wolfssohn (Text) und Meyerbeer (Musik) verfasst. Danach entstanden eine Sinfonie in Es-Dur und ein Doppelkonzert für Violine und Klavier. Beide Partituren sind verschollen. Vom Konzert wissen wir nur durch eine Notiz in der *Allgemeinen musikalischen Zeitung* (MBT), die anlässlich der Uraufführung am 4. Februar 1812 schrieb, das Stück wäre »aber mehreren Zuhörern zu dunkel« gewesen und habe »daher nicht allgemeinen Beyfall« gefunden. Interessant wäre zu erfahren, wie Meyerbeer für Soloinstrumente schrieb, acht Jahre nach Beethovens Tripelkonzert, zwei Jahre nach dessen 5. Klavierkonzert.

Unterdessen hielt Vogler den Zeitpunkt für gekommen, seinem Schüler ein eigenes dramatisches Werk anzuvertrauen. Beide entwarfen den Plan zu einer Oper *Jephtas Gelübde*, den Aloys Wilhelm Schreiber zum Libretto formte. Das Kolorit sollte orientalisch sein, wie es nach den Türkenkriegen in Süddeutschland und Österreich so beliebt war, wenn auch die meisten Stücke, von gelegentlichen Anklängen an Janitscharen-Musik abgesehen, nicht vom Orient handelten, sondern von deutschen Bürgern in türkischen Kostümen.

Jephta ist ein aus dem Alten Testament (Richter 11, 30–40) bekannter tapferer Krieger, der das Gelübde ablegte, nach dem Sieg über seine Feinde mit dem Beistand Gottes, diesem das erste Lebewesen zu opfern, das ihm nach der Schlacht beggnete – es ist seine Tochter. Gott verhindert das Opfer.

Nach einer Spätsommerreise im August/September in die Schweiz und nach Oberitalien begann Meyerbeer die Komposition. Am 13. Oktober beklagte er sich in einem Brief bei Prof. Wolfssohn: »Mit meiner Oper kann ich noch immer nicht im Train [zum Zuge] kommen, denn ich bin schon zum zweiten male davon ausgeworfen worden ... Kaum war ich ein paar Tage in Darmstadt, und hatte mich mit der größten Mühe wieder an das Eremittendasein gewöhnt [die Mutter hatte ihn als den »Eremiten auf Darmstadt« bezeichnet]: … hatte auch schon die erste Arie im 2ten Akte leidlich zu Stande gebracht, als Vogler diese Ruhe wieder störte, indem er mich eines Morgens bei Seite nahm und zu mir sagte: Ich habe Ihnen einen Vorschlag zu machen … Ihre Frau Mutter will durchaus, daß Sie … ein Konzert zum Besten der Armen geben sollen …« Dieses verbündete Vorgehen von Mutter und Lehrer traf auf eben entschlossenen Widerstand des Sohnes und Schülers, so dass Vogler am 15. Dezember 1811 an Amalia Beer schreiben musste: »Zu unserem Konzert-Projekt will der Herr Sohn sich durchaus nicht verstehen.« Der wollte lieber komponieren. Dem Vater schrieb er am 18. Januar 1812: »So viel kann ich Dich indeß versichern daß es durchaus bloß mein und gar nicht Voglers Schuld ist, daß meine Oper noch unvollendet blieb. Denn ich hatte noch einige neue Ideen hinsichtlich der Poesie, welchen zufolge ich einen Theil des ersten und 2ten Aktes ganz umarbeiten ließ.« Schon in seiner ersten Oper also arbeitete Meyerbeer an den dramaturgischen Grundlagen. Er änderte Texte, die Umarbeitungen nach sich zogen, aber die nahm er gern in Kauf, wenn er dadurch eine Verbesserung seiner dramatischen Aussage erreichte. Der Drang nach ständiger Veränderung des Textes und der Dramaturgie war ein wesentlicher Teil seines Perfektionsstrebens. Es blieb eine der wesentlichsten Voraussetzungen seiner Leistung als Opernkomponist.

Am 15. März konnte er von Würzburg aus seinem ehemaligen Erzieher Wolfssohn schreiben: »Gestern Abend hat er [Vogler] bereits die Instrumentation des großen Rezitatives vom Jephta … durchgesehen, und dieses bedeutende Stück ist nun gottlob auch beseitigt.« Am 6. April 1812 vollendete Meyerbeer die Instrumentierung seiner ersten Oper. In der musikalischen Sprache, in der Themenerfindung und -verarbeitung ist die Abhängigkeit vom Lehrer spürbar. Aber unverkennbar zeichnet sich der Musikdramatiker Meyerbeer ab, wo er Möglichkeiten zur Charakterisierung eines Vorganges entdeckt. Er beginnt, seiner Partitur verbale Erläuterungen hinzuzufügen. Der Nebenbuhler Abdon »verliert sich in wollüstiger Rückerinnerung«, heißt die Anweisung für die Arie Nr. 1 »Ha, so zu empfangen mit heißem Verlangen«, um dem Interpreten neben der charakteristischen Musik auch einen Hinweis zur Darstellung des Affekts zu geben.

Das Finale II beginnt mit einem Chor der Krieger hinter der Szene. Zur Verdeutlichung des räumlichen Erlebens schreibt der Komponist vor: »Anfänglich in weiterer Entfernung kömmt aber nach und nach immer näher.« Das ist allerdings keine Erfindung Meyerbeers, eher der Beweis, dass er die einschlägigen Werke kannte. Auch dynamische Finessen dienen der Verschärfung des Dramatischen: Wenn Sulima in jenem verhängnisvollen Moment ihrem Vater begegnet, blasen die vier Hörner im dreifachen Forte mit der ausdrücklichen Anweisung: »Schallstücke aufwärts.« Der Trauermarsch, der das Finale III dieser »ernsthaften Oper« (laut Titelblatt der Originalpartitur) eröffnet, sieht im Vorspiel für Hörner, Trompeten und Pauken ein taktweises Crescendo vom Pianissimo zum Forte vor. Hier setzt Meyerbeer den dynamisch vielseitigen Mannheimer Stil fort. Zugleich werden orchestrale Mittel dramaturgisch begründet sparsam, aber wirkungsvoll eingesetzt (Heidlberger und Nitsche in: Döhring/Jacobshagen 1998). Auch im vokalen Gestus sind Ansätze einer musikdramatischen Charakteristik spürbar. Im Terzett Nr. 12 bekundet Sulima ihre Todesbereitschaft. Auf den Text »Die Erde hat nur Leiden« singt sie eine vier Takte lange Koloratur, die, wenn sie auch etwas ungefüge ist, doch Meyerbeers Bemühen hörbar werden lässt, seelische Vorgänge zu musikalisieren, ein Weg, den er weiterverfolgen wird.

Berlin kam, trotz bester personeller und technischer Vorbedingungen, für die Uraufführung nicht in Betracht, denn die voreilige Mutter, nur die Karriere des Sohnes im Sinn, hatte dem allmächtigen Theatergott Iffland, der am 18. Juni 1811 zum »Generaldirektor der Königlichen Schauspiele« berufen worden war und damit auch Einfluss auf die Spielpläne der Oper nahm, das Libretto zum Lesen gegeben. Es hatte ihm nicht gefallen.

Vogler beklagte sich am 15. Oktober 1811 bei Madame: »Aber liebe! beste Freundin! Wie konnten Sie bei einer so interessanten Geschichte, wie Jephtas Gedicht ist, mich vorbeigehen? Habe ich … Ihre Achtung verlohren …, daß Sie mir die Idee, es Iffland lesen zu lassen, verheimlichten? … er hat es … als ein Gesuch um Protection angesehen … Wir beide wollen nicht supliciren [bitten], sondern man schickt das Gedicht und die fertige Partitur und frägt: entweder, oder. Für Berlin ist es jetzt geschehen und es bleibt keine Aussicht mehr übrig, als diese Oper in München aufführen zu lassen. Dort ist es sehr schwer, wenn Sie aber, wie Hr Prof mir erklärte, keine Nebenkosten scheuen, so lege ich meine Autorität dazu …« »Nebenkosten« war ein euphemistischer Ausdruck für die Summe, die notwendig war, um das Werk eines völlig unbekannten Neulings überhaupt an der Münchner Hofoper unterzubringen.

Die bayerische Residenz hatte in der Tat einen guten Ruf als Opernstadt, der noch aus der Zeit des 18. Jahrhunderts stammte, als Mozart seine *Finta giardiniera* und seinen *Idomeneo* dort auffführen konnte. Die Kriege hatten jedoch auch hier an der Substanz gezehrt, so dass der königliche Etat oft nur gering ausfiel, zumal neben dem schon seit 150 Jahren etablierten italienischen Ensemble auch eine 1799 begründete deutsche Oper Ansprüche anmeldete. Vogler glaubte, wegen der Beziehungen Mannheim-München genügend Einfluss auf die Annahme von *Jephtas Gelübde* nehmen zu können.

Für Meyerbeer ging die Angelegenheit zu langsam voran. »Ich fürchte übrigens leider«, schrieb er am 28. März 1812 an Wolfssohn, »daß der Hauptzweck unserer Vorausreise, nämlich Vogler zu treiben, ganz verfehlt ist, denn Sie wissen, er hat sich hier [in Würzburg] zu 3 Concerte verbindlich gemacht, und noch ist gar keine Aussicht zu dem 2ten denn er reparirt dazu die Orgel vom Neumünster-Stift, die vor 12 Tagen a dato nicht einmal fertig wird.« Im Tagebuch von 1812, dem ersten, das überliefert ist, notierte er im April: »Schon im Anfänge des Januars war es bestimmt, daß Vogler & ich nach München gehen sollten ... Allein diese Reise verschob sich aus tausend verschiedene Gründen bis zum 8. März (Sonntag), wo wir dann endlich von Darmstadt abreisten & den 9. abends in Würzburg ankamen. Dort mußte ich leider 5 Wochen bleiben, indem Vogler 3 Orgelkonzerte geben wollte, welchen ich sehr gern beigewohnt hätte.«

Die Wissbegierde trieb den jungen Herrn jeden Abend ins Theater, wo ihm die Loge des Würzburger Direktors Franz von Holbein unentgeltlich zur Verfügung stand. Der aufmerksame Zuhörer übte sich im Beurteilen der Aufführungen und der Interpreten – und fand alles reichlich mittelmäßig.

Hier in Würzburg wurde ihm klar, dass er sich von seinem Lehrer lösen musste: »Übrigens ist es für meine musikalische Existenz durchaus nothwendig daß ich mich von Vogler bald trenne, denn man sinkt so zur Null neben ihm herab, wird den Leuten so unbedeutend, daß mir zum erstenmale hier meine musikalische Existenz lästig war, und ich in den 2 Gesellschaften wo ich mich neben ihm befand lieber jedes andere als ein Musiker zu sein gewünscht hätte. Ich kann mich übrigens nicht über Vogler beklagen, der immer der alte Gott bleibt, und alle Tage zu mir kömmt, sondern nur sein übergroßer Ruhm ist für seine musikalischen Begleiter etwas lästig ...«, vertraute Meyerbeer am 21. März Wolfssohn an.

Von Würzburg ging die Reise Mitte April nach Bamberg, wo Meyerbeer dem »hiesigen Musikdirektor E. T. A. Hoffmann« vorgestellt wurde. Tags darauf besuchte er Nürnberg und reiste weiter nach Fürth zu der ihm bekannten Bankiersfamilie Königswarth. Die Dame des Hauses »... empfing uns sehr freundlich & herzlich, als sie aber hörte, dass ich nach ein paar Stunden schon wieder nach Nürnberg fahren wollte, um dort ›Die Zauberin Sidonia‹ [Schauspiel von Johann Heinrich Daniel Zschokke] zu sehn, ward sie piquirt. Das tut mir leid, aber ein fremdes Theater kennen zu lernen, ist für mich zu wichtig, um es einer, wenn auch der angenehmsten, Gesellschaft aufzuopfern« (Tgb. 15. April). Hier ist Meyerbeers Theaterleidenschaft zum ersten Mal dokumentiert, sie ging ihm über alles.

In Nürnberg hörte er Méhuls »herrliche Oper Joseph« und lernte den dortigen Musikdirektor Karl Wilhelm Guhr, einen seiner späteren Weggefährten, kennen, der ihm seine neue Sinfonie vorspielte. »Ich fand ... recht originelle Modulationen, eine jedoch im Grave ... ausgenommen, welche einer Modulation aus Spontinis Ouvertüre zur ›Vestalin‹ wie ein Haar dem andern glich. Allein dem Ganzen war der Stempel excentrischer Jugend aufgedrückt – übertriebene Länge, verworrener Plan, überladene Instrumentation« (Tgb. 17. April), urteilte der 21-Jährige über das Werk eines 25-Jährigen.

Am 22. April kamen die Reisenden nach Augsburg. Nachdem Meyerbeer sieben Empfehlungsschreiben in Kaufmannshäusern abgegeben hatte, die wiederum Empfehlungen an andere Häuser in Italien, wohin eine Reise ins Auge gefasst worden war, auslösen sollten, speiste er mittags am Table d'hôte. »Gracien verwundeten mich dort bis ins Innerste meiner Seele & knickten meinen Mut & Frohsinn für den ganzen Tag. Wann werde ich doch endlich lernen, mich in das Längsterkannte & Unvermeidliche ruhig zu schicken?« So steht es am 22. April zwischen ganz gewöhnlichen Tagebuchnotizen. Kaum hatte er das schützende Elternhaus oder die Geborgenheit des Voglerschen Kreises verlassen, wurde ihm die mindere Geltung als Jude bewusst gemacht.

In München blieb Meyerbeer bis zum 31. Dezember 1812. Zum ersten Mal in seinem Leben war er völlig selbständig, ohne Aufsicht des Erziehers Wolfssohn, der in der letzten Zeit nur noch sporadisch mit Meyerbeer zusammengetroffen war, ohne Unterrichtsverpflichtung bei Vogler, der in Würzburg an den Orgeln baute. In der bayrischen Residenz lernte er, sich in Gesellschaften von Künstlern, Adligen, Diplomaten und Bankiers zu bewegen, spielte seine Klavierstücke, phantasierte über Themen aus Opern, die man gerade in München gab, übte täglich Klavier (»exercirt« heißt das im Tagebuch, mit der gelegentlichen Variante »sehr fleißig exercirt«), schloss Bekanntschaften, mit denen er kleine Ausflüge in die Umgebung unternahm – und wartete auf seine Chance.

Zunächst suchte er die Bekanntschaft der Größen des Münchner Musiklebens. Da war Johann Nepomuk Baron von Poissl (1783–1865), der 1824 Intendant der Hofmusik und des Hoftheaters wurde. Da der Baron zugleich königlicher Kammerherr und Komponist war, schloss sich Meyerbeer ihm eng an, musizierte mit ihm, spielte ihm aus seinen neuesten Werken vor. Gelegentlich half er ihm auch beim Komponieren, als Poissl den Auftrag hatte, zur *Merope* von Nasolini einige neue Arien zu schreiben. »Er zeigte mir das Thema der Ouvertüre ... war über die Ausführung verlegen. Ich komponierte darauf in einer Viertelstunde den ganzen ersten Teil, welcher ihm so wohl gefiel, dass er ihn behalten wird ...« (Tagebuch, 22. August). Er instrumentierte auch einen Teil von Poissls Oper *Ottaviano in Sicilia*, die am 12. Juli 1812 uraufgeführt wurde.

Meyerbeer schloss Freundschaft mit Joseph Heinrich Baermann, dem Soloklarinettisten der Hofkapelle, und mit dessen Lebensgefährtin Helene Harlas, der ersten Sopranistin der Oper; mit dem Violinisten Giovanni Battista Polledro, der 1816 erster Konzertmeister wurde; mit dem Fagottisten Georg Friedrich Brandt, dem Oboisten Anton Fladt, dem Violoncellisten Peter Legrand, dem Konzertmeister Joseph Moralt ... Er nahm Beziehungen zu Peter von Winter (1754–1825) auf, dem Münchner Hofkapellmeister, zu Conradin Kreutzer, zu dem Schauspieler Johann Gottfried Wohlbrück, dem er schon in Darmstadt begegnet war.

Meyerbeer sah zum wiederholten Male Joseph Anton Weigls *Die Schweizerfamilie*, Winters *Das unterbrochene Opferfest*, eine Fortsetzung der *Zauberflöte*, mit dem die deutsche Oper in München eröffnet worden war, den favorisierten *Joseph in Ägypten* von Méhul und Dalayrcas *Macdonald* neben vielen anderen, heute nicht mehr bekannten Werken.

Aber auch Schauspiel und Posse verschmähte Meyerbeer nicht, gab es doch überall etwas zu lernen, von guten Stücken ebenso wie von schlechten.

Am 30. Mai besuchte Meyerbeer Vogler in Nürnberg und konnte ihn endlich bewegen, nach München zu kommen, wo beide Mitte Juni eintrafen. Baermann hatte Meyerbeer schon sehr dringlich veranlassen wollen, seine Sache selbst in die Hand zu nehmen und den Weg durch die Instanzen anzutreten. Doch davor schreckte Meyerbeer zurück. Er wünschte sich »… einen recht strengen Hofmeister, der mich nötigenfalls bei den Ohren, zu diesen Demarchen leitete« (Tgb. 6. Juni). Das wird ein charakteristischer Zug an ihm bleiben. In schwierigen Situationen handelte er entweder gar nicht oder schickte andere vor.

Vogler nahm nun die Sache in die Hand. »… wir beschlossen, dass er morgen früh nach Nymphenburg zur Königin fahren solle, um mit ihr von meiner neuen Oper zu sprechen &, falls es möglich wäre, … daß ich im morgenden Hofkonzerte spiele …« (Tgb. 16. Juni). Am folgenden Tag kam Bewegung in die Angelegenheit: »Um 9 Uhr fuhr ich mit Vogler nach Nymphenburg. Vogler … sprach mit der Königin von der Oper & von meinem Wunsche, in ihrem Hofkonzerte zu spielen. Da sie, wenn der König da ist, nie etwas allein dezidiert, so sagte sie, dass sie deshalb mit dem Könige sprechen wolle. Ich fuhr also in die Stadt zurück, um gekleidet zu sein, falls mich der König schon heute Abend hören wolle. Bei meiner Zurückkunft nach Nymphenburg hatte der König schon geschickt, … Ich spielte das G-Rondo. Als ich fertig war, kam die Königin auf mich zu, sagte mir ein paar Artigkeiten über mein Spiel & befrug mich dann über meine Kompositionen. Ich nahm die Gelegenheit wahr, ihr von meiner Oper zu sprechen & sie um Erlaubnis zu bitten, sie ihr präsentieren zu dürfen. Sie nahm das gut auf … Da die Musiker immer bei jedem Hofkonzerte traktiert werden, so wohnte ich noch einem recht fröhlichen Souper bei & kam erst um 1 Uhr nach Mitternacht nach München zurück.« Bald darauf teilte ihm der Hoftheaterintendant De la Motte mit, dass die Oper gegeben würde, allerdings nicht vor Oktober, da man die nächsten zwei Monate italienische Oper en suite spielen würde. Nach nochmaliger Überarbeitung der Partitur, anfänglich mit Vogler, übergab Meyerbeer der Königin sein Werk und bat sie, den Zeitpunkt der Uraufführung zu bestimmen. »Wie es mir scheint, so traut sie mir nicht recht denn sie frug mich über alle meine Sachen, wo sie aufgeführt worden wären etc. Sie blieb heute fast noch einmal so lang als das letzte Mal, war auch weit aufgeräumter & gesprächiger« (Tgb. 6. Juli).

Mitten in diese hoffnungsvolle Zeit, als Gänsbacher von Wien herüberkam, um neueste Kompositionen gemeinsam durchzugehen, fiel der Tod des Großvaters Liebmann Meyer Wulff am 16. August. »Gott! meine arme Mutter! Ich fürchte für ihre Gesundheit. Ich werde mein Tagebuch für einige Zeit schließen. Warum nur die Gefühle des Schmerzes wiedererzählen?« (Tgb. 29. August). Im Brief vom 30. August 1812 an seine Mutter schrieb er: »Trösten kann und mag ich nicht, denn ich bin zu erschüttert um nicht selbst zu fühlen wie wenig die kalten Vernunftgründe gegen die lebhaften Ausbrüche eines so kummervollen Gefühls vermögen … Ja, wenn irgendein Schimmer von Bewusstsein den armen Großvater auf

Theaterzettel der Uraufführung von Jepthas Gelübde *von G. Meyerbeer, München 1812, Sammlung Becker*

sein Todtenbette begleitete, so muß es seine letzte Augenblicke versüßt haben, zu wissen daß seine Kinder den Glauben nie verlassen werden ... Drum nimm auch von mir in seinem Namen das feierliche Versprechen, daß ich stets in der Religion leben will, in welcher er starb.« Meyerbeer blieb beim mosaischen Glauben bis an seine letzten Tage, und nichts konnte ihn darin erschüttern, obwohl er nie ein orthodoxer Gläubiger war.

»Endlich am 23. Dezember (Mittwoche) ward meine Oper ›Jephtas Gelübde‹ zum ersten Male gegeben. Schon am 18. November waren die Proben angegangen, aber mehreremal unterbrochen worden. 3mal war die Oper auf & wieder von dem Repertoire gekommen. Vorsätzliche & zufällige Hindernisse aller Art traten in den Weg & noch am 20. war ich nicht sicher, dass die Oper am 23. sein würde. Angst, Verdruss & Ärger aller Art regneten diese 6 Wochen reichlich auf mich. Dafür wurde ich aber auch durch eine fast vollkommene Darstellung belohnt ... Die Harlas übertraf sich selbst. Ich hatte ihr zwei neue grosse Szenen (die ganz auf ihre Individualität berechnet waren) hineingeschrieben ... Die Königin selbst (ein seltener Fall) applaudierte ...«, vermerkte er im Tagebuch vom Dezember. Die Kritiken lobten die tiefen Kenntnisse der Tonkunst, mit denen der junge Komponist aufwartete, die Fülle der Ideen. Aber auch eine abfällige Stimme wurde in der *Allgemeinen musikalischen Zeitung* laut, die die »schwierigen und ermüdenden Rollen« monierte und berichtete, dass das Haus schon bei der 2. Vorstellung leer gewesen sei. Schuld daran sei der Komponist, da das Münchner Publikum nur »ächte Verdienste« zu schätzen wisse.

Mit der Uraufführung seiner ersten Oper schloss Meyerbeers Lehrzeit.

Vogler hatte ihn im Bewusstsein unterrichtet, »meinen Liebling Meier zum Universal-Erben meiner Kenntnisse einzusetzen« (5. Juli 1811 an Amalia Beer), was bedeutet, dass Meyerbeer in der Mannheimer, nicht in der Wiener Tradition erzogen worden war. Meyerbeer erhielt durch Vogler tiefe Einblicke in eine reichhaltige musikalische Überlieferung. Die Fülle der Ausdrucksmittel wird er sich gut merken. Er wird sie später für seine umfassenden Ideen zu nutzen wissen, und man wird ihm dies als Eklektizismus verübeln.

Als er am 3. Januar 1813 München verließ, schrieb er in sein Tagebuch: »Erinnerungen aller Art begleiten mich, wenn ich an meinen 9monatlichen Aufenthalt allhier denke ... München wird mir ... stets merkwürdig bleiben, weil ich dort meine erste Oper auf die Bühne brachte, dort meine musikalischen Lehrjahre beendigte (denn ich verlasse jetzt Vogler) & endlich weil München der erste Ort ist, wo ich wirklich bedeutendes Aufsehen errege. Wir wollen sehen, ob ich im Jahre 1813 so glücklich fortfahren werde, als ich das Jahr 1812 beendigte.«

Mit dieser Hoffnung fuhr er nach Stuttgart, wo ihm gleich zu Beginn des neuen Jahres die erste Enttäuschung bereitet wurde.

Reisen nach Wien, Paris und London 1813–1816

Seiner Münchner Verpflichtungen wegen hatte Meyerbeer die Vorbereitungen zur Uraufführung seiner neuen Oper nicht selbst in die Hand nehmen können. Er zog daraus die Lehren für künftige Planungen.

Als er am 5. Januar 1813 zur Probe seiner neuen komischen Oper *Wirth und Gast* auf der Bühne der Stuttgarter Hofoper erschien, erkannte er sofort, dass es ein Fiasko geben würde. Am folgenden Morgen schrieb er seinem Librettisten nach München: »Werther Freund! (In Eile) So sehr ich mir es vorstellen kann, daß der Inhalt dieser Zeilen Ihnen nicht angenehm sein wird, so bin ich es doch der Ehre meiner Musik und Ihrer Beruhigung für die Folge schuldig Ihnen zu sagen, daß ich gestern 1 Stunde nach meiner Ankunft allhier, sogleich einer Probe (Notabene der ersten Theaterprobe) von ›Wirth und Gast‹ beygewohnt habe, und nach Endigung derselben der Meinung bin, daß wenn heute Abend unsere Oper nicht ausgepfiffen wird, das Publikum ausgepfiffen zu werden verdient…«

Meyerbeer hatte schon im Frühjahr 1812 den Plan zu einer neuen Oper gefasst, deren Libretto der Münchner Schauspieler und Regisseur Johann Gottfried Wohlbrück schrieb. Am 24. Juli »… hat Wohlbrück die Poesie meiner neuen Oper ›Wirth und Gast‹ oder ›Aus Scherz Ernst‹ geendigt, ich will mich ernstlich darüber machen. Das Terzett N 11 skizziert« (Tgb.). Im November nahm die Stuttgarter Intendanz das Stück an.

Das Stuttgarter Hoftheater gehörte in dieser Zeit nicht zu den ersten Bühnen Deutschlands, da es nach dem Tod des Herzogs Carl Eugen aus finanziellen Gründen an Privathand verpachtet worden war und seinen unter Johann Rudolf Zumsteeg und Christian Daniel Schubart gewonnenen guten Ruf verloren hatte. Erst 1802 erklärte sich der württembergische Hof wieder zur Subvention bereit und berief den ehemaligen Weimarer Hofkapellmeister Johann Friedrich Kranz und nach ihm 1807 den Vogler-Schüler Franz Danzi an die Spitze des Hauses. Danzi hatte 1812 seinen Dienst beendet und bemühte sich deshalb nicht mehr um Meyerbeers neues Werk. Der zu Anfang 1813 berufene Conradin Kreutzer war so neu im Amt, dass er sich noch nicht um die Partitur von *Wirth und Gast* kümmern konnte. Dazu kamen noch andere Mängel: »Dlle Meyer ist ganz heiser kann bis in diesem Augenblick noch nicht 6 Noten von ihrer Rolle auswendig; ditto Hr. Krebs, der ebenfalls heiser ist, und mit einer so unbeschreiblichen Plumpheit und Linkheit seine Rolle singt, daß ich das Rondo und Trinklied erst bei den 20t Takt wiedererkannte indem ich es bis dahin für eine fremde Musik gehalten hatte«, schrieb der Komponist am Tag der Uraufführung an Wohlbrück.

Die Premiere brachte weder einen künstlerischen Eindruck noch Erfolg bei Publikum oder Presse. So verließ Meyerbeer die württembergische Landeshauptstadt und begab sich mit der Partitur der neuen Oper im Gepäck nach Wien, um für sie eine bessere Chance zu erwirken.

Etwas verspätet, da versehentlich nach Paris gesandt, erreichte ihn die Ernennungsurkunde zum »Hof- und Kammer Kompositeur« des Großherzogs von Hessen-Darmstadt, dem Meyerbeer, wie es üblich war, eine Partitur dediciert hatte. Es war *Jephtas Gelübde*. Verwunderlich ist, dass er sie nicht der bayrischen Königin gewidmet hat.

Meyerbeers Reise nach Wien führte über Frankfurt und Nürnberg nach Regensburg, wo er ein Schiff bestieg, um den Rest der Strecke auf der Donau zurückzulegen. »Da die Teurung fürchterlich ist, so setzte ich mich zur Ersparung der Unkosten mit meinem Bedienten auf das Postschiff und flutete die Donau ganz flott hinunter... Die Fahrt ging sehr schnell, allein im ersten österreichischen Flecken Aschack überfiel uns ein schrecklicher Sturm, und wir mußten 3 Tage – sage drei – stille liegen.« In Linz angekommen, »... packt mich ein junger Mensch und frägt mich, ob ich Meyerbeer sei. Auf meine Bejahung ladet er von Seiten des Kapellmeisters Glöggl ein, sogleich zu ihm zu kommen. Ich gehe hin u., wie ich die Tür öffne, tritt mir entgegen – Vogler; Bruder, ich dachte, der Schlag träfe mich!... Wahrhaftig, ich liebe doch den alten Papa mehr, als ich es weiß! er ist auf der Reise nach Wien und hatte in den Münchner Zeitungen meine Reise nach Wien gelesen; woher die Kerle das wissen, mag der Teufel wissen« (10. März 1813 an Gottfried Weber).

Am 13. Mai schrieb Carl Maria von Weber an seinen ehemaligen Mitschüler: »Ich erhielt gestern Abend einen Brief von Hr. Steiner aus Darmstadt wo er mir den Tod unseres großen Lehrers Vogler d 6t Maj früh 1/2 5 Uhr meldet... die Welt verliert Großes an ihm, und uns wird sein Andenken stets heilig seyn...«

Man schrieb das Jahr 1813. In den Monaten März bis Mai hatte Napoleon noch einmal große Reserven mobilisiert. Er operierte im sächsisch-schlesischen Raum und sah sich in den Schlachten von Kulm und Großbeeren erstmals den preußischen Freiwilligen-Regimentern gegenüber, die auf Friedrich Wilhelms Aufruf »An mein Volk« vom 17. März hin zu den Waffen geeilt waren. Zu ihnen gehörten auch viele jüdische Männer, durch das so genannte Toleranz-Edikt vom 11. März 1812 gleichberechtigte Staatsbürger, die ihr Vaterland verteidigen wollten. Obwohl Napoleon ihnen das Recht auf Gleichheit erst ermöglicht hatte, entschieden sie sich nun gegen ihn. Giacomos Bruder Wilhelm Beer trat im Oktober 1813 in das 1. Schlesische Husarenregiment ein.

Meyerbeer blieb unterdessen in Wien, wo das gesellige Leben auch während der entfernt stattfindenden Schlachten uneingeschränkt weiterging: Es gab Cercle, Oper, Schauspiel, Ausflüge. Meyerbeer »exercirte« weiter, aber ganz zivil, eigene und fremde Klaviersachen. Er ließ sich vornehmlich in privaten Gesellschaften hören. Ignaz Moscheles, selbst ein gefeierter Klaviervirtuose neben Beethoven, spielte häufig mit Meyerbeer vierhändig. Stundenlang konnten sie zusammen phantasieren und improvisieren. Sie zogen gern nach Dörnbach bei Wien, wo die Familie Lewinger einen heiteren, ungezwungenen Künstlerkreis versammelte, mit

Hummel und Salieri als Gästen. Moscheles erinnerte sich an Meyerbeers Klavierspiel (MBT): »Seine Bravour ist unerhört. Sein Spiel unübertrefflich. Ich bewundere seine ganz eigene Art, das Instrument zu behandeln.«

Nach Jan Václav Tomášeks Erinnerungen, die erst 1846 notiert wurden, soll sich Beethoven zum gleichen Thema sehr kritisch geäußert haben (MBT): »Man hat mich öfters gefragt, ob ich ihn gehört habe – ich sagte nein, doch aus den Urtheilen meiner Bekannten, die so etwas zu beurtheilen verstehen, konnte ich entnehmen, daß er zwar Fertigkeit hat, übrigens aber ein oberflächlicher Mensch ist« – keinesfalls eine ernstzunehmende Meinung, denn hören konnte Beethoven zu dieser Zeit ohnehin nichts mehr, eher ein Vorurteil.

In diese Zeit fiel eine geradezu traumatische Episode für Meyerbeer. Am 8. Dezember 1813 versammelten sich etwa 100 Musiker Wiens, um an einem Jahrhundertereignis teilzunehmen. Sie wollten ein besonderes Werk von Beethoven aus der Taufe heben: *Wellingtons Sieg bei Vittoria*. Antonio Salieri leitete als Unterdirigent die Batterie, die die französische und die englische Kanonade zu bewirken hatte. Die ersten musikalischen Größen der Musikhauptstadt Wien begaben sich unter die Leitung des ertaubten Beethoven: Spohr, Pixis, Moscheles, Mayseder, Romberg und viele andere. Hummel stand an der großen Trommel. Der Meister äußerte sich dazu: »Mir fiel die Leitung des Ganzen zu, weil die Musik von meiner Komposition war; wäre sie von einem anderen gewesen, so würde ich mich ebenso gern wie Herr Hummel an die große Trommel gestellt haben.«

Es war aber noch eine zweite große Trommel zu besetzen, und an die wurde zur Wiederholung der Aufführung am 2. Januar 1814 Meyerbeer gestellt, wahrscheinlich durch Moscheles' Fürsprache. Es waren zwei der größten Instrumente, deren der Maestro in Wien habhaft werden konnte. Die beiden großen Trommeln für die englische und die französische Kanonade »gehören ... [zu] denselben (hier waren sie 5 wiener Schuh ins Gevierte) welche man gewöhnlich in den Theatern braucht, um einen Donnerschlag zu bewirken«, notierte Beethoven im Vorwort zur Besetzung seiner Schlachten-Symphonie. Zwischen diese Ungetüme wurde Meyerbeer gestellt, um im Sturmmarsch in rhythmisch höchst vertrackter Form die Akzente der französischen Kanone zu schlagen. Vom Blatt ging das nicht, und es hätte schon eines erfahrenen Schlagzeugers bedurft, taktgerecht zu bleiben. Meyerbeer war weder Schlagzeuger noch ein versierter Orchestermusiker. Er schlug die Trommel mehr schlecht als recht und brachte die rhythmische »Feldordnung« dieses Notenkrieges arg ins Wanken. Beethoven zu Tomášek: »Ich lernte ihn bei der Aufführung meiner Schlacht kennen ... Ha! Ha! Ha! – Ich war gar nicht mit ihm zufrieden; er schlug sie nicht recht, und kam immer zu spät, so daß ich ihn tüchtig herunter machen mußte. Ha! Ha! Ha! – Das mochte ihn ärgern. Es ist nichts mit ihm; er hat keinen Muth, zur rechten Zeit darein zu schlagen.« Dröhnendes Gelächter begleitete diese Erinnerung Beethovens. Sie war für den tschechischen Komponisten offenbar so eindrucksvoll, dass er sich alle Einzelheiten der

Rede Beethovens nach 30 Jahren genau hat merken können. Dabei hatte Beethoven durchaus etwas Richtiges getroffen: Dreinschlagen konnte Meyerbeer nicht, weder damals als 22-Jähriger noch später. Er bekam Gallenfieber und musste 14 Tage lang das Bett hüten. Es blieb seine einzige Begegnung mit Beethoven, und er wird diesen Namen lange Zeit völlig verdrängen.

Während Beethoven seine Notenschlacht lieferte, sah Meyerbeer sich außerstande, mit der Waffe auf die Franzosen dreinzuschlagen oder sich anderweitig patriotisch zu engagieren. Er hielt sich fern von allem Streit.

Aber es gibt ein Dokument, einen Briefentwurf, den Heinz Becker auf September 1814 datiert und der vermutlich an Wolfssohn gerichtet war. Ob ein Brief dieses Inhalts abgesandt wurde, ist nicht bekannt. Die Zeilen sind Ausdruck von Zweifeln angesichts des allgemeinen patriotischen Hochgefühls. »Als die preußische Regierung voriges Jahr die sämmtliche Jugend des Landes zum freiwilligen Kriegesdienst aufforderte, da glaubte ich meinen Ansichten der Lage der Dinge nach, und auch meiner Persönlichkeit halber, daß es ein Gewinn für mich sein würde wenn ich mich demselben entziehen könnte ... kann ich es mir nicht verhehlen daß ich eigentlich dem Staate meine Person veruntreut habe, und ich fürchte daß ich mir mit dieser Erinnerung einen Skorpion in meine Brust gesetzt habe der, während meines ganzen übrigen Lebens an mein Ehrgefühl nagen wird. Fügen Sie zu dieser Selbsterkenntniß hinzu daß ich von meinem Bruder Wolff und von Reisenden die in Berlin waren, weiß, wie aufgebracht und erbittert die Berliner gegen alle Landsleute sind die nicht mitgefochten, welchen unangenehmen Auftritten in Händeln aller Art ich daher in Berlin entgegenzusehen hätte. Doch gesetzt man machte mit mir eine Ausnahme und verschonte mich, mein Selbstgefühl würde mich doch peinigen ... Die Rückkehr ... schien mir so schrecklich, daß wenn zum Beispiel die Regierung uns Auswärtige jetzt zur Wiederkehr in die Heimath aufforderte, oder die Eltern mit Gewalt meine Rückkunft verlangten, ich mir ohne Zweifel eine Kugel durch den Kopf jagen würde ...«

Carl Maria von Weber war Anfang 1813 als Kapellmeister an das Ständische Nationaltheater nach Prag gekommen und reiste im August 1814 zu Konzerten nach Berlin, wo er *Leyer und Schwerdt* auf die Texte von Theodor Körner komponierte und zur Begeisterung der Berliner aufführte. Er traf mit seinen Liedern genau den Ton der aktuellen patriotischen Hochstimmung. Wenigstens hier – so entschied die Familie – sollte Meyerbeer mithalten können. Es gelang trotz Zelters und Ifflands Vermittlung nicht, einen Text von Goethe zur Vertonung zu erlangen. Der Dichterfürst war zu patriotischen Heldenliedern nicht bereit und dichtete eine sonderbare Allegorie: *Des Epidemes Erwachen*, die so unpreußisch und »unpatriotisch« war, dass man von ihr kein großes Aufheben machen konnte. So fand die Familie Beer einen Text *Das Brandenburger Thor* von Emanuel Veith. Für die Komposition benötigte Meyerbeer zwei Wochen, »wie man eben in 14 Tagen schreibt, das heißt äußerst flüchtig« (3. August an Wolfssohn). Das Stück spielt in Berlin. Landwehr und Bürger erwarten die Rückkehr des Königs aus dem besiegten Frankreich, während sich Uniformierte und Zivilisten über den Wert der Uniform streiten. Das Singspiel endet mit dem martialischen Marsch »Wohl mir, daß ich ein Preuße bin«.

Eine Aufführung unterblieb, da Meyerbeer die Partitur zu spät nach Berlin absandte. Er hatte nämlich in den Zeitungen gelesen, dass der preußische König schon im Juli in Wien eintreffen sollte, so dass er eine Aufführung des Singspiels nicht mehr hätte hören können. (Eine konzertante Erstaufführung fand erst am 5. September 1991 im Berliner Schauspielhaus und im Lapidarium statt.)

Zwei kernige Gesänge sind die einzigen Dokumente seiner Stellungnahme zum Sieg der preußischen Fahnen: »Das Königslied des freien Volkes« auf einen Text von Friedrich Wilhelm Gubitz, dessen über die Mutter zugesandten Operntext Meyerbeer zu schlecht zum Komponieren fand, und »Des Teutschen Vaterland« nach Ernst Moritz Arndt, welch letzteres am 18. April 1814 zu einem Benefiz-Konzert in Berlin aufgeführt wurde. Ist es Zufall oder Absicht, dass im Autograf eines vaterländischen Liedes Arndts Frage »Was ist des Deutschen Vaterland« von Meyerbeer in »Wo ist des Deutschen Vaterland« verändert wurde, und dieses »wo« dreimal wiederholt wird?!

Nach dem Abebben der patriotischen Begeisterung fragte Prof. Wolfssohn am 28. August 1814 an, ob Meyerbeer bereit sei, »bey einem der ersten Theater in Europa« ein Kapellmeisteramt in Berlin zu übernehmen. Reichardt und Himmel waren gestorben, und alle Last ruhte auf Bernhard Anselm Weber, der auch nicht mehr der Jüngste war. Carl Maria von Weber hoffte auf die Stelle, auf der allerdings der König Gasparo Spontini zu sehen wünschte. Der Italiener kam aber erst 1819 nach Berlin, so dass man 1815 Bernhard Romberg und 1816 Joseph August Gürrlich berief. Meyerbeer hatte es nicht eilig, das Amt eines 2. Kapellmeisters zu übernehmen, das nur subalterne Arbeit bedeutet hätte.

Inzwischen war für die in Stuttgart so stiefmütterlich behandelte Oper *Wirth und Gast* eine neue Chance gekommen. Unter dem Titel *Die beyden Kalifen* sollte sie am »K. und K. Hof-Operntheater nächst dem Kärntnerthore« in Wien aufgeführt werden. Meyerbeer schloss mit dem Intendanten Graf Pálffy einen Vertrag, in dem er präzise Wünsche äußerte (MBT): »Dieser Verabredung gemäß haben Ew. Exellenz die Gnade gehabt mir zu versprechen bei Erhaltung derselben mir die schriftliche Versicherung zu ertheilen daß wenn 1) die Besetzung der Rollen nicht so bleiben könnte wie sie auf der nächsten Seite verzeichnet ist, oder 2) die Oper nicht spätestens bis zu Ende August in die Scene geht, oder 3) die beiden Chöre der Imans und Schmarotzer nicht von 12 Solosänger executirt werden; ich das Recht habe Buch und Partitur zurückzunehmen …« Die Besetzung entsprach den nach Meyerbeers täglichen Theatergängen beobachteten optimalen Möglichkeiten des Hauses. Von nun an schrieb er nur für ein ihm bekanntes Ensemble, das er zuvor gut genug studiert hatte, um Vorzüge und Nachteile der Sänger bei seiner Rollen-

G. Meyerbeer, Des Teutschen Vaterland (Ernst Moritz Arndt, 1813)

gestaltung berücksichtigen zu können. Das war Praxis des 18. Jahrhunderts. Nur sie garantierte Höchstleistungen, und auf die kam es schließlich an. Zum Vorteil der Ausführung war er jederzeit zu Abänderungen bereit. Helene Harlas zuliebe hatte er schon in München die Sulima-Partie um zwei große Szenen bereichert.

Die Vorbereitungen zur Aufführung der *Beyden Kalifen* liefen nicht so recht in Meyerbeers Sinn. »… ich hatte den natürlichen Wunsch erst den Erfolg der hiesigen Aufführung abzuwarten, da schon über 4 Wochen die Proben angegangen sind, und die seit 14 Tag und der 2 letzten Generalproben bedurfte um in Scene zu gehen, wenn nicht eines Theils die ewigen Hofspektakles für die Fremden Herrschaften hinderten, zum größten Theil aber die unerhörten und niederträchtigen Kabalen des Weigl und Treitschke welche eben jetzt auch eine neue Oper geschrieben haben, und nun wüthend sind, daß ich ihnen den Platz wegnehme« (Tgb. 8. Oktober 1814).

Es war die Zeit des Wiener Kongresses. Jeder wollte auffallen, sein Konzert, seine Premiere haben. Der Hofkapellmeister Joseph Weigl hatte alle Hände voll zu tun, seine 1805 erfolgreich uraufgeführte Oper *Vestas Feuer* neu einzustudieren, die Uraufführung seiner Oper *Die Jugend Peters des Großen* auf einen Text von Georg Friedrich Treitschke am 10. Dezember 1814 sowie die Wiederaufnahme von Beethovens *Fidelio* am 26. September vorzubereiten. Da trat das Werk eines Neulings selbstredend in den Hintergrund. Nachdem am 25. September Zar Alexander I. von Russland und König Friedrich Wilhelm III. von Preußen in Wien eingetroffen waren, wurde die Premiere der *Beyden Kalifen* auf den 20. Oktober festgesetzt. Es bedurfte vieler Gulden, damit das Werk in das offizielle Festprogramm gelangte und um die total überforderten Interpreten geneigt zu stimmen, auch noch diese Rollen zu lernen. Catinka Buchwieser sang ihren Part auch noch auf den letzten Proben aus dem Klavierauszug, und zur Premiere war sie völlig heiser. So litt auch diese Aufführung wieder unter den Unzulänglichkeiten des Theaterbetriebes und wurde kein Erfolg. Es fehlte zudem die obligate Balletteinlage, so dass »… Mad. Treitschke de Caro … die Ehre haben (wird), mit ihrer Schülerinn Dlle. Gritti im zweyten Aufzuge der Oper ein Pas de deux von ihrer Erfindung, Musik von Hrn. Kapellmeister Seyfried auszuführen« (Theaterzettel, MBT).

Die Kritik ging mit Meyerbeers Musik scharf ins Gericht: »Der Uebergang von der Meisterschaft eines Instruments zur Opernkomposition bleibt immer ein sehr bedeutender und Anfangs etwas gefährlicher; die Scheu junger und lebhafter Komponisten vor fortfließenden Melodien, gefälligen Wiederholungen … ihre Vorliebe dagegen für Genie-Blitze, immer erneute Aufreitzungen und pikante Anregungen, die den Zuschauer mehr in Spannung und Unruhe, als in die Behaglichkeit des Genusses setzen, ist der Wirkung erster Werke genialischer Komponisten oft nicht wenig hinderlich« (*Wiener Friedensblätter*, MBT). »Die Musik hat keine glücklichen, wohl aber überspannte Ideen, die allenfalls auf dem Klavier ausführbar seyn mögen, für die Composition einer Oper aber gar nicht taugen« (*Wiener Theater-Zeitung*, MBT). »Um originell zu seyn, fällt er nicht selten ins Bizarre und Gesuchte, um seinen Gesangstücken einen Anstrich von Charakteristik zu geben, wird er oft gemein, läppisch … Dabei ist sein Gesang hart, voll greller Uebergänge, und schwer von Sängern vorzutragen, noch viel schwerer aber von dem Zuhörer aufzufassen, da Melodie keineswegs die Sache dieses Componisten zu seyn scheint« (*Allgemeine musikalische Zeitung*, MBT). Der Wiener *Sammler* (MBT) war etwas freundlicher: »Der Dialog ist rein und fließend, und die Verse rhythmisch gebaut … Der erste Chor der Gäste, das Lied Alimeleks, das Duett desselben mit der Irene sind zart und lieblich, und der Canon am Schlusse meisterhaft gearbeitet … wir … glauben aber, daß das Ungewöhnliche, richtiger, die Eigenthümlichkeit der Musik in dem Bestreben zu suchen sey, derselben die Localfarbe zu geben, oder mit andern Worten, zu einem türkischen Text auch eine türkische und keine französische Musik, an welche wir so sehr gewöhnt sind, zu schreiben.«

Als Carl Maria von Weber die Oper ein Jahr später unter dem Titel *Alimelek oder Wirth und Gast* in Prag aufführte, schrieb er Meyerbeer am 11. Oktober 1815 nach Paris: »Selten hat mir eine Musik so viel Freude gemacht als diese, es ist ein treffliches Werk lieber Bruder, voll ächt dramatischer Züge, Wahrheit, Lieblichkeit und Neuheit. Der einzige Vorwurf den man Dir machen könnte, ist der, daß es eine so sorgfältige Ausführung bedarf wie eine Quartett Musik …« Am 24. Oktober gab er einen Bericht von der zweiten Aufführung: »Wie der Vorhang fiel wollten einige Zischer sich hören lassen, aber einstimmig aplaudirte mit Lust das ganze Haus, und zerdrückte die Würmer …« In der *Allgemeinen musikalischen Zeitung* lobte Weber das Werk in aller Öffentlichkeit und vergaß auch nicht die Verdienste seiner Interpreten hervorzuheben: »Die Einheit und Haltung der ganzen Oper ist ein Vorzug, den wenige Musiken wie diese besitzen; dabei die Beweise des ernsten Studiums der Kunst, die schöne Verbindung selbständiger Melodieformen, wo jeder Charakter sich selbst treu bleibt! Keine Weitschweifigkeit, alles dramatisch wahr …«

G. Meyerbeer, Alimelek,
Nr. 3, Rondo

Zwar ist durch die türkische Folie wie auch durch den Introduktions-Chor eine gewisse Ähnlichkeit mit Webers *Abu Hassan* nicht zu übersehen, aber Meyerbeer schreibt beileibe keine »türkische« Musik, wie sie der Wiener Rezensent gehört haben will. Von der Spieloper des jungen Weber entfernt sich Meyerbeer durch die größeren Dimensionen seiner Arien und Ensembles, aber auch durch eine die kontrapunktischen Künste einschließende »gelehrte« Musik, wie das Fugato-Thema der Ouvertüre oder Alimeleks Rondo »Seelig nun«, dessen thematische Engführung in den Streichern die Herkunft solcher Mittel nachdrücklich unterstreicht.

Das türkische Sujet, einst so vielversprechend, hatte sich überlebt. Um eine deutsche Oper zu schreiben, bedurfte es anderer Ideen. Die konnte Meyerbeer in Wien nicht finden. Der Abschied wurde ihm nicht schwer gemacht.

Seinem Vater erklärte er im November 1814 ganz präzise, was ihn nach Paris zog: »Allein Du weißt es daß ich dazu von jeher für ganz unerläßlich die gründliche Kenntniß des französischen und italiänischen Theaters rechnete, und deßhalb kann ich mich unter keiner Bedingung entschließen eher nach Berlin zurückzukommen als bis ich diese beiden Reisen gemacht. ... Mit schmerzlichem Bedauern sehe ich daß seit einiger Zeit ich gar nicht mehr im Stande bin etwas nach Deinem Wohlgefallen zu thun, selbst wenn es mit Deinen früheren Ansichten übereinstimmte ... Laß mich ich bitte Dich flehentlich diese letzte Schritte meiner Künstlerbildung in Ruhe vollenden, und verbittere nicht durch Deine stete (mir höchst schmerzliche) Unzufriedenheit den einzigen lichten Punkt im Focus meines Lebens, das freie Studium und die Ausübung meiner Kunst.«

Jacob Beer übersandte dem Sohn Empfehlungsbriefe, mit denen er Zugang zu Spontini, Cherubini und Isouard, zu der Gräfin Vaudemont und dem Herzog von

Daumont fand. Es war nützlich, derartige Schreiben vorweisen zu können, wenn man in ein völlig fremdes Land reiste.

Paris war eine Reise wert, selbst wenn diese Stadt sich gerade erst anschickte, zum Mittelpunkt der zivilisierten Welt zu werden. Sie hatte soeben die Abdankung Napoleons erlebt und die Rückkehr des Bourbonenkönigs Louis XVIII. unter dem Lilienbanner. Die Hauptstadt war das Stimmungsbarometer für das ganze Land. Ängstlich schaute Europa nach diesem Ort, neue, unvorstellbare Überraschungen erwartend, die von diesem unruhigen Pariser Volk und seinen wortmächtigen Anführern ausgingen.

Die Metropole wurde für Meyerbeer zu einem Schlüsselerlebnis. »Die Wunderwerke der Kunst und Natur und besonders die Theater haben sich meines ganzen Wesens mit solcher Wut bemächtiget, daß ich von Museum zu Museum, von Bibliothek zu Bibliothek, von Theater zu Theater etc. mit einer Rastlosigkeit wandre, die dem ewigen Juden Ehre machen würde«, schrieb er nach einigen Tagen Paris-Aufenthalt am 5. Januar 1815 an Gottfried Weber ins beschauliche Mannheim. Da waren die Theater auf der Rue du Temple: das Théâtre Favart, das Théâtre Feydeau, das Théâtre du Vaudeville, leider alle geschlossen wegen der unsicheren politischen Lage, aber das Théâtre de la Gaîté und das Théâtre Français spielten – Vaudevilles, Melodramen von Duperche und Pixérécourt und *Le barbier de Seville* von Beaumarchais »... den ich, was für einen Theatermann wie ich ganz unglaublich scheint heute zum 1. Male sahe« (Tgb. Juli 1815).

Meyerbeer hatte im Hôtel des Languedociens, Rue de Richelieu No. 17, Quartier genommen, von dem es nur ein paar Schritte zur Kaiserlichen Bibliothek, der heutigen Bibliothèque Nationale, waren, die er tagsüber besuchte. Hier las er von Johann Jacob Engel *Über die musikalische Malerei* und exzerpierte daraus. Diese 1780 in Paris erschienene Schrift interessierte ihn als Opernkomponisten besonders, da Engel nachweisen wollte, dass die Nachahmung äußerlicher, realer Vorgänge in der Kunst nur mit Hilfe der Worte, also nur in der Vokalmusik möglich sei. Das Vorbild Voglers vor Augen, suchte Meyerbeer in theoretischen Schriften Anregungen für seine Arbeit. Er las Anton Reichas *Traité de mélodie* (1814) in der Bibliothek, kaufte ein Exemplar und empfahl Gottfried Weber die Lektüre. Reicha, der Lehrer von Hector Berlioz, verband in seinen Kompositionslehren Ideen der Wiener Klassik mit der Ästhetik der italienischen und französischen Oper seiner Zeit. 1833 formulierte Reicha in seinem Traktat *L'art du Compositeur dramatique* die Unterschiede zwischen französischen, italienischen und deutschen Opern, die wie die gesammelten Erfahrungen Meyerbeers in diesen Jahren anmuten. Um in Übung zu bleiben, komponierte Meyerbeer an einer »italienischen Operette«, über deren Sujet nichts bekannt ist und die er auch bald aufgab, denn er suchte den Anschluss an die französische Oper: »Unter den französischen Opernbüchern eines hervorgesucht, um meine Kräfte wieder einmal an einem französischen Buch zu versuchen«, steht im Tagebuch vom 8. Juli. Das klingt großartig, als hätte er nur einfach hinzulangen brauchen, um solch ein Werk zu schreiben. Aber es war nicht an dem. Er hatte keine Verbindungen zu einflussreichen Theaterleuten. Selbst für das Klavierspiel fehlte der rechte Antrieb. Wurde früher »fleißig exerziert«, so steht im Tagebuch vom 9. Juli: »Etwas Klavier gespielt«, am 12. Juli: »Vegetiert …« Das war der absolute Tiefpunkt seiner Laufbahn als Pianist. Fünf Tage zuvor hatte er seine Befürchtung notiert: »Heute steht in einem Journal, daß ein Arzt von Bonaparte nach seiner Rückkunft von Elba gesagt habe: ›Er ist noch in einem Zustand geistiger Planung, aber er kann ihn nicht länger als fünf Minuten durchhalten‹. Ich habe in diesen Worten eine schreckliche Ähnlichkeit mit meinem Zustande gefunden. In der Tat, seit einem Jahre verfolge ich meine Vorsätze nie weiter als ein paar Schritte. Schon relachieren meine Kräfte für die kleine italienische Operette. Seit gestern scheint aber wieder ein Fünkchen von dem ehemaligen Geiste eines Klavierspielers aufglühen zu wollen, aber wird es nicht bald wieder erlöschen? Und ich bin erst 23 Jahre alt!! Welche fürchterliche Perspektive!! Und ist vom Himmel irgend jemand durch seine äußeren Umstände, durch Freiheit u. Unabhängigkeit begünstigt gewesen, so bin ich es.« (Tgb. 7. Juli 1814)

Paris mit seinen Möglichkeiten hatte ihn überfordert.

Am 9. Juli 1815 zog Louis XVIII. wiederum in Paris ein. Meyerbeer war Augenzeuge: »Abends auf den Boulevards spazieren gegangen, welches jetzt das Interessanteste aller Theater ist« (Tgb. 1. Juli). »Den Rest des Tages noch auf den Straßen umhergetrieben und die mannigfaltigen Gruppen, Äußerungen u. Bewegungen beobachtet, in welche die jetzigen Umstände die Volksmenge versetzen und die wirklich so dringend alle Aufmerksamkeit u. Interesse heischen, das mir gar keines für meine Studien u. Geschäfte übrig bleibt« (Tgb. 5. Juli). »In den Champs élysées gegangen und die Bivouacs der heute eingerückten Preußen u. Engländer besehen« (Tgb. 8. Juli). »Heute begegnete ich zufälligerweise auf der Straße einem Berliner, Herrn Jordan, welchen ich voriges Jahr viel in Wien gesehen hatte. Auch er hatte den vorigen Feldzug nicht mitgemacht u. mitmachen wollen, denn er ist ein Bonvivant u. ein Indifferentist. Und demohnerachtet hat er sich dieses Mal nicht ausgeschlossen, wie mir seine Uniform zeigte. O, wie mich sein Anblick schmerzte u. demütigte!« (Tgb. 10. Juli, Sonntag).

Der Theatermann Meyerbeer nahm die Massenbewegungen auf den Straßen als Tableau, als lebende Bilder wahr, wie sie in seinen großen Opern die Bühne beleben sollten. Traf er aber in der anonymen Masse auf einen Bekannten in Uniform, dann erinnerte er sich seiner zivilen Vergangenheit. Dabei sollten seine Schuldkomplexe bald abgebaut werden. Kaum war Napoleon bei Waterloo endgültig geschlagen worden und hatte seine schützende Hand von den Juden in Europa abziehen müssen, wagte sich der Antisemitismus wieder hervor und zeigte seine Fratze. In Berlin war 1815 eine Posse namens *Unser Verkehr* herausgekommen, die der Halberstädter Superintendent Maertens verfasst hatte und in der der Schauspieler Aloys Wurm jüdische Haltung und jüdisches Wesen so bösartig karikierte, dass die Berliner Judenschaft vehement die Absetzung des Stückes vom Königlichen Schauspiel und die Ausweisung Wurms verlangte. Dieser Vorfall wurde auch in der Familie Beer heiß diskutiert, zumal Wilhelm Beer die Absicht geäußert hatte, bei den preußischen Truppen zu bleiben und seine militärische Laufbahn fortzusetzen. Michael Beer schrieb dazu seinem Bruder am 23. September 1815: »Was die Leute zu Deinem Soldatenbleiben sagen frägst Du mich? Sie verdenken es Dir sehr und sie haben volles Recht. Schrecklich geht es bei uns in Berlin in Hinsicht der Juden. Der Graf Brühl hat sich schändlich bewiesen er hat ein Stück auf die Bühne gebracht durch welches alle Juden aufs höchste prostituirt sind und wobei sich der Haß der Christen aufs gräßlichste ausgesprochen hat. Wenn der König also so etwas gegen Juden erlaubt was willst Du da für ein Avancement erwarten? Und wahrhaftig es würde Dir auf Deinem Sterbebette leid thun als Seconde lieutenant gestorben zu sein... Bleibe nicht Soldat!!!« Hellsichtig sah der junge Dichter Unheil heraufziehen. Während eines »Judensturms« 1819 in Berlin kam es wie bei früheren Pogromen zu Plünderungen und Prügeleien. Angesichts derartiger Perspektiven zog es Meyerbeer vor, einen noch größeren Bogen um die Heimatstadt zu schlagen, trotz der Bitten seiner Mutter, doch wieder einmal nach Berlin zu kommen: »... sei versichert lieber Meyer daß nie eine Mutter ein größer Opfer gebracht hat, als ich Dir bringe, den Deine Abwesenheit richtet meine ganze Gesundheit zu Grunde ich quäle mich Tag und Nacht...« (Tgb. 9. Dezember 1815). Statt der Heimat war Italien das nächste Ziel, aber zuvor wollte Meyerbeer noch die berühmtesten Pianisten seiner Zeit hören, die in London lebten. Die Mutter warnte: »Wenn Du nach London gehst so nim Dich in acht, den die Witterung ist sehr übel, nim Dich in Acht für Erkältung« (Tgb. 19. September). Sie schickte ihm bei dieser Gelegenheit einige Texte von Gubitz, deren Vertonung er ablehnte. Eines war sicher: Er war keineswegs gewillt, auf dem Niveau der Berliner Salonkunst zu verbleiben. Ebenso widerwillig vertonte er einige geistliche Texte, die ihm sein Vater zuschickte.

Von den gelegentlichen Briefen abgesehen, blieb der Kontakt zu den in München, Wien, Prag oder Mannheim zurückgebliebenen Freunden und auch zur Familie sehr locker. Die Zeitläufe und eine vorübergehende Nachrichtensperre in Frankreich taten ein Übriges, dem ohnehin schreibfaulen Meyerbeer die Verpflichtungen zur Korrespondenz abzunehmen. Es kamen Klagen von Poissl, Baermann, Schwarz, Weber und anderen.

Anfang Dezember 1815, nachdem Meyerbeer eine »Ruhrkrankheit« überstanden hatte, fuhr er mit seinem Bruder Wilhelm Richtung Calais, um nach Dover überzusetzen. »Wir hatten widrigen Wind u. mußten der See den gewöhnlichen Tribut bezahlen, seekrank zu sein« (Tgb. 3. Dezember).

Am Dienstag, dem 5. Dezember, kamen die Brüder gegen 2 Uhr nachts in London an, versorgten sich am Morgen mit englischen Pfunden und saßen am Abend schon im Covent Garden, um eine alte englische Tragödie von Thomas Othway zu sehen. Meyerbeer ließ kein Stück aus, sah Shakespeares *Richard III.*, den *Othello*, Stücke von Reynolds, Arne, Bishop und absolvierte im Übrigen das London-Besuch-Programm des reisenden Gentleman. Dann gelang es ihm, einige der führenden Pianisten zu hören: August Alexander Klengel, Ferdinand Ries, Friedrich Kalkbrenner, dessen Staccato-Spiel ihn faszinierte, und, nach einigen vergeblichen Anläufen, den legendären Johann Baptist Cramer: »... er nahm uns an. Das Herz pochte mir vor Erwarten... Cramer ist in den 40ger Jahren, von großer kräftiger Statur und eben solchen Gesichtszügen, seine Finger sehr lang und dünn, aber wie ich glaube, von sehr starken Knochen... Er ist in so früher Jugend aus Deutschland weggekommen, daß er gar kein Deutsch mehr versteht. Wir sprachen französisch...« (Tgb. 24. Dezember).

Noch glaubte Meyerbeer, »daß das Hören der Londoner Clavierspieler (und besonders Cramer) einen recht vorteilhaften Einfluß« auf sein Klavierspiel haben könnte, und hoffte, durch den Kauf eines Heftes mit Fugen den Vorsatz unterstützen zu können, wieder fleißig und solide zu üben. Als er mit Wilhelm am Silvestertag 1815 die englische Küste verließ und beide wieder in Calais eintrafen, da sah die Welt noch ganz freundlich aus. Aber bald sank seine Stimmung beträchtlich. Denn Meyerbeer begann Bilanz zu ziehen, die, wie später häufig, um den Jahreswechsel immer besonders niederschmetternd ausfiel: »Das Jahr ist verflossen; 365 Tage meines Lebens abermals hingegangen, ohne daß ein bedeutendes musikalisches Werk mir sie bezeichnet hätte; ein Jahr in Paris zugebracht, ohne dem Lieblingswunsch meines Lebens, für das Faideau zu schreiben, näher gekommen zu sein; in meinem Klavierspiel um ein Jahr zurück statt vorwärts. Was bleibt mir für ein Trost für solchen selbstverschuldeten Verlust? Ende des Jahres 1815.«

»1816 Januar Montag 1. Was bleibt mir? waren die letzten Worte im Jahre 1815 welche Niedergeschlagenheit über verlorene Zeit... Bei Betrachtung des hinter mir versinkenden Jahres durch keine Spur von Produktion oder auch nur ausgezeichnete Arbeitsamkeit bezeichnet, mochte mich wohl Kleinmut befallen. Allein frisches Jahr bringt frische Hoffnungen.« – Damit begann das Tagebuch des neuen Jahres.

Bei ihrer Rückkehr nach Paris hofften die Brüder Beer Nachrichten von den Eltern vorzufinden, die ihnen die Weiterreise nach Italien gestatteten. »Wir fanden die Erlaubnis in den ersten Briefen, aber welcher Donnerschlag, in den letzten war sie widerrufen, und auch für mich der, daß mich Mutter nicht, wie es verabredet war, in Italien besuchen wollte, sondern mich vorher in Prag zu sehen wünschte, weil Vaters Geschäfte ihm nicht erlaubten, für jetzt die weite Reise zu machen. Das kann ich aber nicht eingehen; sonst ist der beste Teil der italienischen Reise verloren...« (Tgb. 3. Januar). Der 24-Jährige setzte die baldige Abreise nach Italien durch, zumal eine Autorität wie Antonio Salieri in Wien ihm geraten hatte, dieses Land aufzusuchen. »Um mir wieder einen kleinen Elan für das Italienische zu geben, das ich seit mehreren Jahren sehr vernachlässigt hatte, nahm ich einen italienischen Meister an, von dem ich alle Tage zwei Stunden nehmen will...« (Tgb. 6. Januar). Die wenigen noch verbleibenden Tage in Paris nutzte er zu intensivem Theaterbesuch, sah Opern von Niccolò Piccinni, André-Ernest-Modeste Grétry, Giuseppe Mosca, Johann Simon Mayr, Rodolphe Kreutzer und Jean-Jacques Rousseaus *Le Devin du village:* »Die Herzlichkeit und Natürlichkeit dieser Musik läßt das Magere und Altfränkische darin übersehen. Ich will mir die Partitur kaufen des Recitativs halber, welches R. in dieser Oper den gewöhnlichen Modulationsformen zu überheben suchte, welches wirklich die Einförmigkeit hebt, ohne der Deutlichkeit Schaden zu tuen...« (Tgb. 7. Januar). Mit dieser Beobachtung war Meyerbeer der Absicht Rousseaus sehr nahe gekommen, der sich in seinem Werk dem schwierigen Problem einer sinnvollen musikalischen Deklamation des Französischen praktisch gestellt hatte, die er theoretisch für unmöglich hielt. Doch das Theoretisieren ließ Meyerbeer in Paris zurück. Zum ersten Mal in seinem Leben hatte er ein wirkliches Ziel: In Italien, dem Land der Opera, wollte er den schönen Gesang an den Quellen gründlich studieren.

In Italien 1816–1824

»Jeder Singekomponist muß von Zeit zu Zeit nach Italien gehen nicht der Kompositionen, sondern der Sänger wegen. Nur von großen Sängern lernt man sangbar und vorteilhaft für die Menschenstimme zu schreiben«, wird Meyerbeer 1834 resümieren. Anfang 1816 bereiste er mit seinem Bruder Wilhelm Italien zum ersten Mal.

Die Möglichkeiten der menschlichen Stimme, ihre Beweglichkeit und Ausgeglichenheit, die Darstellung feinster klanglicher Abstufungen, die Schönheit des Stimmklanges und die Veredelung der Tonbildung dort zu studieren, wo diese Kunst seit 200 Jahren gepflegt wurde, war die Reise wert.

Das 18. Jahrhundert hatte Europa die unumschränkte Herrschaft der italienischen Oper beschert. Diese Vorherrschaft beruhte auf der gründlichen Ausbildung vieler Komponisten, Sänger und Instrumentalisten an den vielen Konservatorien und der enormen kompositorischen Fruchtbarkeit all dieser großen und kleinen Meister, die dafür sorgten, dass in jedem Jahr 80 bis 100 Opern uraufgeführt, dass allein an Venedigs Theatern zwischen 1700 und 1800 etwa 1200 neue Werke vorgestellt wurden.

Das ab der Mitte des Jahrhunderts als Opera seria bezeichnete Dramma per musica und die Opera buffa hatten sich zu standardisierten Gattungen entwickelt, in denen nicht ständig Neues hervorgebracht, sondern durch die Variation gleicher Modelle ein vertieftes Kunsterlebnis vermittelt wurde. Der häufige, oft tägliche Opernbesuch schärfte die Kennerschaft und führte dazu, dass man sich mehr den von Abend zu Abend wechselnden improvisatorischen Auszierungen der Arien durch die Sänger widmen konnte. Insgesamt erfüllte die italienische Oper des 18. Jahrhunderts einen vielseitigen Zweck: Als Schule der Nation war sie die einzige Kunstform, die ihren Besuchern in den Fächern Geschichte, Ethik, Aufführungspraxis, Stilkunde Unterricht erteilte und zugleich ein elementares Unterhaltungserlebnis vermittelte. Metastasios Dramma, sprachlich von hoher Qualität, zeigte Konflikte um Liebe und Macht anhand von Stoffen des Altertums. Der aufklärerische Grundgestus spricht aus den unblutigen Lösungen der fast immer mit Milde und Verzeihung endenden Konflikte. Ein gleichbleibender Aufbau von Rezitativen und rund 30 Arien nach dem Schema: rasch-langsam, elegisch-heiter im Wechsel, auf die drei weiblichen und drei männlichen Darsteller verteilt, bot den Komponisten die Möglichkeit modellhaften Arbeitens. Alle Gefühlsaufwallungen wurden einem Rationalismus untergeordnet, der sie in festgelegten Affekten einfing.

Für eine solche Kunstform waren zu Beginn des 19. Jahrhunderts die gesellschaftlichen Voraussetzungen nicht mehr gegeben. Im Laufe von drei Jahren, zwischen 1796 und 1799, hatten Napoleons Heere die italienischen Kleinstaaten zerschlagen. Gestützt auf französische Bajonette, entstanden für kurze Zeit Republiken nach altrömischem Vorbild mit klangvollen Namen wie etwa in Neapel die Repubblica Partenopea. Als die Franzosen sich wieder zurückzogen, erlangten die alten Kräfte erneut die Oberhand. Puccinis Oper *Tosca,* die im Jahr 1800 spielt, spiegelt diese Entwicklungen wider. Komponisten wie Domenico Cimarosa oder Giovanni Paisiello gerieten ganz unmittelbar in die politischen Auseinandersetzungen.

Diesen politischen Umwälzungen wurde die Opera seria auf der Bühne nicht mehr gerecht. Man erwartete neue, außergewöhnliche Vorgänge, die etwas von dem wiedergaben, was die Zuschauer selbst erlebten. Durch die Französische Revolution und ihre Folgen war das Unterste zuoberst geraten, sahen sich viele Menschen aus ihren traditionellen Bindungen gerissen. Die antiken Stoffe sagten ihnen nichts mehr, wenn auch einige Librettisten, wie zum Beispiel Andrea Leone Tottola, der für Saverio Mercadante die *Didone,* für Giovanni Pacini den *Alessandro nelle Indie* neu textierte, den vergeblichen Versuch unternahmen, durch Bearbeitungen der Metastasianischen Stücke die Ideale des 18. Jahrhunderts in die neue Zeit zu retten. In der Literatur war zwischen den Klassizisten und den jungen Romantikern eine Fehde ausgebrochen, da Manzoni, Berchet, Pellico und Mazzini eine Kunst forderten, die den emotionalen Horizont der Leser aufbrechen sollte. Da die österreichische Zensur zeitgenössische Themen verbot, griffen Literaten und Librettisten zu mittelalterlichen Stoffen. Die Besinnung auf die Ideale der Vergangenheit, die man der miserablen Wirklichkeit entgegensetzte, wurde als Aufruf zu politischer Aktivität verstanden. In diesen Stoffen konnte man große, exaltierte Charaktere vorstellen. Vorbilder sind in Schillers *Räubern,* Byrons *Corsair* oder Puschkins *Dubrowski* zu suchen. Der »tiranno« ist, im Gegensatz zu dem stets milde vergebenden Herrscher Metastasios, als Typ festgelegt: boshaft, unbelehrbar bis an sein böses Ende. Sein Gegenspieler, der »esule«, der Verbannte, ein durch die Schuld des »tiranno« heimatlos gewordener Flüchtiger, ist stets von persönlichen Motiven seiner Rache getrieben. Alles ist außer Kontrolle geraten: die Vernunft, die Tradition, das kalkulierte Fühlen und Handeln, weil die Welt selbst außer Kontrolle geriet. Wenn uns heute die verworrenen Handlungsstränge sehr sonderbar anmuten oder zum Teil sogar als barer Unsinn abgetan werden, so sollte man nicht vergessen, dass vielen Zuschauern dergleichen damals wohl vertraut war. Die Texte des späten zweiten und frühen dritten Jahrzehnts bedeuteten einen enormen Angriff auf die klassizistische Form der Libretti aus dem 18. Jahrhundert, die gleichzeitig immer noch vertont wurden. Schauplätze waren nun eisige Berge, tiefe Schluchten, finstere Wälder, Seen; die Helden atmeten nicht länger die verdünnte Luft der Paläste, Tempel oder Foren, sie atmeten häufiger Kerkerluft, da sich in dunklen Verliesen tragischere Verwicklungen ergeben konnten als im hellen Sonnenlicht.

Schon gegen Ende des 18. Jahrhunderts sind Einflüsse der französischen Opernkunst auf die italienische zu erkennen, die sich in den in Paris entstandenen Werken von Piccinni, Salieri, Sacchini, Paisiello, Spontini oder Cherubini nachweisen lassen. Dazu gehörte die allmähliche Auflösung des Schemas Rezitativ-

Arie, die Erweiterung des »argomento«, jenes affektbestimmten Arienthemas, zu dualistischen Gebilden (bei Cherubini), die Einbeziehung liedhafter Formen wie der Cavatine oder die Verbindung von Arie und Chor, die sich aus Glucks Werken herleitete. Ab 1780 beeinflußte das Dramma lagrimoso den Bereich der Seria. Es berief sich auf die französische Comédie larmoyante, die – auf Diderots bürgerlichem Rührstück fußend – von Piccinni und Grétry gepflegt wurde. Selbst das Ballett nahm durch Jean-Georges Noverre den Weg vom Prunk- und Repräsentationsballett zum Handlungs- und Ausdruckstanz.

In diesem komplexen, komplizierten Prozess sahen sich die italienischen Komponisten vor die Aufgabe gestellt, die alten Formen allmählich umzuformen. Die Aria-Struktur wurde aufgelockert; ariose Teile folgten deklamatorischen, motivisch dicht gefügte Abschnitte wechselten mit rezitativischen. 1815 bezeichnete Simon Mayr, dem die spätneapolitanische Opera seria viele Anregungen verdankt, ein solches Gebilde als »scena ultima«, da sich die vielfältigen musikalischen Ereignisse beim besten Willen nicht mehr unter der Bezeichnung »aria« vereinigen ließen. Von hier war es bis zur Ausformung der neuen musikalisch-dramatischen Form einer »Scena ed Aria« nicht mehr weit. Sie bestand aus einer reich gegliederten Accompagnato-Einleitung mit umfänglichem Orchester-Anteil und kantablen Solo-Partien sowie der nachfolgenden Arie, oft mit Chor-Begleitung. Die Aria selbst war wiederum zweigeteilt in einen langsamen Beginn und einen furiosen Schluß, »Cabaletta« genannt. Carl Maria von Weber bediente sich sogleich dieser modernen Form: in Agathes »Scena ed Aria« (Originaltitel) »Wie nahte mir der Schlummer / Leise, leise / Alle meine Pulse schlagen« im *Freischütz*.

In den beiden ersten Jahrzehnten des 19. Jahrhunderts existierten Altes und Neues nebeneinander und mischten sich sogar oft in einem Werk. Da waren die Spät-Neapolitaner Niccolò Piccinni, Domenico Cimarosa, Giovanni Paisiello, Carlo Coccia, Nicola Vaccai, Stefano Pavesi, Michele Carafa, Niccolò Antonio Zingarelli; da war die römische Schule mit Giuseppe Mosca, Pietro Generali; da war Ferdinando Paër aus Parma, dessen *Leonore,* ein Jahr vor Beethovens *Leonore* 1804 entstanden, der klingende Beweis dafür ist, dass die italienische Oper dieser Zeit durchaus zu großer Expressivität fähig war; man höre in der Kerkerszene Florestans Dankesworte an Leonore, die ihm frisches Wasser reicht; da waren weiterhin Francesco Morlacchi aus Perugia, Peter von Winter aus München, der Bayer Simon Mayr in Bergamo und Gioacchino Rossini aus Bologna. Sie alle waren mehr oder minder an der Ausbildung der neuen Formen beteiligt.

Mayrs Oper *Saffo* hatte 1794 einen derart rauschenden Erfolg, dass der Komponist sich entschloss, nur noch italienische Opern zu schreiben: bis 1824 61 Bühnenwerke. Mayr war der erste, der seinen einfach beginnenden, auf zerlegten Akkordtönen aufbauenden Arienthemen durch eine farbige Bläserbesetzung neuen Reiz verlieh. In *Medea in Corinto* (1813), einer seiner bedeutendsten Opern, sind vorzugsweise Posaunen und Holzbläser an den Arienvorspielen beteiligt; sie führen ihr thematisches Material beim Hinzutreten der Singstimme selbständig weiter und leiten allein die Cabaletta-Themen ein. Dadurch erhielt die italienische Oper etwas von der instrumentalen Dimension, die Mozart ihr schon lange verliehen hatte, ohne dass seine Neuerungen unmittelbar in Italien gewirkt hätten, da Erstaufführungen seiner Opern im Süden erst um 1815 erfolgten.

Rossini war nicht der einzige Komponist, der die Spielpläne der italienischen Theater bestimmte, aber er war der erfolgreichste. Er begann 1810 Buffo-Opern zu komponieren, in denen punktierte Rhythmen als Grundmuster einer Melodie, Triolen zur Umspielung eines Tones, Triolenketten zur Auflösung einer einfachen Tonleiter, kleine Verzierungen zur Betonung eines Phrasenendes, Akzente auf der zweiten, üblicherweise unbetonten Taktzeit und gleichmäßig pulsierende Tupfer des Orchesters zur Stützung der dominierenden Gesangsstimme zu stilbestimmenden Elementen ausgebildet wurden. Rossini hatte eine Sprache erfunden, die die Konkurrenten entweder aus dem Felde schlug oder zur Nachahmung zwang. Kein Komponist vor ihm hatte sich so viel Zeit genommen, sein Material auszubreiten, keiner so sehr auf die Wiederholung seiner Einfälle gesetzt. Rossini konnte sich auf Cherubini berufen, der erprobt hatte, wie viele Takte lang man die Tonika als harmonische Grundlage einer Melodie belassen konnte. Diese in Glucks Schule erlernte Ruhe, Klassizität, wie sie sich in Cherubinis *Medee* 1797 präsentierte, bekam durch Rossini rhythmische Prägnanz. Das Orchester-Crescendo, eine wahrhaft mitreißende Weiterentwicklung der Mannheimer »Walze«, wurde virtuos gehandhabt durch die Wiederholung eines einfachen, kurzen Motivs, dessen suggestiver Wirkung sich niemand entziehen konnte. So entstand die »italianità«, jener Dreiklang aus rhythmischen, melodischen und harmonischen Elementen, die allesamt durch das einfachste Prinzip der Wiederholung verknüpft und mit dem Namen Rossini untrennbar verbunden sind.

Für Rossini waren diese Motive und ihre Varianten so universell, dass ihr Gebrauch in Seria und Buffa für ihn nicht zum Problem wurde. Die Virtuosität, die er forderte, ist dem Gestus seiner hochartifiziellen Figuren durchaus angemessen. Ab 1815 schrieb er alle Gesangsverzierungen selbst in die Partitur, da es – gewiss auch im Gefolge der gesellschaftlichen Umbrüche – zwar noch Sänger mit Talent, aber keine mehr mit der Fähigkeit zur gestaltenden Improvisation gab, zumal die noch in der Kunst der Improvisation ausgebildeten Kastraten nicht mehr nachwuchsen. Rossini unterwarf sich den geltenden Bedingungen und schuf aus ihnen heraus einen neuen Standard. An ihm musste sich jeder andere Komponist messen lassen. Meyerbeer hatte dies bald erkannt und wollte diesen Standard nun gründlich kennen lernen.

Meyerbeers Reiseroute von Paris nach Italien ist nicht genau bekannt. Es ist nicht anzunehmen, dass er die Alpen überquert hat, denn schließlich war Winter. Noch Ende 1815 hatte er mit seinen Freunden Helene Harlas, die ein Engagement in Venedig antreten wollte, und Heinrich Baermann ein Treffen zur Karnevalsstagione verabredet. Als Morgengabe brachte er dem Paar die szenische Kantate *Gli Amori di Teolinda* mit, die »Verona 18ten Marzo 1816« datiert ist und deren Text Gaetano Rossi verfasst hat, der Meyerbeer bald die ersten Opernlibretti lieferte.

Die Schäferin Teolinda erwartet ihren geliebten Schäfer Armindoro. Von ihm hört man nur entfernte Klarinettentöne. Ihr Rufen ist vergeblich, denn Armindoro kommt nicht. Während die übrigen Hirten das ländliche Glück besingen, gibt sich Teolinda ganz ihrem Schmerz hin. Höhepunkt dieser aus Liedformen, Rezitativen und Variationen bestehenden Kantate ist das Finale Allegro molto moderato, Aria con coro, das zu den formalen Errungenschaften der eben vergangenen Jahre in der italienischen Oper gehörte. Diese pittoreske Szene bot der Harlas und Baermann Gelegenheit, all ihre Virtuosität aufzubieten. Solokantaten mit obligatem Instrument waren seit Langem beliebt. Meyerbeer nahm die Tradition des Lamento und der Sujetkantate auf und führte sie fort, darauf bedacht, die Verbindung von Stimme und Instrument inhaltlich – dramaturgisch zu begründen. In der Mischung von konzertanter, kantatenhafter und dramatischer Form zeigt sich bereits Meyerbeers Eigenwilligkeit: er bricht die überkommene Form im szenischen Sinne auf und schuf eine einmalige, von ihm nie wiederholte Mischgattung (Engelhardt, in: Döhring/Schläder 1995).

Heinrich Baermann, für den Weber seine Klarinettenwerke schrieb, muss, betrachtet man seine Partie in der *Teolinda*, ein exzellenter Musiker gewesen sein. Als Lehrer sah er seine Aufgabe darin, »… den jungen Musikern … Sinn für die eigentliche Bestimmung ihres Instrumentes (den Gesang) beyzubringen …«, bekannte er in einem Brief vom 11. September 1830 an Meyerbeer. Deshalb bearbeitete er Stücke aus *Euryanthe, II Crociato, Die Vestalin, Joseph, Macbeth* für 3 Klarinetten und Bassetthorn. An diesem Ideal der Verschmelzung von menschlicher Stimme und Instrument, das sich bei Mozart erstmals auf klassischer Höhe zeigte, hielten alle Belcantisten unter den Komponisten einschließlich Meyerbeer fest.

Mit dem beginnenden Frühling reisten Meyerbeer und sein Bruder Wilhelm noch weiter nach Süden. Amalia Beer wollte sich mit ihren beiden älteren Söhnen in Genua treffen, nachdem sie mit Michael und Heinrich ihren Mann und Weber nach Prag begleitet hatte. So reisten die Brüder Beer durch die Toscana nach Rom, durchquerten Latium und erreichten im Juni Neapel, wo eine »Aria per mezzo Sopran« am 20. des Monats entstand. Da die Stagione di ascensione, die Frühlingsspielzeit, längst vorüber war, wandten sich die Reisenden direkt nach Sizilien. Hier blieb Meyerbeer von Juli bis September. Er zeichnete in Messina, Palermo und Syrakus als ein gelehriger Schüler Abbé Voglers Lieder und Tänze der Straßensänger, Bettler und Volksmusikanten zumeist an Ort und Stelle auf. Was mag ihn zu einer solchen Beschäftigung veranlasst haben? Sein Lehrer hatte das gesammelte Material für pittoreske Orgelimprovisationen oder für Variationsfolgen genutzt. In den uns heute bekannten Werken Meyerbeers findet sich indessen nicht eine Spur der 37 sizilianischen Melodien, nicht einmal in *Robert-*

le-Diable, dessen Handlung auf Sizilien spielt. Auch von einer geplanten Oper ist nichts bekannt. Und da sich Meyerbeer später nie wieder bemühte, bei seinen vielen Reisen etwas Vergleichbares zu wiederholen, wird es wohl nur eine Grille gewesen sein. Er war kein wissenschaftlicher Volksliedsammler. Die Blätter fanden sich in der Partitur *Romilda e Costanza*, seiner ersten italienischen Oper, auf das gleiche Notenpapier geschrieben, was Rückschlüsse auf die Entstehungszeit der Oper zulassen könnte.

Am 20. Oktober 1816, zu lesen in Louis Spohrs Autobiografie (Spohr 1954), »... hatten wir beim Ausgange ganz unvermuthet die Freude, Meyerbeer und seine ganze Familie anzutreffen. Er ist jetzt von einer Reise durch Sizilien zurückgekommen, um seinen Eltern, die ihn fünf Jahre nicht gesehen hatten, ein Rendezvous zu geben, und wird auch von hier über Florenz und Rom nach Neapel zurückkehren, um bei Eröffnung des neuen St. Carlo Theaters gegenwärtig zu sein.« Das berühmte Teatro di San Carlo war 1811 durch Brand zerstört worden und wurde im Stile von 1737 wiedererrichtet. »Gestern ist Meyerbeer mit seiner Mutter hier angekommen ... Da ›Tancred‹ eine alte Oper ist, von der die erste Aufführung nicht mehr Interesse hat, als die folgenden, so überredete mich Meyerbeer leicht, mit ihm ins Theater Valle zu gehen.« Anfang 1817 verließ Meyerbeer Rom, um seine Mutter bis nach München zu begleiten, und reiste über Mailand zurück nach Venedig. Amalia Beer war fürs Erste beruhigt.

Fast vier Jahre lang hatte sich Meyerbeer mit der Komposition von Gelegenheitsarbeiten begnügt, ehe er wieder richtig produktiv wurde. Vorübungen zur ersten Oper waren eine Cavatine aus einer nicht näher bekannten einaktigen Oper *Robert und Elise*, die »Palermo, d. 22. July 1816« datiert ist und an Weber nach Prag gesandt wurde. Auf einem beigefügten Zettel lieferte Meyerbeer noch einen zweiten Text zur Auswahl. Möglicherweise lag der Plan eines Stückes vor, da die Cavatine als »No. 2« bezeichnet ist. Die Arbeit wurde flüchtig entworfen, wie die Schrift und die Ausführung der Komposition erkennen lassen. Therese Grünbaum in Wien erhielt von Meyerbeer die am 3. Oktober 1816 in Genua fertiggestellte Aria con cori »Perche, numi tiranni«, auch eine der Gefälligkeiten mit Etüdencharakter.

Meyerbeers erster italienischer Librettist hieß Gaetano Rossi (um 1780–1855). Er war einer der produktivsten Textdichter seiner Zeit und gehörte zunächst als Theaterdichter dem venezianischen Teatro La Fenice an. 1822 wurde er Direttore di scena al Filarmonico di Verona. Mit seinen rund hundert Libretti belieferte er unter anderen Morlacchi, Mayr, Rossini, Carafa, Zingarelli, Mercadante, Generali und Pacini. Zusammen mit Felice Romani war er wesentlich an der Reform des italienischen Librettos zu Beginn des 19. Jahrhunderts beteiligt, wenn er auch im Grunde dem klassizistischen Ideal des späten 18. Jahrhunderts anhing und sich als Nachfolger Metastasios verstand. Nach Engelhardts Vermutung (Engelhardt, in: Döhring/Schläder 1995) könnte Meyerbeer Rossi in Verona kennengelernt haben, da dieser dort 1816 am Teatro filharmonico beschäftigt war. Von allen Textbüchern, die Rossi dem Komponisten anbot, wählte Meyerbeer vier aus.

Als ihr erstes gemeinschaftliches Werk *Romilda e Costanza* am 19. Juli 1817 uraufgeführt wurde, war aus Jacob Giacomo geworden, dem gastlichen Land zuliebe, wie zu vermuten ist. Zum ersten Mal findet sich der italienische Vorname in einem Brief von Rossis Frau Angelica am 8. Mai 1817 an Meyerbeer.

Schon während der Vorbereitungen der Uraufführung, die für den 19. Juli im Teatro Nuovo in Padua vorgesehen war, gab es die offenbar mit den nervlichen Anstrengungen vor jeder Premiere verbundenen Probleme bei Meyerbeer: Obwohl vertraglich verpflichtet, schaffte er die Übergabe der Partitur nicht zum vereinbarten Termin, da er erkrankt war. Der Theaterarzt diagnostizierte einen besorgniserregenden Zustand. Offenbar flüchtete sich Meyerbeer in die Krankheit, da er mit seiner Arbeit noch nicht zufrieden war und sie deshalb nicht aus der Hand geben wollte.

Marcus Engelhardt hat in einem Beitrag zum Thurnauer Meyerbeer-Symposium (in: Döhring/Jacobshagen 1998) einige Mystifikationen, die sich durch die älteren Biografien von Schucht und Kapp um das Werk rankten und denen auch der Autor dieser Arbeit zunächst erlegen war, klären können. So ist die Behauptung fehlerhaft, das Stück sei ursprünglich für das Teatro di San Benedetto in Venedig gedacht, wo es aber erst am 8. Oktober 1817 nachgespielt wurde. Engelhardt vermutet Beziehungen Rossis zu diesem Theater in Venedig; auch ist der Vertrag mit dem Paduaner Impresario Mazzuccalio in Venedig, Meyerbeers Wohnort, ausgefertigt worden, aber das rechtfertigt nicht die Annahme einer Verpflichtung für Venedig. Dafür sah die »scrittura« ein sonst ungewöhnlich großes Mitspracherecht des Komponisten bei der Vorbereitung der Aufführung vor: sein Perfektionsstreben war von Beginn an ausgeprägt (Schuster 2003).

Mit dem Teatro Nuovo hatte Meyerbeer ein Opernhaus gewählt, das zu den progressivsten in Italien gehörte und zeitgenössisches französisches Repertoire spielte: Hier wurde 1805 Simon Mayrs *Amor coniugale* uraufgeführt, eines der wichtigsten Stücke in der Tradition der pièce à sauvetage; es folgten einige berühmte Rettungsopern von Paër, Nicolas-Marie Dalayrac und Mayr. Nach dem Rückzug der Franzosen aus Oberitalien gehörten nunmehr auch Huldigungskantaten auf den Habsburgerkaiser zum Repertoire. Zugleich war Padua auch der Ort, in dem alle Rossini-Werke ab 1811 unmittelbar nach ihren Uraufführungen nachgespielt wurden. Meyerbeer fand also ein vielfältiges, den neuesten Tendenzen geöffnetes Angebot vor, an dem er sich orientierte. Man wird seinen Werken zu Beginn seiner italienischen Zeit nicht gerecht, wenn man sie ausschließlich unter dem Aspekt der Rossini-Nachahmung betrachtet. So nahe seine ersten Versuche auch seinen italienischen Vorbildern sind, so wird doch sein Bestreben deutlich, alle neueren Tendenzen aufzunehmen. Mit seiner Mischung aus französischem Rührstück und Rettungsoper unter Einbeziehung komischer Elemente, entsprach

Romilda e Costanza genau jener Umbruchsituation, die sich auf den italienischen Opernbühnen im Austausch mit Frankreich vollzog: Meyerbeer trug nicht nur theoretisch seine bisherigen Erfahrungen aus Paris mit nach Italien.

Er lernte im Theaterbetrieb Praktiken kennen, die denen im väterlichen Geschäft ähnlich waren. Ein Impresario, als »Firmeninhaber«, kaufte ein Stück und pachtete von der Kommune ein Theater für eine Stagione, für eine ganze Saison. Es gab die Stagione Carnevale (vom 26. Dezember bis zum 30. März), die Stagione di ascensione (2. Osterfeiertag bis Ende Juni bzw. bis zum Sommer entsprechend den Festdaten) und die Stagione di autumno (1. September bis Ende November). Hatte er mit seinem Ensemble und den Werken Erfolg, verdiente er wie ein geschickter Geschäftsmann; machte er »Fiasco«, fielen die Stücke durch, musste er aus seiner Tasche dazulegen oder verschwand mit der Cassa. Für jede Spielzeit wurde das Ensemble neu zusammengestellt.

Die »Ouvertura« zu *Romilda e Costanza* weist im Autograf beträchtliche Korrekturen auf. Der Komponist war sich anscheinend bei den ersten Takten seiner ersten italienischen Oper noch unsicher; mit zunehmendem Umfang der Partitur wuchs die Sicherheit seiner Hand. Meyerbeer hatte gut gelernt. Die beiden großen Auftritte der Costanza und der Romilda zu Beginn des zweiten Aktes sind in ihrer formalen Anlage von modernstem Zuschnitt, denn sie weiten sich zu großen, dramatischen Szenen aus, bevor die Aria beziehungsweise das Rondo einsetzen, die wiederum durch die konzertierenden Soloinstrumente – Fagott, Horn, Violoncello – den virtuosen Wettstreit mit den Stimmen führen. Dramatischer Höhepunkt ist das Sextett Costanza, Romilda, Teobaldo, Retello, Pierotto und Albertone kurz vor dem Finale II. Hier wie in den Arien werden vokale Höchstleistungen verlangt. Die Koloraturen sind Ausdruck des emotionalen Zustandes der Figuren. In dieser ganz auf die Expressivität der menschlichen Stimme bezogenen Kunst ordnete Meyerbeer die Emotionen nicht den Instrumenten zu, sondern setzte auf die Dominanz der menschlichen Stimme. Von nun an nahm man in Italien den jungen Komponisten zur Kenntnis. Meyerbeer hatte sich des Korrespondenten der einflussreichen und viel gelesenen Leipziger *Allgemeinen musikalischen Zeitung,* des in Mailand lebenden Komponisten, Arztes und Schriftstellers Peter (Pietro) Lichtenthal versichert, dessen Bericht im September in der *AMZ* (MBT) erschien: »Padova. Sonnabend den 19. Juli wurde auf diesem Theater die so sehnlich gewünschte Oper, Romilda e Constanza, von Hrn. Meyerbeer gegeben. Neuheit der Gedanken, genaue Ausführung, reizende Melodien, Tiefe der Kunst und Wissenschaft, eine brillante und imponierende Instrumentation, mit gefälligen, ganz italienischem Gesänge untermischt, die sich von der Ouvertüre bis zur letzten Note findet, verschafften dem Compositeur ganz außerordentlichen und allgemeinen Beyfall... Die Sig. Lipparini, die Hern. Campitelli, Branchi, der brave Bassi, und ganz besonders die vortreffliche und nicht genug zu lobende Pisaroni, bedeckten sich mit Ruhm.« Benedetta Rosmunda Pisaroni-Carrara , eine Schülerin des Kastraten Velutti (mit dem Meyerbeer 1824 zusammenarbeiten wird), galt als eine der bedeutendsten Contraltistinnen ihrer Zeit.

Der Berliner Hofopernintendant Carl Graf von Brühl wandte sich Ende August 1817 an Jacob Beer, um die Partitur anzufordern. Ob nun Brühl, dessen Interessen sich mehr auf Weber und die deutsche Oper richteten, das Werk wirklich aufführen wollte oder nur aus Höflichkeit gegenüber der Familie die Partitur erbat, sei dahingestellt. Dringlich forderte Amalia ihren Sohn auf, die Oper zu schicken. »… kauf sie dem imfammen impresario ab es kan kosten was Du willst mach nur daß sie her kommt...« Die Familie wollte auch in Berlin ein Werk des Sohnes auf der Bühne sehen. Meyerbeer hatte es mit einer Berliner Aufführung jedoch nicht so eilig. Er wollte sich erst in Italien erproben. So gab er die *Romilda*-Partitur erst Ende Dezember seinem Bruder Michael mit, als der nach Berlin zurückkehrte. Da hatte Brühl kein Interesse mehr, zumal inzwischen eine neue Partitur von Meyerbeer zur Auswahl vorlag: *Emma di Resburgo*. Die Partitur der *Romilda* verblieb im Familienbesitz einschließlich der eingelegten sizilianischen Volkslieder. Auch die Oper *Alimelek*, die von der Hofoper angefordert worden war, blieb in Berlin unaufgeführt.

Aus den Jahren 1817 bis 1821 sind im Bestand der Staatsbibliothek Preußischer Kulturbesitz zwei autografe Skizzenbücher Meyerbeers überliefert, in denen er seine musikalischen Ideen sammelte. Sie enthalten Entwürfe zu *Emma di Resburgo*, *Semiramide*, *Margherita d'Anjou* sowie zu den nicht ausgeführten Opern *Alcade*, *Almanzorre*, *Michele e Lisette*. Teilweise sind die Fragmente so datiert, dass ein genauer Nachweis über die Orte möglich ist, in denen sich Meyerbeer mit seinen jeweiligen Werken beschäftigte. Dicht gedrängt stehen Singstimmen und Text auf dem Notenpapier, dazu ein oder zwei Instrumentalsysteme. Die meisten Skizzen sind mit Tinte eingetragen, einige mit Bleistift, die zum Teil mit Tinte nachgezeichnet wurden. Manchmal findet sich auch nur eine instrumentale Idee. Die Handschrift ist oft flüchtig, doch nie unleserlich. Es gibt auch Partiturlagen, die Meyerbeer nach Erhalt des Librettos eingerichtet hat und in denen er für manche Nummern schon erste Gedanken aufschrieb. Dann sind bis zur nächsten Nummer einige Seiten freigelassen worden. Ganz selten nahm sich der Komponist die Muße, Figürchen statt Noten zu malen.

Bisher gibt es keine genauen philologischen Untersuchungen dieser Quellen. Die beiden Skizzenbücher zeugen von Meyerbeers intensiver Beschäftigung mit den Möglichkeiten, die ihm die italienische Opernkunst des frühen 19. Jahrhunderts bot, sowie von seinen nie versiegenden Einfällen. Es war nicht üblich, Skizzen aufzuheben, wenn das fertige Werk vorlag. Anders Meyerbeer. In seinem künstlerischen Haushalt kam nichts um. Manches Thema aus den Werken der Pariser Zeit hat seinen Ursprung schon in Italien. Ähnlich wie bei Beethoven, in dessen Skizzenbüchern sich die Profilierung eines anfangs trivialen Themas zur charakteristischen Gestalt nachvollziehen lässt, wurden auch bei Meyerbeer während des Kompositionsvorganges Formulierungen exakter, rhythmisch und harmonisch schärfer ausgebildet. Die Skizzenbücher sind Dokumente eines beharrlichen Fleißes, der zum Erfolg führte.

Nach dem *Romilda*-Erfolg unterzog sich Meyerbeer einer Badekur. Offenbar zeigten sich damals schon Symptome des später sehr ausgeprägten Krankheitsbildes, einer Unterleibsschwäche, die er durch viele Mittel und Kuren zu lindern suchte.

Das Jahr 1818 begann Meyerbeer wieder mit guten Vorsätzen. Ins Tagebuch schrieb er am Neujahrstag: »Sollte ich nicht endlich verzweifeln, Stetigkeit genug zu besitzen, ein regelmäßiges Tagebuch zu führen? Allein so wie das scheidende Jahr mich stets in Mutlosigkeit versenkt, wenn ich auf das Unverhältnis der vielen Zeit mit dem wenigen Geleisteten zurücksehe, ebenso erfüllt mich das neue Jahr mit Mut & fröhlichen Hoffnungen zur Besserung.« Er notierte Eindrücke von Aufführungen neuer Werke, die er in Mailand gesehen hatte, von Peter von Winters *I due Valdomiri*, dessen kurzatmige Themen ihm gar nicht gefallen wollten, obwohl er die Stretta im Duett Tomino – Mico so »brillant und feurig« fand, dass er sie sich sehr gut merkte bis zur Komposition seines *Crociato*. Dort ähnelt die Partie der Palmide im Duett mit Armando (Nr. 5 »E te dunque ame vicino«) Winters Duett, das wiederum eine gewisse Ähnlichkeit mit der Aria Nr. 5 des Argirio aus Rossinis *Tancredi* hat. Ein Nachklang solcher Motive findet sich noch in der *Africaine* im Gestus des Vasco da Gama.

Mit Giovanni Pacinis *Adelaide e Comingio* am 30. Dezember 1817 »... schloß sich für mich die Reihe der zu sehenden Vorstellungen in Mailand, da ich noch in Cremona die Morandi hören will, für welche ich künftigen Herbst in Triest schreiben werde, desgleichen Velutti (gegenwärtig in Parma) für den ich zwar nicht schreiben werde, den aber zu hören & zu studieren stets nützlich & interessant für einen Singekomponisten ist, & endlich meinen Bruder Michael (der nach Deutschland zurückgeht) bis nach Triest begleiten will. Wir reisten also den 31. Dezember ... ab« (Tgb. Januar 1818). Eine bemerkenswerte Eintragung: Nach Jahren der Begleitung durch einen seiner Brüder wurde der älteste Beer-Sohn 1818 selbständig. Denn keine noch so gut gemeinte Aufsicht konnte den schon lange künstlerisch und geistig Unabhängigen davon abhalten, das zu tun, was er für richtig hielt. Wie selbstbewusst klingen diese Zeilen, da er sich sicher ist, für Rosa Morandi (1782–1824), eine der besten Mezzosopranistinnen ihrer Zeit, eine Oper zu schreiben. Es wird *Emma di Resburgo* sein (Venedig 1819). Er wusste also schon, für welche Sänger er seine Partituren schrieb und ließ keine Gelegenheit aus, ihre Stimmen und Darstellungsart zu studieren. Als Meyerbeer Parma besuchte, war der Kastrat Giovanni Battista Velutti zwar indisponiert, aber für den Gast ließ er privat einige Variationen über »Nel cor non più mi sento« aus *La Molinaria* von Paisiello hören, deren Schwierigkeiten »... meistentheils in Intonazionen verminderter Intervalle, welche gar zu häufig vorkommen ...«, bestanden. Meyerbeer merkte sich sehr gut, was er da zu hören bekam.

P. v. Winter, I due Valdomiri, Duetto Tomino – Mico

G. Meyerbeer, Il Crociato, Nr. 5, Duetto Palmide – Armando

G. Rossini, Tancredi, Nr. 4, Aria des Argirio

G. Meyerbeer, L'Africaine, erster Akt

Mit dem Eintrag über Velutti brach das Tagebuch für 1818 bereits am 3. Januar ab, trotz der guten Vorsätze vom 1. des Monats. Theater-Neuigkeiten der Saison gab Meyerbeer erst wieder in einem ellenlangen Brief, geschrieben vom 1. bis 17. September an seinen Bruder Michael zur Kenntnis. Aus Triest, Venedig, Padua, Vicenza, Mailand, Brescia, Verona, Florenz, Neapel wird berichtet. Meyerbeer ließ nichts aus. Jedes Werk bekam eine Note. Von »furore«, »gefiel«, »so, so«, »ließ kalt« bis »fiasco« reichte die Benotung auf der Skala des Erfolges. Es ging um alte und neue Stücke, um Sängerinnen, Sänger, Komponisten.

Der lebendige Bericht über eine ganz durchschnittliche Stagione war aus der Sicht eines Kenners geschrieben, der die Erfolgschancen für sich und die anderen ausrechnete. Da es in der Karwoche keine Oper gab, arrangierte der Cavaliere Grizzo in Venedig große Oratorienkonzerte. Meyerbeer berichtete Michael Beer auch darüber: Man gab »… mit verdoppeltem Orchester und 5facher Illumination im Theater S. Benedetto … den ›Messias‹ von Händel, das ›Stabat Mater‹ von Haydn & c … Die Aufführung war, den Noten nach, nicht schlecht zu nennen, allein der Geist der Executirenden widerstrebte stets unwillkürlich dem des Werkes … so daß dem, der wahrhaft in dem Sinne des Meisters eingedrungen ist, und die guten Traditionen von London Wien und Berlin kennt, das Ganze zuweilen wie eine Travestie erschien. Das einzige wahrhaft vergnügliche Schauspiel, waren die geputzten Damen und Herren in den illuminirten Logen, die ganz zerknirscht vor Ennui [Langeweile] dasaßen, und sich doch weder zu gähnen noch zu reden getrauten, indem Grizzo … erklärt hatte, daß diese Kompositionen das Meisterstück des menschlichen Geistes wären; daß der, dem sie nicht gefielen, ein Esel sei; … Das einzige was Effekt machte, war eine neue amphiteatralische Stellung des Orchesters auf dem Theater, nach meiner Anordnung.«

Rossini wurde immer besonders erwähnt. Seinetwegen unterbrach Meyerbeer sogar die Chronologie des Berichts an Michael Beer, um sich allen in dieser Stagione anfallenden Rossini-Werken zu widmen. Besonders der dritte Akt des *Otello* hatte es ihm angetan. »Er ist aber auch wirklich göttlich schön dieser Akt, und was das sonderbarste ist, alle Schönheiten darin sind ganz und gar antirossinianisch ein vortrefflich declamirtes, stets leidenschaftliches Recitatif, mysterieuse Accompagnements, voller Localcoleur; und besonders der antike Romanzenstyl in seiner höchsten Vollkommenheit.« Diesem Ideal wollte Meyerbeer sich nähern, ohne Rossini nachzuahmen, was er an Vaccai streng rügte.

Alle Kenntnisse und Entdeckungen verband Meyerbeer ausschließlich mit einem Thema, das bald alle seine italienischen Opern beherrschte: das Emigrantenschicksal. Stoffe dieser Art waren sehr beliebt. Die Librettisten hatten für Meyerbeer nichts Neues erfunden, aber es entsprach zutiefst seinen Empfindungen, solche Sujets zu wählen:

Romilda e Costanza (1817). Romilda muss sich als Page verkleiden, um Teobaldo zu folgen, der alsbald in den Kerker gesperrt wird.

Semiramide riconosciuta (1819). Die vertriebene Semiramide muss sich verkleiden, um ihr Reich zurück zu gewinnen. Den Text hatte Pietro Metastasio 1729 für Leonardo Vinci geschrieben; seitdem wurde er noch fünfzehnmal vertont, u. a. von Gluck und zuletzt von Meyerbeer.

Emma di Resburgo (1819). Graf Edemondo ist fälschlich des Vatermordes angeklagt und lebt in der Verbannung. Nach der Rückkehr geraten er und seine Frau in lebensbedrohliche Situationen.

Margherita d'Anjou (1820). Die von Herzog Gloster vertriebene Witwe König Heinrichs VI. versucht in England, ihre Machtposition zurückzuerobern.

L'Esule di Granata (1822). Almanzor, Herrscher in Granada, ruft die verbannten Abenceragen zurück.

Il Crociato in Egitto (1824). Der Kreuzritter Armando lebt unter falschem Namen bei seinen ehemaligen Feinden in Damietta.

Wie ein Leitmotiv durchzieht das Schicksal der Verbannten Meyerbeers italienische Opern. Seinem Bruder Michael schrieb er in dem schon zitierten Brief vom September 1818: »Ein Traum nichts als ein elender Traum, hat mich, meine moralische und physische Facultäten in solche Zerrüttung gebracht, daß ich erst 10 Tage nach dieser furchtbaren Nacht mich gleichsam selbst wiederfinde. Welche furchtbare Organisation des Nervensystems das durch einen bösen Traum so erschüttert wird, daß es den Geist fast bis an die Grenzen des Wahnsinns führt. Ich kann es Dir wohl sagen, ich fühle daß es mir mit meiner Schwermuth gehet wie mit einer allzustarken Last die man tragen soll und nicht kann … Frägst Du mich vielleicht warum ich in alle diese betrübende Details eingehe deren Mittheilung mir nichts helfen kann, und Dich betrübt, so antworte ich Dir mit Frakturschrift weil ich leider in Körper und Geist, in Gemüth und Neigungen die entsprechende

Bühnenbild zu Semiramide *von Antonio Basoli, Turin 1819. Institut für Theaterwissenschaften, Universität Köln*

Aehnlichkeit zwischen uns erblicke; … und Dir deßhalb mein Schreckbild aufstelle um meiner Warnung desto mehr Gewicht zu geben: Arbeit heißt sie und Enthaltsamkeit (in jeglicher Hinsicht). Behutsamkeit in der Wahl des Standes, heißt sie ferner. Vergiß nicht was ich bei der Wahl des Meinigen vergaß, das eiserne Wort ›Richesse‹ [Judenhaß]. Von Individuum zu Individuum kann dies Wort für eine Zeitlang in Vergessenheit gerathen (immer auch nicht) bei einem versammelten Publikum nie, denn es bedarf nur eines der sich daran erinnert um der ganzen Maße ihr Natürel zurückzurufen. Wähle deßhalb unter Arzt, Advokat, Philologe, Kaufmann, aber wende der Diplomatie, dem Theater (als Beruf) den Rücken. Dichte wie Philomele singt, für sich. Bricht endlich einmaal unter der Zeit die Erkenntniß der geistigen Gleichheit und Unbefangenheit ein, so hast Du nichts verlohren, als zu warten.« Das schrieb ein 27-Jähriger hellsichtig, den die Familie als »Schwarzseher« titulierte. Meyerbeers Leitmotiv ist das des durch seine jüdische Herkunft Gezeichneten. Ein einzelner Erfolg war kein Wechsel auf die Zukunft; ein Fiasko konnte den Traum vom anerkannten europäischen Opernkomponisten jäh zerstören. Kein Wunder also, dass Meyerbeer von Alpträumen geplagt wurde; der Leistungsdruck war groß.

»Und so schließe ich diesen zu langen Theaterbericht mit derjenigen Nachricht die Dich vielleicht am Meisten interessirt; nämlich, daß ich vorgestern nach vielem Zögern, Hin- und Herschreiben, die Scrittura für die 2te Opera seria im Karneval für Turin unterzeichnet habe. Ich bin meiner Überzeugung nach sacrifiziert, allein wenn ich schon einmal mit einem schlechten Buch Fiasco machen will, so will ich es doch wenigstens auf einem Cartello [berühmten] Theater.«

Meyerbeer hatte offenbar wenig Zutrauen zu einem so alten Libretto, wie es die *Semiramide riconosciuta* von Metastasio aus dem Jahr 1729 war. Er ließ es umarbeiten, von wem, wussten auch die zeitgenössischen Rezensenten nicht zu berichten. Im März 1819 schrieb Franz Sales Kandler, Korrespondent der österreichischen *Allgemeinen musikalischen Zeitung* (MBT): »Über die Musik ist man hier des Lobes voll. Die italienischen Kritiker, besonders jener von Turin, findet darin alle Vorzüge der ital. Schule mit jenen der deutschen gepaart und sagt, dass das Ganze mit philosophischer Ruhe überdacht und beseelt sey. Der Effect ... sey in den Arien der Semiramis und den Duetten mit Ircano so erhaben, dass die Zuhörer dadurch bis zum Enthusiasmus gehoben wurden, ... Auch deutsche Kunstkenner ... lassen dem Maestro alle Gerechtigkeit widerfahren, mildern aber den hohen Grad des Enthusiasmus der Turineser ...«

Amalia Beer verspürte den verständlichen Wunsch, die Erfolge ihres Ältesten aus der Nähe zu erleben, hielt sich aber taktvoll zurück: »Und nun wünsche ich zu wissen wie es Dir geht, wie Du Dich befindest ... und wenn Du glaubst daß Deine Oper in der scene gehen wird, denn ich möchte mich doch gerne einigen Tage in Mailand, und in Verona auf halten weil ich gerne Veluti hören möchte, aber wie gesagte lieber Meier ängstige Dich nicht, daß ich ehr komme ich gebe Dir mein heiliges Versprechen ich komme nicht ehr wie Du es wünschst, und wenn es auch nur eine Stunde für der Aufführung ist, hast Du nicht eine gehorsame Mutter« (15. Dezember 1818). Es muss wirklich eine Veränderung in ihr vorgegangen sein, denn mit dem Erfolg ihres Sohnes wuchs ihr Respekt vor seiner Leistung. Umso mehr konnte Meyerbeer sie als wichtigste Instanz in der Familie verehren, da sie nun nicht mehr in seine Pläne eingriff, sondern seinen Ruhm genoss.

Mitte 1820 führte das Teatro Comunale in Bologna die *Semiramide* auf, und Meyerbeer wurde gleichzeitig in die berühmte Bologneser »Accademia dei Filarmonici« aufgenommen, die die angesehensten Komponisten ihrer Zeit zu ihren Mitgliedern zählte. Der Erfolg der *Semiramide* bewog das Teatro di San Benedetto in Venedig, ihm eine neue Scrittura anzutragen, da er, wie kein anderer Opernkomponist seiner Zeit, nicht auf das Auftragshonorar angewiesen war. Meyerbeer wählte aus Gaetano Rossis Büchern die *Emma di Resburgo*. Die üblichen Missstände – zu kurze Probenzeit, Überlastung der Sänger, von denen manche ziemlich jung die Stimme für immer verloren – machten ihm das Leben schwer: »... indem die Krankheit fast aller Sänger, und der Mangel der Harfe, so viele Abändrungen nothwendig gemacht haben, daß wir bis jetzt noch immer nicht aufs Reine sind« (Juni 1819). An Kandler ist auch der folgende Brief vom 26. Juni gerichtet: »Wir gehen heute Abend sehr unreif in die Scene und der zweite Act besonders fürchte ich wird nicht besonderen Effect machen.« Doch allen Befürchtungen zum Trotz wurde *Emma di Resburgo* Meyerbeers erster großer Triumph auf der italienischen Bühne. Er dirigierte sein Werk selbst und wurde mehrfach auf die Bühne gerufen. Der Korrespondent der Leipziger *Allgemeinen musikalischen Zeitung* schrieb im August 1819: »Seine letzte Oper: Emma, fand in Venedig eine so ausgezeichnete Aufnahme, daß er mit Rossini den Sieg theilte, und sogar, nach dem Urtheile vieler, den Sieg über ihn gewann ... Nunmehr ist dieser deutsche Künstler bey uns heimisch geworden und nächstens werden jene drey Opern auch in den anderen grossen Städten Italiens gegeben werden.«

Immer wieder hoben die Rezensenten hervor, dass sich in Meyerbeers Werk die italienische und die deutsche Schule vereinigten, wenn er auch dem »canto fiorito«, dem aus dem Rhythmus geborenen, melodisch ausschwingenden Gesang allen Tribut zollte. In einer ausführlichen Kritik der *Berlinischen Nachrichten* (Spenersche Zeitung) vom 10. August ist dazu zu lesen (MBT): »Der Gesang ist immer interessant und meistens originell, die Harmonie gewählt und ersteren unterstützend; sie ist aber zugleich nicht selten für sich angenehm, so daß das Ganze durch sie sehr gehoben, belebt, wahrhaft geschmückt, hin und wieder glücklich individualisirt und charakteristisch ausgemalt wird. Das Verhältniß, in welchem Gesang und Begleitung erscheinen, ist durchaus lobenswerth, ja oft musterhaft, daher die Beliebtheit dieser Oper beim Gesammt-Publikum! Im Moduliren, Imitieren und Figuriren ist dieser Tonsetzer üppig, man möchte fast sagen verschwenderisch ... Kurz, die Oper gehört unter die geistreichsten, beliebtesten, anmuthigsten, ... welche irgend ein neuerer Künstler in Italien hervorgebracht hat. Neben der unwiderstehlichen Wirkung, welche die Eigenthümlichkeit der in Italien sogenannten ›deutschen Musica robusta‹ bei Kraftstellen hervorzubringen vermag, fehlt es derselben zugleich nicht an jenen ›Sirenengesängen‹ welche der Italiener für unentbehrlich hält. Das Werk, obgleich es mit dem Duft seiner Blüthen dem Süden angehört, hängt doch mit den feinsten Fasern an dem deutschen Boden.« Der Rezensent hatte richtig beobachtet, dass Meyerbeer technisch mehr leistete als die ausschließlich im Belcanto erzogenen italienischen Zeitgenossen. Hierzu gehören »come-de-lontana«-Effekte, also räumlich konzipierte musikalische Elemente, ferner Großszenen, die man schon als Vorform der späteren Tableaux ansehen kann. Allerdings hatte Meyerbeer auch erkannt, dass es dringend notwendig war, auf die Qualität der Libretti Einfluss zu nehmen, was er ab 1823 konsequent tat.

Nur die Bereitschaft der Emma di Resburgo, ihrem unschuldig verurteilten Edemondo in den Tod zu folgen, rührt das Herz des Tyrannen. Dieser »lieto fine« ist noch 18. Jahrhundert: Das Libretto zehrt von den alten, aufklärerischen Idealen, als der Dichter dem »tiranno« Milde zubilligte. In diesem Libretto konnte Meyerbeer den Geist der aufklärerischen Utopie der vergangenen Epoche begreifen lernen, die sich auf der Opernbühne in die neue Zeit herübergerettet hatte und dem Kunstwerk jenen schimmernden Glanz der Illusion und einer besseren Welt verlieh. Er konnte lernen, Utopien musikalisch zu formulieren. Immer, wenn in seinen späteren Werken zumeist vergebliche Hoffnung aufscheint, wenn jenes unverzichtbare Maß von Utopie einsetzt, dann erklingen Melodien, wie er sie in Italien zu schreiben gelernt hatte.

Carl Maria von Weber in Dresden beklagte sich bei seinem Freund Hinrich Lichtenstein am 27. Januar 1820 (MBT): »Mir blutet das Herz, zu sehen, wie ein deutscher Künstler, mit eigner Schöpfungskraft begabt, um des leidigen Beifalls der Menge willen, zum Nachahmer sich herabwürdigt. Ist es denn gar so schwer, den Beifall des Augenblicks – ich sage nicht zu verachten, aber doch nicht als Höchstes anzusehen.«

Dennoch nahm Weber – weniger aus künstlerischer Überzeugung als aus alter Freundschaft – 1820 *Emma di Resburgo* in der Originalsprache in seinen Spielplan auf. In der *Abendzeitung*, dem Dresdner Kunstblatt, das Weber gern als Forum für seine Anschauungen nutzte, formulierte er 1820 etwas zurückhaltender (MBT): »Wir erhalten im Laufe der nächsten Woche von ihm: ›Emma di Resburgo‹, Opera seria. Italienisch. ›Alimelek‹, komische Oper. Deutsch. Zwei der verschiedenartigsten Blüten seines reichen, herrlichen Genius, die ihm hoffentlich den Beifall der Freunde der italienischen und der deutschen Tongestaltungen und den des wahren Kenners, der inmitten dieser Parteien steht und das Gute würdigt, es komme, woher es wolle, es von dem Standpunkt des Erzeugers desselben beurteilend, erwerben werden ... Emma di Resburgo trägt ... ganz das Gepräge des Himmelstriches, unter dem sie geschaffen wurde, und des jetzt da herrschenden Musikgeistes. Ich glaube, daß der Komponist es sich zum Ziele gesetzt hat, gefallen zu wollen, um so zu zeigen, daß er als Herr und Meister über alle Formen schalten und gebieten könne. Es muß recht tief hinein böse sein mit dem Verdauungsvermögen der italienischen Kunstmägen, daß der gewiß aus eigener, selbständiger Kraft schaffen könnende Genius Meyerbeers es für notwendig erkannte, nicht nur süße, üppig schwellende Früchte auf die Tafel zu setzen, sondern sie auch gerade mit diesen Modeformen verzuckern zu müssen ... Darf der Schreiber dieses einen Wunsch aussprechen, so ist es der, daß Herr Meyerbeer nun, nachdem er die Kunst in ihren vielseitigen Abzweigungen nach der Gefühlsweise der sie pflegenden Nationen studiert und seine Kraft, sowie die Geschmeidigkeit seines Talents erprobt hat, ins deutsche Vaterland zurückkehren und mit den wenigen, die Kunst wahrhaft Ehrenden, auch mit fortbauen helfen wolle an dem Gebäude einer deutschen Nationaloper, die gern von Fremden lernt, aber es in Wahrheit und Eigentümlichkeit gestaltet wiedergibt, um uns so endlich auch den Rang unter den Kunstnationen festzustellen, dessen unerschütterlichen Grund Mozart in der deutschen Oper legte.« Weber war nicht der einzige, dem Meyerbeers Italien-Ausflug missfiel. Zwar wünschte Meyerbeer, dass *Emma* in Wien gespielt würde, und zwar in der Übersetzung seines Freundes Franz Sales Kandler, der als Wiederentdecker Johann Adolf Hasses 1821 durch eine Biografie über den »caro Sassone« bekannt wurde, allein Ignaz von Seyfried nahm sich des Stückes ohne Wissen des Komponisten an und ließ es am Theater an der Wien unter dem Titel *Emma von Leicester oder Die Stimme des Gewissens* aufführen. Amalia Beer konnte überhaupt nicht verstehen, weshalb der Sohn zögerte, die Partitur freizugeben: »Daß Du Deine Opern nicht nach Wien schicken willst weil Du glaubst daß Du Feinde da hast, da thust Du sehr unrecht, glaube mir lieber Sohn das wahrhaft gute können die Feinde nicht schaden, so wie das wahre Schlechte die Freunde nicht heben können, noch nie hat Fortuna den Menschen mehr die Thüren geöffnet als Dir aber Du stößt alles mit gewalt von Dir, ein Werk wo der Ruhm so begründet ist wie der von der ›Emma‹ bringt keine Kabale runter, aber Du bist und bleibst ein Schwarzseher. Michel ist außer sich daß Du die Opern nicht nach Wien schickst, thu es mir zu gefallen und schicke die Opern hin ich nehme alles Uebel über mich was Dir daraus entsteht …« (11. Dezember 1819). Viel zu sehr erinnerte sich Meyerbeer noch an das Fiasko der *Beyden Kalifen*, um das Wiener Angebot akzeptieren zu können. Die Kritik zieh den Komponisten der *Emma* unbarmherzig der Rossini-Imitation: »… Was findet man? … Rossinische Melodie, Rossinische Charakteristik, Rossinischen Effect, Rossinischen Mißbrauch aller musikalischen Kräfte … jene Motive … gehen fast alle mit dem vierten oder achten Takte, eine Rossinische Wendung, in Moll über« (*Österreichische Allgemeine musikalische Zeitung*, Bd. IV, 1820, MBT). Es blieb kaum etwas Gutes an dem ganzen Stück, so sehr ärgerte den Rezensenten der Rossini-Stil oder das, was er dafür hielt. Was er da »Mißbrauch« nannte und durch seine Kenntnis der Modulation fachlich belegte, muss er allerdings in einer anderen Oper gehört haben, denn nur in der Canzonetta con Variazioni der Emma im ersten Akt und im Duett Emma – Norecesto im zweiten Akt fand sich diese gerügte Modulation nach Moll. Ein paar Jahre später, als Rossini selbst nach Wien kam und einen wahren Rossini-Taumel entfachte, hätte man Meyerbeer wegen seiner »rossinischen Wendungen« vermutlich hoch gelobt.

Wenige Wochen nach diesem Verriss unternahm der Wiener Hofoperndirektor Ignaz Franz Edler von Mosel den Versuch einer »milden« Beurteilung der Kritiken über *Emma* (MBT). Er habe erfahren, »… daß dieser talentvolle Mann den großen Entschluß gefaßt habe, den Geschmack über dramatische Musik in Italien … allmählich zu heben, zu welchem Ende er Alles anwende, sich vor der Hand Credit und Anhang zu verschaffen; daß er den Wunsch geäußert habe, es möge keine der Opern, die er jetzt schreibe, hier gegeben werden, und daß die Emma auch wirklich ohne sein Wissen und Willen hierher gebracht wurde.« Mosel verwies auf die Jugendarbeiten *Alimelek* und »*Jephta*, die er trotz mancher Unausgereiftheit für originelle Werke hielt, und erläuterte, dass Meyerbeer in Paris zunächst nichts ausrichten konnte und daher in Italien sein Glück versuchen musste.

Durch sein Zögern beim »Export« seiner Opern ließ Meyerbeer durchblicken, dass es ihm nicht um seinen unmittelbaren europäischen Ruhm ging, sondern daß er zuerst in Italien die Produktionsbedingungen gründlich studieren wollte. Nur gegen Aufführungen in Berlin konnte er sich schlecht sperren. Endlich hatte die Familie die Intendanz der Berliner Hofoper veranlassen können, ein Werk von Meyerbeer aufzuführen. Es lagen inzwischen *Romilda* und *Emma* zur Auswahl vor. Amalia hatte gedrängt, eine Partitur zu erhalten: »Mein lieber Sohn! Vorgestern habe ich Deine glorreiche und meine geliebte ›Emma‹ richtig erhalten, und Morgen wird sie schon anfangen zu copiren, in meinem Hause bei verschlossenen

Thüren, so daß sie Niemand zu sehen bekömmt, und sehr schnel fertig sein soll, nun hätte ich die Bitte an Dich, daß Du mir den Brief an dem König so bald als möglich schickst, den da Brühl jetzt verreißt ist, so kann er es nicht übel nehmen daß ich es durch einen andern übergeben lasse« (31. August 1819). Zum Geburtstag, also wenige Tage später, erhielt Meyerbeer eine weitere Mahnung, dieses untertänige Schreiben an den König zu senden, dass man seine Oper huldvollst annehmen möchte, sowie »1000 Thaler p Cour an Werth in Franken ausgerechnet« – ein ansehnliches Geburtstagsgeschenk!

Am 14. September hatte der Komponist direkt an den König geschrieben. Der Eingang der Partitur war ihm vom Hof bestätigt worden. So stand der Premiere der *Emma von Roxburgh* nichts mehr im Wege. Am 11. Februar hob sich der Vorhang der königlich-preußischen Bühne zum ersten Mal über einer Oper von Giacomo Meyerbeer.

Die Mutter schrieb begeistert nach Venedig: »Theurer geliebter Sohn! ›Emma‹ ist gegeben ... bei gedrängt vollem Hause. Ich eile Dir Deinen succes anzuzeigen mehr kann ich für heute bei dem besten Willen nicht, da mein Zimmer bis jetzt wo es 7 Uhr ist noch von Gratulanten nicht leer geworden ist, und ich von der agitation am gestrigen Abend mit den heftigsten Kopfweh geplagt bin. Dir etwas nähres zu berichten warte ich die zweite Vorstellung ab ...«

Die Kritik in der *Allgemeinen musikalischen Zeitung* (MBT) sah das Stück weniger überschwänglich: »... Bey der Oper kann hier nicht von Inhalt die Rede seyn, da dieser bey ähnlichen ital. Werken selten von Bedeutung ist, sondern von der Musik, die freylich nach deutschen Ansichten dem Inhalt angemessen seyn soll: doch setzen sich darüber die neuern ital. Componisten leicht weg, und da Hr. Meyerbeer sich ihnen fügsam anschmiegt, so kann von der Frage nicht die Rede seyn, ob die Musik zum Stück passe, oder, ... dramatisch und charakteristisch sey, wo man freylich nur verneinend antworten könnte ... Bisher ist nur eine Wiederholung erfolgt, die sich eines sehr mäßigen Beyfalls erfreute.« Die Mutter hatte diese zweite Vorstellung ganz anders erlebt: Sie »... war bei vollem gedrängten Hause, und ist vom Publikum mit dem rauschensten Beifall aufgenommen worden, so wie es bei uns nur selten geschieht ...« (26. Februar). Auch in Frankfurt am Main, wo *Emma von Roxburg* Ende 1820 in Szene ging, schrieb die *Allgemeine musikalische Zeitung* (MBT): »Es ist wahrhaftig traurig, dass der talentvolle Componist mit seinem Pfunde so schlecht wuchert. Diese angebohrne deutsche Tüchtigkeit ... gehet nun unter in den Maremnen [öde italienische Küstenlandschaft bei Rom] des Rossinismus. – Der Componist muß verliebt gewesen seyn in eine italisch-rossinisch-musikalische Dame, als er die Oper schrieb; denn nur die mächtigste der Leidenschaften, die Liebe oder das Gold können den wahren Künstler zur Verläugnung der Wahrheit führen. Herr M. Beer hat seinen Herrn und Meister, den seeligen Vogler, verläugnet. Um Silberlinge wohl nicht, also hat es die Liebe getan! – Doch welche Kraft gehört dazu, bei dem Bewusstseyn einer glänzenden Vielseitigkeit, wie sie Herrn M. Beer innewohnt, einem Geschmacke zu entsagen, der, wenn gleich auch nur für den Augenblick, seine Jünger mit süssduftendem Weyhrauch umnebelt? Meyer Beer, … und all' ihr treulosen Überläufer zu den Panieren musikalischer Frivolität, euch ist nicht zu verargen, dass ihr eure schönen Talente dem Auslande bietet; aus der Fremde muss es kommen, soll das Verdienst bey uns gewürdigt werde …« Statt eine sachliche Analyse zu bieten, ergeht sich der Rezensent in Vermutungen, die, dem Charakter der damaligen Kritik entsprechend, das Private berühren.

Da im Gefolge der Befreiungskriege deutsche bürgerliche Schichten ihr Nationalbewusstsein entdeckten und gegen alles Fremdländische, besonders aber gegen die als Institution über 100 Jahre bestehende italienische Oper in Deutschland opponierten, mussten Meyerbeers Erfolge allen Nationalisten als zu leicht und zu teuer erkauft erscheinen.

In Berlin traten solche Spannungen in aller Schärfe hervor. Auch mit großem Einsatz war es Brühl nicht gelungen, Carl Maria von Weber wenigstens auf einen Kapellmeisterposten in Berlin zu bringen; er war in den Augen des Königs zu »patriotisch«. Vielmehr ernannte Friedrich Wilhelm III. am 1. September 1819 Gasparo Spontini zum Preußischen Generalmusikdirektor. Mit ihm wurden zum letzten Mal ein prominenter Italiener Hofkapellmeister an einem deutschen Opernhaus, und das zu einer Zeit, da die italienischen Ensembles allmählich aufgelöst wurden. Spontini hatte seinen Weg über Paris genommen, wo er ab 1805 als kaiserlicher Hofkapellmeister und Hofkomponist der Kaiserin Joséphine wirkte. Seine Opern waren keine »reine« Opere serie des 18. Jahrhunderts mehr; sondern erschienen – unter dem Eindruck der Revolutionsopern und dem Einfluss Glucks – im Gewand jenes heroischen Stils, der Napoleon so zusagte. 1815 hatte der ehemalige Hofkapellmeister die Gunst der Stunde genutzt und sich durch die Widmung seiner Oper *Pelage ou le Roi de la Paix* (Pelagius [ein Sektierer, der die Erbsünde leugnet] oder der Friedenskönig) an die Bourbonen als den neuen Herrschern in Frankreich empfohlen. Merkwürdigerweise sah es in Preußen niemand als nationale Schmach an, nach dem Debakel von Belle-Alliance einen der ersten Repräsentanten der napoleonischen Hofmusik aus der Konkursmasse des Kaiserreichs zu übernehmen. In Berlin regierte Spontini mit eiserner Strenge, um seinem neuen, vom militärischen Sprachgebrauch übernommenen Titel General-Musikdirektor Ehre zu machen. – Meyerbeers Lebensweg wird den Spontinis noch häufig kreuzen; vorerst gab es jedoch keine Berührungspunkte.

Fast in jedem Brief der Familienmitglieder wiederholen sich die Klagen über Meyerbeers Schreibfaulheit. In der Tat hat er – etwa im Verhältnis zu seiner Mutter – wenig geschrieben, meist nur flüchtig und ohne Unterschrift. Er hatte andere Sorgen. Vielmehr war mit Impresarios und Librettisten zu verhandeln, waren Dirigenten, Primadonnen und Journalisten zu gewinnen, musste er sich über schlechte Aufführungen ärgern »… Meine arme ›Romilda‹ scheint dazu bestimmt

Margherita d'Anjou, Klavierauszug, Musikbibliothek Leipzig

zu sein, massacrirt zu werden ... Glücklicherweise bin ich nicht mehr hier [in Mailand], und brauche den Gräuel nicht mit anzuhören« (20. März 1820 an Kandler) – all das kostete viel Zeit und Kraft. Meyerbeer war ein fleißiger Briefschreiber, wenn es um sein Werk ging.

Aufgrund der immer noch hohen Produktionsrate an den Theatern waren die Librettisten sehr gefragt. Ein gutes Buch zu finden war für Meyerbeer ein großes Problem. Dabei musste er immer Kompromisse schließen zwischen den Impresarios, dem Ensemble, den Librettisten und den eigenen Intentionen. Als ein gutes Libretto von Felice Romani, *Francesca da Rimini,* der stets wachsamen Zensur zum Opfer fiel und erst 1823, nun von Felice Strepponi vertont, in Vicenza zur Aufführung gelangte, wurde für Meyerbeer die Suche nach einem neuen Buch noch dringender. Schließlich kam Meyerbeer mit Romani (1788–1865), der zu dieser Zeit als Theaterdichter an der Mailänder Scala angestellt war, überein, das französische Mélodrame *Margherita d'Anjou* von Guilbert de Pixérécourt zu bearbeiten. Überhaupt waren französische Dramen als Opernvorlagen für die Opera semiseria

Meyerbeers sehr ergiebig: *Emma di Resburgo* basiert auf einem Stück von Bouilly, *Il Crociato in Egitto* auf einem Mélodrame von Monperlier, Dubois und Albertin. Am 14. November 1820 konnten die Autoren am Teatro alla Scala ihren gemeinsamen Triumph feiern. Romani lag das gleiche Stück in einer ersten Bearbeitung von Luigi Romanelli als Textbuch vor, das 1816 in der Vertonung von Joseph Weigl an der Scala herauskommen sollte (Jacobshagen, in Döring/Jacobshagen 1998).

Für Meyerbeer war dieser Abend aus einem weiteren Grunde sehr wichtig: In der Rolle des Carlo Belmonte, eines alten, von der Königin Margherita geächteten Generals, wirkte der französische Bassist Prosper Levasseur mit, der nach Engagements in Paris und London 1820 an der Mailänder Scala auftrat. Für ihn schrieb auch Rossini große Partien in *Il viaggio a Reims* (Paris 1825), *Moïse et Pharaon* (Paris 1827), *Le comte Ory* (Paris 1828) und *Guillaume Tell* (Paris 1829). Als er nach Paris zurückkehrte, setzte er sich dort für Meyerbeer ein und knüpfte die Verbindung zwischen ihm und der Pariser Opernleitung.

Durch *Margherita d'Anjou* wuchs Meyerbeers Anerkennung in Italien. Franz Sales Kandler ließ sich im *Morgenblatt für gebildete Stände* wie folgt vernehmen (MBT): »Der Tonsetzer erntete an jedem der drey Abende seiner Direktion am Klavier die lautesten Beyfallsbezeugungen der Mailänder, welche ihn auch nach jedem Akte auf die Szene riefen; mitunter zeigte sich wohl eine kleine Opposition, sie wurde jedoch bald ganz zum Schweigen gebracht. Indeß die dortigen Journalisten ... zündeten ordentliche Freudenfeuer in ihren Blättern an, daß wieder ein Mann von Gefühl, Verstand und außergewöhnlicher Kultur ihr Opern-Repertorium bereichert habe ... Der Tonsetzer hat diese Oper für Italien geschrieben; dieser Umstand entschuldigt die Farbe der Convention, die sie trägt ... Doch hat er den Fehlern der allerneuesten Schule wie da sind: Vernachlässigung klassischer Korrektheit, Mangel an harmonischer Kraft, jener passiven schwächlichen Süßlichkeits-Manier mit sichtlichem und glücklichem Streben entgegengearbeitet ... Diese Oper wurde mit immer gleichem Beyfalle bis zu Ende der Stagione, d. i. bis in die ersten Tage des Dezembers gegeben ...« Ein anderer Bericht wusste zu melden, dass bis auf Levasseur und Nicola Bassi alle Solisten getümpert hätten, und daher der Beifall dem Komponisten doppelt Ehre gemacht habe.

Zwar behauptet Julius Kapp in seiner Meyerbeer-Biografie, der Komponist habe so rasch arbeiten müssen, dass er die Ouvertüre, das Finale I und eine Arie aus *Emma di Resburgo* übernehmen musste, aber weder in der Berliner Partiturkopie noch im gedruckten Klavierauszug sind Anleihen aus der *Emma* auszumachen. Möglicherweise hat er aber bereits vorliegende Stücke einbezogen.

Zwischen beiden Premieren lagen reichliche 14 Monate, und die nutzte Meyerbeer, um seiner Margherita-Partitur neue Züge zu geben, ohne das Publikum durch allzu spektakuläre Neuerungen zu verunsichern. Sie waren eher eine erste Selbstverständigung über seine künstlerischen Absichten, die auf die Erneuerung der italienischen Opera seria gerichtet waren. In der »Introduzione alla Mey-

G. Meyerbeer, Margherita d'Anjou, Terzetto

erbeer«, wie Rossi sie bezeichnete, wurden nicht nur alle Personenkonflikte im ersten Akt exponiert, sondern auch das soziale Umfeld der Protagonisten durch eine möglichst genaue Darstellung der historischen und lokalen Farbe beleuchtet. Außerdem sind in *Margherita* und den beiden folgenden Opern einige szenische Großkomplexe bereits in einer Weise geformt, wie sie in der späteren französischen Grand opéra als »Tableau« üblich werden.

Die »Introduzione« der *Margherita* beginnt wie jede andere erste Szene im 6/8-Takt und bildet eine Genreszene, in der das Landvolk die Bühne füllt. Doch besticht diese Einleitung durch eine bis dahin unbekannte musikalische Vielgestaltigkeit, durch den Aufbau einer dramatischen Steigerung der Chorauftritte und durch den verstärkten Einsatz von Posaune und Serpent, einem gewundenen tiefen Blasinstrument aus lederbezogenem Holz mit einem schlanken tiefen Ton. Üblicherweise hoben sich die Komponisten gerade die Posaunen für dramatische Höhepunkte auf und ließen sie zu Beginn der Oper pausieren. Meyerbeer erprobte ihre Wirkung als neue Farbe, wie zur gleichen Zeit Weber beim Instrumentieren

G. Meyerbeer, Les Huguenots, *vierter Akt*

der *Freischütz*-Partitur. Beiden reichte das handelsübliche Partiturpapier nicht mehr aus; sie sahen sich veranlasst, »Trombone, Tympani, Piatti al Fine« zu schreiben, also Posaune, Pauken, Becken am Schluss der jeweiligen Nummer als gesondertes Particell anzuhängen. So wurde allmählich die instrumentale Palette erweitert; aus der gelegentlichen Verwendung solcher Instrumente – zuerst erprobt von französischen Komponisten nach 1789 – entstand ein neuer Standard. Bis zur »Explosion« der Bläserbesetzung in Berlioz' Symphonie fantastique von 1830 vergehen noch ganze zehn Jahre.

Gleichzeitig schuf sich Meyerbeer eigene Modelle, die in den Pariser Opern in vergleichbaren dramatischen Situationen wieder verwendet werden. Im Duett »Ah tu non sai com' io l'adoro« singt die geprüfte Isaura von ihrer Liebe zu dem ungetreuen Gatten in großen, weitschwingenden Melodiebögen, typisch für Meyerbeers Belcanto der Sehnsucht und Hoffnung, während Michele seinen Trost in kurzen Achteln und Vierteln fast ungeschickt stolpernd deklamiert. Eine ähnliche musikalisch-dramatische Konstellation hat das Duett Valentine – Marcel im dritten Akt von *Les Huguenots*.

Noch deutlicher wird die Modellhaftigkeit bei einem Vergleich des Terzetto Michele – Carlo – Gloster »Pensa e guarda amico« aus dem zweiten Akt der »Margherita« mit der Hymne in der »Bénédiction et Conjuration des Poignards« aus dem IV. Akt der *Huguenots*.

Die Melodielinie ist in Vergleich zur späteren Hymne noch längst nicht so geschmeidig. Die Kontrapunkte der anderen Figuren zum Thema sind eher virtuose Ausschmückungen als Kommentare im dramatischen Sinne. Ganz deutlich ist hier die Entwicklung der musikalischen Mittel zu verfolgen, wie sie sich in Meyerbeers Schaffen auf der Grundlage seines italienischen Repertoires in 15 Jahren vollzogen hat. Aus einem Stück von herkömmlicher Faktur wird durch einige kleine Veränderungen – die schärfere Punktierung, die Betonung des harmonischen Grundtones »e« in drei Takten und die Triolen am Schluss der Phrase in der Hymne der *Huguenots* – eine der einprägsamsten musikalisch-dramatischen Szenen der Opernliteratur. Eine weitere Verwandtschaft besteht zwischen diesem Terzett und dem Ensemble Nr. 5 aus *Les Huguenots* (Jacobshagen, in: Döhring/Jacobshagen 1998).

Meyerbeer ging planvoll vor. Er suchte in seiner musikalischen Umgebung nach den wirksamsten Elementen, analysierte ihre Wirkung, prüfte ihre Verwendung für sein eigenes Schaffen. Sein Gespür und sein Wissen um rationale Kompositionsmethoden konnten sich gerade in Italien gut ausbilden, da man hier seit 100 Jahren nach solchen Standards arbeitete. Kritiker sahen diesen Lernprozess nicht, sondern glaubten Meyerbeer als Rossini-Imitator durchschaut zu haben.

Ende 1820 schloss der gefeierte Tedesco einen Vertrag mit dem Teatro Argentino in Rom über die Komposition der Oper *L'Almanzore* auf einen Text von Gaetano Rossi für den Karneval 1821; allerdings kam das Werk wegen Erkrankung einer Protagonistin nicht zur Aufführung.

Unterdessen waren in Berlin wesentliche Entscheidungen gefallen. Kurz hintereinander wurden Spontinis *Olympia* (am 14. Mai 1821) und Webers *Freischütz* (am 18. Juni) uraufgeführt. Jacob Beer hatte mit kaufmännischem Blick die Dekorationen beäugt und seiner Frau am 17. Mai mitgeteilt, was er von Spontinis Mammutwerk mitbekommen hatte: »… es war ein ungeheurer Spektakel Oper. Sie hat 30 Tausend Thaler gekostet der Wagen worauf die Milder gesessen ist kostet 900 rt der Ellefant kostet 400 rt …« Er hatte richtig hingeschaut: Niemals sind über die Bühne der Knobelsdorff-Oper lebendige »Ellefanten« getrampelt, wie die Weber-Biografik bisher weismachen wollte und wie es ein DDR-Fernsehfilm noch 1986 kolportierte. Als Theaterfachmann ersten Ranges hätte Spontini weder sich noch seinen Sängern eine solche Gefahr zugemutet. Aber historische Fehlurteile sind zählebig. Bei sachlicher Betrachtung der *Olympia*-Partitur entdeckt man in diesem Werk große Schönheiten. Das ganze Arsenal der italienisch-französischen Musik der beiden ersten Jahrzehnte des 19. Jahrhunderts ist in Spontinis Partitur versammelt: Hymnen, deren Harmonik vielfach auf Terzen und Sexten basiert,

Märsche, die ihre Intonation der französischen Revolutionsmusik verdanken – und dennoch hatte Spontinis Kunst gegen die neue »romantische« Kunst Webers, der das Dämonische und das Naturnahe, das Volkstümliche und das unterschwellig Grauenhafte so genial verband, keine Chance.

Heinrich Beer wusste den *Freischütz* zu würdigen, der »mit vollem Recht« Erfolg hatte. Das war namentlich der Mutter unverständlich, denn dieses Stück wurde unaufhörlich vor einem begeisterten Publikum gespielt, während die *Emma von Roxburg* ihres Sohnes immer seltener auf den Spielplan kam, kaum Freunde mehr fand und schließlich abgesetzt wurde. In München und Stuttgart verschwand das Werk nach zwei beziehungsweise drei Aufführungen.

In Italien unterschrieb Meyerbeer einen neuen Vertrag für *L'Esule di Granata* von Felice Romani. Das am 12. März 1822 an der Mailänder Scala uraufgeführte Werk hatte nicht den gleichen Erfolg wie *Emma di Resburgo* und hielt sich nicht lange auf der Bühne; es diente dem Komponisten als »Steinbruch« für spätere Werke: Die von der Harfe begleitete, hinter der Szene gesungene Preghiera (Gebet) wurde als Knabenchor in der Krönungsszene des *Prophète* wieder verwendet; andere Teile übernahm er in *Dinorah* und in der *Vasco de Gama*.

Mit Sorgfalt instrumentierte Meyerbeer die Partitur des *Esule;* den bislang musikalisch untergeordneten Chor hatte er diesmal polyphon gesetzt.

Dennoch fühlte Meyerbeer, dass dies nicht das Höchste war, was er zu leisten imstande war. Die Suche nach neuen, interessanten Textbüchern ging weiter; auch Michael Beer, der ab Mitte 1821 in Neapel lebte, um sein Trauerspiel *Die Bräute von Aragonien* abzuschließen, half seinem Bruder. Er sandte ihm »… zwei überkomplette französische Theaterstücke« *Le Voyage a Dieppe* und das einaktige Lustspiel *Le mari et l'amant* mit einem Kurier zu, »… damit Du bey den Büchern durchaus keine Censur Schwierigkeiten haben dürftest …« (12. Juli 1821) – es waren, man darf es nicht vergessen, die Zeiten der österreichischen Zensur, die allen Lesestoff durchforschte und oft genug in manch harmlosem (oder vielleicht doch nicht ganz so harmlosem) Stück den Appell zum Aufruhr witterte. Auf gleichem Wege erhielt Meyerbeer auch die Libretti zu *Maometto II,* 1817 von Peter von Winter und 1820 von Rossini vertont, sowie *Le tre sultane* nach Favart. Es waren keine Stoffe für ihn, und die Suche ging weiter.

Merkwürdigerweise traf sich Meyerbeer nicht mit seinem Bruder, obwohl der ihm mit vorsichtigen Worten eine Krise im Elternhaus, vielmehr im elterlichen Geschäft andeutete: »… Glaube mir daß es höchst nothwendig ist daß wir uns alle vereint berathen wie wir mit Anstand, ohne den Glanz des Hauses zu gefährden, unsre Lebensweise verändern können. Glaube mir daß Du dazu eben so nothwendig bist als die welche von uns in Berlin leben, denn Du wirst es wohl jetzt, nach tausend und aber tausend Proben eingesehen haben wie sehr die Art wie unser Haus in Berlin geführt wird, auf jeden von uns, sey er nah oder fern, influirt. Ich habe Mutter sehr ernst darüber geschrieben, auch über die Ersparnisse. Du kannst aus Vaters Brief sehn wie ernst es ihm damit ist, und wie ihm durch seine Verluste Berlin verekelt wird« (13. August 1821). Offenbar bildete der aus dem Zuckerrohr gewonnene, billigere Zucker, der in großen Massen aus Übersee auf den europäischen Markt gelangte, gegenüber dem Rübenzucker aus den Fabriken der Familie Beer eine ernstzunehmende Konkurrenz. Meyerbeer in Venedig machte sich seine eigenen Gedanken und schrieb dem Vater am 26. November 1822: »Du wirst aus Wilhelms Brief ersehen wie bedeutend und hartnäckig die Kriegsgerichte [-gerüchte] zirkuliren. Auch im Journal de Debats habe ich gesehen, daß die Renten ... fielen: ... beweist die Furcht des Publikums vor Krieg. – Ich würde ... befehlen, schnell starke Einkäufe in Hamburg zu machen. Mein Rath ist, freilich gegeben ohne daß ich dabei materielle Kenntniß des Geschäftes hätte zu Hülfe ziehen können, denn diese ist mir wie Du weißt so fremd als China. Allein die Laage der Weltbegebenheiten mit richtigem Blicke zu betrachten, ist mir vielleicht gegeben, und diese muß doch im jetzigen Falle Dein Kaufen oder nicht kaufen bestimmen.« Meyerbeer, der vermutlich nie einen Zuckersack aus der Nähe gesehen hatte, dachte jedenfalls nicht daran, seine weiteren Opernpläne zurückzustellen und nach Berlin zu reisen, um über eine Verknappung der Haushaltmittel in der Familie Beer zu beraten. Das überließ er dem Vater und dem Bruder. Trotzdem: Im zitierten Brief an seinen Vater steht der Beweis, dass Meyerbeer meinte, auf schwankendem Boden zu stehen. Ein Fehltritt geschäftlicher Art konnte die Existenz gefährden; die Familie müsste Berlin verlassen, was 1827 erneut erwogen wurde. Gegen eine solche Bedrohung sah er nur ein Mittel: den durchgreifenden Erfolg, die internationale Anerkennung.

Gaetano Rossi übersandte neue Textbücher, unter ihnen *Matilde* beziehungsweise *Malek Adel* nach dem Roman von Marie-Josephine Cottin *Mathilde ou Mémoires tires de l'histoire des Croisades* (1805), der auch zur Zeit der Kreuzzüge spielt, und auf den er in den meisten seiner 82 Briefe, die von September 1822 bis Dezember 1823 erhalten sind, immer wieder zu sprechen kam. Seine Briefe gleichen dramatischen Rezitativen aus seinen Libretti mit ihren Ausrufen, Beschwörungen, Appellen, die dem Temperament des Italieners angemessen waren. Zwar ist kein einziger Brief Meyerbeers an Rossi überliefert, aber er wählte aus den von Rossi empfohlenen Libretti *Il Crociato in Egitto*, den *Kreuzfahrer in Ägypten,* aus, dessen dramatische Situationen ihm am meisten zusagten. In diesem Libretto war Raum für wirkungsvolle Ensembles, für die Entfaltung stimmlicher Möglichkeiten in den Soloszenen und für große Tableaux, in denen orientalische und europäische Kultur zusammenstießen.

Die Hauptperson war ein in der Fremde Lebender, ein »Emigrant«, wie auch immer man dessen Stellung definieren will. Und schließlich gab es ein Problem, das Meyerbeer besonders interessierte und das in Zukunft eine große Rolle bei ihm spielen sollte: der Glaubensfanatismus, der die Protagonisten über Leichen gehen lässt. Adriano, ein fanatischer europäischer Kreuzritter, stellt Palmide vor die für sie unlösbare Entscheidung zwischen mohammedanischem und christlichem Glauben. Wenn dergleichen Situationen auch in Werken anderer Komponisten zu finden waren, so ist doch für Meyerbeer bezeichnend, dass in seinem Werk die Protagonistin in eine schier ausweglose Situation geraten.

Auch die Frage nach der Assimilation, die für den Juden Meyerbeer immer bestand, wird eindeutig negativ beantwortet. Armando fühlt sich in seiner Verkleidung gegenüber Palmide und Aladino, aber auch gegenüber Felicia und Adriano, unehrlich. Als ihm aber sein Onkel das Schwert des Vaters übergibt, fühlt er neue Kräfte, die ihm aus seiner Beziehung zur Familie erwachsen. Bruchlos hat der Komponist, der etwa zehn Jahre lang nicht zu Hause war, den Zusammenhalt einer Familie jedoch nicht gestaltet. Dieses Libretto sucht einen Kompromiss, der in beiden Schlussvarianten zwar der Handlung ein Ende setzt, aber das Problem nicht löst.

Für die Partie des Aladino hatte Meyerbeer der Theaterleitung Prosper Levasseur aus Paris empfohlen und fragte deshalb im Mai 1823 bei dem Bassisten an, ob er Interesse an dieser Rolle habe. Zum beiderseitigen Bedauern sagte Levasseur am 7. Juni ab, fügte aber hinzu: »Der Direktor der Großen Oper in Paris hat kürzlich mit mir über Sie gesprochen. Sie sind ihm aufgrund Ihrer Reputation wohl bekannt; er wollte wissen, wenn es Ihre Absicht ist, noch lange in Italien zu bleiben, ob der Aufenthalt in Paris nicht ohne Reiz für Sie wäre. Ich würde Ihnen ein andermal mehr darüber berichten, wenn es Ihnen angenehm ist.«

Und ob es Meyerbeer angenehm war! Er sah das Ziel Paris nun deutlich vor Augen. Dort war man, nach einem Bericht an das königliche Haus-Ministerium, dem die Theater unterstanden, schon 1821 nach der Premiere der *Emma di Resburgo* auf ihn aufmerksam geworden: »... ein höchst verdienstvoller deutscher Komponist, der nicht nur Rossini nachahmt, sondern nach eigener Originalität sucht.« Seither verfolge man den Aufstieg des »compositeur allemand«.

Meyerbeer antwortete Levasseur umgehend am 5. August 1823:

»Mein Herr!
Ihr Schweigen hat uns auf die Folter gespannt. Es kann höchstens zwanzig Tage dauern, um Antwort aus Paris auf einen Brief aus Venedig zu erhalten, und wir waren noch am 3. 6. ohne Nachricht von Ihnen ... Sehr hat mir eine Passage Ihres Briefes geschmeichelt, in der Sie mir von der guten Meinung des Herrn Direktors der französischen Opéra über mein schwaches Talent berichten. Sie fragen mich, ob es für mich nicht ohne Reiz wäre, für die französische Bühne zu arbeiten? Ich versichere Ihnen, daß es für mich weit ehrenvoller wäre, für die französische Oper zu schreiben, als für alle italienischen Theater zusammen (den bedeutendsten von diesen Theatern habe ich übrigens meine Werke gegeben). Wo anders als in Paris findet man diese immensen Mittel, die die französische Oper dem Künstler bietet, der

danach trachtet, eine wahrhaft dramatische Musik zu schreiben. Hier fehlen uns vor allem gute Operndichtungen, und das Publikum goutiert nur ein einziges Genre von Musik. In Paris gibt es exzellente Dichtungen, und ich weiß, daß Ihr Publikum unterschiedslos für alle Arten der Musik Verständnis zeigt, wenn sie voller Erfindungskraft sind. Es bietet sich somit dort ein weitaus noch unbestellteres Feld für den Komponisten als in Italien. Sie werden mich vielleicht fragen, warum ich bei meiner Ansicht bisher noch nicht danach gestrebt habe, für Paris zu schreiben? Nun, weil man uns hier die französische Oper als ein Feld darstellt, das mit Schwierigkeiten übersät ist und wo man gewöhnlich mehrere Jahre warten muß, ehe man mit einer Oper herauskommen kann, und das macht einen ängstlich. Ich gestehe auch, daß ich in dieser Hinsicht vielleicht von Italien verwöhnt bin, wo man sich bisher sehr um mich bemüht hat, obgleich ich bekenne, daß das eher eine Folge der außergewöhnlichen Nachsicht meines Publikums ist als mein eigenes, sehr kleines Verdienst ...«

Mit dem Blick auf Paris änderte sich mit einem Male Meyerbeers innerer Auftrag. Jetzt galt es, ein Werk zu schaffen, das den Pariser Operndirektoren zeigen sollte, zu welchen Taten er sich aufschwingen konnte, wenn er die aktuellen Tendenzen der italienischen Opernkunst, die er nun sieben Jahre lang ausgiebig studiert hatte, mit allen seinen Erfahrungen verband. Meyerbeer wusste, was er leisten konnte – es kam darauf an, alle anderen auch davon zu überzeugen.

Deshalb war es nötig, das Textbuch des *Crociato* seinen Erfordernissen entsprechend gründlich umzuarbeiten. Nachdem das ursprünglich für Triest vorgesehene Werk vom »La Fenice« in Venedig angenommen wurde, da man sich der Mitwirkung von Velutti versichert hatte, begannen ab Juli 1823 die brieflichen Diskussionen um die geeigneten Interpreten und deren Rollengestaltung. Noch nie war Rossi genötigt gewesen, seine dramaturgischen Motivationen zu verteidigen: Meyerbeer verlangte es, »... was denken Sie darüber? ... mich rührt im Herzen die Vorstellung von der Situation der armen Felicia und Armandos. Welche Tugend, und welch ein Unglück! – Ich kann das nicht auf nur einen Abschnitt von drei Zeilen beschränken, diese ganzen Empfindungen von Armando ... und wir tun auch nicht übel daran: ist eine Situation von solchem Interesse, erscheint es nicht zu lang, nichts, aber auch gar nichts spricht dagegen. Welch letztes Schluchzen: addio! ... und Venedig ist das Land für diese delikaten Situationen! – ...« (27. September 1823). Noch nie musste Rossi so viele Änderungen vornehmen: Meyerbeer verlangte sie; noch nie hatte ein Komponist ein Tableau selbst entworfen: Meyerbeer lieferte einen Entwurf, und Rossi hatte ihn in Verse zu setzen. Erstmals ist Meyerbeer nachweislich an der endgültigen Ausformung des Librettos beteiligt; es wird zur Gewohnheit, sehr zum Verdruß seiner späteren Librettisten. Er brachte damit Rossi in Zeitnot, da dieser gleichzeitig ein Libretto für Morlacchi fertig zustellen hatte, dessen *Ilda d'Avenello* als zweites Werk der Karnevalssaison in Venedig uraufgeführt werden sollte.

Sorgfältig wurde der Erfolg programmiert. Nichts durfte dem Zufall überlassen bleiben, jede dramatische Handlung musste motiviert sein – das war Rossis Aufgabe.

»Erinnern Sie sich, teurer Giacomo, daß ich Sie in verschiedenen Briefen um Ihre Anmerkungen über die schon gesandten Veränderungen bat: Sie haben dabei gewiß die unangenehmste Aufgabe, Sie können nicht genug Einwände finden, ... die Zeit indes verging – ich sollte Ihnen mit Eifer dienen ... und mich bedrängt es, die große Kopie an Crivelli zu schicken, zur Durchsicht, Ihre Einwände ins reine zu bringen und auszubessern.

Ihrem bitteren Brief, am 24. abends habe ich ihn erhalten (wie das Postdatum beweisen kann), entnehme ich Ihre Besorgnis über die neue Szene des Quartetts im zweiten Akt: – Mein lieber, teurer Giacomo! ich habe die Szene schlecht gemacht, das ist wahr, aber ich hatte den guten Vorsatz, sie umzuschreiben, um die neue Fassung verständlich zu machen (und sie Ihnen zu schicken): – Es drängt die Zeit, muß sie doch in eine gewisse äußere Form gebracht werden: Sie hatten eine erste Anmerkung hinterlassen, mich auf eine Wendung hingewiesen, und ich habe schon eine Kopie gemacht für die Zensur, werde die Neufassung gleich an Sie abschicken: Bedenken Sie, mein lieber Giacomo, daß mich in dieser Sache keine Schuld trifft; – es ist noch Zeit, etwas in der Oper wiedergutzumachen. – Zeit bis zur Generalprobe. – Und es bleiben uns vier Monate ...« (um den 25. Oktober 1823).

Jeder Schritt auf der Bühne sollte dramaturgisch motiviert sein. Jeder Soloauftritt wurde auf das sorgfältigste geplant, besonders der des damals 44-jährigen Kastraten Giovanni Battista Velutti (1780–1861), einer der letzten Größen einer zu Ende gehenden Tradition. Er bekommt als fränkischer Kreuzritter Armando einige wohl disponierte Auftritte von blendender Virtuosität, die seinem Leistungsvermögen entsprechen und seine Kräfte nicht überfordern. Um ihn herum gruppieren sich die anderen Figuren mit ebensolchen Auftritten und Anforderungen; große Ensembleszenen sind wohldosiert eingesetzt. Schließlich war Rossi genötigt, eine neue Figur für die Contraltistin Brigida Lorenzani einzuführen: Armandos Braut Felicia, in Männerkleidung, wodurch neue Figurenkonstellationen und Stimmkombinationen von Sopran, Contralto und Kastrat möglich wurden. Die Partitur enthält ungewöhnlich viele szenische Anweisungen, die den Darstellern genaue Gänge und Plätze vorschreiben. Die Regieanweisung im Textbuch für die Aufführung von *Il Crociato* unter Francesco Morlacchi am Königlich-Sächsischen Hoftheater 1826 lautet: »Alles ist still beym ersten Anbrechen der Morgenröthe. Nicht lange darauf hört man drey Trompetenstöße. Wächter kommen und öffnen die Behältnisse für die Sklaven der verschiedenen europäischen Nationen, welche heraustreten, die Augen betend zum Himmel erheben, sich grüßen, umarmen und dann an ihre Arbeit gehen. Einige wälzen ungeheure Blöcke fort, andere bearbei-

G. Meyerbeer, Il Crociato in Egitto, *Pantomima*

ten Kapitäler und Frontons, und richten Säulen auf. Ein Jüngling hilft seinem alten Vater, welcher der Müdigkeit erliegen will, die Ketten zu tragen. Ein Wächter mißhandelt den Alten, weil er nicht genug arbeitet. Der Jüngling erbietet sich, an seines Vaters Stelle einzutreten. Dieser fällt auf die Knie und segnet schluchzend den edlen Sohn. Ein Sklave erhascht einen Augenblick der Ruhe, zieht ein Gemälde aus dem Busen, betrachtet es, küßt es, und versteckt es eiligst wieder, voller Furcht, beobachtet zu werden. Ein anderer liest und küßt einen Brief, den er weinend an sein Herz drückt. Die Wächter entfernen sich indessen auf einen Augenblick, die Sklaven eilen zu einander in Gruppen ...«

Ohne »Ouvertura« setzt das Werk mit dieser »Pantomima e Coro d'Introduzione« ein. Die Violinen intonieren einen zweistimmigen Gesang – einen Traum von Freiheit –, der hart von den Bläsersignalen unterbrochen wird, bevor in einer Basslinie und in Akkordakzenten das Los der Sklaven anklingt. Nicht weniger als fünf verschiedene musikalische Gesten werden exponiert, bevor der Chor einsetzt. Damit unterscheidet sich diese Introduktion wesentlich von denen vergleichbarer Werke anderer Komponisten und früherer Opern Meyerbeers. Hier wird ein Anspruch offenbar, der das ganze Werk durchzieht: durch Kontraste zu wirken, die Dramatik und damit die Lebendigkeit der musikalischen Formen durch die rasche Folge kontrastierender Elemente zu erhöhen.

Daneben feiert der Belcanto höchste Triumphe: Die Anforderungen an die Virtuosität der Solisten sind auf eine kaum zu überbietende Spitze getrieben. Lyrismus und Dramatik werden in ein ausgewogenes Verhältnis gebracht, aber beider Grenzen werden nach außen verschoben: Die Dramatik verstärkt sich durch den Kontrastreichtum. Heinrich Heine beschrieb in seinen *Reisebildern* den Eindruck von einer solchen Aufführung: »Habe ich jemals menschliche Raserei gesehen, so war es bei einer Aufführung des Crociato in Egitto, wenn die Musik manchmal aus dem weichen, wehmütigen Ton plötzlich in jauchzenden Schmerz übersprang. Jene Raserei heißt in Italien: furore.«

Die Voraussetzung für vokale Höchstleistungen war die Bauart der neuen Aria mit dem elegischen Anfang und der virtuosen Cabaletta. Da eine thematisch-motivische Arbeit, wie sie Meyerbeer bei Abbé Vogler gelernt hatte, in dieser Arienform nicht durchgängig einzusetzen war, ersetzte er sie durch eine ausgesuchte Instrumentation. Was an konzertierenden Klarinetten-Soli, an heiklen Hörner-Duetten, an Harfen- und Violin-Soli eingesetzt wird, ist an sich nicht ungewöhnlich, im exzellenten Gebrauch aber von höchstem Anspruch.

Die Aufmerksamkeit, die Meyerbeer dem Chor widmete, ist neu und zukunftweisend für sein Schaffen. Er weist ihm präzise dramatische Aufgaben zu: als Chor der Sklaven, der Emire und der Kreuzritter. Während die Emire in einem leicht fremdländisch anmutenden Tone singen, der durch leiterfremde Halbtöne in der Melodie entsteht, beginnen die Kreuzritter stets mit einer schmetternden Blechbläser-Trommel-Devise, als seien sie keine mittelalterlichen Ritter, sondern

Il Crociato in Egitto, *Klavierauszug, Musikbibliothek Leipzig*

preußische Gardegrenadiere im Stechschritt auf den einfachen Wechsel von C- und G-Dur. Eine Militärmaschinerie wird kompositorisch installiert, und an dieser Direktheit hält Meyerbeer die ganze Oper hindurch fest. Die Berliner Wachaufzüge müssen stark in ihm nachgewirkt haben. Zwar gehörten Bühnenauftritte der »banda« in italienischen Opern zur Tradition, doch Meyerbeer schien sie mit heimatlichen Erinnerungen zu füllen: Er lässt gleich zwei Bühnenorchester aufmarschieren. In der zweiten banda dominieren sechs Klarinetten unterstützt von Piccoloflöte, Oboen, Fagotten, Hörnern, Trompeten, Posaune und Serpent, den fremdartigen Klang (Schuster 2003).

Unter den Werken, die vermutlich einen starken Eindruck bei Meyerbeer hinterlassen haben, müssen zwei 1819 entstandene Stücke von Rossini genannt werden. Erstens *Ermione*, der Versuch einer italienischen »Tragédie lyrique«, nach Racines *Andromache* bearbeitet. Das Werk hat Neapel nie verlassen und wurde auch von Rossini nie für andere Stücke benutzt. Zweitens die »Azione sacra« *Mosè*, die dem Chor ungewöhnlich große Aufgaben zuwies. Schon das erste Auftreten der Sklaven im *Crociato* ist dem Eingangschor der gefangenen Juden im *Mosè* nachempfunden. Das war höchster kompositorischer Standard, an dem sich Meyerbeer zu Recht messen wollte.

Der Erfolg des *Crociato* war eindeutig. An ihm hatten, nach erschöpfenden Proben, neben Velutti als Armando auch Signora Henriette Clémentine Lalande Meric als Palmide, Signora Lorenzani als Felicia und Gaetano Crivelli als Adriano großen Anteil.

Der 7. März 1824 im Teatro La Fenice zu Venedig brachte Meyerbeers größten Triumph in Italien. Vier Kritiker waren aus Paris angereist, die Meyerbeers Ruhm umgehend in der französischen Hauptstadt verbreiteten, ein Effekt, den sich Meyerbeer nur wünschen konnte.

Il Crociato markiert einen Wendepunkt in der italienischen Operngeschichte. Das Werk brach Rossinis Vorherrschaft auf der italienischen Opernbühne, indem es den Übergang von dessen Opera seria zur mittleren Periode der »Romantik« beschreibt. Rossis Libretto verschaffte Meyerbeer Möglichkeiten dramatischer Situationen, wie er sie sich seit seiner ersten italienischen Oper gewünscht hatte. Seit *Romilda* verfolgte er konsequent und mit wachsamem Blick das französische Opernschaffen mit seinen melodramatischen romantischen Fabeln. Rossini muss diese Veränderung gespürt haben. Er ging als Operndirektor nach Paris und begann erst 1828 wieder zu komponieren.

Amalia Beer schrieb ihrem Sohn: »Von Herzen mein guter Junge gratuliere ich zu dem großen Erfolg Deiner Oper, den Du in so vollem Maße verdienst, in dem Dir so viele Kabale gemacht worden sind, indes ist Dein Triumpf um so größer ... Für Veluti und Sternfeld werde ich was besorgen darauf kanst Du Dich verlassen ...« (23. März 1824).

Innerhalb der nächsten zehn Jahre wurde der *Crociato in Egitto* rund 30-mal inszeniert: an allen größeren italienischen Bühnen, in London, Paris, 1826 auch in Dresden. Damit stand das Werk in der Gunst der Impresarios am höchsten, gefolgt von *Margherita d'Anjou* (14 Inszenierungen bis 1837), *Emma di Resburgo* (10 bis 1829), *Romilda e Costanza* (6 bis 1822), *Semiramide* und *L'Esule* mit je zwei Inszenierungen.

Der Italienreisende Karl Friedrich Schinkel – wie Meyerbeer in Berlin ansässig – trug am 29. Oktober 1824 in sein Tagebuch ein, wobei ihm der preußische Antisemitismus die Feder führte (Schinkel 1979): »Abends ward eine neue Oper im Teatro della Pergola aufgeführt, ›Kreuzfahrer in Ägyptern‹ von dem Juden Meyerbeer, ein tolles, unverdauliches, süßsauer, trivial empfindendes und gemein lärmendes Musikgewäsch. Der berühmte Kastrat Velluti, ein großer Mann, sang sehr schön, soweit sich dergleichen Musik singen lässt. (Eine Frau hört man einzeln doch lieber.) Die Primadonna und ein Bassist waren gleichfalls vortrefflich: das übrige ging alles mittelmäßig …« Die Presse in Italien sah es verständlicherweise anders. Der Korrespondent der *Allgemeinen musikalischen Zeitung*, Bd. XXVI, 1824 (MBT) schrieb aus Venedig: »Dass übrigens der Neid und mancher Maestro des vortrefflichen deutschen Meisters Triumph zu verhüllen suchen, ist an der Tagesordnung; allein die von unparteyischen Sachkennern aus Venedig hier ankommenden Briefe können die Musik dieser Oper nicht genug loben, und bemerken dabey – was den Deutschen zur Ehre gereicht – eine solche gediegene schöne Musik sey nur dieser Nation eigen. Das Buch wird übrigens, besonders der Länge wegen, sehr getadelt, weswegen man gleich nach der ersten Vorstellung manches hat abkürzen müssen.« Zur Aufführung in Florenz schrieb die gleiche Zeitschrift (MBT): »Diese Oper machte einen großen Furore. Meyerbeer wurde in den ersten drei Vorstellungen jeden Abend viermal auf die Szene gerufen …« Über die Vorstellungen in Triest las man, wieder in der *Allgemeinen musikalischen Zeitung*, Bd. XXVII, 1825 (MBT): »Der Meister, der zum Glücke anwesend war und die Oper selbst in Szene setzte, auch einige neue Stücke für dieselbe componirte, wurde nach jedem Akte viermal hervorgerufen, am Ende aber von einer zahlreichen Menge und zwey musikalischen Banden bey Fackelschein unter immerwährenden Acclamationen nach Hause begleitet …« Bis 1833 wurde das Werk an 27 italienischen Theatern immer wieder aufgeführt.

»Robert-le-Diable« 1825–1831

Der Bassist Prosper Levasseur hatte den Boden für Meyerbeer bereitet; und der rauschende Erfolg des *Crociato* in Venedig und zwei Monate später in Florenz ließ die Saat aufgehen: Auf Anregung Rossinis, der zusammen mit Ferdinando Paër am 30. Juli 1824 die Leitung des Théâtre Italien übernommen hatte, lud Sosthènes de la Rochefoucauld, als oberster Beamter verantwortlich für alle dem königlichen Hausministerium unterstellten kulturellen Einrichtungen, Meyerbeer ein, seinen *Crociato* in Paris einzustudieren.

Überschwänglich bedankte dieser sich bei Rossini für dessen Vermittlung: »Mein göttlicher Meister! In einer Ziehung dreimal den Haupttreffer der Lotterie zu tun, scheint fast unmöglich; dennoch habe ich gestern dies große Glück gehabt. Erstens: ein Autograph Rossinis, zweitens: einen ungemein schmeichelhaften Brief des unsterblichen Maestro; drittens: eine liebenswürdige Einladung mit der herrlichen Aussicht, einige Stunden an der gastfreundlichen Tafel und an der Seite des Jupiters der Musik verleben zu dürfen. Ich nehme Ihre Güte ebenso freudig als dankbar an…« (9. Januar 1825).

Am 25. Februar 1825 traf Giacomo Meyerbeer in Paris ein. Seit seinem ersten Aufenthalt im bewegten Jahr 1815 hatte sich in der französischen Hauptstadt allerhand verändert. Die Bourbonen waren bestrebt, alle Erinnerungen an die Revolutionszeit und an die Napoleonische Ära zu tilgen. Das rief den Unmut der Veteranen des Kaiserreichs, der auf Halbsold gesetzten Offiziere der ehemaligen Grande Armée, und der von den Bourbonen entlassenen Beamten hervor, die ohnehin nicht gut auf die restaurativen Bestrebungen zu sprechen waren. 1822 war eine »loi de tendance« verabschiedet worden, die allen Bühnen Reminiszenzen an die Revolution und an Napoleon verbot.

Ludwig XVIII. war 1824 gestorben. Seinen Platz hatte der 67-jährige Graf von Artois als Karl X. eingenommen. Als Oberhaupt der Emigranten und entschiedenster, bisher aber machtloser Gegner der Revolution wollte er nun die Zustände von 1788 wiederherstellen. Die zurückgekehrten Emigranten erhielten Entschädigungen für ihren in der Revolution verlorenen Besitz. Das kostete etwa eine Milliarde Francs, die die Besitzer von Staatspapieren, vorwiegend Angehörige der Bourgeoisie, zu zahlen hatten. Da aber um 1825 in Frankreich eine Phase großer industrieller Entwicklung begann, störten derlei restaurative Maßnahmen die einsetzende Kapitalisierung des Landes empfindlich. Statt – wie in England – dem Handel und Gewerbe staatliche Protektion zu gewähren, schob die Regierung den an einem industriellen Aufschwung uninteressierten Aristokraten Privilegien zu. Damit sank ihre ohnehin geringe Popularität noch mehr. Meyerbeer wird von diesen politischen Strömungen wohl nur wenig mitbekommen haben, da er sich anfänglich nur sporadisch in Paris aufhielt. Er wollte zuerst die Sänger kennenlernen, um nach ihren Möglichkeiten die Rollen einzurichten.

Das für den *Crociato* vorgesehene Théâtre Italien war 1801 begründet worden, um ausschließlich italienische Stücke aufzuführen. Ohne festes Haus wechselte das Ensemble zwischen der Salle Favart, der Salle Louvois, dem Odéon und der Salle Ventadour. 1825 spielte man in der Salle Louvois. Die Theaterleitung stand unter Zugzwang, denn die letzte Novität, Rossinis *La Donna di Lago,* war seit September 1824 auf dem Spielplan und damit fast abgespielt. Man bedurfte dringend eines neuen, kassenfüllenden Stückes.

Obwohl die Proben zum *Crociato* bereits im Januar 1825 begonnen hatten, verzögerte sich die Premiere immer wieder. Es gab Probleme mit der Besetzung, da Meyerbeer auf bestimmten Sängern beharrte, die ihm die Theaterleitung zunächst nicht zur Verfügung stellen wollte. Meyerbeer strebte aber auch in Paris einen vollkommenen Erfolg an, und dazu war das beste Sängerensemble nötig, das ihm dieses Theater bieten konnte. Anfang Juni reiste er nach Italien, wo man ihn in Padua, dem Ort seines ersten italienischen Triumphes, zu den Endproben des *Crociato* erwartete. Aus Parma schrieb Rossi, dass die Oper dort »kompletten Furor« gemacht habe. Auch aus London hörte man nur Gutes über das Werk. Um die Aufführungen ab dem 29. Juni 1825 am King's Theatre brauchte sich der viel- beschäftigte Komponist nicht zu kümmern. Die Truppe des neapolitanischen Impresarios Barbaja, der den schon erwähnten Kastraten Velutti verpflichtet hatte, war mit den Aufführungsgepflogenheiten der Oper bestens vertraut. Anfänglich gab es noch Probleme, Velutti betreffend: »... er musste am ersten Abend gegen eine starke Opposition kämpfen. Diese Opposition war nicht gegen sein Talent gerichtet, sondern gegen seine Person, weil ein Teil des Publikums es unanständig und wider die Moral fand, einem Kastraten zu erlauben, auf der Bühne zu erscheinen. Velutti behielt die Nerven, sich nicht durch das Murren und Pfeifen abschrecken zu lassen, er besiegte glorreich alle seine Gegner und machte Furore. Die englischen Zeitungen ... melden, dass die zweite und dritte Vorstellung dieses Künstlers einen allgemeinen Enthusiasmus erregten. Es scheint mir nicht angebracht, Ihnen gegenüber von dem Erfolg der Musik zu sprechen, aber ich kann Ihnen wenigstens von einem Faktum berichten, das zeigt, wie populär sie in so kurzer Zeit geworden ist: Acht Tage nach der Premiere des ›Crociato‹ hat man eine englische Oper ›Broken promises‹ gegeben, in die man schon das Trio und die Romanze (›Giovinetto cavalier‹) ... mit englischem Text eingefügt hat; man hat mein Werk auf der Stelle adaptiert« (10. Juli 1825 an Francesco Pezzi). Die englische Musikzeitschrift *The Harmonicon* veröffentlichte einen Bericht von knapp 60 Seiten mit Notenbeispielen über das Erfolgsstück *Il Crociato* in London.

In Paris, wo Kastratenrollen verboten waren, wurde der Armando mit der Altistin Giuditta Pasta besetzt, ein Tausch, der sich bewähren sollte, weil sich dadurch die Lebensfähigkeit des Werkes unabhängig von Veluttis Können erweisen konnte. Auch Mailand besetzte mit einer Frau; hier war Carolina Bassi die gefeierte Solistin.

Im August 1825 verhandelte Meyerbeer in Paris über Kostüme und Dekorationen, für ihn ein wesentlicher Punkt der Inszenierung. Überhaupt wachte der Komponist sorgsam über sein Werk, da es Gefahr lief, übel zugerichtet zu werden, wenn es der Willkür der Sänger und Impresarios schutzlos ausgeliefert war. Castil-Blaze, Advokat und Feuilletonredakteur des *Journal des Débats,* hatte zwar die löbliche Absicht, möglichst rasch die neuen italienischen und deutschen Werke in Paris bekanntzumachen, sicherte sich aber zugleich Tantiemen, indem er die Stücke bearbeitete. Die Autoren konnten zwar Einspruch erheben, waren aber nach französischem Recht als Ausländer von Einnahmen und von der Einflussnahme ausgeschlossen. So hatte Weber 1824 gegen die Verballhornung seines *Freischütz* als *Robin des bois* zwar heftig, aber erfolglos protestiert. Im Falle der *Euryanthe* wandte er sich an seinen Freund Meyerbeer, der zu dieser Zeit – vor seiner eigenen Premiere – für Weber nichts tun konnte oder wollte.

Die *Allgemeine musikalische Zeitung* schrieb im April (MBT), dass »die Sage« ginge, »… die Aufführung dieser Oper würde darum verzögert, weil der Autor gemeldet habe, er wolle lieber selbst dem Einstudieren seines Werks beiwohnen, als es beschnitten und verstümmelt in Paris aufgeführt zu wissen«. Aber am 25. September 1825 konnte sich endlich der Vorhang über der Pariser Erstaufführung des *Crociato in Egitto* heben. Rossini dirigierte; neben der Pasta sangen unter anderen die Damen Mombelli und Schiasetti sowie Prosper Levasseur und Domenico Donzelli. Michael Beer konnte der Mutter begeistert melden: »Nie waren über einen Erfolg die Stimmen ungetheilter als über diesen … es darf wohl einem Musiker die innigste Freude erregen, daß Cherubini, der alte, stolze Mann, über dessen Lippen selten ein Laut des Lobes schlüpft gestern in unsre Wohnung kam, um Giacomo für den musikalischen Genuß zu danken den ihm sein Werk gewährt hat. Von allen Seiten kamen die freundlichsten und ehrenvollsten schriftlichen Glückwünsche« (27. September).

Dem Kontrapunktiker Luigi Cherubini wird die sorgfältige kompositorische Arbeit im *Crociato,* ihr »deutsches« Element, wohl gefallen haben. Er selbst hatte an der Weiterentwicklung des traditionellen Paares Rezitativ – Aria einen bedeutenden Anteil: Schon 1788 hatte er in seinem in Paris uraufgeführten *Démophoon* die sinfonische Durchführungstechnik genutzt, um für die innere Entwicklung einer dramatischen Figur entsprechende musikalische Gestaltungsmittel einsetzen zu können. Das war bisher nur durch die Reihung von Affekten möglich gewesen.

In die Freude fiel ein bitterer Wermutstropfen: Am 27. Oktober 1825 starb in Berlin Jacob Herz Beer. Meyerbeer erfuhr brieflich davon, konnte aber nicht mehr rechtzeitig zur Beerdigung kommen. Zwischen dem 18. und 28. November traf er in Berlin ein. Als ältester Sohn war er nunmehr Familienoberhaupt. Daher entschied die Familie für ihn, dass es nun an der Zeit sei, sein Junggesellendasein zu beenden. Nachdem 1821 die familiären Bemühungen um die Tochter des Wiener

Minna Meyerbeer, geb. Mosson, Kohout, Geschichte der Juden, Berlin 1898/99

Meyerbeer um 1825, Lithografie von C. Constans nach einem Gemälde von Pierre Roch Vigneron, Sammlung Becker

Bankiers Eskeles am passiven Widerstand des heiratsunwilligen Sohnes gescheitert waren, hatte man eine junge Dame aus verwandtem, wohlhabendem Hause für ihn ausersehen: seine Cousine Minna Mosson, der er am 28. November um 14 Uhr einen offiziellen Heiratsantrag machte. Minna, Tochter von Joseph Moses (Mosson) und Johanna Liebmann Meyer Wulff, der jüngeren Schwester von Giacomos Mutter Amalia, war damals 21 Jahre alt. Sechs Monate später, am 25. Mai 1826, heiratete das junge Paar.

Für ein beschauliches Familienleben am heimischen Herd war Meyerbeer allerdings denkbar ungeeignet. Seine innere Unrast trieb ihn bald vom häuslichen Leben weg. Immerhin blieb er nach der Verlobung noch zwei Monate in Berlin, dann riefen ihn die Endproben des *Crociato* an die Mailänder Scala. Am 22. Februar schloss er einen Vertrag über »Ines de Castro / ossia Pietro di Portogallo / Melodramma Tragico / Da rappresentarsi / Nel Real Teatro S. Carlo / in Napoli 1825«, wie die Titelseite des Textbuches lautet. Das Werk auf das Libretto von Gaetano Rossi wurde jedoch nie komponiert.

Im April kehrte Meyerbeer nach Berlin zurück und verhandelte brieflich mit Thomas Sauvage über einen Stoff, der für Paris gedacht war. Es ging ihm darum, möglichst rasch Verträge abzuschließen, um sich elegant aus einer peinlichen Situation herauszuwinden. Der preußische König Friedrich Wilhelm III. hatte nämlich in Paris die zweite Vorstellung des *Crociato* gesehen und sogleich Ordre gegeben, dem Komponisten den Auftrag für eine deutsche Oper zu erteilen. Womöglich eine *Faust*-Oper? Anlass zu dieser Vermutung gibt ein undatiertes Autograf, das Julius Kapp vor 1920 in der Pariser Nationalbibliothek einsehen konnte: eine Szene »Faust und Mephisto in der Hölle«, deren Musik dann als »Höllenwalzer« in *Robert-le-Diable* Verwendung fand. Niemand weiß vom Verbleib dieses Manuskripts, so dass man über Entstehungszeit und ursprünglichen Verwendungszweck nur spekulieren kann.

Goethe benannte gegenüber Eckermann am 12. Februar 1829 Meyerbeer als möglichen *Faust*-Vertoner. »Die Musik müsste im Charakter des ›Don Juan‹ sein; Mozart hätte den ›Faust‹ komponieren müssen. Meyerbeer wäre vielleicht dazu fähig, allein der wird sich auf so etwas nicht einlassen; er ist zu sehr mit italienischen Theatern verflochten.« Diese Äußerung ist, je nach Standort der Betrachter, entweder als Ausdruck von Goethes Musikfremdheit (Hildesheimer 1977) oder als Ausdruck von Goethes Deutschtum, das Meyerbeer als »verwelscht« ablehnte (Moser 1949), interpretiert worden. »Es müßte einer seyn«, fuhr Goethe fort, »der wie Meyerbeer lange in Italien gelebt hat, so daß er seine deutsche Natur mit der italienischen Art und Weise verbände …« Für den Italienreisenden Goethe kam gerade deshalb Meyerbeer in Frage. Er wusste wohl durch Zelter und durch Michael Beer, dessen Drama *Der Paria* auf seine Veranlassung von Eckermann rezensiert wurde, von Meyerbeers italienischen Erfolgen. Goethes Bemerkung zeugt zumindest von seiner konkreten Vorstellung vom Charakter der Musik. Meyerbeer hat ihm diesen Wunsch nicht erfüllt.

Auch Friedrich Wilhelms Wunsch blieb unerfüllt. Um wenigstens das neueste internationale Erfolgsstück aufzuführen, forderte Graf Brühl die Partitur des *Crociato* an. Die Antwort des Komponisten war diplomatisch, aber eindeutig in der Ablehnung: »… Dero Anfrage, ob es bereits eine deutsche Übersetzung der Oper ›Il Crociato in Egitto‹ gibt, glaube ich mit ›Nein‹ beantworten zu können … Es haben mir bereits zu diesem Zwecke mehrere Dichter die Partitur begehrt, allein ich habe sie stets abgeschlagen, da es meine feste Überzeugung ist, daß der ›Crociato‹ in deutscher Übertragung auf deutschen Bühnen nur einen gänzlich ungünstigen Erfolg haben kann. Meine Gründe beruhen z.T. auf der Dichtung, die trotz der unendlichen Komplikation des Dramas dennoch so monoton und ermüdend, so unmotiviert und fragmentarisch ist, daß von dieser Seite nur Mißfallen zu erwarten wäre. Besonders würde dieses mit der eingeschobenen Rolle der Felicia der Fall sein, die ein so dramatisches Publikum als das Berliner kaum wohl dulden dürfte, und doch ist in musikalischer Hinsicht (besonders der Ensemblestücke halber) diese Rolle so wichtig geworden … – In der Musik selbst würden gewiß viele Einzelfragen der Gesangsformen (durch die Individualität der italienischen Sänger und den Geschmack des italienischen Publikums bedingt) ein deutsches Publikum, besonders als Produkt eines deutschen Tonsetzers nicht ansprechen, und doch sind wiederum diese Gesangsformen, wie zufällig und außerwesentlich sie auch erscheinen mögen, so fest in der Wesenheit des Ganzen eingewoben, daß auch die kleinste Änderung derselben ohne Zerstörung der Totalwirkung nicht geschehen kann ...« (11. Dezember 1825). Meyerbeer befürchtete wohl auch, dass er in Berlin nicht die geeigneten Kräfte für ein so anspruchsvolles Werk erhalten würde. So vertröstete er Brühl auf später, wenn er seine Verträge mit San Carlo in Neapel und der Académie Royale de Musique in Paris erfüllt haben würde. »Von 1827 an kann ich also einzig und allein meine Kräfte der Komposition eines Werkes für Berlin weihn.«

Einer zweiten, für ihn im Laufe der Jahre peinlich werdenden Aufgabe nahm sich Meyerbeer mehr oder minder freiwillig an. Am 5. Juni 1826 war Carl Maria von Weber in London gestorben. Noch im Herbst zuvor hatten sich die alten Freunde häufig in Berlin getroffen, als sich Weber zur Einstudierung seiner *Euryanthe* in der preußischen Hauptstadt aufhielt. Nun lagen die Skizzen zu einer unvollendeten Oper *Die drei Pintos* vor, und Caroline Weber beeilte sich, sie dem alten Studienfreund aus der Darmstädter Zeit zu übergeben, der doch mit dem Stil ihres verstorbenen Mannes am besten vertraut sein müsste. Die Zusage war ein für Meyerbeer folgenschwerer Irrtum. Aus Höflichkeit wagte er nicht, den Auftrag abzulehnen. Immerhin verwahrte er die Skizzen jahrelang, ohne die Muße zu finden, daran zu arbeiten; schließlich gab er die Manuskripte unversehrt, mit insgesamt 4000 Talern beschwert, der Witwe Weber zurück. Gustav Mahler machte sich später unbefangener an die Arbeit und komponierte die Oper fast neu.

Am 9. Juni 1826 fuhr Minna Meyerbeer erstmals mit ihrem Mann nach Paris. Die französische Hauptstadt blieb, von den jährlichen Badekuren und Theaterreisen abgesehen, Meyerbeers fester Wohnsitz. Er nahm Quartier in verschiedenen Pariser Hotels und lebte zumeist allein, von einem Sekretär und einem Bediensteten versorgt, denn Minna Meyerbeer, die bald den Kosenamen »Lilie« erhielt, fühlte sich trotz ihres ausgezeichneten Französisch nie recht wohl in der Hauptstadt Europas. Hier war es ihr zu laut, zu hektisch, zu geschäftig. Während ihr geliebter »Mohr« ständig unterwegs war, um mit Theaterdirektoren, Journalisten, Librettisten und Politikern zu verhandeln, blieb sie allein zu Haus – einsam in der großen Stadt –, zumal sie bei den Gesellschaften ihres Mannes nie zugelassen war. Sie zog es vor, als elegante und vermögende junge Dame ausgiebig die deutschen Badeorte zu besuchen. Zwei Geburten kurz hintereinander und der frühe Tod der Säuglinge (Éugenie und Alfred) hatten Minnas Körper geschwächt. Von den drei Töchtern, die sie ihrem geliebten Giacomo später gebar, erlebten zwei noch unser Jahrhundert: Blanca (1830–1896), Cäcilie (1836–1931) und Cornelie (1842–1922).

Der *Crociato* erwies sich auf Europas Bühnen als ein ausgesprochenes Zugstück. Als zweite deutsche Bühne (nach München) führte das Königlich Sächsische Hoftheater in Dresden das Werk in der Originalsprache, aber in der Pariser Fassung auf. Der Hofkapellmeister Francesco Morlacchi, dessen Werke Meyerbeer in Italien hatte kennenlernen können, engagierte Adelaide Schiasetti, die Pariser Felicia, die Meyerbeers Intentionen bestens kannte. Sie wandte sich Hilfe suchend an den Komponisten, weil sie Morlacchi nicht die richtigen Tempi zutraute. Daraufhin schrieb Meyerbeer an Karl G. T. Winkler, den Regisseur der Dresdner Aufführung, einen seiner diplomatischen Briefe: Es»... wäre das einzige Rettungsmittel wenn ich (wie aus eigenem Antriebe) Herrn Kap. Morlacchi schriebe und ihn bäte sich über die musikalischen und scenischen Details des ›Crociato‹ mit Dll' Schiasetti zu berathen ... Dieses werde ich nun zwar auf keinen Fall thun, indem das einen beleidigenden Zweifel in die Loyalität des Herrn Kap. M. voraussetzen würde, den ich weit entfernt bin von einem so verdienstvollen Künstler zu hegen; allein wichtig genug ist doch die Sache um daß Sie ... als Regisseur des Theaters und als mein gütiger Freund Recht dazu giebt, von der Dlle Schiasetti in strengstem Vertrauen (... ebenso wünsche ich natürlich, daß er von diesem meinem Briefe keine Kenntniß erhalte) zu erfahren suchen worinn ihre Beschwerden bestünden, und was Sie darin gegründet fanden, freundschaftlicherweise zu heben suchten« (26. August 1826).

Das Echo auf die Inszenierung war in den deutschen Musikzeitschriften positiv: »Dresden ... Die italienische Oper entschädigte uns einigermassen, besonders durch den am 14. Nov. zum erstenmal gegebenen ›Crociato in Egitto‹ ... Die Vorstellung erfreute sich vieles Beyfalls. Dem. Schiasetti gab den Armando d'Orville. Ihre Stimme ist ein sehr angenehmer Alt, jedoch mit mehr Höhe, als ihre Vorgängerin ...« (*Allgemeine musikalische Zeitung,* MBT).

Auch in der *Berliner Allgemeinen musikalischen Zeitung* (MBT) wurde die Premiere in Dresden gelobt: »Diese Oper verdient den Beifall durchaus, dessen sie sich überall und auch in Dresden erfreut, und es wäre wirklich zu wünschen, daß sich ein deutscher musikalischer Dichter fände, der diesen himmlichen Tönen andre Worte und eine andere Intrigue anpasste ... Wahrlich, wer die Introduktion des ersten Akts, die Romanze ... u. s. w. nicht ganz vortrefflich findet und nicht hingerissen wird, kann nur mit Vorurtheilen begabt sein und es kann ihm nur nicht gefallen, weil er nicht will, daß ihm Meyerbeer gefalle ...« Solche Sätze konnten möglicherweise von einem Vertrauten Meyerbeers in Dresden geschrieben worden sein, denn im Allgemeinen schrieben deutsche Kritiker weniger emphatisch über ihn.

Meyerbeer wurde nicht müde, auch kleinere Opernhäuser aufzusuchen, um wenigstens an den Endproben seiner Werke teilzunehmen und den Interpreten manchen wichtigen Hinweis zu geben. Durch die große Zahl der Inszenierungen war sein Name in aller Munde. Es ging nun darum, den Erfolg zu festigen und als Künstler in Paris Fuß zu fassen. Er studierte zunächst die Produktionsbedingungen und verschaffte sich einen Überblick über das Repertoire, indem er die Partiturbibliothek von rund 500 Bänden eines jungen Komponisten erwarb, der 1830 verstorben war. Meyerbeer war einer der gebildetsten Musiker seiner Zeit und ließ keine Gelegenheit ungenutzt, von seinen Zeitgenossen zu lernen. Er besuchte seiner Gewohnheit gemäß regelmäßig die Pariser Theater: Die Académie Royale de Musique, die Opéra-Comique, das Théâtre Italien, das Odéon, die vielen Boulevardtheater. Hier konnte er das gesamte Repertoire zwischen Oper und volkstümlichem Vaudeville auf sich wirken lassen.

Das musikalische Theater hatte in den zurückliegenden Jahrzehnten mehr oder weniger direkt auf die politischen Ereignisse reagiert und dabei neue Darstellungsformen entwickelt. Noch im Jahrhundert zuvor war Glucks Erneuerung der Tragédie lyrique durch seine Pariser Reformopern zwischen 1774 und 1779 (*Iphigénie en Aulide, Orphée et Euridice, Alceste, Armide* und *Iphigénie en Tauride*) die nachhaltigste Tat der französischen Operngeschichte geblieben, deren Einfluss spürbar blieb bis in die ersten Jahrzehnte des 19. Jahrhunderts. Daneben entfaltete die Opéra comique mit ihren oft von Modetänzen inspirierten Melodien, lebhaften Ensembles und geschliffenen Dialogen ein unübersehbares Eigenleben.

Nach dem Ausbruch der Französischen Revolution von 1789 kamen Opern auf die Bühne, die auf dieses umwälzende Ereignis Bezug nahmen. André-Ernest-Modeste Grétry, Rodolphe Kreutzer, Nicolas-Marie Dalayrac, Henri-Montan Berton, Etienne-Nicolas Méhul, Luigi Cherubini und Jean-François Lesueur gehörten zu den führenden Autoren. 1791 wurde das Privileg der Académie Royale de Musique aufgehoben, so dass in der Folgezeit viele neue Theater entstehen konnten; zeitweise gab es in Paris 35 Musik- und Sprechbühnen.

Die Revolutions- und Schreckensoper hatte einen dramaturgischen Grundaufbau, der den Erfahrungen der Zeitgenossen aus der Revolutionszeit entsprach: Idylle/Düsternis – Störung – Kampf – Sieg/Befreiung. Der neue Marschstil, vertraut durch die Marseillaise und andere Kampflieder, blieb nicht ohne Einfluss auf die musikalische Gestaltung, da die Opernkomponisten zugleich mit ihren Hymnen, Märschen und Chants an der musikalischen Erziehung der Nation beteiligt waren. Punktierte Rhythmen, Sechzehntel-Auftakte, fanfarenartige Motive mit großen Intervallen, Unisono-Gänge, Bevorzugung von Moll-Varianten – all das war neu und hielt Einzug in die »Kunstmusik«, wobei es die erklärte Absicht war, alle Bürger an der Musik teilhaben zu lassen. Viele revolutionäre Lieder waren im vertrauten 6/8-Takt französischer Volkslieder gehalten.

Neue Wirkungen wurden auch durch die Bläserbesetzungen erprobt. Zu den traditionellen Instrumentengruppen der Hörner, Klarinetten, Trompeten und Trommeln, wie sie François-Joseph Gossec in seinen »Symphonies« verwendete, traten in den Revolutionsmusiken nun auch Oboen, Flöten, Piccoloflöten, Posaunen, Serpente und das Tamtam hinzu. Dieser charakteristische Bläserklang wird in Berlioz' und Meyerbeers Partituren weiterwirken.

Durch Napoleons Kaiserreich erhielt Frankreich ab 1804 eine neue Staatsform. Gasparo Spontini traf mit der *Vestalin* (1807) und *Fernand Cortez* (1809) den neuen heroischen Ton. Die dem napoleonischen Hof nahe stehenden Künstler waren in ein System der Demonstration kaiserlicher Macht einbezogen: die Maler Louis David, Horace Vernet, Antoine-Jean Gros und Appiani; die Dramatiker Esménard,

Luce de Lancival, Marie-Joseph Chénier, François Baynouard und Michaud; die Komponisten Gasparo Spontini und François Lesueur.

Die Emigrantenliteratur, die erst nach 1815 in Frankreich zugänglich war, setzte der klassizistischen Attitüde »le mal du siècle«, das Leiden am Jahrhundert, entgegen, verstärkte die Empfindsamkeit für die Regungen der menschlichen Seele und für die Natur und wirkte damit direkt auf die Romantik der 1830er-Jahre. Nach dem Zusammenbruch des Kaiserreiches war auch in den Künsten eine Neuorientierung notwendig geworden. Es ging nun nicht mehr um einen Helden, der einen Tyrannen besiegte, sondern die Kunst reflektierte die individuellen Erfahrungen nach der Revolution und den Napoleonischen Kriegen. Die Kunst sollte den Platz finden helfen, den das Individuum nunmehr zu beanspruchen glaubte. Dabei stellte sich heraus, dass die gesellschaftlichen Vorgänge für den einzelnen immer undurchschaubarer wurden, dass es über Nacht unerwartete Abstürze in die Tiefen der Gesellschaft oder ebenso überraschenden Aufstieg geben konnte, dass die Zeit beschaulicher Idylle vorüber war. In der Literatur verbreiteten sich deshalb Ideen des Individualismus, der Sentimentalität, der Exaltation, der Melancholie und des Gefühls der Isolation. Neben dem Ich-Kult erwuchs auch eine Shakespeare-Renaissance, die bei vielen Dramatikern auf fruchtbaren Boden fiel.

In Victor Hugo fand das romantische Drama endlich seinen ebenso bejubelten wie umstrittenen Helden. Mit seinen gewaltigen Wortkaskaden von suggestiver Bildkraft begründete er einen neuen »theatralischen« Stil, der, indem er »schön« und »hässlich« als »Wirklichkeit« vereint, die alten Normen durchbrach. Der *Cromwell* (1827) war das erste Drama der neuen Richtung. Es war alles andere als ein gut gebautes Stück; die Gäste in Charles Nodiers »Salon de l'Arsenal«, die als erste Teile daraus hörten, waren von der Vorrede, in der Hugo seine Absichten formulierte, mehr beeindruckt als vom Drama selbst.

Die Opéra comique hatte während der politisch unsicheren Jahre nichts von ihrer Attraktivität eingebüßt, weil sie sich thematisch den aktuellen politischen Tendenzen nicht verschloss und sich, wie zum Beispiel Boieldieus *Johann von Paris* (1812) und *La dame blanche* (1825) zeigten, in wirkungsvoller Weise an der neuerlichen Popularisierung der Aristokratie beteiligte.

Meyerbeers erstes, eigens für Paris komponiertes Stück sollte *La Nymphe de Danube* sein, eine Bearbeitung der romantischen komischen Oper *Das Donauweibchen* von Ferdinand Kauer, Text von Karl Friedrich Hensler, deren erster und zweiter Teil 1798 in Wien uraufgeführt worden waren und sich großer Beliebtheit erfreute. Thomas Sauvage, der am Odéon-Theater als Vaudeville-Autor arbeitete, war Meyerbeer schon bekannt. Er hatte die *Margherita d'Anjou* für Paris auf drei Akte gestreckt. In dieser Form war die Oper am 11. März 1826 dort zum ersten Mal aufgeführt worden. Sie konnte sich neben dem *Crociato* behaupten und erlebte immerhin 37 Aufführungen.

Mit dem Nymphenthema wandte sich Meyerbeer zwar von den klassizistischen Stoffen seiner Italienzeit ab und versuchte, Anschluss an die moderne Romantik mit diesem Undine-Stoff zu gewinnen. Aber die Musik sollte ein Pasticcio seiner italienischen Opern sein, also ein weiterer Beitrag zur italienischen Oper in Paris werden. Er stand auch mit anderen Autoren in ständigem Briefwechsel, mit Eugène de Monglave, mit Jean-Baptiste d'Épagny, mit Léon de Wailly und Alexandre Soumet, um eventuell eine Idee, ein Projekt, ein Libretto zu erhalten. Es dauerte auch gar nicht lange, bis er die Verbindung zu dem Manne fand, mit dem er bald für 30 Jahre die Pariser Oper beherrschen sollte: zu Augustin Eugène-Scribe. Mit der Aufgabe von *La Nymphe de Danube* endet Meyerbeers italienische Phase, und die Zusammenarbeit mit Scribe wird ihn auf einen gänzlich neuen Weg führen.

Der französische Dramatiker wurde im gleichen Jahr wie Meyerbeer geboren. Für ihn war die Laufbahn eines Juristen bestimmt; er aber schrieb lieber für das Vaudeville, wo die erste Komödie des 20-Jährigen uraufgeführt wurde. Er blieb bei diesem Metier. Über 400 Stücke – Vaudevilles, Comédies, Comédie-vaudevilles, Dramen, Libretti für Komponisten der Opéra comique, der Grand opéra, der Opéra-bouffe, Ballett-Libretti, Feuilleton-Romane – waren die Frucht langjähriger intensiver Zusammenarbeit mit den Pariser Theatern. Für die Opéra-Comique schrieb er die Hälfte aller dort im Zeitraum zwischen 1820 und 1850 aufgeführten Stücke. Eine solche Fleißleistung war ohne organisierte Arbeitsteilung nicht möglich. Viele Stücke entstanden nach dramaturgischen Grundmustern der »pièce bien faite«, der bürgerlichen Unterhaltungskomödie des 19. Jahrhunderts. Scribes Mitarbeiter waren unter anderen Mélesville (Anne-Honoré-Joseph Duveyrier), Jules Henri Vernoy de Saint-Georges und Germain Delavigne.

Der Erfolg der Scribeschen Stücke basierte auf der genauen Kenntnis der geheimsten Regungen des bürgerlichen Publikums, die Scribe als Sohn einer normalen Familie der französischen Mittelklasse vertraut waren. Konservativ wie diese, hielt er am Bestehenden fest und förderte es nach Kräften, wobei er durch seinen Fleiß zu großem Reichtum kam und so die Rolle des Geldes als förderliches Mittel bürgerlicher Unternehmungen nicht nur beschrieb, sondern auch erlebte.

Scribes Arbeit war mit der Abgabe des Textes an die Bühne beziehungsweise an den Komponisten nicht beendet. Da sich eine Regie auf dem Sprechtheater erst gegen Ende des 18. Jahrhunderts herauszubilden begann – die ersten gedruckten Regiebücher erschienen ab 1780; das erste gedruckte Opern-Regiebuch war Scribe/Aubers *La Muette de Portici* –, konnte Scribe die bei der Inszenierung seiner Schauspiele gewonnenen Erfahrungen bei den Operneinstudierungen nutzen. Die »mise en scène«, die »Regie«, also das Einrichten der szenischen Arrangements, übernahm Scribe zumeist selbst.

Wer die erste Begegnung zwischen Scribe und Meyerbeer vermittelt hat beziehungsweise wie sie verlief, ist merkwürdigerweise bis heute unbekannt. Im Taschenkalender vom Januar 1827 heißt es plötzlich: »Montag 1. Um 3 zu Scribe ... 3.

Um 10 Sauvage. 5. Um 10 Uhr M. Sauvage. 6. Um 3 zu Scribe. 10. Um 10 Sauvage ... 13. Um 1/1 3 Germain Delavigne zu Scribe abholen.« – Meyerbeer achtete auf eine säuberliche Termin-Trennung, damit die Projekte nicht auf unzulässige Weise vermischt wurden. Im Taschenkalender für Februar steht unter dem 18. erstmals »Robert le diable«.

Zwar verfolgte Meyerbeer *La Nymphe de Danube* weiter, so dass Sauvage am 3. April den ersten Akt vorlesen konnte, doch bereits am 23. Februar hatte Meyerbeer von René-Charles Guilbert de Pixérécourt, dem Direktor des Théâtre Royal de l'Opéra-Comique, eine Einladung zur Lektüre des ersten Aktes von *Robert-le-Diable* für 10 Uhr morgens in das Théâtre Feydeau erhalten, mit dem freundlichen Hinweis: »Veuillez ne pas oublier de manuscrit.« (Vergessen Sie bitte nicht das Manuskript.)

Scribe und Delavigne hatten Ende 1826 mit der Arbeit am Libretto der Opéra comique *Robert-le-Diable* begonnen, also einer Oper mit gesprochenen Dialogen. Die Prüfungskommission des Théâtre Feydeau hatte den Text im April 1827 angenommen. Mit Eifer stürzte sich Meyerbeer in die Arbeit. Er hoffte, die Partitur bis November vorlegen zu können. Aus Berlin, wo er und Minna der Geburt ihres ersten Kindes entgegensahen, schrieb er am 20. Juni an den ihm freundschaftlich verbundenen Pixérécourt: »Sagen Sie mir bitte Ihre Meinung, nicht als Direktor, sondern als Freund.« Bald erwartete ihn eine herbe Enttäuschung. Im Oktober stand in Pariser Zeitungen, daß sich Pixérécourt nicht mehr für eine neue Amtsperiode an der Opéra-Comique zur Verfügung stellen wollte. Sofort unterbrach Meyerbeer die Komposition. Er wusste nicht, wer Pixérécourts Nachfolger werden und ob dieser das Werk dann auch annehmen würde. Die Ungewissheit machte ihn mutlos. Höchst ungern verlor er den erfahrenen, einflussreichen Theatermann, der nun seine eigens für Paris geschriebene Oper zu Fall brachte, noch ehe sie fertig war. Der französische Dramatiker ließ sich durch nichts umstimmen, auch nicht, als ihm Meyerbeer am 27. Oktober Autografen von der Hand Schleiermachers, Bertuchs, Försters, Archenholds, Chodowieckis und anderer für seine Sammlung sandte. Auch die *Nymphe* war damit ohne Aussicht auf Realisierung an der Opéra-Comique. Meyerbeer verlor bald die Lust daran und legte die Skizzen weg. Wie er Sauvage den Abbruch der Arbeit begründete, ist unbekannt.

Die erste Tochter, Éugenie, am 16. August 1827 geboren, starb schon am 9. Dezember des gleichen Jahres. Da der Komponist in Paris vorerst nichts tun konnte, blieb er weiterhin in Berlin. Hier wurde er von Brühl erneut wegen einer Oper für die Berliner Bühne angesprochen. Er verwies auf seine Arbeit in Paris und schrieb am 16. Juli 1828 an seinen Landesherrn: »Da ich nun dieses vortreffliche Gedicht des Herrn Scribe, seines höchst romantischen Stoffes und Bearbeitung halber, sehr ansprechend für ein deutsches Publikum glaube, und es deßhalb mein allerhöchster Wunsch ist, gerade damit mein erstes Debüt auf die Königl. Bühne meiner Vaterstadt zu machen, so geht meine allerunterthänigste Bitte dahin, daß Ew. Konigl.

Majestät geruhen wollen, diese Oper, trotz deßen sie nun zuerst in Paris gegeben werden muß, als diejenige anzunehmen, welche Höchstdieselben mir für Berlin zu komponiren aufzutragen geruheten. – Die erste Vorstellung in Paris ist hinreichend die Autorenrechte des Herrn Scribe für Frankreich zu sichern ...« Friedrich Wilhelm gab seine Zustimmung. Damit war für Meyerbeer die Situation geklärt, und er hatte keine diplomatischen Winkelzüge mehr nötig, wenn es um eine Oper für Berlin ging. Die Sache hatte nur einen Haken: Es gab zu dieser Zeit gar keinen Vertrag mit einem französischen Theater über die Oper nach dem »vortrefflichen Gedicht des Herrn Scribe«. Deshalb befasste sich der »arbeitslose« Komponist wieder mit italienischen Opernplänen, denn jeder Impresario hätte ohne Zögern ein neues Werk von Meyerbeer angenommen. *Angiolina, La Donna Caritea* hießen die Projekte.

Anfang September 1828 reiste Meyerbeer nach Lüttich. Die Grétry-Gesellschaft hatte ihn eingeladen, für die Gedenkfeier zur Überführung des Herzens von Grétry in dessen Geburtsstadt die musikalische Feier auszugestalten. Die Geburt des zweiten Kindes, Alfred, am 31. Oktober rief Meyerbeer wieder nach Berlin zurück, wo er mit Niccolò Paganini zusammentraf; am 11. Dezember feierte er mit Zelter dessen 70. Geburtstag. Eine Reise im Mai 1829 zur Einstudierung des *Esule di Granata* nach London zerschlug sich durch den Tod des Kindes am 29. April 1829. Meyerbeer begleitete seine Frau über Weimar, Frankfurt, Darmstadt nach Baden-Baden, wohin sie sich zur Genesungskur begab; er reiste weiter über Mannheim nach Spa, ebenfalls zur Kur.

Unterdessen hatte die Opéra-Comique mit M. E. Laurent einen neuen Direktor bekommen; Meyerbeer hatte ihn bereits 1827 kennengelernt, als Laurent Rossinis Nachfolger am Théâtre Italien wurde. Auf seine Anfrage nach dem neuen Werk schrieb ihm Meyerbeer im Juli 1828, dass er über dieses Stück nicht ohne Absprache mit den Librettisten Scribe und Delavigne verhandeln könne. Offenbar war man dann doch wieder über *Robert* ins Gespräch gekommen, denn im Frühjahr wurde in der Opéra-Comique eine Besetzungsliste für die Oper vorgelegt. Bald darauf entschied sich jedoch der Komponist, sein Werk nicht an diesem Theater herauszubringen, sondern es der Académie Royale anzubieten, da sich ihm dort bessere Aufführungsbedingungen boten. Er wandte sich an Pixérécourt, den er als den ehemaligen Direktor bat, dafür zu sorgen, dass er das Textbuch der Oper mit dem Zensur-Gutachten erhalte. Denn nun nahm sich die Opéra, die Académie Royale de Musique, der Sache an. Mit Émile-Timothé Lubbert, der seit 1827 im Amt war, hatte Meyerbeer seit seiner Rückkehr nach Paris am 23. August 1829 verhandelt. Nun richtete er sich zunächst im Hôtel de l'Elysée, Rue de Beaume Nr. 3 auf einen offenbar längeren Aufenthalt ein, denn er ließ sich aus Berlin seine Bücherkisten nachsenden. Ihr Inhalt ist aufschlussreich für seine Interessen. Es befanden sich darin: viele Werke von Vogler, unter ihnen *Samori*, das *System für den Fugenbau;* Beethovens Septett op. 20, »1 Band italiänische Singmusik«, »1

Band Bellini und Pacini ... Duo aus Castor und Pollux ... brasilianische Volkslieder ... Stücke von Graun, Bachs Kunst der Fuge ...« An Klavierauszügen waren die neuesten Werke enthalten, unter anderen Opern von Gaveaux, Méhul, Rossini, Isouard, Duni, Kreutzer, Onslow, Boieldieu, Auber, Berton, Donizetti.

Bevor sich Meyerbeer ganz der neuen Aufgabe zuwandte, übersandte er dem bayrischen König Ludwig I. den *Bayrischen Schützenmarsch* für Männerchor und Instrumente auf einen Text des Monarchen. Im begleitenden Brief formulierte der Komponist Sätze, wie man sie sonst nie von ihm lesen konnte: »Allerdurchlauchtigster König: Allergnädigster König und Herr! Schüchtern nur wage ich es, mich dem Throne Eurer Majestaet mit der Bitte zu nahen, die Widmung einer Tondichtung gnädigst annehmen zu wollen, die ihre Entstehung der mächtigen Inspiration verdankt, welche mich bei Lesung eines Liedes ergriff, aus dem mit wahrhaft poetischer Gluth hoher Enthusiamus für deutsche Freiheit und deutsches Recht, glühender Hass gegen Druck und Tyrannei spricht. Wie fänden solche Gefühle nicht ein Echo in jedes wahren Künstlers Gemüth? und wie viel mächtiger regten sie mich an, aus dem Munde eines grossen Fürsten tönend, dem das Geschick auch Macht und Herrschaft und Scepter über Völker verlieh, und dessen Genius doch solche begeisterte Laute für Menschenrechte, solche Indignation gegen Tyrannei entströmten ...« (30. August 1829). Dieses Pathos war zu jener Zeit bei einem deutschen liberalen Publizisten durchaus üblich. Es entsprach Meyerbeers tiefster Überzeugung, an der Seite aufgeklärter Monarchen für Recht und Freiheit, gegen Tyrannei zu kämpfen. Der Brief ist ein bezeichnendes Dokument für den königstreuen Bürger Meyerbeer, der für bürgerliche Rechte eintrat. Ludwigs Gedicht bezog sich darauf, dass 1812 von den 33 000 Bayern, die an Napoleons Feldzug gegen Russland teilnahmen, die meisten umgekommen waren und Bayern sich daher im Oktober 1813 auf die Seite der Verbündeten schlug. Dem Kronprinzen und Dichter Ludwig wurde jedoch von seinem Vater Max I. Joseph der Ritt an die Front verboten. Pikanterweise »ritt« nun der unpolitische Meyerbeer an die französische »Front«, um einen ersten Sieg vorzubereiten.

Meyerbeer hatte den großen Triumph Aubers, die Uraufführung der *Muette de Portici* am 29. Februar 1828 in Paris, nicht miterlebt. Dennoch hatte er genügend davon gehört und sich das Werk später angesehen. Dabei muss ihm bewusst geworden sein, dass er die Konzeption des *Robert* ändern müsse. *La Muette de Portici* war eines der eindrucksvollsten Werke der neuen Gattung, der Grand opéra, die seit etwa 1826 auf der Bühne der Académie erprobt wurde. Die Grand opéra handelte nicht mehr von mythologischen oder antiken Helden, sondern wandte sich romantischen oder historischen Sujets aus dem Mittelalter oder der unmittelbaren Vergangenheit zu. Solche Stoffe waren mit den musikalischen Mitteln der heroischen Oper Spontinis nicht mehr darstellbar. Die geschichtlichen Erfahrungen erforderten eine neue Dramaturgie und eine Veränderung in der Konstellation Soli – Chor, wie sie sich schon in der italienischen Oper des beginnenden 19. Jahrhunderts angebahnt hatte.

Der Chor erhielt zunehmend dramaturgische Funktionen und beanspruchte nun viel mehr Raum. Die Folge war eine Kontrastdramaturgie, in der sich Massenszenen, orchestrale Ausbrüche und Soloszenen mit rührenden Romanzen oder virtuosen Arien abwechselten. »Éclat« (Schock) und »Tableau« wurden zu neuen dramatischen Kategorien.

Schockierend in seiner Wirkung ist der plötzliche Übergang von einer Chorszene zum Solo, von Bewegung zu Stille. Gerät ein solches Tableau ins Stocken, durch Erschrecken, durch eine unvorhersehbare Erwartung, so erstarrt es zum Bild. Schockierend sind der sofortige Umschlag in die Bewegung und in den »Éclat«, in ein plötzlich hereinbrechendes Ereignis, das die Handlung vorantreibt. Das Tableau beruht auf der mimischen Deutlichkeit der Szene, die des Wortes oft nicht mehr bedarf. Meyerbeer legte deshalb in seinen späteren Werken großen Wert auf ausführliche Begieanweisungen, wie es sie zuvor nicht gegeben hatte. Das Tableau als szenischer Komplex, der sich aus der italienischen »Scena ed Aria« entwickelte und in dem Rezitativ, Arie, Ensemble, Chor und möglicherweise auch Ballett zu einer Einheit zusammengeschlossen werden, führt weg von der »Nummernoper« älteren Stils und löst die Arie aus ihrer Isolation, indem sie ein wichtiger Teil des Tableaus wird. Meyerbeer fand diese neue Form vor, aber er erhöhte das Tableau zum übergreifenden Formprinzip im Sinne einer umfassenden Dramatisierung des szenisch-musikalischen Verlaufs.

Die Kontraste sollten den Zuschauer schockieren. Ein Kollektiv von erfahrenen und geschickten Theatermännern – allesamt offenbar gute Psychologen –, schuf die Voraussetzungen für solche Kunstwerke. Die neue Dramaturgie sah fünf kurze Akte vor, in denen jeweils durch heftige Aktionen eine Steigerung der Spannung von Szene zu Szene bis zum Tableau des Aktschlusses erzielt wird. Die einzelnen Akte steigern sich wiederum zum Finale des fünften Aktes, der alle szenischen und personellen Mittel aufbietet. Massen und Soli stoßen auf engstem Raume zusammen; Aktionen und Emotionen durchdringen sich. Mit diesen äußerst wirkungsvollen Mitteln, die zeitgleich auch in der Opéra comique entwickelt wurden, nutzten die Schöpfer dieses neuen Operntypus das gesamte Arsenal der in den 20er-Jahren des 19. Jahrhunderts entwickelten Möglichkeiten. Sie zusammenzufassen konnte nicht das Werk eines Einzelnen sein. Folgerichtig gehörten zum neuen Operntyp nicht nur Librettist und Komponist als Schöpfer, sondern auch Regisseur und Ausstatter dazu. Solomé wirkte als Regisseur, später Charles Duponchel, der mit Pierre-Luc-Charles Cicéri als Ausstatter begonnen hatte; beide gingen mit der größtmöglichen Detailgenauigkeit an eine Inszenierung heran. Für *La Muette de Portici* wurde beispielsweise eine naturgetreue neapolitanische Landschaft gemalt, wurden Kostüme für die Fischer, Uniformen für die spanischen Unterdrücker, Palast und Hütte nach historischen Vorbildern entworfen. Die Kulmination war der Ausbruch des Vesuv im Finale V – die Naturkatastrophe als Parallele zur menschlichen Tragödie – der Fischer und Aufrührer Masaniello ist tot, tot seine stumme Schwester Fenella.

La Muette de Portici kam nicht voraussetzungslos auf die Bühne. Das Interesse fürs Historische, für das Mittelalter war eine Folge des Geschichtsbewusstseins, das in der Napoleonischen Zeit geweckt worden war. Auch aus England kamen viele Impulse. In den historischen Romanen von Walter Scott, beginnend mit *Waverley* (1814), in den Gothic novels der Ann Radcliffe (1794) und des Matthew Gregory Lewis (*The Monk*, 1796) waren Stoffe aus der Vergangenheit, wenn auch nicht streng historisch, so doch spannend und mit genauer Beschreibung der Tatorte gestaltet worden. Scotts Romane spielten dabei weniger für die Grand opéra als für das Drame lyrique beziehungsweise das Dramma lirico Bellinis und Donizettis eine große Rolle. Die Genauigkeit in historischen Details wurde damlas als »couleur locale«, wörtlich »Farbe des Ortes«, und heute als Lokalkolorit bezeichnet. Es wurde der zentrale Begriff eines neuen Realismus: im Stoff, im Kostüm, im Bühnenbild, in der Musik. Wo ein Stück auch angesiedelt war – man bemühte sich um Kenntnisse über das entsprechende Sujet. Damit war nicht historische Treue im Sinne der Geschichtswissenschaft gemeint, sondern eine wirkungsvolle Präsentation mit noch nie gesehenen Effekten. Da die Theater einer strengen Finanzkontrolle unterworfen waren, mussten sie mit ihren Spektakeln ein gut zahlendes Publikum anlocken und immer wieder neu begeistern. Theater wurde zur Hauptbeschäftigung der Gesellschaft. Noch gab es – von Literatur und Zeitungen abgesehen – keine anderen Medien, die umfassender unterhalten hätten.

Die französische Sprechbühne nutzte 1829 ein vorübergehendes Nachlassen der Theaterzensur, der zuvor noch Hugos *Marion Delorme* zum Opfer gefallen war. Die Comédie Française hatte sich den Autoren des »Jungen Frankreich« geöffnet und spielte *Henri III et sa cour* von Alexandre Dumas, *Marino Falieri* von Delavigne, *Le Maure de Venise*, eine Bearbeitung von Shakespeares *Othello*, von Alfred de Vigny, *La Fête de Néron* von Soumet. Am 25. Februar 1830 fand in der Comédie Française eine erste große Theaterschlacht statt. Mit Salven von faulem Obst und Unrat attackierten die »Perücken«, die Philister, also die Vertreter des Ancien régime, die junge Generation, die jungen Romantiker und Freunde Hugos, die seinem *Hernani ou L'honneur Castillan* lautstark zum Sieg verhelfen wollten: Sainte-Beuve, Balzac, dem ein Kohlstrunk an den Kopf flog, Gautier in herausfordernd roter Weste, Gérard de Nerval, Musset, Delacroix, Alexandre Dumas, Vigny, Berlioz, Rodolphe Kreutzer, David d'Angers, die Bohème des Quartier latin – Musiker, Maler, Literaten, Studenten. Anhänger und Gegner kommentierten jeden Satz mit Beifall oder ablehnendem Gebrüll. Vier Monate vor der Julirevolution war das Ancien régime auf der Bühne bereits geschlagen worden.

Rossini stand seinen französischen Kollegen nicht nach: Am 3. August 1829 wurde seine Oper *Guillaume Tell* an der Académie Royale uraufgeführt. Sie gilt nach Aubers *La Muette de Portici* als zweiter wichtiger Beitrag zur Gattung der Grand Opéra. In der Behandlung der zahlreichen Chöre führt dieses Werk noch über *La Muette* hinaus. Den Chor als dramatisches Individuum zu behandeln,

Giacomo Meyerbeer, Lithografie von Delpech nach einem Gemälde von Maurin (um 1830), Bibliothèque Nationale de Paris

blieb erst Meyerbeer vorbehalten. Mit *Guillaume Tell* schrieb Rossini, der den sich verändernden ästhetischen Ansichten nicht mehr nachkommen wollte, seine letzte Oper.

Das Regime Karls X. griff ein in diesen Lärm um die Freiheit. Der König hatte den Fürsten Polignac an die Spitze der Regierung berufen, die am 26. Juli die berüchtigten »Juliordonnanzen« verordnete. Diese sahen die Aufhebung der letzten Reste von Pressefreiheit vor, die Verringerung der Abgeordnetenzahl in der Kammer, die Auflösung der soeben gewählten, von der liberalen Opposition beherrschten Kammer sowie die Einschränkung des Stimmrechts des Besitzbürgertums, während das besitzlose Bürgertum nach wie vor ganz vom Wahlrecht ausgeschlossen blieb. Die Empörung in Paris war groß. Während Karl X. sorglos in Rambouillet zur Jagd ritt, sammelten sich am 27. Juli Arbeiter, Studenten, Kleinbürger, ehemalige Offiziere und Beamte der Napoleonzeit und bauten im östlichen Teil von Paris Barrikaden, gegen die die Soldaten des Generals Marmont nichts ausrichten konnten. Schon am 29. Juli war das Schicksal des Königs entschieden: Er musste abdanken.

Vorausschauend hatten einflussreiche Bankiers sich eines neuen Mannes versichert. Der Bürger General, Herzog von Orléans, der 1792 bei Jemappes in der Revolutionsarmee gestanden hatte, bestieg nun als »Bürgerkönig« Louis-Philippe den vakanten Thron. Er wollte sich, was die Politik betraf, in der »richtigen Mitte« halten. »Juste-milieu« nennt man daher diese Zeit. Die Julirevolution brachte eine kleine Gruppe von Financiers und Eigentümern der Schwerindustrie an die Macht. Sie schuf die Voraussetzungen für eine ungehemmte Kapitalisierung der französischen Gesellschaft und brach das Machtmonopol der Aristokratie für immer. Das ganze öffentliche Leben wurde davon beeinflusst. Wer es in Kunst und Wissenschaft zu etwas bringen wollte, musste sich den neuen Methoden anpassen und als Unternehmer auftreten: Berlioz musste sich bei seinen gigantischen Konzertunternehmen auf die neue Lage einstellen; Balzac beschrieb aus eigenem Erleben in seiner 85 Bände umfassenden *Comédie humaine* diese Vorgänge.

Alle Kunst sah sich veranlasst, auf die Umgestaltung der menschlichen und gesellschaftlichen Verhältnisse zu reagieren; der realistische Roman Balzacs, Stendhals oder Mérimées ebenso wie der phantastische Roman Dumas', Sues – diese

Romanciers waren allesamt Meyerbeers Zeitgenossen. Auch die Komponisten versuchten, sich den Fragen der Zeit zu stellen. Für sie wurde die Académie Royale de Musique zum zentralen Opernforum Europas. Die frühere »königliche« Académie war seit 1807 unter kaiserlicher Aufsicht mit drei weiteren, staatlich subventionierten Theatern einem Generalintendanten unterstellt worden. Nach 1814 träumte sie von ihrer großen Zeit vor 1789 und pflegte mehr schlecht als recht die Werke von Gluck, Monsigny, Philidor und Grétry. Erst unter dem Direktorat von Émile-Timothée Lubbert, der Aubers *La Muette de Portici*, Rossinis *Moïse, Comte Ory* und *Guillaume Tell* aufführen ließ, gelang es dem Opernhaus, das Interesse der Öffentlichkeit wieder zu wecken.

Am 1. Dezember 1829 wurde zwischen Lubbert und Meyerbeer ein Vertrag über eine Oper geschlossen, ohne dass ein Titel genannt wurde. Nach den Untersuchungen zur kritischen Neuausgabe des *Robert* hat Meyerbeer 1829/30 eine Fassung in fünf Akten vorgelegt, die 1831 uraufgeführt werden sollte. Die Julirevolution vereitelte das Vorhaben.

Sicher war sich Meyerbeer noch lange nicht, ob er an der Académie seinen Pariser Erstling erfolgreich unterbringen könnte: »Daß Scribe ... für Auber eine große Oper mit Teufelsspuk [*La Fiancée*] macht riecht nach Verrath. Könnte ich diese Oper nicht bekommen. – Scribe wird nun gegen alle Pracht in ›Robert‹ sein wegen Auber«, notierte er schon Anfang 1829. Konkurrenz der Ideen auch hier, zumal Scribe von allen Seiten wegen neuer Libretti bedrängt wurde. Deshalb versuchte Meyerbeer, dem versierten Librettisten einen weiteren Stoff schmackhaft zu machen: Goethes *Der Gott und die Bajadere*: Nach längeren Zeiten des »Geschäfts« fühlt die Bajadere zum ersten Mal »le feu brûlant d'une veritable passion«, das verzehrende Feuer einer wahren Leidenschaft. Ob das wohl eine komische Oper werden könnte?

Die berühmten Verlagshäuser Schlesinger (Paris/Berlin) und Breitkopf & Härtel (Leipzig) fragten an, ob sie die Rechte am Klavierauszug der neuen Oper erwerben könnten. Aus München erkundigte sich Heinrich Baermann, wann Meyerbeer endlich eine Oper für die bayrische Hauptstadt schriebe, denn kein Komponist habe gegenwärtig eine größere Reputation als er. Mit Wilhelmine Schröder-Devrient, die er für die Rolle der Alice vorgesehen hatte, stand er im Briefwechsel. Ob allerdings der Pariser Operndirektor sie engagieren werde, war eine ganz andere Frage. Anfang 1831 gab es plötzlich das Gerücht, »... daß Veron (der Redacteur de la Revue de Paris) die Operndirektion erhielte« (4. Januar). Scribe wusste zunächst nichts davon. Meyerbeer pflegte unterdessen seine Verbindungen zu einflussreichen Kreisen der Gesellschaft. Im Salon des ehemaligen Finanzministers Guizot oder beim österreichischen Botschafter Apponyi knüpfte er Bekanntschaften mit Leuten, die ihm vielleicht einmal von Nutzen sein könnten, besonders mit Journalisten und Zeitungsinhabern. Im Ministerium des Innern saß, nach Meyerbeers Worten, eine »wichtige Person«, die sich eventuell für seine Oper verwenden könnte.

In den Theatern sah er Stücke über Napoleon, Robespierre und Louis-Philippe. Er war nicht erbaut davon: »Die Censure dramatique hatte keinen wüthenderen Feind als mich, aber fast fange ich an zu glauben ist sie in einem gewissen Grade nöthig…«, vertraute er am 9. Januar 1831 seinem Tagebuch an. Waren ihm die Stücke zu liberal, zu revolutionär, etwa staatsumstürzlerisch? Dagegen war er allergisch. Ihm waren geordnete Verhältnisse mit einem aufgeklärten, freundlichen Monarchen, der seine Kunst liebte, am angenehmsten.

Duponchel, der »régisseur de mise en scène«, äußerte inzwischen Gedanken über die Inszenierung des *Robert-le-Diable,* und auch Mitautor Germain Delavigne zeigte sich optimistisch bezüglich einer baldigen Aufführung. Am 20. Januar 1831 erfuhr Meyerbeer, das eine »Commission de surveillance«, ein Beratergremium für die Académie Royale, berufen würde, zu der Armand Bertin, als Inhaber der Zeitschrift *Journal des Débats* ein einflussreicher Mann, gehören sollte. Von ihm erhoffte sich Meyerbeer Einflussnahme bei der Durchsetzung des *Robert*. Am 28. Januar konstituierte sich diese Kommission unter dem Vorsitz des Herzogs de Choiseul. Beisitzer waren der Schriftsteller Hippolyte Boyer-Collard, der Requisiteur der Opéra, d'Henneville, Armand Bertin und der Parlamentsabgeordnete Adolphe-Edmond Blanc; der Journalist Lavé arbeitete als Sekretär. In Blanc hatte Meyerbeer einen zweiten verläßlichen Fürsprecher in diesem Gremium.

Bald darauf erkrankte das halbjährige Töchterchen Blanca in ähnlicher Weise wie die beiden ersten, verstorbenen Kinder. Trotzdem musste sich Meyerbeer jeden Tag im Theater und auf Gesellschaften sehen lassen. Bei dem Dichter Antony Deschamps besuchte er am 28. Januar 1831 eine »soirée (romantiquement littéraire)« und hörte Satiren, Gedichte und poetische Gedanken von Victor Hugo. »Dann ward Musik gemacht, gräßliche. Ich ging nach dem ersten Stück fort.«

Um Plänen anderer Komponisten, die den viel umworbenen Scribe ebenfalls als Librettisten gewonnen hatten, zuvorzukommen, schreckte Meyerbeer auch vor dem »Ideenkauf« nicht zurück. Da seit Längerem zwei Bücher Scribes bei Hérold lagen, ohne dass dieser daran komponierte, ließ der Librettist auf Veranlassung Meyerbeers eines davon zurückholen. »Ich war bei Scribe eingeladen um ihn das Operngedicht vorlesen zu hören, welches er Heroldt weggenommen hat um es mir zu geben… Es gefällt mir außerordentlich… Wir wurden einig daß er es mir auf folgende Bedingungen geben sollte: ich behalte 8 Monate Zeit die Partitur zu vollenden… Sollte ich dann nicht bereit sein, so zahle ich 6000 Franken an Scribe…« (Sonntag, 30. Januar). Eine solche Transaktion war nur möglich, weil Scribe seine Arbeit wie andere eine Firma nach dem Prinzip des Meistbietenden betrieb. Als Auber einen Tag nach dem Vertragsabschluß zwischen Scribe und Meyerbeer über diese neue komische Oper *Portefaix* [Der Lastenträger] seinen alten Freund Scribe besuchte, kam auch Meyerbeer. »Ich ließ mich nicht melden sondern wartete im Eßzimmer bis er fortgegangen war. Während dieser Zeit pochte mir das Herz mächtig. Wenn Scribe nun Auber… erzählt von unserm Contract, und Auber Lust zu diesem Sujet bekömmt, und ihn bittet es für sich behalten zu dürfen, und Scribe geht es ein ...«(11. Februar). Überall witterte Meyerbeer Intrigen. Schließlich vertonten weder er noch Auber das Libretto, sondern der spanische Komponist José Melchior Gomiz (Jacobshagen in: Jacobshagen/Pospíšil 2004).

Für Meyerbeer war die Lektüre des *Portefaix* eine willkommene Ablenkung, weil er an seinem *Robert* vorerst nichts machen konnte, denn die Partitur lag seit dem 27. November 1830 bei den Kopisten.»... Um etwas zu thun, arrangirte ich die Notenhefte zu den künftigen Skizzen vom ›Portefaix‹. Bei dieser Gelegenheit fiel mir ein Paket alter Skizzen in die Augen von denen ein Theil aus meinem Aufenthalte in Wien (1813) ein andrer aus dem von Sicilien und Italien (1816) herrührt. Zu meiner Verwunderung war ich weit mehr mit den ersteren zufrieden. Es waren Bruchstücke zu einer italienischen Oper ›Quinto Fabio‹ und wie fremd mir auch damals italienischer Gesang und Form war, doch war mehr natürlicher Gesang und wenigstens Anflug von Originalität darin, als in denen auf das allerungeschickteste Rossini nachgeahmten Formen glatt und ohne Geist und Erfindung ausgeführten Stücken von 1816 (dem Anfänge meines italiänischen Aufenthaltes) bestehend in Skizzen zu einer deutschen Operette ›Gefehlt und getroffen‹ und einem italiänischen Rondo. Ein Stück befand sich noch in diesem Paket, das Beste, welches, mit Verbesserungen, noch jetzt brauchbar sein könnte. Ich schrieb es 1816 im Februar auf der Reise nach Italien, zwischen Paris und Lyon. – Es ist dieses ein kleines Instrumentalstück ›Entreact‹ genannt, tüchtig gearbeitet ...« (8. Februar 1831).

Wenn Meyerbeer auf Arbeiten zurückgriff, die 15 Jahre alt waren, so konnte das nur bedeuten, dass er für bestimmte dramatische Zwecke einen bestimmten Typus von Musik einsetzte, gleichgültig, wann sie komponiert wurde. Ihm ging es also nicht um die Entwicklung eines »Personalstils«, sondern um den Einsatz standardisierter Formen, die allerdings seine Handschrift trugen.

Ganz deutlich zeichnet sich auch im kompositorischen Schaffen Meyerbeers der Übergang von der Affektenlehre des 18. Jahrhunderts zur Grand opéra des 19. Jahrhunderts ab. Als Erbin der älteren Kunstform übernahm die Grand opéra deren kompositorische Methoden, veränderte sie aber den neuen Erfordernissen entsprechend. Während in der Opera seria für bestimmte dramatische Situationen ein Komplex von musikalischen Elementen in Gestalt von Themenmodellen, festgelegten Tonarten und Tempi vorgegeben war, schuf sich die Grand opéra einen Fundus von musikalischen Gesten, die eine bestimmte dramatische Situation eindeutig charakterisieren sollten, ohne sich zum Beispiel in der Tonart oder im Tempo festlegen zu lassen. Meyerbeer hat diese von allen anderen Komponisten ebenfalls verwendeten Standards am expressivsten einzusetzen gewusst.

Am Abend des 3. Februar 1831, während der Pause zu Rossinis *Zelmira* im Théâtre Italien, sah Meyerbeer den Arzt und Journalisten Louis Véron »... zum erstenmale seitdem ich weiß daß er der wahrscheinliche künftige Director der italiänischen Oper ist«. Dass Véron ihm schon zu diesem Zeitpunkt die im *Robert* vorgesehene Wilhelmine Schröder-Devrient ausreden wollte, bewies Meyerbeer, dass er etwas vom Geschäft verstand. Mit Louis Véron, der am 28. Februar 1831 einen Vertrag als Direktor der Académie Royale de Musique abschloß, begann eine neue Ära in der Geschichte dieses Opernhauses.

Von diesem Mann gibt Siegfried Kracauer (Kracauer 1980) ein anschauliches Bild. Véron hatte sehr präzise Vorstellungen von einem neuen Opern-Typus, wie er sie 1854 in seinen Memoiren formulierte: »Die Julirevolution bedeutet den Triumph der Bourgeoisie. Diese siegreiche Mittelklasse wird eifrig bemüht sein, zu herrschen und sich zu amüsieren. Die Oper wird ihr Versailles werden, sie wird sich in sie stürzen, um den Platz der großen Herren des emigrierten Hofstaates einzunehmen. Der Plan, die Oper gleichzeitig glänzend und volkstümlich zu machen, schien mir eine gute Erfolgschance zu bieten ... Es wäre wünschenswert, dass der Fremde durch vorzügliche Aufführungen musikalischer Meisterwerke nach Paris gezogen werde und dass er die Logen von einer eleganten und ruhigzufriedenen Gesellschaft besetzt finde. Der Erfolg und die Einnahmen der Oper sollten ein Zeugnis der Stabilität der Regierung sein.«

Wie bisher waren die Spielpläne der Académie ein getreues Abbild der jeweiligen Regierungsform, und diesem Prinzip blieb sie auch im Juste-Milieu treu; neu dagegen war die Verquickung von Geschäft und Staatsraison. An die Spitze trat nunmehr ein Unternehmer, der die Oper sechs Jahre lang in eigener Verantwortung führte. Er war ständigen strengen Kontrollen seitens des Fiskus unterworfen, der die Verwendung der Staatsgelder überprüfte. Die Art der Leitung war zwar vom italienischen Stagione-Betrieb bekannt, doch die durchgreifende Kapitalisierung des Theaterbetriebes war ein Novum. Zu Lasten anderer Theater, denen man die Subventionen kurzerhand strich, erhielt Véron im ersten Jahr 810 000 Francs, im zweiten und dritten Jahr jeweils 760 000 und im vierten und fünften Jahr je 710 000 Francs Zuschuss. Über seinen Gewinn brauchte er keine Rechenschaft abzulegen. Wenn man bedenkt, dass ihm bald Abendeinnahmen von bis zu 10 000 Francs zuflossen, kann man sich leicht ausrechnen, wie Véron zu Geld kam. Allerdings musste er zunächst viel investieren. Der Vertrag sah eine Reihe baulicher Veränderungen und eine bedeutende Vergrößerung des künstlerischen Personals vor. Es wurde ausdrücklich gefordert, dass die Neuinszenierungen »mit Prunk und Luxus auszustatten sind, wie sie einem National-Theater zustehen«. Die Anzahl der Orchestermusiker wurde auf 79 erhöht, die allesamt am berühmten, von Luigi Cherubini mit höchsten Ansprüchen geleiteten Pariser Conservatoire ausgebildet worden waren. 70 festangestellte Choristen, nicht gerechnet die Eleven des Conservatoires, und über 80 Statisten bildeten die personelle Voraussetzung für wirkungsvolle Tableaux. Während der Spielzeit sollten eine große fünfaktige Oper, ein fünfaktiges Ballett, eine einaktige Oper und ein ebensolches Ballett sowie ein zweiaktiges Werk als Novitäten aufgeführt werden.

Um das neue, zahlungskräftige Publikum anzulocken, wurde die Anzahl der größeren, bisher der Aristokratie vorbehaltenen Logen mit sechs Plätzen verringert, dafür die Zahl der Logen zu vier Plätzen für den Bürger und seine Familie vergrößert. Sogar der Vorstellungsbeginn wurde radikal auf bürgerliches Maß umgestellt: von 18 Uhr auf 19.30 Uhr. Neu waren schließlich die intensiven Werbemaßnahmen. Als erfahrener Journalist wusste Véron, wie man wirkungsvolle Öffentlichkeitsarbeit betrieb: Theaterklatsch, vertrauliche, inoffizielle Nachrichten wie offizielle Bulletins wurden in die Boulevard-Blätter lanciert, um das Interesse an allen Details des Hauses, des Personals und der Werke zu wecken, ständig wach zuhalten und nachhaltig zu beeinflussen. Das Pariser Opernhaus sollte der kulturelle Mittelpunkt der Stadt, des ganzen Landes werden; der Glanz der Oper sollte den Glanz der Bourgeoisie reflektieren. Neue Werke, wie das Teufelsstück von Scribe mit der Musik von Meyerbeer, sollten das Publikum in Scharen anlocken.

Doch bevor überhaupt ein Ton eines Werkes von Meyerbeer dort erklang, erwartete den Komponisten schon die erste Enttäuschung: Statt des *Robert* setzte Véron Webers *Euryanthe* in der Bearbeitung von François Castil-Blaze als erste Premiere seines Direktorats an. Die erste Aufführung am 6. April war kein rauschender Erfolg. Vergebens suchte Meyerbeer auf die Reihenfolge der aufzuführenden Werke Einfluss zu nehmen; gleich beim ersten Mal sah er sich von Véron getäuscht.

Am 14. Mai 1831 konnte endlich der Vertrag über die Aufführung des *Robert-le-Diable* abgeschlossen werden. Véron zeigte sich beeindruckt von der Originalität des Sujets. Meyerbeer war genötigt, innerhalb kurzer Zeit viele Teile als Grand opéra neu zu komponieren, andere wurden umgearbeitet; an dieser Fassung von 1831 arbeitete Meyerbeer bis zum Tag der Uraufführung – endgültig abgeschlossen wurde die Komposition erst nach den Korrekturen für die Druckausgabe. Die Rolle des Bertram war ursprünglich dem Bariton Auguste Huet, dann Henry-Bernard Dabadie zugedacht, doch ließ sich Véron überzeugen, dass sie ihrem Charakter nach besser für Prosper Levasseur geeignet wäre. Mit dieser Entscheidung wurde ein Prozess zum Abschluss gebracht, der mit der Umarbeitung der Opéra comique zur Grand opéra begonnen hatte. Dieser Sänger muss auf Meyerbeers Fantasie eine außerordentliche Wirkung ausgeübt haben, denn für ihn schuf er im *Robert* und in *Les Huguenots* die eigentlichen Hauptrollen. Zweifellos gehört der Bertram zu den komplexesten Figuren der Opernliteratur. Dies wird freilich nur deutlich, wenn einerseits das Werk unentstellt wiedergegeben wird und andererseits die Quellen der Teile herangezogen werden, die vor der Uraufführung gestrichen wurden. Dazu gehört zum Beispiel die große Bertram-Arie »Jamais, jamais c'est impossible«. In der Opéra-comique-Fassung war Bertram zunächst eine komische Figur mit viel Dialogen. Im Rahmen der Umarbeitung erhöhten Scribe und Meyerbeer, der vermutlich wichtige Texte selbst beisteuerte, die Figur des Bertram ins Metaphysische. Der Teufel, der von Gott wegen seiner Auflehnung zur Liebe verdammt wird und das geliebte Subjekt, seinen Sohn Robert, nur an sich binden kann, indem er es zerstört und damit der Hölle überantwortet, wird zum dramaturgischen Mittelpunkt. Meyerbeer fand hierfür eine charakteristische Musik, was in den drei Fassungen der Ouvertüre deutlich wird. Durch die Aufwertung seines dramatischen Gewichts wird Bertram schon von den ersten Takten der Ouvertüre ins Zentrum gerückt. Überhaupt haben die beiden Autoren in engster Zusammenarbeit immer wieder neue Szenen entworfen, so das Brechen des Zauberzweiges oder das Nonnenballett. (Kühnhold, in Jacobshagen/Pospíšil 2004)

Wenn man Vérons Memoiren glauben darf, verstand er sogar Partituren zu lesen, um über die Rollenvergabe entscheiden zu können. Im Falle der Wilhelmine Schröder-Devrient bewog ihn offenbar ein anderes Argument: Die deutsche Primadonna war zu dieser Zeit schon eine kräftige Heroine, neben der Adolphe Nourrit, der erste Tenor der Académie, etwas kümmerlich gewirkt hätte. Außerdem hielt er eine deutsche Sängerin auf der französischen Bühne für nicht so überzeugend wie etwa Julie Dorus-Gras, die für die Alice die besten stimmlichen und körperlichen Voraussetzungen mitbrachte. Die Dresdner Sängerin hatte ohnehin selbst Bedenken, ob sie die französische Sprache so gut beherrschen lerne, dass sie die Rolle vollkommen erfülle. Sie sagte schließlich ab.

Duponchel erhielt einen Kredit in unbegrenzter Höhe für die Ausstattung. Véron ließ sich seine erste Uraufführung etwas kosten. Das Nonnenballett, das man Meyerbeer auf einer Probe mit Kostüm und Licht vorführte, geht auf eine Idee Duponchels zurück, die dieser am 10. Januar den Herren Meyerbeer, Delavigne und Scribe vorstellte. Sie nahm aktuelle Tendenzen der romantischen Literatur auf wie Dramatisierungen des Romans *The Monk* von Mérimée, Balladen von Deschamps und Hugo, der auch die Klosterruinen von Montfort-l'Amaury, nach der das Bühnenbild gestaltet wurde, in seiner 18. Ode beschrieben hatte (Linhardt; Kühnhold in: Oberzaucher-Schüller/Moeller, 1998). Auf die gespenstischen Effekte des Gaslichts setzte man große Hoffnungen. Diese Lichtquelle war 1822 für die Oper *Aladin oder Die Wunderlampe* von Niccolò Isouard und Angelo Maria Benincori installiert worden. Meyerbeer fand die Effekte ganz schön, verübelte aber Véron, dass er insgesamt mehr auf den Erfolg der Ausstattung denn auf seine Musik setzte. Meyerbeers Meinung bekommt einen ganz anderen Stellenwert, wenn man bedenkt, dass dies eine Änderung des Finale III, das schon komponiert vorlag, zur Folge hatte. Das ursprüngliche Finale spielt in einer Welt, die als Hölle anzunehmen ist. »Nous sommes arrivés« singt Bertram zu Beginn dieser Szene, Robert bricht den Zauberzweig von einem Baum – die Parallele zum Paradies fällt ins Auge, allerdings handelt es sich hier um ein »Gegenparadies«: die Hölle. Musikalisch wird das Thema des Höllenwalzers aufgenommen. Meyerbeers Bemerkung bezieht sich also konkret auf vorliegende Musik. Dass die neue Szene dann – nicht nur szenisch, sondern auch musikalisch – zur berühmtesten wurde, spricht, entgegen der gängigen Meinung, er sei ein langsamer Arbeiter gewesen, für Meyerbeers Fähigkeit, sehr rasch zu arbei-

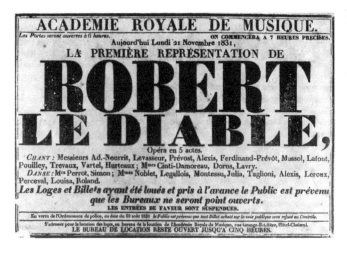

Plakat zur Uraufführung von Robert-le-Diable *von G. Meyerbeer, 1831. Bibliothèqu Nationale de Paris*

ten. Berlioz wird diese dialogisierenden Fagotte der Prozession in seinem »Grand traité d'instrumentation et d'orchestration moderne« aufnehmen.

Da eine Hausregel der Académie Royale besagte, dass ein Komponist, sofern er nicht Angestellter des Instituts sei, seine eigenen Werke nicht selbst dirigieren dürfe, wurde François-Antoine Habeneck mit dem Dirigat beauftragt. Meyerbeer hatte in ihm einen Partner, der den Anforderungen der Partitur gerecht wurde. Habeneck hatte 1821 die Direktion des Académie-Orchesters übernommen und war seit 1824 Chefdirigent. Außerdem hatte er schon von 1806 bis 1815 die Konzerte des Orchesters des Conservatoire geleitet; bei der Neugründung der Konservatoriums-Gesellschaft 1828 wurde er deren Direktor. Er führte als erster in Paris Beethovens Sinfonien auf, geleitet vom 1. Violinpult.

Die erste Chorprobe zum *Robert* fand am 25. Juni, die erste Ensembleprobe am 16. Juli statt. Vom 8. Oktober bis zum 15. November gab es 13 Orchesterproben. Zur Generalprobe am 19. November war kein Außenstehender zugelassen. Alle Angestellten der Académie waren unter Androhung von Strafen verpflichtet, über die Gestalt des neuen Werkes Stillschweigen zu bewahren. So stieg die Spannung von Tag zu Tag.

Mit Véron verkehrte der misstrauische Meyerbeer nur noch schriftlich und ließ sich jede Veränderung gegenüber dem Vertrag mit »approuvée [einverstanden] L. Véron« gegenzeichnen. Die Premiere war zuerst für den 29. Dezember vorgesehen gewesen, wurde auf den 9. Oktober vorverlegt, auf den 16. Oktober verschoben und fand schließlich am 21. November 1831 statt. Meyerbeer war ständig im Theater, probte mit den Solisten, kümmerte sich um alle Details, beriet sich mit dem Bühnenbildner Pierre-Luc-Charles Cicéri und dem Regisseur, sprach mit Habeneck die Besonderheiten der Partitur durch und änderte, änderte, änderte, weil sich während der Proben viele neue Aspekte ergaben, die zu berücksichtigen waren.

G. Meyerbeer, Robert-le-Diable, *Ouvertüre*

Aus den beim *Robert* gewonnenen Erfahrungen resultierte eine neue Arbeitsweise: Von nun an komponierte Meyerbeer häufiger mehrere Fassungen eines Stückes, um auf den Proben die geeignetste Variante auswählen zu können. Ohnehin war er vor jeder Premiere gezwungen, mit Rücksicht auf die Aufführungsdauer Striche vorzunehmen.

Am Tag der Premiere, Montag, dem 21. November 1831, drängte sich eine große Besuchermenge in das Haus an der Rue Le Peletier. Drei gekrönte und viele ungekrönte Häupter suchten das Opernhaus auf, unter ihnen selbstredend die künstlerische Elite Frankreichs: Cherubini, Lesueur, Boieldieu, Berlioz, Balzac, Dumas ...

An diesem 21. November hielt Meyerbeer im Taschenkalender fest: »An Nourrit, Levasseur und Habeneck die Veränderungen im Orgel-Ritornell. Daß man Michael [Beer] aufs Theater läßt. Erste Vorstellung von ›Robert-le-Diable‹.« Diese nüchterne Notiz ist Meyerbeers einziger Kommentar zu seinem ersten Welterfolg, der zugleich Meyerbeers hohen Anspruch an sein Schaffen bekundet: ein »Ideen-Drama« auf die Bühne zu bringen (Döhring 1985)

Pauken im Pianissimo eröffnen das Werk. – Berlioz hatte ein Jahr zuvor im Übergang vom dritten zum vierten Satz seiner *Symphonie fantastique* den Klang von vier Pauken erprobt. Der Uraufführung am 5. Dezember 1830 hatte Meyerbeer begeistert applaudiert. – Posaunen und Tuben intonieren unisono ein Zweitakt-Motiv in c-Moll, das die Evocation Bertrams im zweiten Akt zitiert, dem kurze Triolen der Holzbläser folgen: ein Nachklang der klassischen Kontrastthematik, wie Meyerbeer sie bei Vogler und von Mozart kennengelernt hatte.

Ein elegisches Motiv – dem Entr'act des fünften Akts, Chor der Mönche, entnommen – wird als Einspruch gegen die Übermacht des Bösen dagegengesetzt. Die knappe Einleitung ist keine programmatische Zusammenfassung wie etwa die nach Beendigung der Oper geschriebene *Freischütz*-Ouvertüre, in der der Ausgang des Ganzen durch Agathes Jubelthema bereits vorweggenommen ist, sondern ein Charakterstück, das den Zuschauer auf die Handlung einstimmen soll.

Der Erfolg war fast gefährdet durch allerhand Theaterunfälle, die sich ausgerechnet bei dieser wichtigen Premiere ereigneten. Veron berichtet darüber: »… Im dritten Akt fiel ein Träger mit 12 Leuchtern auf die Bühne, als die Dorus die Szene betrat. Sie erschrak nicht, ging nur zur Seite und sang weiter. Nach den schönen Szenen …, dem Chor der Dämonen, löste sich einer der hinteren Vorhänge vom Schnürboden … und fiel auf die Bühne. Die Taglioni, welche auf dem Grab als leblose Statue lag, hatte gerade noch die Zeit, ins Leben zurückzukehren und sich durch einen Sprung zu retten. Ich befahl, den Vorhang zu schließen. Er ging kurze Zeit später wieder hoch, begleitet vom Applaus des Publikums für die Dekoration des Klosterhofes. Ein viel schlimmerer Unfall ereignete sich im fünften Akt. Nach dem Terzett, das für den Ausgang des Werkes wichtig ist, sollte sich Bertram in eine Versenkung werfen, um ins Reich des Todes zurückzukehren. Nourrit (Robert) sollte auf der Erde bleiben. Aber dieser leidenschaftliche Künstler war von der Situation so mitgerissen worden, dass er ganz betäubt dem Höllensohn hintersprang. Ein Schrei ging durch das Theater: Nourrit ist tot! Die Dorus, die jetzt erst die Gefahr begriff, der sie entgangen war, verließ tränenüberströmt die Bühne. Es kam nun zu drei sehr unterschiedlichen Reaktionen: auf der Bühne, auf der Unterbühne, im Zuschauerraum. Das Publikum, ganz erstaunt, glaubte, dass Robert sich dem Teufel verschrieben habe und ihm an seine Ufer gefolgt sei. Auf der Bühne nur Stöhnen, Verzweiflung. Als Nourrit herunterfiel, hatte man glücklicherweise die Matratzen, auf die Levasseur gefallen war, noch nicht entfernt, so dass Nourrit gesund und munter aufstand. Auf der Unterbühne entspinnt sich folgender Dialog: ›Was zum Teufel machen Sie denn hier? Hat man den Ausgang schon wieder geändert?‹ Nourrit beeilte sich, jedermann von seiner Existenz zu versichern, indem er eine Unterhaltung mit seinem Freund Levasseur begann. Er konnte schließlich wieder erscheinen und schleppte die Dorus mit, die nunmehr vor Freude weinte. Einstimmiger Applaus im Publikum, und der Name der Autoren wurde in freudigem Jubel gerufen. Nourrit wurde noch am Abend nach der Vorstellung zur Ader gelassen.« (Véron 1878) Es war ein Unfall, wie er sich in der Aufregung einer Premiere ereignet: Nach dem Bericht des Kritikers Armand de Pontmartin versuchte Nourrit, der Levasseurs Hand hielt, auch die Hand der Dorus zu fassen, verfehlte sie und stürzte, den Halt verlierend, in die Versenkung. Gerade die letztgenannte Szene war um ihrer theatralischen Wirksamkeit willen mehrfach variiert worden, so dass Meyerbeer noch am Tag der Uraufführung seinen Protagonisten neue Hinweise geben musste. (Ein Theaterunfall mit schlimmen Folgen hätte in Übrigem die Absetzung des Werkes nach sich gezogen.)

Das Publikum applaudierte der Neuartigkeit des Werkes. Die Presse lobte es einhellig. François Fétis, das Haupt der Musikwissenschaft und -kritik, erklärte Meyerbeer zum Haupt der »deutschen Schule«; die Kollegen gratulierten, darunter Berton, Cherubini und François Lesueur, der drei Tage nach dem Ereignis schrieb: »Mein berühmter Meyerbeer … Ich habe es gehört, dieses köstliche und

François-Gabriel Lépaulle (1804–1886), Trio de Robert le Diable, avec Levasseur (Bertram), Nourrit (Robert), Cornélie Falcon (Alice), (Mus. Opéra, 520)

wunderbare Werk. Vom Beginn des I. Aktes bis zum Ende des V. war ich auf das lebhafteste bewegt. Das Erstaunen hat mich keine einzige Minute verlassen ... In der neuen Generation, die seit fünfzehn bis zwanzig Jahren heranwächst, hat ein berühmter Komponist die Epoche geprägt, denn durch seinen besonderen und mitreißenden Stil ist das Genie Rossini bewunderungswürdig. Es ist das Zeitalter des Vergnügens gewesen. Aber im gegenwärtigen Zeitalter der Kraft, Energie und Männlichkeit stehen Ihre kraftvollen Wunderwerke denen Rossinis in keiner Weise nach. Ihr ungeheurer Ruf ist durch ganz Europa gedrungen; künftig wird er sich über den ganzen Erdball verbreiten; er wird so bekannt sein wie die Sterne über unseren Häuptern ... Ihre großartigen Sänger und Sängerinnen, zugleich perfekte Darsteller, Ihre kraftvollen und außerordentlich sicheren Chöre, Ihre wunderbaren Pantomimen und Tänzer, Ihr vorzügliches Orchester und Ihre malerischen Dekorationen, all das hat sich durch die straffe Einheit, durch dieses erstaunliche Zusammenwirken an Vollkommenheit selbst übertroffen ...«

Das Urteil eines so erfahrenen Mannes wie Lesueur wog, und Meyerbeer konnte zu Recht stolz auf diesen Brief sein, hatte der Komponist von Revolutions- und Schreckensopern doch die Neuartigkeit des gesamten künstlerischen Anspruchs erfühlt und das »Gesamtkunstwerk« beschrieben, ohne diese Bezeichnung zu verwenden. Wesentlichen Anteil am damaligen Erfolg hatten die besten Sänger, über die Véron verfügte: der Tenor Adolphe Nourrit, der seit 1825 an der Académie die ersten Rollen sang, als Normannenherzog Robert, Julie Dorus-Gras als Alice, Prosper Levasseur als Bertram und Laure Damoreau-Cinti als Isabelle.

Eine der größten Attraktionen war nach dem Urteil der Zeitgenossen Marie Taglioni als sündige Äbtissin Hélène. In Zusammenarbeit mit ihrem Vater Filippo Taglioni, dem Ballettmeister der Académie, schuf Meyerbeer mit diesem Ballett ein Jahrhundertereignis, das nicht nur an die Taglioni gebunden war, sondern allen späteren Primaballerinen glänzende Auftritte sicherte. Er integrierte das Ballett in die dramatische Handlung und wies den Tänzerinnen eine der zentralen Szenen der Oper zu.

Das Werk reagierte auf die Extremsituationen in der Gesellschaft und verlegte sie auf die Bühne. Roberts Unentschlossenheit reflektiert ein zentrales Problem der Romantik: die Gefahr des Verlustes eines einheitlichen Weltbildes. Meyerbeer und Scribe fanden für diesen vehement aufbrechenden Zwiespalt neue und kräftige theatralische Bilder. Franz Liszt formulierte das 20 Jahre später so: »Es dachte damals Niemand daran, den Satan Scribe's absurd zu finden; man sah in dieser Reproduktion der alten Legende nur eine der mannigfaltigen Formen für den ewigen Streit zwischen Ariman und Ormuzud, dessen höchster und immer bewundernswerter Ausdruck das Terzett im letzten Akt ist.« (Liszt, 1881) Zugleich stellten die Autoren in den Figuren der Alice und des Bertram das dramaturgische Prinzip für die Spaltung der Persönlichkeit Roberts vor – sie sind die zwei Möglichkeiten seiner Existenz. Eine Lösung des Konflikts gibt es nicht, wohl aber ein Ende des Stückes: es spielt im Laufe eines ganzen Tages, setzt somit alle Handlungen unter den Zugzwang der um Mitternacht ablaufenden Frist, die Bertram gegeben ist.

Robert ist kein Held alter Schule, der ohne Denkanstrengung den geraden Weg zum Sieg stapft, weil er eben siegen muss. Vielmehr ist er ein Zeitgenosse von 1830, der überhaupt nicht mehr begreift, was um ihn und mit ihm geschieht. Als Adliger ist er ein Exilé, kein politisch Verbannter, sondern ein aus seinen gesellschaftlichen Bindungen Gerissener. Himmel und Hölle sind nur die äußere, »romantische« Hülle, um den Menschen in einem Feld von Widersprüchen darzustellen statt in einem wohlgeordneten »klassischen« System. Daraus resultiert das Chaotische, Unübersichtliche. Es ist Abbild des Umbruchs von 1830. Das Stück wurde so bizarr, weil die Zeit bizarr war. Der Grundkonflikt entwickelt sich zwischen Individuum und Gesellschaft, zwischen Privatem und Öffentlichem. In genialer Verknappung hat Meyerbeer Roberts Konflikt mit Blick auf Bertram in sechs Takte musikalisch gefasst – Sieg und Verlust in einem: »Ich verdanke ihm den Sieg und verlor das Glück«.

G. Meyerbeer, Robert-le-Diable, *erster Akt, Szene 2b*

Die gesellschaftlichen Hintergründe des Handelns werden im zweiten und vierten Akt gezeigt. Speziell um die Form des zweiten Aktes hat Meyerbeer sehr gerungen. Aus den erhaltenen Vorstufen und Alternativen lassen sich Fassungen zusammenstellen, die vollständig von der gedruckten Partitur abweichen. Vom Finale liegen zwei ausgeführte Alternativen und zwei Skizzen vor, eine vollständig andere Szene des Aufbruchs zum Turnier. Auch für diese Musik gilt, was Meyerbeer später bezüglich der Striche nach der Generalprobe des *Prophète* anmerkte: »gute Musik«. Das Turnier ist ein Bild latenter Aggression, die diese Gesellschaft beherrscht – Kriegsspiele, die jederzeit in tatsächliche Gewalt umschlagen können. Nur die Normen zwingen den Einzelnen in den gesellschaftlichen Rahmen, der allerdings eng gesteckt ist: »Mars et l'amour – Dans la noble carrière il faut vaincre ou mourir«. Das Finale II wird vom Teufel beherrscht durch das Thema des Prinzen von Granada und, davon abgeleitet, das Turnierthema »La trompette guerrière«. Richtig musiziert, wirkt dieser Aktschluss weniger ritterlich, sondern wie ein Strudel in den Abgrund. Bedenkt man, dass der Prinz von Granada eine »Erfindung« Bertrams ist, um Robert abzulenken, ihn vor der sizilianischen Gesellschaft unmöglich zu machen, um ihn umso mehr Bertram zuzuführen, so wird deutlich, dass das einfache Schema von Gut und Böse ambivalent geworden ist.

»Mit dem vierten Akt wird das Gesellschaftspanorama erweitert und ergänzt in einer Mischung aus Märchen und Groteske, Alptraum und hellem Bewusstsein. Die Frauenszene zu Beginn steht im Gegensatz zum Choeur dansé – Finale III. Dort das Chaos, hier das abgezirkelte Hochzeitsritual. Der angepasste Frauentypus (Isabelle) wird gegen den rebellischen (Hélène) gestellt. Im vierten Akt haben sich die Autoren am weitesten vorgewagt im Erfinden immer groteskerer Situationen. Der Hofstaat marschiert mit Geschenken auf. Isabelle erstickt fast darunter. Das Hochzeitsritual wird auf einen mechanischen Vorgang reduziert. Der Zauberzweig lässt die Gesellschaft in Schlaf versinken. Er ist Objekt, mit dem gehandelt wird, und zugleich Katalysator, durch den sich psychische und soziale Zustände offenbaren. Durch ihn sehen sich plötzlich all diese auf das Scheinen und Posieren angelegten Menschen in einer fremden Perspektive. Mit seiner Zerstörung bricht das Gewaltpotential der Gesellschaft hervor. Der Kreis ihrer Ordnung ist gestört. Alle stürzen sich auf Robert. Die Musik schildert, wie jeder auf jeden einschlägt. Eine unkontrollierte Massenhysterie entsteht, die sich nicht organisiert, sondern wahllos entlädt.« (Moeller/Berg 1989)

Meyerbeer ist ein Dialektiker der musikalischen Szene. In diesem Finale IV, der Perepetie des Dramas, muss Isabelle für Robert nach den logischen, irdischen Gesetzen als verloren gelten. Aber er erhält die Frau durch Gnade zurück, indem er auf schwarze Magie verzichtet und den Zauberzweig zerbricht. Damit wollte er zunächst erzwingen, »... was ihm ohne Gewalt nicht mehr erreichbar schien. Die Beschwörung durch den Zauberzweig – das Erstarren der Festgesellschaft und das Zerbrechen des Zweigs – die Lösung der Erstarrung und der Ausbruch des Tumults, der über Robert zusammenschlägt – sind gewissermaßen die Schocks, die die Handlung weitertreiben. Und den kontrastierenden Tableaus der äußeren Handlung – dem Gegensatz zwischen Tumult und Erstarrung – entspricht die verschlungene Dialektik der inneren Vorgänge: Robert verliert Isabelle, als er sie durch Zwang zu gewinnen sucht, und er gewinnt sie zurück, als er sie, durch den Verzicht auf Zwang, scheinbar verliert« (Döhring, in: Dahlhaus/Voss 1985).

Heinrich Heine, der zur Entstehungszeit der Oper erstmals mit Meyerbeer zusammentraf und ihm auf schicksalhafte Weise verbunden blieb, hat im fünften Brief der *Französischen Zustände* vom 25. März 1832 Roberts Zwiespalt so beschrieben: »Meyerbeer hat das Unerhörte erreicht, indem er die flatterhaften Pariser einen ganzen Winter lang zu fesseln gewusst ... die enthusiastischen Meyerbeerianer mögen mir verzeihen, wenn ich glaube, dass mancher nicht nur von der Musik angezogen wird, sondern auch von der politischen Bedeutung der Oper. Robert-le-Diable, der Sohn des Teufels, der so verrucht war wie Philippe Egalité, und einer Fürstin, die so fromm war wie die Tochter Penthièvre's, wird von dem Geiste seines Vaters zum Bösen, zur Revolution, und von seiner Mutter zum Guten, zum alten Regime, hingezogen, in seinem Gemüte kämpfen die beiden angeborenen Naturen, er schwebt in der Mitte zwischen den beiden Prinzipien, er ist Justemilieu; – vergebens wollen ihn die Wolfsschluchtstimmen der Hölle ins Mouvement ziehen, vergebens verlocken ihn die Geister der Konvention, die als revolutionäre Nonnen aus dem Grabe steigen, vergebens gibt Robespierre, in der Gestalt der Mademoiselle Taglioni, ihm die Accolade; – er widersteht allen Anfechtungen, allen Verführungen, ihn leitet die Liebe zu einer Prinzessin beider Sizilien, die so fromm ist, und auch er wird fromm, und wir erblicken ihn am Ende

im Schöße der Kirche, umsummt von Pfaffen und umnebelt von Weihrauch...«
Das traf es nur ungefähr. Der Brief ist eher ein Dokument von Heines Unbehagen gegenüber der damaligen politischen Situation, deren ungewisse Zukunft ihn beunruhigte. Diese sah er eher in einer Republik als in der Julimonarchie.

Die Fäden, die das Stück an die Gegenwart banden, waren dennoch unübersehbar. Nur so war es möglich, dass das Stück von den Parisern so vehement angenommen wurde.

Die neuen, auf die Akkumulation des Kapitals gestellten Verhältnisse machten es vielen Adligen schwer, sich zurechtzufinden. Sie pochten auf ihre alten Rechte, die unter Karl X. noch viel, unter Louis-Philippe aber nichts mehr galten.

Heinrich Heine hat 1837 im vierten seiner *Vertrauten Briefe* an August Lewald (Heine 1837) die neue Situation so beschrieben: »Die Männer des Gedankens, die im achtzehnten Jahrhundert die Revolution so unermüdlich vorbereitet, sie würden erröten, wenn sie sähen, wie der Eigennutz seine kläglichen Hütten baut an die Stelle der niedergebrochenen Paläste, und wie aus diesen Hütten eine neue Aristokratie hervorwuchert, die noch unerfreulicher als die ältere, nicht einmal durch eine Idee, durch den idealen Glauben an fortgezeugte Tugend sich zu rechtfertigen sucht, sondern nur in Erwerbnissen, die man gewöhnlich einer kleinen Beharrlichkeit, wo nicht gar den schmutzigsten Lastern verdankt, im Geldbesitz, ihre letzten Gründe findet.«

Die neue Generation der Jeunesse dorée, der verwöhnten, reichen Jugend, der Söhne von Spekulanten, Börsianern und Bankiers, hatte sich rasch auf die neue Zeit eingestellt. Ihr zynisches Lebensgefühl äußert sich im ganzen ersten Akt: Preist einer Wein, Weiber und Spiel, stimmt sie zu; singt einer vom Teufel und anderen schauerlichen Sachen, lässt sie sich aus Jux erschrecken, nimmt den Nervenkitzel gern an und lacht schließlich den Ängstlichen aus. Äußert einer, Gold sei eine Chimäre, so applaudiert sie fröhlich, denn sie hat Geld, das ihre Väter haufenweise verdienen. Kommt ein Mädchen vom Lande, so weiß man sie ohne Skrupel zu nehmen. Setzt einer ganz groß im Spiel, so ist man jederzeit bereit, ihn bis aufs Hemd auszunehmen. Mit Verlierern hat die Jeunesse dorée kein Mitleid. Diese Typen, die die Boulevards, Cafés und Theater bevölkerten, kannte jeder.

Nachdem die Zuschauer im ersten Akt die aktuellen Verhältnisse erkennen konnten, begegneten ihnen im dritten Akt die als wirksam erkannten Hauptverführungsmittel wieder. Auch Balzac hat in den Romanen seiner *Comédie humaine* die Jeunesse dorée beschrieben. Im *Chagrinleder* (1831) verschreibt sich einer dem Teufel und erhält um den Preis seiner Seele alle Güter der Welt. Ewige Unzufriedenheit ist sein Los. Außer dem Advokaten, der teuflische Gewalt hat, sind alle anderen Figuren des Romans Balzacs Zeitgenossen von 1831. Das Sujet des *Robert* war den modernsten Stoffen des zeitgenössischen Romans ebenbürtig. In der Erfindung von Situationen waren – wie *Les Huguenots* zeigen werden – Scribe und Meyerbeer den Romanautoren sogar voraus.

Erstmals zeigt sich in großem Stil jene Doppelgesichtigkeit der Grand opéra Meyerbeers, die bis heute als hohl und bombastisch verschrien ist: Einerseits trieb sie die Nutzung der theatralischen Mittel gewaltig in die Höhe; um ihr Publikum zu überzeugen, bediente sie sich der modernsten technischen Erfindungen, wie des Gaslichts, des Lichtbogens oder – wie in *Le Prophète* – der Rollschuhe. Sie entwickelte die Bühnenkünste der Barockoper weiter, schuf neue Überraschungen, vergrößerte den personellen Aufwand und nahm ihr Publikum durch die Wechselbäder von Stille und Tableau gefangen. Das opulente Gewand mag in Vérons Augen Selbstzweck gewesen sein. Es war aber nur Mittel zum Zweck.

Andererseits zeigte die neue Gesellschaft hinter einer glänzenden Fassade ihr wahres Gesicht; es hat zynische und aggressive Züge. Ohne die Erkenntnis, dass die Militanz der Gesellschaft deutlich belegt ist, wird man um konzeptionelle und szenische Lösungen des Werkes immer verlegen sein. Dann muss man wie Kapp oder Felix Mendelssohn Bartholdy, der sich 1831 in Paris wegen eines Operntextes umhörte, nach dem Besuch der Vorstellung die Oper ein Machwerk schelten. In Briefen an Carl Immermann und seinen Vater schrieb der Leipziger Komponist (Mendelssohn 1865): »… Das Sujet ist romantisch, d. h. der Teufel kommt darin vor (das genügt den Parisern zu Romantik und Phantasie). Es ist aber doch sehr schlecht, und wenn nicht zwei brillante Verführungsscenen vorkämen, würde nicht einmal Effect darin sein … Der Teufel heißt Bertram. Auf solch eine kalte berechnete Phantasieanstalt kann ich mir nun keine Musik denken, und so befriedigt mich auch die Oper nicht; es ist immer kalt und herzlos, und dabei empfinde ich nun einmal keinen Effect. Die Leute loben die Musik, aber wo mir die Wärme und die Wahrheit fehlt, da fehlt mir der Maßstab« (im Januar 1832). »… der Hauptpunkt … ist, in denen man, wenn sie auch die Zeit verlangt, und wenn ich auch vollkommen einsehe, daß man im Ganzen genommen mit der Zeit, nicht gegen sie gehen müsse, sich ihr geradezu entgegen stellen soll: es ist der der Unsittlichkeit. Wenn in Robert le diable die Nonnen eine nach der anderen kommen, und den Helden zu verführen suchen, bis es der Äbtissin endlich gelingt; wenn der Held durch einen Zauber in's Schlafzimmer seiner Geliebten kommt, und sie zu Boden wirft, in einer Gruppe, über die das Publicum hier klatscht, und in ganz Deutschland vielleicht nachklatschen wird, und wenn sie ihn dann in einer Arie um Gnade bittet … es hat Effect gemacht, aber ich habe keine Musik dafür« (19. Dezember 1831). Zu Mendelssohns Ehre sei gesagt, dass er seine Meinung nur in privaten Briefen äußerte und sie nicht lauthals herausposaunte wie später andere deutsche Kritiker. Meyerbeer »hatte Musik dafür«. Er fand Töne für eine Welt, wie er sie sah, und nicht, wie sie sein sollte. Und noch etwas kam hinzu: Wenn Mendelssohn den Begriff »romantisch« ironisch heranzieht, dann übersieht er, dass in *Robert* das einzige Mal bei Meyerbeer romantisch im Sinne einer Entgrenzung, einer Verschiebung der Realität in fantastische Regionen, vorgegangen wurde.

Der *Robert* verlangte ein ganz neues, bisher ungewohntes Hören. Kenner und Liebhaber älterer Opern, besonders Parteigänger der Opéra comique, stöhnten ob der Anstrengungen, die Meyerbeer ihnen auferlegte. Gegenüber dem neuen Stück nahmen sich die Werke seiner Zeitgenossen wie freundliche Divertissements aus. Man war sich einig, dass man den *Robert* mehr als einmal hören müsse, um alle Feinheiten zu entdecken. Damit waren auch Vérons Absichten aufgegangen. Das Werk und die Académie waren nicht nur Tagesgespräch, sondern beschäftigten monatelang die Gazetten, so dass man auch außerhalb von Paris auf die Oper aufmerksam wurde und es zum guten Ton gehörte, den *Robert* gesehen zu haben. Die Recette, die Abendeinnahme, kletterte bis nahe an die Traumgrenze von 10 000 Francs pro Abend, die von *Les Huguenots* später erreicht und überboten wurden. Für Véron war dies das willkommenste Geschäft, wenn nicht das wichtigste überhaupt. Seine Investitionen hatten sich gelohnt. Scribe, dem aus keinem seiner vielen Stücke jemals Tantiemen in dieser Höhe zugeflossen waren, hatte dem *Robert* eine solche Zugkraft nicht zugetraut und sah die Abrechnungen der Theaterkasse mit dem größten Vergnügen.

Der Theaterabend war lang. Hatte *La Muette de Portici* noch 18 Nummern umfasst, so stieg die Zahl der Szenen sprunghaft an: 24 im *Robert*, 28 in *Les Huguenots*, 30 in *Le Prophète*. Diese Nummern waren aber keine Einzelformen, sondern mehrfach gegliederte Großszenen. Nr. 1 in *Robert* hat in vier Teile: A Introduktion und Chor, B Ballade des Raimbaut, C Schluss der Introduktion, D Rezitativ. Nur in dem wechselvollen Ablauf von klar disponierten Einzelteilen waren die komplexen Beziehungen der Figuren untereinander fassbar.

Nach dem gewaltigen Aufgebot an Blechbläsern im Vorspiel beginnt zunächst ganz bescheiden der Chor singender, trinkender Ritter, dessen tänzerisches Hauptthema und elegantes Seitenthema in ähnlicher Weise auch in *Les Huguenots* bei verwandter Grundstimmung wiederkehrt. Der Konflikt wird zum ersten Mal hörbar, wenn Alice in Szene 2b Bertram begegnet. Zum Tremolo der Streicher erklingt ein Erinnerungsmotiv, eine Bläser-Reminiszenz der Raimbaut-Ballade, nunmehr in Moll abgetönt, ein dunkler Widerschein von Bertrams höllischer Herkunft.

Mit der unmittelbar an das Buffoduett Raimbaut-Bertram anschließenden Valse infernale, dem Höllenwalzer, beginnt in dieser Partitur der Wechsel zwischen modernen, bisher unerhörten Kombinationen, die an Webers Klangexperimente erinnern, und konventionellen Chor-, Hochzeits-, Turnier- und Kirchentableaux, die bewusst als Entspannung der Hörer gesetzt sind und zugleich die Plattheit der prosaischen Welt wiedergeben. Hier schreckte Meyerbeer auch nicht vor einem Zitat zurück. In der Sicilienne des ersten Aktes ist eine Würfelszene eingebettet. Nach seinen Aufzeichnungen holte sich Meyerbeer die musikalische Idee aus dem Finale des Streichquintetts op. 29 von Ludwig van Beethoven, dessen ziellose, leere Figur ihm hierfür offenbar besonders geeignet schien.

Zu Beginn des zweiten Aktes schöpfte Meyerbeer aus seinem italienischen Repertoire. Alles, was er dort an vokalen Möglichkeiten, an Bravourleistungen gelernt hatte, setzte er ein, nicht nur, um den Sängern der Académie Royale Gelegenheit zu geben, mit virtuosen Cabaletten zu glänzen, sondern um in emphatischen melodischen Bögen große Emotionen freizusetzen. Die Melodien sind harmonisch einfach gestützt; wesentlich ist die Instrumentierung durch Streicher in Oktavabständen und Holzbläser, die so einen sehnsuchtsvollen Klang voller Hoffnung und Verzweiflung ergibt. Hier haben auch Isabelles Koloraturen ihre Funktion. Im zweiten Akt sind sie Ausdruck ihrer hochgespannten emotionalen Erwartung; im Finale II unterstützt der Ziergesang die Darstellung ihrer exponierten gesellschaftlichen Stellung. Jedes Detail ist sorgfältig kalkuliert. Die Aufzüge militärischer Gruppierungen verbleiben in den bereits standardisierten Formen mit diatonischem Trompetengeschmetter. Neuerungen setzt Meyerbeer für das Böse ein. Seinen Hörern mutete er eine Fülle an chromatisch geführtem Blech, ungewöhnlichen Modulationen und Instrumentationseffekten zu.

Bei der Konzeption der Höllenwelt konnte Meyerbeer um die Wolfsschlucht seines Freundes Weber keinen verlegenen Bogen schlagen. Als genialem Theatermann war ihm aber nicht entgangen, dass die Szene, bei aller unerhört neuen Musik, wie aus Pappmaché war. Bis heute ist sie die Crux aller Inszenierungen geblieben. Meyerbeer verzichtete auf ein Vorzeigen der Hölle und erschreckte seine Hörer lieber durch den akustischen Eindruck aus der Tiefe, aus der die Trompeten einen unheimlichen, undefinierbaren Klang produzierten. Ein größerer Gegensatz als der zwischen Dresden-Hosterwitz, wo der »Freischütz« entstand, und Paris ist kaum denkbar. Hier die »wild-romantische« Natur, von der sich der Mensch bedroht fühlt, eingefangen in einer genialen, losgelassenen Musik; dort der urbane Walzer, deformiert zum »Höllenwalzer«. Geht Agathe, nach einer Beobachtung Adornos, ins Freie, ins Ungedeckte, wenn sie auf den Altan tritt, so ist in »Robert« die einzige Naturszene ein Spielort wie alle anderen, das Grauen ist in den Menschen selbst. Nur so wird der gesellige Tanz der bürgerlichen Gesellschaft zur Valse infernale. Sie ist zwar mit Vorder- und Nachsatz regelrecht gebaut, doch die dreimalige Wiederholung eines rhythmisch prägnanten Motivs kündigt etwas ganz Neues an: eine durch Farbe, Motivik und Instrumentation wirkende Klanggebärde, die an die Stelle des bisherigen formvollendeten, melodiebestimmten klassischen Satzes tritt.

Die Besonderheit dieser Szene wird noch verstärkt durch eine räumliche Dimension: Der Fernchor der Dämonen beschwört – wie in Nr. 10 Finale, Beginn der Wolfsschluchtszene im *Freischütz* –, für den Zuschauer unsichtbar, die Dämonen- und Höllenwelt.

Auf der Szene klagt Bertram um seinen Sohn, den er auf ewig verlieren wird, wenn er ihn nicht der Hölle ausliefert. Ein solcher unlösbarer Konflikt verlangte nach den außergewöhnlichsten Mitteln. Die zentrale Szene der Oper ist konzep-

G. Meyerbeer, Robert-le-Diable, *dritter Akt, Nr. 10 Valse infernale*

tionell völlig neu entworfen. Der Solist stellt sich nicht länger in einer »Szene und Arie« vor, sondern ist in ein Tableau einbezogen, das aus einem solistischen Teil und dem Fernchor der Dämonen besteht. Der Tradition hätte eine zweiteilige Arie entsprochen, zum beispiel der erste Teil »Teufel«, der zweite Teil »liebender Vater«. Meyerbeer schichtete diese Teile jedoch übereinander und verschränkte sie. Die akustische Trennung charakterisiert Bertrams Gespaltensein; der Einsatz der dunklen Instrumentalfarben betont die ungewöhnliche Stellung der Szene.

Die Wirkung des *Robert-le-Diable* war in der Musikgeschichte ohne Beispiel. Innerhalb von drei Jahren wurde die Oper an 77 Bühnen in Europa und Übersee gespielt.

Der Nachruhm, der noch zur 121. Vorstellung am 6. Januar 1835 eine Abendeinnahme von 6175 Francs brachte und bis 1894 zu 758 Reprisen führte, beschränkte sich nicht auf Opernvorstellungen. Balzac schrieb 1837 die Novelle *Gambara*, in welcher der irre Komponist Gambara nach einer Vorstellung des *Robert* kurzfristig ins Leben zurückfindet. Die Oper als Schocktherapie zu nutzen war nur möglich, weil sie im Verständnis der Zeitgenossen eine so aufrüttelnde, das Gemüt so stark bewegende Kraft hatte. Alexandre Dumas bezeichnete den *Robert* 1854 in seinen Memoiren als den »Doyen« unter allen Opern. Als Edgar Degas 1871 die

Musiker des Orchesters der Opéra malte, wählte er die Szene des Nonnenballetts, die noch das gleiche Arrangement zeigt wie die Stiche nach der Uraufführung.

Dieser *Robert* war mehr als eine erfolgreiche Opernpremiere – er war ein denkwürdiges kulturelles Ereignis!

Die ersten Monate nach der Uraufführung verbrachte Meyerbeer mit Korrekturproben und der Vorbereitung von Druckausgaben der Partitur und des Klavierauszuges. Dazu mehrten sich für den berühmten Komponisten die gesellschaftlichen Verpflichtungen, denn er hatte sich bei allen zu bedanken, die ihm bei der Durchsetzung der Aufführung geholfen hatten. Bei Gelegenheit besuchte ihn auch sein Berliner Landsmann Felix Mendelssohn Bartholdy, der sich, wie erwähnt, abfällig über die Oper äußerte. Was er mit Meyerbeer besprochen hat, ist nicht überliefert.

Nun war auch das Versprechen einzulösen, das Meyerbeer gegenüber dem Berliner Hof gegeben hatte, seine neue Oper unmittelbar nach Paris in Berlin zu geben. Er knüpfte daran die Bedingung, dass Marie Taglioni die Hélène tanzte und Filippo Taglioni die Tänze einstudierte, einschließlich der »effectvollen Dekorationen, Maschinerien des magischen Mondscheins«, und dass Ludwig Rellstab die Übersetzung ins Deutsche vornähme. Der König stimmte den Taglionis zu; Rellstab lehnte ab.

Während in Berlin die Verhandlungen über eine Aufführung noch im Gange waren, entschied sich in London das King's Theatre sehr rasch zu einer Inszenierung, worauf Meyerbeer am 16. April 1832 mit seinem Englischlehrer den Weg über den Kanal nach London nahm. Dort waren die Sänger überhaupt nicht auf ihre Partien vorbereitet, so dass sich der Komponist selbst an die Arbeit machen musste, den Solisten und dem Chor ihre Partien einzubläuen, die »... in 20 Tagen gegeben sein muß«, wie er im Tagebuch vermerkte. Viel hatte sich seit seinem letzten Besuch 1814 in London verändert. »Es ist«, schrieb er am 22. April an seine Frau, »unstreitig jetzt die großartig gebauteste dabei freundlichste und variirteste Stadt in Europa. Es sind Theile namentlich Regent Street und Colonade die wahrhaft imposant sind.«

Die ohnehin kurze Vorbereitungszeit wurde noch künstlich dadurch beeinträchtigt, dass man sich einige Tage lang nicht darüber einig werden konnte, ob nun die Oper in Französisch mit den Pariser Gästen Damoreau, Nourrit, Levasseur oder in Italienisch durch eine gastierende Truppe mit Meyerbeers früheren Interpreten Tosi, Donzelli, Lablache, Curioni gegeben werden sollte. Man entschied sich für Französisch. Nun weigerte sich der engagierte deutsche Chor, französisch zu singen, und ließ sich nur durch Geschenke umstimmen.

Aus Berlin hatte Meyerbeer eine weitere beunruhigende Nachricht erreicht, wie aus seinem Brief vom 4. Mai 1832 an Minna hervorgeht: »Michael schickt mir einen Aufsatz von Berlin in der Leipziger allgemeinen musikalischen Zeitung worin man mit der größten Bitterkeit und Schärfe rügt daß ich so lange mit der Oper gefackelt habe, daß es Verachtung gegenüber dem König ist die Partitur so spät zu schicken, fürchterlich auf das Buch loszieht welches aller Sittlichkeit und Religion Hohn spricht, daß man von meiner Musik freilich noch nicht urtheilen könne allein daß die einzelnen Stücke die man in Konzerten gespielt habe gar nicht angesprochen hätten. – Es stehet den Leuten gut an die mich Jahrelang mit Füßen getreten haben darüber zu zürnen daß ich mich nicht auf den ersten Ruf zu ihren Füßen schmiege...«

Obwohl Meyerbeer sah, dass die mangelhaften Vorbereitungen der *Robert*-Aufführung in London eine künstlerisch reife Produktion ausschlossen, war er bereit, noch vor der Premiere abzureisen, um rechtzeitig in Berlin zur Stelle zu sein, damit man hier gegen ihn nicht wieder neue Argumente habe. Voller Skrupel verließ er London. Gerade ein Erfolg in dieser Stadt war für Meyerbeer wichtig, da sich seine – authentische – Interpretation des *Robert* gegen zwei verballhornte Bearbeitungen seines Werkes, die im Drury Lane und in Covent Garden liefen, durchsetzen musste. Die Aufführung wurde, dank seiner Pariser Interpreten und deren gründlicher Vorbereitung, ein Erfolg.

Am 31. Mai traf Meyerbeer in Berlin ein; ab Sonntag, dem 3. Juni, war er, wie üblich, an den Proben intensiv beteiligt. Graf von Redern hatte den 20. Juni als Tag der Premiere bestimmt; »... die Aufgabe war also in 18 Tagen zu Stande zu bringen wozu wir in Paris 4 Monate Zeit gehabt hatten. So unglaublich es scheint so habe ich doch diese Riesen Arbeit zu Stande gebracht, und auch außerdem noch ein neues Tanzstück für die Taglioni komponirt. Ich war aber auch à la lettre [buchstäblich] jeden Tag von 6 Uhr Morgen's bis 10 Uhr Abend's im Opernhause, und ofte hatte ich 4 bis 6 Proben an einem Tage. Kam ich dann zu Hause meine Einzige dann fiel ich aber auch wie ein Sack schlafen hin bis die neue Probe anging... Trotz aller meiner herkulischen Anstrengungen aber wäre die gegebene Zeit viel zu kurz gewesen, wäre ich nicht durch einen guten Willen Eifer und Fleiß der Sänger, Chöre, Orchester und des ganzen Theaterpersonals unterstützt worden den ich würklich nicht genug rühmen kann... Auch der König, der Kronprinz und alle Prinze bei Hofe haben sich sehr liebenswürdig benommen, und in den Proben sowohl als auch in der Vorstellung mir die feinsten und schmeichelhaftesten Dinge vor allen Leuten gesagt. Das Publikum aber hat mich so schnöde behandelt wie früher... ward die Oper mit einer solchen Lauheit aufgenommen daß sich Akte lang kein Applaudissement hören ließ... Kurz nach der gestrigen Vorstellung könnten wir eigentlich sagen Fiasco gemacht zu haben« (22. Juni an Minna).

Am gleichen Tage erschien in der *Vossischen Zeitung* Ludwig Rellstabs Rezension (MBT). Meyerbeer musste seinen Brüdern, die die Zeitung vor ihm verbargen, das Versprechen abgeben, sie nie zu lesen. Rellstab schrieb: »... Wir haben es mit dem Werke eines Landsmannes zu tun, das wir gern so hoch stellen möchten, als irgend möglich; allein selbst wenn sich der Kritiker von dem Geschäft des Richters entbinden, und als Sachwalter auftreten wollte, so würde er wenig Boden für seine Vertheidigung gewinnen. Es liegt in unserer Art, bei jeder dramatisch-musikalischen Produktion zuerst zu fragen, in wiefern das Gedicht dazu geeignet ist, und ob es einen denkenden Musiker dazu bestimmen konnte, so viel Zeit und Kräfte ... daran zu wenden. Hier würde unser Urtheil durchaus ungünstig ausfallen ... Dramatischer Zusammenhang findet sich nirgend; wir haben nur eine Reihenfolge historisch möglicher Ereignisse vor uns, die aber auch nicht die mindeste Nothwendigkeit in sich tragen ... das, was man Composition nennet, wahrnehmen zu lassen ... Ungerecht würden wir seyn, wenn wir nicht zugeben wollten, daß in der ganzen Masse edle Körner eingesprengt sind, daß manches Einzelne gelungen, anziehend, wirkungsvoll ist.« Kein Wunder, daß Michael und Wilhelm Beer ihrem Bruder diese Zeilen, in denen das Gift tröpfchenweise verteilt wurde, vorenthielten. Nach Rellstabs Meinung war Meyerbeer ein komponierender Dummkopf, dem die Hohlheit des Scribeschen Librettos entgangen war.

Viel rüder, aber offener, zog ein Anonymus in der *Allgemeinen musikalischen Zeitung* (MBT) zu Felde:»Glaubt er [Meyerbeer], dass etwas noch kunstschön seyn könne, was in dem Zuschauer Widerwillen, Ekel, Indignation erregt? Glaubt er, dass ein wollüstiger Kitzel, welchen aus ihren Gräbern erweckte halbnackte Nonnen in bacchantischem Taumel und mit lascivischen Stellungen erregen sollen, dass geschändete Leichensteine und entweihte Klostermauern noch innerhalb der Grenzen des Schönen liegen?? ... Hr. M. Beer [hat es] nicht gewagt, eine Ouverture zu schreiben, dieses erste Requisit einer jeden grossen Oper, sondern er hat eine nichtssagende Introduction gegeben, welche keineswegs geeignet ist, das Ganze vorzubereiten ... Der Melodie, diesem Silberfaden, ... hat Hr. M. Beer schon längst entsagt und vergeblich haben wir auch in dieser Oper nach einer einzigen Piece gesucht, welche aus der Quelle des Gefühls entspringend melodisch dahinströmte und so auch wieder den Weg zum Gefühle fände, dem Gedächtniss einen wohlthuenden Eindruck hinterliesse ... Es wimmelt von Reminiscenzen aus Rossini, Boieldieu, Auber, Spontini u. a. m. und Hrn. M. Beer gebührt nur das Verdienst: Alles was er je gelernt und gehört hat auf die verkehrteste und unzusammenhängendste Weise, ohne künstlerische Übersicht und Klarheit, zu einem grotesken Panorama vereinigt zu haben ... Ein wahrhaft gediegener Künstler wählt sich keinen solchen Stoff ... ein wahrhafter Künstler zieht nicht sein Orchester und seine Darsteller in den Strudel von Tollhäuserey und Faseley herab; ein Sitten- und Anstand-liebender Mann schreibt seiner deutschen Vaterstadt einen besseren Empfehlungsbrief als ein solches Pasquill alles guten Geschmacks; ein bescheidener Mann endlich fordert nicht, dass ein achtbares Publikum über fünf Stunden lang auf der Drehmaschine seines musikalischen Bedlams [Tollhaus] herumgetrillt werde ...« Solcherart waren die Töne aus der Heimat. Der Schwarzseher Meyerbeer hatte in London richtig geunkt: »keinen Succés und schlechte Rezensionen«, (am 21. Mai an seine Frau). Doch das Berliner Publikum nahm das Werk zunehmend an. Der preußische Hof ernannte Meyerbeer am 11. Oktober 1832 zum »Preußischen Hofkapellmeister«, »… zum Beweise Unserer Gnade und Unserer Anerkennung seiner musikalischen Leistungen«, wie es in der Urkunde hieß. Darauf war die Familie Beer stolz. Zum ersten Mal wurde die künstlerische Leistung eines Mitgliedes einer seit Langem ansässigen jüdischen Familie derart geehrt. Michael Beer schrieb dem so dekorierten Bruder am 15. September 1832: »Wir sind hier alle sehr begierig auf das Cabinets-Schreiben das wir in Deinen Händen vermuthen. Da es … die ungeheure Länge von 14 Zeilen haben soll so ist es freylich viel Dir die ungeheure Mühe des Abschreibens zuzumuthen …«

Mitte Januar 1833 wurde eine neue Alice einstudiert: Maschinka Schneider übernahm die Rolle und stand dann mit Caroline Seidler (der Agathe der *Freischütz*-Uraufführung), Heinrich Blume (dem Kaspar von 1821) und Karl Bader auf der Bühne. Heinrich Beer hatte bei der Besetzung seine Hände im Spiel mit dem Ergebnis: »Es wird von Wilhelms Seite gewiß fürchterlich über mich resonirt werden, weil ich zur Ehre der Oper daran Schuld bin, daß Fanny Elsler nicht die Äbtissin macht; Du wirst vielleicht im ersten Augenblick auch böse über mich seyn, aber ich konnte mit gutem Gewissen meine Zustimmung dazu nicht geben, da diese Scene ohnhin der Anstoß der Oper ist, wenn sie nicht ganz decent gespielt wird, und Fanny hätte dies wie eine Erz Hure gemacht …« (15. Januar 1833 an Meyerbeer). Woher kam dieses Bedenken bei Bruder Heinrich? Fürchtete er für die guten Sitten seiner Berliner, wenn Fanny Elßler, die gebürtige Wienerin, die 1832 nach Berlin kam und später in Paris, London und Amerika den Ruf als eine der ersten Charaktertänzerinnen erwarb, wenn sie also ihr leidenschaftliches Temperament einsetzte und die verführerische Hélène zu realistisch tanzen sollte? Meyerbeer hatte solche Skrupel nicht. Die Deutlichkeit alles Gezeigten gehörte zu seinem künstlerischen Konzept.

Amalia konnte ihrem Sohn über die Aufführung vom 25. Februar 1833 berichten: »Triumph, Triumph, Triumph Theurer geliebter Giacomo! …« Die Neubesetzung hatte sich gelohnt. Doch ein paar Monate später beklagte sich der Komponist: »… Dagegenhin giebt Wilhelm seinen großen Verdruß zu erkennen, daß Graf Redern sein feierliches Versprechen … eine Orgel zur Reprise von Robert anzuschaffen … gebrochen … hat … Nie wird mir doch von Berlin etwas ander's als Unbill Gift und Galle gereicht …« (9. Juli an Minna).

Dass die preußische Hofoper so schnöde mit seinem Werk verfuhr, erbitterte Meyerbeer. Denn von der Ersten Bühne konnte er doch verlangen, dass sie sein Werk in der Originalgestalt, also auch mit Orgel, aufführte. Von den vielen kleinen Opernhäusern, die sich am *Robert* versuchten, waren solche Extras nicht zu erwarten. In der Provinz musste das Werk sowieso mit allerhand Eingriffen rechnen: »›Robert‹ soll in der Josephs Stadt in Wien auf das grausamste verstümmelt worden sein. Der 1/2 Stunde dauernde 3te Akt ist unter anderem so furchtbar zusammen geschnitten worden, daß er mit dem 4ten zusammengezogen werden musste um einen Akt zu bilden, u. s. w. Trotz dessen versichert Wilhelm von vielen Seiten gehört und gelesen zu haben, daß die Oper in Wien würklich Furor macht. Dies ist mir sehr angenehm...« (9. Juli 1833 an Minna). Die Partitur wurde behandelt wie alle anderen: Waren die Partien zu hoch, transponierte man in eine für den betreffenden Sänger angenehme Lage; Striche gehörten immer dazu; Veränderungen aller Art waren Theateralltag. Dass das Stück trotzdem so erfolgreich war, lag sicher auch an der Robustheit der Musik, deren Schwung auf die Dauer selbst der temperamentloseste Kapellmeister nicht bremsen konnte.

Von der Beliebtheit der Oper sprachen auch die unzähligen Arrangements, die den Ruhm des Werkes zusätzlich in Salons und Stuben trugen. Frédéric Chopin, Franz Liszt, Henri Herz, Carl Czerny, Adolphe Adam, Sigismund Thalberg, Johann Strauß Vater waren unter den vielen, die Bearbeitungen, Phantasien, Variationen, Reminiszenzen anfertigten und gut verkauften. Märsche, Ensembles, Arien wurden für jede nur denkbare Besetzung arrangiert. Fortan konnte keine Kur- oder Militärkapelle auf eine Pièce aus Meyerbeers *Robert* verzichten.

»Les Huguenots« 1832–1836

Direktor Véron drängte seine Erfolgsautoren, den Ruhm der Académie, seinen eigenen und den ihren durch ein neues Werk zu mehren. In seinem Brief vom 7. Juli 1832 an »Monsieur Mayer-Beer en Europe« ist das erste Mal von den *Huguenots* die Rede.

Zur 46. Vorstellung des *Robert* am 17. September hörte Meyerbeer eine eben engagierte neue Alice: Marie Cornélie Falcon, eine gerade 20-jährige Sängerin, deren Stimme ihn sofort in ihren Bann schlug. »Das Haus war so gedrängt voll wie es nur immer sein konnte«, schrieb der Komponist am 18. September an seine Frau, »8700 Franken (ohne das Abbonement) und viele Leute konnten keine Plätze finden. Die Vorstellung war ... so frisch ... wie in den ersten Vorstellungen des Werkes, keine Spur von Abgespielt sein. Über die Falcon wage ich noch kein decidirtes Urtheil zu fällen, ... allein das erkennt sich doch daß sie eine starke und schöne Stimme hat, auch nicht ohne Geläufigkeit ist, dabei auch eine lebendige ausdrucksvolle (aber etwas chargirte) Schauspielerin ist. Leider ist ihre Intonation nicht ganz rein, ... (ich) werde ihr in jedem Fall eine Hauptrolle in meiner neuen Oper schreiben.«

Dass ein neues Werk in Angriff genommen werden musste, war klar. Die Beliebtheit seiner Musik war bereits Gegenstand des Vaudevilles, der volkstümlichen theatralischen Gattung in Paris, die auf die hervorstechenden Ereignisse so rasch reagierte wie später Offenbachs Operetten.

Am 20. September brachte Scribe den Entwurf eines neuen Librettos für eine fünfaktige Oper. Nach der Berliner *Robert*-Premiere hatte Meyerbeer mehr oder weniger lustlos in Textbüchern geblättert, von denen ihm keines zusagte. Vor allem war ihm die Anregung durch die Stimme von Marie Falcon wichtig. Dem *Robert* war er um diese Zeit schon so weit entrückt, so dass er monatelang die Korrekturabzüge gar nicht ansah und seinen Verleger Schlesinger in die größte Verlegenheit brachte (8. September 1832): »Sie haben die letzten Correctur Platten der Partitur des ›Robert‹ in den ersten Tagen des April erhalten ... Ende April reißten Sie ab nahmen alles mit und als ich Anfangs Juny nach Berlin kam fand ich die Partitur in demselben Zustand als Sie dieselbe von Paris mitgenommen ... Von allen Seiten mit Briefen bestürmt, von den Theater-Directoren der Nachlässigkeit angeklagt, und mit Vorwürfen überhäuft ...«, sah sich Schlesinger zu mehreren dringlichen Appellen an den säumigen Autor veranlasst.

Nach den ersten Vorbesprechungen, an denen neben Véron auch wieder Duponchel als zukünftiger Regisseur teilnahm, schuf Scribe in harter, konzentrierter Arbeit die Vorlage für eine neue Oper: *Léonore ou La Saint-Barthélemy*. Am 28. September berichtete Meyerbeer seiner Frau über die aktuelle Lage: »Scribe aber will sich nicht eher als bis zum 16ten October verpflichten 2 Akte zu liefern, indem er jetzt noch ein sehr großes Stück für's Gymnase [ein Pariser Sprechtheater] fertig machen muß. Verron hat mir zwar versprochen ihn heute Abend tüchtig zu bearbeiten in mein Verlangen zu willigen, indeß wäre es doch möglich daß er es verweigerte.« – »Scribe arbeitet bereits an dem ersten Akt meiner Oper, aber der Traité [Vertrag] ist noch nicht gemacht. – Verron hat gebeten ihn die letzten Tage vor der ersten Aufführung der neuen Oper ›le serment‹ von Scribe und Auber ganz dem Werk widmen zu lassen. Es convenirte mir natürlich nicht auf die Vollziehung des Traité zu dringen, sonst würde dieser capricieuse Mensch gewiß keine der Forderungen unterschrieben haben, die ich doch verlangen muß wenn ich mit einem Kerl seinesgleichen sicher gehen will. ›Le serment‹ ist nun endlich vorgestern gegeben und hat gar nichts gemacht. Alle Welt schimpft über die Nichtigkeit des Poem's, über die Seichtheit der Musik …« (3. Oktober). Dieses Feilschen um Tage passt eigentlich überhaupt nicht zu der Selbstverständlichkeit, mit der Meyerbeer Jahre an einer Partitur saß. Im Konkurrenzdenken jener Zeit war es ihm wohl wichtig, die Idee zu einem neuen Stück erst einmal vertraglich rasch zu fixieren, bevor er sich in aller Gründlichkeit an die kompositorische Arbeit machte. Nach dem am 1. Oktober 1832 ausgefertigten Vertrag sollte Scribe das Textbuch bis Ende November vorlegen und ein Honorar von 5000 Francs erhalten.

Marie Cornélie Falcon in der Rolle der Valentine aus dem dritten Akt der Huguenots

Bei Nichterfüllung der Bedingungen drohten ihm die erhebliche Summe von 30 000 Francs Konventionalstrafe, die gleiche Summe hätte auch der Komponist zu zahlen, falls er bei der Lieferung der Partitur bis zum 15. Dezember 1833 säumig wäre. Dieser Vertragsabschnitt sollte Véron später zum Verhängnis werden. Die Unterzeichnung des Vertrages zog sich noch bis zum 30. Oktober hin, da die Kontrahenten um jedes Wort im Text rangen. »… Es grauet Verron so wie mir vor dem Augenblick wo zwei Leute die sich nicht trauen und nicht lieben, und doch sich gegenseitig nöthig sind wie ich ihm und er mir ihre gegenseitige Sicherheitsmaßregeln sich vorschlagen sollen …« (10. Oktober an Minna). Voller Elan ging der Komponist an die Vorbereitungen für das neue Werk. Von seinem Freund, dem Musikforscher Fétis, ließ er sich »wegen alter französischer Musik« beraten, studierte den *Hugenotten-Psalter* von Clément Marot und schrieb seiner Frau am 1. Oktober 1832: »Ich muß zu meiner neuen Oper eine Menge historischmusikalischer Studien machen. Hier habe ich nicht die Zeit, die Nachforschungen zu halten, in Italien fände ich diese Bücher und Manuskripte nicht, ich muß sie also hier kaufen und mitnehmen …« Wegen Minnas Krankheit hatten die Ärzte einen Italien-Aufenthalt dringlich empfohlen, so dass Meyerbeer weiträumig planen musste; er wollte ja den Termin des Vertrages halten.

Erstmals wandten sich Scribe und Meyerbeer einem historisch konkreten Stoff zu, den Ereignissen um die Bartholomäusnacht vom 24. August 1572. Die regierenden Katholiken nahmen die Vermählung des Prinzen Henri de Navarra mit der Prinzessin Marguerite de Valois, Schwester des regierenden Charles IX., zum Anlass, etwa 5000 hugenottische Festgäste zu ermorden. Dies war der Höhepunkt des aus machtpolitischen Gründen geführten Glaubenskrieges zwischen den Katholiken unter Führung des Herzogs von Guise und den Hugenotten unter Admiral Coligny.

Scribe hatte im ersten Entwurf eine tragische Liebesgeschichte zwischen der Katholikin Leonore und einem hugenottischen Edelmann vor dem Hintergrund der geschichtlichen Vorgänge erfunden, die genügend Raum für die Entfaltung großer Tableaux bot und den Komponisten zum gründlichen Studium der »couleur locale« anhielt. Dieser von Victor Hugo im Vorwort zu seinem *Cromwell* (1827) geprägten Ausdruck wurde zum zentralen Begriff für die Darstellung historischer Vorgänge auf der Bühne, die der Zuschauer als eine Art imaginärer Zeitgenosse miterleben sollte. Meyerbeer studierte die französische polyphone Kunst jener Zeit in den Werken von Guillaume Costeley, Claude Le Jeune, Jacques Mauduit und Jacques Arcadelt. Er ging die Sache »wissenschaftlich« an und befragte die Quellen. Auf einer leeren Seite des Originallibrettos notierte er: »Die ältesten französischen Nationalgesänge sind ›les chansons de gestes‹. Nachher provencalische Gesänge, nachher Les bourrées d'Auvergne und Branles du Poitou. Diese Tanzstücke wurden sehr viel am Hofe von Catherine de Médici getanzt. – Ducauvroy Kapellmeister unter Charles IX. hat eine Menge Noëls komponirt, die damals sehr beliebt waren.« Immer wieder stößt man auf Tagebucheintragungen, in denen Meyerbeer Interesse an alter Musik bekundete, wie zum Beispiel am 9. Dezember 1861, als er die *Sieben letzten Worte Jesu Christi* von Heinrich Schütz (1645) im Bach-Verein in Berlin hörte: »Am interessantesten sind darin die Evangelien behandelt, ganz in derselben dialogisierenden Weise, die späterhin auch Sebastian Bach in seiner Passionsmusik befolgte.« In der Berliner Singakademie hörte Meyerbeer Bachs Kantate *Gottes Zeit ist die allerbeste Zeit* und war tief beeindruckt, wie er im Tagebuch am 9. August 1850 schreibt: »Diese Kantate ist ein Stück von größter Schönheit, Einfachheit & Erhabenheit des Ausdrucks, fern von allen kontrapunktischen Kunststücken.« Während eines längeren Aufenthalts im Herbst 1856 und Winter 1857 in Berlin besuchte er jedes Konzert des Berliner Domchores und war begeistert: 30. Oktober Bachs h-Moll-Messe: »ein Riesenwerk!«; am 30. Januar 1857 hörte er Werke von Palestrina, Lasso und Antonio Lotti: »wunderschön«; am 19. Februar das *Crucifixus* von Lotti: »ungeheure Kühnheiten«.

Es war ein absolutes Novum, dass sich ein Komponist zeitgenössischer Musik mit fast 300 Jahre alter Kunst befasste.

Diese wollte er nicht etwa kopieren; im Gegensatz zu Mendelssohn, der durch seine intensive Beschäftigung mit Bach selbst zur Komposition von Orgelfugen angeregt wurde, hatte Meyerbeer keinen musikalischen Historismus im Sinn. Ihm ging es um seine Zeit, aber die konnte er nur in Töne fassen, wenn er die Vergangenheit gut kannte. Mit dem gleichen Ziel griff er tief in die Gestaltung des Librettos ein. An der endgültigen Textfassung arbeiteten nicht weniger als drei namhafte Librettisten und der Komponist, daher finden sich im Arbeitslibretto des Komponisten drei Sprachen: Französisch, Italienisch, Deutsch.

Die Idee zu einem neuen Stück wurde zuerst im Kreis der Beteiligten diskutiert. Man prüfte gemeinsam die wirkungsvollsten Szenen und sammelte Vorstellungen zu Dekorationen, Arrangements und Personnage. Man prüfte die zeitgenössische Roman- und Dramenliteratur auf andere effektvolle Details. Scribe zog unter anderem die 1829 erschienene *Chronique du règne de Charles IX.* von Prosper Mérimée heran, ohne jedoch deren Handlungsablauf zu folgen. Die Vorlagen wurden so eingerichtet, dass das gesamte Solistenensemble der Académie mitwirken und die drei Primadonnen Damoreau, Dorus und Falcon gemeinsam singen sollten. Die Dominanz der Solisten, wonach nur einige von ihnen besondere Auftritte zugebilligt wurden, war zugunsten von Ensembles aufgehoben, ohne dass die sängerischen Anforderungen geringer wurden. Am Gesamtkunstwerk von Giacomo Meyerbeer, Eugène Scribe, Charles Duponchel und anderen hatten selbst Spitzenkräfte nur einen bestimmten, wenn auch glanzvollen Anteil, doch niemals eine herausragende Funktion. Von wenigen, dramaturgisch bedingten Soloauftritten abgesehen, waren die komplexen Vorgänge in der Oper durch Einzelaktionen nicht mehr darstellbar, sondern nur noch in Tableaux.

Der Marcel, der ursprünglich eine untergeordnete Dienercharge war, wurde durch Meyerbeers tiefen Eingriff in die Konzeption zu einer Art heimlicher Hauptfigur. George Sand bezeichnete ihn in einem 1836 geschriebenen offenen Brief als »eine der größten dramatischen Figuren, eine der schönsten Personifikationen der religiösen Ideen, die in dieser Zeit von der Kunst hervorgebracht wurde.«

Bis das Werk seine endgültige Gestalt bekommen hatte, vergingen fast dreieinhalb Jahre, in denen der Komponist mit wechselndem Elan an der Partitur saß. Am 31. Oktober 1832 verließ er Paris mit dem Libretto des ersten bis dritten Aktes. Die beiden folgenden Akte wurden ihm nach Frankfurt am Main nachgeschickt. Scribe hatte seinen Vertrag eingehalten.

Im dortigen Cäcilien-Verein hörte Meyerbeer unter Leitung seines Freundes Johann Nepomuk Schelble die Kantate 106 *Gottes Zeit ist die allerbeste Zeit,* das »Crucifixus« und das »Gloria« aus der Messe h-Moll sowie zwei Motetten von Johann Sebastian Bach. Mit Befriedigung nahm er briefliche Berichte von erfolgreichen Inszenierungen des *Robert* in Toulouse, Poitiers, Rouen, Lüttich und Hamburg zur Kenntnis. Der *Crociato* war als *Der Kreuzfahrer in Egypten* am 15. Oktober am Königstädtischen Theater in Berlin gegeben worden; Meyerbeer nahm kaum Notiz davon, so weit war ihm das acht Jahre zuvor entstandene Werk schon entrückt.

Am 22. März 1833 starb Michael Beer in München, kaum 33-jährig. Meyerbeer war durch Eilpost vom kritischen Gesundheitszustand seines Bruders in Kenntnis gesetzt worden, allein er wollte den Ernst der Lage nicht wahrhaben und Minna, die selbst kränkelte, nicht verlassen. Als er sich endlich zu der Reise entschied, war es zu spät. Michael, der »von Jugend auf der Vertraute meiner geheimsten Gedanken und Empfindungen« war, wie sich Meyerbeer gegenüber Wilhelm Speyer äußerte, hatte wegen seiner eigenen künstlerischen Produktion am ehesten Verständnis für den großen Bruder gehabt.

Als Meyerbeer am 25. März in München eintraf, war Michael schon beigesetzt worden. »Hätte ich nicht die zweite Estafette abgewartet, so traf ich ein oder zwei Tage vor seinem Tode ein, & er hätte (falls ihm da noch einzelne Momente von Besinnung geworden sind) die Freude gehabt, den Blick auf seinen Bruder zu senden. Ewiger Vorwurf für mich, für den er so viel in seinem Leben tat! Unerklärliche Gedanken, die mich auf der Hinreise verfolgten, u. die ich nicht verscheuchen konnte. Ich traf meine beiden Brüder dort, die ebenfalls von Berlin hingeeilt u. ebenfalls zu spät gekommen waren« (Tgb. März 1833).

Am 2. Mai wählte die Preußische Akademie der Wissenschaften Meyerbeer zusammen mit Mendelssohn und Rungenhagen in ihren Senat, ein nicht unerheblicher Prestigezuwachs für Meyerbeer in der von ihm viel gescholtenen Heimatstadt.

Den Sommer des Jahres 1833 verbrachte er wieder in den Bädern Ems und Schwalbach. Zu dieser Zeit wusste er längst, dass er die Partitur der *Léonore* nicht termingemäß am Jahresende würde abliefern können. Um sich rechtzeitig abzusichern, streute er ab Juli die entsprechenden Gerüchte aus, wobei ihm Minnas schwankender Gesundheitszustand sehr gelegen kam. Die Gattin erhielt am 11. Juli folgende Instruktion: »Vergiß nicht unsrer Verabredung gemäß überall auszubreiten und recht öffentlich zu sagen daß Stieglitz [Minnas Arzt] durchaus will daß Du den Winter in Italien zubringst, daß Du aber große Repugnance [Widerwillen] dagegen hast. Ich bin übergeugt Verron läßt wenn er kann spioniren ob meine Angabe wegen Deiner wahr ist …«

Post aus Paris schreckte Meyerbeer auf. »Denke Dir daß ich gestern Abend … endlich Brief erhalten habe. Verron schlägt es auf das bestimmteste und wie er sagt so brutal ab, daß er für seine Person durchaus nicht mehr mit ihm davon reden kann und auch zweifelt daß ich es durchsetze …« (20. August an Minna). »Es« – das ist die Verschiebung des vertraglich vereinbarten Abgabetermins für die Partitur. Schlesinger beschwor Meyerbeer, doch wenigstens auf einen Tag nach Paris zu kommen, um mit Véron über Termine zu reden. Véron, der einen neuen Erfolg brauchte, wollte Meyerbeer mit Halévy unter Druck setzen. Er schickte Halévy zu Schlesinger, dieser sollte Meyerbeer auffordern, ein Libretto von Scribe an Halévy zu übergeben. Véron hatte sich vorher bei seinem Chefkorrepetitor versichert, in

Deutsche Oper Berlin, Die Hugenotten *(1987), Regie John Dew, Badeszene aus dem zweiten Akt*

welcher Zeit dieser die Oper schreiben könne. Er wollte Meyerbeer erpressen, den nichts so sehr aus der Reserve lockte wie eine Erfolgsaussicht der Konkurrenz.

Ende August entschloss er sich, mit dem Direktor zu reden. Scribe wurde gebeten, »Veränderungen im Terzett des 2t Aktes und die Entrée des Pagen im Final« (Tgb.) vorzunehmen. Die Begegnung mit Véron war, wie es Meyerbeer vorausgesehen hatte, höchst unerfreulich: »Theures angebethetes Weib! ... Verron hat sich hier so wie überall als ein brutaler nichtswürdiger Mensch bewiesen. Ich habe ihm wiederholt ... daß die Gesundheits Umstände meiner Frau sich verschlimmert hätten, und der Befehl der Ärzte es ausdrücklich verlangte daß wir den Winter in Italien zubrächten. Es wäre mir daher unmöglich eher nach Paris mit meiner Oper zu kommen als bis zu Ende des Frühlings daß ich recht gut wüßte daß mir mein Traité ein Dedit von 30tausend Franken auferlegte die ich auch zahlen würde, daß ich mir aber nicht denken könnte daß seine Loyalität dieses unter solchen Umständen verlangen könnte um so mehr da ich meinerseits ihm vor 2 Jahren als er bei Gelegenheit ... seinen Traité mit mir verletzt hatte ihm dieselbe Amende von 30 t. Franken nicht abverlangt habe. Wolle er aber durchaus darauf bestehen so würde ich sie zahlen, allein er könne darauf rechnen daß er dann nie meine Partitur erhalten würde. Dir zu sagen welche Masse von Schmeicheleien und elender kleinlicher Lügen er vorbrachte um mir die Amende abzuwacken und doch auch meine Partitur zu behalten kann ich Dir nicht sagen. Wir haben zwei Entrevuen gehabt (deren Unannehmlichkeit Du Dir leicht denken kannst) und sind in der letzten ganz brouillirt von einander geschieden ...« (5. September 1833). Meyerbeer beriet sich mit seinem Freund Armand Bertin, der die Verhältnisse an der Académie gut kannte. Véron forderte 20 000 Francs und die Partitur; Meyerbeer wollte lieber 30 000 Francs bezahlen und über die Partitur frei verfügen oder ihm das Werk gegen Rückzahlung der ganzen Summe aushändigen. Schließlich zahlte Meyerbeer 30 000 Francs; ein Drittel davon ging an Scribe als Entschädigung für ausfallende Tantiemen. Mit der Partitur im Gepäck verließ der Komponist am 1. Oktober Paris, um mit seiner Frau die Reise nach Italien anzutreten, die das Ehepaar über Basel, Lausanne und den Simplon nach Mailand führte.

In Piacenza und Modena erlebte Meyerbeer kurz hintereinander die Aufführungen einer neuen Oper: »An beiden Orten habe ich ›Norma‹ gehört, und sie hat mich mächtig angesprochen. Ich wollte Du hättest sie mit mir gehört, so würdest Du mich nicht Schwarzseher schelten, wenn ich Dich versichere, daß ich zittre und bete bei dem Gedanken meine neue Oper dem unmittelbaren Vergleich mit dieser ›Norma‹ vor dem pariser Publikum auszusetzen ...«, schrieb er voller böser Vorahnungen am 25. April 1834 seiner Frau. Was hatte ihn an dieser 1831 uraufgeführten Oper von Vincenzo Bellini derart aufgeschreckt? Nach der Beobachtung von Heinz Becker war es vor allem die Guerra-Szene, in der die druidische Priesterin Norma ihr Volk zum Kampf gegen die Römer aufrief (Becker 1975). Hier hatte Bellini in einem furiosen Ensemble die hochdramatische Frauenstimme gegen den Chor gesetzt und im Orchester durch hämmernde Wiederholungen einen Fanatismo komponiert, der Meyerbeer wohl zu überzeugen wusste. Eine ähnliche Idee hatte er ebenfalls konzipiert und glaubte sich nun um die Früchte seines Einfalls gebracht. Es war ausgeschlossen, dass hier einer vom andern abgeschrieben hatte; beide Komponisten waren unabhängig voneinander zu ähnlichen Lösungen gekommen, die sich in der großen Soloszene mit Chor inzwischen anboten. Meyerbeer vermehrte die Wirkung seiner Szene noch um die Instrumentierung, zum Beispiel mit Piccoloflöten, die schon dem Sturmchor in Rossinis *Mosè* eine kräftigere Farbe gegeben hatten. Priorität her und hin – in Italien gab es immer wieder etwas zu lernen und zu entdecken. So schrieb Meyerbeer am 1. Mai 1834 an seine Frau: »... Die Ungher ist eine sehr große Künstlerin ... Aber auch so wie sie ist würde ich unendlich viel geben sie in Paris als Valentine zu haben. Auch Duprez ... würde gewiß einen guten Raoul abgeben. Wie arm auch Italien ... an guten Sängern gegen ehemals sein mag, doch bleibt ihnen der unendliche Vorrang gegen alle übrigen Länder der Welt sans exeption, davon haben mich die wenigen Theater die ich bis jetzt gehört habe wieder überzeugt. Jeder Singkomponist muß von Zeit zu Zeit nach Italien gehen nicht der Kompositionen, sondern der Sänger wegen. Nur von großen Sängern lernt man sangbar und vortheilhaft für die Menschenstimme schreiben ...« In Modena, Bologna, Florenz und anderen Städten lernte er Sänger kennen, die ihm bald in Paris als wichtige Protagonisten helfen sollten. Und er bekannte sich zum wiederholten Male zum Stimmideal des italienischen Belcanto.

In Italien erhielt die Figur des Marcel ihre »couleur locale«: den Luther-Choral *Ein feste Burg,* der Meyerbeer aus seinen Berliner Tagen als Hauptchoral des Reformationsfestes am preußischen Hofe vertraut war. Meyerbeer nahm den historischen Anachronismus in Kauf: Die Hugenotten haben nie Luthers Trutzlied gesungen. Aber der Domestik Marcel sollte zu einer integren Leitfigur aufgebaut werden. Die Oper erhielt durch die Choralzitate ein unverwechselbares musikalisches Gesicht. Gleichzeitig bedeutete die Intonation dieser Hymne ein Anknüpfen an die Traditionen der Revolutionsopern, in denen solche Gesänge stets appellativen Charakter trugen. Nur »erfand« Meyerbeer nicht etwas Neues, sondern versicherte sich auch hier eines weit verbreiteten Standards, der durch seine historische Dimension ein besonderes musikalisches und ideologisches Gewicht besaß. Meyerbeer setzte den Choral fast ausschließlich im strengen Kirchenstil, das heißt nicht als Thema in motivischer Verarbeitung. Selbst in einer so dramatischen Szene im fünften Akt wie jener in der Kirche, wo eingeschlossene hugenottische Frauen und Kinder von einem katholischen Mordkommando erschossen werden, selbst da erklingt nur der Choral, als Melodie über einer acht Takte lang ausgehaltenen Terz, und wird brutal abgerissen (vgl. 2. Notenbeispiel auf S. 29). Aus Italien teilte Meyerbeer Scribe mit, er habe die Rolle des Marcel für seine Bedürfnisse auf Italienisch umgeschrieben. Gaetano Rossi habe ihm hierbei geholfen. Scribe möge den Text auf Französisch umdichten. Da Scribe dieses Ansinnen ablehnte, übernahm Émile Deschamps diese Aufgabe.

Zur Ouvertüre gab es zwei große Entwürfe: der eine mit ausführlicher kontrapunktischer Verarbeitung der Choralmelodie, aus dem schließlich die endgültige Kurzfassung herausdestilliert wurde. In einem zweiten Entwurf verarbeitete Meyerbeer Marcels Vision aus dem fünften Akt zu einer Orchesterfassung, ähnlich dem Jubelthema der Agathe in Webers *Freischütz*-Ouvertüre.

Meyerbeer entschied sich für eine frappante Form und legte die Ouvertüre in der Form einer Choralvariation an. Vorausgegangen waren Studien des Choralvorspiels *Ein feste Burg* (BWV 720) von Johann Sebastian Bach, das sich Meyerbeer vom Verlag Breitkopf kommen ließ, und der Kantate gleichen Namens (BWV 88). Im Taschenkalender 1834 notierte Meyerbeer: »Johann Sebastian Bach's Cantate ›Ein feste Burg ist unser Gott‹ für 4 Singstimmen mit Begleitung des Orchesters. Partitur – Leipzig bei Breitkopf & Härtel ... Choral Kenntniß nebst Regeln und Beispielen zum richtigen Vortrag des Altargesanges etc etc von Wilhelm Schneider Leipzig bei Theodor Hennigs – Die musikalische Liturgie von Rohleder, Glogau 1831 – Graduel & Antiphonaire Parisien.«

Zwei kurze Paukenschläge gehen dem Choralzitat voraus, das, voll ausharmonisiert, in 4-Takt-Phrasen zuerst den Klarinetten und Fagotten, dann den hohen Holzbläsern, danach den Trompeten und Hörnern und nochmals den hohen Holzbläsern zugeordnet ist. In beruhigender Ferne erklingt der Choral wie aus der Zeit seiner Entstehung, der Lutherzeit. In der ersten Variation intonieren die Violinen

G. Meyerbeer, Les Huguenots, *Ouvertüre*

eine Achtelfigur, die als Kontrapunkt zum Thema gesetzt ist und in ihrer imitatorischen Verarbeitung dem Stil des frühen 18. Jahrhunderts entspricht. Die nächste Variation ahmt mit den in Sexten gesetzten Sechzehntelnoten der Violinen und den gezupften Bässen, die immer erst auf die zweite Zählzeit kommen, den Stil der italienischen Oper des späten 18. Jahrhunderts nach. Die dritte Variation wird von einem Marsch beherrscht, wie er etwa für die Napoleon-Zeit charakteristisch war. Dann schwillt durch eine sequenzierte Engführung des Kopfmotivs die Stretta zu einem gewaltigen Orchestertutti an. Das Luther-Thema trumpft drei Takte lang im harten Unisono auf. Die Schlussphrase des Chorals wird in einer chromatischen Bewegung gewaltsam nach oben gepresst, bis zwei Akkordschläge die Ouvertüre abbrechen und attacca der Sprung in die Introduktion mit dem Chor der französischen Edelleute vollzogen wird. Mit dem chromatischen Klangfeld der letzten acht Takte der Ouvertüre, das auf jegliche thematische Bindung verzichtet, war Meyerbeer in kompositorisches Neuland vorgedrungen.

Einer Kamera gleich, die über eine Totale schwenkt und nach einer Fahrt über ferne Objekte einen Gegenstand ganz aus der Nähe fasst, holt Meyerbeer die historische Tragödie der Pariser Blutnacht von 1572 über Standards der Musikgeschichte in seine Gegenwart und wirft seinen Zeitgenossen die Leichen der Bartholomäusnacht vor die Füße.

Der Komponist hatte klare Vorstellungen von der Funktion des Choralzitats: »Freilich wenn der Choral zur Opernarie gemacht würde, ... so wäre das wirklich ein Skandal. Allein wenn grade im Gegenteil dieser Choral als Gegensatz der weltlichen Musik stets streng und kirchlich behandelt ist, wenn er als Anklang aus einer besseren Welt, als Symbol des Glaubens u. Hoffens immer nur als Anrufung bei drohender Gefahr oder in den Momenten der höchsten Erhebung ertönt und sich in einzelnen Anklängen durch das Stück zieht, aber immer nur im Munde derjenigen Person (der Diener Marcel), welche als Repräsentant eines einfachen, aber unerschütterlichen frommen Glaubens, ja als Märtyrer gezeichnet ist, so ist, dünkt mich, eine solche Behandlung eher Heiligung als Entweihung eines Kirchengesangs zu nennen« (20. Oktober 1837 an Gottfried Weber). Dies ist übrigens Meyerbeers einziger uns bekannter Kommentar zu seinem Werk und zu den vielen Angriffen gegen die Verwendung des »teuersten Liedes« aller »guten Protestanten« (Robert Schumann).

Marcel wird nicht nur durch die Choralweise von den übrigen Personen abgehoben. Meyerbeer fand für ihn auch noch andere, ungewöhnliche musikalische Mittel. Plebejisch bricht Marcel in die höfische Welt ein. Die Begleitung mit dem Solo-Violoncello und dem Solo-Kontrabass ist in Generalbassmanier notiert; über den tiefsten Noten stehen Ziffern, die, wie im 18. Jahrhundert üblich, die Harmonietöne vorschreiben. Wo noch in *Robert-le-Diable* ein Spielmann über seine eigenen Worte vom Teufel erschrickt, da attackiert Marcel die katholischen Ritter mit seinem Kampflied von brennenden Klöstern und erschlagenen katholischen Mönchen, begleitet lediglich von Großer Trommel, Becken und Piccoloflöte, drei Geräuschinstrumenten, die ursprünglich zu militärischen Aktionen anfeuerten. Angesichts des großen Opfers der Valentine beginnt Marcel, der nur Schwert, Bibel und den Gehorsam gegenüber seiner Religion kennt, zu verstehen, dass es darüber hinaus noch andere Dinge gibt: Menschlichkeit, Opferbereitschaft nicht um eines Glaubensprinzips, sondern um eines Menschen willen. Ein Mal signalisieren in seinem Lied die Blechbläser ein Kampfmotiv, das sofort wieder durch Klarinetten und Fagotte abgedämpft, nach Moll abgebogen wird. Dunkle Instrumentalfarben herrschen vor, und wovon Marcel singt, ist alles andere als friedlich, sondern die Aufforderung zur Vernichtung aller Katholiken. Es zeigt sich, dass hinter der Fassade eines Kampfes um die Religion handfeste politische Interessen stehen. Als Bühnenfigur ist Marcel zwar ein Märtyrer, ficht als Vertreter der Hugenotten aber mit gleichen Mitteln wie seine Gegner, nur dass er zur schwächeren Partei gehört. Meyerbeer, der eigentlich Kunst machen wollte statt Ideologie, hatte gleichwohl den Kern der Sache erkannt. Im Brief an Gottfried Weber schrieb er auch: »Für die Katholiken ist in dem Stücke, wie es auch geschichtlich war, die ganze St. Barthelemy nur ein politisches Faktum.«

Die grundlegenden Änderungen der Marcel-Figur vom Domestiken zur heimlichen Hauptfigur, wie sie Heinz Becker ausführlich kommentiert hat, erzwangen dramaturgische Konsequenzen für das ganze Werk. Offenbar war es wiederum Prosper Levasseur, für den Meyerbeer erneut eine seiner vielschichtigen, aus Elementen der Opéra comique und der Grand opéra gespeisten Gestalten schuf.

Meyerbeers Eingriffe verwandelten die »Große Oper« in eine »historische Große Oper«, was sich nicht zuletzt auch in der Umbenennung der *Léonore* in *Les Huguenots* widerspiegelt. Léonore/Valentine hat, bis auf die nachkomponierte Arie »Parmi les pleurs« aus dem vierten Akt, überhaupt keinen Soloauftritt. Das Schwergewicht verlagerte Meyerbeer in die Tableaux. Seine Bemühungen waren darauf gerichtet, dem Publikum auf eine eindringliche, dabei opulente Weise spannungsvolles Musiktheater zu bieten, ihm die historischen Voraussetzungen durch eine totale Dramatisierung der szenischen Vorgänge plausibel zu machen. Dabei bot die historische Oper keinen Nachhilfeunterricht im Fach Geschichte, sondern sie sollte durch eine emotional mitreißende Darstellungsweise das Publikum im aristotelischen Sinne zum Anteil nehmenden Miterleben veranlassen.

Die Verhandlungen mit Véron zogen sich in die Länge. Ende August 1834 war für Meyerbeer noch immer nicht entschieden, an welchem Theater die Oper aufgeführt werden würde. Meyerbeer verhandelte von Boulogne-sur-Mer aus – über Gouin in Paris – mit Véron, um ihm die 30 000 Francs wieder abzufordern. Er meinte, man könne sich einigen, aber dann erhielte er nur 20 000 Francs zurück. Nicht nur Véron saß – nach Meyerbeers Ausdruck – in der »Pantsche«, auch er selbst sah sich in einen argen Zwiespalt gebracht, wenn er die beschränkten »Moyens«, die Mittel der Opéra-Comique, der er sein Werk zur Not geben würde, mit denen der Académie verglich.

Zwar war Meyerbeer in Boulogne-sur-Mer vor dem unmittelbaren Zugriff seines Kontrahenten sicher, allein gegen die Presse in Paris war er machtlos. Um ihn unter Druck zu setzen, ließ Véron in *Le Temps* einige Artikel erscheinen, die Meyerbeer sehr erschreckten; er erschien sofort verhandlungsbereit in Paris. Am 29. September 1834 konnte ein neuer Vertrag abgeschlossen werden. Vier Artikel befassen sich mit den 30 000 Francs; in dem Moment, in dem Meyerbeer die Partitur Véron übergibt, erhält er sein Geld zurück, andernfalls verbleibt es dem Direktor. Neuer Abgabetermin war der 15. April 1835. Nun bestand endlich Gewißheit, dass *Léonore ou La Saint-Barthélemy* an der Académie aufgeführt werden konnte. Meyerbeer war froh darüber, enthob ihn doch diese Entscheidung der Verpflichtung, das Werk für die Opéra-Comique umzuarbeiten. Der nächste Schritt bestand nun darin, Scribe zu den notwendigen Änderungen zu bewegen. Scribe willigte ein, dass Émile Deschamps, Schriftsteller, Bühnenautor und Scribes Mitarbeiter, die Änderungen vornehme. Vom 1. November bis zu Meyerbeers Abreise aus Paris am 25. Dezember gab es nicht weniger als 26 Sitzungen mit Deschamps, aber nur ein einziges Treffen mit Scribe, so daß man annehmen kann, daß die endgültige Fassung des Librettos in diesen zwei Monaten entstand. Noch am 22. Oktober klagte Meyerbeer seiner Frau: »Denke Dir, daß ich Risque laufe mehrere meiner besten Hauptstücke in Valentine ganz aufzuopfern oder zu zerstümmeln. Scribe auf der einen Duponchel auf der andern Seite verlangen entsetzliche Veränderungen. Auf der andern Seite möchte ich doch auch nicht gern gänzlich Vorschläge verwerfen welche zur großen Verbesserung des Stückes führen könnten.« Deschamps' Änderungen waren so überzeugend, dass Scribe sie in den separaten Textdruck des Librettos aufnahm, den er im Rahmen seiner »oeuvres completes« veröffentlichte, und sie dadurch autorisierte.

Um sich den Weg zur Opéra-Comique nicht zu verbauen, falls es zum endgültigen Bruch mit Véron kommen sollte, entschloss sich Meyerbeer, »… ihnen einen kleinen Brief zu schreiben, worin ich ihnen eine Oper verspreche« (30. Oktober). Scribe war auch bereit dafür ein neues Libretto vorzulegen, nachdem sich Meyerbeer endgültig vom *Portefaix* getrennt hatte, nur sollte die Sache Zeit bis nach dem 15. April 1835 haben. »Ich mußte nämlich nach einem Journalartikel aus dem Figaro glauben, daß einer meiner glänzendsten und unerwartetsten Musikeffekte welcher dem Schluß des 4tn Aktes einen ungeheuern Glanz verleihen wird, gänzlich sich in Halevy's neuer Oper befinden wird. Denke Dir meine Schwarzseherei. Ich hätte in diesem Fall Dein Lieblingsstück ›laissez moi partir‹ und den ganzen Schluß des Aktes rein wegwerfen müssen. Auf der andern Seite mußte ich bei Verons Malice gegen mich fürchten daß fall's die Sache nicht wahr wäre er sie an Halevy soufflirte, daß er sie in seiner neuen Oper hineinthun sollte, um mir einen Schabernack anzuthun. Endlich nach langem hin und her überlegen habe ich mir ein Herz gefaßt und Veron ganz freimüthig die Sache entdeckt, und ihm anheimgestellt ob er den Effekt bei Halevy suprimiren [unterdrücken] lassen wollte fall's er sich auch darin befände oder nicht, habe ihn aber zugleich erklärt, daß ich unter keiner Bedingung auf den Effekt verzichten könne weil er aus der Wesenheit meines Stoffes hervorginge; und würde, was jetzt überraschen und furchtbar würken würde, dann effektlos und als Reminiscenz erscheinen. Er hat sich bei der Sache gegen meine Erwartung gut angenommen, … Glücklicherweise fand sich bei näherer Untersuchung, daß fast alles sich anders verhielt als in dem Journalartikel angedeutet war, mithin mir die Virginité meines Effektes bleiben würde. – Nun lasse Dir noch einen Schwa[ben] Streich erzählen, der meiner reitzenden Lilie würdig gewesen wäre. In meinem Traité ist der 15te April als Ablieferungs-Termin der Partitur bestimmt. Vorgestern Nachts im Bette vor dem Einschlafen überlege ich was ich Dir angenehmes zu Deinem Geburtstage anbinden könnte, da fährt es mir mit einemmaale wie ein Stich durchs Herz, der Geburtstag ist d 28te April und ich muß den 15te in Paris sein,… Die ganze Nacht machte ich mir Vorwürfe… Heute früh hat mich die Sache aber so tormentirt [gequält] daß ich Veron um eine Unterredung bat,… ein Supplementer Artikel zu machen worin die Ablieferungs's Periode um 20 Tage verschoben wird damit ich zu Deinem Geburtstag noch in Baden bei Dir bleiben könnte… Der Artikel wird… unterzeichnet ich nehme die Feder in die Hand ein gleiches zu thun: in demselben Augenblick fällt mir ein ›mein Gott der Geburtstag ist ja den 8ten nicht den 28ten‹. Doch nun war es zu spät. Verron hatte schon unterzeichnet… Was sagst Du dazu?«, fragte er seine Frau am 26. November.

Am 17. Dezember 1834 wählte der Senat des von Kardinal Richelieu gegründeten Institut de France Meyerbeer zum Mitglied der Académie des Beaux-Arts. Solchermaßen geehrt, fuhr Meyerbeer Ende Dezember nach Baden-Baden zu Minna; dort wollte er die Rezensionen zweier Uraufführungen abwarten: Am 25. Januar 1835 wurden Bellinis *I Puritani di Scozia* im Théâtre Italien, am 22. Februar Halévys *La Juive* zum ersten Mal aufgeführt. Tatsächlich hatte *La Juive* einen großen Erfolg, und wenn man genau hinhört, stehen mehrere musikalische Formulierungen Meyerbeers in ziemlicher Nähe zu Halévys Werk, was nicht verwunderlich ist, stellen sich doch beide Komponisten dem Fanatismus aufgehetzter Volksmassen.

Hartnäckig hielten sich Gerüchte über Vérons Rücktritt als Operndirektor. Gouin wusste Meyerbeer am 19. Februar zu berichten:»Ich war mit Perin und Mélesville im Vaudeville, und sie versicherten mir, daß Duponchel und Loewe Weimar jeder ein Fünftel von den Einnahmen aus den Gewinnen der Oper erhalten sollten und dafür 200.000 Frc. an Véron bezahlt haben. Diese Herren stimmten überein, daß noch niemals so viel Geld für die Ausstattung einer Oper bezahlt wurde wie für die ›Jüdin‹, aber sie fürchten, daß Duponchel den Kopf verlieren wird. Ich habe mich informiert, daß Bellini ein neues Werk schreiben soll, aber alles was ich weiß, ist, daß man das Ihrige mit Ungeduld erwartet und man behauptet, daß sich Véron ohne Ihr Werk dieses Jahr zurückziehen müsse, aber er wird Gift und Galle spucken und den anderen nichts lassen …« Bellini starb schon im September 1835, so dass dessen Projekt nicht mehr verfolgt werden konnte.

Um weiteren Unsicherheiten aus dem Weg zu gehen, bemühte sich Meyerbeer, die Partitur vertragsgemäß abzuliefern. Am 5. Mai notierte er im Taschenkalender: »Heute die Partitur abliefern. Die Partitur, das Poem, der ostensible Brief an Crémieux, den traité.« Crémieux war Meyerbeers Pariser Rechtsanwalt; ihm wurde, aus Sicherheitsgründen gegenüber Véron, das Material übergeben. Um Véron auszuweichen, ließ Meyerbeer verbreiten, er sei auf einige Tage nach London gegangen«... und sitze nun nach 4monatlicher rastloser Beschäftigung still (denn ruhig kann ich nicht wohl sagen) in der tiefsten Einsamkeit, da ich um abwesend zu scheinen nicht viel ausgehen darf...« (5. Mai an Minna). Er fühlte sich leer nach getaner Arbeit. Damals konnte er nicht ahnen, was ihm im nächsten Dreivierteljahr bis zur Premiere noch bevorstand. Einen Vorgeschmack bekam er allerdings durch eine Andeutung Duponchels: »Der Hundsvott [Véron] hat übrigen's die Absicht meine Oper so lumpig als möglich zu montiren... Duponchel hat mir gesagt: ›Unglücklicherweise hat Veron für Ihr Werk die schlechtesten Dispositionen getroffen. Er will nichts dafür aufwenden.‹ Das hat er mir selbst schon auf seine höhnische herzabstoßende Weise gesagt. ›Diesmal überlasse ich es der Musik ganz allein, den Erfolg des Werkes herbeizuführen.‹ Denke dass er jetzt schon anfängt sogar über die Instrumente welche Soli's spielen, z. B. das englische Horn und das Contrafagott etc. Schwierigkeiten zu erhalten... Ich glaube der Kerl hat ein Sinn mich todt zu ärgern...« Wenn sich Meyerbeer bei Minna über Véron beklagte, stieg ihm jedes Mal die Galle hoch, so dass er oft nicht mehr imstande war, die Worte klar zu setzen, wo er doch sonst ein so flüssiges Deutsch schrieb.

Dennoch – am 2. Juni 1835 begannen die Chorproben. Von diesem Tag an sah man den Komponisten nur noch in den Probenräumen der Académie, um mit Habeneck und Halévy die Probendispositionen für die Solisten zu treffen, um mit den Protagonisten Diners zu verabreden, bei denen Meyerbeer ihnen seine Rollenauffassung auseinandersetzte.

Véron kabalierte, wo er nur konnte, nur um Meyerbeer seine Macht und seinen Ärger über die hohen Kosten spüren zu lassen. Er sparte überall, nicht nur bei den Dekorationen. »Mein Aufenthalt hier«, klagte der Komponist am 14. Juni gegenüber seiner Frau, »bietet Tag für Tag eine Reihe von Streitigkeiten mit Verron dar..., die so ernstlich sind, daß ich genöthiget bin jeden meiner Briefe erst Crémieux zur Durchsicht zu geben... Die Hölle hat diesen Véron ausgespien und ich verwünsche meinen dummen Ehrgeizt, daß ich um der Welt zu zeigen daß ich mein Débit wieder bekommen habe, mich aufs neue mit diesem Menschen eingelassen habe... es ist unmöglich daß meine Unterleibsleiden aufhören, so lange sie täglich Nahrung durch neuen Ärger bekommen. – Vielleicht verläßt er in 8 Tagen die Administration der Oper: es ist stark die Rede davon. Freilich käme dann Duponchel an die Direction der vielleicht nicht viel besser ist wie er.« Tatsächlich erfolgte am 15. August der Direktionswechsel, über den Meyerbeer am 28. Juli noch sinniert hatte: »... Obgleich ich nicht behaupten will daß ich einen eifrigen Freund an ihm [Duponchel] gehabt haben würde so wäre er doch kein erklärter Feind wie der elende Veron gewesen, außerdem hätte ich bei ihm 24 Stimmen in den Chören Zuwachs bekommen welches doch bei dieser Oper namentlich von großer Wichtigkeit gewesen wäre. Auch hinsichtlich Decorationen und Costume wäre ich weit besser gefahren denn Veron wird mich sehr kärglich in die Scene setzen, und ich hätte das gerade jetzt sehr nöthig, da... mein Ruf durch aus nicht mehr auf der alten Höhe. Die vielen schlechten Artikel in deutschen Blättern gegen mich, die häufig in den Revuen und andern periodischen Blättern übersetzt werden, haben mir einen starken Stoß in der öffentlichen Meinung versetzt. Bis jetzt zeigt sich auch auf den Proben noch keine Spur von Entusiasmus, und obgleich ich auf Proben Entusiasmus gar nichts gebe, so fängt mich doch diese dauernde Kälte an zu ängstigen. Dabei bin ich bis jetzt mit keinem meiner Sänger zufrieden ...« Das größere der Probleme kam von Nourrit, der den Raoul geben sollte. Aus unerfindlichen Gründen war er gegen das große Duett im vierten Akt und beeinflusste auch Mademoiselle Falcon so sehr, dass sich Meyerbeer genötigt sah, »... dieses Hauptstück der Oper wegzuwerfen, und ein neues zu machen ...« (26. August an Minna). Deschamps wurde wiederum wegen eines neuen Textes bemüht, nachdem auch Scribe schon Hand angelegt hatte. Noch am 18. Dezember schrieb Meyerbeer seiner Frau: »... Meine Kompositionsarbeit ist noch immer nicht vollendet, immer werden mir neue Veränderungen aufgedrungen und sogar mit Feindlichkeit aufgedrungen. Nachdem ich mich de guerre lasse [des Haders müde] entschlossen hatte doch dem Cabotin-Tenor [Schmieren-Tenor] sein neues Duett im 4ten Akt zu machen, hat nun Scribe auf der gestrigen Probe wieder neue bedeutende Veränderungen im 3ten Akt herausgeklügelt, die ich werde machen müssen ... Das neue Duett im 4ten Akt ist mir glaube ich übrigen's gut gerathen ...« Die Klagen sind Selbstschutz und Zweckpessimismus in einem. Natürlich war Meyerbeer als Perfektionist daran interessiert, das Stück so gut wie nur möglich herauszubringen. Dafür war er zu jedem Kompromiss bereit, nur sollte man wissen, wie sehr er sich mühte. Wenn es darauf ankam, konnte er in kürzester Zeit etwas Neues vorlegen. Nach Döhrings ersten Untersuchungen des Autografs (Döhring 1994) betrafen die Veränderungen wohl hauptsächlich den Mittelteil – den Beginn des Liebesgeständnisses der Valentine bis zum ersten Einsatz der Glocken –, der auf anderes Papier geschrieben wurde. Vermutlich hat Meyerbeer auch auf ältere Skizzen zurückgegriffen, da anstelle von *Valentine* der ältere Rollenname *Léonore* auftaucht. Das Duett wurde zum Prototyp des »großen Duetts in Gefahr« und wirkte darüber hinaus auf spätere Komponistengenerationen, die auf ein großes Duett ihrer Protagonisten nicht verzichten wollten.

Nach Meyerbeers Einschätzung hatte sich seine Lage nach dem Amtsantritt Duponchels nicht wesentlich gebessert, denn der neue Chef stand sich nicht gut mit der Presse, ein verhängnisvoller Fehler, den Meyerbeer bald zu spüren bekam. »Duponchel Esel hat die Presse gar nicht für sich, und Verron kabalirt ganz offen gegen ihn ...« (16. Oktober an Minna). »... ich erliege unter der Last der Unzahl von Proben Veränderungen Arrangirungen Ärger Zank und Verdruß mit dem ganzen Gesindel die mich fast toll machen. Dabei trübe Aussichten für die nächste Zukunft meines Werkes für das mir ein Kampf auf Leben und Todt nicht nur mit meinen sondern auch mit Duponchel's Feinden bevorsteht die wohl wissen daß wenn meine Oper keinen Succes hat Duponchel sich nicht halten kann, und mithin alles aufbiethen werden mich fallen zu machen. Dabei ist Duponchels Rathgeber und Vertrauter Halevy der seiner Juive halber natürlich meiner Oper keinen Succes wünschen kann, und der Sänger Nourrit welcher der Dichter der Oper ist die unmittelbar nach meiner folgen wird. Du siehst in der Mitte welches Wespennestes ich mich befinde...« (20. September an Minna). »... Die Journäle stellen sich diesesmaal nicht gut für mich. Es sind schon mehrere sehr malizieuse Artikel gegen meine neue Oper erschienen...« (16. Oktober), »... die obenein noch ganz lügenhaft sind z. B. daß die Chöre bei der St. Barthelemy von würklicher Artillerie begleitet sind (und diese Meinung ist auch trotz ihres Unsinns ernsthaft beim Publikum accreditirt)...« (22. Oktober an Minna). Mit kleinen, aber wirksamen Nadelstichen rächte man sich dafür, dass Meyerbeer anderen seinen Willen diktierte. Die Presse nahm das dankbar auf: Wenn niemand aus dem Opernhaus etwas über den Fortgang der Proben zu *Léonore* verlauten ließ, erfand man eben Berichte und schmückte sie fantasiereich aus.

Anfang Januar 1836 begannen die Bühnenproben. »... Wir haben gestern die 3 ersten Akte hintereinander probirt. Ich hatte à dessin [absichtsvoll] so lange mit den Coupuren [Streichungen] gewartet um besser die Orte berechnen zu können wo es am wenigsten schaden würde zu schneiden. Ich hatte ungefähr die Dauer derselben (mit den beiden Ballets die im 2ten und 3ten Akt sind) auf 3/4 Stunden berechnet, und war darauf gefaßt 1/4 Stunde Musik schneiden zu müssen, allein ich habe mich in meinem Calcul um eine starke Viertelstunde girrt, und hätte demnach eine halbe Stunde Musik streichen müssen. Allein ich muß nicht nur meine sondern auch fremde Sünden tragen. Der elende Duponchel hatte sich seit Monaten feierlichst vermessen daß die 4 Entre-acte nicht länger als eine Stunde dauern wurden. Stattdessen haben die 2 Entreacte der ersten 3 Akte allein über 3/4 Stunden gedauert und Duponchel hat heute erklärt, daß die Maschinisten sie nicht in kürzerer Zeit herstellen können. Ich muß nun also ... 3/4 Stunden Musik aus 3 Akten streichen...« (10. Januar 1836 an Minna). Meyerbeers Arbeitsweise, erst auf den Orchesterproben über die Wirkung einzelner Stücke zu entscheiden, barg Risiken in sich, die er zu tragen bereit war. Er verzichtete beispielsweise auf die Musik zu einem Ballspiel zu Beginn des ersten Aktes, da die Statisten nicht in der Lage waren, die Ballschläge auf die musikalischen Akzente zu setzen. Auch die Einleitung zum dritten Akt, im Klavierauszug der Edition Peters von 1973 rekonstruiert, wurde gestrichen. Nach einem Furioso des Orchesters, das als Ouverture zum *Feldlager* und zur *Étoile du Nord* Verwendung fand, wurde durch Mauerschau während des Ankleidens der Valentine für ihre Hochzeit das Attentat auf den hugenottischen Führer Admiral Coligny kommentiert. In einer folgenden Arie des St. Bris besteht dieser auf der Hochzeit seiner Tochter Valentine mit Nevers. Beide Nummern konnten gestrichen werden, da in der Einleitung der Endfassung sich das Volk über das missglückte Attentat lustig macht und Valentine in der Einleitung zum vierten Akt ihre erzwungene Heirat mit Nevers erwähnt.

Die Striche beschädigten das Werk nicht etwa, sondern stellten das Besondere zum Beispiel der Exposition umso deutlicher heraus. Über die Handlungsmotive werden nur so viele Informationen gegeben, wie für den Zuschauer nötig sind, um dem Handlungsverlauf zu folgen. Meyerbeers Arbeit an den Kürzungen darf nicht mit der Willkür heutiger Experten verwechselt werden, die hemmungslos in die Szenen, in den Modulationsplan eingreifen, um ein Werk wie die *Hugenotten* auf drei Stunden Dauer zusammenzustreichen.

Durch den Verzicht auf eine Einführung der Valentine-Figur, wie sie Scribe ursprünglich vorgesehen hatte und wie sie von Meyerbeer auch komponiert worden war, verlagerte sich das Geschehen von den privaten Motivationen weg zum öffentlichen Konflikt des erzwungenen Glaubensfriedens. Der Zuschauer wird nicht durch eine Masse von einzelnen Handlungssträngen verwirrt, sondern sieht klar die Katholiken, die im Chor eine eigene Position vertreten, und die Hugenotten, die in dem provozierend auftretenden Marcel repräsentiert sind. Die privaten Beziehungen Valentine – Nevers – Raoul werden nur angedeutet. So stehen in der Reihenfolge im Mittelpunkt des Interesses: Der Comte de Nevers als Gastgeber, Raoul de Nangis als hugenottischer Gast in der katholischen Runde, Marcel als der seinen Herrn suchende Diener, der die Gesellschaft stark provoziert, der Page Urbain, der Raoul plötzlich als Gast der Prinzessin Marguerite de Valois wieder interessant erscheinen lässt und der im Finale I in den Mittelpunkt rückt – eine straffe Exposition, die dem Zuschauer die Gesamtlage im Überblick verdeutlicht.

Am 22. Januar war die Entscheidung über die neue Ouvertüre gefallen: »… Ich habe meine große Ouverture die man zu lang zu streng und zu gelehrt fand weggelegt, eine neue gemacht … Ich könnte also nun zu athmen anfangen, allein die gestrige Generalprobe der 4ten und 5ten Akte hat das betrübende Phänomen ergeben, daß das Terzett des 5ten Aktes, worauf alle Hoffnungen gebaut waren, dessen Wirkung auf den Zimmerproben immense war, auf dem Theater nicht nur kalt gelassen hat, sondern der Mörderchor hinter der Scene dabei, sogar eine direct mißfällige Wirkung hervorgebracht hat, so daß man nun Änderungen verlangt deren Möglichkeit ich bis jetzt noch nicht gefunden habe, und die auf jeden Fall ins tiefste Herz des Terzett eingreifen. Ferner dringt Scribe darauf daß in dem großen Stück des 4ten Aktes pour cette cause sainte da erstlich die Rolle der Catharine verbothen ist, und mithin nur eine ihrer Confidenten sein dürfte, die Mori ihm auch nicht gefällt, ich diese Rolle für einen Mann! umändern soll.«

In Meyerbeers ursprünglicher Absicht hatte gelegen, mit der Weihe der Dolche im vierten Akt ein Konkurrenzstück zur »Guerra«-Szene der *Norma* zu schaffen. Die Zensur wurde aktiv, als sie las, dass eine Frau, noch dazu die Königinmutter, die katholischen Scharen zum Massenmord anstachelte. Sie verbot kurzerhand den Auftritt der Catherine de Médici, den übrigens Meyerbeer selbst erfunden hatte. Der Komponist war genötigt, die Fassung Scribes mit St. Bris, dem Gouverneur des Louvre, als Solisten wieder herzustellen.

Opernhaus Leipzig, Die Hugenotten, *Regie Joachim Hertz (1974), Dolchweihe aus dem vierten Akt*

Woran Meyerbeer, neben solchen wichtigen Aufgaben, sonst noch alles denken mußte, geht aus seinen Eintragungen im Taschenkalender vom Januar 1836 hervor: »Den Sängern sagen, daß Journalisten da sind – Zu Brodt wegen Maschinen – Duponchel: daß die Glocke reparirt wird – Das Morceau d'Ensemble im 3t Akt in as dur streichen, fall's die Chöre Zeit haben sich umzuziehen – ditto Choeur de dimanche – Mit der Mori, Gras und Nau probiren – mCostum Probe aller 3 Akte mit erleuchteten Dekorationen, um die Dauer der Entreacte zu untersuchen, und die Länge des Ganzen Halevy – Heute Abend die Litanei probiren – Habeneck. Wann sehen wir uns mit Urhan wegen der Romanze? – Duponchel wegen der Dekorationsveränderung nach dem Terzett – Leborne: ist die Coupure im Balletstück gemacht? Die Reprise des letzten Chores ›par le fer et par l'incendie‹ kürzen – die Veränderung für Serda im Stück des 4t Aktes – Die Romanze der Falcon. – Sonnabend 2. Delavigne – Heine – Kuschman – Berton – Paër – Delavigne. 3. Heine 5 oder 3 Cité bergère. 9. 10t Orchesterprobe. 2. vom 1t Akt, 2. vom 2t Akt, 1. vom 1t und 2t, 3. vom 3t, 1. vom 1t und 2t mit der Mise en scène dabei, 1. vom 3t. Um 12 Uhr kommt Habenek wegen der Ouverture 12. An Habenek und Halevy Cor anglais und Cors pistons zur Probe vom 4t Akt – den Schluß des Recit: vor Entrée des moines – Die Trompeten im Terzett des 5t Aktes. 19. Scribe-Titel [*Les Huguenots* statt *St. Barthélémy*] Tableau final – daß im Terzett kein Schuß kommen darf – das Einstoßen der Thüren im Innern der Kirche. 23. Levasseur Duett Akt 3 à minuit – Statts des Ritornells der Trompete Orchester, und Trompete gleich mit dem Schluß anfangen...« und so weiter. Es waren wie immer tausend Kleinigkeiten zu bedenken, für die sich einzig der Komponist verantwortlich fühlte. In den Januarwochen wurde der endgültige Titel des Werkes festgelegt, den auch Scribe akzeptierte.

Am 29. Februar 1836 nachmittags, gegen 15 Uhr, schrieb der erschöpfte Komponist seiner Frau nach Frankfurt am Main: »Wenige Stunden vor dem verhängnißvollen Augenblick der über meine musikalische Zukunft furchtbar schwer entscheiden wird, von tausend Zweifeln und Angst gepeiniget, nehme ich meine Zuflucht zu Dir meine Einzige. Dein geliebtes zartes Bild, das unsres himmlischen Kindes will ich mir lebhaft vor die Seele führen, mich mit Dir im Geiste unterhalten, um recht lebhaft zu fühlen welche unschätzbare Güter mir gehören, so lange Ihr beide meine Geliebte Eigne, mir bleibt, selbst wenn die Gunst meiner Muse mir den Rücken wenden sollte, wie ich es bang dieses maal befürchte. Darum pflege Dich, stärke Dich und auch das Kind, denn in guten wie in bösen Stunden sehe ich zu Euch wie meine Schutz Engel auf. Unsre vorletzte Probe, in der mehrere 100 Personen waren war abscheulich. Nourrit, ganz heiser, konnte nicht singen die Chöre denen man Eintrittsbillet für die Ihrigen versagt hatte waren böse und sangen à dessin falsch und schlecht, der Saal war durch des dummen Duprez etc Veranstaltung weder erleuchtet noch geheitzt, kurz die Leute fanden Summa summarum alles schändlich, und diese Probe fürchte ich wird der Oper großen Schaden gethan haben. Vorgestern war die letzte Probe ohne eines Zuhörer's Gegenwart, und diese ging viel besser.« Am nächsten Tag, es war Dienstag, der 1. März, schrieb Meyerbeer ganz vorsichtig seiner Frau: »... Unsre ›Hugenotten‹ sind gestern mit dem Anschein eines glänzenden Succes über die Bühne gegangen... Die heutigen kleinen Anzeigen in den Zeitungen lauten alle sehr günstig. Wie sich das auf die Dauer gestalten wird, weiß Gott. Ich bin noch nicht ruhig, aber doch viel beruhigter wie gestern.« Die nächsten Mitteilungen an Minna spiegeln den wachsenden Erfolg des Stückes wider: »... diese dritte Vorstellung ist nun auch vorüber, und ich glaube ohne Übertreibung Dir einen großen eclatanten Succes anzeigen zu können, der ganz Paris in diesem Augenblick in Anspruch nimmt... Denke übrigen's nicht daß, obgleich der Beifall im Theater ungeheuer und einstimmig ist, es ohne Widerspruch und Kritik im Foyer und in den Salons zugeht. Viele Leute mißbilligen den ästhetischen Standpunkt meiner Kompositionsart ganz oder in einzelnen Theilen namentlich Levasseurs Rolle, finden nur Geschicklichkeit in den ersten 3 Akten, Genie aber nur in den letzten, setzten das ganze unter ›Robert‹. Viele unzählig viele Entusiasten aber auch hat die Oper gewonnen die sie nicht nur über ›Robert‹, sondern auf einen solchen hohen Standpunkt stellen, daß ich erröthe ihre Ausdrücke zu wiederholen...« (6. März). »... 6maal hintereinander ist es jetzt gegeben bei einem ungeheurn Zulauf, der nicht abzunehmen scheint, denn jeden Tag ist das Gedränge im Bureau de location wo die Logen und Stalles [Sperrsitze] vermiethet werden so ungeheuer, daß 2 Schildwachen davor gestellt werden müssen... Was mich sehr freut das ist, daß die Musiker selbst die berühmtesten, die größten Entusiasten für diese Oper sind. Ob das alles dauern wird kann man in Paris nach einer 6ten Vorstellung freilich noch nicht bestimmen. »Guillaume Tell« hatte glänzende 12 Vorstellungen, und dann brach es auf einmaal ab. – Nous verrons [Wir werden sehen] ...«

»... Obgleich man hier ein Werk so lange sie einen großen Succes haben am Montag giebt, so hat doch Duponchel (wahrscheinlich hat er Geld gebraucht) gestern Sonntags die Oper Abbonnement suspendu [bei aufgehobenem Abonnement] gegeben. Von diesem Zudrange da nun dem Publikum auch alle sonst abbonirten Logen dargebothen wurden, kanst Du Dir keine Idee machen. Die Einnahme war die stärkste welche die Oper so lange es eine Oper in Frankreich giebt gehabt hat 11.300 Franken; der Beifall entusiastisch. Obgleich die ›Hugenotten‹ schon 7 Wochen existiren so beschäftigen sich die Journäle doch fortwährend damit. Ganz Paris nimmt für oder wider Parthei: Allein das Factum der große glänzende Succes ist doch auch von den Feinden anerkannt ... Neulich habe ich Dir 2 Journäle von der gemäßigten Gegenparthei Revue du Nord und Voleur geschickt, damit Du auch deren Ton kenen lernest. Wie glücklich wäre ich wen in Deutschland erst meine Freunde so günstig wie hier die Feinde sprechen wollten ...« (18. April). Hier sprach Meyerbeer einen der wesentlichen Gründe aus, weshalb er Paris, trotz aller organisatorischen Kämpfe mit der Administration der Académie, als seine wahre künstlerische Heimat anerkennen konnte. Die führenden Pariser Zeitungen gaben ihm dieses Heimatgefühl, auch wenn sie seinen ästhetischen »point de vue«, seine künstlerische Ästhetik, heftig diskutierten. Aber das gehörte schließlich zu ihren Aufgaben, und Meyerbeer hatte fast jedermann mit seinem Werk provoziert.

Unmittelbar nach der Premiere überwogen die feuilletonistischen Berichte, die noch die Spannung zum Ausdruck brachten, die in den vergangenen Wochen in Paris geherrscht hatte. Am 2. März schrieb Albert Clerc im *Charivari* (MBT): »Das Werk von Herrn Meyerbeer, seit sechs Monaten ununterbrochen angekündigt und verschoben, hat daher zunächst gegen das Vorurteil zu kämpfen, das gewöhnliche Ergebnis nach ungeduldigem Warten. Die Stimmung der Leute, die zu den ersten Vorstellungen der ›Hugenotten‹ gekommen waren, äußerte sich in bestimmten Ausrufen schon, als der Dirigent den Stab zur Ouverture hob: Endlich!«

Die Zeitungen empfahlen ihren Lesern, sich das neue Werk mehrfach anzuhören, da man nicht mit einem Male alle Neuheiten erfassen könne. Es sei so überwältigend, dass Emotionen ein schlechter Ratgeber seien und man so angerührt keine Kritik verfassen könne. Dazu bedürfe es eines gewissen Abstandes und des mehrmaligen Opernbesuches. Kein Wunder also, dass der Zulauf zu den Aufführungen unvermindert anhielt. Meyerbeer hatte das Kunststück fertig gebracht, den Welterfolg des *Robert-le-Diable* zu übertreffen.

Die Autoren wählten den politischen Stoff ganz bewusst, um ihrem Publikum zu zeigen, dass untergeht, wer zwischen die Mahlsteine der Geschichte gerät, während er sich sein individuelles Glück bewahren will.

Les Huguenots waren nicht nur eine zeitgenössische Oper in dem Sinne, dass wie bei *Robert* bestimmte Grundsituationen als gegenwärtig erkannt wurden: Junger Mann aus der Provinz kommt nach Paris, um die Hauptstadt zu erobern, wie es Balzac in seinem 1837 begonnenen Roman *Illusions perdues* beschrieben hat. Oder: Der Page Urbain verspricht im Finale I demjenigen, der den Brief von Madame erhält, Protektion, Macht und Geld, ohne die man auch in der bürgerlichen Gesellschaft nichts erreichen kann. Nein, *Les Huguenots* sind auch ein brennend aktuelles Werk, weil darin zum ersten Mal in der Kunst die existentielle Angst des Individuums vor den Folgen kollektiver Raserei bestürzenden künstlerischen Ausdruck erhalten hat. Dafür stehen das Grand Duo und die Dolchweihe des vierten Aktes sowie der ganze fünfte Akt.

Gefahrensituationen waren seit der Zeit der Revolutions- und Schreckensopern unverzichtbarer Bestandteil der Rettungsdramaturgie wie etwa das Quartett »Er sterbe« aus dem zweiten Akt des *Fidelio* von Beethoven. Das Erhebendste daran war die endliche Rettung der Gefährdeten, die zu den schönsten, den utopischen Hoffnungen berechtigte.

Auch Meyerbeer versichert sich eines solchen Standards – nur folgt keine Rettung, sondern die Katastrophe. Viele musikalische Details aus *Les Huguenots* bezeugen Meyerbeers genaue Kenntnis von Werken mit ähnlichen dramatischen und psychologischen Situationen, zum Beispiel Spontinis *Olimpie* (1819), in der Gesten, Motive und Charaktere vorgeprägt scheinen, die in *Les Huguenots* wiederkehren, so das Duett zwischen Olimpie und Cassandre im dritten Akt oder das »Air« des Cassandre aus dem ersten Akt.

Es gibt zwei entscheidende Unterschiede zwischen Spontini und Meyerbeer. Ersterer entfaltet mit unendlicher Geduld seine Motive, wiederholt, sequenziert und breitet in Ruhe sein Material aus. Fest ruht das harmonische Gefüge auf der Grundtonart, die nur gelegentlich verlassen wird. Harmonische Besonderheiten werden nur selten eingesetzt und sind dramatischen Konflikten vorbehalten. Spontini ist ein Erbe der Affektenlehre des 18. Jahrhunderts und hält für eine dramatische Situation auch nur einen musikalischen Gestus bereit. Und er komponiert – wie Beethoven – auf die Apotheose hin, in der alle musikalischen Mittel zusammengefasst und auf das Glänzendste präsentiert werden.

Meyerbeer hingegen reduziert das aus den älteren Werken Entnommene, das Vertraute, auf das Notwendigste. Er nutzt die Standards, fordert ihnen aber das Letzte an Ausdrucksdichte ab. Mit bloßer Nachahmung älterer Modelle hätte er niemanden beeindrucken können. Er vermittelt den Zuhörern vielmehr das Gefühl der Kennerschaft, indem er auf Vertrautem aufbaut, dieses aber zur allgemeinen Verblüffung in unerwarteter Weise verarbeitet. Er schreibt eine Art »Schauspielmusik«. Oft wird der Musik nur soviel Gelegenheit zur Entfaltung gegeben, wie die dramatische Wahrheit erfordert. Der sterbenden Valentine verbleiben in der Schlussszene ganze acht Takte, um ihren Vater als Befehlshaber der Mordban-

G. Spontini, Olimpie, Air des Cassandre

G. Meyerbeer, Les Huguenots, fünfter Akt, Air des Raoul

den zu erkennen und ihm zu verzeihen. Dann bricht die Musik ab – es gibt keine Erklärung, keine Verklärung für diese Frau, die alles, sogar ihr Leben, für ihre Liebe gegeben hat. Diese Zurückhaltung bei der Entfaltung des musikalischen Materials darf nicht als Mangel angesehen werden – Meyerbeer war ein unerhört reicher Musiker, von dem Berlioz sagte, dass man in *Les Huguenots* Material für 20 weitere Opern finden könne. Mit dem Grand Duo nach der großen Ensembleszene der Dolchweihe setzt Meyerbeer den zweiten Höhepunkt im vierten Akt. Valentine und Raoul sind ohnmächtige Zeugen des geplanten Verbrechens geworden. In vier Teilen – Trauermarsch, Elegie, Cavatina, Stretta, mit eingebauten dramatischen Rezitativen und Ariosi – durchlebt das Paar alle Stufen von Angst, Hoffnung, Enttäuschung und Verzweiflung. Zu Beginn des Duetts ist Raoul kaum eines Wortes mächtig, er kann nur stammeln, wenn er mit Valentine über Gott und die Welt streitet. Er hat die Kontrolle über die Situation verloren und wird sich der Ausweglosigkeit seiner Lage bewusst. Valentine will sein Leben schützen; Raoul seine hugenottischen Glaubensbrüder warnen, die verstreut in Paris feiern. In dieser heiklen Situation ist Schöngesang in Terzen und Sexten, wie er für ein Duett alter Prägung angemessen war, nicht mehr möglich. Das Paar artikuliert sich daher zumeist nur noch in deklamatorischen Einwürfen, während unartikulierte Klangballungen gleichsam die klassische melodisch-harmonische Struktur hinwegfegen. Das Unwirkliche in der Cavatina des Raoul, die auf Valentines angstvolles Geständnis ihrer Liebe folgt, wird durch eine ganz auf Wohlklang gestützte musi-

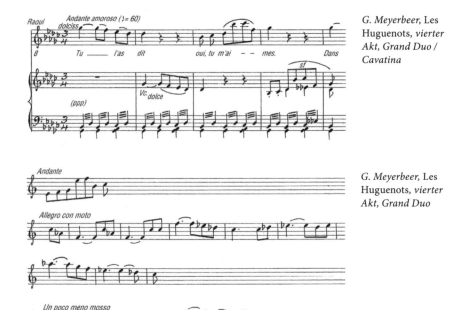

G. Meyerbeer, Les Huguenots, *vierter Akt, Grand Duo / Cavatina*

G. Meyerbeer, Les Huguenots, *vierter Akt, Grand Duo*

kalische Phantasmagorie charakterisiert, die nicht von dieser Welt ist; Meyerbeer funktioniert sein italienisches Melos um zu einem Traum von Liebe und Seligkeit.

Kein Teil in diesem Duett hat einen regelrechten Abschluss durch Kadenzen, stattdessen werden die Schlüsse in Ostinato-Figuren hineingepresst – als musikalische Synonyme für die Ausweglosigkeit der Situation. Das Melos ist angepasst: ein sich Aufbäumen und dann ein Abstürzen in die Tiefe.

In der Stretta wird der melodische Gestus buchstäblich zu Tode gehetzt. Das Tempo Allegro con moto ist der Bewegung des Themas, das seine Herkunft aus dem schwelgerischen Typus italienischer Kantilenen nicht verleugnet, eigentlich völlig unangemessen. Aus der Spannung zwischen lyrischem Thema und Tempo presto aber erhält die Stretta ihre bestürzende Größe.

Auch die Stretta zerplatzt im Getöse der Glocken, deren Klang durch Hörner und Ophikleiden, jener alten, scharfen Blechblasinstrumente, die man heute durch die brummelnde Bass-Tuba ersetzt, erschreckend potenziert wird. Dieser Abschnitt bricht wiederum statt mit einer Kadenz mit einem grellen, verminderten Akkord im gesamten Orchester ab, der Valentine gleichsam mit der ganzen Gewalt des Schreckens überfällt.

G. Meyerbeer, Les Huguenots, *vierter Akt, Grand Duo, Stretta*

Parallel zur Ausweitung der Unheil verheißenden Glockenklänge, dem Symbol des von außen kommenden Verhängnisses, ergibt sich mit der dramatischen Zuspitzung eine zunehmende emotionale Steigerung bis zum Ende der Stretta, die dem Paar immer weniger Raum zur Artikulation lässt, bis der Valentine nur noch Schreie bleiben.

Das Zwischenspiel zum fünften Akt greift das Stretta-Motiv und die Glockenklänge auf, die Raoul auf seinem Fluchtweg durch Paris begleiten. Beim Öffnen des Vorhangs tanzt die hugenottische Festgesellschaft zu Ehren Henris und Marguerites ein Menuett. Der Tanz wird von fernen Glockenklängen unterbrochen; erstaunt halten die Tänzer inne, bis sie von Raoul über das Grauen der Bartholomäusnacht aufgeklärt werden. Meyerbeer hat versucht, durch die dreimaligen Glockenklänge, die St. Bris während der Verschwörung angekündigt hat, zweimal die gleiche Zeitebene in sein Werk einzukomponieren, indem er die Glocken sowohl im Entracte als auch im Ballett erklingen lässt.

Was sich dann im fünften Akt ereignet, ist nach dem gewaltigen dramatischen Prozess des vierten Akts nur noch ein Kaleidoskop entsetzlicher Bilder, ein Ergebnis dessen, was in der Verschwörung gefordert worden war. Der Akt gilt als dramatisch ungelöst, schwach, so dass Bearbeitungen späterer Zeit entweder ganz auf ihn verzichteten (Kapp, Deutsche Staatsoper Berlin 1931) oder den Rotstift kräftig ansetzten. Dabei entspricht dieser Akt genau der Dramaturgie der Grand opéra, die am Schluss die Katastrophe vorführt.

Durch die ganze Oper zieht sich ein Wachstumsprozess ins Negative. Die anfänglich heitere Intrige der Marguerite, Katholiken und Hugenotten zu versöhnen, nutzt Elemente der Opéra comique und lässt den Zuschauer auf eine versöhnliche

G. Meyerbeer, Les Huguenots, fünfter Akt, Schlussszene

Lösung hoffen. Die historische Grand opéra kennt kein Erbarmen. Die Schärfe der Gegensätze nimmt immer mehr zu. Die streitenden Parteien lassen sich zunächst leicht, dann nur mit Mühe, am Schluss überhaupt nicht mehr auseinanderbringen. Die Lage ist von Einzelnen nicht mehr beherrschbar, auch die katholischen Führer könnten das Blutbad nicht mehr aufhalten, selbst wenn sie es wollten; die Hilf- und Sprachlosigkeit der Marguerite de Valois am Schluss der Oper ist ein Zeichen dafür. Die großen emotionalen Aufschwünge der ersten beiden Akte weichen einer zunehmenden Verhärtung, ja Brutalisierung der musikalischen Parameter, die im Chor der Mörder kulminiert. Die Melodie, wenn man diese Signale und das Pendeln zwischen Grundton und Quinte als »Melodie« bezeichnen kann, gleicht einem atemlosen Schreien beim Rennen; die Begleitung besteht aus dem Grundakkord in a-Moll und der Subdominante mit dem um einen Halbton erhöhten Grundton. Von Modulation im klassischen Sinne ist hier keine Spur. Das entscheidende Intervall a-dis ist ein Tritonus. Harmonisch bedeutet dieses quer stehende

Intervall die größte Entfernung zwischen zwei Tonarten in dem von Meyerbeer verwendeten Dur-Moll-System.

Die Oper endet in einem brüllenden A-Dur-Akkord, der die Schreie der Opfer übertönen soll. Valentine, Raoul und Marcel sterben nicht als Helden im Kampf, sondern werden von einem anonymen Mordkommando ohne viel Umstände erschossen wie die anderen, namenlosen Opfer dieser Nacht. Meyerbeer und Scribe zeigen Deformationen der Menschen, den Massenmord und seine bürokratische Vorbereitung im vierten Akt. An dieser Szene zeigt sich, was Sorgfalt für Meyerbeer bedeutete. Die lange Entstehungszeit der Werke beruht nicht etwa auf Faulheit oder Einfallslosigkeit, sondern verdankt sich der minutiösen Kalkulation aller szenisch-musikalischen Details. Die Schwurszene ist ein Musterbeispiel für Meyerbeers hohe Bühnenintelligenz, und Scribe hatte eine Vorlage geliefert, die die kompositorische Fantasie entsprechend anregte.

Der entscheidende Träger der Emotionen ist die Musik – durch sie allein wird dem Zuhörer der dramatische Werdegang erlebbar gemacht, durch sie eine Hinwendung oder Ablehnung der handelnden Figuren und Motive vermittelt.

Die verheerenden Folgen der Manipulierung von Massen werden in *Les Huguenots* demonstrativ ausgestellt. Die geschichtliche Erfahrung, dass eine Masse als Volk, Partei, religiöse oder soziale Gruppe handeln kann, hielt Einzug in die Grand opéra. Es war etwas Verführerisches dabei, die zerstörerische blinde Gewalt solcher Massen auf der Bühne zu sehen und sich dabei zu vergegenwärtigen, dass dies auf den Straßen von Paris geschehen war und sich wiederholen könnte. Mit dem vom Adel geschürten Aufstand, der seinen Händen entgleitet, wird der französischen Bourgeoisie und ihrem Bürgerkönig ein Modell vorgespielt. Wenn die Staatsmacht die entfesselte Volkswut nicht mehr beherrscht, ist das Ende der bürgerlichen Gesellschaft absehbar. Meyerbeer sah keine Alternative, keine Utopie.

Damit erhielt auch die Dramaturgie von Soloszene und Tableau ihren übergreifenden Sinn. Diese kontrastierenden Szenen stehen für Privat- und Staatsaktion. Die Individuen werden zwischen den Massenbewegungen, repräsentiert durch den Chor, zerrieben. In einer großartigen Emanzipation des Opernchores hatte Meyerbeer diese geschichtliche Erfahrung auf der Opernbühne anschaulich gemacht. Er hat aber auch seine ganz persönliche Angst vor den Massenbewegungen komponiert und verband diese mit der in der Geschichte des Judentums begründeten Pogromangst.

Les Huguenots waren ein singuläres Werk, in dem das Thema der durch religiösen Fanatismus manipulierten Massen bis zum blutigen Ende geführt wird. Diese Idee konnte nicht nachgeahmt werden. Aber die Oper bildete selbst einen neuen Standard für die nachfolgenden Produktionen. Während sich Meyerbeer in seinen folgenden Werken nicht wiederholte, übernahmen die komponierenden Kollegen seine Standards. Selbst Robert Schumann machte keine Ausnahme. In seiner *Genoveva* (1850) singt der Chor zum Solo des Hidulfus:

R. Schumann, Genoveva

Die entsprechende Stelle in der Dolchweihe in *Les Huguenots* lautet:

G. Meyerbeer, Les Huguenots, *vierter Akt*

Eine solche Übernahme wäre an sich überhaupt nicht ehrenrührig, hätte nicht Schumann die *Hugenotten* in seiner *Neuen Zeitschrift für Musik* so schmählich verrissen und damit eine folgenreiche Kampagne gegen das Werk eröffnet, die Meyerbeer persönlich sehr getroffen hat. Im folgenden Kapitel wird ausführlicher davon die Rede sein.

Dass Verdi für den zweiten Akt seines *Don Carlos,* den er im Auftrag der Pariser Oper schrieb, die Auftritte und Figurenkonstellationen des zweiten Aktes der *Huguenots* bis ins Detail kopierte, spricht für die Qualität des mehr als zwei Jahrzehnte älteren Werkes. Verdi hat sich nie zu Meyerbeer als dem Schöpfer der »historischen Oper« bekannt.

Selbst ein später Nachfahre in der Reihe der französischen Opernkomponisten, Jules Massenet (1842 – 1912), konnte Meyerbeers Standards nicht umgehen. Im ersten Akt seiner Oper *Hérodiade* (1881) schwört König Herodes seine Gefolgsleute auf unbedingten Gehorsam ein. Der Aufbau der Szene und die militant punktierten Rhythmen sind ein – allerdings schwächeres – Echo auf die Dolchweihe aus den *Huguenots*. Der Hymnus in Massenets Oper *Le Cid* (1885) mit seinen Harfenakkorden ist fast identisch mit Jeans Hymne aus dem dritten Akt des *Prophète*.

Hector Berlioz, vertraut im Umgang mit einem massenhaften Aufgebot von Noten und Musikern, erkannte neidlos die Qualität der Partitur der *Huguenots* an und wählte viele Klangbeispiele aus dieser Oper, um in seiner Instrumentationslehre (1844) die ungebräuchliche Verwendung bestimmter Instrumente zu demonstrieren. In seiner Überarbeitung dieses Werkes tauschte Richard Strauss die Beispiele von Meyerbeer gegen solche von Wagner aus. Berlioz hatte die Partitur der *Huguenots* gründlich gelesen und veröffentlichte im *Journal des Débats* am 10. November und am 10. Dezember 1836 seine Eindrücke. »Der Gesang der

Mörder«, heißt es da, »und die Begleitung der Trompeten ist schon an und für sich fürchterlich im Ausdruck. Das hat der Komponist durch ein sehr einfaches Mittel bewirkt, welches aber immerhin gefunden, und mehr noch gewagt sein wollte: nämlich die Veränderung der sechsten Note in der Moll-Tonart. In der brutalen Phrase, die in das a-Moll hineingeschleudert ist, läßt er den sechsten Ton, der eigentlich F wäre, stets erhöht erscheinen. Der grausige Effekt, der daraus entsteht, ist ein neuer Beweis für den ausgesprochenen Charakter von Kombinationen, in welchen diese Note mit und ohne Veränderung Anlass geben kann.«

Exkurs: Drei deutsche Meister

Am 14. April 1837 beschrieb Heinrich Beer seinem Bruder den gewaltigen Erfolg der *Hugenotten* am 10. April in Leipzig: »Die Oper hat den größten Furore erlebt, der bis jetzt in Leipzig vorgekommen ist … wenn alles hätte zweymal gemacht werden sollen wären wir statt 1/2 11 Uhr um 2 Uhr aus dem Theater gekommen; beym Herausgehen hörte man nichts anders, als: dies ist das großartigste musicalische Werk, der älteren und Neueren Zeit; zu 6 Vorstellungen sind keine Plätze irgend einer Art zu haben, und das Haus faßt 1500 Personen … Stegmayers Einstudierung dieser Musik dafür giebt es keine Worte; der Geist mit dem er diese Musik aufgefaßt und dies den Chören und Sängern übertragen hat, muß man hören …«

Nun hatte auch Robert Schumann Gelegenheit, diese von zwei seiner auswärtigen Korrespondenten in seiner *Neuen Zeitschrift für Musik* so hoch gelobte Sache selbst zu sehen. Am 5. September 1837, dem Tag des 46. Geburtstags von Giacomo Meyerbeer, erschien in dieser Zeitschrift ein Verriss mit dem Titel »Fragmente aus Leipzig 4«, die von den *Hugenotten* und Mendelssohns *Paulus* handelten.

»Ist mir's doch heute wie einem jungen mutigen Krieger, der zum erstenmal sein Schwert zieht in einer großen Sache! Als ob dies kleine Leipzig, wo einige Weltfragen schon zur Sprache gekommen, auch musikalische schlichten sollte, traf es sich, daß hier, wahrscheinlich zum erstenmal in der Welt nebeneinander, die zwei wichtigsten Kompositionen der Zeit zur Aufführung kamen, – die Hugenotten von Meyerbeer und der Paulus von Mendelssohn. Wo hier anfangen, wo aufhören! Von einer Nebenbuhlerschaft, einer Bevorzugung des Einen vor dem Andern kann hier keine Rede sein. Der Leser weiß zu gut, welchem Streben sich diese Blätter geweiht, zu gut, daß, wenn von Mendelssohn die Rede ist, keine von Meyerbeer sein kann, so diametral laufen ihre Wege auseinander, zu gut, daß, um eine Charakteristik beider zu erhalten, man nur dem Einen beizulegen braucht, was der Andere nicht hat, – das Talent ausgenommen, was beiden gemeinschaftlich. Oft möchte man sich an die Stirn greifen, zu fühlen, ob da oben alles noch im gehörigen Stande, wenn man Meyerbeers Erfolge im gesunden musikalischen Deutschland erwägt, und wie sonst ehrenwerte Leute, Musiker selbst, die übrigens auch den stilleren Siegen Mendelssohns mit Freude zusehen, von seiner Musik sagen, sie wär' etwas. Noch ganz erfüllt von den Hochgebilden der Schröder-Devrient im Fidelio ging ich zum erstenmal in die Hugenotten. Wer freut sich nicht auf neues, wer hofft nicht gern! Hatte doch Ries mit eigener Hand geschrieben, manches in den Hugenotten sei Beethovenschem an die Seite zu stellen etc.! Und was sagten andere, was ich? Geradezu stimmte ich Florestan bei, der, eine gegen die Oper geballte Faust, die Worte fallen ließ: ›im Crociato hätte er Meyerbeer noch zu den Musikern gezählt, bei Robert dem Teufel habe er geschwankt, von den Hugenotten an rechne er ihn aber geradewegs zu Franconi's Leuten.‹ Mit welchem Widerwillen uns das Ganze erfüllte, daß wir nur immer abzuwehren hatten, kann ich gar nicht sagen; man wurde schlaff und müde vom Ärger. Nach öfterem Anhören fand sich wohl manches Günstigere und zu Entschuldigende heraus, das Endurteil blieb aber dasselbe, und ich müßte denen, die die Hugenotten nur von weitem etwa dem Fidelio oder Ähnlichem an die Seite zu setzen wagten, unaufhörlich zurufen: daß sie nichts von der Sache verständen, nichts, nichts. Auf eine Bekehrung übrigens ließ' ich mich nicht ein; da wäre kein Fertigwerden.

Ein geistreicher Mann hat Musik wie Handlung am besten durch das Urteil bezeichnet, daß sie entweder im Freudenhause oder in der Kirche spielten. Ich bin kein Moralist; aber einen guten Protestanten empört es, sein teuerstes Lied auf den Brettern abgeschrieen zu hören, empört es, das blutigste Drama seiner Religionsgeschichte zu einer Jahrmarktsfarce heruntergezogen zu sehen, Geld und Geschrei damit zu erheben, empört die Oper von der Ouverture an mit ihrer lächerlich-gemeinen Heiligkeit bis zum Schluß, nach dem wir ehestens lebendig verbrannt werden sollen. Man lese nur die Schlußzeilen der Oper:

Par le fer et l'incendie
Exterminons la race impie!
Frappons, poursuivons l'hérétique.
Dieu le veut, Dieu veut le sang.
Oui, Dieu veut le sang!

Was bleibt nach den Hugenotten übrig, als daß man geradezu auf der Bühne Verbrecher hinrichtet und leichte Dirnen zur Schau ausstellt. Man überlege sich nur Alles, sehe, wo Alles hinausläuft! Im ersten Akt eine Schwelgerei von lauter Männern und dazu, recht raffiniert, nur eine Frau, aber verschleiert; im zweiten eine Schwelgerei von badenden Frauen und dazwischen, mit den Nägeln herausgegraben für die Pariser, ein Mann, aber mit verbundenen Augen. Im dritten Akt vermischt sich die liederliche Tendenz mit der heiligen; im vierten wird die Würgerei vorbereitet und im fünften in der Kirche gewürgt. Schwelgen, morden und beten, von weiter nichts steht in den Hugenotten: vergebens würde man einen ausdauernd reinen Gedanken, eine wahrhaft christliche Empfindung darin suchen. Meyerbeer nagelt das Herz auf die Haut und sagt: ›seht, da ist es, mit Händen zu greifen‹. Es ist alles gemacht, alles Schein und Heuchelei. Und nun diese Helden und Heldinnen, – zwei, Marcell und St. Bri ausgenommen, die doch nicht gar so elend zusammensinken. Ein vollkommner französischer Wüstling (Worte wie ›je ris du Dieu de l'univers‹ etc. sind Kleinigkeiten im Text [Anmerkung Schumanns: »Nevers läßt sich nicht wegen irgend einer Frau vom Wein wegholen und sagt lachend: ›ich lache auf den Gott des Universums‹«]), Nevers, der Valentine liebt, sie wieder aufgibt, dann zur Frau nimmt – diese Valentine selbst, die Raoul liebt, Nevers heiratet, ihm Liebe schwört (D'aujourd'hui tout mon sang est à vous etc. [Anmerkung Schumanns: »von heute an ist all mein Blut für dich«]) und sich zuletzt an

173

Raoul trauen läßt, – dieser Raoul, der Valentine liebt, sie ausschlägt, sich in die Königin verliebt und zuletzt Valentine zur Frau erhält, – diese Königin endlich, die Königin all' dieser Puppen! Und dies läßt man sich alles gefallen, weil es hübsch in die Augen fällt und aus Paris kömmt, – und ihr deutschen sittsamen Mädchen haltet euch nicht die Augen zu? – Und der Erzkluge aller Komponisten reibt sich die Hände vor Freuden! Von der Musik an sich zu reden, so reichten hier wirklich keine Bücher hin; jeder Takt ist überdacht, über jeden ließe sich etwas sagen. Verblüffen oder kitzeln ist Meyerbeers höchster Wahlspruch und es gelingt ihm auch beim Janhagel. Was nun jenen eingeflochtenen Choral anlangt, worüber die Franzosen außer sich sind, so gesteh' ich, brächte mir ein Schüler einen solchen Kontrapunkt, ich würde ihn höchstens bitten, er möcht' es nicht schlechter machen künftighin. Wie überlegt schal, wie besonnen oberflächlich, daß es der Janhagel ja merkt, wie grobschmied mäßig dieses ewige Hineinschreien Marcells ›Eine feste Burg‹ etc. Viel macht man dann aus der Schwerterweihe im vierten Akt. Ich gebe zu, sie hat viel dramatischen Zug, einige frappante geistreiche Wendungen und namentlich ist der Chor von großer äußerlicher Wirkung; Situation, Scenerie, Instrumentation greifen zusammen, und da das Gräßliche Meyerbeers Element ist, so hat er hier auch mit Feuer und Liebe geschrieben. Betrachtet man aber die Melodie musikalisch, was ist's als eine aufgestutzte Marseillaise? Und dann, ist's denn eine Kunst, mit solchen Mitteln an so einer Stelle eine Wirkung hervorzubringen? Ich tadle nicht das Aufbieten aller Mittel am richtigen Orte; man soll aber nicht über Herrlichkeit schreien, wenn ein Dutzend Posaunen, Trompeten, Ophykleiden und hundert im Unisono singende Menschen in einiger Entfernung gehört werden können. Ein Meyerbeersches Raffinement muß ich hier erwähnen. Er kennt das Publikum zu gut, als daß er nicht einsehen sollte, daß zuviel Lärm zuletzt abstumpft. Und wie klug arbeitet er dem entgegen! Er setzt nach solchen Prasselstellen gleich ganze Arien mit Begleitung eines einzigen Instrumentes, als ob er sagen wollte: ›seht, was ich auch mit Wenigem anfangen kann, seht, Deutsche, seht!‹ Einigen Esprit kann man ihm leider nicht absprechen. – Alles Einzelne durchzugehen, wie reichte da die Zeit aus! Meyerbeers äußerlichste Tendenz, höchste Nichtoriginalität und Stillosigkeit sind so bekannt, wie sein Talent geschickt zu appretieren, glänzend zu machen, dramatisch zu behandeln, zu instrumentieren, wie er auch einen großen Reichtum an Formen hat. Mit leichter Mühe kann man Rossini, Mozart, Hérold, Weber, Bellini, sogar Spohr, kurz die gesamte Musik nachweisen. Was ihm aber durchaus angehört, ist jener berühmte, fatal meckernde, unanständige Rhythmus, der fast in allen Themen der Oper durchgeht; ich hatte schon angefangen, die Seiten aufzuzeichnen, wo er vorkömmt (S. 6, 17, 59, 68, 77, 100, 117), ward's aber zuletzt überdrüssig. Manches Bessere, auch einzelne edlere und großartigere Regungen könnte, wie gesagt, nur der Haß wegleugnen; so ist Marcells Schlachtlied von Wirkung, so das Lied des Pagen lieblich; so interessiert das Meiste des dritten Aktes durch lebendig vorgestellte Volksscenen, so der erste Teil des Duetts zwischen

Marcell und Valentine durch Charakteristik, ebenso das Sextett, so der Spottchor durch komische Behandlung, so im vierten Akt die Schwerterweihe durch größere Eigentümlichkeit, und vor allem das darauf folgende Duett zwischen Raoul und Valentine durch musikalische Arbeit und Fluß der Gedanken: – was aber ist das alles gegen die Gemeinheit, Verzerrtheit, Unnatur, Unsittlichkeit, Unmusik des Ganzen? Wahrhaftig, und der Herr sei gelobt, wir stehen am Ziel, es kann nicht ärger kommen, man müßte denn die Bühne zu einem Galgen machen, und dem äußersten Angstgeschrei eines von der Zeit gequälten Talentes folgt im Augenblicke die Hoffnung, daß es besser werden muß.«

Für einen Mann wie Schumann war ein solcher Ausfall bemerkenswert, hatte er doch in anderen Fällen, so beim jungen Brahms oder bei Chopin, Großherzigkeit und Weitsicht bewiesen.

Hier lagen andere, tiefere Ursachen vor. Dass er wenig von Opernkomposition verstand und ein schlechter Dramaturg war, dass seine eigenen Opern als gescheitert anzusehen sind, ist nur die äußere Seite. Denn Schumanns szenische Beschreibungen zeugen von völligem Unverständnis dramaturgischer Notwendigkeiten. Eduard Hanslick hat in einer späteren Erwiderung *Robert Schumann als Opernkomponist* bereits auf diesen Umstand verwiesen. Das allein rechtfertigt allerdings diesen groben Ausfall nicht.

Die *Neue Zeitschrift für Musik,* der Schumann neben Franz Brendel als Redakteur angehörte, unterschied sich durch die Kompetenz ihrer Mitarbeiter ganz bewusst von den älteren Musikzeitschriften wie der Leipziger *Allgemeinen musikalischen Zeitung,* die von Geistlichen, Musikliebhabern und Kunstfreunden redigiert wurden. Wollten diese ihre Leser möglichst umfassend informieren, wobei je nach Haltung des Rezensenten Lob ausgestreut wurde, das der nächste Rezensent bei gleicher Gelegenheit in Tadel verwandeln konnte, so hielten sie sich doch von irgendwelchem Parteienstreit fern und verzichteten darauf, sich auf eine bestimmte ästhetische Richtung festzulegen. Anders die Redaktion der *Neuen Zeitschrift für Musik.* Sie unterstützte ausschließlich deutsche Kunst und betrieb, auf der Grundlage ihrer fachlichen Kompetenz und ihres fest umrissenen Programms, harte Meinungsbildung. Wer einmal ins Kreuzfeuer dieses Blattes geriet, blieb gebrandmarkt für sein Leben.

Schumann hatte im Falle Meyerbeer der Zeitschrift die Richtung vorgegeben. Zwar waren vor seinem Artikel zwei beifällige Korrespondenzen über die Premiere der *Huguenots* erschienen, doch hing das damit zusammen, dass alle deutschen Blätter zunächst die Meldungen ihrer Pariser Korrespondenten abdruckten und somit nur die Situation der Pariser Presse widerspiegelten. In diesem Sinne hatten ein anonymer Autor und der Pariser Vertreter der *Neuen Zeitschrift für Musik,* Joseph Mainzer, ihre Beiträge nach Leipzig übersandt, worauf die Redaktion Mainzer nach dem Erscheinen des Schumannschen Artikels wissen ließ, dass sie künftig auf seine Korrespondenz verzichten würde.

Grundlage für Schumanns Artikel war ein tiefes Missverständnis von Meyerbeers Absichten und eine tiefe Unkenntnis der Ästhetik der Grand Opera. Daraus resultiert der Vorwurf der »höchsten Nichtoriginalität und Stillosigkeit«, immerhin Begriffe, die den weniger gebildeten Leser Staunen machen mussten. In Schumanns Augen war es verwerflich, ausgerechnet in Italien zu lernen, wo doch dort nach seiner Meinung der seichte Geschmack triumphierte. Noch verwerflicher schien es ihm, diesen italienischen Gusto mit dem französischen Stil zu vermischen, was Meyerbeer in der Tat praktizierte, weil es seine musikalische Dramaturgie erforderte. Am verwerflichsten aber war für Schumann die »Mischung dieser Mischung« mit dem deutschen Stil, den Meyerbeer angeblich so schlecht beherrschte. Nun war aber Meyerbeer als einer der letzten bei Abbé Vogler noch nach den alten Rezepten im »vermischten goût« ausgebildet worden, den jene klassische Hochzeit als etwas Selbstverständliches benutzte. Dem deutschen Meister Schumann war dieser Universalismus bei Meyerbeer verdächtig. Fetis hatte ihn – welch Paradoxon! – das »Haupt der deutschen Schule« genannt, weil Meyerbeer mit seinem künstlerischen Kosmopolitismus das Universalreich der klassischen deutschen Kunst ideell bewahren wollte – für Schumann war das »Eklektizismus«.

Im frühen 19. Jahrhundert, als der Nationalstolz in den von Napoleon besetzten europäischen Ländern erwachte, sah man in den deutschen Ländern vornehmlich in der Kunst ein Mittel, sich von den anderen Völkern abzugrenzen. Meyerbeer musste also in Schumanns Augen ein »nichtorigineller« Komponist sein, weil er als Jude keiner Nation angehörte. Wagner hat diesen Passus bei Schumann gründlich studiert und daraus später eine ganze »Philosophie« entworfen.

Zum anderen war es Schumann verdächtig, dass ein Komponist mit einer solchen Musik Erfolg hatte. Erfolg war für ihn geradezu ein Synonym für schlechtes Komponieren, denn wer gar so sehr um die Gunst des Publikums buhlte, dessen Werke konnten nichts taugen. Sicher galt das für viele Zeitgenossen Schumanns, die sich ausdrücklich auf Salonmusik spezialisiert hatten. Aber in diesem Falle erlag Schumann einem weiteren Missverständnis, da er nicht wissen konnte, wie sehr Meyerbeer in Frankreich den Nerv seiner Zeit getroffen hatte.

Es war sonderbar, dass das weniger gebildete Publikum auch außerhalb von Paris geradezu süchtig nach Meyerbeers Werken war und ihnen zujubelte.

Während ein Großteil der deutschen Fachpresse mit den Werken unbarmherzig ins Gericht ging, dies auch fachlich fundiert mit scharfem Vokabular vorbrachte, vergrößerte sich der Zulauf des Publikums an den deutschen Theatern von Aufführung zu Aufführung. Kein Opernhaus, das auf sich hielt, und waren seine Mittel auch noch so bescheiden, wollte auf die Aufführung des *Robert der Teufel* und der *Hugenotten* verzichten. Keine Kurkapelle, kein Militärorchester kam ohne die Meyerbeer-Piecen aus. Zu Hunderttausenden gingen die Klavierauszüge der *Hugenotten* in der deutschen Übersetzung von Ignaz Castelli in den Handel, desgleichen all die Transkriptionen und Arrangements für alle möglichen und unmöglichen Instrumentalkombinationen. Angesichts solch massenhafter Verbreitung an Material hätte sich die Fachpresse doch recht verloren vorkommen müssen. Sie war eigentlich angetreten, das Bewusstsein ihrer Leser durch Aufklärung und Information zu formen. Stattdessen wuchs Meyerbeer zu einer geistigen europäischen Großmacht heran. Diese für sie schmachvolle Erfahrung zahlte die deutsche Presse ihm umso erbitterter heim, je begeisterter das Publikum auf die neue Art, Opern zu komponieren, reagierte. Das musste Meyerbeer, der als Komponist öffentlicher Angelegenheiten auf ein positives öffentliches Echo hoffte, wie es ihm in Frankreich vorwiegend zuteil wurde, stark verunsichern.

Aufschlussreich ist schließlich der Verweis auf die »sittsamen deutschen Mädchen«, die immer dann herhalten müssen, wenn die Verdrängung der eigenen Probleme dazu führte, mit dem Finger auf andere zu zeigen.

Und wie war umgekehrt Meyerbeers Reaktion auf Schumanns Oeuvre? Am 16. Dezember 1862 hörte er in Berlin Schumanns *Manfred*-Ouvertüre, »… ein unklares, verworrenes Musikstück«. Danach erklang die Ouvertüre *Anacreon* von Cherubini, »… von jeher ein großes Lieblingsstück von mir, endlich Mozarts herrliche Jupiter-Symphonie mit der Fuge« (Tgb.).

Die Zeitschrift *Europa* gehörte neben der *Augsburger Allgemeinen Zeitung* zu den deutschen Pressestimmen, die Gewicht hatten und in denen sich Heinrich Heine (1797–1856) gelegentlich zu Wort meldete, um über »französische Zustände« zu berichten. Seit seinem Eintreffen in Paris 1831 war er hauptsächlich als Kunstkritiker für deutsche Blätter tätig. In seinen Berichten spielte Meyerbeers Musik eine große Rolle. Seine erste Begegnung mit der Familie Beer hatte bereits während seines Jurastudiums an der Berliner Universität (ab 1821) stattgefunden: Im Salon der Rahel Varnhagen lernte er Michael Beer kennen und war dann Gast des Beerschen Hauses. Besonders Mutter Amalia zuliebe, die er verehrte, schrieb Heine 1828 wider bessere Einsicht eine positive Besprechung von Beers Drama *Struensee*. Zudem wusste er von Michaels guten Beziehungen zu dem bayrischen Minister Eduard von Schenck, die er selbst nutzen wollte.

Heines Beziehungen zu Meyerbeer vertieften sich erst in Paris. Beide waren aus unterschiedlichen Motiven zu der Überzeugung gelangt, dass man nur in dieser Stadt leben und arbeiten könne. Für Heine war diese Wahl schließlich zu einer Lebensnotwendigkeit geworden, da ihm durch das Verbot seiner Schriften in Preußen ab 1834, das kurz darauf der Deutsche Bund für ganz Deutschland bestätigte, die Existenzgrundlage entzogen wurde. Nun musste er sich, gleich Ludwig Börne oder Heinrich Laube, als Emigrant bezeichnen. Aber in Paris fühlte er sich zu Recht frei und hat das in vielen Gedichten deutlich ausgesprochen.

Heine hatte bald erkannt, wo Meyerbeers schwache Stelle lag: in seiner Empfindlichkeit gegenüber Angriffen der Presse. Darauf baute Heine seine eigene Strategie auf und empfahl sich als eine Art »Pressechef« des Komponisten, um derartigen Kampagnen wirksam zu begegnen. Das journalistische Rüstzeug besaß er auf jeden Fall. Doch Meyerbeer hütete sich, seinen Gegnern Vorwände für gehässige Artikel zu liefern, indem er den scharfzüngigen Landsmann in seine Dienste nahm. Michael Beer hatte seinen Bruder geradezu davor gewarnt, ihn als Korrespondenten für eine französische Zeitschrift zu gewinnen: »… Dass Du Heine zum… Berichterstatter vorgeschlagen, thut mir wahrhaft leid… Er wird ihn [deinen Namen] durch das witzige Gift seines Lobes so geschickt ätzen, daß er einer ächten Münze nur so lange gleich sieht, als er sich dem geprüften Blick entzieht. Heines Protection ist viel gefährlicher als seine Feindschaft …« (10. Januar 1833). Heine hätte gern eine Vertrauensstellung bei Meyerbeer eingenommen. Doch die war seit Jahren verlässlich durch den Postangestellten Louis Gouin besetzt. Ihm konnte Meyerbeer alles anvertrauen, da dieser in seiner Abwesenheit nach genauen Anweisungen Verhandlungen führte, die Kassenberichte der Académie prüfte und ihm während seiner Parisaufenthalte alle lästigen Besucher vom Leibe hielt. Heine versuchte daher, Gouin bei Meyerbeer anzuschwärzen, was aber völlig misslang.

Es ist bis in die neuere Heine-Literatur und in der älteren Meyerbeer-Literatur immer wieder der Vorwurf der Bestechung von Journalisten erhoben worden, mit der sich Meyerbeer eine günstige Presse sichern wollte, ein Vorwurf, der auch zu seiner Zeit in Deutschland verbreitet wurde. Jeder, der die Situation des damaligen Journalismus einigermaßen übersieht, kann sich ausrechnen, dass niemand die Pariser Presse in ihrer Gesamtheit kaufen konnte – das hätte auch den Millionär Meyerbeer an den Bettelstab gebracht. Es wäre allenfalls partiell und für kurze Zeit möglich gewesen, einzelne Personen zu bewegen, für eine gute Presse zu sorgen. Nachweisbar ist aber, dass unter anderen Robert Griepenkerl, Alexander Weill, Gaetano Rossi, Gustav Nicolai, Adelbert Gyrowetz, François Fétis, Richard Wagner und viele andere zum Teil erhebliche Summen von Meyerbeer erhielten, allerdings immer nur auf Bitten oder Anforderung. Meyerbeer »gab nie etwas, was man ihm nicht vielmehr genommen hätte«, bemerkte Heine zur Verfahrensweise. Gab er zu wenig, wurde ihm Geiz vorgeworfen; spendete er reichlich, kam das Gerücht der Bestechung in Umlauf.

Das Tagebuch vom 6. November 1841 weist aus: »Dem Lyser in Dresden geantwortet & ihm die 60 Taler geschickt, um die er bat.« Als Johann Peter Lyser am 24. Dezember 1846 wiederum Geld erbat, notierte Meyerbeer: »… Lyser (der taubstumme Literat) schreibt mir, daß seine Kinder nichts mehr zu essen haben, und verlangt ein Darlehen von 20 Gulden Konventionsmünze, welches ich ihm schicke.« Eine Ablehnung solcher Hilferufe kam aus mehreren Gründen für ihn nicht in Betracht: Meyerbeer war sehr reich – solche Summen fielen nicht ins Gewicht; er war jederzeit hilfsbereit, wenn er Notfälle erkannte; eine Verweigerung hätte in jedem Falle, außer dem moralischen Schaden, erhebliche Presseangriffe bedeutet. Lyser fühlte sich auf der anderen Seite dem Spender verpflichtet und äußerte das in freundlichen Artikeln. Daraus hat Friedrich Hirth, der Herausgeber der ersten vollständigen Ausgabe der Heine-Briefe und zugleich Verfasser einer Biografie über Lyser, den Tatbestand der Bestechung abgeleitet.

Natürlich hat Meyerbeer, um Angriffe von vornherein zu unterbinden, Verbindungen zu Journalisten gepflegt, sie zu Essen eingeladen, Texte aus ihrer Feder vertont, um ein vertrauliches Klima zu schaffen. Es ist keinesfalls nachweisbar, dass Meyerbeer durch Geld Pressestimmen gekauft hat. Das hätte die Pariser Presse sofort herausgefunden.

Nachweisbar ist aber, dass Meyerbeers Interpreten, wenn sie ihre Rolle gut gesungen hatten, Geldgeschenke erhielten, zumeist von Amalia, wie im Falle des *Crociato*. Während der Wiener und der italienischen Zeit war es für den jungen, unbekannten Komponisten oft ein Mittel, um Sänger überhaupt zu bewegen, seine Partien zu übernehmen. In Paris war das nicht mehr nötig, da an der Académie Royale Höchstgagen gezahlt wurden.

Heine berichtete dem ängstlichen Meyerbeer von angeblich bevorstehenden Pressekampagnen, die er zu unterbinden habe und wofür er, der ständig in Geldnöten war, jedes Mal 500 Francs forderte. Am 6. April 1835 schrieb Heine an Meyerbeer: »… Doch ich habe Ihnen wichtigeres zu schreiben, nemlich meine deutsche Noth. Germania, die alte Bärin, hat alle ihre Flöhe auf Paris ausgeschüttet und ich Aermster werde davon am unaufhörlichsten zernagt. Herr Spazier, wie ich vorausgesehen, dient allem deutschen Lumpengesindel jetzt als Foyer. Die erste Nummer seiner Revue du Nord ist erschienen; die Malizen sind darin erst angekündigt. Bis jetzt habe ich den bewußten Niederträchtigkeiten, so viel ich weiß, vorgebeugt, mit Klugheit und Geld … Das freche Gesindel häuft sich hier täglich, und ich habe die Wahl, sie entweder zu unterstützen und der Chef einer Räuberbande zu werden, oder sie bestimmt abzuweisen und von ihnen beständig inkommodirt zu seyn. – … Mit Widerwillen entschließe ich mich dazu, denn ich muß wieder Geld von Ihnen verlangen. Diese Menschen sind noch gefährlicher, wenn sie nicht zu essen haben. Meine Mittel sind erschöpft … Heute müssen Sie wieder helfen und unverzüglich einen Betrag von fünfhundert, sage fünfhundert Franks zu meiner Verfügung stellen … Unsere Nöthe sind hier wieder gemeinschaftlicher Natur. Jedenfalls werde ich Ihnen von jedem Sous strenge Rechenschaft ablegen …« Meyerbeer sah nicht einen Sous wieder und forderte keine Rechenschaft.

Heine wusste die Lage der deutschen Emigranten, die wirklich nicht rosig war, geschickt mit Meyerbeers Furcht vor irgendwelchen »Enthüllungen« zu verbinden und wollte ihm klarmachen, dass sie beide im gleichen Boot saßen. Ohne Heine unlautere Motive unterschieben zu wollen – es ist nicht mehr zu überprüfen, ob die »Malizen« erst angekündigt, wirklich vorbereitet, durch Heines Eingreifen verhindert oder von ihm erfunden waren –, Angriffe auf Meyerbeer kamen jedenfalls nie aus der von Heine vermuteten oder beschworenen Ecke, sondern von missgünstigen Konkurrenten, die auch andere als Pressewege kannten, um Meyerbeer zu treffen. So sollte zum Beispiel die Falcon nach der Premiere der *Huguenots* dazu gebracht werden, sich krank zu melden, um die nächsten Vorstellungen zu unterbinden und dem Triumphzug des Werkes Einhalt zu gebieten. Das hätte Meyerbeer mehr getroffen als irgendein hämischer Artikel.

Dass »Heines Protection ... viel gefährlicher (ist) als seine Feindschaft«, bekam Meyerbeer bald zu spüren. In seinem Beitrag über die Uraufführung der *Huguenots* vom 8. März 1836 für die *Augsburger Allgemeine* mischte Heine die Berichterstattung über das große Ereignis mit Bemerkungen über Meyerbeers Abneigung gegen Katzen: »Für die schöne Welt von Paris war gestern ein merkwürdiger Tag: – die erste Vorstellung von Meyerbeer's langersehnten ›Hugenotten‹ gab man in der Oper, und Rothschild gab seinen ersten großen Ball in seinem neuen Hotel. Ich wollte von beiden Herrlichkeiten an demselben Abend genießen, und habe mich so übernommen, daß ich noch wie berauscht bin, daß mir Gedanken und Bilder im Kopfe taumeln, und daß ich vor lauter Betäubnis und Ermüdung fast nicht schreiben kann. Von Beurteilung kann gar nicht die Rede sein. ›Robert-le-Diable‹ mußte man ein Dutzendmal hören, ehe man in die ganze Schönheit dieses Meisterwerkes eindringen konnte. Und wie Kunstrichter versichern, sollte Meyerbeer in den ›Hugenotten‹ noch größere Vollendung der Form, noch geistreichere Ausführung der Details gezeigt haben. Er ist wohl der größte jetzt lebende Kontrapunktist, der größte Künstler in der Musik; er tritt diesmal mit ganz neuen Formschöpfungen hervor, er schafft neue Formen im Reiche der Töne, und auch neue Melodien gibt er, ganz außerordentliche, aber nicht in anarchischer Fülle, sondern wo er will und wann er will, an der Stelle, wo sie nötig sind. Hierdurch eben unterscheidet er sich von andern genialen Musikern, deren Melodienreichtum eigentlich ihren Mangel an Kunst verrät, indem sie von der Strömung ihrer Melodien sich selber hinreißen lassen, und der Musik mehr gehorchen als gebieten. Ganz richtig hat man gestern im Foyer der Oper den Kunstsinn von Meyerbeer mit dem Goethe'schen verglichen. Nur hat, im Gegensatz gegen Goethe, bei unserm großen Maestro die Liebe für seine Kunst, für die Musik, einen so leidenschaftlichen Charakter angenommen, daß seine Verehrer oft für seine Gesundheit besorgt sind. Von diesem Manne gilt wahrhaftig das orientalische Gleichnis von der Kerze, die, während sie andern leuchtet, sich selber verzehrt. Auch ist er der abgesagte Feind von aller Unmusik, allen Mißtönen, allem Gegröle, allem Gequieke, und man erzählt die spaßhaftesten Dinge von seiner Antipathie gegen Katzen und Katzenmusik. Schon die Nähe einer Katze kann ihn aus dem Zimmer treiben, sogar ihm eine Ohnmacht zuziehen. Ich bin überzeugt, Meyerbeer stürbe, wenn es nötig wäre, für einen musikalischen Satz, wie andere etwa für einen Glaubenssatz. Ja, ich bin der Meinung, wenn am jüngsten Tage ein Posaunenengel schlecht bliese, so wäre Meyerbeer kapabel, im Grabe ruhig liegen zu bleiben und an der allgemeinen Auferstehung gar keinen Anteil zu nehmen. Durch seinen Enthusiasmus für die Sache, so wie auch durch seine persönliche Bescheidenheit, sein edles, gütiges Wesen, besiegt er gewiß auch jede kleine Opposition, die, hervorgerufen durch den kolossalen Erfolg von ›Robert-le-Diable‹, seitdem hinlängliche Muße hatte, sich zu vereinigen, und die gewiß diesesmal bei dem neuen Triumphzug ihre bösmäuligsten Lieder ertönen läßt. Es darf Sie daher nicht befremden, wenn vielleicht einige grelle Mißlaute in dem allgemeinen Beifallsrufe vernehmbar werden. Ein Musikhändler, welcher nicht der Verleger der neuen Oper, wird wohl das Mittelpünktchen dieser Opposition bilden, und an diesen lehnen sich einige musikalische Renommeen, die längst erloschen oder noch nie geleuchtet. Es war gestern Abend ein wunderbarer Anblick, das eleganteste Publikum von Paris, festlich geschmückt, in dem großen Opernsaale versammelt zu sehen, mit zitternder Erwartung, mit ernsthafter Ehrfurcht, fast mit Andacht. Alle Herzen schienen erschüttert. Das war Musik. – Und darauf der Rothschild'sche Ball ...«

Dieser am 1. März verfasste Bericht erschien nicht in Paris, sondern in Deutschland. Deshalb hatte er wohl für Meyerbeer eine gewisse Bedeutung. In Paris wäre dieser Beitrag einer unter »20 bis 30« Journalen gewesen, wie Meyerbeer stolz gezählt hatte. Liest man Heines Beitrag genauer, so stellt man fest, dass man außer Allgemeinplätzen über den Formenreichtum des neuen Werkes nichts Genaues über *Les Huguenots* erfährt. Nach der Überlieferung des Wiener Schauspieler Franz Wallner in seinen *Rückblicken auf meine theatralische Laufbahn* 1864 soll Heine selbst bekannt haben, nicht zur Premiere gewesen zu sein: »... ich hatte leicht eine gute Kritik zu schreiben, ich werde die Oper heute zum ersten Mal hören.« Es ist nicht klar, ob Heine wieder einmal ein ironisches Doppelspiel trieb oder ob seine Worte der Wahrheit entsprachen. Nachdem er aber *Les Huguenots* wirklich mehrfach gehört hatte, schrieb er 1837 im neunten der *Vertrauten Briefe* an August Lewald für die *Allgemeine Theater-Revue* einen großen Artikel, der zum Besten gehört, was er über Meyerbeer geschrieben hat und natürlich eine ganze Menge über Heine selbst preisgibt:

»Aber was ist die Musik? Diese Frage hat mich gestern Abend vor dem Einschlafen stundenlang beschäftigt. Es hat mit der Musik eine wunderliche Bewandtnis; ich möchte sagen: sie ist ein Wunder. Sie steht zwischen Gedanken und Erscheinung; als dämmernde Vermittlerin steht sie zwischen Geist und Materie; sie ist beiden verwandt und doch von beiden verschieden; sie ist Geist, aber Geist, welcher eines Zeitmaßes bedarf; sie ist Materie, aber Materie, die des Baumes entbehren kann.

Wir wissen nicht, was Musik ist. Aber was gute Musik ist, das wissen wir, und noch besser wissen wir, was schlechte Musik ist; denn von letzterer ist uns eine größere Menge zu Ohren gekommen. Die musikalische Kritik kann sich nur auf Erfahrung, nicht auf eine Synthese stützen; sie sollte die musikalischen Werke nur nach ihren Ähnlichkeiten klassifizieren und den Eindruck, den sie auf die Gesamtheit hervorgebracht, als Maßstab annehmen.

Nichts ist unzulänglicher als das Theoretisieren in der Musik; hier gibt es freilich Gesetze, aber diese Gesetze ... sind nicht die Musik, sondern ihre Bedingnisse, wie die Kunst des Zeichnens und die Farbenlehre, oder gar Palette und Pinsel, nicht die Malerei sind, sondern nur notwendige Mittel. Das Wesen der Musik ist Offenbarung, es lässt sich keine Rechenschaft davon geben, und die wahre musikalische Kritik ist eine Erfahrungswissenschaft.

Ich kenne nichts Unerquicklicheres, als eine Kritik von Monsieur Fétis, oder von seinem Sohne, Monsieur Fötus, wo a priori, aus letzten Gründen, einem musikalischen Werke sein Wert ab- oder zuräsonniert wird. Dergleichen Kritiken, abgefaßt in einem gewissen Argot und gespickt mit technischen Ausdrücken, die nicht der allgemein gebildeten Welt, sondern nur den exekutierenden Künstlern bekannt sind, geben jenem leeren Gewäsche ein gewisses Ansehen bei der großen Menge. Wie mein Freund Detmold in Beziehung auf die Malerei ein Handbuch geschrieben hat, wodurch man in zwei Stunden zur Kunstkennerschaft gelangt, so sollte jemand ein ähnliches Büchlein in Bezug auf die Musik schreiben und, durch ein ironisches Vokabular der musikalischen Kritikphrasen und der Orchesterjargons, dem hohlen Handwerke eines Fetis und eines Fötus ein Ende machen. Die beste Musikkritik, die einzige, die vielleicht etwas beweist, hörte ich voriges Jahr in Marseille an der Table-d'hote, wo zwei Commis-Voyageurs über das Tagesthema, ob Rossini oder Meyerbeer der größere Meister sei, disputierten. Sobald der eine dem Italiener die höchste Vortrefflichkeit zusprach, opponierte der andere, aber nicht mit trockenen Worten, sondern er trillierte einige besonders schöne Melodien aus Robert-le-Diable. Hierauf wußte der erstere nicht schlagender zu repartieren, als indem er eifrig einige Fetzen aus dem Barbiere-de-Seviglia entgegensang, und so trieben sie es beide während der ganzen Tischzeit; statt eines lärmenden Austausches von nichtssagenden Redensarten gaben sie uns die köstlichste Tafelmusik, und am Ende mußte ich gestehen, daß man über Musik entweder gar nicht oder nur auf diese realistische Weise disputieren sollte.

Sie merken, teurer Freund, daß ich Sie mit keinen herkömmlichen Phrasen in betreff der Oper belästigen werde. Doch bei Besprechung der französischen Bühne kann ich letztere nicht ganz unerwähnt lassen. Auch keine vergleichende Diskussion über Rossini und Meyerbeer, in gewöhnlicher Weise, haben Sie von mir zu befürchten. Ich beschränke mich darauf, beide zu lieben, und keinen von beiden liebe ich auf Unkosten des anderen. Wenn ich mit ersterem vielleicht mehr noch als mit letzterem sympathisiere, so ist das nur ein Privatgefühl, keineswegs ein Anerkenntnis größeren Wertes. Vielleicht sind es eben Untugenden, welche manchen entsprechenden Untugenden in mir selber so wahlverwandt anklingen. Von Natur neige ich mich zu einem gewissen Dolce far niente, und ich lagere mich gern auf blumigen Rasen, und betrachte dann die ruhigen Züge der Wolken und ergötze mich an ihrer Beleuchtung; doch der Zufall wollte, daß ich aus dieser gemächlichen Träumerei sehr oft durch harte Rippenstöße des Schicksals geweckt wurde, ich mußte gezwungenerweise teilnehmen an den Schmerzen und Kämpfen der Zeit, und ehrlich war dann meine Teilnahme, und ich schlug mich trotz den Tapfersten ... Aber, ich weiß nicht, wie ich mich ausdrücken soll, meine Empfindungen behielten doch immer eine gewisse Abgeschiedenheit von den Empfindungen der anderen; ich wußte, wie ihnen zu Mute war, aber mir war ganz anders zu Mute, wie ihnen; und wenn ich mein Schlachtroß auch noch so rüstig tummelte und mit dem Schwert auch noch so gnadenlos auf die Feinde einhieb, so erfaßte mich doch nie das Fieber oder die Lust oder die Angst der Schlacht; ob meiner inneren Ruhe ward mir oft unheimlich zu Sinne, ich merkte, daß die Gedanken anderörtig verweilten, während ich im dichtesten Gedränge des Parteikriegs mich herumschlug, und ich kam mir manchmal vor wie Ogier, der Däne, welcher traumwandelnd gegen die Sarazenen focht. Einem solchen Menschen muß Rossini besser zusagen, als Meyerbeer, und doch zu gewissen Zeiten wird er der Musik des letzteren, wo nicht sich ganz hingeben, doch gewiß enthusiastisch huldigen. Denn auf den Wogen Rossini'scher Musik schaukeln sich am behaglichsten die individuellen Freuden und Leiden des Menschen; Liebe und Haß, Zärtlichkeit und Sehnsucht, Eifersucht und Schmollen, alles ist hier das isolierte Gefühl eines Einzelnen. Charakteristisch ist daher in der Musik Rossini's das Vorwalten der Melodie, welche immer der unmittelbare Ausdruck eines isolierten Empfindens ist. Bei Meyerbeer hingegen finden wir die Oberherrschaft der Harmonie; in dem Strome der harmonischen Massen verklingen, ja ersäufen die Melodien, wie die besonderen Empfindungen des einzelnen Menschen untergehen in dem Gesamtgefühl eines ganzen Volkes, und in diese harmonischen Ströme stürzt sich gern unsre Seele, wenn sie von den Leiden und Freuden des ganzen Menschengeschlechts erfaßt wird und Partei ergreift für die großen Fragen der Gesellschaft.

Meyerbeer's Musik ist mehr sozial als individuell; die dankbare Gegenwart, die ihre inneren und äußeren Fehden, ihren Gemützwiespalt und ihren Willenskampf, ihre Not und ihre Hoffnung in seiner Musik wiederfindet, feiert ihre eigene Leidenschaft und Begeisterung, während sie dem großen Maestro applaudiert. Rossini's Musik war angemessener für die Zeit der Restauration, wo, nach großen Kämpfen und Enttäuschungen, bei den blasierten Menschen der Sinn für ihre großen Gesamtinteressen in den Hintergrund zurückweichen mußte und die Gefühle der Ichheit wieder in ihre legitimen Rechte eintreten konnten. Nimmermehr würde Rossini während der Revolution und dem Empire seine große Popularität erlangt haben. Robespierre hätte ihn vielleicht antipatriotischer, moderantistischer Melodien angeklagt, und Napoleon hätte ihn gewiß nicht als Kapellmeister angestellt bei der großen Armee, wo er einer Gesamtbegeisterung bedurfte ... Armer Schwan von Pesaro! der gallische Hahn und der kaiserliche Adler hätten dich vielleicht zerrissen, und geeigneter als die Schlachtfelder der Bürgertugend und des Ruhmes war für dich ein stiller See, an dessen Ufer die zahmen Lilien dir friedlich nickten, und wo du ruhig auf und ab rudern konntest, Schönheit und Lieblichkeit in jeder Bewegung! Die Restauration war Rossini's Triumphzeit, und sogar die Sterne des Himmels, die damals Feierabend hatten und sich nicht mehr um das Schicksal der Völker bekümmerten, lauschten ihm mit Entzücken. Die Juliusrevolution hat indessen im Himmel und auf Erden eine große Bewegung hervorgebracht, Sterne und Menschen, Engel und Könige, ja der liebe Gott selbst, wurden ihrem Friedenszustand entrissen, haben wieder viel' Geschäfte, haben eine neue Zeit zu ordnen, haben weder Muße noch hinlängliche Seelenruhe, um sich an den Melodien des Privatgefühls zu ergötzen, und nur wenn die großen Chöre von Robert-le-Diable oder gar der Hugenotten harmonisch grollen, harmonisch jauchzen, harmonisch schluchzen, horchen ihre Herzen und schluchzen, jauchzen und grollen im begeisterten Einklang.

Dieses ist vielleicht der letzte Grund jenes unerhörten, kolossalen Beifalls, dessen sich die zwei großen Opern von Meyerbeer in der ganzen Welt erfreuen. Er ist der Mann seiner Zeit, und die Zeit, die immer ihre Leute zu wählen weiß, hat ihn tumultuarisch aufs Schild gehoben, und proklamiert seine Herrschaft und hält mit ihm ihren fröhlichen Einzug. Es ist eben keine behagliche Position, solcherweise im Triumph getragen zu werden: durch Ungeschick oder Ungeschicklichkeit eines einzigen Schildhalters kann man in ein bedenkliches Wackeln geraten, wo nicht gar stark beschädigt werden, die Blumenkränze, die einem an den Kopf fliegen, können zuweilen mehr verletzen als erquicken, wo nicht gar besudeln, wenn sie aus schmutzigen Händen kommen, und die Überlast der Lorbeeren kann einem gewiß viel Angstschweiß auspressen ... Rossini, wenn er solchem Zuge begegnet, lächelt überaus ironisch mit seinen feinen italienischen Lippen, und er klagt dann über seinen schlechten Magen, der sich täglich verschlimmere, so daß er gar nichts mehr essen könne.

Das ist hart, denn Rossini war immer einer der größten Gourmands. Meyerbeer ist just das Gegenteil; wie in seiner äußeren Erscheinung, so ist er auch in seinen Genüssen die Bescheidenheit selbst. Nur wenn er Freunde geladen hat, findet man bei ihm einen guten Tisch. Als ich einst à la fortune du pot bei ihm speisen wollte, fand ich ihn bei einem ärmlichen Gerichte Stockfische, welches sein ganzes Diner ausmachte; wie natürlich, ich behauptete, schon gespeist zu haben ...

Meyerbeer schreibt jetzt eine neue Oper, welcher ich mit großer Neugier entgegensehe. Die Entfaltung dieses Genius ist für mich ein höchst merkwürdiges Schauspiel. Mit Interesse folge ich den Phasen seines musikalischen wie seines persönlichen Lebens, und beobachte die Wechselwirkungen, die zwischen ihm und seinem europäischen Publikum stattfinden. Es sind jetzt zehn Jahre, daß ich ihm zuerst in Berlin begegnete, zwischen dem Universitätsgebäude und der Wachtstube, zwischen der Wissenschaft und der Trommel, und er schien sich in dieser Stellung sehr beklemmt zu fühlen. Ich erinnere mich, ich traf ihn in Gesellschaft des Dr. Marx, welcher damals zu einer gewissen musikalischen Regence gehörte, die während der Minderjährigkeit eines gewissen jungen Genies, das man als legitimen Thronfolger Mozart's betrachtete, beständig dem Sebastian Bach huldigte. Der Enthusiasmus für Sebastian Bach sollte aber nicht bloß jenes Interregnum ausfüllen, sondern auch die Reputation von Rossini vernichten, den die Regence am meisten fürchtete und also auch am meisten haßte. Meyerbeer galt damals für einen Nachahmer Rossini's, und der Dr. Marx behandelte ihn mit einer gewissen Herablassung, mit einer leutseligen Oberhoheitsmiene, worüber ich jetzt herzlich lachen muß. Der Rossinismus war damals das große Verbrechen Meyerbeer's; er war noch weit entfernt von der Ehre, um seiner selbst willen angefeindet zu werden. Er enthielt sich auch wohlweislich aller Ansprüche, und als ich ihm erzählte, mit welchem Enthusiasmus ich jüngst in Italien seinen ›Crociato‹ aufführen sehen, lächelte er mit launiger Wehmut und sagte: ›Sie kompromittieren sich, wenn Sie mich armen Italiener hier in Berlin loben, der Hauptstadt von Sebastian Bach!‹

Meyerbeer war in der That damals ganz ein Nachahmer der Italiener geworden. Der Mißmut gegen den feuchtkalten, verstandeswitzigen, farblosen Berlinianismus hatte frühzeitig eine natürliche Reaktion in ihm hervorgebracht; er entsprang nach Italien, genoß fröhlich seines Lebens, ergab sich dort ganz seinen Privatgefühlen, und komponierte dort jene köstlichen Opern, worin der Rossinismus mit der süßesten Übertreibung gesteigert ist; hier ist das Gold noch übergüldet und die Blume mit noch stärkeren Wohldüften parfümiert. Das war die glücklichste Zeit Meyerbeer's, er schrieb im vergnügten Rausche der italienischen Sinnenlust, und im Leben wie in der Kunst pflückte er die leichtesten Blumen.

Aber dergleichen konnte einer deutschen Natur nicht lange genügen. Ein gewisses Heimweh nach dem Ernste des Vaterlandes ward in ihm wach; während er unter welschen Myrten lagerte, beschlich ihn die Erinnerung an die geheimnisvollen Schauer deutscher Eichenwälder; während südliche Zephyre ihn umkosten, dachte er an die dunkeln Choräle des Nordwinds; es ging ihm vielleicht gar wie der Frau von Sevigné, die, als sie neben einer Orangerie wohnte und beständig von lauter Orangenblüten umduftet war, sich am Ende nach dem schlechten Gerüche einer gesunden Mistkarre zu sehnen begann ... Kurz, eine neue Reaktion fand statt, Signor Giacomo ward plötzlich wieder ein Deutscher und schloß sich wieder an Deutschland, nicht an das alte, morsche, abgelebte Deutschland des engbrüstigen Spießbürgertums, sondern an das junge, großmütige, weltfreie Deutschland einer neuen Generation, die alle Fragen der Menschheit zu ihren eigenen gemacht hat, und die, wenn auch nicht immer auf ihrem Banner, doch desto unauslöschlicher in ihrem Herzen, die großen Menschheitsfragen eingeschrieben trägt.

Bald nach der Julirevolution trat Meyerbeer vor das Publikum mit einem neuen Werke, das während den Wehen jener Revolution seinem Geiste entsprossen, mit Robert-le-Diable, dem Helden, der nicht genau weiß, was er will, der beständig mit sich selber im Kampfe liegt, ein treues Bild des moralischen Schwankens damaliger Zeit, einer Zeit, die sich zwischen Tugend und Laster so qualvoll unruhig bewegte, in Bestrebungen und Hindernissen sich aufrieb, und nicht immer genug Kraft besaß, den Anfechtungen Satan's zu widerstehen! Ich liebe keineswegs diese Oper, dieses Meisterwerk der Zagheit, ich sage der Zagheit nicht bloß in betreff des

Stoffes, sondern auch der Exekution, indem der Komponist seinem Genius noch nicht traut, noch nicht wagt, sich dem ganzen Willen desselben hinzugeben, und der Menge zitternd dient, statt ihr unerschrocken zu gebieten. Man hat damals Meyerbeer mit Recht ein ängstliches Genie genannt; es mangelt ihm der siegreiche Glaube an sich selbst, er zeigte Furcht vor der öffentlichen Meinung, der kleinste Tadel erschreckte ihn, er schmeichelte allen Launen des Publikums, und gab links und rechts die eifrigsten Poignées de main, als habe er auch in der Musik die Volkssouveränetät anerkannt und begründe sein Regiment auf Stimmenmehrheit, im Gegensatz zu Rossini, der als König von Gottes Gnade im Reiche der Tonkunst absolut herrsche. Diese Ängstlichkeit hat ihn im Leben noch nicht verlassen; er ist immer noch besorgt um die Meinung des Publikums, aber der Erfolg von Robert-le-Diable bewirkte glücklicherweise, daß er von jener Sorge nicht belästigt wird während er arbeitet, daß er mit weit mehr Sicherheit komponiert, daß er den großen Willen seiner Seele in ihren Schöpfungen hervortreten läßt. Und mit dieser erweiterten Geistesfreiheit schrieb er die Hugenotten, worin aller Zweifel verschwunden, der innere Selbstkampf aufgehört und der äußere Zweikampf angefangen hat, dessen kolossale Gestaltung uns in Erstaunen setzt. Erst durch dieses Werk gewann Meyerbeer sein unsterbliches Bürgerrecht in der ewigen Geisterstadt, im himmlischen Jerusalem der Kunst. In den Hugenotten offenbart sich endlich Meyerbeer ohne Scheu; mit unerschrockenen Linien zeichnete er hier seinen ganzen Gedanken, und alles, was seine Brust bewegte, wagte er auszusprechen in ungezügelten Tönen.

Was dieses Werk ganz besonders auszeichnet, ist das Gleichmaß, das zwischen dem Enthusiasmus und der artistischen Vollendung stattfindet, oder, um mich besser auszudrücken, die gleiche Höhe, welche darin die Passion und die Kunst erreichen; der Mensch und der Künstler haben hier gewetteifert, und wenn jener die Sturmglocke der wildesten Leidenschaften anzieht, weiß dieser die rohen Naturtöne zum schauerlich süßesten Wohllaut zu verklären. Während die große Menge ergriffen wird von der inneren Gewalt, von der Passion der Hugenotten, bewundert der Kunstverständige die Meisterschaft, die sich in den Formen bekundet. Dieses Werk ist ein gotischer Dom, dessen himmelstrebender Pfeilerbau und kolossale Kuppel von der kühnen Hand eines Riesen aufgepflanzt zu sein scheinen, während die unzähligen, zierlich feinen Festons, Rosetten und Arabesken, die wie ein steinerner Spitzenschleier darüber ausgebreitet sind, von einer unermüdlichen Zwergsgeduld Zeugnis geben. Riese in der Konzeption und Gestaltung des Ganzen, Zwerg in der mühseligen Ausführung der Einzelheiten, ist uns der Baumeister der Hugenotten ebenso unbegreiflich, wie die Kompositoren der alten Dome. Als ich jüngst mit einem Freunde vor der Kathedrale zu Amiens stand, und mein Freund dieses Monument von felsentürmender Riesenkraft und unermüdlich schnitzelnder Zwergsgeduld mit Schrecken und Mitleiden betrachtete und mich endlich frug, wie es komme, daß wir heutzutage keine solchen Bauwerke mehr zustandebringen, antwortete ich ihm: ›Teurer Alphonse, die Menschen in jener alten Zeit hatten Überzeugungen, wir Neueren haben nur Meinungen, und es gehört etwas mehr als eine bloße Meinung dazu, um so einen gotischen Dom aufzurichten.‹

Das ist es. Meyerbeer ist ein Mann der Überzeugung. Dieses bezieht sich aber nicht eigentlich auf die Tagesfragen der Gesellschaft, obgleich auch in diesem Betracht bei Meyerbeer die Gesinnungen fester begründet stehen, als bei anderen Künstlern. Meyerbeer, den die Fürsten dieser Erde mit allen möglichen Ehrenbezeugungen überschütten, und der auch für diese Auszeichnungen so viel Sinn hat, trägt doch ein Herz in der Brust, welches für die heiligsten Interessen der Menschheit glüht, und unumwunden gesteht er seinen Kultus für die Helden der Revolution. Es ist ein Glück für ihn, daß manche nordischen Behörden keine Musik verstehen, sie würden sonst in den Hugenotten nicht bloß einen Parteikampf zwischen Protestanten und Katholiken erblicken. Aber dennoch sind seine Überzeugungen nicht eigentlich politischer und noch weniger religiöser Art; nein, auch nicht religiöser Art, seine Religion ist nur negativ, sie besteht nur darin, daß er, ungleich anderen Künstlern, vielleicht aus Stolz, seine Lippen mit keiner Lüge beflecken will, daß er gewisse zudringliche Segnungen ablehnt, deren Annahme immer als eine zweideutige, nie als eine großmütige Handlung betrachtet werden kann. Die eigentliche Religion Meyerbeer's ist die Religion Mozart's, Gluck's, Beethoven's, es ist die Musik; nur an diese glaubt er, nur in diesem Glauben findet er seine Seligkeit und lebt er mit einer Überzeugung, die den Überzeugungen früherer Jahrhunderte ähnlich ist an Tiefe, Leidenschaft und Ausdauer. Ja, ich möchte sagen, er ist Apostel dieser Religion. Wie mit apostolischem Eifer und Drang behandelt er alles, was seine Musik betrifft. Während andere Künstler zufrieden sind, wenn sie etwas Schönes geschaffen haben, ja nicht selten alles Interesse für ihr Werk verlieren, so beginnt im Gegenteil bei Meyerbeer die größere Kindesnot erst nach der Entbindung, er gibt sich alsdann nicht zufrieden, bis die Schöpfung seines Geistes sich auch glänzend dem übrigen Volke offenbart, bis das ganze Publikum von seiner Musik erbaut wird, bis seine Oper in alle Herzen die Gefühle gegossen, die er der ganzen Welt predigen will, bis er mit der ganzen Welt kommuniziert hat. Wie der Apostel, um eine einzige verlorene Seele zu retten, weder Mühe noch Schmerzen achtet, so wird auch Meyerbeer, erfährt er, daß irgend jemand seine Musik verleugnet, ihm unermüdlich nachstellen, bis er ihn zu sich bekehrt hat, und das einzige gerettete Lamm, und sei es auch die unbedeutendste Feuilletonistenseele, ist ihm dann lieber als die ganze Herde von Gläubigen, die ihn immer mit orthodoxer Treue verehrten.

Die Musik ist die Überzeugung von Meyerbeer, und das ist vielleicht der Grund aller jener Ängstlichkeiten und Bekümmernisse, die der große Meister so oft an den Tag legt, und die uns nicht selten ein Lächeln entlocken. Man muß ihn sehen, wenn er eine neue Oper einstudiert; er ist dann der Plagegeist aller Musiker und Sänger, die er mit unaufhörlichen Proben quält. Nie kann er sich ganz zufrieden geben, ein einziger falscher Ton im Orchester ist ihm ein Dolchstich, woran er zu sterben glaubt. Diese Unruhe verfolgt ihn noch lange, wenn die Oper bereits aufgeführt und mit Beifallsrausch empfangen worden. Er ängstigt sich dann noch immer, und ich glaube, er gibt sich nicht eher zufrieden, als bis einige tausend Menschen, die seine Oper gehört und bewundert haben, gestorben und begraben sind; bei diesen wenigstens hat er keinen Abfall zu befürchten, diese Seelen sind ihm sicher. An den Tagen, wo seine Oper gegeben wird, kann es ihm der liebe Gott nie recht machen; regnet es und ist es kalt, so fürchtet er, daß Mademoiselle Falcon den Schnupfen bekomme; ist hingegen der Abend hell und warm, so fürchtet er, daß das schöne Wetter die Leute ins Freie locken und das Theater leer stehen könnte. Nichts ist der Peinlichkeit zu vergleichen, womit Meyerbeer, wenn seine Musik endlich gedruckt wird, die Korrektur besorgt; diese unermüdliche Verbesserungssucht während der Korrektur ist bei den Pariser Künstlern zum Sprichwort geworden. Aber man bedenke, daß ihm die Musik über alles teuer ist, teurer gewiß als sein Leben. Als die Cholera in Paris zu wüten begann, beschwor ich Meyerbeer, so schleunig als möglich abzureisen, aber er hatte noch für einige Tage Geschäfte, die er nicht hintenan setzen konnte, er hatte mit einem Italiener das italienische Libretto für Robert-le-Diable zu arrangieren.

Weit mehr als Robert-le-Diable sind die Hugenotten ein Werk der Überzeugung, sowohl in Hinsicht des Inhalts als der Form. Wie ich schon bemerkt habe, während die große Menge vom Inhalt hingerissen wird, bewundert der stillere Betrachter die ungeheuren Fortschritte der Kunst, die neuen Formen, die hier hervortreten. Nach dem Ausspruch der kompetentesten Richter müssen jetzt alle Musiker, die für die Oper schreiben wollen, vorher die Hugenotten studieren. In der Instrumentation hat es Meyerbeer am weitesten gebracht. Unerhört ist die Behandlung der Chöre, die sich hier wie Individuen aussprechen und aller opernhaften Herkömmlichkeit entäußert haben. Seit dem Don Juan gibt es gewiß keine größere Erscheinung im Reiche der Tonkunst, als jener vierte Akt der Hugenotten, wo auf die grauenhaft erschütternde Szene der Schwerterweihe, der eingesegneten Mordlust, noch ein Duo gesetzt ist, das jenen ersten Effekt noch überbietet; ein kolossales Wagnis, das man dem ängstlichen Genie kaum Zutrauen sollte, dessen Gelingen aber eben so sehr unser Entzücken wie unsere Bewunderung erregt. Was mich betrifft, so glaube ich, daß Meyerbeer diese Aufgabe nicht durch Kunstmittel gelöst hat, sondern durch Naturmittel, indem jenes famose Duo eine Reihe von Gefühlen ausspricht, die vielleicht nie, oder wenigstens nie mit solcher Wahrheit, in einer Oper hervorgetreten, und für welche dennoch in den Gemütern der Gegenwart die wildesten Sympathien auflodern. Was mich betrifft, so gestehe ich, daß nie bei einer Musik mein Herz so stürmisch pochte, wie bei dem vierten Akte der Hugenotten, daß ich aber diesem Akte und seinen Aufregungen gern aus dem Wege gehe und mit weit größerem Vergnügen dem zweiten Akte beiwohnte. Dieser ist ein gehaltvolleres Idyll, das an Lieblichkeit und Grazie den romantischen

Lustspielen von Shakespeare, vielleicht aber noch mehr dem ›Aminta‹ von Tasso ähnlich ist. In der That, unter den Rosen der Freude lauscht darin eine sanfte Schwermut, die an den unglücklichen Hofdichter von Ferrara erinnert. Es ist mehr die Sehnsucht nach der Heiterkeit, als die Heiterkeit selbst, es ist kein herzliches Lachen, sondern ein Lächeln des Herzens, eines Herzens, welches heimlich krank ist und von Gesundheit nur träumen kann. Wie kommt es, daß ein Künstler, dem von der Wiege an alle blutsaugenden Lebenssorgen abgewedelt worden, der, geboren im Schoße des Reichtums, gehätschelt von der ganzen Familie, die allen seinen Neigungen bereitwillig, ja enthusiastisch fröhnte, weit mehr als irgend ein sterblicher Künstler zum Glück berechtigt war, – wie kommt es, daß dieser dennoch jene ungeheuren Schmerzen erfahren hat, die uns aus seiner Musik entgegenseufzen und schluchzen? Denn was er nicht selber empfindet, kann der Musiker nicht so gewaltig, nicht so erschütternd aussprechen. Es ist sonderbar, daß der Künstler, dessen materielle Bedürfnisse befriedigt sind, desto unleidlicher von moralischen Drangsalen heimgesucht wird! Aber das ist ein Glück für das Publikum, das den Schmerzen des Künstlers seine idealsten Freuden verdankt. Der Künstler ist jenes Kind, wovon das Volksmärchen erzählt, daß seine Tränen lauter Perlen sind. Ach! die böse Stiefmutter, die Welt, schlägt das arme Kind um so unbarmherziger, damit es nur recht viele Perlen weine!

Man hat die Hugenotten, mehr noch als Robert-le-Diable, eines Mangels an Melodien zeihen wollen. Dieser Vorwurf beruht auf einem Irrtum. ›Vor lauter Wald sieht man die Bäume nicht.‹ Die Melodie ist hier der Harmonie untergeordnet, und bereits bei einer Vergleichung mit der rein menschlichen, individuellen Musik Rossini's, worin das umgekehrte Verhältnis stattfindet, habe ich angedeutet, daß es diese Vorherrschaft der Harmonie ist, welche die Musik von Meyerbeer als eine menschheitlich bewegte, gesellschaftlich moderne Musik charakterisiert. An Melodien fehlt es ihr wahrlich nicht, nur dürfen diese Melodien nicht störsam schroff, ich möchte sagen egoistisch, hervortreten, sie dürfen nur dem Ganzen dienen, sie sind diszipliniert, statt daß bei den Italienern die Melodien isoliert, ich möchte fast sagen außergesetzlich, sich geltend machen, ungefähr wie ihre berühmten Banditen. Man merkt es nur nicht; mancher gemeine Soldat schlägt sich in einer großen Schlacht ebensogut wie der Kalabrese, der einsame Raubheld, dessen persönliche Tapferkeit uns weniger überraschen würde, wenn er unter regulären Truppen, in Reih' und Glied, sich schlüge. Ich will einer Vorherrschaft der Melodie bei Leibe ihr Verdienst nicht absprechen, aber bemerken muß ich, als eine Folge derselben sehen wir in Italien jene Gleichgültigkeit gegen das Ensemble der Oper, gegen die Oper als geschlossenes Kunstwerk, die sich so naiv äußert, daß man in den Logen, während keine Bravourpartien gesungen werden, Gesellschaft empfängt, ungeniert plaudert, wo nicht gar Karten spielt.

Die Vorherrschaft der Harmonie in den Meyerbeer'schen Schöpfungen ist vielleicht eine notwendige Folge seiner weiten, das Reich des Gedankens und der

Erscheinungen umfassenden Bildung. Zu seiner Erziehung wurden Schätze verwendet und sein Geist war empfänglich; er ward früh eingeweiht in alle Wissenschaften und unterscheidet sich auch hiedurch von den meisten Musikern, deren glänzende Ignoranz einigermaßen verzeihlich, da es ihnen gewöhnlich an Mitteln und Zeit fehlte, sich außerhalb ihres Faches große Kenntnisse zu erwerben. Das Gelernte ward bei ihm Natur, und die Schule der Welt gab ihm die höchste Entwicklung; er gehört zu jener geringeren Zahl Deutscher, die selbst Frankreich als Muster der Urbanität anerkennen mußte. Solche Bildungshöhe war vielleicht nötig, wenn man das Material, das zur Schöpfung der Hugenotten gehörte, zusammenfinden und sicheren Sinnes gestalten wollte. Aber ob nicht, was an Weite der Auffassung und Klarheit des Überblicks gewonnen ward, an anderen Eigenschaften verloren ging, das ist eine Frage. Die Bildung vernichtet bei dem Künstler jene scharfe Accentuation, jene schroffe Färbung, jene Ursprünglichkeit der Gedanken, jene Unmittelbarkeit der Gefühle, die wir bei rohbegrenzten, ungebildeten Naturen so sehr bewundern.

Die Bildung wird überhaupt immer teuer erkauft, und die kleine Blanka hat recht. Dieses etwa achtjährige Töchterchen von Meyerbeer beneidet den Müßiggang der kleinen Buben und Mädchen, die sie auf der Straße spielen sieht, und äußerte sich jüngst folgendermaßen: ›Welch ein Unglück, daß ich gebildete Eltern habe! Ich muß von Morgen bis Abend alles Mögliche auswendig lernen und still sitzen und artig sein, während die ungebildeten Kinder da unten den ganzen Tag glücklich herumlaufen und sich amüsieren können!‹«

Nicht zufällig im Hinblick auf diesen Beitrag vertonte Meyerbeer drei Texte aus Heines *Buch der Lieder*: »Komm!«, »Hör ich ein Liedchen klingen« und »Die Rose, die Lilie, die Taube« (1837/38), Romanzen, über die noch zu sprechen sein wird.

Das gute Einvernehmen nutzte Heine, um durch Meyerbeers Hilfe die gestörten Beziehungen zu seinem reichen Onkel Salomon Heine in Hamburg wieder aufzufrischen. Dieser hatte es nicht gern gesehen, dass seines Neffen kaufmännische Lehre so rasch und erfolglos ihr Ende fand; aber er war ihm, trotz mancher Verdächtigungen, die der scharfzüngige Dichter auch gegen den hanseatischen Kaufmann äußerte, immer gut gesonnen. Meyerbeer trat vermittelnd auf und erwirkte im September 1838, daß Salomon dem Dichter jährlich eine Pension von 4000 Francs zahlte, die sogar auf 4800 Francs erhöht wurde, als sich seine ehemalige Geliebte Cécile auch für ihn verwandte. Zwar war nun Meyerbeers delikate Mission erfüllt, aber als der Versuch scheiterte, die Zahlungen nach Salomons Tod fortzusetzen, zerbrach schließlich die Freundschaft mit Heine.

Im Februar 1837 meldete sich ein weiterer deutscher Landsmann bei Meyerbeer zu Wort. Es war Richard Wagner. Er gehörte, glaubt man seinen Berichten, zu den glühendsten Verehrern Meyerbeers. Sein erster Brief, noch im fernen Königsberg geschrieben, diente dazu, sich Meyerbeer vorzustellen und ihm seine kompositorischen Absichten kundzugeben. Dass Wagner sich dabei ganz auf Paris konzentrierte, ist seiner Einsicht zuzuschreiben, nur die französische Hauptstadt sei das Zentrum der europäischen Opernkunst. Der junge Musiker litt nicht an Selbstunterschätzung, wie das folgende Zitat ausweist, und außerdem deuten sich schon jene Lobesüberhebungen an, mit denen er in der Folgezeit Meyerbeer förmlich überschüttete: »… ich fand in einem neueren deutschen Romane ein vortreffliches Sujet für eine große Oper auf; es fiel mir jedoch gleich in die Augen, daß eine Verarbeitung desselben für die französische Oper von weit größerer Wirkung sein würde, als für die deutsche. Ich setzte demnach selbst einen Entwurf auf, der jetzt nur noch der Versification bedarf, … u. übersandte ihn schon im August vorigen Jahres an Hr. Scribe nach Paris … Bis jetzt erhielt ich noch keine Antwort … Ich habe demnach in diesen Tagen ihm die Partitur einer von mir komponirten großen komischen Oper ›Das Liebesverbot‹ zugesandt, mit der Bitte, sie Ihnen zur Prüfung vorzulegen. Falle Ihr Urtheil zu meinen Gunsten aus, so legte ich ihm meine frühere Bitte von neuem ans Herz. So wäre also eine schickliche Gelegenheit gefunden, Ihnen, verehrter Herr, mich nähern zu können … Künstlerruhm kann Ihnen fast nicht mehr zu Theil werden, denn Sie erreichten schon das Unerhörteste; überall, wo Menschen singen können, hört man Ihre Melodien; Sie sind ein kleiner Gott dieser Erde geworden …« (4. Februar 1837).

Als Wagner 1839 aus Riga wegen hoher Schulden auf dem Seeweg über London nach Frankreich floh, warf er den Rettungsanker zuerst nach Meyerbeer aus, den er auch zufälligerweise an der französischen Kanalküste im Badeort Boulogne-sur-Mer ausfindig machte.

»In Boulogne sur mer«, schrieb Wagner, »blieb ich vier Wochen: dort machte ich die erste Bekanntschaft Meyerbeer's, ich ließ ihn die beiden fertigen Akte meines Rienzi kennen lernen; er sagte mir auf das Freundlichste seine Unterstützung in Paris zu. Mit sehr wenig Geld, aber den besten Hoffnungen betrat ich nun Paris. Gänzlich ohne alle Empfehlungen war ich einzig nur auf Meyerbeer angewiesen; mit der ausgezeichnetsten Sorgsamkeit leitete dieser für mich ein, was irgend meinen Zwecken dienlich sein konnte, und gewiß wäre ich bald zu einem erwünschten Ziele gekommen, hätte ich es nicht so unglücklich getroffen, daß gerade während der ganzen Zeit meines pariser Aufenthalts Meyerbeer meistens oder fast immer von Paris entfernt war. Auch aus der Entfernung suchte er mir zwar nützlich zu sein, nach seinen eigenen Voraussagungen konnten briefliche Bemühungen aber da von keinem Erfolge sein, wo höchstens das unausgesetzte persönliche Eingreifen von Wirkung werden kann. Zunächst trat ich in Verbindungen mit dem Theater de la Renaissance … Am geeignetsten … schien mir die Partitur meines ›Liebesverbotes‹; auch das etwas frivole Sujet wäre gut für die französische Bühne zu verarbeiten gewesen. Ich war dem Direktor des Theaters von Meyerbeer so dringend anempfohlen, daß er nicht anders konnte, als mir die besten Versprechungen zu machen«, schrieb Wagner in einer 1843 veröffentlichten biografischen Skizze (Wagner 1843). Da hatte er schon vergessen, dass Meyerbeer im Herbst 1839, kurz nach Wagners Ankunft in Paris, für zwei Monate selbst nach Paris kam, und er konnte nicht wissen, dass sich von Oktober bis Dezember im Taschenkalender nicht weniger als 17 Eintragungen auf Wagner bezogen. Bis zum Jahresende 1840 verging kein Monat, in dem Meyerbeer Wagners Name nicht ein- oder mehrfach notiert hätte, ein Zeichen, wie anhaltend er sich um den jungen Landsmann kümmerte und dass er es nicht bei wenigen sporadischen Aktionen beließ. Meyerbeer hatte sogar einige der besten Solisten, unter ihnen Mme. Dorus-Gras, für ein Vorsingen gewinnen können. Der Direktor Anténor Joly sperrte sich gegen einen so massiven Angriff, und da das Theater bereits Zahlungsschwierigkeiten hatte, wollte er den Etat nicht durch die Zusage zu einer Neuinszenierung belasten. Meyerbeer erhielt in seinem Kurort Baden-Baden, wo er zum Jahresbeginn 1840 weilte, einen langen Brief Wagners mit folgenden bemerkenswerten Sätzen: »… Terrorismus ist das einzige Mittel, und Sie, mein verehrter Selbstherrscher aller Töne, können ihn allein anwenden. Ich hoffe in dieser Welt auf kein Heil als von Ihnen. – Wohlan, wenn Sie sich meiner noch entsinnen, so erbarmen Sie sich mein, und schreiben Sie einen Brief, so eine Art von Ukas oder Bulle, an den bösen Antenor … Ein Mittel wüßte ich allerdings … wenn Sie ihm die geringste Hoffnung machen, mit der Zeit einmal Ihre Mußestunden zu Rate ziehen zu wollen, um ihm selbst eine Oper zu komponieren … Bleiben Sie mir hold, so ist mir Gott auch nahe; deshalb gedenken Sie ein ganz klein wenig Ihres in glühender Verehrung ergebenen Dieners Richard Wagner.«

Das Zitat ist bezeichnend für Wagners Denken und Handeln. Solange er auf fremde Hilfe angewiesen war, wusste er Lobpreisungen zur Verfolgung seiner eigenen Ziele wirkungsvoll einzusetzen. Heute weiß man, wie er mit Hilfesuchenden und Kollegen verfuhr, nachdem er selbst etabliert war.

Im Januar 1840 konnte Meyerbeer, der zwei Akte des *Rienzi* und vielleicht auch die Partitur des *Liebesverbots* gesehen hatte, kaum mehr für Wagner tun, als ihn zu empfehlen. Denn den Beweis seiner künstlerischen Befähigung mussten schließlich die Werke selbst erbringen. Meyerbeer hatte sicherlich nicht im Sinn, das »unausgesetzte persönliche Eingreifen« für Wagner zu inszenieren, zumal er am 15. Februar einen weiteren Brief von ihm erhielt mit dem Hinweis, dass Habeneck im Conservatoire die »Columbus-Ouverture« probiert habe: »… das sämtliche Orchester zeigte mir durch einen wiederholten und anhaltenden Applaus an, dass es nicht unzufrieden war, und noch in dieser Woche hat mir Herr Habeneck die zweite Repetition versprochen … Dies würde dann der erste und gewiß sehr wichtige Erfolg sein, den ich so ausschließlich nur Ihnen zu verdanken haben würde. Aber wie dafür danken? … So großmütig kann ich mir aber den Himmel kaum denken; ich sehe im Gegenteil kommen, daß ich Sie von Äonen zu Äonen mit Dankesstammeln verfolgen werde, bis Sie endlich, aufgebracht, … mich in die Hölle schicken werden ... In ehrfurchtsvoller Verehrung verharre ich Ihr mit Herz und Blut ewig verpflichteter Untertan Richard Wagner.« Meyerbeer hat später, als er allen Grund dazu hatte, Wagner niemals »in die Hölle« geschickt. Es war eher umgekehrt.

Im Februar ging es dem jungen Komponisten allerdings so schlecht, dass er nach jedem Strohhalm greifen musste. Im Brief vom 3. Mai teilte er Meyerbeer den »... nächstens bevorstehende(n) Banquerout« des Théâtre de la Renaissance mit. Meyerbeer beauftragte Gouin, dafür Sorge zu tragen, daß weitere Verhandlungen angebahnt wurden. »Hr. Gouin forderte Hrn Monnaie [zu dieser Zeit Mitdirektor der Opéra] auf, mir im Foyer der Oper diese Audition [Vorspiel] zu bewilligen, – was bei seiner Fürsprache der Name: Meyerbeer für Wirkung gethan hat, können Sie daraus ermessen, daß Hr. Monnaie sogleich seine Zustimmung gab, ja, noch mehr, – mir Hrn. Scribe's Anwesenheit bei der Audition verschaffte.« Wagner hoffte, den Auftrag zu einer einaktigen Oper zu erhalten, jedoch vergebens. Trotzdem: »... Ihr Geist schwebt über mir ... Sie sehen, es ist Meyerbeer u. nur Meyerbeer, u. werden wohl begreifen, daß ich mich der gerührtesten Tränen nicht enthalten kann, wenn ich des Mannes gedenke, der mir Alles, Alles ist ... Mein Kopf u. mein Herz gehören aber schon nicht mehr mir, – das ist Ihr Eigen, mein Meister; Mir bleiben höchstens nur noch meine Hände übrig, – wollen Sie sie brauchen? – Ich sehe ein, ich muß Ihr Sclave mit Kopf und Leib werden, um Nahrung u. Kraft zu der Arbeit zu erhalten, die Ihnen einst von meinem Danke sagen soll. Ich werde ein treuer, redlicher Sclave sein, – denn ich gestehe offen, daß ich Sclaven-Natur in mir habe; ... Göthe ist todt, – er war auch kein Musiker; mir bleibt Niemand als Sie. Ein fünf u. zwanzig hundert Franken werden mir in den nächsten Winter helfen, – wollen Sie mir sie leihen?« – Meyerbeer half aus der Ferne.

Im Taschenkalender für Juli/August 1840 stand Wagners Name wiederum mehrfach. Während eines kurzen Parisaufenthalts brachte Meyerbeer Wagner mit Léon Pillet, dem neuen Direktor der Académie Royale, zusammen, um eventuell über ihn einen Auftrag zu erwirken. Aber das Angebot, gemeinsam mit einem anderen Komponisten ein Ballett zu schreiben, lehnte Wagner ab. Es wurde auch über den *Fliegenden Holländer* gesprochen, von dem schon das Matrosenlied, der Gesang der Holländermannschaft und die Senta-Ballade vorlagen; das endgültige Libretto entstand im folgenden Jahr im Pariser Vorort Meudon.

Am 29. Dezember 1840 schrieb Wagner an Schumann: »... Lassen Sie doch Meyerbeer nicht mehr so herunterreißen; dem Manne verdanke ich Alles und zumal meine sehr baldige Berühmtheit.«

Meyerbeer setzte sich nun, da die Pariser Direktoren Wagners Vorschlägen nicht zustimmten, mit dem Dresdner Intendanten Adolph von Lüttichau, der ihm wohlbekannt war, in Verbindung: »Ihre Exzellenz werden mir vergeben, wenn ich Sie mit diesen Zeilen belästige, ich erinnere mich aber Ihrer steten Güte für mich zu lebhaft, um einem jungen, interessanten Landsmann es abschlagen zu dürfen, wenn er, mit vielleicht zu schmeichelhaftem Vertrauen auf meine Einwirkung bei

E. E., mich bittet, sein Anliegen mit diesen Zeilen zu unterstützen ... Sein größter Wunsch ist, die Oper ›Rienzi‹ ... auf die neue Königl. Bühne zu Dresden zur Aufführung zu bringen. Einzelne Stücke, die er mir daraus vorgespielt, fand ich phantasiereich und von vieler dramatischer Wirkung ...« Diese Empfehlung vom 18. Mai 1841 gab den Ausschlag für die Annahme der Oper in Dresden, wo sie am 20. Oktober 1842 unter Carl Gottlieb Reißigers Leitung den ersten Triumph für Wagner brachte. Lüttichaus Zusage bewog Wagner, seine Rückkehr nach Deutschland in Betracht zu ziehen. Er verkaufte deshalb die Idee zum *Fliegenden Holländer* für 500 Francs an die Académie, die Pierre Louis Philippe Dietsch mit der Komposition beauftragte. Dessen *Vaisseau fantôme* ging 1842 nach zehn Vorstellungen unter.

Wiederum durch Meyerbeers Vermittlungen bot Wagner die Partitur des »Holländers« der Berliner Hofoper an, die ablehnte, da gerade ein Intendantenwechsel bevorstand. Herr von Redern wollte weder das schwierige Stück verantworten noch wollte der neue Hausherr Küstner den Beginn seiner Berliner Karriere mit einem Werk belasten, das er eben für die Münchner Hofbühne abgelehnt hatte. Meyerbeer selbst hat es dann erst 1844 in seinen Berliner Spielplan aufgenommen. Die Dresdner Uraufführung des *Holländer* fand am 2. Januar 1843 statt.

Sei es, dass Wagner Meyerbeer verdächtigte, in Berlin nicht genügend für ihn getan zu haben, sei es, dass er sich darüber ärgerte, dass Schumann ausgerechnet im *Holländer* Spuren von Meyerbeer zu entdecken meinte und dass er Wagner als Meyerbeer-Epigonen einordnete – Wagner begann sich allmählich von dem brieflich immer noch Hochgelobten zu lösen, wobei sicher die Dresdner Erfolge sein Selbstbewusstsein, das in Paris sehr gelitten hatte, stärkten.

In die Phase überschwänglicher Ergüsse gehört ein Aufsatz Wagners »Über den Standpunkt der Musik Meyerbeers«, den er 1840 Meyerbeer zur Drucklegung übergab. Der so Apostrophierte verschloss den Artikel so gut, dass er erst 1910 bekannt wurde: »... Meyerbeer schrieb Weltgeschichte, Geschichte der Herzen und Empfindungen, er zerschlug die Schranken der National-Vorurtheile, vernichtete die beengten Grenzen der Sprach-Idiome, er schrieb Thaten der Musik, – Musik, wie sie vor ihm Händel, Gluck und Mozart geschrieben, – und diese waren Deutsche, und Meyerbeer ist ein Deutscher. Und fragen wir, wie war es diesem Deutschen möglich, daß er sich nicht in den Einhegungen dieser oder jener angenommenen nationalen Manier festsetzte, sich in ihnen nicht nach einem kurzen Glanze verlor, und daß er somit kein Sklave der fremden Einflüsse ward? Er hat sein deutsches Erbteil bewahrt, die Naivetät der Empfindung, die Keuschheit der Empfindung. Diese jungfräulich verschönten Züge tiefen Gemüthes sind die Poesie, das Genie Meyerbeers; er hat ein unbeflecktes Gewissen, ein liebenswürdiges Bewußtsein bewahrt, das neben den riesigsten Productionen oft selbst raffinirter Erfindungen in keuschen Strahlen erglänzt, und sich bescheiden als den tiefen Brunnen erkennen läßt, aus dem alle jene imposante Wogen des königlichen Meeres geschöpft wurden ...«

Etwas später schrieb Wagner an Schumann: »Vergessen Sie nicht: Halévy hat kein Vermögen. Er hat mich versichert, daß, wäre er vermögend, er nie mehr für das Theater, sondern Symphonien, Oratorien und dgl. schreiben würde; denn an der Oper sei er gezwungen, Sclave des Interesses des Directors und der Sänger, und genöthigt mit Absicht schlechtes Zeug zu schreiben. Er ist offen und ehrlich und kein absichtlich schlauer Betrüger wie Meyerbeer. Daß Sie aber auf diesen nicht schimpfen! Er ist mein Protector und – Spaß bei Seite – ein liebenswürdiger Mensch …« (5. Januar 1842).

Schumann hatte Wagners »vertrauliche« Sache als »Extrablatt aus Paris« in seiner Zeitschrift veröffentlicht, dabei aus dem »schlauen Betrüger« »Filou« gemacht und die beiden letzten Sätze über den liebenswürdigen Mann gestrichen. Man kann es drehen und wenden, wie man will: Es bleibt eine Verleumdung wider besseres Wissen, zumal Wagner diese Zeilen absichtlich an Schumann schrieb, von dem er wissen musste, wie dieser sie nutzen würde.

Während sich Wagners gehässige Bemerkungen gegenüber Dritten verstärkten, bemühte sich Meyerbeer um einen vertieften Zugang zu Wagners Partituren. »Abends hörte ich Rienzi grosse Oper in 5 Akten von Richard Wagner. Obgleich eine unsinnige Überfülle der Instrumentation betäubt, so sind doch wahrhaft schöne, ausgezeichnete Sachen darin« (Tgb. 20. September 1844 in Dresden). »… las die Partitur des ›Rienzi‹ durch« (21. September). »Morgens ›Rienzi‹ gelesen« (22. September [es war ein Sonntag]), oder Tagebuch, 30. Mai 1852: »Das Gedicht von Lohengrin von Richard Wagner und einen Teil der Musik desselben gelesen«.

Meyerbeer nahm jedes neue Werk von Wagner mehrfach zur Kenntnis. Als Wagner im Herbst 1847 in Berlin wegen des *Rienzi* verhandelte, besuchte er Meyerbeer. Dieser wiederum war zur Generalprobe und zur Premiere am 26. Oktober anwesend und notierte trocken: »zwei Vorhänge«.

Anfang Juni 1849 taucht Wagner kurz nach seiner Flucht aus Sachsen in Paris auf und begegnete Meyerbeer, der dies in einem Brief seinem Dresdner Freund Carl Kaskel mitteilt: »Vor einigen Tagen habe ich ganz unvermuthet Richard Wagner begegnet. Ist es denn wahr, was ich in deutschen Zeitungen gelesen habe, daß derselbe nicht mehr in sächsischen Diensten ist, weil er beim Dresdener Aufstand sich compromittirt hat?« Wagner kommentierte dieses Treffen ausführlich in Briefen und in *Mein Leben*, indem er sich als den souveränen Mann hinstellt, der den verängstigten Meyerbeer das Fürchten lehrte. Hier war wieder der Wunsch Vater des Gedankens, denn ein Komponist auf dem Höhepunkt seines Ruhms nach dem Erfolg von *Le Prophète* brauchte Wagner nicht zu fürchten.

Am 29. April 1855 sah Meyerbeer in Hamburg den *Tannhäuser* und notierte im Tagebuch: »Die Oper selbst ist unstreitig eine höchst interessante musikalische Kunsterscheinung. Zwar ist großer Mangel an Melodie, Unklarheit, Formlosigkeit, aber doch sehr große Genieblitze in Auffassung, Orchesterkolorit und zuweilen sogar in rein musikalischer Hinsicht, namentlich in den Instrumentalsätzen.«

Am 25. Mai 1856 sowie am 24. Februar 1860 sieht Meyerbeer den *Tannhäuser* in der Berliner Hofoper, und zwei Monate später hört er in einem Bläserkonzert, das Wieprecht veranstaltete, Introduktion und Chor aus *Lohengrin*, »... ein schönes Stück...«, welches er aber in einem Hofkonzert nicht dirigieren will.

Am 17. April, am 12. Oktober 1860 sowie am 3. November 1861 sieht er *Lohengrin* in Berlin. Am 23. November 1862 schreibt er in sein Tagebuch: »Wegen der geistigen Ermüdung und Anspannung, welche die Anhörung des Wagnerschen Lohengrin auf mich ausübten, hatte ich den 3. Akt nie ordentlich, sogar niemals bis zu Ende gehört. Um dieses auszuführen, besuchte ich heute bloß den 3. Akt.«

Am 15. August 1861 notiert Meyerbeer zur Aufführung des *Holländer* in Berlin: »Ich hatte die Oper vor 16 Jahren einmal in Dresden, einmal in Berlin gehört, und sie hatte mir keinen günstigen Endruck hinterlassen. Heute aber fand ich im 2. Akte große Schönheiten.« Es wird wohl unter anderem die Daland-Arie gewesen sein, die ihm gefallen hat.

Im Juni 1863 liest er das Textbuch der *Meistersinger von Nürnberg* und im Juli den Text des *Ring des Nibelungen*.

Als am 6. Oktober 1860 die Mitglieder der musikalischen Sektion der Königlichen Akademie der Künste zu Berlin dem Senat neue Mitglieder vorschlagen, unterschreibt auch Meyerbeer eine Empfehlung, Wagner aufzunehmen.

In Paris suchte und entdeckte Wagner bald seinen »wahren Feind«, der seinen großen künstlerischen Erfolg verhinderte: das Judentum, verkörpert durch den erfolgreichen Giacomo Meyerbeer. Diese fixe Idee verband sich bei ihm mit der Erkenntnis der Rolle des Geldes, über das die Juden im Gegensatz zu ihm in reichem Maße verfügten. Im Zusammenhang mit der Vorbereitung des Dresdner Aufstandes 1849 und Wagners Beteiligung an den Mai-Erhebungen entstand in ihm der Gedanke der Erlösung der Welt durch ihre Selbstvernichtung in einer »Feuerkur«, die er im Entwurf zum *Ring des Nibelungen* niederlegte. Im Schweizer Exil formulierte er dazu die kunsttheoretischen Grundlagen in den Schriften *Die Kunst und die Revolution*, *Oper und Drama* und *Das Kunstwerk der Zukunft*.

Von Zürich reiste er im Januar 1850 erneut nach Paris und sah dort auch *Le Prophète*. Ende Februar schrieb er an Theodor Uhlig, der in der *Neuen Zeitschrift für Musik*, Heft 37 eine antisemitisch geprägte Rezension der Dresdner Erstaufführung des *Propheten* veröffentlicht hatte und darin nur Kälte, Alltäglichkeit und Gewöhnlichkeit vorfand, die in Meyerbeers »musikalischer Impotenz« zu suchen seien, da dieser nur noch für den Ruhm komponiere. So wurde Uhlig zum idealen Partner für Wagners Ansichten: »... Sonst habe ich mich überzeugt, und zwar in der 47tn aufführung dieser oper, daß dieß werk vor dem publikum der pariser großen oper einen ganz unläugbaren, großen und dauerhaften erfolg gewonnen hat...« Am 13. März formuliert er an Uhlig jedoch: »In dieser zeit sah ich denn auch zum ersten mal den Propheten, den Propheten der neuen welt: – ich fühlte mich glücklich und erhoben, ließ alle wühlerischen pläne fahren ... Kommt ein Genie und wirft uns in andere bahnen, so folgt ein begeisterter gern überall hin ... Ich bemerke – ich werde immer Schwärmer, wenn ich an jenen abend der Offenbarung denke: verzeih mir!« Nach dem Nachweis von Klaus Döge musste Wagner, angesichts des überwältigenden Erfolges alle seine Pläne fahren lassen, denn Meyerbeer hatte ihm seine eigenen Vorhaben mit einem Schlag obsolet werden lassen. Das verzieh Wagner ihm nie. Das *Wieland*-Projekt mit der Spannung zwischen Unterdrückung und Freiheit gab er auf; »Siegfrieds Tod« musste abgebrochen werden, weil die Erlösungsthematik des *Lohengrin* und das tragische Heldentum Siegfrieds in *Le Prophète* schon vergeben war und Stil und formaler Aufbau der großen Chorszenen, der Arien und Duette nicht mehr zu den neuen Texten passte, also neue musikalische Mittel vonnöten waren; die sozial-revolutionären Ideen eines *Jesus von Nazareth* waren durch *Le Prophète* überholt; der »Walhalla«-Brand durch die Explosion des Münsteraner Schlosses vorweggenommen; den überwältigenden Effekte der aufgehenden Sonne im dritten Akt von *Le Prophète* konnte Wagner nichts entgegensetzen – kurz, der blanke Neid und die niederschmetternde Einsicht, gegen Meyerbeer nicht reüssieren zu können, führte Wagner die Feder (Döge, in: Brzoska 2009). 1865 schrieb Wagner in *Mein Leben* eine andere Version des gleichen Erlebnisses: »... Mir ward so übel von dieser Aufführung ... Es kam aber in dieser Oper, als die berühmte ›Mutter‹ des Propheten ihren Schmerz in den bekannten albernen Rouladen verarbeitete, darüber, daß ich genöthigt sein sollte so etwas anzuhören, zu einem wirklich verzweifelungsvollen Wutausbruch in mir.«

Im August 1850, parallel zu den Skizzen für »Siegfrieds Tod«, hatte er formuliert, was es mit den Juden in der Kunst auf sich hatte. Unter dem Pseudonym K. Freigedank veröffentlichte die *Neue Zeitschrift für Musik* am 3. und 6. September, als »Geburtstagsgabe« für Meyerbeer, einen der verhängnisvollsten Artikel innerhalb der gegen Meyerbeer gerichteten Literatur, »Das Judentum in der Musik«. Der Chefredakteur Franz Brendel schrieb in seinem Kommentar: »... Gehässigkeit in der Gesinnung aber dürfte nach dieser Darlegung in den Grundgedanken Freigedank's nicht gefunden werden, im Gegentheil eine hohe, nur bisweilen in das Allzuschroffe umschlagende Begeisterung für alles Aechte und Wahre ...« Gegenüber Liszt rechtfertigte sich Wagner: »Ich hegte einen lang verhaltenen Groll gegen diese Judenwirtschaft, und dieser Groll ist meiner Natur so notwendig, wie Galle dem Blute. Eine Veranlassung kam, indem mich ihr verfluchtes Geschreibe am meisten ärgerte, und so platzte ich denn endlich einmal los: er scheint schrecklich eingeschlagen zu haben, und das ist mir recht, denn solch einen Schreck wollte ich ihnen gelegentlich nur machen.«

Die verheerende Wirkung, die Wagners »Weltanschauung« auf die Herausbildung der nationalsozialistischen Ideologie ausgeübt hat, ist bekannt und soll hier nicht erneut diskutiert werden. Da aber Wagners Verurteilung der jüdischen

Kunst und insbesondere des Meyerbeerschen Schaffens länger als ein Jahrhundert Wirkung gezeigt hat – »es muß doch etwas dran sein« –, und es sich erst allmählich durchsetzt, Kritiken zur Meyerbeers Werk nicht mit einem Hinweis auf Wagners Definition der Kunst Meyerbeers als »Wirkung ohne Ursache« zu beginnen, ist die Auseinandersetzung mit Wagners verhängnisvollen Schriften weiterhin zu betreiben. (Dieses Totschlagargument stammt auch von Theodor Uhlig, der in der erwähnten Rezension von Szenen wie dem Schlittschuhläuferballett geschrieben hatte, »…die nur um ihrer selbst willen vorhanden sind und in gar keiner Beziehung zur übrigen Handlung stehen.«

Wagner führt drei Argumente ins Feld, um zu beweisen, dass Juden zur Kunstausübung unfähig seien. »Von der Wendung unsrer gesellschaftlichen Entwicklung an, wo mit immer unumwundenerer Anerkennung das Geld zu wirklich machtgebendem Adel erhoben ward, konnte den Juden, denen Geldgewinn ohne eigentliche Arbeit, d. h. der Wucher als einziges Gewerbe überlassen worden war, das Adelsdiplom der neueren, nur noch geldbedürftigen Gesellschaft nicht nur nicht mehr vorenthalten werden, sondern sie brachten es selbst dahin, unsre moderne Bildung, die nur dem Wohlstand zugänglich ist, blieb ihnen daher um so weniger verschlossen, als sie zum käuflichen Luxusartikel herabgesunken war. Von nun an tritt also der gebildete Jude in unsrer Gesellschaft auf, dessen Unterschied vom ungebildeten, gemeinen Juden wir genau zu beobachten haben. Der gebildete Jude hat sich die erdenklichste Mühe gegeben, alle auffälligen Merkmale seiner niederen Glaubensgenossen von sich abzustreifen: in vielen Fällen hat er es selbst für zweckmäßig gehalten, durch die christliche Taufe auf die Verwischung aller Spuren seiner Abkunft hinzuwirken. Dieser Eifer hat den gebildeten Juden aber nie die erhofften Früchte gewinnen lassen wollen: es hat nur dazu geführt, ihn vollends zu vereinsamen, und ihn zum herzlosesten aller Menschen in einem Grade zu machen, daß wir selbst die frühere Sympathie für das tragische Geschick seines Stammes verlieren mußten. Für den Zusammenhalt mit seinen ehemaligen Leidensgenossen, den er übermütig zerriß, blieb es ihm unmöglich, einen neuen Zusammenhang mit der Gesellschaft zu finden, zu der er sich aufschwang. Er steht nur mit denen in Zusammenhang, welche sein Geld bedürfen.«

Aus der Tatsache, dass Wagner allen jüdischen Künstlern die Fähigkeit abspricht, künstlerische Gegenstände zu erfassen, leitet er seine Definition Meyerbeerscher Musik ab, die er in *Oper und Drama* formulierte: »Als Jude hatte er keine Muttersprache, die mit dem Nerve seines innersten Wesens untrennbar verwachsen wäre: er sprach mit demselben Interesse in jeder beliebigen modernen Sprache und setzte sie ebenso in Musik, ohne alle andere Sympathie für ihre Eigenthümlichkeiten, als die für ihre Fähigkeit der absoluten Musik nach Belieben untergeordnet zu werden … In Deutschland einzig gelang es Meyerbeer nicht, eine Jugendphrase aufzufinden, die irgendwie auf das Weber'sche Wort gepaßt hätte: was Weber in melodischer Lebensfülle kundgab, konnte sich in Meyerbeer's angelerntem, trockenem Formalismus nicht nachsprechen lassen. Er lauschte, der unergiebigen Mühe überdrüssig, freundes-verrätherisch endlich nur noch den Rossini'schen Sirenenklängen, und zog in das Land, wo diese Rosinen gewachsen waren. So wurde er zur Wetterfahne des europäischen Musikwetters, die sich immer beim Windwechsel zunächst eine Zeit lang unschlüssig um und um dreht, bis sie, erst nach dem Feststehen der Windrichtung, auch selbst still haftet... Wie schnell war Meyerbeer in Paris!... Er faßte Alles, was sich ihm so darbot, in eine ungeheuer bunt gemischte Phrase zusammen, vor deren grellem Aufschrei plötzlich Auber und Rossini nicht mehr gehört wurden: der grimmige Teufel ›Robert‹ holte sie alle mit einander.

Während Scribe fortfuhr, für andere Operncomponisten leicht fließende, oft interessant entworfene, jedenfalls mit vielem natürlichen Geschick ausgeführte dramatische Dichtungen zu verfassen, ... verfertigte derselbe ... für Meyerbeer den ungesündesten Schwulst, den verkrüppeltsten Galimathias, Actionen ohne Handlung, Situationen von der unsinnigsten Verwirrung, Charaktere von der lächerlichsten Fratzenhaftigkeit. Dies konnte nicht mit natürlichen Dingen zugehen; so leicht giebt sich ein nüchterner Verstand wie der Scribe's nicht zu Experimenten der Verrücktheit her... er mußte erst allen gesunden Sinnes für dramatische Handlung beraubt werden, ehe er in den ›Hugenotten‹ sich zum bloßen Compilator decorativer Nuancen und Contraste hergab...

Das Geheimniß der Meyerbeer'schen Opernmusik ist – der Effect. Wollen wir uns erklären, was wir unter diesem ›Effecte‹ zu verstehen haben, so ist es wichtig, zu beachten, daß wir uns gemeinhin des näherliegenden Wortes ›Wirkung‹ hierbei nicht bedienen. Unser natürliches Gefühl stellt sich den Begriff ›Wirkung‹ immer nur im Zusammenhange mit der vorhergehenden Ursache vor: wo wir nun, wie im vorliegenden Falle, unwillkürlich zweifelhaft darüber sind, ob ein solcher Zusammenhang bestehe, oder wenn wir sogar darüber belehrt sind, daß ein solcher Zusammenhang gar nicht vorhanden sei, so sehen wir in der Verlegenheit uns nach einem Worte um, das den Eindruck, den wir z. B. von Meyerbeer'schen Musikstücken erhalten zu haben vermeinen, doch irgendwie bezeichne, und so wenden wir ein ausländisches, unserem natürlichen Gefühle nicht unmittelbar nahe stehendes Wort, wie eben dieses ›Effect‹ an. Wollen wir daher genauer Das bezeichnen, was wir unter diesem Worte verstehen, so dürfen wir ›Effect‹ übersetzen durch ›Wirkung ohne Ursache‹ ...«

Hat man diesen Galimathias mit unendlicher Geduld entwirrt, so bleibt nur eine demagogische Phrase übrig. Wagner hat bewusst Ursache und Wirkung vertauscht. Seine Kunst entsprang einem anderen Grundverständnis als die Meyerbeers. Wagner war nicht bereit, die Ideen anderer anzuerkennen.

»Der Antisemitismus, so abstrus dies zunächst klingt, ist das Denkvehikel, durch das Wagner sich klar wird, daß er selbst zu den Ausgestoßenen und Enterbten gehört... Es ist wahrlich eine miserable Brücke, die er benutzt, und es macht die Sache schlimmer, daß er sie bewußt und demagogisch benutzt. Doch er war weit davon entfernt, im Antisemitismus ein Herrschaftsinstrument der Oberklasse zur Massenmanipulation zu sehen, wie es dann später von Lueger über den Alldeutschen Verband bis zu Hitler der Fall war. Sie beriefen sich alle zu Unrecht auf ihn. Und das Unrecht ist doppelt, weil sich in seinen künstlerischen Werken die verbale Argumentation umkehrt. Der so heftig verfluchte Ahasver des ›Judentum‹-Aufsatzes war bereits die Titelfigur des ›Fliegenden Holländers‹ … Erlösung und Untergang fallen zusammen. Aus diesem Gedankenkreis und der genialen künstlerischen Realisation entspringt die Wirkung der Wagnerschen Werke, aber auch seine weltanschauliche Vagheit. Seit Wagner ist Musik manipulierbar, mißbrauchbar, ambivalent gegenüber Wahrheit wie Lüge geworden. Das trennt diese Kunst von der Heines« (Müller 1985) und – kann man hinzufügen – auch von der Meyerbeers und Scribes.

Ihrer Warnung stand sein Erlösungsgedanke gegenüber, ihrer Aufklärung seine Verschwommenheit, ihrem Desillusionsstreben seine musikalischen Opiate, ihrer Klarheit sein Rausch. An die Stelle der Universalgeschichte trat der nationale Mythos. Das Tableau wurde vom »redenden« Orchester abgelöst. Wagner setzte bei Meyerbeer an und fand im Musikdrama einen anderen Weg. Meyerbeer deshalb zum »Vorläufer« degradieren zu müssen, ist ahistorisch und war überhaupt nur durch die ausschließliche Konzentration auf die Wagnersche Kunst und seine »Weltanschauung« möglich geworden. Die Konzeption der »historischen Oper« in der Totalität der Mittel ist ohne Beispiel und ohne Nachahmer geblieben. Als Gattung sui generis blieb sie unerreicht und wurde zum ersten Beispiel eines universalen »Musiktheaters«, ein Umstand, der bis heute nur von wenigen akzeptiert wird.

Wagners eigene Musik sollte überreden, nicht überzeugen. Sie ist Ausdruck eines anderen, ganz individuellen Konzepts. Vergleiche zwischen der Kunst Meyerbeers und Wagners führen zu nichts, da die Voraussetzungen zu unterschiedlich sind. Noch weniger taugt es, Wagners »Argumente« zur Beurteilung der Kunst Meyerbeers heranzuziehen, wie es heute immer noch praktiziert wird. Dieser Auseinandersetzung mit Wagners Kernsätzen fehlt jede fachliche Grundlage, denn Wagner behandelte Meyerbeer nicht als Künstler, sondern als Juden. Folgerichtig schloss er seine Tiraden im *Judentum in der Musik* mit dem Aufruf: »Aber bedenkt, daß nur eines eure Erlösung von dem auf euch lastenden Fluche sein kann: die Erlösung Ahasvers, – der Untergang!« Dies hat, neben der menschlich unvertretbaren Dimension, noch eine geschichtlich-gegenwärtige: Zwischen Wagners Forderung und der Wirklichkeit von Auschwitz besteht lediglich der Unterschied von Idee und Ausführung. Wagner hat »… mit dem Gewicht seiner weltweiten Berühmtheit einer schändlichen Gesinnung Umriss und Stimme gegeben, er hat eine Bierkellerideologie zur Salon- und Kulturfähigkeit geadelt. Von dieser Verantwortung können ihn auch jene nicht entlasten, die die unbezweifelbare Größe und Macht seiner Musik verspüren. Die Verbissenheit der Wagner-Verteidiger bis heute rührt aus der menschlich verständlichen Unfähigkeit, beides zugleich auszuhalten: Die Gewalt der Musik und die Gewalt der Ideologie. Das eine ist ohne das andere nicht zu haben.« (Jens Malte Fischer, 2000)

Im November 1851 notierte Meyerbeer in seinem Taschenkalender: »An Gouin wegen Richard Wagner – daß ich ihm Geld leihe« – eine rätselhafte Bemerkung. Vielleicht wollte Meyerbeer, wie er es mehrfach bei Heine getan hatte, Wagner als »Entschädigung« für üble Nachreden Geld anbieten?

Romanzen

Am 28. Januar 1835 berichtete Meyerbeer seinem Frankfurter Freund Wilhelm Speyer, Liederkomponist und Mitbegründer des Ersten Deutschen Sängerfestes, in einem Brief von zwei neuen Arbeiten: »Es sind zwei Romanzen, welche ich kürzlich in Paris komponirt habe, und die einige Sensation dort gemacht haben, welches um so mehr zu verwundern ist, da sie in direkt feindseeliger Tendenz gegen die bis jetzt beliebten schmachtenden und duftenden Mode-Romanzen des Salons auftreten, da sie eine dramatische Grundidee und Localcouleur natürlich in dem verjüngten Maaßstabe der kleinen Form auszusprechen suchen. Die Tendenz des zwischen Versuchung und Reue ringenden Mönch's, spricht sich wie ich hoffe deutlich genug aus um keines ästhethischen Commentar's zu bedürfen. Nicht so vielleicht aber die biblische Romanze Rachel à Nephtali, wo die Farben vom Dichter so zart aufgetragen sind, daß auch ich nur andeuten durfte. Die Scham der jungen Jüdin, ihrem Schwager zu gestehen, daß sie seine verbothene Liebe theilt, hält die Gluth ihrer Leidenschaft zurück, die nur immer bei dem letzten Verse jedes Couplets durchbricht. Ich habe daher dieses comprimirte Gefühl durch die sich stets behauptende kleine Baß-Figur auszudrücken gesucht, und beim letzten Verse des jedesmaligen Couplets wo die Gluth durchbricht, geht diese Baßfigur in die Singstimme über. Leid thut es mir diese Romanze nicht 4/4 statts 3/4 geschrieben zu haben, da die Bewegung langsamer sein muß, als sie sich so geschrieben für's Auge ausnimmt.« In der Neuausgabe der Romanze von 1845 hat Meyerbeer die Dauer jedes Tones verdoppelt und mit dem 4/4-Takt seine ursprüngliche Intention wieder hergestellt.

So selten Meyerbeer sich über seine Werke äußerte, so präzis formulierte er in diesem Brief seine Absichten. Er reagierte mit solchen Kompositionen auf ein immer größer werdendes Musikbedürfnis. Im Gegensatz zur instrumentalen Kammermusik des 18. Jahrhunderts waren die modernen Werke eines Berlioz, Meyerbeer, Rodolphe Kreutzer, Pierre Rhode aufgrund ihrer hohen technischen Anforderungen von Laien nicht mehr spielbar. Man musste Virtuosen in die Salons einladen.

Gleichzeitig erging an Verleger und Komponisten der Ruf nach einfacher Spielliteratur. Das Tanzmusik und einfache Liedformen so beliebt waren, hing mit der geringen Bildung breiter Volksschichten zusammen, denen die »Musique savante«, »gelehrte Musik«, zu der in Frankreich lange Zeit auch Beethovens Streichquartette gezählt wurden, unzugänglich war. Man wollte keine intellektuellen Rätsel lösen, sondern gut unterhalten werden.

Die Hauptform des häuslichen Musizierens war das Singen von »Romances«. Diese Liedform war schon seit 1784 in Frankreich verbreitet und erzählte in einfacher Strophenform eine kleine Geschichte, meist eine Liebesgeschichte. Es gab keinen namhaften Komponisten zwischen Cherubini und Auber, der ihr nicht

Tribut gezollt hätte. Gerade die schlichte Form der Romance eignete sich zur Massenproduktion mehr als »le lied«, wie man das kunstvolle Sololied deutscher Herkunft (Schubert, Schumann) nannte, und in dessen Folge die komplexere Mélodie française entstand. In der Verquickung von verlegerischen Interessen durch hohe Auflagen, die dank moderner Druckverfahren wie dem Steindruck möglich wurden, und minderer musikalischer Sorgfalt entwickelte sich eine neue Trivialkunst, der Meyerbeer mit seinen kleinen, musikalisch-handwerklich hochqualifizierten Stücken entgegenwirken wollte (Linke, in: Brzoska 2009).

Die »dramatische Grundidee und Local couleur« waren eigentlich Grunderfordernisse an Opernlibretti, doch für Meyerbeer hatten sie auch für die kleine Form ihre Bedeutung. Er schrieb keine Lieder im deutschen Sinne, sondern sah in jedem Liedtext die Herausforderung, eine dazu passende »Szene« im theatralischen Sinne zu komponieren. Jeder Text war willkommen, wenn er die Möglichkeit einer neuen Rolle verhieß. Die Auswahl der Textdichter erscheint im Vergleich zu Schubert, Schumann oder Brahms heterogen: Da stehen Goethe, Heine, Wilhelm Müller neben Journalisten wie Siegfried August Mahlmann, Hermann Kletke, Pierre Durand, Historiker wie Edmond Thierry, Diplomaten wie Maurice de Flassan, Bibliothekare wie Joseph Naudet oder Librettisten wie Émile Deschamps, Michel Carré, Gaetano Rossi oder Joseph Méry.

Die Kritik einer Schallplattenproduktion von 1975 mit Liedern von Meyerbeer, gesungen von Dietrich Fischer-Dieskau, fasst viele Vorurteile zusammen: »Mag sein, daß Meyerbeer aus der Masse der damaligen französischen Romanzenproduktion mit seinen Mélodies turmhoch herausragt, im Kontext des deutschen Liedes ist das Gewicht des Theatralischen und Effektvollen, gemessen an der musikalischen Ausdeutung des Textes, zu groß. Das paßt nun zwar zu den putzigen Gedichten von Wilhelm Müller und auch zu den pompösen französischen Poemen; was gemeint ist, wird vor allem dort deutlich, wo Texte von Heine und Rückert vertont werden, die – ohne sein Wissen – Schubert und Schumann ebenfalls in Musik gesetzt haben.

Kurz einige Stichworte: aus der atemlosen Ergriffenheit des Liebenden in Schumann/Heines ›Die Rose, die Lilie, die Taube‹ wird ein Auftritt mit dem Charakter einer narzisstischen Selbstbespiegelung. Die verwundete Versunkenheit von Schumann/Heines ›Hör ich ein Liedchen klingen‹ wird verkürzt auf eine melodisch freilich sehr gepflegte Wehmut. Heines ›Fischermädchen‹ regt Meyerbeer zum rassigen Ständchen eines Don Juan an, während Schubert die menschliche Beziehung der beiden und die Landschaft zusammen sieht. Möglicherweise kommt Heines Ironie bei Meyerbeer sogar besser zum Ausdruck als bei Schubert und Schumann, die diese Gedichte ganz ernst nehmen; ob aber diese literarische Betrachtungsweise Meyerbeers Vertonungen beispringt, bleibt zweifelhaft ...« (Vogel 1975). Meyerbeer sah bei der Komposition seiner Lieder andere Aufgaben, als sie sich Schubert oder Schumann stellten. In seinen Gesängen »... wird kein wie auch immer durch Herkunft und Einbindung in eine soziale Konfiguration vorgegebener thematischer Kreis ausgeschritten, sondern die pittoreske Vielfalt gesucht. Damit ist von vornherein die Verletzung von Traditionslinien oder Geschmackstabus angelegt. Von Rollenerfordernissen diktiert, wird die Grenze zwischen Hoch- und Trivialmusik im Sinne von künstlerisch funktionalen Übertritten durchlässig. Hoher technischer Standard steht neben sentimental strömender Platitüde, groteske und tragische Gebärden überschneiden sich mit banalen, modischen auf dem Raum weniger Takte. Als Grundlage der Vertonungen benutzt der Komponist gern vom Kommerz erfaßte musikalische Stereotype (Valse, Tarantelle, Galop usw.). Durch sie werden die zu vertonenden Texte in einen ersten, gestalterisch relevanten Bezug gebracht. Daneben rückt deren verfremdende Behandlung als übergreifendes Gestaltungsmoment in den Vordergrund. Das geschieht in der Nuance. Durch Nuancierung werden die stabilen kommerzialisierten Typen aufgebrochen. Das geschieht mittels sorgfältig eincollagierter Details, die dem musikalischen Grund entragen. In ›Die Rose, die Lilie, die Taube‹ erzeugt das unerwartete Melisma auf das Wort ›Wonne‹ den Eindruck, der Körper einer Frau dehne sich in der Sonne, und eine Erosgebärde als tiefster Seinsgrund des Heineschen Gedichts erscheint« (Böhmel 1982).

Etwa ein Drittel aller Lieder entstand in den Jahren zwischen 1836 und 1839. Es war die Zeit, in der der Erfolg des *Robert* anhielt und jener der *Huguenots* stabilisiert werden musste. Weil er als dramatischer Komponist nicht Lieder, sondern Szenen schrieb, gab Meyerbeer seinen Sängern Gelegenheit, in den Salons zu brillieren. Mélodies, Romances und Arien von ihm singen zu dürfen, bedeutete für einen Sänger ebenso eine Auszeichnung wie für einen Dichter, dessen Text er vertonte.

Im Dezember 1831 schrieb er an Heine: »Tausend Dank für die göttlichen Lieder: aber wo die Verse so viel Musik enthalten, wo sollen wir armen Notenschmierer noch melodischere Töne dazu finden?« Dies ist keine Koketterie, sondern verrät Meyerbeers Verhältnis zum Text. Ihm waren einfache, bildkräftige Texte lieber als »Wortmusik«. Auch von seinen Opernlibrettisten verlangte er eine klare, eindeutige Sprache. An ihr entzündete sich seine kompositorische Fantasie. Dennoch wusste er ästhetische Qualitäten zu schätzen und »deutete nur an«, um die Poesie nicht zu zerstören. Die Anzahl der Tempovorschriften innerhalb eines Liedes steht zu den Vortrags- und Charakterbezeichnungen im Verhältnis 1 : 2. Wie in seinen Opernpartien legte Meyerbeer auch in den Romanzen großen Wert auf eine ausgefeilte Interpretation, für die er verbale Hilfen gab. Also auch hier: Szene statt Lied.

Es ist sicher kein Zufall, dass sich Meyerbeer drei Jahre nach *Robert-le-Diable* einen Text für eine »Fantaisie in Romanzenform«, wie er sie bezeichnete, auswählte, der den Zwiespalt des Bertram in einer anderen Weise verdeutlichte: »Le Moine« von Émilien Pacini. In drei Strophen klagt »... ein Mönch der nach allem schmachtet was ihm verbothen ist und darüber verzweifelt« (16. Oktober 1834 an Minna). Er verflucht den Tag, als er das Gelübde ablegte, denn seine Sinne wer-

G. Meyerbeer, Die Rose, die Lilie, die Taube *(Heinrich Heine)*

den von betörenden Bildern wollüstiger Frauen bedrängt – er fühlt seine Not, den Fluch des strengen Gottes und fleht die Jungfrau Maria an, sich seiner zu erbarmen. Dreimal betet er Maria an, doch niemand erlöst ihn aus seiner Qual. Es ist ein altes Thema, dessen sich Pacini annimmt, und wenn auch nach der herrschenden Moralvorstellung das weltliche, sündige Leben »verteufelt« wird, so übt es doch auf den an das Zölibat Gebundenen eine große und schmerzliche Anziehungskraft aus. Bertram und der Mönch sind Brüder in ihrer Bedrängnis. Prosper Levasseur, dem die romance zugeeignet ist, fand die musikalischen Mittel der Valse infernale aus dem dritten Akt des *Robert* wieder, verknappt auf eine Liedform: das trotzige Aufbegehren (in f-Moll), die Lust vorgaukelnde Bilder (As-Dur) und das Gebet an Maria (F-Dur).

Die Entsprechung in *Robert* ist Bertrams flehendes »O mon fils, o Robert, pour toi, mon bien suprême« beziehungsweise »De ma gloire éclipsée«. Trotz der Disziplin, die dem Komponisten durch die Strophenform auferlegt ist, gelingt es Meyerbeer, ähnlich der Stretta in der Valse infernale, durch Verdichtung des f-Moll-Grundmotivs 13 Takte lang »les cris d'amour« ertönen zu lassen, bis dem Mönch die Einsicht kommt, dass seine Evokationen ohne Sinn bleiben. Die Romance hatte großen Erfolg bei den Bassisten, wurde häufig gesungen und sogar für Orchester instrumentiert. Mit dieser Fassung ließ sich der Bertram der Wiener *Robert*-Aufführung, Joseph Staudigl, gern hören.

»Le Chant de Mai« auf einen Text von Henri Blaze erschien 1837, ein Jahr nach *Les Huguenots*. Auch hier verweisen die musikalischen Mittel auf die Oper. Auf diese Weise vertiefte der Komponist den im jeweiligen Hauptwerk bestimmenden Stil in peripheren Werken. Dem in »Le Chant de Mai« angesprochenen Freund

G. Meyerbeer, Le Moine

wird von der Geliebten ein Wort anvertraut: »c'est amour!« Auf das alles entscheidende Wort nimmt Meyerbeer eine Rückung von C- nach Ges-Dur vor. Eine ähnliche harmonische Überraschung erlebte Valentine de St. Bris im Duett mit Raoul de Nangis im vierten Akt der *Huguenots,* als sie ihm gesteht: »Je t'aime«.

Eines der letzten Lieder Meyerbeers, »Le revenant de vieux château de Bade« von 1858, verweist auf die gleichzeitig in mühevoller Arbeit entstehende *Africaine.* Wie in der großen Ratsszene des ersten Aktes exponierte Meyerbeer auch in dieser Ballade drei thematische Charaktere, um dem Schicksal des Schlossgespenstes aus den Kreuzzügen musikalisches Gewicht zu geben.

1840 bis 1863 entstanden noch einmal etwa 50 Lieder. Die Überlieferung ist teilweise problematisch, da einige Lieder in Zeitschriften zwar angekündigt, vermutlich aber nie gedruckt wurden. Manches Blatt war nur eine Gefälligkeit, die man von Komponisten erwartete; es hatte lediglich Wert für den, der es besaß.

1849 erschienen bei Meyerbeers neuem Verleger Louis Brandus in Paris *40 Mélodies* in einer vom Komponisten zusammengestellten Ausgabe. Die Anordnung folgt, im Gegensatz zur chronologischen Folge der Neuausgabe, nicht dem Datum der Entstehung, sondern dem Prinzip, möglichst Heterogenes nebeneinan-

G. Meyerbeer, Le Chant de Mai

G. Meyerbeer, Les Huguenots, *Grand Duo, vierter Akt*

der zu stellen. Das ist Methode, nicht Verlegenheit. Jeder kann in diesem Band selbst Entdeckungen machen und sich von der absichtsvollen Zufälligkeit überraschen lassen. Sologesänge, Duette, ein Terzett, sogar ein Chorsatz sind zu finden; hohe, mittlere und tiefe Lage wechseln einander ab. So bunt gemischt wie Lieder auf Texte verschiedenster Autoren folgen, so bunt ist auch das Sprachengemisch. »Aus künstlerischen Gründen«, wie Meyerbeer seinem alten Verleger Schlesinger schrieb, müssten alle Lieder in zwei Sprachen erscheinen, wobei der deutsche Text, entweder als Original oder als Übersetzung, in jedem Falle gedruckt wurde.

Ab 1837 befand sich Giacomo Meyerbeer in einer sonderbaren Lage. Mit dem Welterfolg der *Huguenots* hatte er gegen den Welterfolg des *Robert* anzukämpfen, und alle Welt erwartete nun von ihm eine dritte Oper, die die vorherigen Werke übertreffen müsste. Natürlich wollte er selbst gern den zwei Säulen seines Ruhmes eine dritte hinzubauen, aber er fand die Muße nicht, denn die beiden vorhandenen Werke beanspruchten zu ihrer Verbreitung über die ganze Welt seine ganze Aufmerksamkeit. So las Meyerbeer zwar eine ganze Menge Stücke und schloss auch bald Verträge, um die Ideen nicht an andere Komponisten abgeben zu müssen, aber mit der Ausführung seiner Pläne hatte er keine allzu große Eile.

Meyerbeer hatte einen neuen Standard der Opernproduktion geschaffen, und nun musste er sich an eigenes Gesetz halten, das der Erfolg diktierte. Er lebte in ständiger Sorge, dass andere Autoren seinen Ruhm verdunkeln, seinen Werken den Rang ablaufen könnten. Von jeder Premiere ließ er sich alle erreichbaren

Artikel senden, falls er es nicht vorzog, zu bestimmten Uraufführungen selbst in Paris zu erscheinen, wie zur Premiere des *Benvenuto Cellini* von Hector Berlioz. Zu seinem Leidwesen fiel die Oper durch; er hatte Berlioz einen Erfolg, der sich freilich mit dem seinigen nicht vergleichen ließ, gegönnt: »Sie enthält bei vielem sehr mißrathenem und confusem, auch sehr große Schönheiten. Das Poem von Léon de Wally aber ist sehr schlecht«, berichtete er am 13. September 1838 seiner Frau.

Vielfach musste er sich mit Neubesetzungen seiner Hauptpartien befassen, die ihm vielerlei Verdruss bereitete. Nourrit zum Beispiel, seit 1821 als Ersten Tenor im Dienst, fühlte sich gekränkt, dass die Académie 1837 Gilbert Duprez engagierte. Er verließ Paris. 1839, nach einer *Norma*-Vorstellung in Neapel stürzte er sich in einem Anfall von Depression aus dem Fenster.

Duprez war in Italien ausgebildet worden und hatte dort seine Bühnenpraxis erworben. Meyerbeer kannte ihn schon seit 1834, von jener anderen *Norma*-Aufführung, die ihn damals so nachhaltig beeindruckt hatte. Duprez verfügte über eine gute Artikulation, aber nur mittelmäßige schauspielerische Begabung. In Paris repräsentierte er einen neuen Gesangstypus, mit scharfer Tongebung und kraftvollem, aber starrem Ton, da es ihm an den Vokalisations- und Improvisationskünsten des Belcanto mangelte. Meyerbeer überlegte, wie er Duprez trotzdem in den Opernpartien einsetzen könnte, obwohl sie für einen Stimmcharakter vom Typ Nourrit konzipiert waren.

Duprez sang jedoch wegen anderer Verpflichtungen nicht oft an der Académie, so dass man sich nach einem weiteren Tenor umsehen musste. Man fand ihn in dem Italiener Mario di Candia, der bei Bordogni studiert hatte – in Meyerbeers Augen eine gute Empfehlung. Als aber der Marchese De Candia im Herbst 1837 debütieren sollte, »… hat [er] mir gestanden daß er seit 8 Monaten an einer galanten Krankheit leidet, die ihm die Brust und Stimme sehr geschwächt hat, und letztere namentlich sehr rauh macht (Hübsche Requisite um in einer Rolle wie Robert zu debütieren …)«, bemerkte der Komponist am 29. Oktober 1837 sarkastisch gegenüber seiner Frau. Er probierte aber so ausdauernd mit dem Sänger, dass dieser am 7. August 1839 in der 182. Vorstellung des *Robert* erstmals auftreten konnte.

Ähnliche Besetzungsprobleme gab es bei den ersten Damenrollen. Die Falcon hatte schon bald nach der Premiere der *Huguenots* erste stimmliche Schwächen gezeigt und fiel ab 1837 ganz aus. Ein vollwertiger, Meyerbeers Ansprüchen genügender Ersatz war nicht sofort zur Stelle. Halévy hatte die gleichen Sorgen. Das führte zu grotesken Situationen: »Die Falcon muß nun decisiv das Theater verlassen … Da ist nun ein junges Mädchen welches viel verspricht. Der hat Halévy heimlich die Jüdin einstudirt und diese sollte die Rolle singen bis die Falcon wieder kömmt. Das habe ich erfahren und studire ihr nun die Valentine … ein, die außerdem todt wäre, denn die Stolz jagt die Leute aus dem Theater hinaus. Wäre ich nicht hier gewesen, so hätte die Stolz die Rolle ohne weiteres behalten« (22. Januar 1838). Die »Stolz«, das war Rosine Stoltz oder Victorine Noël oder Madame Ternaux oder

Mademoiselle Héloise; Meyerbeer konnte sie nicht leiden, da er ihr die mangelnde Schulung ihrer Stimme nicht verzieh. Sie hatte aber den Ehrgeiz, die Nachfolgerin der Falcon zu werden, um in Meyerbeers nächster Oper Anspruch auf die erste Rolle erheben zu können. Über diese Affaire stürzte dann ein weiterer Direktor der Académie.

Gouin schrieb an Meyerbeer, »... daß die Stolz jetzt so detestable [abscheulich] in den ›Hugenotten‹ ist, daß wenn es nicht wäre um die Oper auf dem Repertoire zu halten, er [Gouin] wünschen würde, daß man sie gar nicht gäbe ...« (19. Mai 1838). Dennoch: »Vorgestern waren die ›Hugenotten‹ zum letzten Maale vor Duprez Abreise. Die Rezette war ungeheuer 11.224 Franken ... Leider aber war die Vorstellung wieder schlecht, die Stolz unter aller Kritik« (23. Mai). In einem Brief vom 20. Mai an Minna beschrieb Meyerbeer die Zustände an der Académie: »Mein Hieherkommen hat einen großen Scandal verhütet. Ein elender deutscher Sänger Namens Huner, der zuweilen Rataplan in der Oper singt, sollte während Duprez Abwesenheit als Raoul in den ›Hugenotten‹ debutiren. Was sagst Du zu Halévy? Du kannst Dir denken wie ich da hinein donnern werde.«

Wilhelm Beer hatte Wilhelmine Schröder-Devrient als Valentine in der Dresdner *Hugenotten*-Aufführung gesehen und schwärmte nun von ihr in seinen derben preußischen Ausdrücken: »Die Vollendung der Devrient ist aber auch über alle Begriffe. Ihr Gesang läßt nichts zu wünschen übrig und Ihr Spiel erreicht Talma. Ich habe dieser infamen Hure als ich im Winter hier war gerathen auf diese Rolle nach Paris zu reisen. Wiewohl sie nun darauf brannte so hatte sie doch eine Menge Bedenklichkeiten ... Bedenke wie sie ihn [Duprez] aus dem Sack spielen wird ... Sie hat eine garnicht unangenehme Aussprache im Französischen ...« (19. Juli 1838). Meyerbeer ging nicht auf das Angebot ein.

Bald nach der Uraufführung der *Huguenots* meldeten sich die ersten am Nachspiel interessierten Bühnen. Schlesinger ließ die Partitur stechen; der Verlag Breitkopf & Härtel in Leipzig hatte das Recht zur Verbreitung des Klavierauszugs in der deutschen Übersetzung von Ignaz Castelli erworben. Ungehalten schrieb der Verlag an den Komponisten, da »... noch immer nicht an die Versendung der Partitur Ihrer ›Hugenotten‹ zu denken (ist), da Schlesinger solche nicht fördere ... Der Ruf, der Ihren ›Hugenotten‹ vorausging war so groß ... daß die Motiven mit einer Schnelligkeit ... in das Volk übergingen ... Auf diese Weise ... ist Ihre Oper bekannt worden, ehe sie auf die Bühne kam ... Hierin aber scheint uns eine große Gefahr für Ihre Oper zu liegen, wenn dieselbe unseren Bühnen länger vorenthalten wird« (25. Januar 1837). Meyerbeer erhielt seinerseits keine Belegexemplare der Breitkopf-Ausgabe, da die Pariser Behörden den deutschen Klavierauszug einzogen, weil »er eine fremde Ausgabe eines in Paris mit Eigenthumsrecht erschienenen Werkes« enthalte. Man achtete also sehr genau auf das geistige Eigentum der in Frankreich lebenden Autoren. Meyerbeer wurde demnach bei den Behörden zur französischen Nation gehörig geführt.

Als nun Schlesinger die Partitur auslieferte, hätte dem Siegeszug der *Hugenotten* auf deutschen Bühnen nichts mehr im Wege stehen dürfen. Stattdessen kamen am 22. Mai 1838 am Münchner Hoftheater *Die Anglikaner und Puritaner* von Giacomo Meyerbeer zum ersten Mal zur Aufführung; am 6. Juli 1839 im Wiener Theater in der Josephstadt *Die Ghibellinen in Pisa*, ebenfalls von Meyerbeer; am 19. Februar 1840 im Wiener Kärntnerthor-Theater die *Welfen und Ghibellinen* – von Meyerbeer; 1925 in Moskau *Die Dekabristen* – von Meyerbeer.

Es handelte sich in jedem Falle um die *Hugenotten*; nur in immer anderen Bearbeitungen, gegen die der Komponist, zumindest bei den Münchner und Wiener Aufführungen, noch keine rechtliche Handhabe hatte. Denn ein Urheberrecht zum Schutz des Werkes vor sinnentstellenden Bearbeitungen gab es damals weder in Deutschland noch in Österreich. Meyerbeer konnte nur die Berichte lesen. Gegenüber Castelli äußerte er dazu: »Diese Musik paßt speziell nur zu diesem Stoff« (26. Juni 1837). Die deutschsprachigen Bühnen wollten alle gern die *Hugenotten* spielen, aber im Original war das Stück zu brisant. Namentlich der Luther-Choral erregte Anstoß. Conradin Kreutzer erläuterte dem Komponisten am 29. Dezember 1838 in einem Schreiben aus Wien den Grund: »... da wir hier immer noch mit der Censur wegen den Sujet zu kämpfen haben – auch liegt ein Handbillet von der Kaiserin vor, das den Luth.-Choralgesang durchaus verbietet.« Im katholischen München war es ebenso. In Berlin verbot die protestantische Oberzensurbehörde das Stück überhaupt. In Sachsen dagegen, in der Messestadt Leipzig wie auch in der Residenzstadt Dresden, wurden die *Hugenotten* in der Originalgestalt gespielt, ebenso in der Freien Reichsstadt Frankfurt am Main und am Hoftheater in Braunschweig.

Aber auch in Frankreich gab es eine Zensur. Sie hatte, wie schon erwähnt, an der Besetzung der Königinmutter in der Verschwörungsszene des vierten Aktes der *Huguenots* etwas auszusetzen gehabt, worüber sich der Komponist sehr erregte, aber zu keiner Zeit bestand die Gefahr, dass dieses Stück generell verboten werden könnte.

Meyerbeer selbst half mit, die Rechte der französischen Autoren zu schützen, indem er, ebenso wie Scribe, lange Jahre als Mitglied der »Commission de Société des Auteurs et Compositeurs dramatiques«, einer Vorform der heutigen Urheberrechtsgesellschaften, den Rechtsschutz für Bühnenwerke französischer Autoren durchsetzte. Wie die Tagebuchaufzeichnungen bis 1854 aussagen, nahm er es mit diesem Auftrag sehr genau.

Die Aufführung seiner *Hugenotten* in Dresden fand Meyerbeers ungeteiltes Interesse, zumal sein Freund Karl Gottfried Theodor Winkler, Theaterdirektor und Autor mit dem Pseudonym Theodor Hell, ihn gewarnt hatte: »Wie es möglich seyn wird, sie hier zu geben, weiß ich noch nicht, denn unsre Geistlichkeit ist zelotischer [glaubenseifernder] als je, ... Den Choral können wir aber in keinem Falle opfern und so muß es erst durch Kämpfe zum Ziele gehen« (28. April 1837). Die

Theaterleitung setzte sich durch. Der Komponist teilte Winkler am 27. Februar des folgenden Jahres mit: »Mit Vergnügen habe ich vernommen daß die Aufführung der ›Hugenotten‹ auf d 17t März angesetzt ist, denn der 17t in der Theatersprache heißt der 27t.« Man fand sich in der Mitte und legte die Erstaufführung auf den 23. März 1838. Meyerbeer eilte herbei, um die Klavierproben zu leiten, die nach seinen Erfahrungen noch die beste Möglichkeit der Korrektur boten. Am 5. März schrieb er seiner Frau: »Ich schreibe Dir diese flüchtigen Zeilen in Oschatz 6 Meilen vor Dresden, wo ich heute Nacht gegen 11 Uhr einzutreffen hoffe. Die Reise ist über allen Ausdruck beschwerlich gewesen, der fürchterlichen Wege halber welche immer um ein Drittheil mehr Zeit erforderten als sonst. Ich bin jeden Morgen um 5 Uhr abgefahren und keine Nacht vor 11 Uhr ins Quartier gekommen. Über allen Ausdruck ermattet und zerschlagen fühle ich mich ...« Nach fünf Tagen zermürbender Fahrt stürzte er sich sofort in die Probenarbeit, beriet sich mit Carl Gottlieb Reißiger, dem Dirigenten der Aufführung, mit Joseph Tichatschek, dem Darsteller des Raoul, kürzte den Zigeunertanz, hielt mit den Bühnenmusikern Extraproben ab – kurz, er nahm alle Aufregungen vor einer Premiere auf sich – und verschwand am 15. März in Richtung Berlin, ohne den Tag der Erstaufführung abzuwarten. Er wusste sein Werk bei Reißiger und den Dresdner Künstlern in besten Händen. »... Berichten die Briefe welche wir erhalten haben die Wahrheit, so ist es ein Success d'entousiasme wie er selten in Dresden stattgefunden hat ... Meine Proben mit den Sängern Chöre und Orchester scheinen gefruchtet zu haben, denn alle ... Briefe sprechen von dem Ensemble und der feinen Nuancierung der Darstellung. Die Devrient soll über allen Ausdruck trefflich, namentlich im 4ten Akt gewesen sein, und Kaskel [einer der Dresdner Freunde Meyerbeers] der die Falcon in Paris als Valentine gesehen hatte, setzt die Devrient weit höher. Dem Tenor Tichatschek geht da er noch krank ist Kraft und Energie ab. Aber er hat Schmelz Innigkeit und Wohllaut ...« (26. März). Er »ist unstreitig einer der ersten Tenöre welche Deutschland jetzt besitzt«, hieß es in einem Brief an Minna vom 17. April, als der Dresdner Tenor in Frankfurt am Main als Raoul gastierte. Durch die Partien des Robert und Raoul geschult, die er auch in Hamburg und London sang, konnte sich Tichatschek den Rollen des Rienzi, Tannhäuser und später auch des Lohengrin nähern. Er wurde Wagners verlässlichste Stütze während dessen Dresdner Kapellmeisterzeit.

Im April 1840 wurde Meyerbeer nach Braunschweig gerufen, um die dortige Premiere der *Hugenotten* vorzubereiten. Am 12. April erfuhr Minna: »Ich arbeite à la lettre von 6 Uhr Morgens's bis 10 Uhr Abend's und falle dann vor Ermüdung wie ein Sack hin. Sängerproben Chorproben Balletproben Mise en Scène Proben, Arrangements und Druck des Buches, Dekorationsproben, bei allem muß ich hülfreiche Hand leisten, da nichts vorbereitet war.« »Nichts«, das hieß für den Perfektionisten Meyerbeer, dass man nicht in seinem Sinne vorgearbeitet hatte, denn er hatte immer die Pariser Bedingungen vor Augen. Diesmal blieb er bis zur Premiere und schrieb seiner Frau am 16. April: »... allein durch den ganzen Lauf der (würklich vortrefflichen) Vorstellung fand ich das Publikum in seiner Beifall'sbezeigung lau, wenigsten's im Verhältniß zu Paris und Dresden ... Man versichert mich heute allgemein daß· die Oper die tiefste Sensation erregt hat, und daß seit vielen Jahren in Braunschweig keiner ähnlichen Entusiasmus erregt hat. Wenn das der Entusiasmus ist, wie muß dann die Kälte sich gestalten?«, fragte er besorgt.

In Paris spekulierte man unterdessen über seine neuen Opern. Bereits Ende 1836 hatte Scribe Meyerbeer den Entwurf eines neuen Textbuches übergeben, das diesen gleichermaßen abstieß wie faszinierte: die Geschichte der gescheiterten Münsteraner Wiedertäuferbewegung (1530 bis 1535) und ihres Anführers Jan van Leyden. Im Januar und März 1839 wurden Verträge abgeschlossen, die die Fertigstellung der Partitur bis März 1841 vorsahen. Am 24. Mai 1837 war jedoch auch ein Vertrag über die Oper *L'Africaine* abgeschlossen worden, die im Verlauf der kommenden drei Jahre komponiert werden sollte. Bei einer von Meyerbeer verursachten Verzögerung des Termins sollte Scribe 5000 Francs Abfindung erhalten. Um es vorwegzunehmen: *Le Prophète* wurde 1849 uraufgeführt; *L'Africaine* war beim Tod Meyerbeers ein riesenhafter Torso und konnte erst 1865 uraufgeführt werden.

Schließlich gab es noch ein drittes Werk, an dem der Komponist von Juli bis Dezember 1837 in Baden-Baden arbeitete. Es war *Cinq-Mars* von Henri Vernoy de Saint-Georges, nach einem Roman von Alfred de Vigny (1826): Der Marquis Henri Coiffier de Ruzé (1620–1642), Favorit des Königs Louis XIII., zettelt eine Verschwörung gegen die Kirche an und fällt dem Kardinal Richelieu zum Opfer. Meyerbeer begann die Hauptnummern des ersten Aktes zu skizzieren, in der üblichen Particellform mit Gesangssystemen und einer Art Klavierauszug, der Angaben zur Instrumentation enthielt. Es sind überliefert: Die Introduktion, ein »Choeur des Comédiens« (im Stil des »Spottchores« aus dem dritten Akt der *Huguenots,* aber ohne dessen aggressive Note); der Auftritt der von allen verehrten Actrice Marion, ihr »Air« (in der Art der Pagenarie aus dem ersten Akt der *Huguenots*); eine Weihnachtsszene mit Glockengeläut (am Rand der Skizze stehen Bemerkungen über die mögliche Besetzung mit Hörnern und Trompeten); ein Duo bouffe; ein Duo Marie – Cinq-Mars (in der Art des Agitato-Teils aus dem Duett Valentine – Raoul aus dem vierten Akt der *Huguenots* – der Mittelteil mit dem Text »ah le beau ciel de l'Italie« verweist auch im melodischen Charakter auf Italien); das Finale I mit einem Chor der Kurtisanen im »Tempo di Menuetto«; ein »Air« des Cinq-Mars (eine »offizielle« Musik in Gegenwart des Hofes, mit einfachen diatonischen Schritten in der Melodie im Gegensatz zu den emphatischen, chromatisch durchsetzten Linien im Duett mit Marie); ein »Cantique«, ein Zug von Sterbenden, die von Mönchen begleitet werden, also die obligate Kirchenszene mit Tamtam und Posaunen; einige Seiten vom aktionsreichen Ende des Finale I und Couplets des spanischen Gesandten.

Vom zweiten Akt gibt es lediglich einen »Choeur d'introduction«, an dessen Ende ein Eremit erscheint. Die Skizzen brechen ab nach einem in sehr sauberer

Schrift in Partitur ausgearbeiteten Chor auf die Worte »Vive la France«, die offenbar einen Auftritt des Königs begleiten. Meyerbeer brach die Komposition ab, da er sich offenbar nicht wiederholen wollte; zu dicht waren Sujet und historische Zeit an *Les Huguenots*. Charles Gounod vertonte nach einem Text von Paul Poirson und Louis Gallet 1877 eine andere Version des Stoffes, der kein Erfolg beschieden war, ebenso wenig wie einer im selben Jahr erfolgten Umarbeitung zu einer fünfaktigen großen Oper, die in Lyon aufgeführt wurde.

Andere Opernpläne notierte Meyerbeer im Juni 1839 in seinem Tagebuch: »... mir fiel ein, dass ich aus Rex Cervo [König Hirsch] von Goldoni u. a. eine Buffo Oper machen wollte. A. Deschamps rieth zum ›Tartuffe‹. Zur Erinnerung!«

Im Januar 1838 trug Meyerbeer den Namen der Verleger und Gebrüder Escudier mehrfach in seinen Taschenkalender ein. Die *France musicale* plante die Veröffentlichung eines biografischen Artikels, für den der Komponist Material lieferte. Er ahnte allerdings nicht, wie dieser Artikel in sieben Folgen seine Informationen präsentieren würde. Zunächst fühlte er sich geschmeichelt. Aber seine Auskünfte wurden so verarbeitet, dass sie einer Verunglimpfung seines Schaffens gleichkamen (MBT): »... Obwohl sie ein konfuses Gemisch verschiedener Stilarten darstellen, obwohl man darin sehr große Holprigkeiten erkennen kann und obwohl darin schockierende Mängel enthalten sind, bieten ›Robert‹ und die ›Hugenotten‹ auch unvergängliche Schönheiten. Meyerbeer müht sich ab, und manchmal geht ihm einfach das Melodische aus; er schleppt sich mit unglaublichen Gemeinplätzen ab, und wenn er auf seinem Wege einen Gassenhauer antrifft, so verarbeitet er ihn mit orientalischer Üppigkeit, denn seine Partituren weisen eine erschreckende Arbeitsleistung auf. Ganze Stücke sind von steifem, widerwärtigem Zuschnitt, daß sie Logarithmentafeln ähneln ... Der Zuschauer liebt es nicht wegen 20 Minuten Unterhaltung fünf Stunden gelangweilt zu werden, und die pathetische Kunst wird ihn niemals überzeugen, sich zehn unbedeutende Piecen brav anzuhören, nur um eine Seite zu bewundern.«

Obwohl Meyerbeer im Februar 1838 mehrfach mit Heine zusammentraf, um des Dichters Einfluß auf die Escudiers zu erwirken, konnte auch dieser das Erscheinen der Serie nicht verhindern. Erst in einem Brief vom 24. Mai 1842 bekannte Heine gegenüber Meyerbeer: »... die Verantwortlichkeit, die ich gegen Sie und die Herren Escudier übernommen habe, beunruhigt mich ... Die E. sind Lumpen, aber sie wollen nicht als solche behandelt seyn ... ich bin mit den E. übereingekommen, ... daß ich sogar Sonnabends in die Druckerey gehe, um mich zu überzeugen, daß nichts ins Blatt hineingeschmuckelt wird ... Sie hatten mir in Ihrem letzten Brief geschrieben, daß Sie mir Ende vorigen Monaths den Restant der gewünschten 1000 fs, nehmlich 500 fs schicken würden ...« Das hieß, Heine suchte Vorwände wie angebliche Attacken in der *France musicale,* um selbst zu Geld zu kommen. Meyerbeer lebte jahrelang in Furcht vor solchen Pressekampagnen, die sein künstlerisches Ansehen schädigen mussten und ihm die Arbeit vergällten, zumal er gerade jetzt der Ruhe bedurfte, weil er mit seiner neuen Oper wieder Neuland betrat.

Im Juli 1838 war Meyerbeers Taschenkalender voller Notizen über Treffen mit Heine, Scribe, Delavigne, Berton, Duprez, Dumas, Candia, Habeneck, Pleyel, Cherubini, Bordogni, Duponchel, Crémieux, mit den Damen Lebrun, Dorus-Gras, Rieux; außerdem sind mehrere Sitzungen der Comission des Auteurs verzeichnet. In dieser für Meyerbeer so geschäftigen Zeit veröffentlichte Véron einen Artikel, der an einem Sonntag, dem 22. Juli, im *Constitutionnel, Journal du commerce, politique et littéraire* erschien.

Der Beitrag des ehemaligen Direktors der Académie verstimmte Meyerbeer auf das Tiefste: »Theures angebethetes Weib! Heute werde ich kurz sein, denn ich bin von einem Kolikanfall den ich vorgestern hatte und dem heftige Diarröhe folgte welche auch heute noch nicht ganz aufgehört hat, sehr ermattet. Diese Unpäßlichkeit verdanke ich einem heftigen Ärger der mich unwiderstehlich befiel als ich den vorgestrigen Constitutionel laaß. Der elende Veron, der sein ganzes Vermögen, seine ganze jetzige Position [er besaß die Zeitschrift] ›Robert‹ verdankt, hat mich auf eine so niederträchtige gemeine und dabei so lügenhafte Weise angegriffen, daß es schauderhaft ist. Dabei ist das Gift so fein für Frankreich berechnet, daß mir der Artikel den ungeheuersten Schaden thun wird. Dies ist nun schon das 2te Maal in 14 Tagen daß er sein Gift gegen mich aussprützt ... Alles erlogen und erdichtet« (24. Juli). Véron mokierte sich über Meyerbeers Änderungssucht und Ernsthaftigkeit: »... Die Einfälle kommen nicht zu ihm, er muß sich in die Postkutsche werfen und ihnen nachjagen ... Es gibt nur den einen großen und erhabenen Faulen, der sich Rossini nennt und dem der Himmel die Gabe der unerschöpflichen, überquellenden und spontanen Inspiration verliehen hat. Die Einfälle und Melodien fallen ihm zu wie Blüten und Früchte eines fruchtbaren Baumes ... Bei Meyerbeer bringen sie eine Krise, eine richtige Kinderkrankheit mit sich; die Erregung, die Unruhe, die Schlaflosigkeit sind die begleitenden Symptome. In einer solchen Situation ähnelt Herr Meyerbeer den Frauen, die einer schwierigen Geburt entgegensehen. Sie quälen sich, rufen zwanzigmal am Tag den Arzt ... Da Herr Meyerbeer nicht ständig zum Arzt rennen kann, nimmt er sich den Librettisten als sein Opfer ... Er braucht ihn immer, schreibt ihm Brief über Brief, er schickt ihm eine Botschaft nach der anderen, wie eine launische Frau. Was er liebte, mißfällt ihm plötzlich. Er hat 1000 geniale Einfälle zur gleichen Zeit, er hat stündlich, ja minütlich neue Ideen, die alle gleich wieder verworfen werden. Der Librettist verläßt Herrn Meyerbeer im Gefühl völliger Sicherheit. Man hat gerade hier ein Duett, dort ein Terzett verabredet, dort eine Romanze, dann ein Septett und das Finale ... Der glückliche Poet ... plant seine Mahlzeiten und den Augenblick, an dem er sich friedlich zur gewohnten Zeit zur Ruhe begeben kann. Da ertönt im Vorzimmer die Klingel dreimal hintereinander. ›Was gibt es?‹ ›Ein Brief von Herrn Meyerbeer!‹ ... Das gefürchtete Sendschreiben wirft alles über den Haufen. Aus dem Terzett wird ein Chor, aus der Romanze das Finale, ... wo das Violoncello in getragenen, melancholischen Tönen klagte, erklingen jetzt Trompete und Ophikleide ... Momentan ist Herr Scribe von dem schwierigen und unruhigen Genie Meyerbeers eingefangen; Herr Meyerbeer verfügt vollständig über Herrn Scribe. Der Winter 1840 wird uns mit den Früchten dieser geheimnisvollen Entbindung erfreuen« (Véron 1865).

Nach Meyerbeers eigenen Berichten belasteten ihn derlei üble Nachreden immer so sehr, dass er für einige Tage arbeitsunfähig wurde, was bei seiner gründlichen Denkweise zu Verzögerungen in der schöpferischen Arbeit führte. Häufig ist in seinen Briefen und Tagebüchern von Unpässlichkeiten, tagelangem Hüsteln, Kopfweh, Mattigkeit, Magenkrampf, Magen-Darm-Entzündung, Fieber, Diarrhöe, Erbrechen, Gliederschmerzen und Unterleibserkrankungen die Rede, die offensichtlich psychische Ursachen hatten. Es ist erstaunlich, wie er trotz seiner ständigen Schmerzen sein gewohntes Leben mit Empfang von Gästen, umfänglicher Korrespondenz und Komponieren durchhielt. Etwas Hypochondrie wird auch dabei gewesen sein.

Nachdem Véron aus der Schule geplaudert und Spontini, der im Mai 1839 als Nachfolger des verstorbenen Ferdinando Paër zum Mitglied des Institut de France gewählt worden war, den erfolgreicheren Konkurrenten verunglimpft hatte, wurden nun auch französische Stimmen laut, die offen Antisemitismus, Richesse [Judenhass] verbreiteten, obwohl gerade Frankreich sich bisher weit toleranter gegenüber jüdischen Mitbürgern gezeigt hatte als alle anderen europäischen Nationen. Meyerbeer wird den *Courrier des Theatres* im Sommer 1839 mit Bangen gelesen haben, obgleich er sich durch die Angriffe gegen Halévy nicht hätte getroffen fühlen müssen. Aber er hatte eine feine Witterung für alle Spielarten von Richesse, als er las (MBT): »Das Judentum rückt von allen Seiten näher, es besetzt alle Orte, wo der Glanz der Schönen Künste sich in klingende Münze umsetzt. Folglich mußte das Theater Gegenstand seiner Habsucht werden, denn unter dem Vorwand für den Ruhm zu arbeiten, versichert man sich dort leicht dicker Einkünfte. Wir sehen uns daher gegenwärtig Juden gegenüber in allen dramatischen Unternehmungen ... sie werden bald eine regelrechte Armee bilden, gegen die die gesamte Christenheit ohnmächtig ist. Die Musik ist der hauptsächliche Gegenstand ihrer Ambitionen ... Das Judentum überschwemmt uns und ist noch nicht zufrieden ... Es braucht Plätze, auf denen es irgendwelchen Einfluß ausüben kann. Herr Fr. Halévy, einer der widerwärtigsten Doppelverdiener des Israelismus, läßt keine freie Stelle aus, ohne sich nicht mit in die Bewerber einzureihen. Er ist Solorepetitor an der Opéra, Hauskomponist, Lehrer am Conservatoire, Mitglied des Institut de France, zugleich Mitglied der Ehrenlegion, Direktor bei M. Duponchel, Günstling der Opéra comique, Mitglied aller möglichen Kommissionen und Richter derjenigen, die seine Meister sein müßten.«

Hass in dieser Form traf Meyerbeers Wurzeln, seine Existenz als Künstler und Mensch. Wilhelm Beer, der aus dem Geschäftsleben einen raueren Umgangston gewohnt war als sein Bruder, wusste eine Antwort und unterließ es nicht, dem Älteren mit preußischer Direktheit die Meinung zu sagen:»Nun lieber Bruder noch ein Wort was Du mir nicht übel nehmen mußt. Du frägst … ›Womit habe ich das verdient?‹ Darauf antworte ich: ›Weil Du Dein größter eigener Feind bist‹ … Halévy ist zwar ein Intrigant, allein wenn er es nicht wäre hättest Du ihn nicht so herzabstoßerig behandelt daß er Dein Feind werden mußte. Hast Du nicht so oft es sich thun ließ Dein Talent vergraben. Als Klavierspieler wolltest Du nie spielen, als Componist nie componiren, alles aus lauter Schwarzseherei d. h. Sucht in seinem eignen Fleische zu wühlen … Läufst Du nicht seit den ›Hugenotten‹ schon wieder einige Jahre herum ohne eine Note zu componiren. Und dabei kannst Du keine Zeit finden, die Aufträge von Prinzeß Wilh. u. dem Kronprinzen auszuführen die 2 Minuten gedauert hätten … Da Du ›Faust‹ nicht componiren willst, so hast Du jetzt die schönste Gelegenheit dazu in der Weberschen Oper. Wodurch gewann C. M. v. Weber in Deutschland alle Rezensenten? weil er sich in allen Orten aufhielt und ihre Bekanntschaft machte. In Dresden wollen sie das neue Theater damit eröffnen, und daß Du dabei auf Händen getragen wirst ist gewiß …« (17. Juli 1838).

Dabei hatte Wilhelm Beer ganz andere Sorgen, als sich um Giacomos Gemütslage zu kümmern: Die Geschäfte mit dem Zucker gingen schlecht. »Mir wird es mit jedem Tage unbegreiflicher daß wir unsern Zucker noch so gut los werden, denn es wird uns ein Débouché [Absatzmarkt] nach dem ändern abgeschnitten, und doch ist das Preisverhältniß nicht schlechter als zu der Zeit wie diese Débouchéen noch alle offen waren« (31. Mai 1838). Die Firma musste sich auf eine neue Technologie umstellen, ältere Apparate durch modernere ersetzen und rationeller produzieren. Sogar ein Vertreter wurde angestellt, der ständig die Ware anbot. Das bedurfte größerer Investitionen. Als Anfang 1840 eine kleine Produktionsstätte geschlossen werden musste, rechnete Meyerbeer mit »bedeutendem Verlust«, was in seiner Vorstellung schon einer Katastrophe glich. Überhaupt machte sich der vermögende Komponist mitunter große Sorgen um die Existenz der Familie. »Das neue Jahr fängt unglücklich an. Unser beiderseitiges Vermögen schwindet auf eine Weise welche mich für die Zukunft unsrer lieben Kinder bitter besorgt macht … Das meinige erleidet seit zwei Jahren durch die schlimme Stellungen der Zuckerfabriken auch heillose Stöße …« (25. Januar 1838 an Minna). Er sah schwärzer als die Lage in Wirklichkeit war, denn die Einnahmen aus seinen musikalischen Werken waren immer noch beträchtlich. Der Verleger Heinrich Probst, der die Interessen von Breitkopf & Härtel in Paris vertrat, wusste am 9. Februar 1839 zu berichten, dass der Pariser Verleger Troupenas, der ebenfalls mit Meyerbeer ins Geschäft kommen wollte, 40 000 Francs für die Rechte an dessen Oper geboten hatte, um Schlesinger auszustechen. Bei der Bescheidenheit in der Lebensweise, wie Heine sie beschrieb, hätte diese Summe viele Jahre ausgereicht, aber darum ging es wohl nicht. So ist die Sorge des Komponisten um seine Existenz nur ein – wenn auch im Ganzen unbegründeter – Teil seiner allgemeinen Verunsicherung und seiner fast krankhaften Angst. Als »Schwarzseher« der Familie glaubte er Anlass zu der Befürchtung zu haben, man wolle seine Werke aus den Spielplänen der Académie verdrängen. Doch daran konnte kein Operndirektor im Ernst denken, wollte er nicht den Ruin des Hauses herbeiführen. Wie in vielen Theatern in Europa und Übersee liefen auch an der Académie Royale *Robert* und *Les Huguenots* über Jahre kontinuierlich. Bis zur Uraufführung von *Le Prophète* ergab die Statistik folgende Aufführungszahlen, die mit nicht geringen Einnahmen verbunden waren:

Jahr	*Robert*	*Les Huguenots*			
1832	47		1840	18	12
1833	30		1841	14	17
1834	28		1842	13	11
1835	22		1843	10	10
1836	16	43	1844	10	10
1837	6	32	1845	16	6
1838	10	16	1846	14	8
1839	18	16	1847	8	5
			1848	19	6

Durch seine unstete Lebensweise brachte Meyerbeer auch in seine Familie viel Unruhe. Zum Familienvater war er ohnehin nicht geboren. Eher könnte man ihn einen verheirateten Junggesellen nennen. Seine Töchter liebte er sehr und konnte ihnen reizende Briefe schreiben, wie den an seine Tochter Blanca vom 31. Juli 1837, der nicht ohne den pädagogischen »Zeigefinger« auskommt: »Ich hab' mit großer Freude von der lieben Mamma erfahren daß sie mit Dir seit meiner Abwesenheit sehr zufrieden ist. Dieses hat mich sehr glücklich gemacht, und ich habe gleich diese gute Nachricht der Nonne [sprich Großmutter Amalie] und den Cousinen mitgetheilt. Zur Belohnung dafür werde ich Dir auch ein schönes Geschenk mit von Berlin bringen. Fahre fort meine liebe Tochter der guten Mama recht gehorsam zu sein. – Alles was sie Dir sagt ist zu Deinem Besten und Deinem Glücke, und wenn Du ihren Vorschriften folgst, wirst Du fromm und brav und glücklich werden. So werden wir auch das Vergnügen haben Dich immer bei uns behalten zu können. Denn wenn Du etwa ungehorsam würdest, so wäre ich gezwungen, so Leid es mir auch thäte, Dich gleich bei Dlle Niclas in Paris in Pension zu geben, um der guten Mama den Aerger zu ersparen. Adieu mein liebes Blänkchen. Ich verbleibe Dein zärtlicher Vater Meyerbeer.«

Sein Eheleben mit Minna beschreibt er in einem Brief vom 15. April 1838 an seine Frau: »Es ist schon traurig an und für sich, und nicht hübsch vor den Augen der Welt, daß wir so oft getrennt sind, und man mich immer allein reisen sieht. Allein man weiß daß ich Komponist bin, daß in Baden kein Feld ist meine Sachen zu produciren, es fällt also in die Augen daß ich nach den Orten reise wo mein Künstlerberuf meine Gegenwart nothwendig macht ... Wenn aber die Leute mich rechts Dich links reisen sehen, und uns sogar vermeiden sehen an diejenigen Orte zusammen treffen wo man Dich heute mich vielleicht in 14 Tage sehen wird, muß man da nicht glauben, daß wir uns ... aus dem Wege reisen?« Er sah sich außerstande, über seinen unruhigen Schatten zu springen. Er musste einfach dort sein, wo er glaubte, gebraucht zu werden. Von dort, nämlich von Paris, sandte er dann seiner erstaunten Frau folgende Zeilen: »Sollte daher was Gott verhüte auch diesmaal Dein Aufenthalt in Paris nachtheilig auf Deine Gesundheit würken, so ist mein Entschluß gefaßt. Ich sage dann der Kunst Valet und wir ziehen uns in einen stillen Winkel zurück, wo es Dir eben am genehmsten ist...« (um den 15. Juli 1838). Minna reagierte empfindlich auf seine Säumigkeit, als er ihren Hochzeitstag vergessen hatte: »Trotz daß ich mir das Andenken an unseren Hochzeitstage bei Dir bestellt habe, ist es doch in dem Lethe-Strom Deines Pariser Lebens, gleich den Andern, unbeachtet entschwunden. Da Dir die Erinnerung dieses wichtigen momentes nicht mehr lebendig ist, verzeihe ich Dir die Vergessenheit meiner Bestellung, die ich nur aus Vorsicht gemacht habe, da ich meine Schwäche kenne, daß jeder neue Beweis, daß Dir das innere Herzensleben, im Pariser Künstler u Welttreiben, schwindet, mich verletzt, obgleich ich ... Dich darum auch nicht einen moment weniger liebe« (29. Mai 1838) – harte Worte, die ihn wieder in tiefste Gewissensnot stürzten, denn er vergaß ja nicht nur solche Kleinigkeiten, sondern auch Freunde und Aufträge über Jahre.

Preußischer Generalmusikdirektor 1842–1846

Seit Beginn des 19. Jahrhunderts mangelte es der Berliner Hofoper an einer profilierten Persönlichkeit am Dirigentenpult. Erst 1819 gelang es, den in Paris zu hohen Ehren gekommenen Gasparo Luigi Pacifico Spontini als Ersten Kapellmeister und »Preußischen General-Musik-Direktor« zu verpflichten. Vom Tage seines Amtsantritts am 28. Mai 1820 an regierte er das Haus Unter den Linden mit eiserner Hand. Am 2. April 1841 musste er das Opernhaus durch eine Seitentür verlassen, um sich vor einer wütenden Menge in Sicherheit zu bringen. Sein Fall hat eine längere Vorgeschichte.

Friedrich Wilhelm III., dem Spontinis Opern zusagten, hatte den neuen musikalischen Direktor mit weitreichenden Vollmachten ausgestattet, die sich zunächst günstig auf die Repertoirebildung auswirkten. Werke von Gluck, Händel, Graun, Haydn, Mozart, Weber (*Euryanthe, Oberon*), Spohr (*Jessonda*), Cherubini und einige seiner eigenen Opern bestimmten den Spielplan. Gegen Ende seiner 20 Dienstjahre machte sich jedoch eine gewisse Starre in seiner Leitung bemerkbar, die sich lähmend auf den Opernbetrieb legte, der einer Erneuerung bedurft hätte.

Nähert man sich heute Spontinis Werken unbefangen, findet man in den Partituren der *Vestalin*, der *Olimpia* oder des *Fernando Cortez* viele interessante Ideen und musikalische Schönheiten. Spontinis Versuch, eine deutsche Oper zu schreiben, scheiterte trotz erstaunlicher musikalischer Innovationen am unzureichenden Libretto nach Ernst Raupachs Vorlage. Das Sujet *Agnes von Hohenstaufen* hatte Spontini gewählt, um dem Wunsch des Königs nach Gestaltung der glorreichen deutschen Vergangenheit nachzukommen. Gegen die 1829 nach mehreren Arbeitsjahren vollendete Oper zog der Musikkritiker der *Vossischen Zeitung*, Ludwig Rellstab, so unbarmherzig zu Felde, dass er Spontinis Stellung gründlich untergrub.

Die Presse in Berlin konnte sich nur auf künstlerischem Gebiet freier äußern, da die Zensur dieses Feld für unbedenklich hielt. Gerade deshalb war die Berliner Musikkritik so bissig. Die Redakteure nahmen die Opposition gegen Spontini zum Vorwand, um das Regime zu treffen. Nachdem Rellstab seine Angriffe mehrfach wiederholt hatte, ließ Spontini Anfang 1841 eine Entgegnung drucken, die, durch Übersetzungsprobleme zusätzlich verunklart, als Majestätsbeleidigung ausgelegt wurde. Man verurteilte ihn zu neunmonatiger Festungshaft, aber der König begnadigte ihn. Als er an jenem Aprilabend 1841 ans Pult trat, scholl ihm ein ohrenbetäubender Lärm entgegen, der den Beginn der *Don Giovanni*-Aufführung unmöglich machte. Der organisierte »Volkswille« setzte sich durch. Der gerade anwesende Berliner Polizeipräsident sorgte für Ordnung und Sicherheit, indem er Spontinis unauffälligen Abgang befahl. Der Generalmusikdirektor wurde beurlaubt und verließ ein Jahr später Berlin.

Über seine Nachfolge wurde heftig spekuliert. Man nannte unter anderen Heinrich Marschner, Felix Mendelssohn, Giacomo Meyerbeer, Peter Joseph von Lindpaintner, Carl Loewe, Albert Lortzing, Conradin Kreutzer und Carl Gottlieb Reißiger. Als Giuditta Pasta am 22. Juni 1841 ein Konzert im Berliner Opernhaus gab und als Gäste Spontini, Mendelssohn und Meyerbeer zugegen waren, machte sich die Zeitschrift *Didaskalia* in ihrer Ausgabe vom 28. Juni folgende Gedanken (MBT): »Was die Spontinische Angelegenheit betrifft, so ist endlich nach manchen von jedem Unbefangenen mit Recht gemißbilligten Uebertreibungen im Für und Wider gegen den ausgebrochenen Sturm eine wohlthätige Stille eingebrochen... so läßt es sich doch nicht verschweigen, daß der bei weitem größte Theil des Publikums der Meinung ist, wie der Tondichter eines ›Robert der Teufel‹ und der ›Hugenotten‹ bei aller Verschiedenheit der Persönlichkeit nicht vermögen dürfte den Componisten einer ›Olympia‹, eines ›Cortez‹ und einer ›Vestalin‹ zu ersetzen. Eher dürfte man in Hrn. Mendelssohn-Bartholdy einen Ersatz Spontini's in der Eigenschaft eines Dirigenten und eines Mitglieds der musikalischen Section der Academie der Künste finden.«

Der Redakteur hatte jedoch nicht mit der großen Begeisterung des neuen Königs für Meyerbeers Musik gerechnet. Sein Vater Friedrich Wilhelm III. hatte 1832, gegen den Willen des Generalintendanten Graf von Redern, *Robert der Teufel* favorisiert. Die *Hugenotten* kamen für ihn nicht in Betracht, da das Königliche Ober-Censur-Collegium in seinem Gutachten vom 16. Mai 1837 schwerwiegende Bedenken ins Feld geführt hatte (MBT): »... wenn auch wir uns nicht verhehlen, daß wir... die Grenzen unserer Ressorts einigermaßen überschreiten, so glauben wir doch unsere Erklärung dahin abgeben zu müssen, daß wir die Gründe für die Nichtaufführung... für überwiegend halten. Es sind... einige Kirchen-Melodien... aufgenommen, welche durch ihre Entstehung und Beziehung eine große Bedeutsamkeit in der evangelischen Kirche erhalten haben, als ein heiliges Besitztum derselben betrachtet werden... Diese Bedeutung scheint der Komponist auch erkannt zu haben, indem er sie zum Ausdruck des protestantischen Gegensatzes gegen das Wesen und Treiben der Katholiken gewählt hat. Dadurch werden sie aber auch teils in eine so genaue Verbindung mit dem Weltlichen und Unheiligen gebracht, teils durch ihre Anknüpfung an den fanatischen Eifer so entwürdigt, daß der wahrhaft christliche Ernst daran Anstoß nehmen muß...« Herr von Redern befürchtete im Übrigen unerwünschte Publikumsreaktionen: »... diese innige Annäherung des Kirchlichen mit dem Theatralischen erscheint aber in keiner Zeit gefährlicher, als in der jetzigen, wo die Meinungen über Kirche und Welt und Staat die heterogensten geworden.« Konservativen religiösen Kreisen in Berlin, und sie befanden sich mit ihrer Gesinnung in Übereinstimmung mit dem preußischen König, war die Vorstellung, Glaubenskämpfen zwischen Katholiken und Protestanten von einem Juden, noch dazu auf der königlichen Hofbühne, dargestellt zu sehen, sehr abwegig. Das tat aber der persönlichen Zuneigung des Königs zu Meyerbeer keinen Abbruch.

Alexander von Humboldt war einer der wenigen, der Meyerbeer schätzte und sich in seiner Heimatstadt für ihn einsetzte. Als preußischer Botschafter in Paris hatte er Meyerbeers Triumphe miterlebt. Da ihm Antisemitismus fremd war – er ging im Beerschen Hause ein und aus – unterstützte er zu jeder Zeit die Emanzipationsbestrebungen der Berliner Juden, die seinen Vorstellungen als Aufklärer und Kosmopolit entsprachen. Zugleich stand er auf vertrautestem Fuße mit dem Kronprinzen, der selbst großes Interesse an einer Bindung Meyerbeers an Berlin hatte. Als Friedrich Wilhelm III. am 7. Juni 1840 starb und der Kronprinz als Friedrich Wilhelm IV. am gleichen Tag den Thron bestieg, waren günstige Bedingungen für eine Berufung Meyerbeers gegeben.

Auch die Prinzessin Augusta, verheiratet mit dem Bruder Friedrich Wilhelms, dem späteren Kaiser Wilhelm I., machte ihren Einfluss für Meyerbeer geltend. Am 4. Februar 1842 ließ sie zu ihrer privaten Freude im Palais des Prinzen von Preußen den vierten Akt der *Hugenotten* aufführen, mit Franz Liszt am Pianoforte, der danach über Themen aus der Oper fantasierte und, wie immer, seine Zuhörer zu Beifallsstürmen hinriss.

Am 20. Mai 1842 dirigierte Meyerbeer die Berliner Premiere seiner *Hugenotten*, die für Jahrzehnte ein Erfolgsstück der Berliner Hofbühne blieben.

Die Presse reagierte durchweg positiv. Die Rezensenten lobten die Dekorationen, die instrumentatorischen Feinheiten, den vierten Akt und den Beifall des Publikums, der »... Alles, was wir noch Tadelndes gegen die Oper sagen könnten ...«, widerlegt habe. Es war die Stimme des Berliner Korrespondenten der Leipziger *Neuen Zeitschrift für Musik* (MBT), die Meyerbeer bekanntlich nicht sonderlich gewogen war.

Fünfmal in zehn Tagen wurden nun die *Hugenotten* gespielt, dreimal in Anwesenheit des Monarchen, der nach jeder Nummer begeistert applaudierte und den Komponisten in seine Loge bat. Nach dieser öffentlichen Ehrung vor dem Opernpublikum folgte am 31. Mai die offizielle Anerkennung: Zusammen mit Liszt, Rossini und Mendelssohn erhielt auch Meyerbeer durch Vermittlung Alexander von Humboldts den neu gestifteten Orden »Pour le mérite« der Friedensklasse. Die Frankfurter *Ober-Postamtszeitung* vermerkte in ihrer Ausgabe vom 8. Juni 1842 (MBT): »Mit der herzlichsten Freude ist jeder Freund des Fortschritts dadurch erfüllt worden, daß weder auf den Glauben, noch auf die politische Richtung Rücksicht genommen worden ist. Wo ein Jude zum ›stimmfähigen Ritter aus der deutschen Nation‹ ... ernannt wird, da hat es keine Noth mehr!«

Für das seit 1841 verwaiste Amt des Generalmusikdirektors wollte Humboldt, zu dieser Zeit Kammerherr Friedrich Wilhelms IV., unbedingt Giacomo Meyerbeer gewinnen. Zwischen Humboldt, Wilhelm Beer und der Intendanz wurden die Bedingungen ausgehandelt. Der Komponist hielt sich zurück. Am Sonnabend, dem 11. Juni 1842, diktierte der König in Sanssouci das Berufungsschreiben für Meyerbeer. Alexander von Humboldt sandte von Schloss Charlottenhof einen Eilbrief in die Schadowstraße 15 nach Berlin, seit 1841 Wohnsitz der Familie Meyerbeer: »Ihre Sache, die unsrige, ist beendet, unterschrieben! Heute! Sagen Sie es niemand, als Gewohnheit. A Ht. Sanssouci 5 Uhr.«

Als nächstes empfing Meyerbeer ein Schreiben des Intendanten, mit dem er sogleich zu den ersten Aktivitäten bei Hofe verpflichtet wurde: »… Auch haben Seine Majestät ein kleines Hofconcert für Mittwoch in Sans-Souci befohlen, u Allerhöchstdieselben erwarten, daß Sie die Direction übernehmen werden …«

In seinem ersten Brief an Meyerbeer schrieb Friedrich Wilhelm am 11. Juni:

»Ihr seit langer Zeit begründeter musikalischer Ruf, und die Beweise Ihres Talents bei dem Einstudiren und der Aufführung Ihres genialen, großen Werkes auf der Berliner Bühne … hat den Wunsch in Mir erregt, Sie durch ein bleibendes Verhältniß Meinem Dienste und Ihrer Vaterstadt zu erhalten, und Ich freue Mich, daß Sie darauf eingegangen sind.
Ich ernenne Sie hiermit zum General-Musikdirektor, und Sie haben diesen Titel Ihrem bisherigen als Hof-Kapell-Meister hinzuzufügen. Ihre Anwesenheit will Ich auf sechs Monate beschränken … Während Ihrer Anwesenheit in Berlin werden Sie die Direktion der Hof-Musik mit Ausschluß der geistlichen, unter Oberaufsicht des zu diesem Zwecke von Mir ernannten Wirklichen Geheimen Rats General-Intendanten der Hof-Musik, Gr.v. Redern übernehmen, und Ihre Zeit dem Einstudiren und Dirigiren der neuen großen Oper Ihrer und anderer Kompositionen widmen auch dem Generalintendanten Meiner Schauspiele in allen musikalischen Angelegenheiten mit Rath und That zur Seite stehen …
Wenngleich Sie aus Zartsinn das Uebergehen des Geldpunktes wenigstens im ersten Jahr gewünscht haben, so finde Ich Mich doch veranlaßt, Ihr Gehalt auf dreitausend Thalern sofort festzustellen, welches Sie vom 1st. Januar k. J. ab aus dem Kronfideicommiß-Fonds zu beziehen haben.
Ich wünsche, daß Sie in dieser Bewilligung Meine große Anerkennung Ihres Talents und Mein Wohlwollen erkennen mögen.

Friedrich Wilhelm«

Damit hatte Meyerbeer die nötige Freiheit, die er für sich beanspruchen musste, um die Pariser Projekte voranzutreiben. Zugleich war durch diese Berufung das baldige Scheitern der Berliner Position Meyerbeers schon vorbestimmt: Es handelte sich um ein Repräsentationsamt ohne weitreichende Vollmachten. Einerseits war Meyerbeer froh, dass er keine Hofcharge übernehmen und in Uniform Dienst tun musste, andererseits empfand er sich auch nicht als Musikbürokrat, der vom Schreibtisch aus sein Amt verwaltete. Er hatte nur die Absicht, die Berliner Hofoper auf internationales, das heißt auf Pariser Niveau zu heben; allerdings hatte er dabei die Wünsche des Königs zu berücksichtigen. Am 15. Juni 1842 trat auch der neue Generalintendant Karl Theodor von Küstner sein Amt an. Meyerbeer wusste von dieser Berufung seit September des vergangenen Jahres. Küstner war kein Neuling, sondern hatte ab 1817 in Leipzig und Darmstadt und ab 1833 in München Intendantengeschäfte geführt. Er galt als ein Regent von strenger Hand, dessen Amtsführung die Zeitungen glossierten und die Künstler hassten. Wenn er zum Beispiel für die Verbesserung des Spielbetriebes sorgte, indem er den Urlaub der Sänger nach freier Wahl konsequent verbot, tastete er damit unverbriefte Rechte der ersten Sänger an, die noch aus dem 18. Jahrhundert stammten. Er übertrieb seinen Pflichteifer durch bürokratische Enge und behinderte so den Theaterbetrieb mehr, als er ihn förderte, was Meyerbeer zu Beschwerdebriefen veranlasste. In der Repertoireauswahl war Küstner nicht autark. Spielpläne mussten einer berufenen Prüfungskommission vorgelegt werden, deren Zusammensetzung geheim war, und die Stücke freigab, die nicht immer zum Wertvollsten gehörten. Dennoch gelang es dem Theatermann, neben dem von Meyerbeer verantworteten deutschen Repertoire, auch französische Werke nachzuspielen, zum Beispiel von Auber, Adam, Grétry, Halévy und Berlioz.

Von Anfang an war Meyerbeers Verhältnis zu Küstner gespannt, denn der Generalintendant achtete sehr auf die Einhaltung der Kompetenzbereiche, die der Generalmusikdirektor häufig überschritt. Das ständige Gerangel mit Küstner wurde zu einem der Gründe für Meyerbeers Bestreben, sein Amt wieder loszuwerden. Doch zunächst empfanden die Familie, besonders Mutter Amalia, und auch die Berliner Judenschaft, große Genugtuung, dass erstmals in der Geschichte Preußens ein Ungetaufter, ein Jude, der königlichen Hofmusik vorstand, denn das bedeutete einen nicht unerheblichen Prestigegewinn für die jüdische Gemeinde.

Aus den Unternehmungen des Generalmusikdirektors ist sein Konzept abzulesen. Zunächst ließ er sich die Gehaltslisten vorlegen und stellte mit Erstaunen fest, dass sich im Laufe von 24 Jahren die Berliner Hofkapelle zwar um 16 Musiker vergrößert hatte, deren Etat aber nur um knapp 4000 Taler erhöht worden war, so dass das Orchester zu den schlechtbezahltesten Europas gehörte. Er zog genaue Erkundigungen über die Lebenshaltungskosten ein und sandte dem Staatsminister, dem Fürsten zu Sayn und Wittgenstein, am 29. April 1843 eine Eingabe: »Es ist nicht zu verkennen, daß sich die Mitglieder der Königl. Kapelle zum größten Theile in einer sehr ungünstigen Lage befinden. Sie beziehen so geringe Besoldungen, daß sie kaum den eigenen nothdürftigen Lebens-Unterhalt damit bestreiten können, und da sie meistens Familien Väter und ganz vermögenslos sind, so sehen sich diese Männer, die ihr Leben dem mühevollen Erlernen und Ausüben einer so schwierigen Kunst gewidmet haben, nach vieljährigen Diensten bei allen Einschränkungen und Entbehrungen, die sie sich auferlegen, den drückendsten Nahrungssorgen Preis gegeben ... Diese Verhältnisse sind ... um so fühlbarer und drückender, je mehr seit jener Zeit die Preise der Lebensbedürfnisse aller Art, insbesondere der Wohnungen und des Holzes in der Residenzstadt gestiegen sind, und wenn ihre Bitte um Abhülfe ihrer ungünstigen Lage schon hiernach berücksichtigungswerth seyn dürfte, so erscheint dieselbe noch um so begründeter... wenn ... in Betracht gezogen wird, wie sehr die Anforderungen des Dienstes in der Kapelle sowohl in Hinsicht der Schwierigkeiten als der Anstrengung gegen früher erhöht sind. Die großen Executions-Schwierigkeiten der modernen Musik ... machen nicht nur die Aufführungen bei weitem anstrengender und ermüdender, sondern erfordern auch 3. und 4. mal mehr und längere Proben...« Schließlich war Meyerbeer selbst einer der modernen Komponisten, die Musik von großen »Executions-Schwierigkeiten« schrieben. Seine 3000 Taler Gehalt ließ er zur Lohnaufbesserung der am schlechtesten bezahlten Kapellmitglieder verwenden. Bei der »Langsamkeit der hier herrschenden Verhältnisse« konnte Küstner erst am 30. Oktober 1843 mitteilen, »... daß des Königs Majestät zu GehaltsVerbesserungen für die Mitglieder der Königlichen Kapelle die Summe von 7 bis 8000 Thlrn., einschließlich der auf dem Theater Etat disponiblen 1063 Thlrn. zu bewilligen geruhet haben«. Die Kapelle wusste, wem sie die neuen Gehälter zu verdanken hatte, und schrieb am 26. Februar 1844 an ihren Chef:

»Hochwohlgeborener Herr, Hochzuverehrender Herr General-Musik-Director!
Ew. Hochwohlgeboren Einflußreichen Verwendung bei des Königs Majestät haben die Mitglieder der Königlichen Kapelle die durch Allerhöchste Gnade ihnen bewilligten Gehalts-Zulagen zu verdanken. Ist es die pecuniäre Verbesserung nicht allein, die wir verehren, sondern mehr noch ein erhebendes Gefühl, das uns beseelt, unsere der Kunst gewidmeten Bestrebungen einer so huldvollen Anerkennung gewürdigt zu sehen, so muß es uns mit dem freudigsten Danke für Ew. Hochwohlgeboren erfüllen. Ihn auszusprechen ist unsere angenehmste Pflicht, indem wir aufrichtig nur wünschen können, daß der Stellung, welche zur Ehre und zum Ruhme der Kapelle Ihnen anvertraut, und deren schönes Vorrecht Sie auf die Achtungswürdigste Weise geltend machen, Sie bewahrt und uns erhalten bleiben mögen.«

Mit gleicher Intensität arbeitete Meyerbeer daran, ein leistungsfähiges Sängerensemble zu engagieren, das den neuen Aufgaben gewachsen war. Anfang Dezember 1843 schrieb er aus Paris an seinen Intendanten, welche Sänger er für welches Fach benötigte, um ein Repertoire aufzubauen, das nach seiner Meinung und nach Pariser Standards einigermaßen vertretbar war. Meyerbeer wusste sehr gut, dass man kein leistungsfähiges Sängerpersonal engagieren konnte, wenn sich die Intendanz knauserig zeigte. Außerdem dachte er vorausschauend an seine eigenen Werke, zum Beispiel an die Fidès-Partie aus dem *Prophète,* dessen Partitur schon vorlag. Und wie kaum ein anderer kannte er das umfangreiche Repertoire der europäischen Bühnen. Er konnte nur hoffen, dass seine Anregungen in Berlin ernst genommen würden.

Eine weitere wichtige Aufgabe sah er in der Vorlage eines repräsentativen Spielplans. Hier konnte er an Spontinis Repertoirebildung anknüpfen, musste aber auch geschickt taktieren, um seine Ideen mit denen des Königs in Übereinstimmung zu bringen, der auf allen Gebieten der Kunst, besonders auf dem der Musik, dilettierte. Meyerbeer kannte die königliche »Sucht nach Gluck« und stellte sich mit seiner ersten Einstudierung der *Armida* darauf ein. Neben den *Hugenotten* war Louis Spohrs *Faust,* der 1816 durch Weber in Prag uraufgeführt worden war, die dritte Novität der Saison, zur Aufführung gebracht am 28. Juni 1843. Das war ein deutliches Zeichen: Meyerbeer wählte aus eigener Entscheidung eine deutsche Oper, anstatt eine aus dem Pariser Angebot zu übernehmen. Das besorgte Küstner, der den Spielplan 1842/43 um Aubers *Die Krondiamanten* und *Der Herzog von Olonna,* Donizettis *Die Regimentstochter* und *Linda von Chamounix* sowie Rossinis *Wilhelm Tell* ergänzte.

In der knapp vierjährigen Amtszeit führte Meyerbeer zusammen mit den Kapellmeistern Carl Wilhelm Hennig und Karl Gottfried Wilhelm Taubert die folgenden Opern deutscher Zeitgenossen auf: Wagners *Fliegenden Holländer,* den der Komponist selbst einstudierte (Premiere am 7. Januar 1844 im Schauspielhaus), Webers *Euryanthe,* Spohrs *Kreuzfahrer* (26. Juni 1845), Friedrich von Flotows *Alessandro Stradella* (29. August 1845) und Franz Lachners *Catharina Cornaro* (München 1841, Premiere am 15. Oktober 1845).

In einem Schreiben vom 5. Februar 1845, das er als »Immediatsgesuch« direkt an den König richtete, legte Meyerbeer seine Absichten dar: »Geruhen Ew. Königl. Majestät nachstehenden allerunterthänigsten Vortrag huldreich zu gestatten, zu welchem ich mich im Interesse der deutschen Tonkunst aufgefordert fühle. Es scheint mir eine moralische Pflicht der deutschen Hofbühnen zu sein, alljährlich einige neue Opern lebender vaterländischer Tonmeister zur Aufführung zu bringen. Eine solche Beachtung ihrer Werke würde den deutschen Komponisten zur großen Aufmunterung, und dadurch der vaterländischen Tonkunst zur wahren Förderung gereichen: außerdem ist auch wohl zu berücksichtigen, daß den Werken deutscher dramatischer Komponisten in der Regel ja nur die deutschen Theater zugänglich sind. Die Hofbühne in Dresden geht in dieser Beziehung bereits mit einem erfreulichen Beispiele voran. Deutsche Originalopern von Marschner, Spohr, Ferdinand Hiller, Hoven, Richard Wagner und Röckel sind seit Jahresfrist dort von der Direktion angenommen und zum Theil bereits aufgeführt worden. Die hiesige Königl. Oper aber steht in dieser Beziehung sehr nach, und meine Bemühungen Aufführungen neuer deutscher Originalopern zu bewirken, finden keinen Anklang. – Es scheint mir jedoch sehr wünschenswerth daß eben die hiesige Hofbühne, welche sich der Ehre zu erfreuen hat, dem erhabenen Monarchen anzugehören ... in der fraglichen Beziehung nicht zurückstehe, sondern sich vielmehr in der ehrenden Anerkennung nationaler Kunst an die Spitze stelle.

Ich halte mich daher zu dem unterthänigen Antrag verpflichtet: Ew. Königl. Majestät wollen huldreichst zu befehlen geruhen, daß ... jährlich zwei bis drei neue Opern lebender deutscher Meister, oder, in so ferne dergleichen nicht im Jahre erscheinen sollte frühere hier noch nicht gegebene Werke dieser Meister zur Aufführung gebracht werden sollen ...«

Meyerbeer setzte sich in diesem Gesuch sogleich für Spohr ein, »... der seit 30 Jahren durch gediegene geniale Schöpfungen in allen Branchen der Tonkunst ... sich an die Spitze der deutschen Meister der Gegenwart gestellt hat«, um für dessen *Kreuzfahrer* die Erlaubnis zum sofortigen Nachspielen zu erhalten, denn das Werk war am 1. Januar 1845 in Kassel zum ersten Male über die Bühne gegangen.

Meyerbeer hatte erkennen müssen, dass die deutsche dramatische Kunst jener Jahre einem internationalen Vergleich, etwa mit Italien und Frankreich, nicht standhalten konnte. Umso dringlicher schien es ihm, ihr im Heimatland genügend Chancen einzuräumen. Dieses Dokument aus dem Preußischen Hauptstaatsarchiv war bis 1957 niemandem zugänglich. Hätten Zeitgenossen des Komponisten seine Eingabe lesen können, so wären vermutlich missgünstige Stimmen laut geworden, die in Meyerbeers Einsatz für deutsche Komponisten irgendeinen Winkelzug gewittert hätten. Noch 1954 wurde ernsthaft verbreitet, Meyerbeer habe Spohr protegiert, um das Vordringen Wagners zu verhindern (Spohr 1954). Das ist abwegig, denn abgesehen davon, dass dank Meyerbeers Einfluss der *Holländer* gegen den Willen Küstners aufgeführt werden konnte, sah Meyerbeer in Wagner gewiss keine Konkurrenz für sich. Spohr erhielt vom Kasseler Hof die Erlaubnis, die beiden ersten Berliner Vorstellungen der *Kreuzfahrer* selbst zu dirigieren.

Außer dem *Fliegenden Holländer* hat keines der von Meyerbeers Zeitgenossen geschaffenen und in Berlin aufgeführten Werke die Zeiten überdauert, aber dieser Ausleseprozess ist ganz normal. Meyerbeer sah die Förderung seiner deutschen Kollegen auch noch unter einem anderen Aspekt: Er hatte aufgrund seiner internationalen Erfahrungen erkannt, dass nicht jedes Werk beliebig in ein anderes Land verpflanzt und dort wirksam werden konnte. Die Ausnahme bildeten offenbar diejenigen seltenen Stücke, die Probleme von breitestem Interesse ansprachen und sich dabei einer universellen musikalischen Sprache bedienten. Meyerbeers eigene Werke gehörten zu dieser Kategorie. Aufgrund ihres europäischen Charakters waren sie aber auch besonders angreifbar, da sie nicht ausschließlich im Nationalen wurzelten.

Sobald sich Geburtstage von Mitgliedern des Königshauses, Besuche von hochwohlgeborenen Herrschaften oder sonstige repräsentative Gelegenheiten ankündigten, wurden in aller Eile Hofkonzerte arrangiert. Hier nutzte der Generalmusikdirektor seine weitreichenden Beziehungen zu den angesehensten Virtuosen seiner Zeit, um den Konzerten, die er in der Regel vom Pianoforte aus leitete, einigen Glanz zu verleihen: Jenny Lind, Pauline Viardot, Franz Liszt, Henri Vieuxtemps sowie die Berliner Sängerelite, mit denen er Ehre einlegen konnte. Auch diese Auftritte bereitete er gründlich vor, wie Eintragungen in den Taschenkalendern belegen.

Für das umfangreiche Abendkonzert, das zu Ehren der Queen Victoria am 16. August 1845 auf Schloss Stolzenfels am Rhein stattfand, hat sich der Programmzettel erhalten:

»I
1 Gebet, Romanze und Duett aus Joseph (Méhul)   Tuczek/Pischek
2 Phantasie für Violoncello   Batta
3 18. Psalm von Marcello   Viardot
4 Phantasie über Themata aus Freischütz   Möser
5 Der Flötenkampf Feldlager   Lind, Mantius

II
1 Wanderer Schubert   Staudigl
2 Le songe de Tartini, Ballade mit obligater   Viardot/Vieuxtemps
   Violinbegleitung von Pauseron
3 Terzett 3 Baßstimmen Margarethe von Anjou   Staudigl, Pischek,
   von Meyerbeer   Böttiger
4 Phantasie über spanische Nationalmelodien   Liszt
5 Arie Don Juan   Lind
6 Spanische Volkslieder   Viardot«

Zum Empfang der Queen waren 13 Musikchöre und alle Tamboure der 15. und 16. Infanteriebrigaden angetreten. Für Freiluftaufführungen war Blasmusik zum bevorzugten Genre höfischer Repräsentation geworden. Der Militärkapellmeister Wilhelm Friedrich Wieprecht (1802–1872) hatte die militärische Blasmusik erfolgreich reorganisiert, so dass sie auf hohem Niveau spielte. Er begann 1829 damit, die für alle Waffengattungen übliche Besetzung von Kleiner und Großer Flöte, 2 Oboen, 2 Klarinetten in F, 6 bis 8 Klarinetten in C, 2 Fagotten, Kontrafagott, 2 bis 4 Hörnern, 2 bis 4 Trompeten, Posaune, 2 Bombardons und Janitscharenmusik (Große und Kleine Trommel, Becken, Tambourin, Triangel, Schellenbaum) in Infanterie-, Kavallerie- und Jägermusik aufzuteilen, indem er ihnen bestimmte Instrumente verstärkend zuordnete. Er drillte eine große Zahl an Musikern in den verschiedenen Regimentern und veranstaltete zum Beispiel 1838 ein Konzert mit 1500 Bläsern. Daneben war er ein gesuchter Arrangeur, dem unter anderen Liszt, Spontini und Meyerbeer gern ihre Märsche zur Bearbeitung übergaben, da ihre Kompositionen auf diese Weise rasch an die Öffentlichkeit gelangten. Berlioz sprach 1843 während seines Berlinbesuchs voller Bewunderung von den »ledernen Lippen« der 200 Wieprecht-Mannen, die zu seiner großen Zufriedenheit seine *Symphonie funèbre et triomphale* bliesen.

Der erste Kompositionsauftrag, den Meyerbeer nach seinem Amtsantritt erhielt, entsprach einer am preußischen Hof üblichen Gepflogenheit. Graf von Redern schrieb am 7. August 1842: »In den ersten Tagen October ist die Vermählung der Prinzeß Marie mit dem Kronprinzen von Baiern, da wird der Fackeltanz getanzt, von 130 Blechinstrumenten (Trompeten, Posaunen) ausgeführt. Spontini hatte bisher jedesmal einen neuen komponirt. Se. Majestät haben mir jetzt erlaubt Sie darum zu ersuchen, … er ist 3/4 Takt langsam gehend durch den Saal in vielen Umzügen. Bis Mitte September müßten wir ihn hier haben, damit die Trompeter lernen können, Wieprecht könnte auch arrangiren wenn Sie etwa nur Klavier Auszug schicken sollten …«

Bereits am 25. August erkundigte sich der Komponist von Paris aus, ob seine Musik zum Fackeltanz in B-Dur in Berlin angekommen sei. Diese Musik für Bläser ist bis heute eine der populärsten Piecen Meyerbeers geblieben; in den Rundfunkaufnahmen hört man sie immer in einer Fassung für großes Orchester, die wohl wegen ihrer besseren Verbreitung eingerichtet wurde. Meyerbeer ließ sich von dem erfahrenen Militärkapellmeister Wieprecht beraten, und es ist durchaus möglich, dass die Bläserfassung viel von Wieprechts Handschrift enthält. Fremd war indessen die militärische Blasmusik dem Komponisten nicht: Der langsame Mittelteil der »Conjuration et Bénédiction des Poignards« aus *Les Huguenots* ist dem langsam schreitenden, punktierten Rhythmus der Fackeltänze sehr ähnlich, und die ursprüngliche Einleitung zum dritten Akt der *Huguenots* mit einem ähnlichen rhythmischen Modell fand in der Ouvertüre zum *Feldlager in Schlesien* Verwendung.

Neben solchen kleinen Sachen erwartete man vom neuen Generalmusikdirektor natürlich auch größere Werke. Als am 28. Februar 1843 im Berliner Schloss für 3- bis 4000 Gäste ein Hofmaskenball ausgerichtet wurde, komponierte Meyerbeer auf einen Text von Ernst von Raupach *Das Hoffest von Ferrara*, eine Paraphrase auf Tassos *Befreites Jerusalem*. Mitglieder der königlichen Familie erschienen als Gäste aus dem Hause d' Este von Ferrara und stellten kostümiert »lebende Bilder« aus dem berühmten Epos vor: die Zauberin Alcina, das Christenheer, das Heer der Sarazenen, den Erzengel Gabriel bei Herzog Gottfried von Bouillon, Armide, Herminia bei den Hirten, die sterbende Clorinde, von Tancred getauft, sowie »Herminia und Nafrin finden den ohnmächtigen Tancred«. Zu allen Szenen schrieb Meyerbeer Musik, teils für Soli, teils für Chor. Nach einem Eintrag in das Tagebuch vom 28. Juni 1848 stammt der erste Chor der Bauern in *Le Prophète* aus dem *Hoffest*: »Ich radierte also auch einige Seiten deutschen Text weg …«

Immer wieder versuchte der König, Meyerbeer in Privataudienzen »unauffällig« auf das Thema Hohenstaufen nach der Dramenfolge von Ernst von Raupach zu lenken, was der Generalmusikdirektor verstimmt in seinen Tagebüchern registrierte. Er lehnte diplomatisch, aber deutlich ab. Trotz seiner königstreuen Erzie-

G. Meyerbeer, Ein Feldlager in Schlesien, *Ouvertüre*

G. Meyerbeer, Les Huguenots, *vierter Akt, Conjuration et Bénédiction des Poignards*

hung fühlte er sich außerstande, eine preußische Siegesallee in Musik zu setzen, die nach des Königs Willen mit »Adelheid von Italien« beginnen sollte.

Noch bevor Meyerbeer ernsthaft daran gedacht hatte, sich in Berlin niederzulassen, befasste er sich mit Stoffen deutscher Dichter, um sich nicht vorwerfen zu lassen, er habe sie aus Prinzip abgelehnt. 1841 ließ er sich Ludwig Tiecks Novelle *Des Dichters Tod* kommen und las auch den 1840 erschienenen historischen Roman über die Renaissancefürstin *Vittoria Accoromba* sowie die Tragödie *König Saul* von Karl Gutzkow. Im Januar 1842 besuchte Meyerbeer Tieck in Dresden; später, nachdem der Dichter als Berater der Königlichen Schauspiele nach Berlin gekommen war, traf man sich häufiger.

Die nächste literarische Autorität, mit der es Meyerbeer in Berlin zu tun bekam, war Ludwig Rellstab (1799–1860), der nach einer Ausbildung zum Artillerieoffizier ab 1826 Musikkritiker und Redakteur der *Vossischen Zeitung* war. Er trat als Autor von Unterhaltungsromanen, Novellen, Satiren und Liedern (beispielsweise »Leise flehen meine Lieder«) hervor. 1826 musste er wegen seiner Schrift *Henriette oder die schöne Sängerin, eine Geschichte unserer Tage von Friemund Zuschauer,* die sich gegen die Auftritte der umjubelten Primadonna Henriette Sontag richtete, sogar eine Gefängnisstrafe auf sich nehmen. Damit wurde er zum »Märtyrer der Kunstkritik«. Er war bald die erste Autorität in Kunstsachen. Er bekämpfte alles, was aus Frankreich kam: Spontini, französische Musik, Napoleon, Meyerbeer. Haydn ließ er noch gelten, Mozart und Beethoven waren ihm schon zu modern. Außerhalb Berlins wurde sein Konservatismus verlacht; innerhalb Berlins gab es keinen auswärtigen Virtuosen, der ihm nicht vor seinem Auftritt einen Besuch abgestattet hätte; einige Sänger nahmen sogar pro forma Gesangsunterricht bei Rellstab, um ihn für ihre Auftritte günstig zu stimmen.

Meyerbeers Kompositionen forderten seinen ganz besonderen Protest heraus. Als 1839 *Drei deutsche Lieder* auf Texte von Heinrich Heine, Michael Beer und Wil-

Brand des Königlichen Opernhauses zu Berlin am 18. August 1843

helm Müller erschienen, bedachte sie Rellstab in der Zeitschrift *Iris* mit folgender Beckmesserei (MBT): »Drei deutsche Lieder hat Meyerbeer hier nicht componirt, d. h. den Sinn derselben durch Musik ausgedrückt, sondern, wenn man sich am gelindesten ausdrücken will, in die französische Salon-Musiksprache übersetzt ... er versuche doch ums Himmels Willen nicht mehr, etwas Deutsches zu machen; er bringt nichts hervor als eine Verzerrung, die dabei noch allzu oft nur recht flache, triviale Grundzüge hat ...« Dabei hatte Rellstab in einer Hinsicht durchaus recht: Meyerbeer wollte kein »deutsches« Lied schreiben, was immer sich der Kritiker auch darunter vorstellen mochte, sondern eine kleine Szene auf einen deutschen Text.

Dass Rellstabs Verhalten ihn im Hause Beer nicht beliebt machte, liegt auf der Hand. Er erhielt deshalb von den Familienmitgliedern wenig schmeichelhafte Beinamen, unter denen sich einer besonders lange hielt: »die Ratte«. Frau Minna benutzte ihn sehr häufig. Leider konnte man auf die Dauer nicht auf Rellstabs Stimme verzichten, weil sie auch bei Hofe etwas galt. Über Graf von Redern als Vermittler war schon 1831 versucht worden, Rellstab die deutsche Übersetzung des *Robert-le-Diable* anzutragen. Er hatte abgelehnt. Doch Wilhelm Beer, Direktionsmitglied der Potsdam-Magdeburger und der Niederschlesisch-Märkischen Eisenbahngesellschaft und Mitglied des Ältestenkollegiums der Kaufmannschaft und des Central-Ausschusses der Preußischen Bank, fand endlich Zugang zu dem »Unbestechlichen«. Ein erster Schritt der Annäherung waren Texte von Rellstab, die Wilhelm Beer seinem Bruder zur Komposition übergab. Der legte sie aber, wie andere Liedtexte auch, zur Seite und zog sie erst im August 1842 wieder hervor: »Das erste Lied (mit Klarinettenbegleitung) von dem Rellstabschen ›Liederzyklus‹ komponiert & demselben nebst einem Briefe nach Berlin geschickt« (Tgb.). Wie so oft blieb es bei der Vertonung nur eines Liedes.

In der Nacht vom 18. zum 19. August 1843 brannte das Knobelsdorffsche Opernhaus Unter den Linden nieder. Auf der Bühne war mit richtiger Munition gefeuert worden, und ein noch glimmender Gewehrpfropfen, am Schluss des militärischen Balletts *Der Schweizersoldat* in einer Salve verschossen, hatte sich in einen Haufen Kostüme gebohrt und dort einen Schwelbrand ausgelöst, der bald das ganze Haus mitsamt den leicht brennbaren Dekorationsteilen in Flammen aufgehen ließ. Zwei Tage später befahl der König den Wiederaufbau und übertrug ihn dem Oberbaurat Karl Ferdinand Langhans. Dieser beriet mit Meyerbeer sowie den Kapell- und Konzertmeistern, um den Neubau den Erfordernissen der modernen musikalischen Praxis, die sich unter anderem auf die Größe des Orchestergrabens bezogen, anzupassen. Als Interimspielstätte diente bis zur Wiedereröffnung am 7. Dezember 1845 das Schinkelsche Schauspielhaus, in dem sowohl Wagners *Holländer* als auch Lortzings *Wildschütz* (24. Oktober 1843) ihre Berliner Erstaufführung erlebten.

Der Generalmusikdirektor erhielt den Auftrag, für die Neueröffnung eine Oper zu komponieren. Da er in Berlin keinen geeigneten Librettisten fand, beriet er sich mit Scribe. Am 18. Oktober 1843 notierte Meyerbeer nach einer solchen Besprechung: »Sei es große sei es komische Oper. Der Plan muß Scene für Scene enthalten. Wenigstens 2 Acte. 2 starke Stunden Dauer. – Feerie. Schausp.: Ballett: Oper: Dessauer Marsch. Müller Arnold – 7 jähriger Krieg, patriotisch. Flöte – nicht Friedrich persönlich.« Es ist der Plan eines Gesamtkunstwerkes, eines Bühnenweihfestspieles, den ein Praktiker entworfen hat, der weiß, dass dergleichen nicht länger als »2 starke« Stunden dauern darf, da man nicht länger in festlich-patriotischen Hochgefühlen zu schwelgen vermag. Meyerbeer hielt sich weitgehend an den Plan. Aus den zwei Akten wurden drei, und das Stück wurde doch etwas länger als vorgesehen. Aber es wuchs sich nie zur großen Oper aus, sondern erhielt die Bezeichnung »Festspiel«.

Das Libretto kam auf eine sehr sonderbare Weise zustande. Nachdem Meyerbeer in Müller-Arnolds *Geschichte des Siebenjährigen Krieges* geblättert hatte, fand er dort eine Episode, die den König mit seiner Flöte mitten in den Kriegswirren schilderte. Da nach einem Hausgesetz der Hohenzollern ein preußischer König niemals auf der Bühne erscheinen durfte, entwarf Scribe ein Szenarium, in dem wenigstens die königliche Flöte zu hören war. In dem am 26. Dezember 1843 geschlossenen regelrechten Vertrag musste sich der Librettist zu völligem Stillschweigen über seine Arbeit verpflichten; dafür erhielt er 3000 Francs, die ihn für den Ausfall der Tantiemen entschädigen sollten. Wenn nämlich bekannt geworden wäre, dass der Librettoentwurf zu einem preußischen Festspiel ausgerechnet von Scribe stammte, hätte das sicherlich eine wüste Pressekampagne ausgelöst.

Mit dem Plan zu der komischen Oper »Der erste Flötist des Königs, Episode aus dem Siebenjährigen Krieg« fuhr Meyerbeer nach Berlin zurück und prüfte das Terrain, um Rellstab die Versifizierung anzutragen. Wider Erwarten sagte Rellstab zu und versicherte Meyerbeer am 9. Januar 1844: »Zugleich freue ich mich, Ihnen anzeigen zu können, daß ich mich nunmehr von einer früher bestellten Arbeit für die nächste Zeit freigemacht ... habe. So kann ich Ihnen denn meine ganzen Kräfte zu dem mir noch verschleierten Unternehmen zu Diensten stellen, und freue mich darauf sie mit bester Anstrengung zu gebrauchen.« Alle künstlerischen Bedenken aus früherer Zeit gegenüber Meyerbeer schienen vergessen. Rellstab wusste nicht, dass die Idee aus Frankreich kam, und wenn er etwas ahnte, dann hat er es erfolgreich verdrängt. Er identifizierte sich so stark mit dem Text, als wär's ein Stück von ihm. In den Zeitungen kursierten bald die abenteuerlichsten Gerüchte, von wem der Text nun wirklich herrühre. Es wurden Tieck, der König selbst, Humboldt, Redern als die Erfinder bzw. Mitautoren des Librettos vermutet. Offenbar hatten die wenigen Eingeweihten wirklich nichts über den wahren Autor Scribe durchsickern lassen.

Im März 1844 begann Meyerbeer mit der Komposition. Er musste sich, wie so oft, zur Arbeit zwingen. Viele Eintragungen in seinem Tagebuch geben Rechenschaft über den Fortgang der Komposition. Immer wieder schwankte Meyerbeer zwischen Pflicht und Neigung, zwischen Termindruck und dem Bedauern über seine geringe Leistung. Er reagierte auf jede Störung oder Beunruhigung seiner Arbeitsatmosphäre. Immerhin hatte er nur acht Monate Zeit für seine Partitur, und das war nicht sehr viel Zeit. Im Juni wuchs der zweite Akt mit seinen Kolossalszenen, womit der größte Teil der kompositorischen Arbeit bewältigt war.

Im August 1844 reiste der preußische Generalmusikdirektor nach Dresden, um, vor Besuchern sicher, ungestört arbeiten zu können – »8 3/4 Stunden«, wie er am 20. August im Tagebuch vermerkte. Zugleich ging er in der Hofoper ein und aus, um die »schwedische Nachtigall« Jenny Lind zu hören, die er für die Rolle der Vielka vorgesehen hatte und mit deren Protektion er sich viel Ärger einhandelte. Jenny Lind (1820–1887) hatte schon 18-jährig in Stockholm als Alice in *Robert-le-Diable* Furore gemacht. Im Dezember 1842 hatte Meyerbeer die Lind erstmals in Paris gehört und sogleich ein Vorsingen bei dem damaligen Operndirektor Pillet arrangiert, um sie für eine Rolle in *Le Prophète* zu empfehlen. Bei der Komposition des *Feldlagers* wusste er von Anfang an: Sie wird seine Vielka! Um aber ganz sicher gehen zu können, hörte er sie sich auf der Dresdner Bühne in einigen anderen Rollen an. Dann holte er die königliche Erlaubnis ein, mit ihr über ihre Mitwirkung am 7. Dezember 1844 zu verhandeln. Jenny Lind aber fühlte sich der Aufgabe noch nicht gewachsen und konnte sich nicht sofort zu einer Zusage entschließen. Sie verwies auf ihr mangelhaftes Deutsch, auf ihr zu kleines Repertoire, das damals außer der Alice unter anderen die Pamina, die Gräfin im *Figaro* und die Agathe umfasste. Andererseits stand sie in keinem festen Engagement. Ehe sie Meyerbeers Angebot annahm, erfuhr sie aus der Heimat, dass sie wegen der Krönungsfeierlichkeiten für Oskar I. und wegen der Erkrankung ihrer Mutter nach Stockholm zurückfahren müsse. Diese Nachricht machte Meyerbeer so mutlos, »... daß ich den ganzen Tag auch nicht eine Note komponieren konnte ...« (Tgb.

26. August 1844). Am 19. September sah die Sache schon wieder besser aus: Der König in Schweden sollte seine Krone bereits im Oktober bekommen. Am Sonntag, dem 22. September, schrieb Küstner »früh 6 Uhr in Eile« an seinen Generalmusikdirektor nach Dresden: »… worauf Dlle Lind bis Mitte October in Berlin zu den Proben eingetroffen seyn könnte. Nach dem Allen und da Sie, verehrter Herr die Unterhandlung und Angelegenheit der Dlle Lind geleitet haben, da Sie allein den Stand Ihrer Studien bei der Abreise kennen, da Sie endlich bei letzterer die Abrede über ihre Rückkehr und Anwesenheit getroffen haben, so sollen und können auch Sie nur entscheiden: Ob mit Gewißheit auf Dlle Lind zur Eröffnung des Theaters gerechnet werden kann? … Ich muß ferner bemerken, daß das Engagement einer Sängerin neben den Dlles Tuczek u Marx erwartet und gefordert wird, ich daher alles meinerseits thue, sodaß ich auf den Fall, daß die Lind nicht kommt, was Mitte September sich entscheiden sollte, eine Sängerin stelle, die die Ansprüche der Kritik und des Publikums erfüllt hat.« Der Intendant fühlte sich übergangen, weil Meyerbeer die Verhandlungen ohne ihn geführt hatte und sich die Erlaubnis zu bestimmten Vorhaben – unter Vermeidung des Dienstweges – immer direkt bei Friedrich Wilhelm IV. holte. Nun setzte Küstner Meyerbeer unter Druck und versuchte, gegen die Lind zu intrigieren. Von diesem Brief an begann ein zähes Ringen um die Besetzung der Sängerin für die Uraufführung, das Meyerbeer verlor: In der Premiere sang schließlich Leopoldine Tuczek, die Berliner Primadonna.

Auch mit dem von Küstner benannten Regisseur war der Komponist nicht einverstanden und beklagte sich Anfang Oktober bei Humboldt darüber: »1) der H. Generalintendant hat ohne anderweitige Rücksprache den H. Bader als Opernregisseur angestellt. Ohne diese Wahl weiter hier angreifen zu wollen läßt sich doch wenigstens voraussetzen, daß H. Bader der jetzt zum ersten Maal in seinem Leben diese so schwierigen Functionen antritt, nicht gleich im Stande sein werde eine so complicirte und pittoreske Mise en Scene … erfinden zu können … Es wäre also sehr ersprießlich wenn S. M. zu befehlen geruhten daß ausnahmsweise die Mise en Scene meiner Eröffnungsoper dem H. Stavinsky übertragen würde.« Am 12. Oktober 1844 reagierte der König auf Meyerbeers Wunsch: »Sie werden aus der Anlage ersehen, was Ich auf Ihre Wünsche unter dem heutigen Dato an den General-Intendanten Meiner Schauspiele erlassen habe … will Ich, daß … dieselbe Zahl von sechzig Extra-Choristen, welche er früher zu den ›Hugenotten‹ und ›Robert‹ erhalten hat, zugetheilt werde, auch will Ich, da die Zeit zum Einstudiren der neuen Oper heranrückt, daß keine neuen Oper-Gastspiele, außer den mit dem Sänger Behr kontrahirten, bis zum 7ten December veranlaßt … damit die Zeit der in der neuen Oper auftretenden Sänger und Sängerinnen zum Einstudiren der letztem möglichst frei bleibe und sollen sie deshalb überhaupt bei Entwerfung des Repertoirs möglichst geschonet werden. Das in Scene setzen der neuen Oper haben Sie dem Stawinsky zu übertragen.«

Mit dem 22. November 1844 begann ein intensiver Notenwechsel zwischen dem König, dem Chef des Königlichen Hausministeriums, dem Fürsten Sayn-Wittgenstein, und Küstner über einige Vorkommnisse, die die Vorbereitungen der Premiere störten. Der König an Wittgenstein: »Der H Intendant der Schauspiele H v Küstner hat dem H Musik-Director Meyerbeer gegenüber ein Betragen angenommen, welches Ich auf das AllerEntschiedenste mißbilligen und in seine Schranken zurückweisen muß. Vor vielen Wochen bat er mich um Erlaubnis am Feste der Königin keine Oper geben zu dürfen, da die ... Oper Meyerbeers darunter leiden könne. Er schlug das Schauspiel ›Thomas Thyrnau‹ von der Birch-Pfeiffer vor. Ich genehmigte seinen Antrag mit Freuden. Bey meinem großen Interesse für Meyerbeers neues Werk erkundigte ich mich nun fleißig nach dem Verlauf der Proben ... und erhielt Andeutungen, als erschwere der H. Intendant dem Meyerbeer seine an sich schon große Mühe ... Da, am 18ten ... wird mir ... ein Schreiben Küstners vorgetragen nach welchem er anzeigt, daß da es nun doch zu späth für ›Thomas Thyrnau‹ sey, habe er die Oper ›Iphigenie‹ von Gluck als Fest-Oper zum 19. bestimmt. Ich war darüber sehr aufgebracht. Nicht blos weil die Ändrung ganz unmotivirt war, sondern weil durch die nothwendigen Opernproben die für den 7ten Dec. unterbrochen ... werden mußten und weil die Oper, auf die ich natürlich nicht gerechnet hatte, das Concert für den Abend des 19.ten hier in Charlottenbg. beeinträchtigen mußte, uns u. A. den Tenor raubte etc. Das veranlaßte mich ernstlicher nach dem Verlauf der Dinge wegen der künftigen Oper zu forschen, und da habe ich entdeckt, daß Meyerbeer, der der sanfteste, versöhnlichste mildeste Mann von der Welt ist, durch die beständigen Schwierigkeiten und Erschwerungen von Seiten Küstners völlig auf die Grenze seines Langmuths seiner Geduld getrieben worden ist. So hat Küstner die Mlle Lind damit empfangen, ›das Publikum würde sie auspfeifen‹!!! worauf die Lind krank geworden ist und Tag und Nacht geweint hat!! offenbar in der Absicht um sie los zu werden, da er böse ist daß ich und nicht er sie engagirt hat. – Dies ganze Betragen, diese Art mir zu dienen, kann und will ich nicht dulden ...«

Seit dem 19. Oktober war klar, dass Jenny Lind erst die dritte Vorstellung singen würde. »Der König«, schrieb Humboldt an diesem Tage, »... schien lieber allerdings J. L. als erste gehört zu haben, da er aber selbst fürchtet daß sich bald eine Parthei gegen sie bilden wird unter dem Vorwande die Tuczek vor Zurücksetzung zu schützen«, ließ er die Regelung unwidersprochen.

Nach der Probe am 20. Oktober schrieb Friedrich Wilhelm einen eigenhändigen Brief an Meyerbeer: »Ich gratulire Ihnen, illustrissimo Maestro zum ersten Donnerwetter im ›Feldlager‹. Finden Sie das anstößig so bedenken Sie, daß unter unserm Himmel hier, das schöne Wetter in der fruchtbaren Zeit des Jahres, fast immer mit einem Gewitter erkauft werden muß. Drum meine ich daß das Tuczekische Unwetter nicht das letzte über'm schlesischen Lager seyn wird, daß aber der Regenbogen um so gewisser folgen wird ... Übrigens lege ich die ganze Angelegenheit vertrauensvoll in Ihre Hände. Ist noch Hoffnung auf Mitwirkung der

Lind vorhanden, so kommt mir's zuweilen vor, als sey der Frieden mit der Tuczek nach Ihrem Vorschlag etwas theuer erkauft und sollte es Ihnen Zusagen, so rücke ich den Eröffnungs-Termin ... auf den 30t Dezember. Doch machen Sie das wie es Ihnen um's Herz ist...«

Es blieb beim 7. Dezember, dem Tag der ersten Vorstellung im Opernhaus 100 Jahre zuvor. Am 5. Dezember bat Humboldt den König um eine präzise Auskunft über den Zeitpunkt des Beginns: »Ew. KM erhören immer so gern das Flehen meines klangreichen Freundes Meyerbeer. Je heiterer der Himmel, der sibirische, draußen ist, desto widerspenstiger zeigen sich im neuen Opernhause die Wolken ... Meyerbeer, Stavinski, alle Maschinisten wünschten, daß das große Schauspiel halb 6 Uhr anfangen könnte. Dann haben alle radikal steifen Stricke versprochen geschmeidig zu gehorchen. Sollten Ew. Majestät den früheren Anfang erlauben, so lassen Sie gnädigst Ihre Befehle morgen, Freitags früh, durch den diensttuenden Adjutanten unmittelbar an Meyerbeer (Schadowstr. 15) geben, damit die Anzeige für die Zeitung besorgt werden könne ...«

Die Sorgen der Maschinisten bezogen sich auf einige Extras, die nur am Tag der Uraufführung nach dem Finale III des *Feldlagers* vorgestellt werden sollten. Es schlossen sich an diesem Abend lebende Bilder an, die rasche Verwandlungen mit den »steifen Stricken« erforderten:

1. Bild: »Der Frieden«; zu Vielkas emphatischem Thema aus dem Festspiel, hier für Englischhorn, Bassklarinette und Harfe instrumentiert, spricht Borussia, und ein unsichtbarer Chor singt: »Hold ist des Friedens lächelndes Antlitz«. Man sah ein Schlachtengemälde mit Friedrich II. auf seinem Apfelschimmel, eine Allegorie des Friedens und das Innere des alten Opernhauses mit Friedrich, hinter seinem Kapellmeister Graun sitzend, dazu erklang die Arie »Mi paventi« aus Grauns *Tod Jesu*.

2. Bild »Die Bewaffnung der freiwilligen Jäger«, 1815 vor dem Rathaus zu Breslau; zum Chor »Mit Gott für König, Vaterland« versammeln sich die Scharen; dazu Glockenklang und »Lützows wilde verwegene Jagd«.

3. Bild »Des Friedens Einzug«; zum ersten Thema der *Feldlager*-Ouvertüre, dem Vielka-Thema und »Heil dir im Siegerkranz« erscheint das Brandenburger Tor mit zunächst verhüllter, dann beleuchteter Victoria und Quadriga. »Palme und Lorbeer sind heilgen Siegers Preis«, singt der Chor.

4. Bild »Der Brand im Opernhaus mit Feuersturmmusik« mit einem fließenden Übergang zur Fassade des Neubaus im

5. Bild »Das neue Opernhaus« mit dem Engelschor »Wie auch die finstern Mächte kämpfend streiten«.

Trotz alledem war einigen Kritikern das Ganze noch immer nicht preußisch und patriotisch genug. So wurde in der Wiener *Allgemeinen Theaterzeitung* vom 17. Dezember 1844 (MBT) bemängelt, das im Stück der König nicht durch das viel besungene tapfere Preußenherz, sondern durch eine »Zigeunerin« gerettet werde.

G. Meyerbeer, Ein Feldlager in Schlesien, *Pantomime*

»... Soll das etwa das Vaterländische des Singspiels sein?« Außerdem hätte sich Rellstab mit der Anregung zu dem Stoff begnügen und dessen Ausführung zum Libretto einem wirklichen Dichter überlassen sollen. Der zweite Akt wurde wegen seines musikalischen Effekts sehr gelobt, während der erste und dritte Akt matt erschienen. In der *Zeitung für die elegante Welt* vom 18. Dezember hatte der Kritiker herausgefunden, woran das Ganze krankte (MBT): »Die ganze Oper ist nichts als ein Kratzfuß gegen die königliche Loge. Das aber wollte ich ihm [Rellstab] noch gerne verzeihen, wenn es nur kein ungeschickter, kein alberner wäre. Wenn er nur die Kunst kompromittirte, das würde ich ihm als Kritiker hingehen lassen, daß er aber die Geschichte kompromittirt, empört mich als guten Patrioten ... Er hat nichts von Friedrich dem Großen und seiner Zeit zu benutzen gewußt, als den Zopf, den Zopf und außerdem nur noch die Flöte. Es ist wahrhaft lächerlich, daß das von Thaten volle, von Anekdoten reiche Leben Friedrichs des Großen keinen andern Stoff zu einer Oper hat hergeben können ... Giebt es etwas Komischeres als Friedrich den Großen unter einer Brücke verkrochen, einen Hund unter dem Mantel haltend? Aber giebt es ... etwas, was diesen Helden ... mehr kompromittiren kann? ... Was würde es nicht für Jubel, für Begeisterung unter das Volk gebracht haben, wenn man z. B. unter vielen andern Scenen Friedrich den Großen zu Lissa genommen hätte! Die östreich'schen Offiziere geben Ball, die Instrumente schwirren, ... die Gläser klingen ... Und er kommt wirklich ... und sagt: meine Herren, Sie sind meine Gefangenen! Die Geigen verstummen ... die östreich'schen Offiziere ziehen den Degen, um sie dem Helden vor die Füße zu legen ... Welche Scene für die Oper, welche Scene für das Volk! Es würde jauchzen ... es würde rufen, das ist unser König, der alte Fritz, der Mann des Jahrhunderts, der Held mit dem großen Herzen und den weltbesiegenden Augen!«

Rellstab erhielt mit diesem Artikel einen Hieb für etwas, was er gar nicht zu verantworten hatte, denn die Ideen kamen von Scribe und Meyerbeer. Eben dort lagen auch die Ursachen für diesen merkwürdigen Patriotismus. Es war nicht Meyerbeers Absicht, den glorreichen Helden trotz seines sonderbaren Charakters als komische Figur auszustatten, aber noch weniger ging es dem Komponisten um eine Aufarbeitung der preußischen Geschichte. Für ihn war es unvorstellbar, Friedrich II. als Helden von Lissa auf die Bühne zu bringen. Er konnte nur als Musiker an die Sache herangehen. Alles andere: Historie, Ideologie waren ihm nicht tragfähig genug. So benutzte er die preußischen Märsche in mannigfachen Kombinationen, was er seiner Ehre als Kontrapunktiker aus der Schule Abbé Voglers schuldig war. Obwohl Meyerbeer mit dieser Oper soviel Mühe gehabt hat, legte er nie Wert auf eine Druckveröffentlichung der Partitur und schloss das Werk aus seinen Abendgebeten aus, in denen er immer alle Pariser Opern benannte.

Unterdessen wartete Jenny Lind auf ihre Chance. Als geschickter Taktiker stellte Meyerbeer den Berlinern die junge Dame am 15. Dezember zunächst als Norma vor. Der Erfolg war überwältigend. Die Besucher jubelten ihr wie in den alten Zeiten einer Henriette Sontag oder einem Franz Liszt zu. Meyerbeer hatte richtig kalkuliert. Jetzt war der Boden bereitet, um Jenny Lind als Vielka zu präsentieren. Der unerhörte Beifall in der dritten Vorstellung gab ihm Recht. Das Duett mit den beiden Flöten wurde eines der Paradestücke Jenny Linds, das sie durch Meyerbeers unermüdliche Vermittlung häufig in Konzerten zum Besten geben konnte. Mit dieser Rolle erwarb sie sich internationale Anerkennung, so auch in Wien, wo Meyerbeer 1847 eine stark bearbeitete Fassung des *Feldlagers* mit dem Titel *Vielka* herausbrachte.

Das *Feldlager in Schlesien* entwickelte bald nach der Uraufführung ein preußisches Eigenleben, in Ermangelung anderer patriotischer Stücke avancierte es zur ersten preußischen Repräsentationsoper, von der, wie zum Beispiel 1852 anlässlich des Besuches des russischen Zaren, häufig nur der zweite Akt gegeben wurde, damit hohe Gäste nicht den ganzen Abend im Opernhaus »verplempern« mussten.

Die ganz große Stunde des Festspiels schlug nach der 48er-Revolution. Nachdem am 18. März auch in Berlin viele Barrikaden errichtet worden waren und der König einen Tag später gezwungen wurde, das Militär aus der Hauptstadt abzuziehen und sich vor den 150 Märzgefallenen zu verneigen, da beeilte sich die Intendanz, das *Feldlager* wieder aufzunehmen, um die Berliner Bürger durch patriotische Gesänge zu besänftigen und an ihre Untertanenpflichten zu erinnern: Treue zum Herrscherhaus und Gehorsam. Im November besetzten 40000 Soldaten unter General Wrangel Berlin und unterdrückten jede demokratische Bewegung. So konnten die Aufführungen des *Feldlagers* ungestört über die Bühne gehen und gaben dem Publikum, das sich aus dem Adel und königstreuen Bürgern zusammensetzte, Anlass zu Jubel. Man konnte freilich jubeln, denn die königliche Macht war wieder stabilisiert. Rellstab sah das in der *Vossischen Zeitung* am 10. Mai 1849 so (MBT): »Es läßt sich nicht läugnen, daß der Eindruck jetzt, unter den mächtig umgewandelten und aufgeregten Zeitverhältnissen ein ganz anderer ist; auf vaterländischer Geschichte, auf vaterländischem Ruhm fußend, wirkt das Werk jetzt durch den Stoff ungleich tiefer und ergreifender, wo man diese Güter, weil sie den unwürdigsten Angriffen Preis gegeben werden, um so höher schätzen gelernt hat ... Diese tiefere Auffassung und Wirkung machte sich zuerst im zweiten Akt geltend, wo die preußischen Krieger, bei der Nachricht von der Gefangenschaft ihres Königs, im vaterländischen Gefühl alle für einen Mann eintreten mit dem Losungswort: ›Für unsern König unser Blut!‹ Diese Worte wirken wie ein elektrischer Schlag. Einer Explosion jubelnden Beifalls gesellte sich ein allstimmiger Dacaporuf. Das Musikstück, welches bis dahin nie besonders im Publikum hervorgehoben war, übte jetzt diese Gewalt. In ähnlicher Weise wurde der durch seine schwungvolle Composition hervortretende Chor aufgenommen: ›Ein Preußenherz schlägt voller Muth / In Tod und in Gefahr ...‹ Endlich war es die gleiche Gattung freudig vaterländischer Bewegung, mit der das wunderschöne Schluß-Tableau begrüßt wurde, das Preußens Ruhm und Glück in allegorischen Bildern darstellt ... Das sind die Antworten, welche die Gesinnung der Hauptstadt, die mehr oder weniger doch immer den Prüfstein für die des Landes darbietet ... das sind die Antworten welche sie den hohlen, gehässigen, mit falscher Freiheitsbegeisterung prunkenden Reden giebt, die wir so häufig und noch jüngst in Frankfurt hören mußten ...«

Meyerbeer war zu dieser Zeit längst nicht mehr in Berlin, sondern damit beschäftigt, die Klänge dieser Revolution, die er in Paris und anderswo aufgenommen hatte, in die Partitur des *Prophète* aufzunehmen.

Nach der Premiere des *Feldlagers* hatte er sich, wiederum mit Humboldts Hilfe, einen einjährigen Arbeitsurlaub erbeten, da ihm die Aufgaben des Generalmusikdirektors, wie er sie vor dem 7. Dezember 1844 erfüllt hatte, doch zu aufreibend erschienen. Er wollte seine Pariser Projekte endlich wieder selbst in die Hand nehmen.

Außerdem war 1846 das Aufführungsverbot für ein Schauspiel aufgehoben worden, das sein Bruder Michael Beer geschrieben hatte und das *Struensee* hieß. Die Spielsperre rührte noch aus dem Jahre 1827, als die Aufführung trotz der Annahme durch Brühl vom preußischen Hofe untersagt wurde. Weil das Stück am dänischen Hof spielt, fürchtete man wohl Proteste seitens des verwandtschaftlich verbundenen benachbarten Königshauses sowie des Hauses Hannover. Nunmehr erwirkte Amalia Beer, die begreiflicherweise großes Interesse hatte, das Schauspiel ihres jüngsten Sohnes mit der Musik ihres ältesten Sohnes aufgeführt zu sehen, bei Friedrich Wilhelm die Erlaubnis zur Einstudierung. Es stand der Premiere nur noch entgegen, daß Heinrich Laube gleichfalls ein Stück mit dem Titel *Struensee* eingereicht hatte, aber das wurde zugunsten des älteren Projekts auf den 29. Januar 1848 verschoben.

Küstner, der sich für Laube eingesetzt hatte, wollte das Projekt verhindern, indem er einen so knapp bemessenen Uraufführungstermin ansetzte, der den Komponisten in Terminnot bringen sollte. Meyerbeer komponierte dennoch alle Teile in fünf Wochen. Die Premiere sollte bereits Ende August stattfinden, wurde aber zu seiner Erleichterung auf den 19. September verschoben. Im Juni befaßte

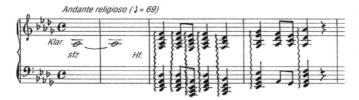

G. Meyerbeer, Struensee *von Michael Beer*, Bühnenmusik, Ouvertüre

er sich mit der Ouvertüre. Allein Meyerbeers Arbeitslaune wurde ständig durch alarmierende Nachrichten aus Paris gestört: Heine, so berichtete Gouin, habe Material gesammelt und wolle es veröffentlichen; außerdem war die in mühevollen Verhandlungen mit Pillet erarbeitete Besetzungsliste für den *Prophète* mehrmals geändert worden. Am 3. September war die Partitur fertig. Als Vorbild diente ihm Beethovens *Egmont*-Musik, die er am 12. August 1846 erstmals gehört hatte.

Meyerbeers Bühnenmusik zum Stück seines Bruders Michael besteht aus der Ouvertüre und 13 teils kurzen, teils ausführlicheren Teilen. Es sind »Melodram« zur neunten Szene des ersten Aktes. Für Pfarrer Struensee, den Vater des Helden, nutzt Meyerbeer das erste Thema der Ouvertüre, das er seiner unvollendeten Oper *Noema* entnommen hat und das das religiöse Elternhaus repräsentiert. Nr. 3 ist der »1 Entreact (Der Aufruhr)«, dessen musikalisches Material dem Seitenthema der Ouvertüre entnommen ist. Es folgt das dänische Volkslied »König Christian stand am Mast« mit Chor- und Instrumentalstrophen. Das Lied sollte auf königlichen Wunsch in der Ouvertüre paraphrasiert werden, aber Meyerbeer griff diese Idee nicht auf. Nr. 4: »Fanfaren (hinter den Coulissen) für 3 Trompeten und Militärtrommeln«, zur elften Szene des zweiten Aktes. Nr. 5: »12. Szene Marsch und Chor« – mit dem Thema »König Christian«. Nr. 6: »15. Szene Königin Mathilde«. Die Königin ist in Struensee verliebt; durch sie gelangt er an die Spitze des dänischen Staates. Nr. 7: »Melodram zur letzten Szene II. Akt«. Nr. 8: »2. Entreact Der Ball«, eine Polonaise. Nr. 9: »3. Entreact Die Dorfschenke«, ein Pastorale. Nr. 10: »4. Entreact«, benutzt Thema 1 und 2 der Ouvertüre. Nr. 11: »3. Szene V. Akt, Struensees Traum«, mit einem Thema aus Nr. 6 und dem Mathilden-Thema. Nr. 12: »7. Szene V. Akt Trauermarsch«. Nr. 13: »Melodram zur gleichen Szene«. Nr. 14: »Schlußszene« mit einer kurzen Reminiszenz des Trauermarschs (zum Verhältnis Schauspiel – Musik vgl. Lo, in: Döhring/Jacobshagen 1998)

Die Ouvertüre, die den Weg des ehrgeizigen Emporkömmlings in die höchsten Staatsämter und seinen Sturz musikalisch mit den Themen aus den Szenen der Bühnenmusik nachzeichnet, hatte bald nach der Uraufführung die Runde durch die europäischen Konzertsäle gemacht. Sie ist auch heute noch gelegentlich zu hören. 1847 wurde sie vom Gewandhausorchester, von der Dresdner Hofkapelle, in Magdeburg, Bremen, Wien, Preßburg und Prag mit großem Beifall aufgenommen; nur in Königsberg hatte man sie, einem Bericht des Königs zufolge, ausgepfiffen.

Am 2. September 1846 begannen die Orchesterproben. Keine Hand habe sich nach dem ersten Durchspiel gerührt, vermerkte der Komponist in seinem Tagebuch, erst nach der zweiten Probe applaudierten die Orchestermusiker. Am 19. September notierte Meyerbeer: »Heute Abend war die erste Vorstellung des ›Struensee‹. Das Publikum des überfüllten Hauses nahm das Stück wenngleich nicht warm, doch anständig auf… Die Musik ward sehr wenig beachtet. Die Ouvertüre ward mittelmäßig applaudiert, der erste Entreact wenig Applaus, der zweite noch weniger, alle übrige Musik gar nicht. Während der Musik zu den Zwischenakten hörte ein grösser Teil des Publikums gar nicht zu; es ward laut gesprochen.« Eine solche Reaktion kannte Meyerbeer aus Paris nicht!

Die Musik zu *Struensee* war seine letzte größere Arbeit als Preußischer Generalmusikdirektor. Er hatte bald gemerkt, dass er für ein Amt, das gewisse Verwaltungsarbeit vorsah, ungeeignet war, zumal er sich mit seinem Intendanten nicht verstand. So suchte er nach einer Gelegenheit, das Dienstverhältnis zu lösen, ohne den König allzusehr zu verprellen. Als dieser nämlich ankündigte, ein Konservatorium mit Felix Mendelssohn Bartholdy an der Spitze zu gründen, war für Meyerbeer der Entschluss klar: »Natürlich, daß ich dann unmöglich mehr hier in meinen Dienstverhältnissen bleiben könnte« (Tgb. 7. Juli 1846).

Meyerbeer war Mendelssohn schon seit Längerem ausgewichen, wo er nur konnte: »Ich habe durch Schlesinger erfahren, dass man die Idee hat, mir & Mendelssohn ein grosses Festabendmahl zu geben, welchem ein grosses Konzert vorhergehen soll, worin bloss Musik von uns beiden gesungen werden soll. Da mir dieses Fest sehr unangenehm ist, so gab ich vor, zu meiner Gesundheit die Eisenbäder von Alexisbad… gebrauchen zu müssen, woselbst ich gestern… gereist bin« (Tgb. 24. September 1841).

Eine gewisse Animosität zwischen den beiden Familien hatte sich erst allmählich entwickelt. Sie wurzelte nicht nur in den unterschiedlichen Lebensverhältnissen der beiden wohlhabenden Berliner Familien, sondern auch in dem unterschiedlichen Emanzipationsweg des Älteren, der an der Religion seiner Väter festhielt und der sich in Paris verwirklichen konnte, und des Jüngeren, der eigentlich in Berlin seinen Beitrag zur modernen Musikpflege leisten wollte, aber wegen seiner Konversion hier nicht gelitten wurde. Mehrere Treffen zwischen Meyerbeer und Mendelssohn waren diplomatische Balanceakte und führten zu keinerlei Annäherung. Meyerbeer sah in Mendelssohn einen seiner »Todtfeinde«, obwohl auf Meyerbeers ureigenstem Gebiet, der Opernkomposition, niemals eine ernsthafte Konkurrenz bestand, auch wenn 1846 in Paris das Gerücht aufkam, Mendelssohn habe von Scribe ein Libretto erhalten. Danach sollte Scribe Shakespeares *Sturm* für eine Oper umarbeiten.

Doch Mendelssohn war nicht der einzige Grund, der Meyerbeer aus Berlin wegstreben ließ. Bereits am 5. Januar 1844 hatte sich der »General« an den König gewandt: »… Als ich vergangenes Jahr, nach siebenmonatlicher Wirksamkeit

Berlin verließ, hatte ich Zeit gehabt die musikalischen Zustände der Königl. Oper gründlich kennen zu lernen, und dadurch die Mittel zu erforschen, welche zu der nothwendigen Verbeßerung dieses großartigen aber gesunkenen Institut's zu ergreifen wären: dabei aber hatte ich auch die vielfältige Erfahrung gemacht, daß bei der Verschiedenheit der Ansichten des Herrn Generalintendanten mit der meinigen, über die wichtigsten Kunstgegenstände, wie über das was dem Glanze der Regierung Ew: Majestät und Ihren höhern Ansichten entsprechen möchte, es bei meiner Stellung zu jener Behörde, ohne entscheidende Mittelsperson mir ganz unmöglich werden würde etwas Ersprießliches für die Königl. Hofbühne wirken zu können … Bei meiner Rückkehr nach Berlin aber erhalte ich durch das Ministerium des Königl. Hauses die … Kabinetsordre, welche die von mir erbethene und gewährte Verfügung auf eine Weise modificirt, die in der Praxis deren Wirkung für mich völlig aufhebt. Ein so weitläufiger, und für mich den Künstler so schwieriger Weg, wie das jedesmalige schriftliche Einkommen bei dem Ministerium, und das Abwarten des schriftlichen Bescheides bei Gegenständen die oft nicht 24 Stunden ohne Schaden für das Institut unerledigt bleiben können, heben für mich die Möglichkeit dieses Recourses auf. Außerdem wird meine Stellung noch schwieriger als früher gemacht, indem dem Herrn Generalintendanten gewährt wird, Instructionen über unsre gegenseitige Dienstverhältnisse selbst festzusetzen …«

Küstner hatte die Saisonpause des Generalmusikdirektors genutzt, um mit Rückendeckung des Hausministers Wittgenstein Meyerbeer Fesseln anzulegen. Diese wollte Meyerbeer bald abschütteln, doch der König war damit nicht einverstanden. Er dachte nicht daran, schon nach so kurzer Amtszeit seinen hochberühmten musikalischen Chef wieder aufzugeben. Am 8. April 1845 wandte sich Meyerbeer mit einer Eingabe an den König und bat um Auflösung des Dienstverhältnisses, was ihm verweigert wurde: »Ich kann Ihr Gesuch Ihnen nicht bewilligen … Es kann Ihnen seit einer langen Erfahrung nicht unbekannt geblieben sein, welchen hohen Wert Ich auf Ihre Persönlichkeit als Mensch und Künstler lege …« (19. Mai 1845). Der Komponist erhielt nur einen Urlaub, ferner sollte er dem König direkt seine Vorschläge für Neueinstudierungen vorlegen, Sänger empfehlen und – seinem Wunsch gemäß – an den Dienstberatungen der Generalintendanz selbst teilnehmen, über die künftig Protokoll geführt werden sollte.

Erst im Oktober 1846 erhielt er vom König ein kurzes Schreiben, das ihn sehr erfreute: »Da die anderweitige Organisation der höheren Theater-Verwaltung, welche Ich … in Aussicht gestellt habe, noch nicht zu Stande gekommen, der Ihnen bewilligte einjährige Urlaub aber inzwischen abgelaufen ist, so will Ich letzteren auf unbestimmte Zeit verlängern …« Alexander von Humboldt hatte hier kräftig mitgewirkt, denn er sah seinem Freund an, wie der unter den Berliner Verhältnissen litt und dadurch an Schwung verlor. Am 3. Dezember 1846 wurde Meyerbeer durch eine Kabinettsordre der unbefristete Urlaub unter der Bedingung gewährt, dass er auch weiterhin bei Bedarf der Hofmusik zur Verfügung stehe. Er ging darauf ein und nahm diese Verpflichtung gelegentlich seiner Berlinaufenthalte gewissenhaft wahr.

Damit endete nach dreieinhalb Jahren Meyerbeers einzige feste Anstellung. Die schwierigen Verhältnisse an der preußischen Hofoper hatten ihn letztlich zur Aufgabe gezwungen.

Meyerbeer fuhr am 7. Dezember 1846 nach Wien, um seine *Vielka* am Theater an der Wien einzustudieren. Bedingung war das Auftreten von Jenny Lind. Man erwartete sich von dem Paar Meyerbeer – Lind die gründliche Sanierung der finanzierten und künstlerischen Verhältnisse des Theaters. Zuvor waren der Wiener Operdirektor Pokorny und Meyerbeer übereingekommen, dass die österreichische Schriftstellerin Charlotte Birch-Pfeiffer, die schon aus den *Hugenotten* die *Anglikaner und die Puritaner* gemacht hatte, bei der neuen Librettofassung mit dem Titel *Vielka* behilflich sein sollte. Rellstab passte sein Buch mithilfe von Birch-Pfeiffer den Wiener Verhältnissen an. Mit Rücksicht auf die durchaus nicht so militanten Wiener wurde Preußens Gloria abgeschwächt. Aus dem König wurde ein Herzog, aus dem Hauptmann Saldorf ein General. Was sich in Berlin an königlicher Handlung hinter der Bühne abspielte, durfte in Wien auf der Bühne gezeigt werden. Daraufhin wurde der dritte Akt völlig verändert: Ein Schuss, der den Herzog treffen sollte, tötete Vielka, die sich schützend vor ihn stellte. Der zweite Akt, mit allen militärischen Weisen, blieb – textlich verändert – erhalten. Auch Jenny Linds Solo mit zwei Flöten wurde mit anderer Motivation beibehalten. Die Primadonna war in das Stück so verliebt, dass sie es bei einem Gastspiel in London als Intermezzo in Rossinis *Barbier von Sevilla* unterbrachte. Meyerbeer empfand dies als recht unpassend.

Die Adaptionen des Textes für Wiener Bedingungen waren indessen so weit getrieben worden, dass Rellstab seinen Namen zurückzog. Ende November 1846 unterzog sich Meyerbeer mit Burguis, Amalias Sekretär, der komplizierten Aufgabe, die aus tausend Papierschnitzeln bestehenden Textänderungen für eine Neuschrift zu ordnen.

Am 7. Dezember reiste der Komponist nach Wien ab, die Route führte über Breslau, wo er am Abend selbstverständlich ins Theater ging: »... auf dem Grenzzollamte zu Troppau, als die Douane-Inspektoren meinen Namen hörten, visitierten sie nicht & überhäuften mich mit Komplimenten über ›Robert‹ & die ›Hugenotten‹.« Anders in Wien. Der *Grenzbote* wusste Anfang 1847 zu berichten (MBT): »Meyerbeer ist jetzt der Löwe des Tages ... Ein wahres Curiosum ist jedoch die eigenthümliche Ovation, welche die Wiener Polizei ihm brachte. Es gehört nämlich zu den Attributen dieser Dame, daß sie als eine theuere Reliquie aus schönen mittelalterlichen Tagen von allen Juden, die nach Wien kommen, eine Art Leibzoll alle 14 Tage sich bezahlen lässt ... Meyerbeer ... wandte sich an ein ihm befreundetes Banquierhaus mit der Erklärung, daß er eher auf seinen Wiener Sejour verzichten, als sich dem erwähnten Paria-Zoll unterziehen würde; worauf die betreffende

Behörde … die Antwort gab, daß Herr Meyerbeer versichert sein dürfe, nicht als ›Jude‹, sondern als ›Cavalier‹ behandelt zu werden.«

Ignaz Castelli hieß ihn herzlich willkommen und führte ihn in die Künstlervereinigung »Concordia« ein, die zu seinen Ehren mehrere Feste gab. Man feierte Meyerbeer in der Presse als den bedeutendsten europäischen beziehungsweise deutschen Künstler. Dessen ungeachtet hielt es Meyerbeer für zweckmäßig, dem allmächtigen Wiener Polizeipräsidenten und Oberzensor Seldnitzky zwei Besuche abzustatten, um etwaige Bedenken gegen das Textbuch von vornherein auszuräumen. Theaterdirektor Franz Pokorny zeigte sich nicht kleinlich und ließ das Orchester vergrößern, verstärkte den Chor und tat überhaupt alles, um beste Bedingungen zu schaffen. Als sich während der Generalprobe am 12. Februar nach dem ersten Akt bei den 300 Gästen keine Hand rührte, schrieb Franz Grillparzer an Meyerbeer und erhob Bedenken wegen immer noch vorhandener Preußentümelei: »Eine Vision und die Zeit des siebenjährigen Krieges scheint mir eine gefährliche Zusammenstellung. In Berlin erhielt dieselbe wahrscheinlich Anspielungen auf die preußische Geschichte und der Patriotismus, verbunden mit dem Fest u. Bestimmung des Ganzen rechtfertigen vieles …« Meyerbeer stimmte Grillparzers Vorschlägen zur Veränderung der Allegorie im Finale III in Richtung eines allgemeinen deutschen Patriotismus zu. Dies zog sofortige Änderungen bestimmter Dekorationsteile nach sich. Die Uraufführung der *Vielka* am 18. Februar 1847 war das herausragende Ereignis der Saison. Meyerbeer dirigierte vier Vorstellungen; auf Befehl des Kaisers stand er zur siebten Reprise am 8. März wieder am Pult; das Haus war »zum Erdrücken voll, die Vorstellung ging vortrefflich, & die Aufnahme war vielleicht die allerenthusiastischste, welche wir je hatten« (Tgb.).

Die Presse lobte Werk und Aufführung in den höchsten Tönen. Wien geriet wieder mal in einen Taumel, der so weit ging, daß man »Lind-Gefrorenes« oder »Meyerbeer-Bonbons« zu sich nehmen konnte … Trotzdem zählte der Komponist auch dieses Werk nicht zu den von ihm selbst hochgeschätzten Opern, die er in sein tägliches Gebet aufnahm.

Meyerbeers Gedanken waren jedoch mehr in Paris. Von dort kamen wieder alarmierende Nachrichten: daß Pillet Auszüge aus seiner Korrespondenz mit Meyerbeer zu veröffentlichen gedächte. Sorgenvoll reiste der Komponist nach Berlin zurück, wo er wieder Hofkonzerte zu arrangieren hatte; er ließ die Viardot glänzen und wartete darauf, sie der Welt in seiner neuen Oper vorstellen zu können.

»Le Prophète« 1837–1849

Der Weg des *Prophète* hatte bereits im März 1836 begonnen, als Scribe Meyerbeer den Libretto-Entwurf zu einem neuen Stück *Les Anabaptistes* übersandte. Der Komponist äußerte umgehend seine Bedenken: »Das Sujet ist schön und gewaltig. Aber es weist mir doch mehrere Schwierigkeiten und recht erhebliche Mängel auf. Eine der drei Hauptrollen des Stückes, wahrscheinlich die interessanteste, ist die Mutter. Nun gibt es aber momentan an der Opéra niemanden, die dafür in Frage käme, und es scheint mir, dass es vor allem anderen notwendig wäre, vom Direktor der Opéra zu erfahren, ob er eine talentierte Künstlerin für diese Rolle engagieren kann und will. Das ist eine grundsätzliche Frage. Die Rolle des Jean, auf der das ganze Stück beruht, ist nicht nur eine riesige Gesangsrolle, sondern ebenso anspruchsvoll vom Dramatischen. Wird Herr Duprez genügend Schauspieler dafür sein? Die Rolle für Mlle Falcon liegt nicht im Wesen ihres tragischen und leidenschaftlichen Talents, zumindest im ersten und zweiten Akt. Sie tritt im dritten Akt überhaupt nicht auf, und im vierten Akt hat sie lediglich eine interessante Szene, die aber nicht sehr ausgespielt werden kann, da sie sich in aller Gegenwart vollzieht und die Figur der Mutter dort dominiert. Und im fünften Akt ist die Rolle der Mutter viel interessanter als ihre. Es gibt nicht einmal Platz für eine interessante Arie.

Die charakteristische Farbe dieses Werkes könnte man mit düster und fanatisch beschreiben. Kein einziger Kontrast, der von einer anderen Person oder von einem anderen anmutigen oder fröhlichen Charakter herrührt, belebt es ein wenig. Schließlich findet man in den fünf Akten nirgendwo eine Spur von Fröhlichkeit… Vor allem fehlt eine Rolle für Levasseur, dessen Unterstützung für einen Erfolg in den fünf Akten dringend notwendig ist. Und die Rolle des Jean ist so gewaltig, da kein einziger Akt, ja keine einzige Szene ohne Jean existiert. Die Rolle wird dadurch fast unausführbar.

Ein großer musikalischer Nachteil für das Werk besteht darin, dass die interessanten Situationen in Gegenwart der Chöre ablaufen (zumindest im zweiten Akt). Es ist also unmöglich, ohne die Gesetze der Dramatik zu verletzen, diese Situationen musikalisch zu entwickeln, ohne dass man immer die Chöre eingreifen lässt. Der ländliche Charakter ist neu in einer Großen Oper, leider dominiert er auch im ersten Akt von ›La Peste de Florence‹ [Oper von Scribe/Halévy unter dem Titel ›Guido et Ginevra‹]. Die Szene im vierten Akt, in der Jean seine Mutter nicht wiedererkennen will, verliert ebenfalls viel von ihrer Wirkung, weil im fünften Akt von ›La Peste de Florence‹ die gleiche Situation vorkommt zwischen der Tochter des Großherzogs und ihrem Vater. [Randbemerkung von Scribe: stimmt nicht.] Der zweite Akt, der einzige, der sich nicht in aller Öffentlichkeit abspielt und der interessanteste zu werden verspricht, hat den Nachteil für Musik und Szene, dass im Finale des Aktes die gleiche Situation mit den gleichen Darstellern vorkommt, die schon vorher aufgeboten wurden. Es sind nochmals vier Männerstimmen: Jean und die drei Anhänger, nochmals die gleichen Rachegefühle von Jean, gemäßigt durch die Furcht, die Mutter verlassen zu müssen. Das alles ist zum ersten Mal in diesem Akt vorher schon verwendet worden. [Randbemerkung Scribes: nein, ein Argwohn.] Im dritten Akt gibt es keine einzige weibliche Figur. Es gibt überhaupt keine prunkvollen Kostüme. Im ersten Akt sind es Bauern und dann Wiedertäufer, die ja ein Sammelsurium von Aufrührern und entlaufenen Mönchen sind. Die Dekorationen bieten nichts, was ins Auge fällt, eine Landschaft, eine Hütte, ein Feld und eine Wegkreuzung. Das Fehlen von schönen Bühnenbildern wäre noch erträglich, wenn es wenigstens ein bemerkenswertes Spektakel gäbe, das die Menge reizt, wie z. B. der Ball in ›Gustav‹, die Nonnenszene in ›Robert‹, der Hochzeitsaufzug in ›La Juive‹. Schließlich glaube ich, daß die Predigt zur Revolte, mit der die Zerstörung der Macht einhergeht, ebenso die religiöse und fanatische Seite der Wiedertäufer viel Antipathie und Schwierigkeiten hervorrufen werden. [Randbemerkung Scribes: Nein.]« (Die Fortsetzung des Briefes fehlt.)

Bei so vielen Bedenken wäre es wohl besser gewesen, Meyerbeer hätte sich dieser Sache gar nicht erst angenommen. Dieser Brief gibt Aufschluss über die dramaturgische und ästhetische Gedankenwelt Meyerbeers, wie er sie mit *Les Huguenots* erreicht hatte. Nun treibt Scribe ihn weiter, seinen ästhetischen »point de vue« zu erweitern. Ihn muss das Sujet aber so fasziniert haben, dass er sich schließlich doch auf ein so völlig abwegiges Thema einließ. Im Juni 1837 traf er sich mit Scribe zur Lagebesprechung. Vermutlich im November des folgenden Jahres notierte er im Taschenkalender: »Wie wäre es wenn Jean ernstlich an seine Sendung glaubte, und Massol derjenige wäre welcher das Billet am Kommandanten von Münster schriebe ... Der 3. Akt um damit man Ballet machen kann. – Daß der Prophet nicht menschlicher Abkunft ist um seine Scheu die Mutter zu erkennen zu motivieren. – Jean (zur Mutter) à genoux (leise) ou je suis perdu [kniend ... oder ich bin verloren]. Die Mutter. Peuple je Vous ai trompé ce n'est pas mon fils. Le Peuple. Miracle! Miracle! [Leute, ich habe euch getäuscht, es ist nicht mein Sohn. Das Volk: Ein Wunder! Ein Wunder!] Die Poesie soignieren [pflegen]. Die Bauern reden von Jean gleich von Anfang an als visionaire [Schwärmer], Die Ceremonie der Krönung vor den Stufen der Kirche selbst vollzogen, ist pikanter als der Krönungszug der mit dem Cortege der ›Jüdin‹ zu viel Ähnlichkeit hätte. Kurz sein – Bibelsprache. ›Puritaner‹ von W. Scott, und ›Jungfrau v. Orleans‹ lesen. Meine Rhythmen nachsehen – keine Bußpredigt – Massol Tresorier [Schatzmeister] Terzett wo er bei der Theilung die anderen betrügt.«

Am 2. August 1838 wurde mit Scribe ein Vertrag abgeschlossen, demzufolge sich Meyerbeer zum Erwerb des Textbuches und zur Komposition der Oper bis 1840 verpflichtete. Eine Aufführung des »Prophète« war für 1841 an der Académie ins Auge gefasst worden. Fabien Guilloux hat nicht weniger als vier Fassungen des Livret identifiziert, die jeweils einen neuen Arbeitsstand dokumentieren (Guilloux, in: Brzoska 2009). Entsprechend kompliziert war Meyerbeers Komposition, die die Herausgeber der Kritischen Werkausgabe, Matthias Brzoska, Andreas Jacob und Fabien Guilloux, vor sehr große Probleme stellte.

Seit Juni 1839 häuften sich die Tagebucheintragungen zu dem neuen Stück. Im Dezember des gleichen Jahres wurde entschieden, dass Scribe den fünften Akt, der bis dahin noch nicht vorlag, zu liefern habe. Die Neuartigkeit des Scribeschen Entwurfes verlangte nach neuen musikalischen Mitteln. Meyerbeer wusste, dass er ihn weder in der Art des *Robert* noch der *Huguenots* würde darbieten können. Andererseits bot sich die Möglichkeit, den mit *Robert* begonnenen Exkurs über das Verhältnis Individuum – Gesellschaft, das sich dort noch in einem wenig konkreten historischen Raum abspielte, das in *Les Huguenots* schon auf den Tag genau die Ereignisse der Bartholomäusnacht von 1572 zum Hintergrund hatte, nunmehr mit einem zweifelhaften Helden und seiner Beziehung zur Masse beispielhaft auszuarbeiten. Meyerbeers tiefer Geschichtspessimismus ließ kein Werk über eine gescheiterte Revolution zu, sondern es stellten sich ihm wiederum Fragen der menschlichen Existenz in ihrer extremsten Form. Das gab den Ausschlag für Meyerbeers Annäherung. Statt des ursprünglichen Titels *Les Anabaptistes* wurde der zweideutige *Le Prophète* gewählt.

1839 hatten sich die Gerüchte verdichtet, dass ein Direktionswechsel an der Académie bevorstünde. Nachdem Duponchel für eine kurze Zeit mit Édouard Monnais die Geschäfte geführt hatte, trat im Mai 1840 Léon Pillet das Amt des Direktors der Académie an. Pillet wartete nicht ab, bis sich Meyerbeer in Paris zeigte, sondern schrieb ihm am 15. Mai einen Brief nach Berlin: »Mein teurer Meister! ... Ich übernehme die Leitung unserer armen Oper ... Ich habe mich dazu entschlossen und hoffe auf die Hilfe eines Messias, denn der allein ist fähig, dieses Wunder zu vollbringen. Nun aber wendet sich dieser Messias gen Preußen, und dieser Brief hat das Ziel, ihn zur Umkehr zu bewegen ... Wäre es etwa wahr, teurer Meister, daß Sie daran denken könnten, noch einige Monate von Paris fernzubleiben, und daß Sie den schlimmen Gedanken hegten, uns in der Gefahr allein zu lassen? Wenn Sie ihn tatsächlich gehabt haben sollten, dann jagen Sie ihn ganz schnell fort und kommen Sie im Galopp wieder zurück. Kommen Sie, uns das Leben wiederzugeben. Ich brauche Ihnen nicht zu sagen, daß mir nichts zu teuer ist, um eine würdige Aufführung Ihres Stückes zu ermöglichen, und daß Sie unter allen Talenten, die wir an die Oper binden können, auswählen können. Denn Sie verstehen, daß ich mich herzlich wenig um den ›Herzog von Alba‹ kümmere und daß ich überhaupt keine Eile habe, ihn von Donizetti aufführen zu lassen [er wurde 1882 in Rom uraufgeführt]. Ohne Sie weiß ich wirklich nicht, was aus mir werden soll. Mit Ihnen zähle ich auf eine glanzvolle Zukunft ...«

»Ich werde Dir«, schrieb Meyerbeer seiner Frau, »seinen Brief schicken worin er mich le Messie de l'opéra nennt. Als dieser Leon Pillet noch Comissaire royal des königl. Theaters war, war er nicht sehr für mich. Das beweist mir wenigsten's daß er doch auf die Attraction meines Talentes bei dem Publicum glaubt« (25. Mai).

Meyerbeer antwortete Pillet am nächsten Tag. Gouin erhielt Instruktionen, wie mit Pillet zu verhandeln sei: »Hier mein Brief an Pillet. Lesen Sie ihn, und dann versiegeln Sie ihn! Sie würden mir einen ungeheuer großen Gefallen tun, wenn Sie ihm den Brief selbst aushändigen würden ... Ich möchte, daß Sie Herrn Pillet davon überzeugen, daß ... ich wirklich aus zwingenden Gründen das ganze Jahr über in Deutschland bleiben muß, daß Sie ihm indessen versichern können, daß ich zum Ende dieses Jahres oder spätestens zum Beginn des neuen Jahres in Paris sein werde, und zwar mit meiner neuen Oper. Aber es gibt eine neue Überlegung, die mich befremdet und die ich Ihnen anvertrauen will. Wenn man bei meiner Ankunft ... sofort mit der Abschrift beginnen würde, könnte ich Ende Januar mit den Proben beginnen, und nach 6monatiger Einstudierungszeit, d. h. Ende Juni könnte ich aufgeführt werden. Aber das ist die unvorteilhafteste Zeit des Jahres, und ich will nicht Gefahr laufen, mein Lieblings-Opus zu vertun ...«

Es gab nichts, das ihn gezwungen hätte, bis Ende 1840 in Deutschland zu bleiben, außer abwartender Vorsicht. Vielmehr wollte Meyerbeer erst einmal hören, wie sich der neue Mann einführte. Gouin berichtete von den ersten Vorstellungen. Zuerst fiel Meyerbeer auf, daß zwar *La Juive* und Rossinis *Guillaume Tell*, nicht aber seine *Huguenots* auf dem Spielplan standen. Als diese wieder im Repertoire erschienen, schrieb Gouin, Pillet habe das erste Bild des fünften Aktes streichen lassen, jene wichtige Szene mit dem Ball der ahnungslosen hugenottischen Hochzeitsgesellschaft, der erst der hereinbrechende, blutbeschmierte Raoul die Augen über die Schrecken der Nacht öffnet. Meyerbeer beauftragte Gouin, einige Details zu ermitteln:

»1) Glauben Sie, daß, wie die ›Gazette des théâtre‹ mitteilt, Herr Véron einen direkten oder indirekten Einfluß auf die gegenwärtige Leitung der Opéra hat?

2) Hat Gentil [Inspektor der Opéra] irgendeine Machtstellung in der neuen Leitung und sollte ich ihm einen Brief schreiben und mich beklagen?

3) Welche wird die erste neue Oper sein und mit welchen Komponisten wird man sich befassen? ...

4) Stimmt es, daß man die Ankunft von Spontini in Paris erwartet, um ›Fernand Cortez‹ wieder aufzunehmen, und zu welchem Zeitpunkt wird die Reprise stattfinden?

5) Glauben Sie, daß Halévy, wenn er die Opéra verläßt, unter Léon Pillet noch Einfluß haben wird?«

Weiterhin ließ Meyerbeer Gouin in der Presse eine Notiz lancieren, die dazu bestimmt war, von vornherein klare Fronten zu schaffen: »Man sagt, daß Herr Meyerbeer sich standhaft weigere, seine neue Oper vorzulegen, bevor nicht die Administration der Opéra eine neue Sängerin gefunden hat, die fähig ist, die Hauptrolle zu singen, die er ursprünglich für die Stimme von Mlle Falcon geschrieben hat.« Pillet verstand diesen Wink, den er am 15. Juli in der Zeitung las, sofort und reiste augenblicklich nach Bad Ems, wo der Komponist zur Bade- und Trinkkur weilte. Das erste Treffen zwischen dem Chef der Oper und dem Chef der Opernkomponisten scheint nicht günstig verlaufen zu sein, denn erstens hatte Pillet keine Sängerin vom Format der Falcon in Aussicht und zweitens lehnte es Meyerbeer ab, über den Auftritt von Duprez als Robert zu verhandeln, was Pillet gefordert hatte. Daraufhin reiste Pillet nach Mainz weiter, um Clara Heinefetter und Joseph Staudigl, zwei Wiener Sänger, zu hören, aber sie waren ihm nicht gut genug. Im August erkundigte sich Meyerbeer bei Gouin, wie denn die Presse, die – wie Vérons *Constitutionnel* oder *La Presse* – Pillet nicht wohlgesonnen war, auf das Treffen in Rad Ems reagiert habe, weil er auch nach solchen Stimmen seine nächsten Schritte richten würde.

Inzwischen kursierten in den Zeitungen Gerüchte, Meyerbeer habe nur einen kleinen Teil der Partitur beendet, was insofern der Wahrheit entsprach, als er immer erst durch die genaue Kenntnis der sängerischen Möglichkeiten richtig inspiriert wurde. Am 1. Januar des neuen Jahres schrieb er ins Tagebuch: »Die letzten drei Monate hatte ich meine Vorsätze, wenigstens was die Komposition der neuen Oper betrifft, recht gut gehalten …«, was viel besagt, da er doch meist den Jahresbeginn zum Anlass nahm, sich über seinen mangelnden Fleiß zu beklagen. Am 11. Januar 1841 wurde gegenüber Gouin zum ersten Male Pauline Viardot-Garcia als Sängerin für die Rolle der Mutter im *Prophète* genannt. Dieses Stimmwunder mit einem Stimmumfang von c bis zum dreigestrichenen f war Tochter und Schülerin des spanischen Gesangspädagogen Manuel Garcia und Schwester der Sopranistin Maria Felicitá Malibran (1808–1836), der Frau von Charles de Bériot. 1821 geboren, wurde sie als junges Mädchen Kompositionsschülerin von Anton Reicha und Klavierelevin bei Franz Liszt. 1839 debütierte sie in London als Desdemona in Rossinis *Otello*. Meyerbeer hatte mit Kennerblick und Kennerohr diese begnadete Sängerin für seine neue Rolle auserkoren. Die Falcon sang nicht mehr, ihre Nachfolgerinnen waren mehr oder weniger profillos geblieben. So entschied er sich gegen die Sopran-Primadonnen und ihre tradierten Rechte auf die ersten Rollen. Mit dieser Stimme glaubte Meyerbeer die emotionale Kraft des Mutterschicksals besser auf die Bühne bringen zu können.

Er wusste seit Anfang 1841, dass er wegen dieser Sängerin keine Handbreit Boden aufgeben würde. Die Uraufführung des *Prophète* in den Jahren 1841/42 scheiterte an der hartnäckigen Weigerung Pillets, die Viardot zu engagieren, und an der hartnäckigen Weigerung Meyerbeers, die Rolle der Fidès einer anderen Künstlerin zu überlassen – letztlich auch nicht Pillets Freundin Rosine Stoltz, die sich einer gründlichen Unterweisung bei Bordogni unterzogen und zum Alt gewechselt hatte, so dass Meyerbeer sie für kurze Zeit als Protagonistin in Erwägung zog. Sie schied 1847 aus dem Ensemble der Opéra aus.

Meyerbeer erfüllte seinen Vertrag gegenüber Scribe, bis März 1841 die Musik zu liefern. Er beauftragte Gouin, einen diskreten Advokaten zu finden, dem man die zum größten Teil fertige Partitur mit einigen »provisorisch« instrumentierten Teilen am Mittwoch, dem 24. März, zur Aufbewahrung übergeben könne. Tagebuch März 1841: »Freitag 19. Den heutigen Tag brachte ich mit Packen & Briefschreiben zu, denn es ist wegen vieler Eventualitäten nicht ratsam, dass ich die Partitur durch die Diligence schicke. Da man aber auf der andern Seite doch von meiner Anwesenheit in Paris nichts wissen darf, weil dann gleich Leon Pillet auf Entscheidung dringen würde, ob ich die Stolz & Heinefetter für die Rollen der Fides & Bertha acceptieren will, wozu ich mich bei der Abwesenheit der Garcia jetzt nicht entschließen will, so werde ich im tiefsten Incognito reisen ... Mittewoche 24. Früh morgens kam Gouin gleich. Nach geschehener Verabredung ging er zu Scribe, ihm anzuzeigen, dass die Partitur angekommen sei. Scribe war wütend & glaubte nun erst recht, dass ich ein anderes Werk für die Oper habe, weil ich das, was er mir zu unter-

Ary Scheffer, Pauline Viardot, 1840

zeichnen vorschlug, refüsierte & lieber die Partitur geschickt habe. Gouin beruhigte ihn & sagte, wenn er den Brief lesen würde, den ich Gouin geschrieben habe, er sich wohl überzeugen würde, dass ich nicht daran dächte, an der Oper etwas vor dem ›Propheten‹ zu geben. Es ward verabredet, dass sich Scribe den andern Tag um 3 Uhr zu dem Notar Chandru (Rue J. J. Rousseau) begeben würde, um die Verification der Partitur vorzunehmen, welche dann dem Kontracte gemäss, mit seinem & meinem Siegel versehen, bei dem Notar versiegelt deponiert würde, woselbst sie 18 Monate bleibt, wenn nicht Scribe & ich vereint (einer allein kann es nicht) sie zurückfordern. Donnerstag, 25. Scribe kam nicht zum Notar, schickte aber sein Petschaft, begleitet von einem Schreiben an Gouin, worin er erklärte, daß er erkenne, daß ich die Partitur zur rechten Zeit & komplett abgeliefert habe.«

Im Frühherbst fuhr Meyerbeer von Berlin nach Dresden, um die Abschiedsvorstellung von Karoline Ungher zu hören. »Den anderen Tag kehrte ich mit der Eisenbahn nach Berlin zurück.« Und am 16. Oktober notierte er wieder eine Eisenbahnfahrt: »... In Cöthen musste ich noch 1 Stunde warten ehe die Eisenbahn nach Leipzig abging (3/4 5), sehr langsam dieses Mal, denn wir kamen erst um 3/4 7 in Leipzig an. In der Stadt Rom [Hotel] nahe bei der Eisenbahn logiert ...« Sooft es ging, nutzte Meyerbeer das neue Verkehrsmittel, weil es ihn der strapaziösen Postkutschenfahrt enthob. Seit seiner ersten Fahrt über Land, nach Darmstadt, war er ungezählte Meilen durch Europa geschaukelt worden, meist auf schlechten

Wegen. Nun wollte er erleben, wie sich die Eisenbahn, deren Streckennetz sich in jenen Jahren nach den Plänen von Friedrich List über Deutschland ausbreitete, entwickeln würde. Sein Bruder Wilhelm, der sich aus anderen Gründen ebenfalls für das neue Verkehrsmittel interessierte, wird ihm wohl die Prosperität der neuen Technik anschaulich gemacht haben. Eisenbahn-Aktien, das konnte Meyerbeer sehen, waren stabil und gewinnbringender als preußischer Rübenzucker. Doch die Hausse war nicht unbegrenzt. Im Oktober 1845 berichtete Wilhelm Beer von großen Kursstürzen im Geschäft. Nur die Kurse der Leipzig-Dresdner Eisenbahngesellschaft lagen fest bei 132 Prozent. »Diese sind an dem allerschwärzesten Tage doch nicht unter 129 zu haben gewesen ... Keine Eisenbahn der Welt erfreut sich solcher Aussichten in der Zukunft, und darauf rathe ich Dir zu speculiren« (25. Oktober 1845).

In Berlin erwartete Minna ihr drittes Kind, Cornelie, die am 4. Juni 1841 geboren wurde. Dies war ein Grund mehr für Meyerbeer, trotz dringlicher Aufforderungen nicht nach Paris zu fahren. Aber in Berlin erwartete ihn ebenfalls etlicher Verdruss. Am 1. November fand er ein Billet von Schlesinger vor, wonach »... Szenen aus Opern deutscher Komponisten von den ältesten bis auf die heutigen Zeiten vorkommen sollen, & von mir der 4. Akt von ›Robert‹ gegeben werden sollte, die Herren sich heute entschlossen hätten die ›Benediction des Poignards‹ anfangen einzustudieren, um sie übermorgen aufzuführen. Ein so langes & schweres Stück in 2 Tagen einstudieren & aufführen wollen, heisst es massakriren wollen« (Tgb.). Über von Redern ließ Meyerbeer die Aufführung seines Stücks verbieten. Nun war ihm das Vorbereitungskomitee gram und ließ ihn ganz aus.

»Donnerstag 4. Abends im Theater, wo die besagte Anthologie deutscher Opernmusik von Händel, Graun etc. bis auf unsre Zeit gegeben ward. Man hatte aber namhafte Meister dabei ausgelassen, wie z. B. Keiser (der Vater der deutschen Oper); Naumann, Weigl, Benda, Marschner. Auch die Wahl der Stücke selbst war nicht die glücklichste: unter Glucks Ouvertüren hatte man die von ›Orpheus‹ gewählt (warum nicht die der ›Iphigenie in Aulis‹?), unter Reichardts Ouvertüren die aus ›Ino‹ (warum nicht die aus ›Brennus‹?) etc. Das Ganze langweilig.« Ende des 20. Jahrhunderts besann man sich wieder, welch bedeutende Erscheinung beispielsweise Johann Gottlieb Naumann war – Meyerbeer wusste, dass dieser zu den namhaftesten deutschen Komponisten gehörte. Für ihn war die deutsche Tradition der deutschen Oper keine theoretische Sache – er kannte die Partituren.

Tags darauf besuchte Meyerbeer den Intendanten, »der wieder auf den Busch bei mir anklopfte, ob ich nicht eine musikalische Stelle in Berlin annehmen wollte, jetzt da Spontinis Abschied beschlossen wäre. Ich versprach, es zu überlegen.« Er überlegte ziemlich lange, aber als sich in Paris nichts zugunsten seiner Oper entwickelte, gab er, wie im vorigen Kapitel ausgeführt, schließlich doch von REderns und Humboldts Werben nach. Bevor er das höchste Musikamt im preußischen Staate übernahm, erhielt er von Humboldt folgende Zeilen: »Bei der Barbarei, die in diesem Lande in allen Behörden herrscht, erstaunen Sie wohl nicht, mein edler, weltberühmter Freund, wenn ich Ihnen die Notwendigkeit unphilosophisch in Erinnerung bringe, Ihren ganz unbekannten Namen, wie Ihre ganz unbekannte Wohnung der allein einladenden Behörde (General-Ordens-Commission) ›wegen Ihrer früheren Abwesenheit‹ anzuzeigen. Ein erröthender Civis.«

Auch während Meyerbeers Berliner Zeit ging das zähe Ringen um die Partitur des *Prophète* weiter. Am 20. Dezember, also nur wenige Tage vor seinem Aufbruch nach Berlin, hatte er mit Pillet eine neue Vereinbarung geschlossen, die die Uraufführung für den 1. Juli 1843 vorsah, mit Duprez als Jean und der Stoltz als Fidès. Meyerbeer hatte erfahren, daß Donizetti als neuer Hauskomponist aufgebaut werden sollte. Doch diese Pläne zerschlugen sich. Duprez überwarf sich mit Pillet und verließ die Académie. Meyerbeer überlegte mit Gouin, ob man die Oper nicht lieber einem anderen Theater anbieten sollte, etwa dem Théâtre Italien, »… denn ich glaube, daß die Gefahr besteht, ein Werk so lange schlummern zu lassen im Staube der Regale, denn irgend eine Idee davon kann einen Autor zufällig vor uns inspiriert haben.« Außerdem hatte Scribe gedroht, das Poem einem anderen Komponisten zu geben, wenn Meyerbeer nicht endlich seine Zustimmung zur Aufführung gebe.

Als sich Meyerbeer im Dezember 1843 in Paris mit Scribe wegen des Prosaentwurfs zum *Feldlager* traf, erbrachten die Verhandlungen mit Pillet eine Verschiebung der Premiere auf 1845, da man die Schwierigkeiten kommen sah, wenn sich Meyerbeer gleichzeitig seinen Berliner Verpflichtungen widmen und in Paris ein so umfangreiches Werk wie *Le Prophète* einstudieren müßte. Für die Titelpartie standen der Tenor Gaetano Fraschini, der am Teatro di San Carlo in Neapel engagiert war, und der Tenor Don Paolo Ferretti aus Mailand zur Wahl, ein Zeichen, dass Meyerbeer immer noch mit dem Belcanto-Ideal der italienischen Stimmen rechnete. Was Madame Stoltz betraf, so ließ er die Sache auf sich beruhen; er rechnete damit, dass sie vor den Schwierigkeiten der Partie kapitulieren würde.

Trotz der Belastungen, die sich für den Komponisten Ende 1844 aus der Einstudierung des *Feldlagers* ergaben, dachte er doch häufig an seine »Lieblings-Oper« und stellte im Oktober in seinem Tagebuch folgende Überlegungen zum »Leitgedanken« an: »Könnte man nicht die Romanze Jeans im 2. Akt durch die Oper schlängeln lassen? Im 3. Akt könnte sie bei der Stelle wiederkommen des Rezitatives vor dem Rondo ›Bertha, ah tu n'es pas‹ [Bertha, du bist es nicht]. Auch in den Rezitativen mit Jonas (durch Verändrungen geringer Art in der Poesie) könnte er sich immer Berthas erinnern, wenn er von der Mutter spräche; ferner wenn er in demselben Akt sich bei Oberthal nach Bertha erkundiget. Im 4. Akt bei der Krönung, wenn er sich selbst sagt: ›Jean tu regneras‹ [Jean, du wirst herrschen], da könnte er hinzufügen ›Mais … O souvenir … helas‹ [Aber … oh Erinnerung … ach] & dabei das Orchester das Ritornell der Romanze spielen. Endlich müsste man in der Schlussszene des 5. Aktes noch einen Moment für einen Anklang daran finden.« – »Man fand« eine andere Möglichkeit, schon zu Beginn des zweiten Aktes in der Traumerzählung Motive der Krönungsmusik zu verwenden. Die Romanze des Jean als Zeichen der Liebe zu Bertha nahm nicht den hier vorgesehenen Raum ein.

Ende 1845, während eines Essens bei Adolphe Thiers, dem vormaligen Innenminister und nunmehrigen Chef der Ordnungspartei, vertraute Meyerbeer dem Gastgeber seine Sorgen an. Der einflussreiche Politiker ließ Pillet kommen, um ihn von der Notwendigkeit zu überzeugen, einen guten Sopran und einen guten Tenor zu engagieren. Das war für den Operndirektor nichts Neues, aber er hatte einfach niemanden, mit dem Meyerbeer zufrieden gewesen wäre. Da also die Kräfte gegenwärtig weder für *Le Prophète* noch für *L'Africaine*, die parallel dazu im Gespräch stand, ausreichten, wurde Pillet die soeben für Berlin fertiggestellte Oper angeboten. Allerdings stellte Meyerbeer für das *Camp de Silésie* die Bedingung, dass Jenny Lind für die Vielka engagiert werde, aber die war inzwischen auch für Pillet zu teuer geworden. Die für 1847 in Aussicht genommenen Neuengagements belebten zwar das Gespräch zwischen Meyerbeer und Pillet, kamen aber nicht mehr zur Ausführung, denn Pillet gab im Sommer die Direktionsgeschäfte auf. Er hatte künstlerisch abgewirtschaftet. Nach dem Zeugnis von Giuseppe Verdi waren Soli, Chor und Orchester der Académie in einem beklagenswerten Zustand und die einst so vorbildliche Interpretationskunst auf einem Tiefpunkt angekommen. Vermutlich war Pillet auch finanziell am Ende. Im Juni 1847 zahlten Duponchel und Nestor Roqueplan, Herausgeber des einflussreichen *Figaro* und bisheriger Direktor der Nouveautés und des Théâtre des Variétés, an Pillet eine Abstandssumme von 350 000 Francs und wurden am 1. Juli als neue Direktoren der Académie in ihr Amt eingeführt. Meyerbeer erfuhr in Franzensbad von diesem Leitungswechsel.

Pillet hatte in den vergangenen sieben Jahren weder eine Meyerbeer-Oper zur Aufführung gebracht, noch war es ihm gelungen, Meyerbeer mithilfe Donizettis oder Verdis zu erpressen; Verdi hatte sich lediglich zur Umarbeitung der *Lombardi alla prima Crociata* zu *Jérusalem* (Paris 1847) verstanden. Seit 1836 war nun schon der zweite Direktor der Académie Royale de Musique – weil ohne eine Oper von Meyerbeer – glücklos aus dem Amt geschieden.

Gouin erhielt vom Kurpatienten Meyerbeer sofort Hinweise, wie zu verhandeln sei, ob nun Duprez, Roger, Fraschini oder Mario de Candia die Rolle des Propheten übernehmen sollten. Am 14. August schrieben Duponchel und Roqueplan ihren ersten, werbenden Brief nach Franzensbad. Sie fragten an, welches der drei zur Diskussion stehenden Werke zuerst aufgeführt werden sollte.

Ende August erschien Meyerbeers Verleger Louis Brandus als Abgesandter der Operndirektoren, um die Reaktion des Komponisten zu erkunden. Sie wussten, dass der Verleger eine Vertrauensperson Meyerbeers war. Schon am 4. September sah der Komponist den ersten Akt seines Werkes in den Skizzen, die er offenbar bei sich hatte, durch. Er wurde sich darüber klar, dass die Partitur so nicht bleiben konnte. Nach den vielen Tagebucheintragungen zu urteilen, komponierte er

G. Meyerbeer, Le Prophète, *erster Akt, Stretta*

das Werk bis zur Uraufführung quasi ein zweites Mal, so umfangreich waren die Änderungen.

Die neuen Direktoren zögerten anfangs ebenfalls, die Viardot zu engagieren. Meyerbeer hatte den künstlerischen Werdegang dieser Frau in den vergangenen Jahren aufmerksam verfolgt, sie häufig nach Berlin eingeladen, wo sie in Hofkonzerten und in Opernaufführungen sang. Dabei war seine Überzeugung nur gewachsen, daß sie die ideale Interpretin seiner Fidès sei. Er musste selbst nach Paris kommen, um den Direktoren seinen Willen aufzuzwingen.

In der Opéra-Comique hörte er den Tenor Gustave Roger und empfahl sein Engagement an die Académie. Am Sonnabend, dem 11. Dezember 1847, fielen die Würfel: »Heute war Konferenz bei den beiden Operndirektoren, wo Armand Bertin, Scribe & ich gegenwärtig waren. Die Operndirektoren erklärten sich auf mein Verlangen bereit, Madame Viardot für den ›Prophete‹ zu engagieren, wenn ihr Verlangen nicht die Summe von 75 000 Franken für ein Jahr überschritte. Auch Roger wollten sie auf mein Verlangen engagieren. Ich sollte es übernehmen, der Viardot zu schreiben. Wir setzten einen vorläufigen Revers auf. Gott gebe sein Gedeihen & Segen dazu!« Aber erst am 11. März des Folgejahres wurde der Vertrag zwischen den Autoren und dem Theater geschlossen. Der Probenbeginn wurde auf den 6. September 1848, die Premiere auf den 31. Januar 1849 festgelegt.

Am Dienstag, dem 22. Februar 1848, notierte Meyerbeer in sein Tagebuch: »Wegen der von der Regierung verweigerten Erlaubnis zum Bankett für die Wahlreform fingen heute an ernstliche Unruhen in Paris stattzufinden …«

Am folgenden Tag: »Mit ziemlich gutem Erfolg an der neuen Stretta der Prêche [Predigt] im I. Akt gearbeitet. Den übrigen Teil des Tages auf der Straße zugebracht, den Gang der Unruhen zu beobachten. Die Nationalgarde erklärt sich ebenfalls für die Wahlreform und verhindert die Linientruppen, auf das Volk einzuhauen. Gegen Mittag verbreitet sich die Nachricht, daß der König das Ministerium Guizot abgedankt habe und eine Wahlreform bewillige. Großer Jubel: alles scheint glücklich beendiget. Abends aber geht der Spektakel wieder los. Vor dem Ministère des affaires étrangères feuert das Militär auf das Volk, und viele Opfer fallen. Was dazu Veranlassung gab, weiß ich bis jetzt nicht. Diner & Soirée bei Vatel, dem Direktor der italienischen Oper.

Donnerstag 24. Fast den ganzen Tag auf der Straße zugebracht, um den Verlauf des Aufstandes mit anzusehen, der sich im Laufe des Tages zur förmlichen Revolution entwickelte. Um 2 Uhr dankte der König ab, die Tuillerien wurden vom Volk erstürmt. Ich sah aus dem Palais royal die kostbarsten Möbel, Bücher etc aus dem Fenster werfen und dann auf einem großen Scheiterhaufen im Hofe des Palais verbrennen. Die Königlichen Wagen wurden angezündet, brennend über die Straße gefahren und dann ebenfalls auf den Scheiterhaufen des Hofes geworfen. Ebenso ging es in den Tuillerien zu; ich ging in die Gemächer hinein, worin Tausende vom Volk auf- und abwogten. Man sagt, die Republik sei proklamiert. Gestern und heute Abend mußten alle Häuser illuminiert werden. Einen eigentümlichen traurigen Anblick bot es dar, daß alle Läden ohne Ausnahme geschlossen waren, und kein einziger Wagen zu sehen war, welches auch durch die vielen Barrikaden, welche an allen Straßen aufgeschichtet waren, unmöglich gewesen wäre. Abends und morgens ein wenig an der Stretta der Prêche gearbeitet. Abends ward die Republik proklamiert und ein Gouvernement provisoire eingesetzt ...

Freitag 25. ... Zu Scribe, ihn zu bitten, daß er die Verändrungen schnell mache, damit ich abreisen kann. Zu unserm Gesandten, meinen Paß revisieren zu lassen ... Die Läden öffnen sich noch nicht. Die Barrikaden werden auch nicht weggeräumt. Aufzüge von Bewaffneten und singenden Trupps vom Volke ziehen unaufhörlich durch die Straßen ...

Sonnabend 27. ... 500 Franken beigesteuert für die im Gefecht verwundeten ... Abends die neue Stretta der Prêche aufgeschrieben ...

Freitag 17. [III.] ... Ungeheure Demonstration der Ouvriers, die von Mittag bis Mitternacht dauert und die bezweckt, beim Gouvernement provisoire gegen die gestrige Demonstration der Nationalgarde zu protestieren ...

Sonntag 2. [IV.] ... In dem Hofe der Großen Oper wird unter großer Feierlichkeit, Segnung des Pfarrers, Musik und großem Zulauf der Menge ein Freiheitsbaum aufgepflanzt. Der Minister des Innern Ledru-Rollin hielt am Fuße des Baumes eine Rede, wobei er des ›Propheten‹ und meiner frühem Werke mit großen Lobsprüchen gedachte ...

Donnerstag 20. ... Vor und nach dem Frühstück das Agitato der Arie der Fides fertig instrumentiert ... Heute wurden von dem Gouvernement provisoire die Fahnen an die Nationalgarden der Linientruppen verteilt; sie bildeten zusammen eine Truppenmasse von ein paar hunderttausend Mann. Alle hatten in den Läufen ihrer Gewehre Blumenbuketts ...

Sonntag 23. ... Einige glückliche Änderungen an dem Krönungsmarsch gemacht und angefangen ihn aufzuschreiben. Dieses Musikstück scheint mir sehr glücklich gelungen ...

Freitag 28. ... Vor dem Frühstück den Marsch fertig revidiert ... Da ich noch keinen der politischen Klubs besucht hatte, so ging ich heute in den allerrevolutionairsten, welcher von Blanqui präsidiert wird, um doch eine Idee zu haben, wie es da zugeht. Er hält seine Sitzungen im Konzertsaal des Conservatoires.«

Die Notizen bedeuten mehr als nur ein einfaches Registrieren von Zeitereignissen: In Übereinstimmung von »drinnen« und »draußen« entstand mit der Stretta der Wiedertäuferpredigt am Ende des ersten Aktes ein Abbild der revolutionären Vorgänge auf der Straße. Meyerbeer musste feststellen, dass sein Werk, das er seit 1837 mit sich herumtrug, von den tatsächlichen Zeitereignissen eingeholt wurde und plötzlich eine höchst bemerkenswerte Aktualität erhielt. 1846 war es wegen anhaltender Teuerungen zu Bauernrevolten gekommen; 1847 verschlechterte sich die Lage für viele, die durch Geschäftsbankrotte arbeitslos wurden; daraus erwuchs eine bedrohliche wirtschaftliche Krisensituation, die eine revolutionäre Stimmung erzeugte.

Die Oper *Le Prophète* beginnt mit einer Idylle und endet mit einer Katastrophe. Dazwischen liegen Hoffnungen, Illusionen, Selbstüberschätzung, Macht, Sieg, Überdruss an Machtfülle, Gottgleichheit, Absturz durch Verrat, Uneinigkeit, Charakterlosigkeit, Misstrauen, Wankelmut, private Rache, schließlich Selbstzerstörung – ist das ein zynischer Realismus? Geschichtspessimismus?

Der historische Jan Bockelson, genannt Johann von Leyden (1509–1536) war Schneider, Kaufmann und Gastwirt in Leyden, schloss sich dem Bäcker und Wiedertäufer Johann Matthys an und übernahm nach dessen Tod 1534 die Macht in Münster. Er ernannte sich zum König des Neuen Zion, führte die Gütergemeinschaft und die Vielweiberei ein, herrschte durch religiösen Fanatismus, gewaltige Ausschweifungen und grausamen Machtrausch und wurde nach der Eroberung der Stadt hingerichtet. Vor Scribes Bearbeitung gab es schon einige Erzählungen und Dramen, in denen der Wiedertäufer als Gewaltherrscher das private Glück anderer zerstörte. Auch neuere Autoren haben sich dem Stoff zugewandt: In Dürrenmatts Schauspiel *Es steht geschrieben* (1947) wird Bockelson zum Schauspieler, der seine Fürstenrolle so gut spielt, dass er hernach als Einziger begnadigt wird.

Die tatsächlichen Ereignisse sind keineswegs mit den in der Oper erdachten vergleichbar, denn Scribe und Meyerbeer, die seit Jahren an dem Projekt arbeiteten, wollten eine Oper schreiben und keine Geschichtsanalyse vorlegen. Sie beschrieben vielmehr allgemeine Mechanismen der Gewalt und der Gewaltherrschaft. Jeans rein private Motive zur Führung der Bauern erzwingen immer neue militärische Aktionen und neue Blutopfer. Sein Streben dient einem Ziel: seine

Geliebte Berthe zu gewinnen. Aber mit jedem militärischen Sieg entfernt er sich mehr von ihr, bis er sie vollständig verliert. Ihr Tod bleibt ohne kathartische Konsequenzen, er ist kein Opfertod, weil Jean ohnehin verloren ist und nicht mehr durch das Opfer einer Frau zu retten ist. So sieht sich der Bauernführer in tiefe Schuld verstrickt; ihm wird klar, dass trotz aller Opfer das Reich der Freiheit unerreichbar bleibt. Eine Rückkehr zu den früheren Verhältnissen ist ebenso unmöglich wie ein Sieg über alle feudalen Feinde. So ist Jeans Lage trotz einzelner Erfolge hoffnungslos und muss zur Katastrophe führen. Zwar sind die Bauern ein verlässliches Kampfpotenzial, aber sie sind noch viel zu sehr im christlichen Autoritätsglauben befangen, als dass sie sich einen Führer anders als einen von Gott gesandten Messias vorstellen könnten. Deshalb suchen die drei Wiedertäufer eine Führerpersönlichkeit, die sie zu einem solchen »höheren Wesen« aufbauen können (zu historischen und theologischen Aspekten des Librettos vgl. Gier, in: Brzoska 2009).

Es war nicht der demokratische Aspekt der Februarrevolution, der Meyerbeer interessierte, sondern die Tatsache der Volkserhebung, die ihn als sensitiven Menschen ansprach, ihn auf die Straße trieb, um zu hören und zu sehen. Auge und Ohr nahmen die Empörung der Masse auf, und daraus formte er musikalische Gesten für seine Partitur.

Am 28. Juni, dem Tag, als Jean-Baptiste Cavaignac zum Präsidenten der Republik ausgerufen wurde, unterzeichnete die Viardot den Vertrag mit der Académie nationale de Musique, wie sich die alte Institution nun nannte. »... also wird auch der meinige unwiderruflich. Nun heißt es fleißig sein«, vertraut Meyerbeer seinem Tagebuch an. Zwischen Wien, Bad Ischl und Bad Gastein pendelnd, schrieb er neue Varianten: Am 5. August »... in den Morgenstunden von 6 bis 1/2 10 Uhr kam mir eine neue und, ich glaube, glückliche Idee der Scène de la revolte im 3. Akt, und in diesen wenigen Stunden komponierte ich das Stück gänzlich fertig. Doch griff mich das sehr an ...« Am 12. September kehrte er mit der Eisenbahn nach elfstündiger Fahrt von Berlin nach Paris zurück. Am Sonnabend, dem 11. November 1848, begannen die Chorproben, am darauf folgenden Sonntag die Proben für Gustave Roger (Jean), Prosper Levasseur (Zacharias), Jeanne Castellan (Berthe) und die anderen Mitglieder des Solistenensembles. Nach Rogers Bericht erläuterte Meyerbeer den Sängern die schrecklichsten Dinge mit Charme und Lippen »wie für einen Kuß«. Der Bühnenbildner Charles-Antoine Cambon entwarf Zeichnungen und Bühnenbildmodelle; Paul Lormier skizzierte die Kostümentwürfe und Duponchel war für die Mise en scène verantwortlich. Alle dekorativen Details wurden mit der gleichen Sorgfalt ausgeführt, mit der Meyerbeer die musikalische Einstudierung überwachte. Die Zeichner der *L'Illustration*, einer Zeitschrift, die 60 Jahre lang der erstaunten Mitwelt die Pariser Bühnenbilder präsentierte, nahmen ihre Aufgabe sehr ernst und überlieferten uns Abbildungen, die nach dem Studium der Bühnenbildentwürfe gestochen wurden. Die Stimmigkeit der Couleur einer Produktion, noch wichtiger als die Couleur locale, die historisch exakte Treue im Bühnenbild, also die Stimmigkeit der Details in sich und in Beziehung zu allen anderen dekorativen Teilen, war eine der Grundbedingungen der französischen Bühnenromantik. Die Bühne war kein Ort abseitiger Schwärmerei, sondern Schauplatz modernster technischer Finessen. Der gleißende Effekt der aufgehenden Sonne wurde durch die erstmalige Verwendung des elektrischen Lichts auf der Bühne erreicht. Léon Foucault hatte in Meyerbeers Auftrag eine Bogenlampe konstruiert, die mit Jalousien und farbigen Metallspiegeln gekoppelt wurde und deren Kohlen auf elektromagnetische Weise nachgestellt werden konnten. Hierdurch war die Helligkeit regulierbar geworden. Der Feinmechaniker Jules Duboscq hatte die Apparatur gebaut. Baumwollflöckchen und Kristallplättchen an den Bäumen vervollständigten die Illusion von Eis und Schnee. Das war keine wärmende, lebenspendende Sonne, sondern kalte Helligkeit, die die Szene beleuchtete. Mit Ausdauer wurden derlei technische Effekte erprobt, wie der unter Pulverdampf zusammenstürzende Palast im Finale V. Ein Teil des Erfolgs ging auf das Konto der bühnentechnischen Überraschungen. Für die Krönungsszene wurde eine besondere Choreografie geschrieben, in der die Schritte und Bewegungen jedes einzelnen festgehalten waren. Das gedruckte Regiebuch, herausgegeben von Louis Palianti, der 140 Beschreibungen von Opern aus der Zeit zwischen 1830 und 1870 veröffentlichte und sie für das Nachspiel außerhalb von Paris empfahl, enthielt darum wesentlich detaillierter Angaben als der gedruckte Klavierauszug, obwohl gerade Meyerbeer szenische Anweisungen wesentlich häufiger in den Drucken veröffentlichte, als es sonst üblich war. Das Regiebuch enthielt sowohl szenische Hinweise als auch theatralische Gesten. Als Marietta Alboni im Herbst 1850 die Rolle der Fidès übernahm, konnte sie auf den Takt genau eingewiesen werden. In einem durchschossenen Exemplar des Klavierauszuges notierte man ebenfalls die Mise en scène, um sie für alle Eventualitäten zu dokumentieren. Für den Moment, da Jean fragt: »Wer ist diese Frau?« und Fidès verzweifelt antwortet: »Wer ich bin? Ich!« wurde für die Fidès folgender theatralischer Gestus verlangt: »schreit mit zitternder, tränenerstickter Stimme auf, wobei sie sich aber beherrscht, mit einem Gefühl schmerzvoller Zärtlichkeit, gemischt mit Entrüstung«. Der Chor wurde auf 1,70 Meter hohe Podeste verteilt, um alle acht Stimmgruppen akustisch und optisch günstig zu postieren. Nichts überließ man der augenblicklichen Intuition der Sänger. Fidès' Niederknien vor ihrem Sohn wurde auf den Takt genau festgelegt. Jedes Detail diente der Idee eines faszinierenden Musiktheaters, die nicht als Effekthascherei missverstanden werden kann.

Die Oper als Gattung hatte in dieser Szene wieder einmal zu sich selbst gefunden. Das Verhältnis Mutter – Sohn ist von Meyerbeers tiefem Pessimismus geprägt. Um Jean aus der starken Mutterbindung zu lösen und ihn für höhere Aufgaben zu gewinnen, inszenieren die Wiedertäufer am Schluss des zweiten Aktes ein Täuschungsmanöver gegenüber Fidès und halten bis zur Krönungsszene im vierten Akt die Fiktion eines von Gott Gesandten aufrecht (zum Zusammenhang mit den deutschen Reichskrönungen vgl. Niemöller, in: Brzoska 2009, wobei die Frage entsteht, woher Meyerbeer und Scribe so detaillierte Kenntnisse historischer Vorgänge bezogen haben). Das Mutter-Sohn-Drama kulminiert in Fidès' Aufschrei »Mon fils« während der Krönungszeremonie. Aber was ist das für ein Kulminationspunkt! Während viele Opern vor Meyerbeer, auch seine eigenen aus der italienischen Zeit, im Wiedererkennen und Wiederentdecken verloren geglaubter Liebender oder Verwandter ihre schönsten Momente haben, muss Jean im Augenblick der höchsten Ehrung, die einem Menschen zuteil werden kann, muss der Prophet, um sein und seiner Mutter Leben zu retten, seine Mutter verleugnen. Diese Szene ist ohne Vorbild in der Operngeschichte. Nur durch die Umkehrung bisher bekannter Motive gelangten Scribe und Meyerbeer zur Darstellung ihrer pessimistischen Sicht auf die bestehenden Verhältnisse. Dieser »Exorcisme« ist kein Wunder, wie das Volk ihn besingt, sondern ein Akt der Verlogenheit, der nur dazu dient, das nackte Leben zu retten. Die Autoren entzaubern große idealistische politischen Aktionen und legen ihre primitiven Wurzeln bloß. Hier handeln Figuren aus einfachen Motiven wie sentimentale Mutter- oder Sohnesliebe, aus Rache und anderen niederen Motiven. »Soziale Verwerfungen und Revolutionen entspringen ... häufig genug den wirren Köpfen und noch wirreren Herzen von Tagträumern und Fantasten wie Jean und Fidès. Das lehrt die Historie, in diesem Falle eine Episode aus der Wiedertäufergeschichte des 16. Jahrhunderts« (Schläder, in: Brzoska 2009, S. 96).

Im November 1848 schloss Meyerbeer die Komposition der Ouvertüre ab, die er als Paraphrase über die Einleitung des dritten Aktes angelegt hatte, und spielte sie in der Opéra vor. Im Pianoforte riss dabei eine Saite, »... welches bei meiner sehr delikaten Behandlung des Instruments seit Jahren nicht passierte. Mein Aberglaube zieht daraus eine ungünstige Vorbedeutung für den Erfolg der Ouverture ...« (Tgb., 25. Dezember 1848). Die Ouvertüre fiel der Überlänge des Werkes zum Opfer. Berlioz hatte sie noch vollständig auf der Generalprobe gehört.

Von der Ballettmusik des dritten Aktes existierte im Februar 1849, einen Monat vor der Uraufführung, nicht eine Note. Der Komponist fantasierte ein wenig am Klavier und wartete auf Inspiration. Sie kam erst in Zusammenarbeit mit dem Ballettmeister Mabille, Leiter eines Vergnügungsetablissements, das mit seinen blühenden Bäumen, Fontainen, Statuetten, erzenen Palmen und farbigen Laternen die Loretten und Grisetten einlud, und in dem sich bei schmissiger Tanzmusik wie der Redovva, dem Galop oder der Valse die großen Damen der Halbwelt zeigten. Meyerbeer und Mabille verabredeten einen großen Ballettauftritt, der den Tänzern eines der berühmtesten Ballette bescherte: »Les Patineurs«, die Schlittschuhläufer, die übers Eis der Seen bei Münster gleiten. Wilhelm Beer sandte aus Berlin, wo sie seit 1818 bekannt waren, sogleich ein Paar Rollschuhe nach Paris; hier waren sie zwar schon um die Jahrhundertwende in Mode gekommen, doch inzwischen wieder in Vergessenheit geraten. Durch die Oper wurden sie zur Sensation der

Saison. Die Bühne war leer – im Gegensatz zu den sonst so üppigen Dekorationen. Die Tänzer kamen aus der Tiefe der Hinterbühne. Dort rollten kleine Kinder, in der Mitte größere Kinder, ganz vorn die Erwachsenen, alle in gleichen Kostümen, um die Illusion der Perspektive noch zu verstärken.

Mitte Februar begannen die Orchesterproben unter der Leitung von Narcisse Girard, seit 1846 Dirigent an der Académie, der nach Habenecks Tod am 2. Februar 1849 zu dessen Nachfolger aufrückte. Meyerbeer hatte dem Dirigenten der *Robert-* und der *Huguenots*-Uraufführungen die letzte Ehre erwiesen, indem er mit Auber, Spontini und dem Kupferstecher Baron Taylor die Zipfel des Sargtuches trug.

Je mehr die Uraufführung heranrückte, umso hektischer wurden die Streichungen und Veränderungen, da Roger der Rolle nicht gewachsen war und Mme. Roger Einfluss auf die Rollengestaltung nahm. Außerdem verlangte Jeanne-Anaïs Castellan als Ausgleich für die ihr entzogene Primadonnenfigur einen Ersatz, und Meyerbeer schrieb der Berthe eine Auftritts-Cavatine im ersten Akt. Nach der 18. Orchesterprobe am 18. April dauerte das Stück vier Stunden und 16 Minuten. Meyerbeer musste wenigstens 40 Minuten Musik streichen, »eine harte und schwierige Arbeit«, wie er bekannte, die ihn bis zum 8. April beschäftigte. So wurde unter anderem der Auftritt eines Herolds gestrichen, der zu Beginn des vieten Aktes ein Edikt an die Bürger von Münster verliest. Die instrumentale Einleitung zum Krönungsbild wurde gekürzt. Noch rigoroser ging Meyerbeer im fünften Akt vor. Er strich 60 Takte aus der Überleitung von der Cavatine der Fidès zu ihrem Air, ein Arioso der sterbenden Berthe sowie große Teile in der Finalszene. Nach 23 Orchesterproben konnte am 16. April 1849 endlich die Uraufführung in der Salle de la rue Le Peletier stattfinden. Zugegen waren der neue Prinz-Präsident Louis Bonaparte-Napoléon, dem Meyerbeer im Januar 1849 auf einem Diner zum ersten Mal begegnet war – damals war Victor Hugo sein Tischnachbar –, das Gefolge des Präsidenten mit vielen glänzenden Uniformen sowie ein Großteil der Abgeordneten des französischen Parlaments, das an diesem Abend stimmunfähig war.

Amalia Beer hatte den erbetenen Segen für das Gelingen der Uraufführung gesandt. Der Sohn konnte ihr in der Nacht nach dem Ereignis schreiben: »… ein großer glänzender Succès. Viele Leute behaupten daß sie diese Oper weit über ›Robert‹ und die ›Hugenotten‹ setzen. Die Aufnahme war enthusiastisch. Roger ward schon nach dem 2ten Akte, die Viardot nach dem 4ten Akt herausgerufen, zum Schlusse alle, und das Publicum gab keine Ruhe bis ich zuletzt mich entschließen mußte, obgleich sehr ungern auch herauszukommen.« Schon in der Pause war in den Gängen eine heftige Diskussion unter den Geistesgrößen in Gang gekommen, von denen Pauline Viardot in ihren Erinnerungen berichtet: »… Jules Janin erklärt, daß dies ein theologischer Traktat ohne den Glauben sei. Chopin ist entsetzt. Delacroix bestätigt, daß dies das Ende der Kunst bedeute. Berlioz urteilt, daß große Schwächen vorhanden seien, einige schöne und andere, verabscheuungswürdige

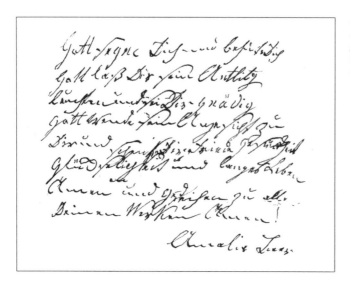

Amalia Beers Segen Meyerbeer vom 5. September 1853, Staatsbibliothek Berlin

Dinge …« Delacroix präsizierte seine Meinung am 23. April im »Journal«: »Dieser schreckliche Prophet, den sein Autor zweifellos als Fortschritt ansieht, ist die Verneinung der Kunst. Die gebieterische Notwendigkeit, der er sich unterworfen glaubte, etwas Besseres oder Anderes als bisher zu machen, hat ihn schließlich den Blick für die ewigen Gesetze des Geschmacks vergessen lassen.«

Gautier sprach von einem »Pamphlet«, von einer »esquisse extravagante«. Meyerbeer bezeichnete sein neues Stück gegenüber George Sand als »mon dernier essay dramatique« (6. Dezember 1849). Damit war die besondere Stellung des neuen Werkes gegenüber den herkömmlichen Stücken und den Opern, die gleichzeitig uraufgeführt wurden, deutlich bezeichnet. Die Kompromisslosigkeit, mit der existentielle Fragen aufgeworfen und kritisch beantwortet wurden, verunsicherte die Zeitgenossen. Charles Gounod schrieb in seinen Memoiren: »Ward je das Unerhörte auf dem Theater Gestalt, so bei der Uraufführung des ›Propheten‹ von Meyerbeer. Erschütterung und Begeisterung kennzeichneten das aufgebrachte Publikum gleichermaßen. Man hatte den Eindruck, als rüste sich der Saal zu einer Revolution. Ein Kampf tobte in den Herzen der Männer und Frauen, doch es war ein Kampf der guten Meinung. Man brauchte die Öffnung eines Ventils, um sich zu entladen. Meyerbeer wurde mit napoleonischen Ehren überschüttet. Mögen auch andere bedeutende Komponisten gefeiert worden sein, solch eine Orgie der Zustimmung hat gewiß keiner erlebt. Berlioz neben mir war zu Tränen aufgelöst und vermochte sich nicht zu beruhigen. Mir selbst schlug das Herz über die Lippen hinaus, und ich mußte einfach mit der Menge schreien, um mir Luft zu machen. In diesem gewaltigen, großen Augenblick durchdrang es mich bis auf die Grundfesten meines Daseins, daß ich diesem Großen nacheifern mußte …«

Die Pariser Presse beschäftigte sich fast ausnahmslos lobend mit der neuen Oper. Man war sich einig, dass Meyerbeer mit *Le Prophète* alles Vorangegangene übertroffen hatte. Aber das Werk bereitete bei der Rezeption Schwierigkeiten. Selbst Adolphe Adam, der den Vorzug hatte, das Stück auf den Schlussproben dreimal zu hören, hatte Mühe, die vorzüglichen Teile eindeutig zu bestimmen, eine solche Fülle von Eindrücken zu verarbeiten. Die Komplexität der Formen, mit der Meyerbeer das Prinzip der Nummernoper nicht aufhebt, sondern durch die Großszenen von reicher Binnengestaltung weiterentwickelt, der Verzicht auf »Ohrwürmer«, an deren Stelle harmonisch kompakte und chromatisch stark durchsetzte Komplexe treten – all das verwirrte die Zeitgenossen zunächst und zwang sie zu intensiver Hörarbeit. Wer die Beiträge von Fétis, Berlioz, Gautier, Janin, Paul Scudo und anderen liest, wird bemerken, dass dort niemand auf die Idee kam zu schreiben, Meyerbeer habe seine Kunst dem Geschmack der gemeinen Masse geopfert, nur um Erfolg zu haben. Er stellte vielmehr höchste Ansprüche. Das hatten die Kritiker schon nach den Uraufführungen seiner beiden früheren Opern bestätigt.

Dennoch brachte Meyerbeer das Kunststück fertig, wiederum unverwechselbare, charakteristische Gesten zu erfinden, die sich bald dem aufnahmewilligen Hörer einprägten. Er bildete in jeder der drei Grand opéras einen besonderen Stil aus. Zeichnete sich *Robert-le-Diable* noch durch die Weiterentwicklung seiner italienischen Opern aus, wobei Meyerbeer für Bertram völlig neue, bizarre Töne fand, so lebt die Partitur der *Huguenots* vom chevaleresken Ton: alle sagen, was sie meinen; der ritterliche Ton der Hofgesellschaft wird nur dann bedrohlich, wenn der Fanatismus durchbricht.

In *Le Prophète* liegt über vielen Szenen eine Folie aus Lüge und Verstellung. Das Böse ist hier nicht märchenhaft im Teufel verkörpert, sondern entwickelt sich aus den Handlungen der Menschen. Es ist mit Händen zu greifen, wie Jean seine Menschlichkeit aufgibt, weil er sich immer tiefer in Schuld verstrickt. Er tut es bewusst, wie die Szene der Aufrührer im dritten Akt erkennen lässt. Jean ist sich seines Charismas bewusst, er setzt es ein, um die aufgebrachte Menge wieder hinter sich zu bringen – ein Verführer, der berechnet und nicht begeistert. Insofern ist der technische Glanz der aufgehenden Sonne nicht ein Naturereignis auf der Bühne, sondern ein der Situation adäquates Bühnenmittel. Meyerbeer lässt vom ersten Akt an keinen Zweifel daran, dass Demagogie eine bedeutende Rolle spielt: sobald die Wiedertäufer auftreten, ändert sich das Klangbild.

G. Meyerbeer, Le Prophète, erster Akt, Vorspiel zur Wiedertäuferpredigt

Hörner und Fagotte kündigen das Erscheinen der Wiedertäufer an in einer gegenüber der Klarinettenidylle des Anfangs stark abgesetzten Weise. Wenn sie ihren lateinischen Choral »Ad nos, ad salutarem undam« anstimmen, weisen sie sich den Bauern gegenüber als Überlegene aus, auch in der nachfolgenden Agitation:

G. Meyerbeer, Le Prophète, erster Akt, Choral, Wiedertäuferpredigt

Noch ehe ein Bauer den Gedanken fassen kann, ob es denn richtig ist, die Felder, die sie da beackern, selbst besitzen zu wollen, werden alle Überlegungen vom Choral zugedeckt.

Die Frage nach dem Besitz der stolzen Schlösser und die Aufforderung, sich den Wiedertäufern anzuschließen, werden in ähnlicher Weise nachgesetzt. Nun erst wagt sich ein Bauer, von seinen Genossen vorangeschickt, stockend seine erste Frage vorzubringen. Er kann kaum ausreden, da wird ihm die Antwort schon doppelt gegeben.

G. Meyerbeer, Le Prophète, erster Akt, dritte Szene

Drei Demagogen sind am Werk, die genau wissen, wie und womit sie die Bauern überreden, einfangen und schließlich zum Aufruhr anstiften, bis diese zu ihren Heugabeln greifen und allen Angreifern drohen. Kaum tritt der von solchem Lärm gestörte Feudalherr mit seinen Reissigen auf, verfliegt aller bäuerischer Mut. Mit wenigen charakteristischen Strichen ist die Situation der Führer und Verführten gezeichnet. Verfolgt man den Weg der Wiedertäufer bis zum Verrat an ihrem Propheten im fünften Akt, ergeben sich einige auffällige musikalische Merkmale. Wenn sie Jean im Quartett Nr. 11 auf ihre Ziele einstimmen, dann mit folgender Figur:

G. Meyerbeer, Le Prophète, zweiter Akt, Scène et Quatuor

Wenn sie einen zugelaufenen Wanderer – den heimlich ins Lager gekommenen Feudalherrn Oberthal – aushorchen, beginnt das Allegro spirituoso im Trio bouffe mit der Figur,

G. Meyerbeer, Le Prophète, dritter Akt, Trio bouffe

wobei gekürzte oder gestreckte Perioden das Maß des Unregelmäßigen noch zusätzlich verdeutlichen, denn man ist voreinander auf der Hut, und die Laterne bringt den Schwindel ans Licht.

Zacharias' Couplet, mit dem gefangene reiche Bürger verspottet werden, gleicht einem verqueren Jagdlied in Zeitlupe, das daraus seine Verschlagenheit gewinnt:

G. Meyerbeer, Le Prophète, *dritter Akt, Couplets de Zacharie*

Motive, wie sie soeben zitiert wurden, lassen erkennen, wie weit sich Meyerbeer vom Stil der *Huguenots* entfernt hat, der allenfalls noch in kurzen Passagen, wie dem Arioso des Oberthal »Je l'ai dit, je le veux« im ersten Akt, an Auftritte des Comte de Nevers erinnert – und sich in Passagen des Don Pedro aus *L'Africaine* wiederfindet: hier ist eine soziale Typologie in Musik ausgebildet worden.

Eine »psychologische« Typologie in Musik wird weiterentwickelt: sie wurde in *Les Huguenots* als »Duett in Gefahr« bezeichnet. Schon dort gab es Inseln des Vergessens, die Meyerbeer bewusst mit italienischem Melos versah. Angesichts der existentiellen Bedrohung der Protagonisten in *Le Prophète* ist die Neigung zur Illusion besonders groß, zum Beispiel im Grand Duo Nr. 28 des fünften Aktes »Renonce à ton pouvoir« der Fidès, das nur von Trompete, Fagott und Violoncello begleitet wird; ebenso im Duo Berthe – Fidès Nr. 23 »que faire encore sur cette terre«, dem sieben Takte lang ein Sekundklang der beiden Klarinetten zu Grunde liegt und wo nur die Zweiten Violinen und Flöten die Singstimmen verdoppeln; oder im Allegretto pastorale des letzten Trio Berthe, Fidès und Jean »Coin de la ville«, das eine illusionäre Landschaft malt, die an das Terzett »Il Giovinetta« aus *Il Crociato* erinnert.

Der unverwechselbare Ton des *Prophète* jedoch wird von Kopfmotiven einiger wichtiger Themen bestimmt. Auffällig ist dabei die rhythmische Auflösung der Takteins in zwei, drei oder vier Töne, die normalerweise einen Auftakt bilden, hier jedoch dem Motivbeginn ein ungleich schwereres Gewicht geben.

Zusätzlich wird in der Prêche anabaptiste die zweite Hälfte der Takteins oder die sonst leichte Taktzwei durch Triolen komprimiert.

Häufig werden die Perioden unregelmäßig geführt: Im Prière des dritten Aktes erklingt zunächst acht Takte lang der aus dem ersten Akt bekannte Choral der Wiedertäufer. Über einer Achtelfigur der Bässe setzt bereits nach drei Takten Jean mit seinem Gebet »Éternel, Dieu« ein, das seinerseits in vier + drei + drei Takte gegliedert ist. Die letzten drei Takte mit einem Wiederaufnehmen der letzten Phrase von Jean werden mit dem Beginn der zweiten Strophe durch die Wiederkehr der

G. Meyerbeer, Le Prophète, fünfter Akt, Finale, Bacchanal

Bassfigur gekoppelt. Es ergeben sich 15 Takte bis zu Jeans neuem Einsatz. Diese unregelmäßigen Phrasen verhindern in jedem Falle eine Monotonie der Binnenverläufe.

Der Erfolg des Werkes war zwar sicher, doch die Brüder Escudier wollten ihn nicht recht sehen. Am 29. April und am 6. Mai 1849 ließen sie in ihre Zeitschrift *France musicale* folgende Zeilen einrücken: »Der Mißerfolg der neuen Partitur von Meyerbeer ist heute ein unbestrittenes Faktum. Viel Kunstfertigkeit, keine Melodik, Lärm, eine unheilverkündigende Tünche, die ein noch grausigeres Buch bedeckt; das ist der Prophet ... Das Publikum ist einstimmig in seinem Urteil ... Es sucht mit der Lupe nach Schönheiten, die, den desillusionierten Bewunderern nach zu urteilen, das Erhabene, Grandiose des Werkes ausmachen, und es findet nur Sonderbarkeiten, Schwerfälligkeiten; der poetische Atem, die melodische Inspiration fehlen vollkommen. Vier Stunden glaubt man in ein Opiumbad getaucht zu sein. Niemand ist im Theater tiefer in den Abgrund der Langeweile gestoßen worden ...« Wenn auch anders als beabsichtigt, gab doch diese Kritik etwas von dem Unbehagen wieder, das allgemein herrschte. Gegenüber den *Huguenots* bedeutete *Le Prophète* eine weitere schwierige Stufe der Rezeption, und nicht alle wollten Meyerbeer folgen. Auch Berlioz' Kritik vom 20. April im *Journal des Débats* legt davon Zeugnis ab: »... Die erste Kavatine der Fidès im fünften Akt ist ergreifend, die Passagen der Bassklarinette, die den Gesang in der unteren Oktave begleiten, bringen eine prachtvolle Wirkung hervor. Aber in der folgenden Arie kann nichts meiner Meinung nach,

Vierter Akt, Marche du Sacre

Erster Akt, Le Prêche anabaptiste

trotz des unbestimmten Sinnes der Worte, die Anwendung des Bravourstils rechtfertigen in der Rolle einer alten Frau, welche von Zeit und Kummer gebeugt ist.

Ich kann hier meinem musikalischen Glauben ... nicht abschwören, einem Glauben, ... dessen Apostel Gluck, Spontini, Mozart, Beethoven, Rossini (in Wilhelm Tell und der Barbier), Weber, Grétry, Méhul und so viele andere große Meister waren.

Diese Abirrungen in der theatralischen Musik sind mir immer als die abscheulichsten Ketzereien vorgekommen und flößen mir tiefen Widerwillen ein. Die Arie, von der hier die Rede ist, sowie einige analoge Passagen in den Rollen von Fides und Bertha, haben mir zudem diesmal wirklichen Kummer bereitet ... Sie wissen, wie sehr ich Sie liebe und bewundere, nicht wahr? Dennoch wage ich zu behaupten, wenn Sie in diesem Augenblicke hier neben mir säßen, wenn diese Hand, die so viel große, herrliche, göttliche Sachen geschrieben hat, in meiner Reichweite wäre, so würde ich imstande sein, sie bis aufs Blut zu beißen ...«

Wenige Wochen nach der Uraufführung griff die Entwicklung der Tagespolitik in die Rezeptionsgeschichte des Werkes ein: Nach zehn Vorstellungen »... trat die politische Agitation der Wahlen, eine furchtbare Hitze und die große Zunahme der Cholera ein, und die Einnahmen nahmen bedeutend ab ... Am 4. Mai erschien im ›Moniteur‹ meine Ernennung als Commandeur der Ehrenlegion ... Der Preis, den ich für die Partitur erhalte, ist der größte, den man bis jetzt bezahlt hat, ... 40.000 Franken im ganzen ... Ich arbeite sehr fleißig an der Revision des Klavierauszugs ... Küstner fordert mich auf, die Aufführung des ›Propheten‹ in Berlin zu gestatten und die Aufführung zu dirigieren ... Im Théâtre des Vaudevilles wird eine Parodie auf den ›Propheten‹ in 5 Akten unter dem Titel L'âne à baptiste [Wortspiel, der Esel dem Täufer] ... gegeben. Im Prolog ... wird ein Couplet à mon honneur und auch à l'honneur der Madame Viardot gesungen. Im Théâtre Choiseul ebenfalls eine Parodie unter dem Titel ›Le petit prophète‹ [Der kleine Prophet] …«, notierte Meyerbeer im Mai/Juni 1849 in sein Tagebuch. Parodien waren in Paris wichtige Zeugnisse des Erfolgs und der wachsenden Beliebtheit seines neuen Opus.

G. Meyerbeer, Le Prophète, dritter Akt, Prière

»L'Étoile du Nord, Dinorah« 1849–1859

»Was für ein Blumensegen! Eine dreimalige Ernte an einem Abend! Das erste Mal nach dem VI. Akt, das zweite Mal nach der Kavatine im Gefängnis und ein drittes Mal nach dem Fallen des Vorhangs! Beim Abgang mußte Roger durch ein Blumenmeer waten – und – wie ein Bauer die Garben – die Sträuße bündelweise aufheben und forttragen, zuerst für Madame Viardot, dann wieder für Madame Viardot und schließlich für alle... Ich bedaure nur, daß das Orchester schon auseinandergegangen war. Ihm gebührte die Ehre; ein Bukett hätte in die Partitur gehört. Denn sie war es, die den Sieg davontrug... Unterdessen hat das Publikum von den verborgenen Reichtümern Besitz ergriffen. Jetzt weiß es... daß diese dramatische Partitur überquillt von köstlichen Melodien, und daß in diesem finsteren Epos Kriegslärm von stählernen Saiten erschallt und von silberhellen Saiten träumerische Elegien erklingen. Warten Sie, noch ist nicht alles entdeckt.«

Dieses Resümee im Feuilleton der *Assemblée Nationale* vom 9. Juli 1849 legte Meyerbeer nach der 25. Vorstellung des *Prophète* einem Brief an seine Mutter bei. Die dritte Säule, die er nach *Robert-le-Diable* und *Les Huguenots* aufzurichten gedachte, stand. 13 Jahre hatte er dafür benötigt, umso fester war sie gegründet. Der Minister des Innern zeichnete Meyerbeer aus: »Mein Herr! Durch Beschluß, der auf meinen Vorschlag zurückgeht, hat Sie der Präsident der Republik zum Commandeur der Ehrenlegion ernannt. Ich bin glücklich, Ihnen diesen Beweis der hohen Anerkennung seitens der Regierung mitteilen zu dürfen.« 15 Tage nach der Premiere des *Prophète* hielt Meyerbeer die Urkunde dieser Ehrung in der Hand.

1849 ist das Jahr des künstlerischen Höhepunkts im Leben Meyerbeers. Er hat danach nie wieder ein Sujet gefunden, welches seinen Intentionen und der besonderen Form seiner Grand opéra entsprach. Auch die *Africaine* wird diesen Ansprüchen nicht genügen.

Der Komponist konnte sich von den Strapazen der vergangenen Monate nicht ausruhen, denn Frederick Beale, der Manager der Italian Opera Covent Garden in London, wünschte die britische Erstaufführung des *Prophète* mit Pauline Viardot in der Hauptrolle. Es gab nur wenige Proben, denn Beale wollte das Stück schon am 15. Juli herausbringen. Meyerbeer war sogar bereit, »... 2maal wenn es angeht incognito auf ein paar Tage nach London zu kommen um mit jedem Sänger einzeln die Rolle, und mit Costa die Partitur durchzugehen«. In diesem Brief vom Juni 1849 an seinen Verleger Louis Brandus teilte Meyerbeer auch seine Besetzungswünsche mit: Jonas – Massol, Matthisen – Polorini, Zacharias – Marini. »Ich halte als außerordentlich darauf daß Massol den Tenor singt, um so mehr da er ihn auch sehr gut spielen wird.«

Weil in England ausländische Autoren keinen Urheberrechtsschutz genossen und damit jeder, der Noten auftreiben, auch eine Aufführung ankündigen konnte, kam es, einem Brief vom 14. Juni an Amalia Beer zufolge, in London zu einer grotesken Situation bezüglich der Erstaufführung des *Prophète:* »Nun giebt es in London einen musikalischen Schwindler der Julien heißt und öffentliche Gartenconcerte (wie in Berlin Kroll ...) giebt. Dieser Kerl hat nun, Gott weiß auf welchem unerlaubten Weg (wahrscheinlich durch Bestechung eines der Pariser Kopisten an der Oper) sich eine Partitur des Propheten zu verschaffen gewußt, und kündigt auf den 15ten ... ein Concert an, worin er mit niederträchtigen Straßensängern und Gartenchanteurs alle Musikstücke aus dem Propheten aufführen wird. Auf diese elende Weise wird also das Londoner Publikum zuerst den Propheten kennen lernen.«

In Paris schlossen die Theater wegen der revolutionären Unruhen im Sommer 1849. Wegen des verhängten Belagerungszustands musste Meyerbeer seine Mutter in dem zitierten Brief beruhigen: »Da Du wahrscheinlich in den Zeitungen lesen wirst, daß gestern wieder ein bewaffneter Aufstand in Paris war, der nur durch die Gewalt der Waffen gedämpft werden konnte, ... so könntest Du Dich ... ängstigen ob mir dabei nichts geschehen ist ...« Nach der Stabilisierung der Lage konnte Meyerbeer am 1. August aus Paris abreisen und benötigte 18 Tage mit der Eisenbahn, um über Köln, Hannover, Potsdam, Berlin, Dresden, Görlitz, Breslau, Wien in die Alpen zu reisen. Die Zollbeamten kannten ihn überall und visitierten ihn nicht. »Schon seit 9 Tagen bin ich in Gastein und noch habe ich weder zu baden noch zu trinken anfangen können so scheußlich ist das Wetter. Die ersten 3 Tage schneite es wie im tiefsten Winter ... Seit 2 Tagen hat sich der Schnee in Regen verwandelt, begleitet von einem dicken alles durchdringenden Nebel, der auf meine Constitution einen sehr üblen Einfluß verübt. Ich bin wie betrunken davon, u habe einen solchen Schmerz im Kopf, daß ich zu jeglicher Beschäftigung unfähig ...«, klagte er am 21. August seiner Mutter.

Während der *Prophète* in den folgenden drei Jahren an 42 Opernhäusern der Welt aufgeführt wurde, sorgte sich Meyerbeer um die Wiederaufnahmeproben des Werkes in Paris, das im Oktober wieder in den Spielplan aufgenommen werden sollte. Die Viardot war zwar für die neue Saison verpflichtet worden, aber von den Alpen aus konnte Meyerbeer nicht recht übersehen, ob auch für die anderen Rollen die Reengagements erfolgt waren. Gouin erhielt im August und September 1849 ungewöhnlich viele Briefe, in denen er die neuen Bedingungen erkunden sollte. Die Erfolgsserie des Stückes konnte nur fortgesetzt werden, wenn das Niveau der vergangenen Saison wieder erreicht wurde. Der Komponist war bereit, die Soloproben selbst zu leiten.

Am 14. September verließ er Badgastein und traf am 28. in Paris ein. Unterwegs sprach er in Wien, Dresden und Berlin bei den Theatern vor, die ebenfalls Inszenierungen des *Propheten* geplant hatten. Von ferne verfolgte er den Druck der Mise en Scène durch Palianti, damit alle diese Theater das Buch zur Unterstützung ihrer Aufführungen erhalten konnten. Die Dresdner Hofoper wünschte als erste die Anwesenheit des Komponisten zur Premiere. Auch Carl Kaskel, Meyerbeers

Vertrauter in Dresden, forderte den Komponisten am 4. Dezember dazu auf: »Reißiger war <u>eben</u> bei mir. Er kommt eben aus der Probe (gestern war die Erste) <u>ganz entzückt</u> von der Musik, eben <u>so</u> <u>entzückt</u> von der Michalesi! [der Darstellerin der Fidès] ... Nur mögest Du bald, <u>sehr bald</u> kommen, um Alles <u>selbst</u> und wie Du es willst anzuordnen! Es ist auch nöthig; sie lassen sonst <u>zuviel weg</u>! Namentlich behauptet Reißiger müsse der Krönungsmarsch hier (wo man um 6 Uhr beginnt) Punkt 9 Uhr anfangen ...«

Am 2. Januar 1850 reiste er von Paris nach Berlin und weiter nach Dresden, wo er am 12. *Das Paradies und die Peri* Robert Schumanns hörte und im Tagebuch notierte: »... ich sah bei dieser Gelegenheit zum ersten Mal das Antlitz des Mannes, der mich seit 12 Jahren als Rezensent mit tötlicher Feindschaft verfolgt.« Am 30. Januar erlebte Meyerbeer die Aufführung des *Propheten* unter Reißigers Leitung zur vollen Zufriedenheit. Am 2. Februar traf er in Wien ein, um die Einstudierung am Kärtnerthor-Theater zu leiten. Dessen Direktor Franz von Holbein hatte Chor und Orchester verstärkt, und das Ensemble kam Meyerbeer mit der größten »Hingebung und Bereitwilligkeit« entgegen, wie er der Mutter schrieb. Die Wiener Besucher waren schon vor der Premiere enthusiasmierter als die disziplinierten Sachsen: Der Andrang war so groß, dass man Militärposten mit Gewehr vor der Cassa aufstellen musste.

Von Wien aus begab sich Meyerbeer sofort nach Berlin, um nach dem Verlauf der Proben zu sehen, die dort Ende Februar begonnen hatten. Er wollte Sorge tragen, dass der *Prophet* in seiner Heimatstadt den gleichen Erfolg hätte wie in Paris. Es sollte eine Musteraufführung werden; die Viardot und Tichatschek aus Dresden hatten zugesagt. Ursprünglich waren monatelange Proben vorgesehen, doch Wilhelm Beer war aus ökonomischen Gründen dagegen, wie er dem älteren Bruder am 19. September 1849 erläuterte: »Heut schreibe ich Dir wegen der hiesigen Aufführung des Propheten, und bitte Dich um Gottes Willen keinen Scandal zu machen. Nachdem die Viardot u. Tichatschek dafür engagirt sind mußt Du die Würfel als geworfen betrachten und Dich natürlich entschließen hierher zu kommen und sie einzustudiren. Dazu bist Du wie mir Minna sagt auch entschlossen, der Skandal den ich fürchte ist nur folgender ... Statt also 2 Monate vorher hier zu sein und die Oper einzustudiren damit die Viardot sobald sie herkömmt darin auftreten kann wird sie sich den größten Theil der Zeit hier herumtreiben müssen ohne daß dies geschieht. Mit einem 2tägigen Aufenthalt in Dresden würdest Du Tichatschek so weit bringen Deine Intentionen über den Vortrag der Rolle genau kennen zu lernen so daß der selbe sie mit 3 großen Proben hier singen könnte ... Dies sagt Dir der große Wilhelm Beer.«

Am 27. März 1850, während der Berliner *Propheten*-Proben, starb der »große Wilhelm Beer«, die verlässlichste Stütze des älteren Bruders in Berlin. Während des wochenlangen Krankenlagers hatte sich Meyerbeer aus dem öffentlichen Leben zurückgezogen, um seiner Mutter über diese schwere Zeit hinwegzuhelfen.

Nach der Beerdigung am 1. Osterfeiertag suchte der Komponist das Opernhaus wieder auf, um mit der Viardot zu proben. Mit Tichatschek ließ sie sich in *Hugenotten*-Vorstellungen hören.

Küstner hatte sich, im Gegensatz zu früher, verhältnismäßig rasch für die Aufnahme des *Propheten* entschieden. Die *Neue Berliner Musikzeitung* fragte sich und ihre Leser in der Ausgabe vom 3. April 1850, weshalb gerade jetzt eine Oper solchen Inhalts gespielt werden müsste, und kam zu folgender Überlegung: »… politisch scheint mir die Antwort gegeben. Sind wir denn so entfernt von den Zeiten des Jan von Leyden, … Bilderstürmer, Adamisten und wie die Sekten heissen, die mit einem Feuerstrom aus ihren brennenden Busen den ewigen Frühling der Glückseeligkeit über diese Erde bringen wollen? Recht viele solche Gestalten auf unsre Bretter, damit wir, den Wahnsinn studirend, vom Wahnsinn genesen.« Die richtige Erkenntnis erhielt eine fatale Nebenbedeutung. Ein Jahr nach der Niederschlagung des Märzaufstandes in Berlin verstand man zwar Meyerbeers Absicht, unruhige Zeiten zu demonstrieren, aber dies sollte sich nur auf die Bühne beschränken und nicht auf die Straße übergreifen.

Die Endproben verliefen zufriedenstellend: Gropius hatte vorzügliche Prospekte gemalt; die Sonne ging schmerzhaft grell und strahlend auf; 180 Mann bewegten sich während des vierten Aktes auf der Bühne. Die Kritik war allerdings weniger erbaut als das Publikum. Sie lobte erst, als das Engagement der Viardot abgelaufen war und Richard Wagners Nichte Johanna Wagner, die die Fidès schon in Hamburg mit großem Erfolg gesungen hatte, die Berliner Bühne betrat. »Es gesellt sich dem der freien Anerkennung auch gewissermaßen eine vaterländische Dankbarkeit«, urteilte die *Vossische Zeitung* am 29. Mai, »denn die Künstlerin hat für uns den ersten Beweis geführt, daß auch Deutschland seine Fides hat und des französischen Bündnisses, wie ehrenvoll es gewesen, nicht bedurft hätte.« Es musste dem Hofkapellmeister immer wieder gesagt werden, dass Preußen auch ohne Frankreich zurechtkam. Mit der sängerischen Leistung von Johanna Wagner war Meyerbeer nach anfänglicher Skepsis auch einverstanden: »Nach der Abreise der Viardot, welche in der Rolle der Fides nicht denjenigen enthusiastischen Beifall erhalten hatte, welcher dieser herrlichen Leistung gebührte, gab Demoiselle Johanna Wagner … diese Rolle 2 male mit ganz außerordentlich enthusiastischem Beifall, es war auch wirklich eine schöne Leistung. Ihre schöne volle Stimme namentlich in der Tiefe & ihre schöne jugendliche Gestalt wirkten drastisch auf die Berliner«, resümierte Meyerbeer am 28. April im Tagebuch. Diese Berliner hatten eben einen anderen Geschmack als er. Nur der Onkel Richard Wagner wollte sich »… tot ärgern, aber nichts kann ich ändern. Mir ist diese Wirtschaft ein absoluter Greuel«, äußerte er gegenüber Friedrich Kittl. Noch gräulicher war ihm, dass Johanna in Paris einen Vertrag abschließen wollte, der sich ausschließlich auf Partien in Opern von Meyerbeer beziehen sollte. Sie war auch für eine Rolle in der *Africaine* vorgesehen und stand deshalb mit Meyerbeer im Briefwechsel. Der damals –

man schrieb das Jahr 1852 – fragmentarische Zustand der Partitur verhinderte einen Vertragsabschluß mit der Opéra. Wagner wusste sich kaum zu fassen: »... daß gerade Johanna, die mir so nahe steht, sich an den habsüchtigen Juden hat verschachern müssen; sie konnte wohl eine edlere Aufgabe für ihre Jugendkraft haben, als dem modernden Gerippe noch sich aufzuopfern ...«

Nach der *Propheten*-Premiere in Berlin überreichte Konzertmeister Leopold Alexander Ganz im Namen der Kapelle seinem ehemaligen Chef einen silbernen Lorbeerkranz, den der Geehrte nun neben den goldenen Kranz hängen konnte, den man ihm nach der Wiener »Propheten«-Premiere überreicht hatte. Zur nämlichen Zeit beantragte der Dekan der Jenenser Philosophischen Fakultät, Karl Snell, für Meyerbeer eine Ehrenpromotion für einen »... Candidaten ..., von dem ich gehört habe, daß er über diese Auszeichnung eine große Freude haben würde ...«. Das Votum des Fakultätsrates war einstimmig positiv. Am 10. Juli 1850 wurde die Ehrenurkunde ausgestellt und nach Berlin übersandt. Am Sonntag, dem 14. Juli, schrieb Meyerbeer ins Tagebuch: »Brief von dem Dekan der Universität Jena ... worin er mir offiziell meine (nicht nachgesuchte) Ernennung zum Doktor der Philosophie und der freien Künste anzeigt ...« Am 3. August bedankte sich Meyerbeer bei Snell: »... Möchten Sie hochverehrter Herr Dekan diesen meinen Dank bei Ihren Herren Kollegen wiederholen ... und denselben sagen, dass diese Ehrenbezeigung mir umso viel werther und ehrenvoller erscheint, daß sie gerade von Ihrer Universität ausgegangen ist. Ist Jena nicht eine der ältesten Universitäten Deutschlands? ... Ja ganz besonders geehrt fühle ich mich einem Institute anzugehören das Göthe so liebte, und wo Schiller lehrte.« Meyerbeer ließ dem Physikalischen Institut der Universität Jena eine Rotationsmaschine als Geschenk überreichen.

Die Neubesetzung der Fidès in Paris mit Marietta Alboni erforderte Meyerbeers Anwesenheit in Paris. Zwar konnte diese Sängerin nach seiner Meinung nicht an die Leistung der Viardot anschließen, aber der Abend ihres Debüts brachte 10 742 Francs – es war die 75. Vorstellung. Meyerbeer war wenig erbaut davon, daß Roqueplan die Sängerin – trotz seines Rates, sie möge mit der Partie erst in der Provinz auftreten – sofort für acht Vorstellungen engagiert hatte zu einer Zeit, da er die Viardot noch unter Vertrag hatte. Andererseits konnte es nichts schaden, wenn man an einem Hause zwei Damen für diese anspruchsvolle Rolle zur Verfügung hatte.

Im Juli 1851 schrieb er an seinen einflussreichen Freund in Wien, den Musikschriftsteller und Komponisten Dr. Joseph Bacher: »Sie wissen daß ich an der Spitze eines Comités stehe, das sich die Aufgabe gestellt hat, für die in Dürftigkeit lebenden Hinterbliebenen des hochverdienten deutschen Musikers Lortzing ein Unterstützungsfonds zu bilden, indem es die deutschen Bühnen aufforderte Vorstellungen zum Besten derselben zu geben. Alle Theater haben Folge geleistet, nur Wien ist bis jetzt zurückgeblieben. Das Comité hat sich daher an ... Graf Lauskoronsky mit der ... Bitte gewandt, daß das Wiener Hof-Opern-Theater auch eine

Vorstellung ... geben möchte. Erlauben Sie mir privatim, verehrter Herr u. Freund, Sie zu ersuchen diese Bitte dem trefflichen Herrn Hofrat Remont ... ans Herz zu legen.« Am 10. Dezember 1851 konnte die *Neue Berliner Musikzeitung* melden, dass 9100 Taler beim Lortzing-Komitee eingegangen wären, eine Summe, die dieser Komponist trotz seiner Produktivität in seinem ganzen Leben nie auf einmal gesehen hatte.

Zur Jahresmitte 1851 wurde in Berlin Unter den Linden Christian Daniel Rauchs Reiterstandbild Friedrichs II. aufgestellt. Zu diesem bedeutenden preußischen Ereignis wurden die Hofkapellmeister Giacomo Meyerbeer und Heinrich Dorn ersucht, Kompositionen zu liefern. Auf einen Text von August Kopisch schrieb Meyerbeer die *Ode an Rauch*, die er am zweiten Pfingstfeiertag in einer Feierstunde der Akademie der Künste selbst dirigierte. Zwei Monate später wurde er zum Mitglied der musikalischen Sektion der Akademie berufen.

Am 12. Dezember 1851, während einer der wenigen Perioden ernsthafter Beschäftigung mit der *Africaine*, erhielt Meyerbeer aus Nizza Post von Scribe. Darin bestätigte der Dichter, dass er einen neuen Entwurf des Librettos nach Berlin geschickt habe, und fuhr ohne Übergang fort: »... das milde Klima und die Nähe zu Frankreich haben mich bewogen, in Nizza den endgültigen Ausgang des Dramas abzuwarten, das gerade gespielt worden ist, eines Dramas, das wahrscheinlich sehr günstig sein wird für die Künste und die Künstler, denn es würde ihnen, wenn es erfolgreich endet, Sicherheit für die Gegenwart und Vertrauen in die Zukunft geben und einen Waffenstillstand erzwingen, wenn nicht gar den Frieden zwischen den drei oder vier Parteien, die mit Vergnügen unser unglückliches Land zerteilen würden und die, da jede für sich genommen ohnmächtig ist, ihr Ziel durch Chaos und Anarchie erreichen wollen ...« – es war Scribes Kommentar zum Staatsstreich Louis Bonapartes. Verkörperte dieser Mann für den Bürger und Millionär Scribe die Zukunft Frankreichs? Bevor diese Frage nicht entschieden war und nicht Ruhe und Ordnung wieder zurückkehrten, wartete Scribe die Entwicklung der Dinge in der Ferne ab. Vom 25. bis 29. Mai 1852 kam Scribe mit seiner Frau höchstselbst nach Berlin, um mit Meyerbeer neue Pläne zu besprechen. Sie besuchten am 26. Mai Spontinis *Olimpia* und ließen sich in einer *Hugenotten*-Aufführung am 28. Mai vom Berliner Publikum feiern. Sie konferierten ausführlich. Das Ergebnis der Beratungen teilte der Pariser Korrespondent der *Neuen Berliner Musikzeitung* am 30. Juni seinen Lesern mit: »Nichts ist weniger wahr, als das vielfach verbreitete Gerücht, Meyerbeer und Scribe seien mit der Umarbeitung des ›Feldlagers in Schlesien‹ beschäftigt, das unter dem Namen ›Vielka‹ zur Aufführung kommen werde.«

Das Gegenteil war der Fall, denn schon am 25. Mai hatte Meyerbeer im Kalender notiert: »Die Etoile du Nord an Scribe schicken«. Der Pariser Korrespondent konnte das ebenso wenig wissen wie der Direktor der Opéra-Comique: »an Scribe, daß er Perrin das Libretto ja nicht vorlese ...« (22. September). Die Arbeit an der

Partitur setzte sich in den kommenden Monaten noch fort – ein normaler Vorgang bei Meyerbeer. Er komponierte einige monstres, die Scribe dann umgehend textierte.

Schon seit Februar 1849 dachte Meyerbeer daran, Scribe zur Umarbeitung des *Feldlagers* für die französische Bühne zu gewinnen. Dieser schlug ihm eine komische Oper *Les Sorcières* nach dem Roman *Maria Schweidler, die Bernsteinhexe* von Wilhelm Meinhold vor. Allerdings sah Meyerbeer Probleme, in dieser 1843 erschienenen Hexenprozess-Geschichte die Militärtableaux des zweiten Aktes des *Feldlagers* sinnvoll unterzubringen, und man einigte sich schon im Sommer 1849 auf einen Stoff, den Scribe als Ballettpantomime entworfen hatte und den Meyerbeer offenbar sofort akzeptierte: *La Cantinière*, ein Ballett über Zar Peter und Katharina, das in Rotterdam spielt. Zunächst hieß das neue Stück *L'impératrice*, im August 1849 *La Cantinière*, ab Oktober 1850 galt der endgültige Titel *L'Étoile du nord*. Im Juni lagen der erster Akt, im Juli 1849 der zweite Akt vor. Schriftlich übersandte der Komponist dem Textdichter seine Kritik, und Scribe berücksichtigte Meyerbeers Vorschläge, zum Beispiel eine glaubwürdige Charakterzeichnung der Hauptpersonen, so der immer wieder aufrauschende Jähzorn Peters, was Meyerbeer in seinen Tagebüchern mehrfach festhält. Ähnlichkeiten zu anderen, eben aufgeführten Bühnenwerken wurden notiert, damit andere Situationen und Motivationen gefunden werden konnten. Nicht umsonst kannte Meyerbeer fast jedes neue Werk, da er eigentlich jeden Abend ins Theater ging. Die Werke hielt er getreulich fest; außerdem wollte er Sänger kennenlernen, man konnte nie wissen, ob nicht eine geeignete Stimme darunter war. Meist ist das Urteil negativ: Berlin, 13. Mai 1852: »Im Opernhause Norma. Madame Viala Mittermayr vom Theater zu Meiningen gab die Norma: dicke, aber abgesungene Mezzosopranistin, keine Höhe, keine Tiefe, ordinärer Vortrag, ordinäres Spiel«. Und diese sollte die Fidès singen; Meyerbeer machte ihr einen Höflichkeitsbesuch.

Im August/September 1849 komponierte er die ersten Nummern, wurde aber durch die Korrektur des *Propheten*-Klavierauszugs so aus der Arbeit gerissen, dass es ihm, als er sich im Dezember wieder dem neuen Werk zuwandte, ganz fremd erschien. Das setzte sich 1850 und 1851 fort. Erst am 4. September 1852 konnte er das letzte der neu komponierten Stücke abschließen und musste sich nur noch der Mühe unterziehen, die vorgesehenen Teile aus dem *Feldlager* einzupassen.

Als Meyerbeer im Herbst 1852 seinen alljährlichen Kuraufenthalt beendet hatte und sich wieder in Paris sehen ließ, hatten sich dort bedeutende politische Veränderungen vollzogen. Nach dem Staatsstreich des Louis Bonaparte vom 2. Dezember 1851 beschloss der aus Anhängern des neuen Herrschers bestehende Senat 1852 ein Plebiszit, das dem Präsidenten die Kaiserkrone auf Lebenszeit zusicherte. Mit 7,8 Millionen Ja-Stimmen gegen 253 000 Ablehnungen hatten sich die Franzosen wieder für einen Kaiser entschieden: Napoleon III. Dem Sieger galt eine große Huldigung, die am 23. November 1852 in der festlich erleuchteten Salle Favart, dem

Gebäude der Opéra-Comique, über die Bühne ging. In der Pause der Gala-Aufführung des *Domino noir* von Auber gab man eine Kantate von Adam, Text von Méry. In allegorischen Bildern erschienen die Poesie, die Bildhauerei, die Musik und – eine Afrikanerin, die dem Präsidenten huldigten, ein Tribut an die soeben beginnende Kolonialisierung in Nordafrika.

Im Oktober 1852 veröffentlichte die Leitung der Opéra die neuesten Statistiken. Danach war *Robert-le-Diable* seit 1831 333-mal, waren *Les Huguenots* seit 1836 222-mal und *Le Prophète* seit 1849 127-mal aufgeführt worden. Außer dem letzten Werk, das wegen des Reizes der Neuheit häufiger auf dem Spielplan stand, wurden die Werke Meyerbeers mit durchschnittlich 13 beziehungsweise 15 Vorstellungen im Jahr angesetzt. Hector Berlioz schrieb dennoch 1854 in seinen Memoiren: »Ich muß allerdings sagen, daß auch der Einfluß von Meyerbeer und der Druck, den er durch sein ungeheures Vermögen mindestens ebenso stark wie durch die realen Wirkungen seines eklektischen Talentes auf die Direktoren, auf die Künstler, auf die Kritiker und infolgedessen auf das Pariser Publikum ausübt, noch dazu beitragen, jeden ernsthaften Erfolg an der Großen Oper unmöglich zu machen.« Hinzu kamen die monatlichen Abrechnungen der »Droits d'auteurs«, der Tantiemen von Aufführungen außerhalb von Paris. Selbst in Sommermonaten des Jahres 1852 kamen jeweils 258 beziehungsweise 376 respektive 300 Francs zusammen. Zufrieden konnte Meyerbeer am 19. Januar 1864 registrieren: »Seitdem das droit proportional auch in der Provinz eingeführt ist, vermehren sich die Einnahmen beträchtlich.« Dauerhafter Erfolg war nur möglich, wenn ein Komponist mit außergewöhnlichen Ideen und Werken sein Publikum zu fesseln wusste. Berlioz' eigenen Werken war kein nachhaltiger Erfolg beschieden wie den Opern des Kollegen.

Robert und *Les Huguenots* waren seit mehr als einem beziehungsweise zwei Jahrzehnten ununterbrochen im Repertoire. Die Kulissen begannen zu zerfallen, so dass Direktor Roqueplan, der als Bühnenbildner einen Blick dafür hatte, sich im Mai 1852 bereit erklärte, für das Kirchenbild im fünften Akt der *Huguenots* neue Entwürfe vorzulegen. Meyerbeer empfahl das Berliner Szenenbild von Gropius, das ihm sehr gelungen schien. Auch wurden immer wieder neue Besetzungen notwendig. Immer war er auf der Suche nach Kräften, die die Protagonisten der Uraufführungen ersetzen konnten.

Angesichts der Erfolgsbilanz der Meyerbeer-Opern hatte es Roqueplan offenbar gar nicht eilig, dem Komponisten eine neue Oper abzutrotzen. Der schob das Projekt der *Africaine* ohnehin lustlos vor sich her. Zum ersten Mal in seinem Leben äußerte er sogar seine Befriedigung darüber, daß die Opéra auch Verträge mit anderen Komponisten schloss: »... mit Vergnügen habe ich ... erfahren, daß Roqueplan ... mit Verdi einen Vertrag für eine große Oper ›Die sizilianische Vesper‹ ... abgeschlossen hat. Ich billige das gänzlich. Eine Oper in 5 Akten läßt sich nicht improvisieren, und Herr Roqueplan tut gut daran, sich den Besitz eines großen Werkes von einem berühmten Maestro zu sichern.« »Avec plaisir« – mit

G. Meyerbeer, Karikatur von A. J. Lorentz

Vergnügen – diese Vokabel liest man selten bei Meyerbeer, sobald es sich um die Konkurrenz handelt. Die Konkurrenz, in diesem Falle Verdi, hielt sich an Meyerbeers Standards, wie Vergleiche zwischen *Le Prophète* einerseits und *Les Vêpres siciliennes* (Libretto: Scribe), *Il Trovatore*, *Otello* und *Don Carlos* erkennen lassen.

In das Jahr 1852 fiel auch Meyerbeers Entschluss, das *Pinto*-Projekt endgültig aufzugeben. Da Meyerbeer die Skizzen Carl Maria von Webers nicht bearbeiten konnte, weil sie schwer lesbar waren, hatte 1837 der Weber-Experte Friedrich Wilhelm Jähns die Aufgabe übernommen, sie zu ordnen und in Partiturform zu übertragen. Meyerbeer sah nun seine Aufgabe darin, fehlende Teile zu ergänzen und ganze Szenen neu zu komponieren. Er ließ sich viele Manuskripte seines ehemaligen Studienfreundes kommen, um dessen Stil zu studieren. Er wollte eine »Weber«-Oper schreiben. Das konnte schon deshalb nicht gelingen, weil das Sujet mit den beiden falschen und dem einen richtigen Pinto für seine Ansprüche einfach ungenügend war. Daher wurden Karl G. T. Winkler und später Charlotte Birch-Pfeiffer bemüht, aus Heinrich Zschokkes Drama *Blondin von Naumur* ein neues Libretto zu schneidern. Es lag im Mai 1845 vor. Im April des folgenden Jahres wollte Meyerbeer ganz plötzlich die *Pintos* zu Ende komponieren, als sich die Aufführungsgelegenheit für Michael Beers *Struensee* ergab und er infolgedessen die Arbeit an der Bühnenmusik zu diesem Werk aufnahm. Also wurde der Fertigstellungstermin für die *Pintos* auf 1848 verlegt. Zu dieser Zeit war Meyerbeer aber längst mit der Umarbeitung von *Le Prophète* befasst. Wieder erhielt er von der Witwe Webers eine Frist von einem Jahr, das indessen mit den Vorbereitungen zur Uraufführung der neuen Pariser Oper vollständig ausgefüllt war. Bis 1851 verblieben die Skizzen in seinem Besitz. Mit dem Tod von Caroline Weber am 26. Februar 1852 endete auch jeder weitere Versuch Meyerbeers, sich zu dieser Aufgabe zu zwingen. Da nun behauptet wurde, seine Verzögerungstaktik brächte die Familie Weber um die zu erwartenden Tantiemen, zahlte Meyerbeer schließlich 2000 Taler, die weit über den Tantiemeerwartungen lagen. Meyerbeer zog daraus die Konsequenzen und verbot testamentarisch jede Weiterarbeit an seinen eigenen hinterlassenen Skizzen, um einem eventuellen Nachfolger die Skrupel zu ersparen, im Stile Meyerbeers komponieren zu müssen.

Die Opéra-Comique (als Institution) hatte bei Meyerbeer seit vielen Jahren noch einen Wunsch (eben eine Opéra comique) frei. Nun meinte Meyerbeer mit *L'Étoile du Nord*, dem »Stern des Nordens«, ein Stoff gefunden zu haben, der den Gepflogenheiten dieses Hauses entsprach: drei Akte lang, mit Dialogen, in heiterem Grundton. Allerdings näherte er sich damit einem ureigenen französischen Genre, das seit Jahrzehnten entwickelt wurde und das neben dem Wechsel von Musik und Dialog auch noch von der Vorherrschaft des Dramas über die Musik, im Gegensatz zum Modell der italienischen Oper, bestimmt war. Meyerbeer hatte mit seinen bisherigen Werken die Gattung der Grand opéra formbildend bestimmt, und Jacques Offenbach sah denn auch das Problem, dass Meyerbeers Beitrag zur Opéra comique eher zur Grand opéra tendierte (Thomas Betzwieser, in: Jacobshagen/Pospíšil 2004). Wichtig schien den Zeitgenossen, dass Meyerbeer auch hier die Grenzen nationaler Stile und Genres überwand und ein europäisches Idiom aus deutschen, italienischen und französischen Elementen schuf.

Für Aufführungen außerhalb von Paris komponierte Meyerbeer Rezitative, da er den Dialogkünsten der Sänger an anderen Bühnen misstraute. Trotz gastritischen Fiebers, das ihn im Sommer 1852 in Boulogne-sur-Mer geplagt hatte, hoffte Meyerbeer, die neue Oper bald beenden zu können. »Ich hatte für einen Moment die Idee«, schrieb er am 4. Oktober 1852 an Gräfin Westmoreland, die Frau des britischen Gesandten in Berlin, »diese Oper in diesem Winter in Paris aufzuführen, aber wegen meines Gesundheitszustandes ...« war es nicht möglich; er blieb den Winter über bei seiner Familie in Berlin.

Als im folgenden Sommer in Paris ausgerechnet die Commission des auteurs et compositeurs, in der Meyerbeer fleißig mitarbeitete, entschied, die neue Oper sei gar nicht neu, sondern nur eine Übersetzung des *Feldlagers,* war der Komponist sehr ungehalten. Niemand ahnte, wie viel Arbeit er investiert hatte, dass er seit drei Jahren ständig an den neuen Stücken gearbeitet hatte, auch auf seinen langen Eisenbahnfahrten quer durch Europa, und dass er nur sechs Nummern aus der älteren Oper übernahm. In mehreren ausführlichen »Remarques pour l'Étoile du Nord« hielt Meyerbeer alle dramaturgischen Beobachtungen fest, so dass man das allmähliche Entstehen der endgültigen Werkgestalt gut verfolgen kann. Scribe verlegte die Handlung weit nach Norden, an den Finnischen Meerbusen und nach St. Petersburg, und erzählte die Geschichte, wie Zar Peter I. seine zweite Gemahlin Katharina fand. Geschickt verwob Scribe Wirklichkeit und Erfindung zu einem bunten Strauß, an den Meyerbeer eine Fülle farbiger Bänder heften konnte. Den historischen Hintergrund bildet der Nordische Krieg (1700 – 1721), der Schweden die Vormachtstellung in Nordeuropa kostete. 1709 besiegte Peter das schwedische Heer an der Poltawa. Das finnische Land, vormals schwedischer Besitz, steht nun unter russischer Herrschaft. Zar Peter arbeitet hier, wie einst in Holland, incognito als Schiffszimmermann, weil er eine Marketenderin namens Cathérine liebt.

Im Frühjahr 1853 hatte Meyerbeer die letzten Arbeiten an der Partitur unterbrechen müssen. Immer wieder wurde er zur Vorbereitung von Hofkonzerten in Berlin herangezogen, wie auch diesmal: »Der König hat mir nämlich befohlen den 91ten Psalm für den Domchor zu componiren und da derselbe schon Ende dieses Monats im Dom gesungen werden soll, so mußte ich natürlich alles bei Seite legen um diese umfangreiche Composition zur rechten Zeit zu vollenden. Ich bin schon seit 8 Tagen damit fertig«, berichtete Meyerbeer am 1. April seinem Verleger Louis Brandus. Von Emile Perrin, dem Direktor der Opéra-Comique, forderte er »die allersichersten Garantien« für die Vorbereitung der Uraufführung, »mit Raissonnements laße ich mich nicht beschwichtigen«, wie er am 26. Juni aus Dieppe an Gouin schrieb, sonst erhalte Perrin »... weder einen Traité noch meine Oper«. Der »Traité« wurde am 11. August 1853 abgeschlossen; Meyerbeer bestätigte den Besetzungszettel mit Charles Bataille als Peter, Herman-Léon d'Henneville (für den er im ersten Akt »eine Kleinigkeit componirte«) als Gritzenko, Carvalho als Kermolow, Caroline Duprez als Cathérine und Caroline Lefèvre als Prascovia.

Am 1. November begannen die Soloproben: »Sänger Sonnabend daß Dupre ordentlich probirt«, und am 5. des Monats lautet der Eintrag im Taschenkalender: »mit Choristen L'Etoile«. Diesmal war es das Ensemble der Opéra-Comique, dem Meyerbeer seine Perfektion aufzwang.

In einem Brief an den Dirigenten Pietro Romani vom Teatro alla Pergola in Florenz vom 21. Mai 1855 bezeichnete der Komponist sein Werk als »Genre semi seria und buffo mit Tragischem vermischt«. Dazu bedürfe es eines brillanten Dirigenten und geeigneter Sängerpersönlichkeiten. »Catherina verlangt einen soprano acuto (der viel Beweglichkeit haben muß) und zu gleicher Zeit Ausdruckskraft und Stil, um die seriösen Partien der Rolle zu singen, die Buffo-Teile und seriöse Stücke enthält. Sie muß darüber hinaus eine gute Schauspielerin sein. In einem Wort, es ist eine Rolle, die Qualitäten verlangt, wie sie in Spiel und Gesang auch die Regimentstochter und die Sonnambula erfordern. Die Rolle Peters... ist eine Rolle, die auch einen ebenso guten Schauspieler wie Sänger verlangt.« Dies zu Recht, denn sowohl Cathérine ist zeitweise der Realität entrückt und findet im dritten Akt erst durch das von Peter im zaristischen Palast nachgebaute finnische Dorf in die Wirklichkeit zurück, wo er sich ihr als Zar endlich zu erkennen gibt. Und Peter, im Alkoholrausch seiner selbst verloren gegangen, erkennt im zweiten Akt erst durch Cathérines Ring, den er ihr einst geschenkt hatte, dass ihn ebendiese Cathérine auf die Gefahr eines Putschversuchs der Truppe hinweist, und findet rasch zur Herrscherrealität zurück. Für solche Szenen benötigte Meyerbeer die besten Protagonisten.

In seinen Probennotaten hielt Meyerbeer ständig Bemerkungen über das Spiel und den emotionalen Ausdruck der Sänger fest, um in seiner Kritik auf eine Verbesserung von Spiel und Gesang hinzuwirken. Meyerbeer forderte von Perrin Garantien für einen reibungslosen Probenablauf. Sie waren Anlass für Presseberichte, in denen dem Komponisten vorgeworfen wurde, den Spielbetrieb an der Opéra-Comique für fünf Monate lahmgelegt zu haben, was indessen so nicht zutraf, da Proben immer nur drei Stunden lang am Vormittag stattfanden. In dieser Zeit bekam das Werk seine endgültige Gestalt, weil der Komponist beinahe täglich auf die Ergebnisse der Proben mit Veränderungen und Kürzungen reagierte (S. Döhring, in: Jacobshagen/Pospíšil 2004). Der *Ménestrel* teilte am 12. Februar mit, dass es bis zum Tag der Premiere am 16. Februar keine Vorstellungen gäbe – ein normaler Vorgang vor einer Uraufführung. Etwas grotesker war ein Gerücht, das der Pariser Korrespondent der englischen Zeitschrift *The Athenaeum* seinen Lesern am 28. Januar übermittelte: »Es gibt Leute in Paris, die behaupten, die Aufführung des Werkes sei weder von Mlle Duprez noch von Mlle Lefevre abhängig, noch warte man ab, bis der Komponist seine Versuche mit Harfen, Sax-Tuben, Baßklarinetten oder anderen, neuartigen, munteren Instrumenten abgeschlossen habe – sondern – man warte auf eine Antwort von S. M. dem Zaren.« In der Tat experimentierte Meyerbeer mit neuartigen Instrumenten: Um den »preußischen« Klang der Militärmusik aus dem »Feldlager« etwas zu mildern, probierte er die neuen Saxschen Instrumente aus. Überhaupt nahm er regen Anteil an Instrumentenentwicklungen und besuchte häufig die Werkstätten von Sax. Als der Instrumentenbauer in wirtschaftliche Bedrängnis geriet, bewahrte ihn Meyerbeer durch eine bedeutende finanzielle Zuwendung vor dem Ruin.

Mit dem Beginn der Endproben am 23. Januar 1854 wurde der Zugang zum Theater für jedermann, der nichts mit der Produktion zu tun hatte, gesperrt, um die Spannung nicht durch voreilige Berichte abzuschwächen. Am 16. Februar hob sich in der Salle Favart der Vorhang zum ersten Mal über einer Oper von Giacomo Meyerbeer. Es gab viel Jubel um den Komponisten, das Werk, die Sänger, den Chor, das Orchester unter Théophile Tilmant. Viele Nummern wurden mit prasselndem Beifall bedacht, berichtete am 19. Februar Vieil im *Ménestrel*, bei drei Stücken zeigte sich das Publikum unerbittlich und erzwang, trotz vorgerückter Stunde, mit Bravos und Trampeln das Dacapo. In der *Revue et Gazette musicale* vom gleichen Tag wies François Fétis darauf hin, dass ein neues Werk von Meyerbeer immer ein Ereignis für die ganze Welt sei, denn »Meyerbeers Name ist ein Symbol für universale Popularität. Bei der Ankündigung eines neuen Werkes erkundigt man sich nicht, ob es erfolgreich war. Es ist von Meyerbeer – das allein ist schon die Erfolgsgarantie.«

Fétis schrieb diese Zeilen mit Bezug auf die hohen künstlerischen Qualitäten der bisherigen Werke. Paul Scudo in der *Revue des deux Mondes* betonte, dass in der *Étoile du Nord* eine Verbindung zwischen den Formen der Grand Opéra und dem Vaudeville gelungen sei. »Er ist der erste deutsche Komponist, der beweisen will, daß dem Talent nichts unmöglich ist und daß die Unterschiede in den Genres weniger von der Nationalität und von den ihnen innewohnenden Gesetzen abhängen, sondern von ihrer richtigen Anwendung ...« Die Oper werde ihren Siegeszug antreten und dennoch die Werke von Auber, Grétry, Hérold und andern nicht vergessen machen. Léon Escudier gab in der *France musicale* vom 19. Februar zu, daß die Qualität des Werkes alles, was man bisher an der Opéra-Comique hatte hören können, überträfe. Aber: »Will Meyerbeer alles umstürzen? Will er in den Tempel der Schlichtheit, der Grazie und des feinen Geschmacks solche neuen Elemente wie Ruhm und Glorie hineintragen?« Die dramatischen Akzente, zumal im zweiten Akt, seien neu und ungewohnt für die Besucher der Opéra-Comique. Es gebe viele überraschende Modulationen, unvorhersehbare Rhythmen, eine gelungene Mischung der Klangfarben, die sich in 1000 Mustern durch die Partitur schlängeln: »Es ist unmöglich, all das im Kopf zu behalten!«

Der Kopf des Zuhörers musste freilich vieles behalten: Nach der militärischen Ouvertüre mit zwei Orchestern in der Stretta erklingen zu Beginn allerdings erst einmal vertraute Töne. Die Auftrittsarie des Danilowitz gleicht einer beschwingten Fortsetzung des Bacchanals aus dem fünften Akt des *Prophète*. Die Tonart (Es-Dur) und der 6/8-Takt sind mit diesem identisch, die beiden ersten Sechzehntel wie bei Meyerbeer gewohnt als Auftakt gesetzt. Doch schon im nächsten Teil der Introduktion zeigt Peter seinen Jähzorn; kaum, dass die Zimmerleute bemerken, er warte – wie sie – auf Cathérine, droht er, von chromatischen Terzengängen begleitet, eifersüchtig allen Anwesenden. Mit dem »Trink-Chor« setzt nun jenes Artifizielle ein, das die Partituren der *Étoile* (und der *Dinorah*) über weite Strecken beherrscht und das sich noch in den Ensembles des *Falstaff* von Verdi wiederfindet, obwohl jener völlig verständnislos in der Uraufführung der Oper des ungeliebten Meyerbeer gesessen hatte. Das Partiturbild ist in den meisten Chören und Ensembles von kleinen Notenwerten bestimmt, die sich teilweise von unterlegten Tanzformen herleiten, im Übrigen eine besonders virtuose Art des Parlando bilden. Auch das Tempo der einzelnen Nummern hat sich erhöht, was, wie eben dargestellt, eine Verkürzung der Notenwerte nach sich zieht. Der Chor, in den bisherigen Werken musikalisch einheitlich wie ein Solist gesetzt, wird in mehrere selbständige Stimmen aufgeteilt, die einander auf engstem Raum mit motivischer Kleinteiligkeit ins Wort fallen und damit ebenso behandelt werden wie die Solisten in den Ensembles. Unmittelbar nach dem Trinklied brechen erste nationale Konflikte auf, da sich Peter zu dem russischen Zaren bekennt! und damit Spott und Gegnerschaft der Schweden und Finnen provoziert – ein Konflikt, der einer Grand opéra angemessen ist und nicht einer Opéra comique.

Théophile Gautier hatte daher befürchtet, dass es Probleme gäbe, wenn Meyerbeer die kolossalen Proportionen seiner Grand opéra auf eine Opéra comique übertragen würde, und »... daß seine robusten Harmonien die schwachen Wände der Salle Favart zu Staub zerfallen lassen wie Josuas Trompeten die Mauern von Jericho«. In seinem Feuilleton in *La Presse* vom 21. Februar erläutert er weiter: »Meyerbeer besitzt neben seinen musikalischen Qualitäten einen szenischen Instinkt höchsten Grades. Er dringt in die Situation ein, er macht sich den Sinn der

Worte zu eigen, er beachtet die Couleur historique und die Couleur du sujet ... Nie vergißt er den Zuschauer; seit Gluck, der ebenfalls ein Deutscher war, haben nur wenige Komponisten ein solches Maß an Einsicht in die Gesetze des drame lyrique bewiesen. Mit diesem großen Theaterinstinkt hat er die Unterschiede zwischen Opéra und Opéra comique begriffen ... So hat er mit einem Schlag einen solchen Erfolg erzielt, der für den Ruhm eines Meisters ausreichen würde. Er aber reiht seit 20 Jahren Erfolg an Erfolg.« Gautiers Sorge war unbegründet. Es gibt in dieser Partitur nur wenige Massenszenen und volle Chor- und Orchestertutti, selbst der zweite Akt, jenes Kolossalgemälde militärischer Präsentation, baut sich erst allmählich auf, bis der Heilige Marsch (Thema der Ouvertüre) den Einsatz aller Bühnenmittel erfordert.

Hector Berlioz kam, ebenfalls am 21. Februar, im *Journal des Débats* zu ähnlichen Schlüssen: »Man spottet über die Länge der Proben ... über die minutiösen Vorsichtsmaßregeln, damit kein noch so unwichtig scheinendes Detail vernachlässigt werde, über sein Experimentieren, seine Versuche und über die Geheimniskrämerei, mit der er alles umgibt. Aber letztlich gelangt er zu wunderbaren Ergebnissen ... die unwahrscheinlichen Schwierigkeiten, die die Partitur der Inszenierung aufgab, sind mit einer unerschütterlichen Dreistigkeit bewältigt worden, jeder staunt über einen solchen Kraftakt an einem solchen Theater, und man applaudiert und bewundert ... Keinen Augenblick lang erlahmte die dramatische Spannung, blieb das Läppische des Stückes auf der Strecke ... das gigantische Finale II ... beginnt mit einem Schwur ... darauf folgt der Heilige Marsch ... hinzu kommen Schicht für Schicht die Fanfare, die Querpfeifen und Trommeln ... und schließlich verschmelzen die Klangwolken harmonisch miteinander ... und das alles ohne Wirrwarr, ohne Konfusion, ohne daß es dem Ohr für einen Augenblick ungeordnet erschiene. Das ist grandios, monumental. Das ist unendlich schön. Hier haben wir wahre Kunstfertigkeit, wie man sie nur bei inspirierten Meistern findet. Nach dem letzten Takt dieses Finales erhob sich das gesamte Publikum, und selbst Zuschauer, deren musikalische Gewohnheiten recht frivol sind ... fühlten sich gefangen genommen, wenn nicht aus Bewunderung, so doch vor Erstaunen. Wenn abends 23.30 Uhr zur Premiere am Beginn des dritten Aktes der Hauptdarsteller ... sich auf der Vorderbühne postiert, um uns eine Arie vorzusingen, so muß ich zugeben, daß ich ... den lebhaften Wunsch verspüre, im Bühnenboden möge sich ein Abgrund öffnen und den Sänger ... versinken lassen. Erst am Donnerstag habe ich die Arie ... mit Vergnügen gehört ... Man spürt, daß der Komponist, als er die Feder ergriff, wirklich etwas zu sagen hatte, einen Gedanken ausdrücken wollte, und daß er sich nicht darauf beschränkte, lediglich Noten aufzufädeln ...«

Meyerbeers *L'Étoile du Nord* hat seine komischsten Wirkungen dort, wo sich männliches Heldentum spreizt. Mehrfach greift Peter zum Beil – nicht etwa zum Kavaliersdegen – und macht dabei eine recht groteske Figur. Komisch wirkt auch Gritzenkos Verwunderung, wenn er ein »Avancement« erhofft und fast durch einen Beilhieb niedergestreckt wird. Das ist weniger Humor als bitterböse Satire auf die Machtbesessenheit des Herrschenden und die Rechtlosigkeit der Untergebenen. Der mächtige Zar wird von Scribe und Meyerbeer als jähzornig, unduldsam, sentimental dargestellt, als einer, der sich maßlos betrinkt und mit zwei Mädchen gleichzeitig schäkert – also nicht gerade ein Vorbild. Dagegen ist Cathérine eine tugendhafte, entschlossene Frau, die sich bis zum Äußersten vorwagt. In ihrem Verhältnis zu Peter ergibt sich ein neuer Zug in der Dramaturgie Scribe/Meyerbeers. Bisher waren die Frauen immer nur Opfer. Zwar ist auch Cathérine in großer Gefahr, aber sie beweist im Gegensatz zum Verhalten der Männer hohe moralische Qualitäten, die stark herausgehoben sind.

Auch in den beiden folgenden Opern geht es um diese moralischen Ansprüche und das Opfer der Frauen. Meyerbeer zeichnete einen Weg vor, den zum Beispiel Massenet weiterging, indem er oft Werke komponierte, in denen Frauen zum Opfer der Männer werden, ein für das Second Empire typisches Thema.

Gleich das nächste Projekt, das Scribe und Meyerbeer Anfang Juni 1854 besprachen, war eine Fortsetzung dieser Intentionen. Das Werk hieß *Judith* und handelte von der Witwe aus Bethulia, die Nebukadnezars Feldhauptmann Holofernes so bestrickt, dass er buchstäblich den Kopf verliert. Die Oper wurde nicht komponiert, weil einerseits *L'Africaine* noch immer der Vollendung harrte und andererseits die erste intensive Beschäftigung mit dem Stoff durch die Erkrankung von Amalia Beer unterbrochen wurde.

Meyerbeer wurde nach Berlin gerufen. Als er am 8. Juni ankam, hatte seine Mutter den zweiten Schlaganfall erlitten. Meyerbeer verließ das Krankenzimmer kaum und nutzte die Nächte, um die Partitur der *Étoile* für den Stich vorzubereiten. Auch Amalias Schwiegertochter Minna war zugegen. Am 27. Juni starb Amalia Beer, die letzte Repräsentantin des Stammhauses Beer. »… Trauriger, unheilvoller Tag. Um 12 Uhr Mittags fing die furchtbare schwere Agonie meiner geliebten Mutter an, die sich um 2 Uhr nach Mitternacht mit ihrem Tode endigte. Welche fürchterliche 14 Stunden! Welche Mutter verliehre ich! …«, schrieb er in sein Tagebuch.

Im Sommer 1854 meldeten sich bei Brandus, Meyerbeers Pariser Verleger, die ersten Theater, die den *Nordstern* nachspielen wollten. Andere Bühnen fragten erst gar nicht an, wie man einem Brief vom 17. Juni an den Verleger entnehmen kann: »Sie waren auch so gütig gewesen mir zu versprechen daß Sie H. Schlesinger in meinem Namen auffordern wollten gegen die Bearbeitungen in Wien der Etoile als Lustspiel Protest einzulegen. Er behauptet keine Zeile … von Ihnen erhalten zu haben und nun tauchten schon mehrere Bearbeitungen … auf.« Meyerbeer fuhr im Juli 1854 selbst nach Wien, um die Sänger zu prüfen, die den *Nordstern* hier singen könnten. Da keine Entscheidung über den Zeitpunkt der Einstudierung fiel, begab er sich zur Brunnenkur nach Spa.

Nach den Briefen Meyerbeers von Berlin und Spa aus an Louis Brandus war er sehr unzufrieden mit der Ausführung der Korrekturen und der Befolgung seiner Anweisungen, ihm die entsprechenden Manuskriptteile zuzusenden. Am 18. August schrieb Meyerbeer an Gouin, dass Dr. Bacher aus Wien völlig unerwartet in Spa aufgetaucht sei, um ihm die Schreckensmeldung zu überbringen: Brandus habe sich am 15. August, als das Honorar (etwa 40000 Francs) für die *Étoile* an Scribe und Meyerbeer fällig war, insolvent gezeigt. Das Geld steckte in einem Unternehmen, das noch keinen Profit abwarf: Brandus hatte Benjamin Lumley in London viel Geld für den Aufbau seiner Italian Opera vorgeschossen. Von 1841 bis 1847 hatte Lumley die Royal Italian Opera in Her Majesty's Theatre geleitet. Da er einer mächtigen Sängerclique, genannt »Die alte Garde«, die Erfüllung ihrer Forderungen verweigerte und seinem Chefdirigenten Michael Costa die Zusammenarbeit mit der Philharmonie Society untersagte, kam es zu einem Exodus solcher ersten Kräfte wie Giulia Grisi, Fanny Persiani, Mario de Candia und Tamburini. Mit Unterstützung des Verlegers und Agenten Beale und des Kritikers Charles Gruneisen vom *Morning Chronicle* gründete Costa eine zweite Royal Italian Opera Covent Garden, die seit dem 6. April 1847 bestand. 1851 übernahm Frederick Gye das Management. Lumley gelang es erst 1856, seine Italian Opera wieder aufzubauen, die er bis 1859 leitete.

Nicht nur Meyerbeers und Scribes Geld lag in London fest, auch die Einlagen von mehreren Gläubigern sowie die Summe, die Brandus von Verlegern in Berlin, London und Florenz für die Subvertriebsrechte am *Nordstern* erhalten hatte, waren nicht mehr vorhanden. Das Gläubigerkonsortium forderte den Rücktritt von Louis Brandus sowie die Geschäftsübernahme durch seinen Bruder Gemmy und den Petersburger Gesellschafter der Firma, Dufour. Je 100000 Francs sollten die Frau von Gemmy Brandus und Dr. Bacher in Wien zur Sanierung der Firma bereitstellen. Meyerbeer und Scribe stimmten am 28. September 1854 einem Vergleich zu, demzufolge die Zahlung des Honorars auf vier Jahre ohne Garantie (auf eventuelle Zahlung oder Insolvenz) ausgesetzt wurde.

Zur gleichen Zeit war auch die Pariser Opéra unter Roqueplans Leitung an den Rand eines finanziellen Kollapses geraten, wieder ein Grund mehr für Meyerbeer, die Finger von der *Africaine* zu lassen. Zwar brachten seine Opern noch immer hohe Einnahmen – die 125. Vorstellung des *Prophète* am 12. April 1852 ergab die Summe von 9000 Francs –, aber mit drei Werken allein konnte man keinen Spielbetrieb aufrechterhalten, wenn die ersten Solisten Jahresgagen von 75000 Francs und mehr bezogen. Die eingesetzte Untersuchungskommission übte Kritik an der Administration der Opéra und warf, ohne Namen zu nennen, indirekt auch Meyerbeer vor, das französische Publikum »verbildet« zu haben. Meyerbeer war begreiflicherweise verärgert und mied die Opéra. Erst nachdem am 11. November 1854 Louis Crosnier die Amtsgeschäfte übernommen hatte, brachte sich Meyerbeer einen Monat später in Erinnerung: »Sie erweisen mir die Ehre, Monsieur, an mein geringes Talent zu appellieren, indem Sie nach einem Werk für die Opéra fragen. Es ist wahr, ich arbeitete mit Eifer …, aber seit zehn Monaten habe ich diese Arbeit liegengelassen mit der Absicht, nie wieder für die Opéra zu schreiben … Ihr Amtsantritt … und der Wunsch … ein Werk unter Ihrer Direktion herauszubringen – dies sind Fakten, die meine frühere Entscheidung völlig aufheben …«

Tatsächlich interessierte ihn in dieser Zeit die Entwicklung an der Opéra-Comique weit mehr. Die Zeitungen berichteten, dass Perrin, der gleichzeitig das Théâtre Lyrique leitete, Marie Cabel an eine der beiden Bühnen engagieren wolle. Die 1824 geborene Sängerin, der Meyerbeer zum Gesangsstudium geraten hatte und deren Entwicklung er aufmerksam verfolgte, war auf dem besten Weg, eine erstklassige Solistin zu werden. Da Caroline Duprez als einzige Besetzung der Cathérine einen Risikofaktor darstellte, zumal Perrin sie, entgegen dem Meyerbeer gegebenen Versprechen, den ganzen Sommer über rücksichtslos in ihrer Paraderolle ausbeutete, war dem Komponisten an einer zweiten Besetzung sehr gelegen. Dafür war zwar auch Delphine Ugalde vorgesehen, die Meyerbeer in fast jedem Brief vom Sommer 1854 bis Juni 1855 erwähnte. Nachdem sie aber den Klavierauszug der *Étoile* eingesehen hatte, gab sie ihn mit ihren Veränderungen zurück. Resigniert schrieb Meyerbeer am 6. Juni 1855 an Gouin, dass Madame Ugalde alle anspruchsvollen Partien der Cathérine gestrichen habe und von den übrig gebliebenen Stellen Umarbeitungen verlange. Das war keine Sängerin nach seinem Geschmack. Mit der Cabel aber hatte er noch ganz andere Pläne. Während er mit Scribe über *L'Africaine* und *Judith* verhandelte, traf er sich ab dem 13. Mai 1854 häufig mit einem jungen Mann namens Jules Barbier, der als Vaudevilleautor einen guten Namen hatte. Meyerbeer arbeitete also an einem neuen Projekt. Am 18. Juli 1854 bat er von Berlin aus Louis Brandus, bei der Cabel vorzufühlen: »… Sie hätten gehört sie wäre von Perrin engagirt, Sie wüßten daß es stets mein größter Wunsch gewesen wäre daß sie im Etoile du Nord die Rolle der Catherine sänge, und Sie glaubten sicher ihr versprechen zu können, daß … ich gleich eine neue Opéra comique worin sie die Hauptrolle hätte, schreiben würde, und sogar diese Opéra comique noch vor der Affricanerin auf die Bühne bringen würde … Suchen Sie das so schnell wie möglich von ihr zu erfahren, denn erst dann kann man erfolgreich mit Perrin verhandeln, denn von ihm selbst werden wir nie die Wahrheit erfahren … ich würde würklich alles stehen und liegen lassen um eine neue komische Oper schnell fertig zu bringen …«

Obwohl die Cabel zunächst nicht an der Opéra-Comique sang, blieb Meyerbeer bei seinem Vorsatz und verhandelte weiter mit Barbier. Er hatte nun keine solche Eile mit dem neuen Stück. Vorerst ließ er sich in Stuttgart am 27. September zur deutschen Erstaufführung des *Nordsterns* als Komponist feiern und verbrachte den Herbst in Berlin.

Dort leitete er das Hofkonzert am 12. November; auf das Programm setzte er neben Ausschnitten aus den *Puritanern* von Bellini, aus der *Jessonda* von Spohr

G. Meyerbeer, Der Nordstern, *Szene aus dem ersten Akt*, Stuttgart, 1854

und dem *Comte Ory* von Rossini auch das Quartett des dritten Akts aus Verdis *Rigoletto*.

Von der Leitung der Königlichen Hofbühne wurde Meyerbeer im Dezember nach Dresden gebeten. Mit Winkler, Reißiger, Tichatschek, Mitterwurzer und Lipinski besprach er die Aufführung des *Nordsterns,* die man für Februar vorgesehen hatte. Tichatschek untersuchte gleich die Partitur, ob es für ihn in der Rolle des Danilowitz mehr als nur die Auftrittsarie im ersten Akt gäbe. Meyerbeer versprach, im dritten Akt noch Platz für ein Arioso zu finden. Im Hôtel de Saxe fiel ihm wirklich ein Stück ein, von dem Felix Kaskel, der Sohn seines Dresdner Freundes, behauptete: »Tichatschek sang seine 2 Arien (die letzte namentlich betrachtet jedermann – vor allem die Damenwelt – als einen der herrlichsten Glanzpunkte der Oper) ganz vorzüglich ...« Korrekt sollte der deutsche Titel »Der Stern des Nordens« lauten, doch setzte sich diese richtige Übersetzung nie durch. Am 9. Februar war Premiere; der Komponist ward auf die Bühne der Semperoper gerufen. Tags darauf verlieh ihm König Johann das »Comthurkreuz II. Classe« des Albrechtordens.

Meyerbeer übergab seinerseits dem »Theatersingechor« ein Geschenk von 150 Talern für dessen Leistungen im *Nordstern*. Das Werk gefiel von Mal zu Mal besser. Felix Kaskel nannte in einem Brief vom 6. März den Grund: »Ich sagte Ihnen gleich das Publikum wird ... immer verständiger werden. (Der Dresdner ist zu plump das nun gleich ganz zu erfassen, und will erst fraternisirt haben, ob er sich familiarisiren kann.)«

In London bewarben sich Gye und Lumley bei Meyerbeer um die englische Erstaufführung der *Étoile du Nord*. Beiden kam The Royal Theatre Drury Lane zuvor, das sich eigentlich mehr den englischen Komponisten widmete. Am 3. März 1855 fragte Meyerbeer verwundert bei Gouin an, woher denn dieses Theater eine Partitur habe. Die Londoner Zeitungen hatten die Aufführungen mit Nachsicht besprochen, weil man annahm, daß Drury Lane nach einer falschen Partitur gearbeitet habe. Die Konkurrenz, Mr. Gye und Mr. Gruneisen, fanden die Aufführung schrecklich. Der Komponist sah sein Ansehen geschädigt – und wollte das Ganze rasch vergessen. Am Covent Garden schien es mit den Vorbereitungen der Sänger nicht zum Besten zu stehen. Mr. Gye wollte deshalb unbedingt die Einstudierung Meyerbeer selbst übertragen, damit der Premierentermin vom 26. Juni gehalten werden konnte. Darauf ließ sich Meyerbeer nicht ein, was er gegenüber Louis Brandus am 10. Juni begründete: »In dieser Zeitspanne ist bei den so wenig vorgerückten Studien der Sänger durchaus keine gute Aufführung meiner Oper möglich, und würde ich wenn es dabei würklich bleiben sollte, unter keiner Bedingung nach London kommen.« Er kam doch, da die Premiere auf den 19. Juli verschoben wurde.

In diese Zeit fiel auch die letzte Begegnung mit Richard Wagner am 25. Juli der ein Konzert mit der New Philarmonic Society vorbereitete. In *Mein Leben* gab Wagner folgende Darstellung: »Meyerbeer war vollständig gelähmt, als er mich erblickte, was wiederum mich in die Fassung brachte, dass wir kein Wort zu uns zu sprechen vermochten; worüber sich Herr Howard, der sich versicherte, dass wir uns doch bekannt seien, sehr verwunderte. Beim Fortgehen frug er mich, ob mir denn Herr Meyerbeer nicht bekannt sei, worauf ich ihm empfahl, er solle jenen nur nach mir fragen. Als ich ... Howard ... antraf, versicherte er mir, Meyerbeer habe sich nur mit der grössten Anerkennung über mich ausgesprochen. Daraufhin rieth ich ihm die Lektüre einiger Nummern der Pariser ›Gazette musicale‹ an, in welcher Herr Fétis vor einiger Zeit den Ansichten des Herrn Meyerbeer über mich einen minder empfehlenden Ausdruck gegeben habe. Howard schüttelte den Kopf, und konnte nicht begreifen, ›wie ein paar grosse Komponisten sich so sonderbar begegnen könnten‹.« In Meyerbeers Tagebuch ist eine andere Version überliefert: »Wir grüßten uns kalt, ohne mit einander zu sprechen.«

Zum Jahresende 1855 erlebte Meyerbeer die Wiener Inszenierung des *Nordstern* in der Hofoper. Dort nahm er den Beifall der Menge entgegen. Um ihn zu ehren, gab man am 4. Januar 1856 *Robert der Teufel*. Diese Oper sowie der *Nordstern*, der *Prophet* und die *Hugenotten* machten gut ein Viertel des Repertoires der Wiener Hofoper in der Saison 1855/56 aus.

Trotz aller anders lautenden Meldungen blieb ihm der Erfolg auch in Paris treu. Der Korrespondent der ihm freundlich gesonnenen *Neuen Berliner Musikzeitung* resümierte die Saison 1856 in Paris: »Was ... an Novitäten kam, ist spurlos verschwunden bis auf L'Etoile. Also Meyerbeer, und immer Meyerbeer, der treue Helfer aus allen Opernnöthen. Mag man von gewisser Stelle noch so sehr mit scheelen Augen auf seine wirklich universelle Position blicken, die zu erringen ihm, nebst seinem Talente, immerhin eine meisterlich angewandte Taktik behilflich sein mochte, so steht es doch unleugbar fest, dass er sich mit allen strategischen Künsten in dieser Stellung so lange nimmermehr hätte erhalten können, wenn seine Siege nicht auf positiven Leistungen ... fussen würden.« Deutlicher kann man die überragende Stellung eines Zeitgenossen auf den europäischen Bühnen wohl nicht formulieren.

Nach langer Zeit wandte sich Meyerbeer wieder einmal nach Süden. Von Wien aus, das er am 5. Januar 1856 verließ, besuchte er zuerst Venedig. Während einer *La Traviata*-Aufführung begrüßte man den berühmten Tonsetzer im Teatro La Fenice mit einem kräftigen Tusch. Weitere Stationen waren Verona, Mantua, Brescia, Mailand, wo man ihm zu Ehren eine Serenata mit Musik aus *Il Profeta* gab, Florenz – im Teatro della Pergola jubelte ihm die Menge während einer Vorstellung der *Due Foscari* von Verdi zu –, Padua, Siena und Genua, ehe er nach Venedig zurückkehrte. Dort und in Mailand prüfte er die Möglichkeiten für *La Stella di nord*. Brandus wurde gebeten, bei Marie Cabel zu erfragen, ob sie die Cathérine auf »italienisch« lernen würde. Die italienischen Sängerinnen, die Meyerbeer allabendlich in den Theater, in denen er hauptsächlich Opern von Verdi und Donizetti hörte, entsprachen überhaupt nicht mehr seinen Vorstellungen: sie sängen zu rau und klängen zumeist abgesungen. Dafür entschädigte ihn ein Besuch der Bildergalerie in Parma am 29. Januar, wo er Gemälde von Correggio, Raphael und Parmingianino bestaunte.

In Italien erreichte Meyerbeer die Nachricht vom Tode Heinrich Heines. Am 23. Februar 1856 schrieb er in sein Tagebuch: »Aus der Theaterzeitung ersehen, daß Heinrich Heine am 17. gestorben ist. Friede seiner Asche. Ich verzeihe ihm von Herzen seinen Undank gegen mich und die vielen Bosheiten gegen mich in seinen letzten Schriften.«

Auch nach Heines Tod war noch nicht alles ausgestanden. Am 29. März schrieb Meyerbeer an Louis Brandus: »Lügen und Verläumdungen von jener Art sind von seinem Character leider nur zu sehr zu erwarten ... aus dem Munde eines so beliebten und vielgelesenen Autors wie H. gewinnen sie eine traurige Wichtigkeit besonders in einem nach dem Tode des Autor's erschienenen Werke. Wäre es also möglich daß falls Angriffe gegen mich in diesem Werke sein sollten sie von deren litterarischen Herausgebern supprimirt würden ...« Eine Tagebuchnotiz vom 21. Juni 1857 bezog sich auf eine »Konferenz mit Brandus. Die Witwe des Dichters Heine fordert 3000 Franken, um in der Herausgabe der œuvres posthumes ihres Mannes die Angriffe gegen mich zu unterdrücken ... Ich bin schwach genug, es zu bewilligen.« Erst am 20. Februar 1858 wurde mit Mathilde Heine eine vertragliche Regelung darüber erzielt, daß die Gedichte »Der Prophet«, »Der Wanzerig«, »Puppentheater« und »Die Menge thut's« von der Veröffentlichung ausgeschlossen blieben. Sie kostete Meyerbeer 4500 Francs. Die vier Gedichte erschienen dann 1869.

In Berlin erreichte Meyerbeer die Nachricht, dass sein Freund Louis Gouin am 13. Oktober 1856 gestorben war. Dieser Verlust traf ihn schwer. Sein Stellvertreter in Paris hatte über eine besondere Tugend verfügt: vollkommene Verschwiegenheit, die sehr viel nützlicher war als jede Heinesche Beredsamkeit. Gouin entschied, wer mit dem Komponisten reden durfte; er bestellte die Aufenthaltsorte, wenn der »cher maître« incognito in Paris bleiben wollte; er verwaltete die Kasse, deren geöffneten Deckel viele Besucher so gern sahen; er verhandelte in Meyerbeers Abwesenheit mit Direktoren, Sängern, Dirigenten und Journalisten und wusste über alles Bescheid. Nie verlangte Gouin einen Sou als Lohn. Was hatte Heine nicht alles erfunden, um Gouin, den er als Nebenbuhler empfand, bei Meyerbeer anzuschwärzen. In Heines Aufsatz über Spontini waren Passagen enthalten, über die sich Gouin sehr ärgerte, in einem Brief vom 20. Mai 1855 hatte er sich bitter über »ce misérable Heine« beklagt, der »deshonoré« sei.

Gouin kränkelte schon seit Anfang 1856. Meyerbeer bat deshalb am 15. Februar von Venedig aus Louis Brandus, für eine sorgfältige ärztliche Betreuung des Freundes zu sorgen. Die Aufforderung an den Verleger, in seiner Sorge für Gouin nicht nachzulassen, spricht für Meyerbeers Verhältnis zu seinem Adlatus: »Trotz dessen daß das Unwohlsein meiner zweiten Tochter seit Monaten mich fortwährend erfüllt, daß außerdem mein eigenes Befinden genug Anlaß giebt mich ängstlich zu preocupiren, vergeht doch kein Tag, keine Stunde wo ich nicht mit Kummer und Besorgniß an das Befinden des langjährigen treuen so ergebenen Freundes denke« (11. August 1856).

Am Todestag seines »getreuen Ekkart« schrieb Meyerbeer in das Tagebuch: »Durch telegrafische Depesche von Louis Brandus aus Paris erfuhr ich, daß heute früh ... mein lieber Freund Gouin, 76 Jahre alt, starb ... Sein Tod ist ein unersetzlicher Verlust für mich.«

Mit dem Tod von Heine und Gouin waren zwei der markantesten Personen für Meyerbeer in Paris gegangen, weitere folgten, unter ihnen Hofrat Winkler in Dresden und Adolphe Adam. Alexander von Humboldt und Louis Spohr starben 1859, Ludwig Rellstab 1860, König Friedrich Wilhelm IV. von Preußen am 1. Januar 1861. Am folgenden Tag notierte Meyerbeer in sein Tagebuch: »Ich kannte ihn seit meiner Kindheit persönlich, & hatten wir als Kinder uns schon bei der Fräulein von Bischoffswerder gesehen.«

An seinen Töchtern bemerkte Meyerbeer, wie er alterte. Am 26. November verlobte sich seine Älteste, Blanca, mit dem Baron Emanuel von Korff, damals Leutnant im Zweiten Berliner Dragonerregiment. Dessen Spielschulden wuchsen in den folgenden Jahren auf die stattliche Summe von 10 000 Talern an und veranlassten Meyerbeer zu allerhand Manövern, um die Ehre der Familie Beer zu schützen. Dabei war der steinreiche Vater durchaus nicht kleinlich. Als sich nämlich herausstellte, dass die Summe in Wahrheit 14 160 Taler betrug, wollte er, wie er seiner Frau am 29. Dezember 1858 schrieb, »... wie hart es mir auch ankömmt und obgleich ich dadurch einen wahren Raub an Caeciliens u Corneliens künftigem Erbtheil begehe diese 14.160 Thaler bezahlen«.

Auch Tochter Cäcilie wurde erwachsen. Der Vater machte sich seine Gedanken über den Zukünftigen seiner Tochter und schrieb am 24. November 1859 an Minna: »Ich fürchte übrigens sie wird sehr schwer zu verheirathen sein. Bei ihrem ernsten Sinn, bei ihrer Verachtung der frivolen Äußerlichkeiten wird sie gewiß einen hohen Maßstab an die Eigenschaften des Herzens und des Geistes ihres zukünftigen Gatten anlegen, die sie bei der heutigen miserablen männlichen Jugend schwer finden wird.« Cäcilie fand in Baron Ferdinand Leopold von Andrian zu Werburg schließlich einen Mann ihres Geschmacks.

Nach zwei Jahren Amtszeit übergab Louis Crosnier die Geschäfte der Opéra an Alphonse Royer. Bevor Meyerbeer mit dem neuen Direktor direkt verhandelte, ließ er ihm durch Brandus einige Hinweise zukommen: »Ich würde lieber vorher ihr der italienischen Sängerin [Spezia] 6 Gastrollen wenn auch noch so teuer bezahlt biethen und erst deren Erfolg abzuwarten ehe man sie engagirte ... ferner lenken Sie doch auch seine Aufmerksamkeit auf die Ney in Dresden welche nach meiner Meinung die schönste Stimme von allen mir bekannten Sängerinnen, eine ganz vortreffliche Coloratur die jetzt gar keine italiänische Sängerin mehr hat dabei ein sehr gutes Spiel. Aber hübsch ist sie auch nicht« (November 1856).

Den Winter 1856/57 verbrachte Meyerbeer bei seiner Familie in Berlin. Ende März des neuen Jahres fragte er bei Brandus an, was denn die Saison in Paris außer Musik und Theater, über die er sich von den 12 abonnierten Pariser Blättern informieren ließ, noch alles gebracht habe. Sein langes Fernbleiben gab zu allerhand Spekulationen Anlass: dass er mit Perrin einen Vertrag über *L'Africaine* abgeschlossen habe und dass er für die Bouffes-Parisiens eine Operette schreibe. Dieses Theater gehörte Jacques Offenbach seit der Weltausstellung von 1855. Offenbach war mit seinen Zwei- und Dreipersonenstücken auf dem besten Weg, die Pariser Operette zur führenden Bühnen-Gattung im Zweiten Kaiserreich emporzuheben. Mit seinem Witz, seiner Frechheit, seinem Charme, seiner Leichtigkeit und seiner tiefen Kenntnis der Werke anderer Komponisten griff er die Frivolität des Lebens in jener Zeit auf und schaute wie durch ein Vergrößerungsglas auf die Schwächen der Menschen und die Unzulänglichkeiten der Gesellschaft. Zu den beliebtesten Objekten der Parodie gehörte die Grand opéra, und eine Persiflage auf *Robert-le-Diable – Les deux Aveugles* oder auf *Les Huguenots – Ba-ta-clan*, über deren Werbewirkung sich Meyerbeer im Klaren war, bot sich geradezu an. Er ließ es sich nicht nehmen, möglichst unerkannt Offenbachs »Bonbon-Schachtel« zu besuchen.

Dennoch meint er, dass die Fortune ihn zu verlassen schien. »Ich bin verstimmt, mir scheint meine Opern verlieren Terrain sowohl in Frankreich wie in Deutschland« und »Mein Stern am musikalischen Horizont sinkt«, vertraute er am 23. Dezember 1856 und am 14. August 1857 seinem Tagebuch an. Eine neue Generation begann sich musikalisch zu artikulieren. Meyerbeer spürte es, wenn er die

Partituren von Wagner, Verdi, Gounod und anderen durchlas. Die Beschäftigung mit modernen Werken war für ihn so selbstverständlich wie die Zeitungslektüre. Offenbar gab er in den Tagebuchnotizen nur augenblicklichen Stimmungen Raum, während seine ganze Aufmerksamkeit einer Opéra comique galt: *Dinorah ou Le Pardon de Ploërmel*. 1854 hatte der große Meyerbeer Jules Barbier angesprochen, der ihm schon 1851 aufgefallen, als dieser mit Michel Carré in Paris ein Drama in fünf Akten zur Uraufführung brachten: *Les Contes d'Hoffmann*. Sribe war wütend, als er davon hörte, doch Meyerbeer empfand, dass sein langjähriger Librettist allmählich zu routiniert wurde, als dass er den Ansprüchen des Komponisten noch immer genügte. Mit Barbier einigte sich Meyerbeer auf einen Stoff nach Émile Souvestre (1806–1854), der 1836 erklärt hatte: »La Bretagne est à la mode« (Mussat, in: Jacobshagen/Pospíšil 2004) und sich mit mehreren Erzählungen bretonischen Stoffen zuwandte, was Maler wie Corot oder Schriftsteller wie Chateaubriand oder Gautier ebenfalls taten. Aus den 1849/50 erschienenen Erzählungen Souvestres *Le Sorcier, La Fileuse, Les Huttiers et les cabaniers du marais, La Chasse aux trésors, Le Kacouss de l'amor* und *Les Bryérons et les saulniers* gestaltete Barbier unter ständiger Aufsicht von Meyerbeer, der offenbar jede der Erzählungen Souvestres gut kannte, ein Libretto. (Der wirkliche Anteil Carrés ist bislang nicht eindeutig geklärt, obwohl im Tagebuch am 13. September 1856 von einer Konferenz mit Carré die Rede ist.) Doch dem Komponisten ging es nicht um eine bretonische Sage, sondern er sah plötzlich die einzigartige Chance, die spezielle französische Ballett-Tradition des Topos »Pas de l'ombre« aufzunehmen, den Marie Taglioni um 1840 begründet hatte und der Ballette wie *La Sylphide* (1832), *Giselle* (1841) oder *Esmeralda* (1844) durch Themen des Fantastisch-Irrealen, des Hell-Dunkel- oder des Tag und Nacht-Kontrasts, des Unbewussten, Traumhaften wesentlich bestimmte. Diese Ideen nahm Meyerbeer auf und bezog nicht nur »Versatzstücke der romantischen Oper« (Döhring 1991), »sondern vor allem ... jene des romantischen Balletts« (Oberzaucher-Schüller, in: Jacobshagen/Pospíšil 2004) ein.

Kernstück des neuen Werkes wurde die Schattenarie »Ombre légère« der Dinorah, ein virtuoses Gesangsstück aus dem Geist des Balletts. Dinorah verfolgt seit einem Jahr, als ein Blitz während des Kirchgangs zu ihrer Hochzeit ihr Haus und ihre Lebensgrundlage zerstörte, verwirrt die Spur ihrer Ziege, während ihr Verlobter Hoël sich damals davongemacht hat, um einen Schatz für den Wiederaufbau des Hauses zu heben. Es ist aber die Bedingung daran geknüpft, dass der Finder des Schatzes sterben muss. Dass Hoël und sein Kumpan Corentin dazu die wahnsinnige Dinorah ausersehen haben, zeugt von übler Gesinnung (Gier in: Jacobshagen/Pospíšil 2004): Meyerbeer registriert ernüchtert, dass es auch in der Bretagne keine ehrlichen Menschen gibt.

Dinorah kennt den Grund für Hoëls Verschwinden nicht. Sie spricht mit ihrem Schatten, den sie im Mondschein, auf der Spielwiese aller Geister und Wilis in den romantischen Balletten, wahrnimmt. Dabei entzieht ihr Meyerbeer allmählich die

Worte, denn mit ihrem Schatten spricht sie nur noch auf »ah« (Blitt, in: Jacobshagen/Pospíšil 2004), und er bringt das Kunststück fertig, eine veritable Ballettmusik zu schreiben, die wohl kaum von einer Sängerin zu realisieren ist. So kann dieses Werk Meyerbeers als eine besondere Gattung, als »Ballet chanté« bezeichnet werden (Oberzaucher-Schüller, in: Jacobshagen/Pospíšil 2004).

Den Sommer 1858 verbrachte Meyerbeer mit der ganzen Familie in Bad Schwalbach. Er wollte sich gut erholen, denn im September sollten in Paris die Proben für seine neue Oper beginnen. »Vorbereitungen Dinorah, in den ›Journälen‹ (Reyer, Veron, Hg. Monnais)« stand im Taschenkalender für Oktober. Im November begannen die Klavierproben für die Solisten. Die »Journäle« rätselten über den Titel der Oper. Für den zunächst einaktigen Entwurf waren »Le val maudit« (Das verwünschte Tal), »Notre-Dame d'Auray«, nach der Kapelle, zu der im Stück die Prozession führt, erwogen worden. Schließlich einigte man sich auf *Le Pardon de Ploërmel* (Die Wallfahrt nach Ploërmel). Im Vertrag zwischen den Autoren und dem neuen Direktor der Opéra-Comique, Nestor Roqueplan, stand der heute gebräuchliche Titel *Dinorah*. Wiederum war nämlich ein Direktionswechsel die Voraussetzung gewesen, dass Meyerbeer seine seit 1856 fertig vorliegende Partitur plötzlich freigab. Roqueplan, nach dem Desaster an der Opéra vorsichtig geworden, war rasch bereit, Meyerbeers Wünsche zu erfüllen. Er konnte dem Komponisten zwei erstklassige Sänger anbieten: Marie Cabel, deren Karriere Meyerbeer aufmerksam beobachtet und gefördert hatte, erhielt eine wirkungsvolle Auftrittsarie, die Berceuse »Dors petite« auf einen Text vom Koponisten, den Charlotte Birch-Pfeiffer versifiziert hatte, von Joseph Duesberg ins Französische übertragen, ohne dass Barbier etwas davon erfahren durfte. Hinzu trat der eben 30-jährige Jean-Baptiste Faure, der gerade zum Ersten seines Faches an der Opéra-Comique aufgerückt war und dessen Stimme Meyerbeer sehr gefiel. Auch auf ihn war nunmehr in der Partitur Rücksicht zu nehmen. Das Verhältnis Dinorah – Hoël wurde durch einen stärkeren Akzent für den Bariton ausgeglichener. Die Generalprobe der *Dinorah* begann am Sonnabend, dem 2. April, pünktlich um 12 Uhr mittags. Diesmal brauchte Meyerbeer im Stück nichts zu streichen. Zur Premiere, am 4. April 1859, versammelte sich wiederum ein illustres Publikum.

Am Tag nach der Uraufführung schrieb Meyerbeer an seine Frau:

»Theures geliebtes Weib!
Verzeih wenn ich heute körperlich und geistig complett erschöpft Dir nur mit wenigen Worten anzeige daß endlich gestern den 4ten meine Oper von Stapel gelaufen ist. Es ist unmöglich bei der Art und Weise wie in Paris das Haus bei einer ersten Aufführung komponirt ist zu entscheiden ob ein Stück würklichen aufrichtigen Succès oder nur einen künstlich fabricirten in der ersten Aufführung gehabt hat. Ist aber dem Anschein zu trauen und das was mir heute die unzählich mich besuchenden Gratulirenden

versichern, so hat Le Pardon de Ploërmel einen sehr großen Succès gehabt (unberufen). Schon die Ouverture erregte einen wahren Beifallssturm, der auch im Laufe des ganzen Abends nicht abebbte. Nach dem 2ten Akt ließen mich der Kaiser und die Kaiserin … in ihre Loge rufen um mir ihren Beifall und Zufriedenheit zu erkennen zu geben. Am Schluß des Stückes ward ich herausgerufen und obgleich ich eigentlich entschlossen war nicht zu kommen da ich es so erniedrigend fand, so mußte ich doch erscheinen, da das stürmische Rufen kein Ende nahm …«

Marie Cabel krönte den Komponisten mit einem Lorbeerkranz aus der kaiserlichen Loge.

Meyerbeers jüngste Opern waren nicht die Einzigen, in denen das Motiv des Wahnsinns oder der Bewußtseinstrübung eine wichtige Rolle spielte. Die berühmteste Wahnsinnige, Lucia di Lammermoor, entstammt Donizettis gleichnamiger Oper (1835) und war nur eine der vielen »Somnambulen« jener Zeit, die den Kontakt zur Wirklichkeit verloren hatten oder aus der Realität einfach flohen. Es gab verschiedene Möglichkeiten, sich der miserablen Wirklichkeit zu entziehen.

Dinorah ist eine Verwandte der Esmeralda aus Victor Hugos Roman *Notre-Dame de Paris* (*Der Glöckner von Notre-Dame*, 1831), die gleichfalls mit ihrer Ziege Djali auftritt. Hugo hatte den klassizistischen Maximen von der Übereinstimmung zwischen körperlicher und geistiger Schönheit Antithesen entgegengesetzt, etwa hoher gesellschaftlicher Rang und moralische Niedrigkeit (Herzog in *Rigoletto*) oder körperliche Gebrechen und moralische Größe (der Glöckner Quasimodo) und maßgeblich zur Entwicklung einer Theorie des Grotesken in der französischen Romantik beigetragen. Meyerbeer spielt nun mit solchen grotesk-komischen Elementen, die sich plötzlich als banal erweisen, und entdeckt zugleich das Grauenvolle dieser Banalität wie vor ihm E. T. A. Hoffmann. Aller Spuk ist entzaubert. Die Hirten haben zwar vor »Korigans«, vor den Kobolden, Angst, aber noch niemand hat einen solchen Geist gesehen. Die Königin der Korigans, die Coretin zu sehen glaubt, ist niemand anderes als Dinorah. Vielleicht existiert auch der Schatz gar nicht, denn in diesem Stück sieht man kein Stäubchen Gold.

Hier wird jeder Gespensterglaube ad absurdum geführt. Dem Opernbesucher wird nicht einmal mehr die Hoffnung gelassen, dass es fernerhin solche Zauberei, wie sie auf der Bühne so gern augenzwinkernd betrieben wird, noch geben kann. Die weiße Ziege beispielsweise, die den Weg zum Schatz weisen soll, kommt in keiner bretonischen Sage vor. Sie ist offenbar anderer Herkunft: Ihre Vorfahren wurden auf dem Blocksberg zur Walpurgisnacht den Böcken zugeführt. Denn Satan benennt in den »Paralipomena« zu Goethes *Faust I* den weiblichen Schoß und das Gold als die wichtigsten Dinge auf der Welt: »Er zeigt euch die Spur / Des ewigen Lebens / Der tiefsten Natur.« Auch der Esel in Shakespeares *Sommernachtstraum* und Pans Ziegenbock sind Artverwandte von Dinorahs Ziege.

Ambivalent wie in allen seinen Opern verpackt Meyerbeer seine Absichten in eine fast seidenweiche musikalische Fasson. Die Partitur der *Dinorah* ist Meyerbeers virtuoseste instrumentatorische Leistung. Nach dem Zeugnis von Hans von Bülow, dem »beinahe Nestor der Wagnerianer«, ist es »… doch eine meisterhafte, saubere, elegante, raffinirte buongustajo-Partitur, geeignet wie keine, das Orchester zu ›schleifen‹« (3. Oktober 1879 an Alois Schmitt). Die Durchsichtigkeit des orchestralen Klanges in der Berceuse zum Beispiel wird dadurch erreicht, dass die Bassstruktur, normalerweise das harmonische Fundament, aufgelöst wird. Die Bassklarinette trägt

Marie Josephe Cabel als Dinorah in Le Pardon de Ploërmel

die Melodie in die Tiefe; hohe Streicher und Bläser ergänzen mit kleingliedrigen Motiven und geben nur einige Farbtupfer hinzu. Coretins Angst ist durch kleinste Verschiebungen von Dur nach Moll köstlich charakterisiert. In fast jeder Oper versuchte Meyerbeer, das virtuose Miteinander von Solostimme und Soloinstrument dramaturgisch glaubhaft einzuführen. Diesmal wetteifern Klarinette und Dinorah um die Gunst der erwartungsvollen Zuhörer. Hoëls Magie-Arie, deren musikalischer Charakter schon den Nelusco aus der *Africaine* ahnen lässt, erinnert mit den tiefen Terzen an jene den Max umgarnenden »finstren Mächte« aus dem *Freischütz*. Die Stretta des Finales II schließt an den aus dem Duett im vierten Akt der *Huguenots* bekannten Standard an.

Die »Marche religieuse« vereint alles, was Meyerbeer unter einer noblen Melodie versteht. Darin tritt er mit hoher Meisterschaft gegen das Nachlassen kompositorischer Solidität an, das er in den modernen Werken beobachtete, in denen musikalische Motive nicht mehr so sorgfältig verarbeitet wurden, wie er es noch gelernt hatte. Für drei ähnliche Themen aus den Jahren 1844 (*Feldlager*), 1848 (das Motiv aus *L'Africaine* ist einem »Festhymnus« für Friedrich Wilhelm IV. entnommen) und 1856 (*Dinorah*) ist charakteristisch, dass Meyerbeer sein italienisches Erbe, den melodiösen Bogen, und das französische Erbe, die rhythmischen Kompressionen am Phrasenende, zu einer für seinen Stil typischen Form zusammenfasst.

Die *Dinorah*-Partitur bezieht in reichem Maße Tanzformen ein. In verschiedenen Arienthemen klingen Galop, Tarantella, Bolero und Valse an. Die Gleichförmigkeit der Tänze aber wird elegant umgangen, indem Meyerbeer die symmetrischen Phrasenlängen durch Einschub eines Taktes dehnt.

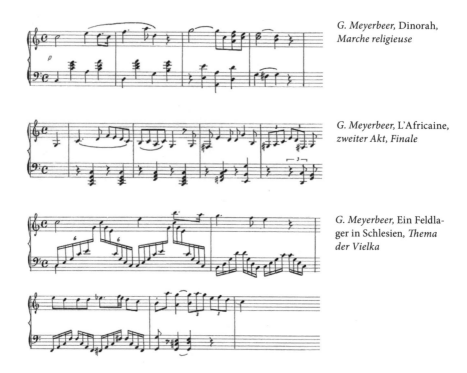

G. Meyerbeer, Dinorah, *Marche religieuse*

G. Meyerbeer, L'Africaine, zweiter Akt, *Finale*

G. Meyerbeer, Ein Feldlager in Schlesien, *Thema der Vielka*

Die Zeitungen spendeten dem neuen Meisterwerk, den Interpreten und der Ausstattung großes Lob. Joseph d'Ortigue äußerte im *Ménestrel* jedoch Zweifel an der historischen Treue der dargestellten bretonischen Bräuche. Sie dienten seiner Meinung nach nur zum Schein einer gewissen Couleur locale, ohne ethnisch verbindlich zu sein. D'Ortigue kam zu der richtigen Erkenntnis, dass das Stück pariserisch und urban sei und keineswegs das Landleben besingen wolle. Er sieht in den Bauern verkleidete Pariser im Sonntagsstaat. Dinorah ist ein Kind der Großstadt und könnte ihre Ziege auch auf der Place Parvis-Notre-Dame ausführen.

Einzig Léon Escudier konnte es sich in der *France musicale* am 10. April nicht versagen, darauf hinzuweisen, wie viele Leute schon vor der Aufführung gewusst haben, dass die Oper wieder ein Meisterwerk werden würde. Er fuhr fort: »Erlaubten wir uns zu sagen, daß die Musik unter dem Niveau der ›Etoile du Nord‹ bliebe, würde man uns für Barbaren halten. Vor allem gehört Roqueplan unsere Sympathie. In Ermangelung von strömenden Melodien führte er uns einen Sturzbach lauwarmen Wassers vor.« Nachdem der Prophet im Palast in Feuer und Rauch untergegangen war, ließ man in *Dinorah* tatsächlich einen richtigen Bach über die Bühne plätschern. Escudier verglich den Erfolg der Oper mit dem der beiden kurz zuvor aufgeführten Stücke *Faust* von Gounod und *Herculanum* von Félicien David. Ihnen hätte lediglich die gleiche Anzahl an Journalisten aus England, Belgien und Deutschland gefehlt, die alle über *Dinorah* berichteten, um ebenfalls »Furor« zu machen.

Der 68-jährige Komponist gönnte sich nach der kräftezehrenden Premiere kaum eine Ruhepause. Er musste umgehend Rezitative komponieren, die die Dialoge ersetzen sollten. Die Royal Italian Opera Covent Garden, seine treue Nachspielstätte, forderte zudem eine italienische Übersetzung, die de Lanzières anfertigte. Sir Costa dirigierte, Miolan Carvalho gab die Dinorah, Graciani den Hoël und Gardoni den Coretin. Die Premiere am 26. Juli 1859 und die zweite Vorstellung hätten die doppelte Länge gehabt, wenn man allen »Bis«-Wünschen (Dacapos) gefolgt wäre. Meyerbeer war es gelungen, die in vollständiger Agonie liegende Opernsaison in London mit einem Schlag zu beleben, lobte die Presse. In der englischen Übersetzung von Chorley kam das Stück am 3. Oktober am Covent Garden heraus.

Die britische Hauptstadt war eine richtige Meyerbeer-Stadt. Königin Victoria hatte sich nach Mendelssohns Tod vorzugsweise der Kunst Meyerbeers zugewandt und ließ sich während seiner Englandbesuche häufig von ihm vorspielen. Man trug ihm sogar mit vorsichtigen Worten den Wunsch der Queen an, er möge sich dauerhaft in London niederlassen. Doch dazu wollte sich Meyerbeer nicht verstehen.

Die *Dinorah* machte die Runde durch die Theater. Die Stuttgarter Hofoper sicherte sich die deutsche Erstaufführung. Meyerbeer wurde am 4. Dezember vom württembergischen König empfangen, besuchte die Proben und dirigierte die erste Aufführung. Anschließend reiste er nach Dresden. Tichatschek könne es gar nicht erwarten, »… die Oper zu singen«, schrieb Karl Kaskel am 24. Juni an Meyerbeer, »nur ist ihm bange, daß ungeheuer zu spielen sei, worüber ich ihn beruhigte, ohne ihm irgend sagen zu können, was Du über die Besetzung bestimmst.« In der Dresdner Premiere am 14. Januar 1860 traten die Ney, Mitterwurzer und statt Tichatschek Rudolph auf.

Im folgenden Jahr wurde *Dinorah* an 70 Theatern aufgeführt. 1859 erschienen bei Brandus & Dufour 35 Bearbeitungen und elf Übertragungen von Einzelstücken aus *Dinorah*. So wurde die Oper nicht nur in der Originalfassung als Partitur und Klavierauszug verbreitet, sondern in hohem Maße wirtschaftlich verwertet als »Morceaux détachés«, als »Fantaisie-valse« oder »Fantaisie facile et élégante sur l'air de l'ombre pour piano«. Brandus zog etlichen Profit aus diesen Nebenprodukten. Doch der geringe finanzielle Erfolg der Wiederaufnahme des Werkes im November 1860 entmutigte den Komponisten, als er, Abendeinnahmen von bis zu 10 000 F gewohnt, feststellen musste, dass am 1. November nur 2 084 Francs, am 4. November 2 280 Francs eingespielt wurden, während er noch am 15. Oktober 1859 5 380 Francs notiert hatte.

Als man die Hundertjahrfeier der Geburt Friedrich Schillers vorbereitete, war es selbstverständlich, dass der deutsche Komponist Giacomo Meyerbeer für die Ehrung des Dichters in Paris am 10. November 1859 die Festmusik komponierte. Sein *Schiller-Marsch* und der Festgesang »Wohl bist du uns geboren« für

Tenor, Chor und Orchester auf Worte von Ludwig Pfau wurden im Cirque de l'impératrice, einer zur Weltausstellung errichteten neuen Halle auf den Champs-Élysées, vor 4000 Zuhörern uraufgeführt. Henri Blaze de Bury, mit Meyerbeer befreundet, übersetzte die Hymne ins Französische.

Bei dieser Gelegenheit empfahl der Dichter dem berühmten Komponisten ein Projekt, das er gern an einem der großen Pariser Sprechtheater aufführen wollte. Es hieß *La Jeunesse de Goethe* und handelte von der Jugend des Stürmers und Drängers in Straßburg und Umgebung. Einige von Goethes populärsten Liedern (unter anderen »Erlkönig«, »Mignons Lied«, »Der König von Thule«) sollten einbezogen werden sowie Teile aus *Faust*. Meyerbeer fing sofort Feuer, zumal der Direktor des Odéon, Rounat, vorgeschlagen hatte, den dritten Akt als Melodram anzulegen.

Am 2. September 1860 erklärte sich Meyerbeer in einem Brief an Blaze bereit, die Partitur für die Musik des dritten Aktes bis zum 10. Mai 1861 zu liefern. Allerdings sollten Chor und Orchester des Théâtre Italien sowie Solistinnen für die Partien des Gretchen und der Mignon und zwei Sänger für den Erlkönig und den Vater engagiert werden. Meyerbeer schwankte, ob er die Worte aus *Iphigenie* melodramatisch sprechen oder singen lassen sollte. Am 28. Januar 1861, mitten in der Komposition, begründete Meyerbeer gegenüber Blaze eine Verschiebung der Aufführung auf das Frühjahr 1862 mit dem vorgesehenen Engagement einer Sängerin am Odéon und fuhr fort: »Lassen Sie uns jetzt noch ein wenig über unser Werk plaudern. Das Tableau, gegen das ich die meisten Bedenken hatte und das ich vorschlug zu ändern (das der Kathedrale, von Faust), ist von allen am besten gelungen, und ich hoffe, daß Sie damit nicht unzufrieden sind ... Nur ein einziges Stück beunruhigt mich noch im Hinblick auf die Musik, und deshalb zögere ich noch etwas mit der Ausführung: die Ballade vom Erlkönig. Schuberts Musik zu dieser Ballade ist in der ganzen Welt so populär geworden, daß es mir unmöglich scheint, das Publikum könne eine andere Musik zu diesen Worten akzeptieren, und ich selbst bin so sehr diesem Einfluß unterlegen, daß ich keine Musik habe finden können, die mich zufriedenstellte. Ich möchte also Schuberts Geflecht der Melodien bewahren, indem ich den Chor der Töchter des Erlkönigs darunter setze, Schuberts Melodie unter die drei sprechenden Personen aufteile und, das läßt sich machen, zugleich die Klavierbegleitung für Orchester setze. Nun bieten sich zwei Möglichkeiten der Ausführung: die eine ist, Vater und Sohn melodramatisch sprechen zu lassen und in diesen Abschnitten Schuberts Melodie ins Orchester zu legen und nur den Erlkönig und seine Töchter singen zu lassen; die andere Möglichkeit wäre, auch die Partie von Vater und Sohn von Sängern ausführen zu lassen. Schreiben Sie mir doch bitte, welche der beiden Versionen Sie wohl vorziehen ... Lassen Sie mich auch wissen, ob Sie, wie Sie planten, im ersten Akt einen Chor der Studenten hinzugefügt haben. In diesem Falle schicken Sie ihn mir bitte umgehend, denn ich möchte lieber jetzt diese Musik komponieren, wo die Eindrücke der übrigen Musik noch frisch in mir sind ...«

Diese Eindrücke fasste Blaze de Bury zusammen: »Die alten Formen der Oper nutzen sich ab. Eine Oper in fünf Akten ist kaum noch möglich. Meyerbeer reizt die Verbindung von Poesie und Musik im Drama, wie sie die Antike vorausgeahnt hat. Schon lange beschäftigte er sich damit und will neue Ideen unterbreiten ... Vier Akte lang soll der Text dominieren, und plötzlich, zwischen dem vierten und fünften Akt, will Meyerbeer seine Katarakte öffnen, alle Kraft entfesseln im Sinne des Goethe-Wortes: ›Wo das Wort endet, beginnt die Musik.‹ Auf die Bühne übertragen bedeutet das: Goethes Jugend kann lediglich als Symbol eines großen Geistes gelten, das auf der Suche nach sich selbst ist.« Meyerbeer sah seine Aufgabe so: »Diese Krise, diesen Kampf des Genies mit Leidenschaften und Hindernissen studieren und schildern Sie nach den Möglichkeiten Ihrer Kunst, und wenn diese alles ausgedrückt haben, was Sie konnten, wenn Sie die Grenzen des Wortes erreicht haben, dann komme ich mit meinen Chören, meinen Orchestern, meinen Orgeln und stimme die großartigste Hymne des Übernatürlichen an. Also weder Duette noch Kavatinen, keine gewöhnlichen Tableaus, sondern zum gegebenen Moment einen Ausbruch von Musik, eine Explosion des Lichts. Ich zähle auf den Effekt dieses Konzentrats und möchte nicht, daß man im Zuschauerraum vor diesem Zwischenspiel eine einzige Note hört. Ich verzichte auf das Lied der Mignon, auf das Melodram im dritten Akt. Nicht einmal das Stimmen einer Violine darf vorher gehört werden. Natürlich werde ich eine Ouvertüre schreiben, eine sehr große und gut ausgearbeitete ..., aber ich werde sie nicht an den Anfang stellen, sondern vor mein Zwischenspiel ... Es ist eine Gelegenheit für mich, meinen Kommentar zum Faust zu geben ...«

Der *Faust* blieb also eine Versuchung für Meyerbeer. Er hatte von einer Opernkomposition Abstand genommen, da sich Louis Spohr (*Faust*, 1816) und Charles Gounod (*Faust*, 1859) mit dem Stoff beschäftigt hatten. Im Sommer 1861 suchte Blaze den Komponisten während seiner Kur in Bad Ems auf und konnte die Partitur einsehen. Der »Erlkönig«, der »Gesang der Parzen«, Teile aus der *Iphigenie*, die Szene »Gretchen im Dom« und das »Hosanna« aus *Faust I* lagen vor. »Sie werden«, so Meyerbeer, »es ein andermal hören, heute reicht es, daß Sie die Partitur gesehen haben. Sie können also guten Freunden ausrichten, Meyerbeer hält, was er verspricht.« Blaze de Bury hörte das Werk nie. Immer wieder verzögerte sich der Probenbeginn, da Meyerbeer zuerst *L'Africaine* aufführen wollte und damit große Probleme hatte.

Sein Kommentar zu Goethe hätte wohl interessiert. Da die Partitur aber seit 1945 verschollen ist (sie gehörte zu den in der Staatsbibliothek Berlin aufbewahrten Quellen), kann nur spekuliert werden, welchen Weg er beschritten hat, um seine Vorstellung zu verwirklichen.

Meyerbeer nannte seine Musik zu *Goethes Jugend* »seine Africaine de rive gauche« – die *Afrikanerin* vom linken Seine-Ufer, wo die Intellektuellen wohnten und das Odéon stand. Sie musste zugunsten der *Africaine* für das rechte Ufer, an dem die Reichen wohnten und die Opéra zu finden war, zurückstehen.

In diesem Gebäude brach am 13., 18. und 24. März 1861 die »Zukunftsmusik« an: Es war der denkwürdige Skandal um Richard Wagners *Tannhäuser* in der Pariser Fassung. Charles Baudelaire war einer der wenigen, die für Wagners Kunst eintraten. In einem Artikel in der *Revue Européenne* schrieb er am 1. April 1861: »Was ich empfunden habe, ist unbeschreiblich, und wenn Sie geruhen wollen, nicht zu lachen, will ich versuchen, die Empfindung wiederzugeben. Zuerst schien mir, daß ich diese Musik kannte, und als ich später nachdachte, begriff ich den Grund meiner Täuschung: Es schien mir, daß diese Musik mein sei, ich erkannte sie wieder, wie jeder Mensch die Dinge wiedererkennt, die er zu lieben bestimmt ist.« Auf diese Weise konnten die französischen Komponisten nicht empfinden, denn sie hatten ihre eigene Musik. Baudelaire meinte gewiss nicht den »Einzug der Gäste«, sondern eher die ekstatischen Klänge des für Paris komponierten Venusberg-Bacchanales.

Meyerbeer war – entgegen allen Beteuerungen der Wagnerianer und allen verfälschenden Darstellungen in Wort und Film – zum Zeitpunkt der Premiere fern von Paris. Am 15. März schrieb er in Berlin in sein Tagebuch »Heute trafen die Nachrichten von der 1. Vorstellung des Tannhäuser ein, der einen vollständigen Fiasco gemacht haben soll. Das Publikum soll viele Stellen förmlich (sowohl in Bezug der Musik wie des Textes) ausgelacht & zuweilen gepfiffen haben. Die Fürstin Metternich & Gräfin Seebach deren Protektion man die Aufführung des Werkes zuschreibt, wurden so höhnend vom Publikum betrachtet. Eine so ungewöhnliche Art des Mißfallens einem doch jedenfalls sehr beachtenswerten & talentvollen Werke gegenüber scheint mir ein Werk der Cabale und nicht des wirklichen Urteils zu sein & wird meiner Ansicht nach dem Werke bei den folgenden Vorstellungen sogar von Nutzen sein...«

Wagner sah das ganz anders: »Mein Nichterfolg in Paris that mir wohl«, belog er sich und seine Leser in *Mein Leben,* »hätte ein Erfolg mich erfreuen können, wenn ich ihn durch die gleichen Mittel meines durch mich beängstigten, verborgen bleibenden Antagonisten erkauft haben würde?« Übersetzt man das in die gewöhnliche Sprache, heißt es, dass Meyerbeer durch Wagners Auftreten so verängstigt war, dass er sich gar nicht erst zu zeigen wagte. Grotesker kann niemand die wirkliche Lage verkennen. Meyerbeer studierte unterdessen den Klavierauszug des *Tristan.* Es war keine Musik nach seinem Geschmack. Er vermisste den Primat der Singstimmen. Er wusste, dass dergleichen von jüngeren Komponisten nicht mehr als erste Forderung an eine Opernmusik gestellt wurde, und er tolerierte, dass die nachrückende Generation einer anderen Ästhetik huldigte.

Den Misserfolg hatte sich Wagner selbst zuzuschreiben. Er war nicht davon abzubringen, das Ballett, das üblicherweise im zweiten Akt auftrat, um den jungen Herren des Jockey-Clubs die Auswahl der »Figurantinnen« für die kommende Nacht zu organisieren, zu verlegen. Das Venusberg-Bacchanale im ersten Aufzug war vorbei, als der Club in die Opéra kam, und aus Enttäuschung darüber, dass die jungen Damen schon vergeben waren, wurde der *Tannhäuser* schmählich ausgepfiffen.

Das Vertrauen, das König Friedrich Wilhelm IV. in seinen Generalmusikdirektor gesetzt hatte, brachte ihm auch der neue König Wilhelm I. entgegen. Besonders Königin Augusta, die ihm seit 1840 freundlich verbunden war, sorgte sich in rührender Weise um ihren »Ersten Musikmeister Preußens«. Mit Minna Meyerbeer beriet sie sich, wie man dem immer mehr kränkelnden Meister helfen könne. Sie beauftragte die ersten medizinischen Kapazitäten des Hofes, auch über Meyerbeers Zustand zu wachen. Am 19. Februar 1861 hatte der Generalmusikdirektor letzten Abschied von Friedrich Wilhelm IV. genommen und zu seinen Ehren ein Konzert in der Bildergalerie des Schlosses zu Berlin dirigiert. Während der offiziellen Totenfeier erklangen der Trauermarsch aus Händels Oratorium *Saul* und das *Requiem* von Mozart. Für die Krönungsfeierlichkeiten in Königsberg erhielt Meyerbeer den Auftrag, einen Marsch und einen Festhymnus zu komponieren. Da er in diesen Tagen erkrankte, dirigierte Wilhelm Taubert in Königsberg den ersten Teil des Marsches; am 24. Oktober wurden Marsch, Festhymnus und Händels *Coronation-Anthem* im Weißen Saal des Berliner Schlosses unter Meyerbeers Leitung aufgeführt.

Während er die Partituren schrieb, erreichte ihn ein Brief von Jules Janin aus Paris, in dem dieser sich über das geringe Interesse beklagte, das einer Aufführung von Werken Jean-Philippe Rameaus entgegengebracht worden war. Meyerbeer, den jedes Desinteresse an der musikalischen Vergangenheit schmerzlich berührte, schrieb am 2. Oktober zurück: »Ihr letzter Brief an mich war nach Königsberg adressirt, aber ich war noch in Berlin und arbeitete fort und fort, wie ein Jüngling, ungeachtet der siebenzig Jahre, welche vor einiger Zeit gewisse Leute mit besonderer Freigebigkeit mir aufbürden wollten. Da ich in Königsberg, wo ich das grosse Hofconcert zu arrangiren den Auftrag habe, erst am 18. d. M. erwartet werde, so habe ich jetzt Zeit, Ihnen zu antworten, und will Ihnen sogleich bekennen, wie schmerzlich mich der geringe Grad von Theilnahme und Erregung, welche der Name Rameau bei Ihnen hervorrief, berührt hat; und doch war er immer der leuchtende Stern Ihrer Oper, einer Ihrer Meister in der Musik; er blieb Ihnen nach Lulli, und bahnte den Weg für den Ritter Gluck. Also hat seine Familie das beste Recht, gerade in Paris die Hülfe und Unterstützung zu erwarten, welche man bei mehreren Gelegenheiten den Nachkommen Racine's und den Enkelinnen des grossen Corneille nicht versagt hat. Wäre ich in Paris gewesen, so würde ich gewiss, natürlich incognito, für einen Platz 200 Frcs. bezahlt haben, und ich ersuche Sie dringend, den armen Leuten, welche sich unglücklich fühlen müssen, ihre so gerechten Erwartungen getäuscht zu sehen, diese Summe zu behändigen ... mit Gottes Hülfe, theurer Freund, werden wir uns im nächsten Jahre hoffentlich, frei von allen Sorgen, in dem gastlichen und lieblichen Städtchen Spaa mit dem Plätschern der Springbrunnen u. dem Rauschen der grauen Eichen wiedersehen. Freundschaftlichst Meyerbeer.«

Am 20. April 1862 setzte der nun 70-jährige Komponist zum wiederholten Male über den Kanal, um den deutschen Beitrag zur Eröffnung der Weltausstellung in London selbst zu dirigieren. Verdi war gebeten worden, den italienischen Beitrag zu komponieren, Auber den französischen und William Sterndale Bennett den englischen. Meyerbeer hatte eine mehrteilige »Ouverture im Marschstyl« mitgebracht, die sich in »Marcia trionfale«, »Marcia religiosa« und in »Pas redouble« gliederte. Im Schlußsatz war, aus Höflichkeit gegenüber den Gastgebern, das Nationallied »Rule, Britannia« eingeführt worden. Als man Meyerbeer den Aufführungsort im Stadtteil Kensington zeigte, kamen ihm Bedenken: »Derselbe ist so riesenhaft, & die Masse der Exekutierenden so groß, dass wahrscheinlich nur ganz breite Akkorde zu einer möglichen Geltung gelangen können, & meine Ouvertüre, die voller Details & feiner Ausarbeitung ist, wahrscheinlich ganz verschwinden wird« (Tgb., 26. April). Doch die Herren des Orchesters der London Philharmonie Society folgten seinen Winken so aufmerksam, dass die erste Probe zur Zufriedenheit aller verlief und sich am Schluss ein kräftiges »Applaudissement« erhob. »Hierauf«, notierte Meyerbeer in seinen Aufzeichnungen, »erhob sich Lord Granville, der Chef des Comité für die Ausstellung, & hielt eine für mich sehr schmeichelhafte Rede, worin er mir im Namen der Königin & der Kommission der Ausstellung für das neue Meisterwerk (wie er sich ausdrückte) dankte, womit ich England beschenkt hätte.« Zu diesen Vorschußlorbeeren gesellten sich nach der gelungenen Eröffnung die Glückwünsche der Gäste, »obwohl eine Menge Details verloren gingen«, wie der Komponist mit Bedauern notierte. Den Kritikern war der Mangel an Feinheiten offenbar entgangen, denn sie feierten Meyerbeer überschwänglich als den größten lebenden Komponisten. Er ließ sich feiern auch bei einem zweiten Konzert mit der Society, in dem er den Königsberger Krönungsmarsch vorstellte. Nach ausführlichen Museums- und Theaterbesuchen verließ er am 21. Mai die britische Hauptstadt, um zur fälligen Kur nach Bad Ems zu gehen.

Epilog »L'Africaine / Vasco de Gama« 1837–1865

27 Jahre lang, das ist etwa die Hälfte seiner schöpferischen Zeit, befasste sich Meyerbeer in gewissen Abständen mit der *Africaine* – und führte sie dennoch nicht zu Ende. Erst schob er die Entscheidung über die endgültige Form des Werkes lange vor sich her, dann starb Scribe, und schließlich nahm ihm selbst der Tod die Feder aus der Hand.

Parallel zu den ersten Entwürfen des *Prophète* hatte Scribe den Plan zu einer fünfaktigen Grand Opéra mit dem Titel *L'Africaine* vorgelegt, über die am 14. Mai 1837 ein Vertrag abgeschlossen wurde, wonach das Libretto in den drei Folgemonaten entstehen sollte; für die Komposition plante Meyerbeer drei Jahre. Scribe erhielt einen Sicherheitsbetrag von 5000 Francs, bis das Werk an der Académie aufgeführt werden würde.

Meyerbeer nahm den Stoff an. Im Gegensatz zu dem düsteren *Prophète* versprach er sich von diesem Sujet farbigere Tableaux und prächtigere Dekorationen. Trotz der vielen Veränderungen am Stoff blieben die szenischen Grundmotivationen und die Figuren des Entwurfs von 1837 erhalten. Es sind Estrelle (= Ines), Gunima (= Sélica), Fernand (= Vasco da Gama), Salvator (= Don Pedro) und Yoriko (= Nelusco). Die Handlung spielt in Cadix, auf einem spanischen Schiff, nahe den Quellen des Niger und im Innern Afrikas unter einem Manzanillabaum. Die reichlich verzweigte Geschichte weckte Meyerbeers Interesse, forderte zugleich seine in den »notes« festgehaltene Kritik heraus.

1838 entstanden die ersten musikalischen Skizzen; Meyerbeer erwähnte 1841 gegenüber Gouin einen ganzen Akt, den er »schon vor langer Zeit« geschrieben habe. Am 1. April 1838 wurde eine neue Vereinbarung geschlossen, die die Fertigstellung des Werks zugunsten des favorisierten *Prophète* auf 1843 verlegte. Die Verschiebung hatte einen weiteren wichtigen Grund: Cornélie Falcon war erkrankt, und man wusste nicht, wann sie auf die Bühne zurückkehren würde; ihr nämlich war die Rolle der Sélica von Anfang an zugedacht. Zweifel kamen Meyerbeer, als er hörte, das Pariser Publikum wünsche keine langen fünfaktigen Opern mehr. »Nun soll auch meine, welche über alle Begriffe lang ist, in 4 Akte verwandelt werden«, berichtete er am 10. Juli 1838 seiner Frau, »da aber Scribe mich immerfort herumzieht die nöthigen Veränderungen zu machen, so frage ich dieser Tage Germain Delavigne um Rath. Nun muß ich Dir voraussagen, daß Germain Delavigne nicht nur ein edler reiner Mensch ist der jeden Autorneid's unfähig ist, sondern auch (obgleich kein schöpferischer Kopf) das feinste richtigste Urtheil hat, so daß ihn Scribe immer auf die Proben seiner Opern einladet um sein Urtheil zu haben. Nachdem Germain Delavigne das Poem durchgelesen hatte, sagte er mir daß seine alte Freundschaft für mich ihn verpflichte mir zu sagen, daß er mir mit Hand und Mund abrathe es in Musik zu setzen …« Die von Delavigne gesäten Zweifel gingen auf, ohne daß Meyerbeer zunächst die Konsequenzen zog und das Buch ablehnte.

Scribe legte im Sommer den Entwurf einer neuen Exposition vor, in der die bisherigen beiden ersten Akte zusammengezogen waren. Meyerbeer musste tüchtig drängen. »Du kennst Scribe«, vertraute er am 15. Juli Minna an, »wie man ihm auf die Hacken sitzen muß wenn man etwas erlangen will.« In Zusammenhang mit den Problemen, die der Komponist mit Pillet hatte, verzögerte sich auch die Komplettierung der *Africaine,* so dass am 23. Dezember 1842 ein neuer Vertrag fällig war. Danach sollte die Partitur »Ohne Instrumentierung« bis 31. Dezember 1843 vorliegen. Laut Tagebuch vom Dezember 1841 komponierte Meyerbeer »zum größten Teil den ersten Chor des 5. Aktes«. Erst wenn eine Aufführung in Sicht wäre, sollte weitergearbeitet werden. Den Grund für dieses sonderbare Vorgehen verriet er ausschließlich Gouin: »Unter uns, Dichtung und Musik der Afrikanerin sind weit unter denen des Propheten, der die beste Partitur ist, die ich in meinem Leben geschrieben habe« (23. Mai 1842). Meyerbeer hatte sogar überlegt, ob er dieses Stück nicht der Opéra-Comique anbieten solle.

Nach 1849 war es unumgänglich, sich wieder der *Africaine* zuzuwenden. Meyerbeer hatte unterdessen den 1811 erschienenen Roman *Der Missionar, eine indische Erzählung* von Sydney Owenson gelesen, in dem ein Mann den Mörder seines Vaters jagt und zu den Brahmanen gelangt. Léon de Wally las ihm 1850 ein Opernlibretto vor, das in Indien spielte, welches ihm aber nicht gefiel. Im Oktober erhielt er einen großen Bildband über Indien. Da Delavigne geraten hatte, die Entdeckung Indiens durch Vasco da Gama in die Handlung der Oper einzubeziehen, sollte nun ein Teil des Werkes in Indien spielen. Das war überhaupt die Idee, die für Meyerbeer das Stück erst interessant machte. Sogleich studierte er die Couleur locale, las das Epos *Os Lusiades* von Luis de Camões über die Abenteuer des portugiesischen Entdeckers und beriet sich am 16. und 21. Oktober 1849 mit Scribe. Der wird kaum von der Aussicht auf neuerliche tief greifende Umarbeitungen begeistert gewesen sein, aber er erklärte sich zur Weiterarbeit bereit. Meyerbeer verschaffte sich eine Enzyklopädie über Portugal. Auch aus der Königlichen Bibliothek in Berlin lieh er sich mehrere Bände aus. Wie Schwarzafrika und Indien verbunden werden sollten, war Scribes Sache. Der Komponist setzte dem aus Gesundheitsrücksichten in Nizza weilenden Dichter am 27. Oktober 1851 seine Ideen auseinander: »... so denke ich jetzt in der Eisenbahn über unsere neue ›Afrikanerin‹ nach, in Erinnerung unserer letzten Unterredung. Ich weiß nicht, ob ich mich täusche, aber es scheint mir, dass dies eine gute und verständliche Eröffnungsszene wird, die zugleich eine großartige musikalische Introduktion bietet, mit einer feierlichen Ratsszene der portugiesischen Admiralität, vor der Vasco seine Pläne zur Entdeckung Indiens erläutert und um Schiffe und Truppen bittet. Diesem Rat würde der Rivale von Vasco vorstehen (der spätere Ehemann von Ines). Wie in allen Sitzungen gibt es unter den Mitgliedern geteilte Meinungen, jeder verteidigt seine Ansicht, aber schließlich siegt die Kabale gegen Vasco, man erklärt seine Projekte als unausführbar, als Hirngespinste – der Großinquisitor, der Beisitzer bei allen Ratsversammlungen der Regierung ist, kritisiert die Meinungen Vascos zur Lage der Ketzer im Land. Vasco braust auf, droht, man entsetzt ihn seines Amtes, verbannt ihn. Er enteilt wütend und erklärt, dass er allein sein Glück versuchen wolle, ein Schiff auszurüsten und durch die Tat zu beweisen, dass er sich nicht getäuscht habe – die Szene wechselt und zeigt den Sklavenmarkt. Das sind nur zwei, aber wichtige Szenen für den ersten Akt, und das genügt, denn das neue Werk muss um ein Drittel kürzer werden als in seiner alten Anlage. Wenn es für die Verständlichkeit des Stoffes notwendig wäre, dass sich die beiden Liebenden im ersten Akt begegnen, so können Sie eine Szene im Rezitativ einfügen, unmittelbar beim Hochgehen des Vorhangs, wo Ines, die durch ihren Vater die Zusammensetzung des Rates und die schlechten Aussichten für Vasco kennt, ihrem Geliebten einen Wink gibt und ihn bittet, auf der Hut zu sein. In dieser Szene können Sie sie alles sagen lassen, was Sie dem Publikum notwendigerweise erklären müssen. Ich teile Ihnen diese Idee mit, lieber Freund, so wie sie mir durch den Kopf kam. Machen Sie es, wie Sie es nach Ihrer Erfahrung für richtig halten, aber in diesem Fall zähle ich auf Ihr ernsthaftes Versprechen, daß Sie versuchen wollen, das Stück auf ganz neue Grundlagen vor einen historischen und noblen Hintergrund zu stellen, mit interessanten und schärfer gezeichneten Charakteren als dies Fernand, Ines und Salvator waren, für die man nicht das mindeste Interesse aufbringen konnte, indem Sie vor allem Vasco einen heroischen und chevaleresken Charakter geben. Begnügen Sie sich nicht mit einer kleinen Retusche, lieber Freund, und hegen Sie vor allem keine Sorge, mehr oder weniger von meiner Musik zu retten, die ich für das alte Stück gemacht habe. Davon muß nicht ein einziges Stück bleiben …«

»Auf ganz neue Grundlagen vor einem historischen und noblen Hintergrund…, mit interessanten und schärfer gezeichneten Charakteren… Das Stück geht jetzt in eine andere Richtung…« – dies waren immer wieder Meyerbeers Forderungen an den Librettisten einer Grand opéra. Scribe nahm dessen Vorschläge, wie die endgültige Fassung erkennen lässt, zum großen Teil auf und sandte dem Komponisten Ende November 1851 den Entwurf aller fünf Akte nach Berlin. Meyerbeer bestätigte das am 30. Januar 1852 gegenüber Gouin: »Wenn er mich so lange hat warten lassen, so hat er sich doch dafür große Mühe gegeben mit dieser Arbeit… Das Stück geht jetzt in eine völlig andere Richtung. Ich sehe, daß wir jetzt zum Ziele kommen werden. Es gibt noch große Nachteile und Mängel, vor allem in der Länge, und es werden eine Menge Briefe zwischen mir und Scribe ausgetauscht werden, bis er mit dem Schreiben des Librettos beginnen kann, aber das ist egal, die Hauptsache ist, daß diese neue Fabel ein berührendes Sujet bietet, interessant, klar, mit grandiosem historischem Hintergrund, musikalischen Situationen und einer neuartigen und brillanten Mise en scène. Ich habe außerdem an Scribe geschrieben, daß ich ihn nicht mehr bitte, nach einem neuen Sujet zu suchen…«
Meyerbeer bleibt an dem Stück, nur wechselt er ab 1857 häufig die Perspektive:

G. Meyerbeer, Karikatur aus dem Charivari, *1858*

Geht es um die Neukomposition, dann notiert er *Vasco;* bezieht er sich auf ältere Teile, ist von der *Africaine* die Rede.

Der Komponist hatte Scheu, sich zu wiederholen, wollte aber andererseits an seinem Grundprinzip festhalten, Menschen in Extremsituationen vor einem konkreten historischen Hintergrund zu zeigen. Scribes erster Entwurf war ihm zwar wegen seiner Farbigkeit gegenüber dem düsteren *Prophète* entgegengekommen, aber so recht zufrieden war er nicht, sicher der Hauptgrund, dass er die Komposition lustlos vor sich herschob. Mit der Einführung der historischen Figur des Vasco da Gama waren weitreichende Konkretionen verbunden: das Portugal im Zeitalter der Entdeckungen um 1500, Konflikte zwischen Individuen, Staatsmacht und Klerus nicht nur in Europa, sondern auch in Indien. Hier nun wird Meyerbeers Thema wieder offensichtlich: Wie verhält sich ein in diesem Falle aufgeklärtes Individuum wie der Seefahrer Vasco gegenüber einer konservativen Übermacht von Staat und Kirche? Und wie verhält sich dieser Vasco gegenüber einer Frau, die sich als Königin eines fremden Reichs erweist, das er doch dem portugiesischen Weltreich einverleiben möchte, und der andererseits sein Leben einer Frau aus Portugal verdankt? Hier war zu zeigen, wie Ideologien und Machtmechanismen in Europa, aber auch in Indien ähnlich ausgebildet sind.

So wurde die Struktur des ganzen Werkes einsichtig: erster und zweiter Akt Portugal – vierter und fünfter Akt Indien, dazwischen der dritte Akt auf hoher See zwischen den Kontinenten. Auch die Figur der Sélica ist dramaturgisch nicht statisch, sondern ins Verhältnis zu der Großform gesetzt: Im ersten und zweiten Akt ist sie eine Sklavin, im dritten Akt eine Bedienstete ihrer Widersacherin Ines, die kurz vor dem Überfall ihrer Krieger auf die Portugiesen plötzlich Vasco verteidigt und im vierten und fünften Akt als Königin agiert und Ines ihrerseits Gefangene ist (Neppl 2013). Diese sinnvolle Dramaturgie wird in die kritische Neuausgabe, die Jürgen Schläder für die Werkausgabe Meyerbeers bei Ricordi vorlegt, übernommen.

Am 15. März 1852 erklärte Meyerbeer gegenüber Pauline Viardot, die sich nach dem Zustand der *Africaine* erkundigt hatte, dass er zwar den Entwurf der Veränderungen, nicht aber die Veränderungen von Scribe selbst in der Hand habe. Deshalb berieten die Autoren im Mai 1852 in Berlin auch über diesen Fall. Da sie sich gleichzeitig für die Erarbeitung der *Étoile du Nord* entschlossen, kann vermutet werden, dass das Libretto zur *Africaine* nur langsam entstand. Aber es müssen erste Texte vorgelegen haben, denn Meyerbeer komponierte einige Stücke des ersten Aktes: die Auftrittsarie der Ines, »Adieux rives du Tage«, »aufgeschrieben Berlin den 16. Februar 1853, instrumentirt den 19. Februar 1853. Dieses ist das erste Stück dieser Oper, welches ich componirt und aufgeschrieben habe«, notierte Meyerbeer in seiner Partitur. Außerdem entstanden Teile des Duetts Sélica – Yoriko, die Arie der Sélica »Loin de lui« und die – später verworfene – Szene auf dem Sklavenmarkt.

Optimistisch gestimmt, schloss Scribe mit Roqueplan einen Vertrag über die Aufführung des Werkes ab, der ihm weitere 4000 Francs für den Beginn der Proben zusicherte. Bald stockte die kompositorische Arbeit, in den folgenden vier Jahren schrieb Meyerbeer nicht eine Note für die *Africaine*, da er sich am Projekt der *Dinorah* von Jules Barbier und Michel Carré entzündet hatte. Scribe musste besänftigt werden: »Zu Scribe, der so böse ist, dass ich mit einem anderen Dichter eine opéra comique gemacht habe, dass er die Africaine & Judith zurücknehmen will, wenn ich nicht gegen ein dedit von 50.000 Franken unterzeichnen will, in 5 Jahren die Africaine & Judith in der Oper gegeben zu haben«, notierte Meyerbeer am 13. August 1857 ins Tagebuch. Durch die fantastische Summe aufgeschreckt, begann er umgehend zu komponieren und schloss einen weiteren Vertrag am 14. September 1857 ab, demzufolge er auf der Stelle 10 000 Francs zu zahlen habe, und dass Scribe das Buch der *Africaine* zurückerhalte, wenn Meyerbeer die Oper nicht innerhalb der nächsten fünf Jahre zur Aufführung brächte; weiterhin dass Scribe 10000 Francs erhalte, wenn sich mit der *Judith* ebenfalls in den nächsten fünf Jahren nichts ereigne. »Die Afrikanerin ... diese ewige Chimäre ... ist eine größere Chimäre als alles Gold von Robert dem Teufel«, spöttelte Scribe.

1857 entstand lediglich der Chor der Bischöfe aus der Staatsratsszene. »Nach diesem ersten Chor die Arbeit unterbrochen und erst wieder angefangen in Nizza im Januar 1858, und fertig die ganze Scene du Conseil aufgeschrieben Nizza den 25. Januar 1858, instrumentirt in Nizza den 27. Februar 1858«, steht in der Partitur. Aus dem zweiten Akt wurden in Nizza, wo sich der Komponist im Winter wegen seiner kranken Tochter Cäcilie aufhielt, das Duett Sélica – Yoriko fertiggestellt sowie zwei weitere Szenen des Yoriko im Particell notiert. Nach einer am 23. September 1858 in Baden-Baden entstandenen Skizze auf den Text »du sommeil il goûte les charmes« ruhte die Arbeit wieder für zwei Jahre. Als sich Meyerbeer im März 1860 der Partitur erneut zuwandte, wurden viele Skizzen wieder verworfen. Umso bereitwilliger ließ er sich auf die Arbeit an *La Jeunesse de Goethe* ein.

Am 20. Februar 1861 starb Scribe. Meyerbeer erfuhr am folgenden Tag die für ihn niederschmetternde Nachricht: »Zur Arbeit war ich unfähig ... Obwohl wir oft démêlées [Zwistigkeiten] hatten, so war seine Liebenswürdigkeit doch so groß, daß

Eugène Scribe, Fotografie um 1858

ich ihn innerlich stets liebte, ihm ergeben war. Sein wenn auch nicht immer edles, aber stets geistreiches, pikantes, nach allen Richtungen erfindungsreiches Talent entzückte ... Wer wird meinen Vasco da Gama in Szene setzen, wenn er endlich zur Aufführung kommt, wer die dichterischen Veränderungen machen, wenn sich solche als notwendig erweisen sollten? Und vielleicht kann ich nach dem Wortlaut meines Traités mit Scribe über Vasco und Judith in unangenehme Collisionen mit dessen Erben kommen?«, vertraute er seinem Tagebuch an. Bei der Witwe um Loyalität werbend, schrieb er ihr am 22. Februar: »Bei einer 30jährigen Freundschaft entstehen Gefühle, die allen Prüfungen standhalten, aber nicht denen einer unvermuteten Trennung. Währenddessen haben Sie, Madame, den sanften Trost, daß Scribe von allen jenen, die ihn kannten, geehrt und bewundert wurde und daß sein Andenken im Herzen aller seiner Freunde bleibt. Ich spreche nicht nur von dem unsterblichen Ruhm, den er sich erworben hat durch all die dramatischen Meisterwerke, welche von sämtlichen Bühnen Europas begeistert aufgenommen worden sind ...« Als der Vertrag fällig wurde, zahlte Meyerbeer 10 000 Francs, da er die *Africaine* nicht termingemäß aufführen konnte. Aber er erwirkte eine Verlängerung der Frist um zwei Jahre. *Judith* wurde endgültig ad acta gelegt.

Ende März 1861 gewann er Charlotte Birch-Pfeiffer, die beliebte Bühnenautorin, die ihm bereits bei der Umarbeitung des *Feldlagers* zur *Vielka* geholfen hatte, zur Mitarbeit. Mit der Komposition von zwei Liedern für ihr Schauspiel *Der Goldbauer* 1860 hatte er sie sich unauffällig verpflichtet. Nach seinen genauen schriftlichen Anweisungen lieferte sie ihm deutsche Verse, die Joseph Duesberg, ein in Paris lebender Journalist, ins Französische übertrug und die der oft schon vorhandenen Musik unterlegt wurden. Meyerbeer dichtete sogar selbst einige Verse für die Soloszene der Sélica im fünften Akt. Er kam 1862/63 gut voran, so dass er Ende 1863 mit einer dicken Partitur Berlin verließ. Hierher sollte er nicht mehr zurückkehren.

Lange konnte Meyerbeer sich nicht entschließen, mit wem er die weiblichen Hauptpartien besetzen sollte. Die Falcon war nie wieder auf die Bühne zurückgekehrt, aber ihre einmalige Stimme blieb ihm zeitlebens im Ohr und hatte den

Charakter Sélicas bestimmt. Er erkundigte sich bei seiner alten Freundin Karoline Ungher-Sabatier und bei dem Gesangslehrer und Dirigenten Pietro Romani nach der jungen Borchard und den schönen Altistinnen Wolff und Meyer. Die Medori, die Borghi-Mamo, die 1860 in einer Neuinszenierung den Armando im *Crociato* sang, die Penco, die Tietjens und Pauline Lucca wurden geprüft. Letztere, eine erste Solistin der Berliner Hofoper, hatte 1861 auf Meyerbeers Anregung ein Engagement auf Lebenszeit erhalten; sie sollte ebenso wie Therese Tietjens 1863 an der Opéra auftreten – für Meyerbeer eine günstige Gelegenheit, beide unter den ihm vertrauten Bedingungen zu hören. »Sie schreiben«, so der Komponist am 23. Juni 1863 an Brandus, »… daß Sie nicht ersehen können ob es mir wirklich angenehm wäre wenn Dlle Tietjens und Lucca Gastrollen an der Großen Oper sängen. Gewiß wäre mir das sehr angenem. Denn wenn eine der beiden sehr reüßirte so hätten wir dann nicht nur die Rolle der Afrikanerin besetzt, sondern auch die andere ebenfalls sehr große tragische Frauenrolle durch Mme. Sax.« Meyerbeer hatte eine deutliche Vorstellung vom Charakter der Sélica, der von den Sängerinnen der Opéra – allesamt Chanteuses légères –, nicht eingelöst werden konnte. Er verlangte einen Stimmtyp, der französisches Repertoire sang, »… Genre Falcon, also die Valentine oder die Jüdin (nicht die Alice), es giebt mir keinen Maßstab für die Africanerin.« Auch für die Rolle des Vasco suchte er nach einem neuen Darsteller. »Vasco ist die bedeutendste Männerrolle, die ich in meinem Leben componirt habe«, schrieb Meyerbeer am 9. August an Brandus, »und von deren Darstellung hängt ein bedeutender Theil des Erfolgs der Oper ab. Der alte, dicke und abgesungene Gueymard für diese jugendliche heroische chevaleresque Rolle scheint mir nicht passend.« Am Donnerstag, dem 3. September 1863, gedachte der Komponist »abends mit dem Zuge einzutreffen der um 8 Uhr 50 Minuten in Paris anlangt, um die Vorstellung der Tietjens am Freitag anhören zu können. Haben Sie daher die Güte mir … ein Quartier … unter Ihrem Namen zu nehmen, damit ich mich dort incognito ein paar Tage ausruhen kann«, bat er am 1. September von Baden-Baden aus seinen Verleger Brandus.

Am Sonntag, 29. November 1863 vertraut er seinem Tagebuch an: »7 Stunden gearbeitet: die letzte Szene der Selica instrumentiert u. revidiert, u. damit die ganze Partitur von Vasco beendigt … Gott segne das Werk und verleihe ihm einen glänzenden u. dauerhaften Erfolg … Amen.« Das hinderte ihn aber nicht, am 2. Dezember 8 Stunden die Träumerei des Vasco zu Beginn des zweiten Aktes anders zu komponieren, und so weiter, bis zum April 1864 …

Das Stück war zwar komponiert, aber ihm fehlte noch die endgültige Façon, die jedes Werk erst auf den Endproben erhielt. Die Besetzung war noch ungeklärt. Die Rolle der Sélica sollte dann Marie Sax erhalten, die eine »sehr klangvolle Stimme hat, aber sie scheint mir auch mehr Mezzosopran wie Sopran zu sein«, hielt er im Tagebuch am 16. September fest. Marie Battu, eine junge, begabte Kraft, würde die Ines singen, Emilio Naudin den Vasco und Faure, der Meyerbeer zuliebe an die

Opéra kam, den Yoriko. Weil der Bariton gegen diesen »Affen«-Namen protestierte, wurde die Figur in Nelusco umbenannt.

Am 30. Dezember 1863 sandte Meyerbeer seiner Frau einen wenig erbaulichen Neujahrsgruß: »Für den Frieden und die Ruhe der Welt läßt sich leider das neue Jahr schwärzer und sorglicher an als irgend ein anderes seit 1848 und namentlich haben die Besitzenden jeder Klasse Ursache für die Dauer ihres Wohlstandes zu zittern in welcher Art auch das Besitzthum angelegt sei. Suchen wir Trost in Goethes Ausspruch: ›Es ist dafür gesorgt daß die Bäume nicht in den Himmel wachsen.‹ Am Ende löset sich vielleicht noch der gordische Knoten der gegenwärtigen Weltgeschichte ohne das Schwerdt obgleich kaum abzusehen ist, wie das möglich sein wird.« Sezessionskrieg in Nordamerika, Bürgerkrieg in Mexiko, Aufstände in Polen, Kriegsgefahr im Deutsch-Dänischen Konflikt: politische Gefahrenherde um den Jahreswechsel 1863/64.

Im Dezember des alten Jahres hatte er noch einige Szenen für den fünften Akt geschrieben. Eine Ouvertüre, nach seiner Notiz mehr eine Introduktion, schrieb er im Januar 1864 auf. Eine zweite Fassung wurde am 7. April beendet. Sie kann als die letzte Komposition Meyerbeers gelten.

Am 8. März gratulierte er seiner Tochter Cäcilie zum Geburtstag. Es war einer der letzten Briefe des Komponisten, der, seit er 1863 wieder nach Paris gekommen war, seinen Töchtern viel häufiger schrieb: »Empfange meine herzlichste Gratulation und meinen väterlichen Segen zu Deinem Geburtstage, und mögen diese Zeilen … Dich in bester Gesundheit und heiterster Seelenstimmung treffen, und mögen diese kostbaren Güter die stete Begleiterin Deiner Lebensbahn sein, die Gott der Allmächtige bis zum hundertsten Jahre verlängern möge: und möge er Dir recht bald einen guten braven Gatten schenken, den Du liebst und der Dich in Liebe und Treue beglückte. Der Tag, wo das der Fall sein wird, wird mir der glücklichste meines Lebens sein.«

Im April erhielten die Kopisten zwar die Partitur, um die Orchesterstimmen herauszuziehen, aber Meyerbeer war zu krank, um die Vorbereitungen der Aufführung weiterzuführen. »Am Freitag, den 22. April«, berichtete die *Neue Berliner Musikzeitung,* aus deren ausführlichem Bericht über den Tod Meyerbeers in der Ausgabe vom 11. Mai 1864 im Folgenden zitiert wird, »speiste er zu Hause in frugaler Weise. Tags darauf fühlte er sich unwohl, und sandte nach seinem Hausarzt, der indessen keine beunruhigenden Symptome wahrnehmen konnte. Dienstag Abend jedoch hielt derselbe es für angemessen, den Dr. Bayer hinzuzuziehen. Auch dieser fand durchaus nichts Beängstigendes in dem Zustande des Patienten, wohl aber eine grosse Schwäche, welche bei dem Alter des Verstorbenen gefährlich werden konnte und eine energische Behandlung verlangte. Meyerbeer hörte nicht auf, sich mit der ›Afrikanerin‹ zu beschäftigen. Er sprach davon zu denen, die ihn besuchten, und sagte sogar zu Einem von ihnen: ›Ich hatte Anfangs nur eine Introduction dazu geschrieben, aber man hat mir gerathen, dieselbe durch

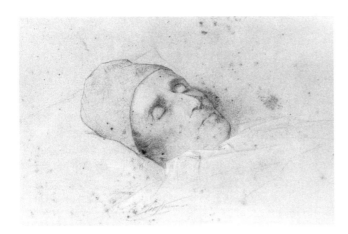

E. Mousseaux, G. Meyerbeer auf dem Totenbett, 1864

eine Ouverture zu ersetzen. Sie ist fertig, ganz fertig; ich habe sie hier, und es bleibt mir nur noch, die Instrumentation zu beenden; wie fatal, dass dieses Unwohlsein mich daran hindert!‹. Am Sonntag, den 1. Mai, obwohl seine Schwäche merklich zugenommen hatte, zeigte er seine Unzufriedenheit mit einem Copisten, der sich seines Ausbleibens wegen hatte entschuldigen lassen. Auf ein Compliment des Dr. Bayer über seine Werke erwiderte Meyerbeer: ›Sie sind sehr nachsichtig! Aber ich habe da‹, fügte er, die Finger auf die Stirn legend, hinzu, ›so viele Ideen, so viele Dinge, die ich machen möchte!‹ – ›Sie werden diese machen und noch viele andere‹, erwiderte der Doctor. – ›Glauben Sie? Nun, um so besser!‹ – Sonntag gegen Mittag trat eine allgemeine Schwäche ein. Am Morgen waren seine beiden jüngsten Töchter aus Baden eingetroffen; ausser ihnen waren in den letzten Stunden des Meisters sein Neffe Jules Beer anwesend, sowie sein Verleger Hr. Gemmy Brandus; sein langjähriger Freund Hr. Louis Brandus hatte ebenfalls seit 8 Tagen sein Krankenlager nicht verlassen können … Sonntag Abend um 8 Uhr, nachdem bereits alle Hoffnung auf Wiedergenesung verschwunden war, wandte sich Meyerbeer, wie gewöhnlich, an die Personen, die sein Bett umstanden, und sagte: ›Ich wünsche Euch eine gute Nacht, bis morgen!‹ Man entfernte sich scheinbar. Montag früh um 5 1/2 Uhr wurden die Pulsschläge und der Athem unhörbar, und um 5 Uhr 40 Minuten kündigte ein Seufzer, der letzte, das Verlöschen des Lebenslichtes an.«

Rossini kam aus Passy geeilt, da er von Meyerbeers Erkrankung gehört hatte. Er konnte nur noch von einer der Töchter die Todesnachricht entgegennehmen. Für den Tag der Trauerfeier komponierte er einen düsteren, melancholischen vierstimmigen Chorsatz *Quelques Mesures Funèbres à mon pauvre ami Giacomo Meyerbeer*.

Die Schlagzeilen der Pariser Zeitungen lauteten: »Meyerbeer ist nicht mehr!«; »Die Musik ist ohne Meister!« Joseph d'Ortigue schrieb am 8. April im *Ménestrel*: »Nichts hatte eine solche Katastrophe vorausahnen lassen. Zwar hatte man

Trauerfeier in der Gare du Nord, Paris, 6. Mai 1864

Meyerbeer ... an den vorausgegangenen Tagen gesehen, ... aber kein Gerücht war der Öffentlichkeit zu Ohren gekommen, das diese Gefahr signalisiert hätte ... Meyerbeer ist in der hübschen Wohnung in der Rue Montaigne gestorben, die zu den Champs-Élysées führt und eine so wunderbare Lage hat, daß ihm nicht der kleinste Sonnenstrahl entging, und der Blick sich an der schönsten Promenade der Welt erfreuen konnte. Nun, wenn er schon so früh gehen mußte, so tat er doch gut daran, in Paris zu sterben. Wir Franzosen ehren ihn dafür und möchten ihm am liebsten dafür Dank sagen. Er hatte in Berlin das Licht der Welt erblickt, und mitten unter uns sind seine Seele und sein Genie in Gott eingegangen.« Meyerbeer habe deshalb die besten Voraussetzungen für sein Schaffen in Paris gefunden, resümierte d'Ortigue, weil er den französischen Geschmack und die französischen Sitten akzeptiert habe und zu einer kosmopolitischen Kunst gelangt sei. »Er wußte ..., daß der Franzose nicht isoliert leben kann und daß jede seiner Ideen die übrige Welt gleichsam auf fulminante, unmittelbare Weise elektrisierte ...«

Eine Kommission, bestehend aus Camille Doucet, François Auber, Baron Taylor, Édouard Monnais, Jean-Georges Kastner, Jules Henry Vernoy de Saint-Georges, Emile Perrin, Pier Angelo Fiorentino, Julius Beer und Louis Brandus, hatte den 6. Mai als Tag der offiziellen Trauerfeier der französischen Nation empfohlen. Die *Neue Berliner Musikzeitung* berichtete ihren Lesern aus Paris und Berlin: »Eine schwarze Draperie, mit den Anfangsbuchstaben des Verstorbenen, fasste die Thür des Trauerhauses ein. Um 1 Uhr Mittags am Freitag, den 6. Mai, setzte sich der Trauerzug nach dem Nordbahnhof in Bewegung, und zwar in folgender Ordnung: Eine Abtheilung des dritten Bataillons der Nationalgarde mit den Sapeurs, den Trommlern und der Musik des Bataillons, die Musikcorps der ersten Grenadiere und der Gensd'armerie der Kaiserl. Garde; dann folgte der Leichenwagen, von sechs Pferden gezogen. Die Zipfel des Leichentuches wurden getragen von dem preussischen Botschafter Grafen von Goltz, dem Grafen Bacciochi, General-Intendant der Theater, den Herren de Gisors und Beulé, Repräsentanten des Instituts, den Herren Saint-Georges, als Repräsentant der Gesellschaft dramatischer Schriftsteller und Componisten und Baron Taylor, als Repräsentant der Musik-Association, dem alten Auber vom Conservatorium und dem Director der Oper Emil Perrin. Hinter dem Leichenwagen hatten die Mitglieder der Familie, die officiellen Deputationen, die Abtheilung der schönen Künste des Instituts, die Deputationen des Lyrischen Theaters, des Conservatoriums und der Gesangsverein ›Teutonia‹ Platz genommen. Unter den Nobilitäten, welche theils im Trauerhause, theils im Zuge anwesend waren, bemerkte man den Marschall Vaillant, Minister des Kaiserlichen Hauses und der schönen Künste, Marschall Magnan und General Mellinet. Dank den Bemühungen Rothschild's sind die Arbeiten auf dem Nordbahnhof, der gerade im Umbau begriffen ist, unterbrochen worden. Um drei Uhr langte der Trauerzug auf demselben an. Die Halle desselben war schwarz bekleidet, mit Namenszügen des Verstorbenen und Schildern, welche die Namen der Werke enthielten, geziert. Am Eingang befand sich eine Orgel; ein prächtiger Katafalk, umgeben von silbernen Candelabern, stand in der Mitte; in einiger Entfernung sah man den schwarz drapirten Leichenwagen, welcher die Reste des grossen Mannes eilend hinwegtragen sollte. Zwischen dem Wagen und dem Katafalke war eine für die Redner bestimmte Tribüne erbaut. Bei der Ankunft des Sarges executirte die Musik der Garde den ›Schillermarsch‹, den Marsch aus dem ›Propheten‹ und den aus der ›Wallfahrt von Ploërmel‹. Die Leichenreden wurden von Beulé, Saint-Georges, Baron Taylor, Perrin, Oberst Cerfbeer, Camille Doucet und dem Oberrabbiner Frankreichs gehalten. Alle Redner sprachen voll Begeisterung von dem Genius des Verstorbenen. Alle sprachen mit sichtbarer Rührung. Alle nannten ihn einen Adoptivsohn Frankreichs. Perrin, der Director der Kaiserlichen Oper, sagte u. A. Folgendes: ›Sie wissen alle, ein wie bescheidenes Dasein er unter uns verlebte. Dennoch empfing ihn Paris niemals ohne Erregung, ohne eine Hoffnung. Denn gerade Frankreich war es, welches er als Vaterland seiner Werke erwählt hatte …‹

Die Ceremonie war um 4 Uhr beendet und um 6 Uhr führte ein Extrazug die theuren Reste des Meisters von dannen … Die Gesetze der Académie impériale gestatteten dem Theater nicht, an diesem Abend die Vorstellung ausfallen zu lassen. Der Director wollte jedoch, dass dieser Abend eine Feier zum Andenken an den Genius des grossen Componisten sei, und wählte zur Aufführung ›Die Hugenotten‹. Faure, der am Tage vorher in London den Nevers gesungen hatte, wurde telegrafisch zurückberufen … Das Haus war bis auf den letzten Platz gefüllt … Mlle Sax, Gueymard, Faure und Belval übertrafen sich selbst. Nach dem 4. Acte erhob sich der Vorhang, das Orchester spielte den ›Krönungsmarsch‹ aus dem ›Propheten‹, und die Büste des Meisters, auf einer schwarz drapirten Console stehend, wurde von den Künstlern bekränzt.«

Meyerbeers testamentarische Verfügungen vom 31. Mai 1863 besagten, dass er in Berlin begraben werden wollte. Das wurde in Frankreich allgemein akzeptiert.

Émile Ollivier, Abgeordneter und späterer Premierminister, betonte in seinem Nachruf in der *Revue et Gazette musicale* die Bedeutung Meyerbeers für beide Nationen, ein Gedanke, der auch die Reden in der Gare du Nord bestimmt hatte: »Die Politik trennt, die Kunst eint ... Freuen wir uns, wenn in dieser Stunde ein solches Wort erlaubt ist, über dieses Kind des harmoniereichen Deutschlands, das seit so langer Zeit mit seinem überragenden Gesang unser edles Frankreich entzückt. Er schafft eine harmonische Verbindung zwischen den beiden Nationen. Möge sowohl der Name Meyerbeers als auch die Erinnerung an unsere Trauer, die sich mit derjenigen verbindet, die wir von jenseits des Rheins empfangen, diesen teuren Bund zwischen zwei Schwesternationen stiften, die nichts mehr trennen sollte. Möge sich das starke und dauerhafte Band fester und fester winden um das Vaterland Beethovens, Mozarts und Meyerbeers und jenes von Hérold, Halévy und Auber.« Dieser Wunsch sollte sich lange nicht erfüllen.

Auf französischem Boden hielt der Sonderzug noch an fünf Stationen, durch die Meyerbeer so oft gefahren war, um ihm hier die letzte Ehre zu erweisen. Auf dem Grenzbahnhof Aachen wurden alle französischen Embleme entfernt und durch preußische ersetzt. Es war die Vorschrift, die einem ehemaligen preußischen Hofbeamten galt. Auf dem Potsdamer Bahnhof in Berlin wurde der Zug von Blanca, Prinz Georg und dem Hofopernintendanten Botho von Hülsen erwartet. Eine große Menschenmenge begleitete schweigend den Trauerzug bis zu Meyerbeers Wohnung am Pariser Platz Nr. 6; Minna hielt die letzte Wache.

»Am Montag Mittag 12 Uhr fand die Beerdigung statt. Eine zahlreiche und glänzende Versammlung hatte sich im Trauerhaus eingefunden, und vor dem Trauerhaus wogte eine zahllose Menschenmenge. Die Räume, in welchen der Verewigte gelebt, waren durch Diejenigen gefüllt, welche es antrieb, dem Meister die letzte Ehre zu erweisen ... Der Sarg stand in einem schwarz ausgeschlagenen Zimmer, das durch eine Fülle von Kerzen erleuchtet war, auf einem mit Gewächsen jeglicher Art umgebenen Katafalk; Kränze und Blumen, Geschenke I. M. der Königin, sowie von Prinzessinnen des K. Hauses, von prangender Schönheit schmückten die enge Wohnung des todten Körpers. Zu den Füssen desselben wurde ein Lorbeerkranz auf weissem Kissen niedergelegt, er kam von der Dresdener Hofkapelle, welche dem Verblichenen dieses Zeichen der Verehrung schuldig zu sein fühlte. Um 1 Uhr erschien der Geistliche, Dr. Joel, der Rabbiner aus Breslau, welcher herbeigerufen war, die Gedächtnisrede zu halten. Die Familie des Verstorbenen umstand den Sarg ... Die Trauerfeier begann mit einem Chor, von Meyerbeer früher für gemischten Chor geschrieben, vom Musikdirektor Radecke für diese Gelegenheit für vierstimmigen Männerchor umgearbeitet und von den Sängern der Kgl. Oper gesungen. Darauf ergriff der Dr. Joel das Wort ... Ein kurzer Gesang beschloss die häusliche Trauerfeier, der Sarg ward hinabgetragen und der Zug ordnete sich folgendermaassen: Voran ging der Musikdirektor Wieprecht mit den Musikmeistern, an der Spitze von den Bläsern unserer gesammten Cavallerie und Artillerie: die

Dirigenten trugen umflorte Marschallstäbe, die Musiker umflorte Instrumente ... Eine lange Wagenreihe, eröffnet durch die Galawagen Ihrer Majestäten des Königs und der Königin und sämtlicher Mitglieder des Kgl. Hauses, beendete den Zug. Das Musikcorps war getheilt und blies abwechselnd Beethoven's Trauermarsch aus der As-dur-Sonate, Wieprecht's Trauerparade und einen Choral. Der Zug bewegte sich durch die Linden, wo eine unübersehbare Menschenmenge ihn begleitete; bevor er das Opernhaus erreichte, wurde von dem Dach desselben eine mächtige schwarze Fahne entrollt, und der im Säulengang stehende männliche Opernchor sang den Choral: ›Was Gott thut, das ist wohlgethan‹. Es war ein grossartiger, erhabener Eindruck, welchen dieser Moment hervorrief. Der Himmel strahlte zum ersten Male in diesem Frühjahr in vollstem Glanze, die Sonne schien auf dem breiten Opernplatze so warm und mild, dazu der andächtige Gesang, der dem Meister das Geleit gab, Alles war geeignet, das menschliche Gemüth zu erregen. Die Sänger schlossen sich dem Zuge an, welcher sich durch den Kastanienwald, Friedrichsbrücke, Neue Promenade, Rosenthalerstrasse, Schönhauserstrasse nach dem Gottesacker der jüdischen Gemeinde vor dem Schönhauser Thore begab. Der Eingang wie die Leichenhalle des Friedhofes waren schwarz decorirt; in der letzteren wurde der Sarg niedergesetzt, der Theaterchor sang B. A. Weber's ›Rasch tritt der Tod den Menschen an‹, und Dr. Joel sprach die Trauerandacht und ein Gebet. Sodann wurde der Sarg in das Familienbegräbniss des Verstorbenen getragen und hier neben der vor mehreren Jahren verstorbenen Mutter des Meisters, wie er es in seinem letzten Willen kundgab, eingesenkt.« Das Grab ist heute noch erhalten.

Der Zufall wollte es, dass am Tage von Meyerbeers Tod Richard Wagner in Stuttgart die für ihn lebenswichtige Einladung von König Ludwig II. von Bayern erhielt. In *Mein Leben* erinnerte sich Wagner: »Ich war für Mittag zur Mahlzeit ... eingeladen ... Meine Freunde geriethen durch die von mir ihnen überbrachte Nachricht in das, sehr begreiflich, freudevollste Erstaunen. Ueber Tisch ward an Eckert [Hofkapellmeister in Stuttgart] telegrafisch der soeben in Paris erfolgte Tod Meyerbeer's gemeldet: Weisheimer fuhr mit bäurischem Lachen auf über diesen wunderbaren Zufall, dass der mir so schädlich gewordene Opernmeister gerade diesen Tag nicht mehr hatte erleben sollen.«

Gemäß den testamentarischen Verfügungen vom 14. Juni 1863 erhielten unter anderen die Krankenkasse des Tonkünstlervereins in Berlin 300 Taler, das Luisenstift 500 Taler, das Jüdische Krankenhaus und das Auerbachsche Waisenhaus je 1000 Taler.

10 000 Taler wurden für eine Stiftung an junge Tonkünstler ausgesetzt. Die Kandidaten sollten deutscher Herkunft sein, nicht älter als 28 Jahre, in Berlin oder Köln, damals noch preußische Enklave, Musik studiert haben und zur Bewerbung eine achtstimmige doppelchörige Fuge, eine Ouvertüre für großes Orchester und eine dramatische Kantate für drei Singstimmen und Orchester vorlegen. Dem erwählten Stipendiaten wurde eine je sechsmonatige Kunstreise nach Italien, nach

Paris und nach Deutschland, hier abwechselnd in München, Wien und Dresden zuerkannt, wo er das musikalische Leben studieren und zwei Werke abliefern sollte. Die Bedingungen waren nach Meyerbeers eigenen Erfahrungen gewählt.

10 000 Taler erhielt die Société des auteurs et compositeurs dramatiques und ebensoviel die Association des artistes musiciens. Das Kapital war gut verzinsbar angelegt; Meyerbeer hatte klug vorgesorgt.

Neben den vielen lobenden Nachrufen, die in den folgenden Wochen in deutschen Zeitungen erschienen, gab es auch kritische Stimmen. Die *Allgemeine musikalische Zeitung* in Leipzig konnte sich dieser Pflicht zwar nicht entziehen, formulierte aber in einer Weise, die an die Tendenz der früheren Leipziger Presseartikel anschloss: »… Denn er componirte für die ›grosse Welt‹ und wählte daher auch nur Stoffe, welche diese wiederspiegelten, und Töne, welche ihnen vollkommen entsprachen. Ob es nöthig war, wie Victor Hugo, Eugen Sue u.A. gerade die tiefsten Nachtseiten dieser grossen Welt auszuwählen, das ist eine andere Frage; die Thatsache liegt aber vor und charakterisirt allein schon den Componisten als einen französischen. Meyerbeer ist in diesem Punkte und auch in seiner speciellen Kunst dem deutschen Wesen untreu geworden. Wir werfen ihm deshalb keinen Stein nach. In Deutschland geboren, war er dennoch kein Deutscher, die Nation, der er entspross, kennt kein engeres Vaterland, und wir können nicht verlangen, dass etwas bewahrt werde, was man als Mensch nicht hat. Wie aber wenn man den Stand der allgemeinen und künstlerischen Bildung in's Auge fasst, aus welcher Meyerbeer als Künstler hervorgehen konnte und sollte? Höher als das Nationale steht nämlich das allgemein-Wahre, das Kunst-Wahre, – welches einen Shakespeare, Mozart, Beethoven zu Künstlern für alle Nationen macht. Und wir behaupten, Meyerbeer ist gerade, indem er eine allgemeine Wirkung anstrebte und allerdings auch fast augenblicklich erreichte, nicht blos der deutschen Kunst, sondern der allgemeinen Kunstwahrheit vielfach untreu geworden. Wir finden in seinen Hauptwerken italienische Schönheit und Gluth der Melodik, französischen Esprit der Rhythmik; das, was allenfalls deutsch genannt werden könnte, die gewählte Harmonik, ist mehr ein äusserliches Moment bei ihm. Wichtiger als solche nicht immer zutreffende nationale Bezeichnungen für Einzelnes ist der Grundcharakter seiner Production überhaupt: das offenkundige Streben nach schlagenden Effekten, im Gegensatz zum Streben nach schönem Totaleindruck und echt künstlerischer Nothwendigkeit. Nur zu oft macht die Musik Meyerbeer's den Eindruck peinlicher Zuspitzung und bewussten Gefallenwollens. Gerade hierin begeht er aber jenen Fehler gegen die allgemeine Kunstwahrheit, der uns nicht gestattet, ihm neben den grössten Meistern seinen Platz anzuweisen … Im ›Propheten‹ (1849) erhebt sich Meyerbeer wieder einigermassen; er fand sich eben hier, als in der französischen Oper, mehr in seinem eigentlichen Element. Aber die musikalische Erfindung zeigt doch eine bedeutende Abnahme, und was nicht durch massenhafte Ausführung pathologisch wirkt, was nicht durch Tanzrhythmen reizt oder durch berechnete Theatercoups überrascht, zeigt sich inhaltsleer und selbst ziemlich unwirksam. War der Erfolg dennoch ein den zwei andern Hauptopern analoger, so ist das der einmal beim Publikum gewonnenen Gunst und dem zuzuschreiben, was diese Oper für die Schaulust bietet. Schlittschuhlaufen auf dem Theater, Einstürzen und in die Luft-Springen ganzer Gebäude als Schlusstableau war noch nicht dagewesen. Das Sujet dieser Oper gehört seinem eigentlichen Grundgedanken nach zu den moralischen und dramatisch entschieden verwerflichen. Der Sturz eines falschen Propheten, in Folge dessen nur eine miserable Wirklichkeit mit einem unverdienten Glorienschein umgeben wird, – das ist kein würdiger Gegenstand für die Kunst, kein vortheilhafter Hebel für die Bildung und das Urtheil des Volks … Schliesslich nur noch die Bemerkung, dass wir wohl wissen, mit Obigem in diesem Augenblick der Trauer um den Dahingeschiedenen eine Dissonanz angeschlagen zu haben. Allein wo soll sich die Wahrheit hinflüchten, wenn nicht in die Spalten einer unabhängigen und zum Bekenntnis der ewigen Kunstgesetze verpflichteten Zeitschrift?«

Der verantwortliche Redakteur dieser Zeitschrift der ewigen Kunstgesetze, Selmar Bagge, hatte, wenn auch in negativer Ausdeutung, sehr wohl gespürt, welches Unbehagen von Meyerbeers Kunst ausging. Er glaubte sie mit dem Hinweis auf das Fehlen der »Kunstwahrheit« im idealistischen Sinne verurteilen zu können. Er formulierte damit alle entscheidenden, bis heute wirksamen Missverständnisse über Meyerbeers Werk.

Nach einem geziemenden Abstand von drei Monaten schloss die Witwe Minna Meyerbeer am 11. August 1864 einen Vertrag über die Druckrechte an der Oper mit dem Verlag Brandus und einen zweiten Vertrag mit Emile Perrin über die Uraufführung der *Africaine* am 25. Februar 1865 ab. Darin hieß es: »Die Partitur wird ohne Veränderung gespielt werden, so, wie sie von Meyerbeer geschrieben worden ist. Wenn sich indessen während der Proben gewisse Striche als notwendig erweisen, wird Herr Fétis sie vorschreiben können und sie bestimmen, aber Mme. Meyerbeer gibt dieses Recht ausschließlich an Herrn Fétis … Da das Tagebuch von Meyerbeer einige Varianten enthält, … wird der Dirigent beide Versionen einstudieren lassen, und Herr Fétis oder Mme. Meyerbeer werden entscheiden, welche angenommen wird.« Fétis ging, wie John H. Roberts nachgewiesen hat, sehr sorgfältig zu Werke, war aber mit dieser Aufgabe überfordert. Er hatte weder Erfahrungen als Dramaturg oder als Opernkomponist, noch hatte er je eine Mise en scène geleitet. Die letzten Geheimnisse, wie Meyerbeer aus einer Materialsammlung eine Oper geformt hatte, blieben Fétis verborgen. Aber er gab Rechenschaft über seine Entscheidungen und veröffentlichte als Philologe Partitur und Klavierauszug in seiner Revision sowie alle von ihm gestrichenen Teile in einer *Deuxième partie de l'opéra en cinq actes L'Africaine*, 22 Nummern enthält und einen Überblick über das von Meyerbeer hinterlassene Material gestattet.

Fétis kam als autorisierter Stellvertreter Meyerbeers in die Opéra. Leider reichte seine Kraft nicht weit genug, um seine Arbeit weitgehend zu stabilisieren. Kurz vor der Premiere erkrankte Fétis. Perrin verlangte nunmehr, angeblich aus Rücksicht auf das Publikum, da eine Veränderung, dort eine Streichung. Allerdings hatte auch Fétis, aus unerfindlichen Gründen, in einem wichtigen Punkt in die originale Instrumentierung eingegriffen und die Bassklarinette durch das Saxophon ersetzt, wo doch Meyerbeer gerade beide Instrumente ganz bewusst an bestimmten Stellen eingesetzt hatte. Als nun das Saxsche Instrument in der Einleitung zu Vascos berühmter Arie »Ô paradis« (Text von Fétis!; das Original lautet »Ô doux climat«) nicht recht klingen wollte, strich Fétis den Bläserpart kurzerhand ganz. In der gedruckten Partitur ist er selbstverständlich enthalten.

Als Fétis nach seiner Genesung auf seinen Posten zurückkehrte, entdeckte er zu seinem großen Verdruss, dass irgendwelche Leute eine ganze Anzahl nicht abgesprochener Veränderungen vorgenommen hatten. Erst nach seinem unmissverständlichen Protest auf der Grundlage des Vertragstextes bei Perrin und Brandus wurden die Änderungen rückgängig gemacht. Unter solchen Voraussetzungen, die man Meyerbeer nicht anzubieten gewagt hätte, ging das Werk in die Endproben. Mit 35 Strichen an verschiedenen Stellen wurde das Werk schließlich am 11. April 1865 der wartenden Mitwelt präsentiert. Da der Titel *L'Africaine* seit fast drei Jahrzehnten durch die Presse ging, wurde er beibehalten, obwohl sich Meyerbeer für *Vasco de Gama* entschieden hatte. Der Schauplatz des vierten und fünften Aktes wurde entgegen der *Vasco de Gama*-Vorlage von Indien auf die Insel Madagaskar vor der Ostküste Afrikas verlegt, wo brahmanische Bräuche angenommen wurden. Den Franzosen sagte die Insel Madagaskar etwas: Sie spielte in der Kolonialpolitik Frankreichs in den Jahren vor der Uraufführung der Oper eine gewisse Rolle.

Zur Generalprobe wurden, entgegen den Gepflogenheiten Meyerbeers, berühmte Persönlichkeiten geladen, unter ihnen der Gouverneur der Banque de France, die Fürstin Metternich, die diesmal keine Missfallensäußerungen wie beim *Tannhäuser* zu erwarten brauchte, die Gräfin Waleska, Fürst Poniatowski mit Gattin, Baron Rothschild, Präfekt Baron Haussmann mit Familie. Die Hautevolée blieb, nach einem Bericht der *France musicale*, bis zum vierten Akt kalt; erst das Duett Sélica – Vasco brach das Eis. Die Herrschaften wurden stark beansprucht: Die Generalprobe währte von 19.30 bis 1.30 Uhr. Unter der musikalischen Leitung von Georges-François Hainl, der für den wegen Unfähigkeit nach der Generalprobe zu Verdis *Vêpres siciliennes* entlassenen Dietsch erst 1863 engagiert worden war, und mit der Choreografie von Saint-Léon wurde die Uraufführung der *Africaine* zu einer letzten großen Ehrung für den Komponisten, der 34 Jahre lang unangefochten die erste Stelle im Repertoirebetrieb der Opéra eingenommen hatte – eine bis dahin unvorstellbar lange Zeit.

Bei der Uraufführung am 28. April 1865 führten der Kaiser und die Kaiserin der Franzosen die Rangliste der »Höchsten und Allerhöchsten Herrschaften« an;

Deutsche Staatsoper Berlin, Die Afrikanerin, *Regie Frank Sarnowski (1992), Szene aus dem vierten Akt*

Franz Liszt, Charles Gounod, Giuseppe Verdi, Ferdinand Hiller, Anton Rubinstein und Eduard Hanslick gehörten zu den prominenten Musikergästen. Jede Nummer erhielt begeisterten Applaus, der sich gegen Ende immer mehr steigerte. Nach der letzten Szene füllten Blumen und Lorbeerzweige die Rampe. Noch einmal applaudierte das Auditorium, als sich der Vorhang vor der von Dantan geschaffenen blumenumkränzten Büste Meyerbeers hob. Dann schwieg die ergriffene Zuhörerschaft fast eine Viertelstunde. Marie Sax sang als letzte Ehrung die »Sainte Mélodie« aus *Dinorah*. »In tiefster Ergriffenheit und Trauer verließ das festlich bekleidete Publikum das hohe Haus, das sich plötzlich in eine Kathedrale für Meyerbeer verwandelt hatte ... Jeder hatte das Gefühl, als habe der teure Verewigte an der Stätte seiner Triumphe ein ewiges Zuhause gefunden. Es war eine Premiere und ein grandioser Erfolg, aber es war auch eine Trauerfeier, bei der jeder Teilhabende den inneren Schwur tat, das Werk des Schöpfers der Grand Opéra bis ans Ende zu lieben und zu achten. Wir sind gewiß, daß man die Musik Meyerbeers niemals aus den Herzen der Menschen verbannen kann. Mag auch in fernsten Fernen sein Name vergessen sein, seine Tat bleibt, denn er hat das, was in der Kunst als Oper bezeichnet wird, durch sein Genie gekrönt«, schrieb der *Constitutionnel* über die Eindrücke des denkwürdigen Abends, der zugleich die letzte große kulturelle Manifestation des Zweiten Kaiserreiches war.

Die Pariser Kritik ging etwas sachlicher zu Werke. Bertrand vom *Ménestrel* bemängelte, übereinstimmend mit Léon Escudier, dass das Textbuch Scribes die Höhe älterer Libretti nicht mehr erreiche. »Weshalb«, so Bertrand, »hat Meyerbeer die Nachteile dieser Dichtung akzeptiert? Er gehörte doch nicht zu denen, die das Dramatische in der Oper vernachlässigen! Er war doch ein so exzellenter Komponist für die Bühne und nutzte die Schönheiten der Musik genauso wie die interessanten Handlungsmotive.« Escudier resümierte: »... mit Roberts Zauberstab hat der illustre Meister eine ganze Musiker-Generation fasziniert und gelähmt. Stellen wir fest, daß das posthume Werk, dessen Mängel wir … aufgezählt haben, große Schönheiten enthält, und daß ein Kunstwerk an solchen Mängeln noch lange nicht kaputtgehen wird.« Des Lobes voll war die Kritik über die Sänger, voran die Damen Sax und Battu sowie Faure, während man die ungenügende Ausführung der Rezitative durch den Italiener Naudin rügte. Für seine Sangeskunst im vierten Akt bekam er jedoch Beifall auf offener Szene.

Joseph d'Ortigue schrieb am 6. und 26. Mai 1865 im *Journal des Débats:* »Man muß die Bedingungen des Librettos berücksichtigen, … will man nicht bei der Würdigung der Musik auf Abwege geraten. Angesichts der Vorgaben des Librettos ist die Musik der ›Afrikanerin‹ bis auf gewisse Schwächen, die wahrscheinlich in einem Werk von so großem Ausmaß unvermeidlich sind, dem Sujet angemessen. Es ist keine Beleidigung für Scribes Dichtung, welche übrigens für die Entwicklung der Leidenschaften und der poetischen Bilder ergiebig genug ist, wenn man … darin nicht jene gewaltige Kraft findet, die ›Robert‹, die ›Hugenotten‹ und den ›Propheten‹ auszeichnet … Ich nehme stark an, daß Meyerbeer durch das Sujet eingeengt wurde, oder genauer, dadurch daß es ihm etwas anderes als das Fegefeuer, das Geschrei von Volksmassen oder das Geläute von Sturmglocken anbot … Zweifellos ist die Musik bis auf einige schwache Momente bewundernswert. Auch die Vorstellung ist bewundernswert – aber eine Oper, die um 19.15 Uhr beginnt und um 0.45 Uhr endet, übersteigt das normale Maß an Aufmerksamkeit und menschlicher Kraft. Selbst die Bewunderung wird besiegt durch eine übertrieben lange und anhaltende Anspannung der Geisteskräfte. Es ist von Streichungen die Rede – man muß sie vornehmen, das ist unerläßlich.« Die Kritiker weisen zu Recht auf Mängel hin, deren Ursache – Fetis' Bearbeitung – sie nicht wissen konnten.

Die musikalische Zeichnung der Figuren enthüllt Meyerbeers Verhältnis zum Stoff und dessen Idee. Jede Figur erhält einen ihrer moralischen und dramaturgischen Disposition entsprechenden musikalischen Gestus, der nicht mit einem unveränderlichen Leitmotiv zu verwechseln ist, sondern eher an Mozarts Charakterisierungskunst anknüpft. Viele Motive Vascos beginnen mit einem schwungholenden Quart- oder Sextauftakt, dem abwärtsführende Sekundgänge mit Vorhaltbildungen folgen. Dieses Melodiemodell definiert die Figur zunächst als impulsiv, heroisch, aggressiv beunruhigend und verleiht ihr durch die ganze Oper ein unverwechselbares Profil.

So sympathisch-energisch der junge Portugiese im ersten Akt gegenüber den dogmatischen Machtpolitikern im Staatsrat auftritt, so zwiespältig ist sein Verhalten gegenüber den beiden Frauen, die er seinen Zielen unterwirft. Unentschlossen schwankt er zwischen Ines und Sélica. Seine zunächst verdeckten Eroberungsabsichten sind nirgends besser charakterisiert als in der Arie »Ô doux climat« im vierten Akt. Eben noch hat er sein Entzücken über die Schönheit des Landes geäußert, da enthüllt eine gedeckte Bläserfanfare seine wahren Pläne: »À nous ces campagnes merveilles, à nous cet Eden retrouvé!«

G. Meyerbeer,
L'Africaine, erster Akt,
Themen des Vasco

G. Meyerbeer,
L'Africaine, vierter Akt,
Air des Vasco

Als die Priester Vasco zum Opfer führen wollen, verläßt ihn sein Eroberstolz, er bittet demütig um sein Leben. Obwohl er Sélica sein Leben verdankt, geht er am Schluss ohne Dankeswort davon. Zwar gehört Meyerbeers ganze Sympathie der nach Europa verschleppten Königin, doch wird sie nicht durch eine »schönere« Musik moralisch aufgewertet, sondern hat von Anbeginn einen besonderen, ihrem Charakter entsprechenden musikalischen Gestus.

Sélica ist in Vascos Augen weniger eine Geliebte, als ein Faktor in seinem Bestreben, ewigen Ruhm zu erlangen. Sie ist sein Beweis für die Existenz ferner Länder. Ihre Tragik besteht darin, dass sie zwar von der Sklavin zur Königin wird, als das Schiff vor der Küste Madagaskars geentert wird und die Eingeborenen Sélica als ihre Fürstin erkennen, dass sie aber keine Macht über den Menschen hat, den sie liebt: Vasco ist Ines zwar verbunden, aber dieses Verhältnis ist dramaturgisch wenig wirksam, allenfalls am Schluss des zweiten Aktes, als Ines Don Pedro das Heiratsversprechen, um Vasco aus dem Kerker zu retten. In entscheidenden Momenten ist für Vasco der Ruhm und nicht die Frau wichtig. Sélica verkörpert die neuen Welten, und nachdem Vasco diese durch Betreten in Besitz genommen hat, ist ihm das Schicksal der fremden Königin eher gleichgültig.

Vasco de Gama beschreibt einen Aufbruch zu neuen Ufern im Rahmen der Scribeschen Dramaturgie. Im Hintergrund des Werkes steht eine Eroberungsidee, der zufolge Portugal neue Lebensräume erschließen muss, ohne dass ein zwingender Grund dafür vorläge. Alle Hauptfiguren sind Opfer dieser Idee, sie müssen sich entscheiden und handeln – gleichgültig, ob sie diese Idee annehmen oder sich ihr beugen.

Das Fragmentarische des Werkes ist einerseits durch den Tod beider Autoren bestimmt. Die überaus lange Entstehungszeit des Werkes mag andererseits auch damit zusammenhängen, dass mit dem Stück eine Art »Arbeitsdramaturgie« erprobt wurde, die deshalb in so vielen Entwürfen besteht, weil das Verhältnis der Personen in immer neuen Varianten dargestellt wird. Insofern gehört das von Fétis gestrichene Septuor des dritten Aktes zu den Schlüssel-Szenen, in denen eine klar motivierte musikalische und dramatische »Handlung« wiedergegeben wird und in denen sich Meyerbeers Ensemblekunst auf absoluter Höhe zeigt: Vasco ist dem Schiff Don Pedros gefolgt, der sowohl Ines als auch Sélica mitgenommen hat und dem sich Nelusco als vermeintlicher Kenner des schwer schiffbaren Gebietes empfohlen hat. Vasco wird beim Betreten des Schiffes sofort an den Mast gebunden und soll getötet werden. Sélica erkennt Vasco und die Gefahr, in der er schwebt, und droht Don Pedro, Ines zu töten, falls Vasco sterben muß. Die dramatische Situation ist im Rezitativ für alle Protagonisten klar; Chorführer und Chor geben ihrer Furcht und Verwunderung Ausdruck. Im Septuor (Larghetto) wird die Baßlinie 30 Takte lang unter den Bassisten der Chorführer aufgeteilt, von Violoncelli und Kontrabässen begleitet. Gegen diese Linie setzt Vasco ein melodisches Motiv, das auch Ines übernimmt, da sie sich an seiner Seite weiß. Es entsteht mitten im vielstimmigen Ensemble eine duettierende Binnenform. Don Pedro und Nelusco berühren in ihren kurzen Einwürfen das Bassfundament. Sélica setzt einen bewegten Kontrapunkt gegen alle, während die Dienerin mit kurzen Einwürfen die Kadenzen ergänzt und Don Alvaro sich im Melos Vasco annähert.

Im folgenden Abschnitt von 15 Takten droht Don Pedro Sélica schwere Strafen an, die diese zurückweist: nunmehr duettieren diese beiden Figuren miteinander, während alle anderen Personen im gleichen Rhythmus kommentieren.

Sélica bleibt unbeugsam, sie fordert Ines' Tod. Nun lenkt Don Pedro ein: mit einem von Fagotten und Posaunen unisono gestützten Solo »Arrêtez! il vivra« ist Vasco gerettet. Alle, bis auf den schweigenden Don Pedro und Nelusco, der diesen Entschluss bedauert, bekräftigen die Rettung Vascos. Sélicas unbeugsamer Charakter, ihre Liebe zu Vasco ist der Drehpunkt auch in diesem Septuor. Sélica dominiert musikalisch das Ensemble, um sie herum sind Personen gruppiert, die gleiche Interessen verfolgen: Vasco und Ines, Don Pedro und Nelusco. Dann spitzt

G. Meyerbeer, L'Africaine, *dritter Akt, Septuor*

sich die Auseinandersetzung auf Sélica und Don Pedro zu; erst sein Nachgeben entspannt die unhaltbare Situation. Meyerbeers klare musikalisch-dramaturgische Disposition durchdringt ein so vielstimmiges Ensemble.

Die neue Ausgabe übernimmt Szenen, die Fétis gestrichen, gleichwohl separat veröffentlicht hatte, sowie weitere, von Meyerbeer komponierte Teile und stellt das Werk so vor, wie es Meyerbeer hinterlassen hat, ohne dass zu entscheiden wäre, welche Gestalt *Vasco de Gama* gehabt hätte, wäre dem Komponisten die abschließende Bühnenfassung vergönnt gewesen wäre. Auch die Fassung des *Vasco de Gama* zeigt Probleme, die aus dem Fragmentcharakter des Werkes entstehen, wie

G. Meyerbeer, L'Africaine, Finale II

Jürgen Schläder dem Autor mitteilte: »Die Aufführung in Chemnitz [in der Spielzeit 2012/13 brachte die Oper Chemnitz erstmals ein nahezu vollständige Fassung des *Vasco de Gama* auf die Bühne] hat ja auch die Probleme, die nicht kleiner geworden sind, nur andere, offen gelegt. Die derzeitige und nun nicht mehr zu revidierende Quellenlage formuliert eine äußerst moderne, zumindest für die 1860er-Jahre sehr unkonventionelle Männerfigur, die es in noch krassere Form fünf Jahre später bei Wagners Siegfried im *Siegfried* (nicht dem der *Götterdämmerung*) noch einmal gibt: einen Helden, der keiner ist, weil er seine Entscheidungen nicht zuvor zu reflektieren vermag und auch nicht zu reflektieren braucht, denn alles, was er tut, geht gut aus. So einer ist auch Vasco, wie wir ihn aus den überlieferten Quellen kennen – mit den doch extremen textlichen und damit auch charakterlichen Veränderungen in der berühmten Canzone aus dem vierten Akt. Wenn man also *Vasco de Gama* aufführen möchte, muss man dies heutzutage in der Inszenierung sehr deutlich machen. Die dramatischen Augenblicke und der Gesang allein sind wohl als Argumente in der Form des Originals nicht stark genug. Ansonsten bleibt der

G. Meyerbeer, L'Africaine, Finale V

konventionelle Zuschnitt einer Tragödienhandlung mit Sélica als dramatischem und emotionalem Zentrum, und dann führt man eben die *Afrikanerin* auf. Ein besonderer, ziemlich singulärer Fall. Das ist meines Erachtens der Stand der Dinge.«

Vasco de Gama ist ein Werk des Abschiednehmens. So endgültig und wehmütig, wie Ines im Finale II ihrem Geliebten Vasco Adieu sagt, so unwiderruflich ging mit diesem Werk die Tradition der Grand opéra zu Ende, jedoch im Finale wiederum mit einem neuartigen musikdramatischen Ansatz: Während in Fétis' Fassung Sélica und Nelusco unter den giftigen Blüten sterben und ein Chor unsichtbarer Luftgeister das katastrophale Ende der beiden Protagonisten übertönt, hatten Meyerbeer und Scribe eine andere Intention: In einem koloraturreichen Satz erlebt Sélica die visionär empfundene Vereinigung mit Vasco, in der sie den glückseligen Verzicht des Geliebten hinnimmt. Ihr unendlicher Seelenschmerz »...wird optisch verdeutlicht durch Sélicas Blick... aufs weite Meer. Die folgende Passage... umfasst die dezidierte Ansprache an den Manzanillabaum, den Sélica in Erkenntnis ihrer hoffnungslosen Liebe als ihr Grab apostrophiert... Während des Accompagnatos ist exakt vorgeschrieben, wann Sélica die Düfte der Blüten einatmet... Freilich bleibt offen, welcher Höhepunkt dargestellt werden soll: eine ausführliche Elaboration des spezifischen Gefühls süßer Ekstase oder doch eher die aus dem Rausch geborene, visionäre Erfüllung des Wunsches, das Himmelreich auf Erden in Gemeinschaft mit dem Geliebten zu erleben ... in diesem frühen Entwurf (von 1837, R. Z.) die zweifache Vision vom glückseligen Tod: zuerst gedachte Vereinigung ..., dann als Kontrast von Realität (im absegelnden Schiff) und Apotheose (dem sich öffnenden Himmel). Diese ... Perspektive der Finalszene war der eigentlich herausragende dramaturgische Effekt, den Meyerbeer ... 1864 beibehielt« (Schläder, in Döhring/Jacobshagen 1998). Während sich Vasco und Ines per Schiff davonmachen, kann Nelusco mit dem Volk nur noch das Sterben seiner Königin beklagen. Im Gegensatz zum einem gängigen Topos des 19. Jahrhunderts, bei dem sich eine Frau für den Geliebten aufopfert, zeigen die Autoren die moralische Überlegenheit einer farbigen fremdartigen Frau, die sich opfert, um dem Geliebten das Glück mit einer Rivalin zu ermöglichen.

Respektvoll hatte man der Leistung des verewigten Komponisten applaudiert, ohne dass das Zweite Kaiserreich dieses Werk für sich reklamieren konnte. Auch Meyerbeers frühere Werke passten schlecht in die neue, pragmatische Anschauung, wie sich auch später keines der Werke einer herrschenden Ideologie unterordnen ließ. Das war einer der Hauptgründe für das Verstummen der Stücke nach 1914. Bezeichnenderweise hat es niemals »Meyerbeer-Vereine« oder ähnliche Institutionen gegeben. Meyerbeers Person und Werk sind dafür ungeeignet. *L'Africaine* war ein Bekenntnis zur Menschlichkeit, vermittelt durch die Musik.

Wie es der *Constitutionnel* vorausgesagt hatte, blieben die Werke Meyerbeers »im Herzen der Menschen«, zumindest bis zum Beginn des ersten Weltkrieges. Bis etwa um 1900 führten *Les Huguenots* die Liste der am meisten aufgeführten Stücke an der Opéra in Paris mit 950 Aufführungen an, gefolgt von Gounods *Faust* (circa 860), Rossinis *Guillaume Tell* (circa 800), *Robert-le-Diable* (circa 750), Donizettis *La Favorite* (circa 680), Halévys *La Juive* (circa 600), *Le Prophète* (circa 530), Aubers *La Muette de Portici* (circa 490) und *L'Africaine* (circa 460 Aufführungen). Nach 1918 verschwanden Meyerbeers Werke aus dem Repertoire der Hoftheater, die nun auch keine »höfischen« Theater mehr waren. In Frankreich waren alle beschwörenden Worte von Ollivier und anderen vergessen, denn man hatte endlich »entdeckt«, dass Meyerbeer zur Nation des »Erbfeindes« gehörte. Nationalistische Verblendung führte dazu, dass man 1918 auch die Rue Meyerbeer in Paris umbenannte. Heute trägt sie wieder seinen Namen; sie befindet sich in der Nähe der Opéra, des Palais Garnier, umgeben von der Rue Halévy, der Rue Auber, der Rue Scribe und der Rue Gluck.

Meyerbeers Werke finden dort ihre Heimstatt, wo Sänger von außergewöhnlicher Leistungsfähigkeit Zutrauen zu den Partien haben. An amerikanischen Theatern sangen solche Spitzenkräfte, die das faschistische Deutschland aus Europa vertrieben hatte, diese Rollen. Heute haben Künstler der internationalen Spitzenklasse Meyerbeer-Partien im Repertoire. Auf Tonträgern sind die meisten Opern zugänglich. Renata Scotto, Martina Arroyo, Gwyneth Jones, Janet Baker, Margaret Price, Jessye Norman, Plácido Domingo, Nicolai Gedda, Nicolai Ghiaurov und vor allem Joan Sutherland und Marilyn Horne haben bewiesen, dass man Meyerbeer heute noch singen kann, in jüngster Zeit haben Aufführungen unter anderen in Paris (*Robert-le-Diable*, 1985), Berlin (*Die Hugenotten*, 1986), Bielefeld (*Der Prophet*, 1985), Montpellier und Essen (jeweils *Die Hugenotten* konzertant, 1988), Berlin (*Die Afrikanerin*, 1992), Wien (*Le Prophète«*, 1998), Brüssel (*Les Huguenots*, 2011), Erfurt (*Robert-le-Diable*, 2011), London (*Robert-le-Diable*, 2012) sowie Chemnitz (*Vasco de Gama*, 2013) nachdrücklich auf die Qualität der Musik aufmerksam gemacht. Es geht keinesfalls um die Wiederbelebung der glänzenden musikalischen Oberfläche, sondern darum, die Konzeption und Erfahrungen des Meyerbeerschen Theaters für das heutige Musiktheater nutzbar zu machen. In den reichlichen achtzig Jahren seit ihrem Verstummen haben Meyerbeers Werke ihre Vielschichtigkeit bewahrt. Die Chancen der Rückgewinnung können größer sein als in den Fällen, wo bis heute lebendige Aufführungstraditionen den Blick für die wesentlichen Aspekte mitunter verstellt haben. Auch die musikwissenschaftliche Forschung hat sich in zunehmendem Maße dem Phänomen Grand opéra und ihren Komponisten zugewandt, so dass gegenwärtig wenigstens eine Reihe von neuen Erkenntnissen vorliegen, die nunmehr systematisch erweitert werden.

Es gibt einige aufführungspraktische Probleme, die sorgsam zu beachten sind. Trotz der Länge der Werke sollten Striche nur dort angebracht werden, wo sie auch die älteren Klavierauszüge nach Meyerbeers Anweisungen vorsehen. Es verlieren sich sinnreiche Bezüge, wenn ganze Teile dem Rotstift zum Opfer fallen. Meyerbeers Musik ist, trotz ihrer Fülle und Dichte, allemal kurzweilig und bietet einem phantasievollen Regisseur und einem willigen Dirigenten in jedem Takt, und seien es auch die virtuosen Kadenzen, einen Hinweis zur szenischen Gestaltung. Es handelt sich um Theatermusik reinsten Wassers. Meyerbeers Kunst verlangt von allen Musikern nicht nur hohes technisches Können, sondern auch höchste Intelligenz und Wachheit. So robust seine Klänge sind, so kann doch durch eine ungeschickte Interpretation ein flacher oder sentimentaler Eindruck entstehen. Jede der zahlreichen Vorschriften ist peinlich genau zu befolgen. So trivial es klingt: Sie haben alle ihre Berechtigung. Hinter den Anweisungen stehen Haltungen, die erkannt werden müssen; hinter jeder Metronomziffer steht ein neuer Charakter, den es zu musizieren gilt, sonst verlieren die empfindlichen musikalischen Strukturen ihren Sinn, ihre theatralische Wahrhaftigkeit.

Es müssen deshalb noch Berge von Vorurteilen abgebaut werden. Pauline Lucca, deren erste Triumphe Meyerbeer noch selbst miterlebt hatt und die als die beste Interpretin der Sélica galt, notierte 1871 einige Worte, die in Vergessenheit geraten sind: »Meyerbeer … verlangt Offenheit, Klarheit, Konsequenz. Bach, Mozart und er verkörpern das Gewissen der Musik. Sie drängen zur Entscheidung, fordern die absolute Beherrschung des Instrumentariums … Bei Meyerbeer gibt es nur eine gerade Linie, die auf höchsten Einsatz und penibelste Leistung zuführt. Meyerbeer verlangt Anspruch und tiefste Durchdringung, Respekt.«

Lebenstafel

1791 5. September: Meyerbeer als erster von vier Söhnen des Berliner Zuckerfabrikanten Jacob Herz Beer und seiner Frau Amalia, geb. Wulff, in Tasdorf (heute Rüdersdorf) bei Berlin geboren

1798 erster Klavierunterricht bei Franz Lauska

1801 14. Oktober: erstes öffentliches Auftreten als Pianist in Berlin mit dem Klavierkonzert d-Moll KV 466 von W. A. Mozart.

1803 mit Bruder Heinrich Beer Eintritt in die Berliner Singakademie. Kompositionsunterricht bei Carl Friedrich Zelter
12. Dezember: Beendigung der 1. Klaviersonate (erste erwähnte Komposition)

1806 Beginn des Schulunterrichts durch Hauslehrer

1807 Beginn des Kompositionsunterrichts bei Bernhard Anselm Weber. Aron Wolfssohn wird Erzieher

1810 26. März: Uraufführung des Balletts *Der Fischer und das Milchmädchen* in Berlin.
1. April: Abreise nach Darmstadt zu Georg Joseph Abbé Vogler. Kompositionsunterricht bis 1812. Mitschüler sind: Carl Maria von Weber, Johann Baptist Gänsbacher, Gottfried Weber, Alexander Dusch. Gründung des Harmonischen Vereins
8. Mai: Uraufführung der Lyrischen Rhapsodie *Gott und die Natur* in Berlin, Königliches Nationaltheater

1812 25. April: Meyerbeer in München, Ende der Ausbildung bei Vogler.
23. Dezember: Uraufführung von *Jephtas Gelübde* am Münchner Königlichen Hof- und Nationaltheater

1813 6. Januar: Uraufführung von *Wirth und Gast* am Hoftheater Stuttgart
12. Februar: Ernennung zum Hofkompositeur des Großherzogs von Hessen-Darmstadt.
März: Ankunft in Wien

1814 20. Oktober: einmalige Aufführung *Die beyden Kalifen* in Wien, Ende Dezember: Reise nach Paris

1815 30. November bis 31. Dezember: Besuch in London

1816 Januar: Paris, Vorbereitungen für eine Reise nach Italien. – März: Verona. – Mai: Rom. – Juni: Neapel. – Juli: Sizilien. – Ab Herbst: Rom, danach wechselnder Wohnsitz, am häufigsten in Venedig

1817 19. Juli: Uraufführung *Romilda e Costanza* in Padua

1819 3. Februar: Uraufführung *Semiramide riconosciuta* in Turin
26. Juni: Uraufführung *Emma di Resburgo* in Venedig

1820 14. November: Uraufführung *Margherita d'Anjou* in Mailand, Bekanntschaft mit dem französischen Bassisten Prosper Levasseur

1822 12. März: Uraufführung *L'Esule di Granata* in Mailand

1824 7. März: Uraufführung *Il Crociato in Egitto* in Venedig

1825 23. Februar: auf Vermittlung Rossinis Ankunft in Paris
27. Oktober: Jacob Herz Beer stirbt in Berlin

1826 25. Mai: Heirat mit seiner Cousine Minna Mosson
5. Juni: Carl Maria von Weber stirbt in London – Meyerbeer verpflichtet sich zur Vollendung des Opernfragments *Die drei Pintos*

1827 Januar: Beginn der Zusammenarbeit mit Eugène Scribe
Oktober: Unterbrechung der Kompositionsarbeit an *Robert-le-Diable* in der dreiaktigen Fassung
16. August: Geburt der Tochter Éugenie (gestorben am 9. Dezember des gleichen Jahres)

1828 31. Oktober: Geburt des Sohnes Alfred (gestorben am 13. April 1829)

1830 15. Juli: Geburt der Tochter Blanca (gestorben am 5. Januar 1896)

1831 21. November: Uraufführung *Robert-le-Diable* in Paris

1832 19. Januar: Meyerbeer wird Korrespondierendes Mitglied der Akademie der Künste zu Paris und zum Ritter der Ehrenlegion ernannt
11. August: Ernennung zum Hofkapellmeister durch Friedrich Wilhelm III. von Preußen

1833 1. Mai: Wahl zum Ordentlichen Mitglied der Preußischen Akademie der Künste
Oktober: Meyerbeer zahlt 30 000 Francs Vertragsstrafe wegen Verzögerung der Partiturabgabe der *Huguenots* an Louis Véron, Direktor der Pariser Académie Royale de Musique.
Oktober: Reise mit seiner Frau nach Italien

1836 29. Februar: Uraufführung *Les Huguenots* in Paris
10. März: Geburt der Tochter Cäcilie (gestorben 1931)

1837 Zum Jahresbeginn liegen Meyerbeer zwei Libretto-Entwürfe von Scribe vor: *Le Prophète* und *L'Africaine*
Dezember: Abbruch der Komposition von *Cinq-Mars*
1838 Herbst: Beginn der Komposition des *Prophète*
1840 Erste Sammlung von Liedern erscheint bei Schlesinger in Paris
1841 März: Übergabe der vorläufig beendeten Partitur *Le Prophète* an einen Notar
1842 Verleihung des Ordens »Pour le mérite« der Friedensklasse durch König Friedrich Wilhelm IV. von Preußen
11. Juni: Berufung zum Preußischen Generalmusikdirektor. Geburt der Tochter Cornelie (gestorben 1922)
1843 28. Februar: Uraufführung *Das Hoffest von Ferrara* in Berlin
1844 7. Dezember: Uraufführung *Ein Feldlager in Schlesien* anlässlich des hundertjährigen Bestehens des Königlichen Opernhauses zu Berlin und der Neueröffnung des 1843 durch Feuer zerstörten Hauses
1846 Februar: Ernennung zum Mitglied der Akademie der Künste zu Brüssel
19. September: Uraufführung der Schauspielmusik zum Drama *Struensee* seines Bruders Michael Beer
6. Dezember: Gewährung eines Urlaubs auf unbefristete Zeit, damit Ende des Dienstverhältnisses als Preußischer Generalmusikdirektor. Reise nach Wien
1847 18. Februar: Uraufführung *Vielka* in Wien, einer Umarbeitung des *Feldlagers in Schlesien*
Herbst: Verhandlungen in Paris zur Aufnahme des *Prophète* an der Opéra
1848 Februar bis Mai: Meyerbeer verfolgt die Ereignisse der ersten Revolutionsphase und arbeitet in dieser Zeit Teile von *Le Prophète* um
1849 16. April: Uraufführung *Le Prophète* in Paris
1851 31. Mai: Uraufführung der *Ode auf Christian Rauch* zur Enthüllung des Denkmals Friedrichs II. in Berlin
Mitglied des Senats der Akademie der Künste zu Berlin
1852 27. Januar: Rückgabe der *Pinto*-Fragmente an Carl Maria von Webers Erben
26. Mai: Uraufführung der Festkantate *Maria und ihr Genius* in Berlin
1854 16. Februar: Uraufführung *L'Étoile du Nord* in Paris

27. Juni: Tod der Mutter in Berlin
1856 Januar bis April: Reise nach Italien. Komposition der Oper *Dinorah*
1859 4. April: Uraufführung *Dinorah* in Paris
21. Februar: Tod Eugène Scribes
24. Oktober: Uraufführung des *Krönungsmarsches* zur Krönung König Wilhelms 1. von Preußen in Königsberg
20. April: Letzte Reise nach London
1. Mai: Uraufführung der *Ouverture im Marschstyl* für die Londoner Weltausstellung
1863 3. September: Ankunft in Paris zur Vorbereitung der Uraufführung *L'Africaine*
1864 2. Mai: Tod Meyerbeers in Paris.
9. Mai: Begräbnis in Berlin
1865 28. April: Uraufführung *L'Africaine* in Paris

Werkverzeichnis

(Die Daten beziehen sich entweder auf die jeweils erste Aufführung oder, wenn diese nicht nachweisbar ist, auf das Entstehungsdatum und folgen im Übrigen den Angaben von: Giacomo Meyerbeer, Tagebücher und Briefwechsel, 8 Bände)

1. Opern
Jephtas Gelübde, Oper in drei Akten (Aloys Wilhelm Schreiber), 23. Dezember 1812, München, Hoftheater
Wirth und Gast oder Aus Scherz Ernst, Lustspiel in zwei Akten (Johann Gottfried Wohlbrück), 6. Januar 1813 Stuttgart, Hoftheater, Umarbeitung als: *Die beyden Kalifen (Alimelek),* 20. Oktober 1814 Wien, Kärntnerthor-Theater
Romilda e Costanza, Melodramma semiserio in due atti (Gaetano Rossi), 19. Juli 1817, Padua, Teatro nuovo
Semiramide riconosciuta, Dramma per musica in due atti (Gaetano Rossi nach Metastasio), 3. Februar 1819 Turin, Teatro Regio
Emma di Resburgo (= *Emma di Leicester*), Melodramma eroico in due atti (Gaetano Rossi), 26. Juni 1819 Venedig, Teatro di S. Benedetto
Margherita d'Anjou, Melodramma semiseria in due atti (Felice Romani nach Guilbert de Pixérécourt), 14. November 1820 Mailand, Teatro alla Scala. Umarbeitung in drei Akte von Thomas Sauvage, 11. März 1826 Paris, Théâtre de l'Odéon

L'Esule di Granata, Melodramma in due atti (Felice Romani), 12. März 1822 Mailand, Teatro alla Scala
Il Crociato in Egitto, Melodramma eroico in due atti (Gaetano Rossi), 7. März 1824 Venedig, Teatro La Fenice. Umarbeitung für Paris, 25. September 1825, Théâtre Italien
Robert-le-Diable, Opéra en cinq actes (Eugène Scribe und Germain Delavigne), 21. November 1831 Paris, Académie Royale de Musique, Salle de la rue Le Peletier (= Opéra)
Les Huguenots, Opéra en cinq actes (Eugène Scribe und Émile Deschamps), 29. Februar 1836 Paris, Opéra, Salle de la rue Le Peletier
Ein Feldlager in Schlesien, Festspiel (Oper) in drei Akten (Ludwig Rellstab nach einem Exposé von Eugène Scribe), 7. Dezember 1844 Berlin, Königliches Opernhaus. Umarbeitung als *Vielka* von Charlotte Birch-Pfeiffer, 18. Februar 1847 Wien, Theater an der Wien
Le Prophète, Opéra en cinq actes (Eugène Scribe), 16. April 1849 Paris, Opéra, Salle de la Rue Le Peletier
L'Étoile du Nord, Opéra comique en trois actes (Eugène Scribe nach seinem Ballett La Cantinière), 16. Februar 1854 Paris, Opéra-Comique, Salle Favart
Le Pardon de Ploërmel / Dinorah, Opéra comique en trois actes (Jules Barbier und Michel Carré), 4. April 1856 Paris, Opéra-Comique, Salle Favart
L'Africaine / Vasco de Gama, Opéra en cinq actes (Eugène Scribe, Bühnenfassung von François Joseph Fétis), 28. April 1865 Paris, Opéra, Salle de la Rue Le Peletier

2. Opernfragmente, Opernpläne

Abu Hassan, Singspiel in zwei Aufzügen (F. K. Hiemer?), Darmstadt 1810
Der Admiral oder Der verlorene Prozeß, Darmstadt 1811
Quinto Fabio, Opera, Skizzen, 1813
Der Götterbesuch (Eduard Kley), Allegorisches Schauspiel, 5. Februar 1814, unveröffentlicht
Le bachelet de Salamanque, Skizzen 1815
Gefehlt und getroffen, deutsche Operette, Skizzen, 1816
Cavatine aus *Robert und Elise,* Opera, datiert »Palermo, d. 22. July 1816«
L'Almanzore (Gaetano Rossi) Opera, geplant für das Teatro Argentina Rom, 1821
Ines de Castro (Gaetano Rossi), Melodramma tragico, Plan, für Neapel, 1824
Malek Adel (Gaetano Rossi), Melodramma, Plan, 1824
La Nymphe de Danube (Thomas Sauvage), Pasticcio, Teile aus *Romilda e Costanza, Semiramide, Emma di Resburgo, Margherita d'Anjou* und *L'Esule di Granata,* Paris 1826–1829
Angiolina, La Donne Caritea, 1828
Le Portefaix (Eugène Scribe), Opéra comique, Teile komponiert, Paris 1831
Les Brigands (Alexandre Dumas), Opéra, Plan, Paris 1832
Isabeau de Barière (Eugène Scribe), Opéra comique, Plan 1833
Cinq mars (Henri Vernoy de Saint-Georges und François Antoine Eugène de Planard nach Alfred de Vigny), Teile komponiert, Dezember 1837
Rex Cervo (Carlo Goldoni), Plan 1839
Noëma ou le Repentir (= *Ange au Exil*) (Eugène Scribe und Henri Vernoy de Saint-Georges), Opéra, Plan, Paris 1846
Tartuffe (Léon de Wally nach Molière), Opera buffa, Plan 1846
Turandot, Le due notte de affanose (Carlo Gozzi), Pläne zu zwei Opéré comique (1847)
La Cigue (Émile Augier), Opéra comique, Plan 1848
Die drei Pintos, Oper nach Skizzen von Carl Maria von Weber, Entwürfe und Fragmente, Berlin/Paris 1826-1852
Judith (Eugène Scribe), Opéra, Plan 1854

3. Andere Bühnenkompositionen/Bühnenmusiken

Der Fischer und das Milchmädchen oder Viel Lärm um einen Kuß (*Le passage de la rivière ou La femme jalouse*), Ballett-Divertissement (Etienne Lauchery), 26. März 1810, Berlin, Hofoper
Das Brandenburger Tor, Singspiel (Emanuel Veith), Wien 1814, Erstaufführung 5. September 1991, Berlin, Schauspielhaus und Lapidarium
Gli amori di Teolinda (*Teolindens Liebschaften*), Dramatische Kantate (Gaetano Rossi), für Sopran, Klarinette, Chor und Orchester, Verona, 18. März 1816
Das Hoffest von Ferrara, Maskenspiel (Ernst von Raupach nach Torquato Tasso), 28. Februar 1845, Berlin, Schloß
Struensee, Tragödie von Michael Beer, Schauspielmusik, 19. September 1846, Berlin, Schauspielhaus
Ballade aus dem Stück *Murillo, ou La corde du pendu* von Aylic-Langlé (M. A. F. Langlois), Paris, Comédie Française, 18. Oktober 1853

La Jeunesse de Goethe (*L'Étudiant de Strasbourg*), Schauspiel (Henri Blaze de Bury), Schauspielmusik, Paris 1860–1862, keine Aufführung nachweisbar

»Juchhe, Juchhei«, Lied des Falkentoni, »Mein Bue du hast Aug'n«, Lied der Vroni, 2 Lieder für *Der Goldbauer* (Charlotte Birch-Pfeiffer), 1861, unveröffentlicht

Gesang der drei Knaben, aus dem Schauspiel *Die Waldkönigin* (Berthold Auerbach), 1861, unveröffentlicht

4. Bearbeitungen

»Armida dispietata«, (»Cascia ch'io pianga«), aus Händels *Rinaldo*, 1845 für das Hofkonzert mit Pauline Viardot

Recitativo ed Aria dell'Opera *Rinaldo* (Georg Friedrich Händel), istrumentazione nouva di Giacomo Meyerbeer, für das Hofkonzert im Mai 1847, Schlesinger 1847

5. Instrumentalmusik

Sonate c-Moll (oder G-Dur?) pour le Pianoforte, 1805

Variationen über Bernhard Anselm Webers Marsch aus *Die Weihe der Kraft* für Klavier und Orchester, 1807

Komposition für kleines Orchester, 1809

Ouvertüre für Violine und Klavier, 1811

Konzert für Klavier und Orchester, 1811

Fandango mit Variationen für Klavier, 1811

Konzert für Fagott und Orchester, 1812

Konzert für Violine, Klavier und Orchester, 1812

Sonate Es-Dur für Klavier, 1812

Anhang zu Abbé Voglers Variationen seines *Seraphiner Marsches* (für Klavier?), 1812

Bearbeitung von Friedrich Heinrich Himmels Klaviervariationen Es-Dur, 1812

Divertimento für Klavier, 1812

Fuge a-Moll für Klavier, 1812

Rondo G-Dur, 1812

Variationen D-Dur und F-Dur, 1812

Sonate pour Clarinette, 2 Violinen, Alto und Violoncello, Heinrich Baermann gewidmet, 1812

Entreacte, 1816

Fackeltanz Nr. 1 B-Dur für Großes Orchester, zur Hochzeit der Prinzessin Marie Friederike von Preußen und des Kronprinzen Maximilian von Bayern, Berlin 1842

Fackeltanz B-Dur, für den Kronprinzen von Bayern, 1846

Andante für Violoncello (und Klavier) für das Album der Mad. Christiani, Ms., 1846, unveröffentlicht

Klavierstück, Tgb. Juni 1847, unveröffentlicht

Fackeltanz Nr. 2 Es-Dur für Großes Orchester, zur Hochzeit der Prinzessin Charlotte von Preußen und des Erbprinzen Georg von Sachsen-Meiningen, Berlin 1850

Fackeltanz Nr. 3 c-Moll für Großes Orchester, zur Hochzeit der Prinzessin Anna von Preußen und des Prinzen Friedrich von Hessen, Berlin 1853

Klavierstück für das Album von Felice Romani, Tgb. Juni 1853, unveröffentlicht

»... ein kleines Klavierstück aus dem Gedankenbuch in das Album von Fumagalli« (italienischer Pianist), Tgb. 19. Februar 1856

»kleine Klavierkomposition für das Album der Demoiselle Goddard«, Tgb. 23. April 1856

Fackeltanz C-Dur (mit »God Save the King«) zur Ankunft des neuvermählten Kronprinzen Friedrich Wilhelm von Preußen mit Prinzessin Victoria von England, Berlin 1858

Air de chasse (»Le départ pour la chasse«) für Klavier, für das Autografenalbum der Tombola der Großen Oper, 28. Oktober 1859

Klavierstück für das gleiche Album, »... da mir le départ zu groß und bedeutend für diesen unbedeutenden Zweck geworden ist.« Tgb. 1. November 1859

Festmarsch zur Feier von Schillers 100. Geburtstag, Berlin/Paris 1859

Krönungsmarsch für zwei Blasorchester zur Krönung Wilhelms I. von Preußen, Königsberg/Berlin 1861

Fest-Ouverture im Marschstyl zur Eröffnung der Industrieausstellung in London, 1862

6. Kantaten, mehrstimmige Vokalwerke

Kantate zur Geburtstagsfeier von Liebmann Meyer Wulff, 18. August 1806

Kantate zum Geburtstag von Amalia Beer (Aaron Wolfssohn), 1. Februar 1809

Kantate zum Geburtstag Abbé Voglers (Carl Maria von Weber), 15. Juni 1810

Kantate zum Geburtstag von Jacob Beer (Aaron Wolfssohn), 30. Mai 1811

Italienische Aria und Szene, 1810

Das Königslied eines freien Volkes (Friedrich Wilhelm Gubitz), für vier Männerstimmen und Blasinstrumente, 1814

Des Teutschen Vaterland (Ernst Moritz Arndt), für vier Männerstimmen und Blasinstrumente, 1814

Der Götterbund (Eduard Kley), allegorisches Schauspiel, ein Aufzug, zum Geburtstag von Amalia Beer, 5. Februar 1814

»Perche muni tiranni«, Aria für Sopran, Chor und Orchester, Genua, 3. Oktober 1816

Canone finito a 4, für Louis Spohr, Rom, 4. Januar 1817
Bayerischer Schützenmarsch, Kantate für 4 Soli und Blasorchester (Ludwig I. von Bayern), 1829
Festgesang zur Errichtung des Gutenberg-Denkmals in Mainz (Karl Rosenberg), für Soli und Männerchor, Mainz 1854
»Freundschaft – L'Amitié, Gloire, Gloire« (Ludwig Lieber – Émile Deschamps), Lied für vier Männerstimmen, zum Gründungsfest der Freunde der Berliner Singakademie, Berlin 1842, Paris 1862
»Dem Vaterland – À la Patrie«, für vierstimmigen Männerchor, Berlin 1842, Paris 1861, textliche Überarbeitung von Ludwig Rellstab »An Mozart«, für das Mozart-Album 1858
»Die lust'gen Jägersleut – Les Joyeux Chasseurs«, für Männerchor, Berlin o.J., Paris 1861
»Dem Meister des deutschen Lieds ein Lied«, für Männerchor, zum Empfang von Louis Spohr, Berlin 1845
»Der Wanderer und die Geister an Beethovens Grabe – Au Tombeau de Beethoven« (Ferdinand Braun – Maurice Bourges), für Baß-Solo und drei Soprane, Wien 1846
Festhymnus zur 25-jährigen Vermählungsfeier Ihrer Majestäten des Königs und der Königin von Preußen (Karl Gottlieb Theodor Winkler), für Soli und Chor a cappella, Berlin, 29. November 1848
»Fridericus Magnus« (Ludwig Rellstab), Lied für Chor und Orchester, (»Für solchen König Blut und Leben«), Einlage für *Ein Feldlager in Schlesien* am Tag der Einweihung des Denkmals von Christian Daniel Rauch für Friedrich den Großen, Berlin, 31. Mai 1851
Ode an Rauch (August Kopisch), für Soli, Chor und Orchester, (»Steht auf und empfangt mit Feiergesang«), anläßlich der Akademiefeier für C. D. Rauch, Berlin, 9. Juni 1851; Bearbeitung mit neuem Text von Ludwig Rellstab als Opfer Hymne an den Zeus (»Erschalle Gesang mit tönendem Laut«)
Maria und ihr Genius (Theodor Goldtammer), Kantate für Sopran, Tenor, gemischten Chor und Orchester, (»Erschienen ist der freudenreiche Tag«), zur Feier der Silbernen Hochzeit des Prinzen Carl von Preußen, Berlin-Glienicke, 26. Mai 1852
»Brautgeleite aus der Heimat – Adieux aux jeunes mariés« (Ludwig Rellstab – Émile Deschamps), Lied für achtstimmigen gemischten Chor, zur Hochzeit der Prinzessin Luise von Preußen und des Prinzregenten Friedrich von Baden, Berlin, Juli 1856; Paris 1857
Nice à Stéphanie (Léon Pillet), Kantate für Sopran-Solo und dreistimmigen Chor, zum Geburtstag der Großherzogin Stephanie von Baden, Nizza, 26. Dezember 1857; Paris 1858
Choeur des sybarites, Lyon 1857
Festgesang zur Feier des 100. Geburtstagsfestes von Friedrich Schiller (Ludwig Pfau – Henri Blaze de Bury), (»Wohl bist du uns geboren, gestorben bist du nicht«), für Tenor-Solo, gemischten Chor und Orchester, Paris, 10. November 1859
Bundeslied über das Thema »God Save the King«, französisch »Invocation à la terre natale«, für Männerchor, Klavier ad lib. (1859?)
Fest-Hymnus (Hans Köster), Huldigungskantate für 6 Soli, gemischten Chor und Orchester, anläßlich der Feier zur Krönung Wilhelms I., Berlin, 24. Oktober 1861
»Das Lied vom blinden Hessen – Le Chant des Exilés« (Carl Altmüller – Joseph Duesberg), für Tenor-Solo und vierstimmigen Männerchor, (»Ich weiß ein theuerwerthes Land«), der Schwalbacher Liedertafel gewidmet, Berlin, Juli 1862, Paris 1863
Dem Vaterland, Bundeslied (unter Benutzung von »Heil dir im Siegerkranz«), Die lustigen Jägersleut': Chöre für Männerstimmen, Berlin 1862

7. Geistliche Musik

16 Choräle, 1805
Gott des Weltalls Herrscher ist König, vierstimmige Fuge, 1809
Gott und die Natur, Lyrische Rhapsodie (Oratorium) für Soli, Chor und Orchester (Aloys Wilhelm Schreiber), Berlin, Singakademie 8. Mai 1811
Psalmen: 1. Psalm, 1809; 130. Psalm für Chor und Orchester, 1810; 12. Psalm, 1810; 98. Psalm, 1811; 23. Psalm, 1813
Der heilige Lucas, für Chor, 1813, Ms.
Sieben geistliche Gesänge (Morgenlied, [Wenn ich einst von jenem Schlummer]; Dem Dreieinigen [Preis ihm]; Vorbereitung zum Gottesdienst Erheb' uns zu dir; Danklied Auf ewig ist der Herr mein Theil); Nach dem Abendmahl (Müde sündenvolle Seele); Wach auf, mein Herz; Jesus Christus wir sind hier) (Friedrich Gottlieb Klopstock – Ernest Legouvé), für vier Stimmen, Klavier ad lib., Darmstadt 1812, Überarbeitung Berlin/Paris 1841, Schlesinger, Erstausgabe: *Geistliche Lieder von Klopstock für vier Singstimmen*

mit Begleitung des Pianoforte in Musik gesetzt und Seinem Freunde Herrn Gottfried Weber gewidmet von J. Meyerbeer, Leipzig C. F. Peters, 1817, enthält Nrn. 1, 2, 3,4
An Gott, Hymne für vier gemischte Stimmen, Klavier ad lib. (Friedrich Wilhelm Gubitz), 1814, C.F. Peters Leipzig, 1817
Halleluja, Kleine Kantate für vier gemischte Stimmen, Orgel ad lib. (Eduard Kley), Ms. Geistliche Lieder, 1815
Kindergebet – Prière d'enfants (Ferdinand Braun – Anonymus), (»Le souverain maître«) für drei Frauenstimmen, Beilage Nr. 6 zur *Allgemeinen musikalischen Zeitung,* 1839
Zwei religiöse Gedichte (Jacob Neuss), »Gloria in der Höhe«, »Hallelujah der Herr ist da«, für zwei Soprane, Alt, Orgel ad lib., Mainz 1841
Albumblatt Dominus vobiscum (Jules Janin), 1853
Bußlied für Baß-Solo und gemischten Chor (Pierre Corneille – Ludwig Rellstab) (»Qui sequitur me«), Berlin 1859
Cantique (Pierre Corneille) à Six voix, avec récit, tiré de l'Imitation de Jesus Christ, für Baß-Solo, gemischten Chor und Orgel, (»Ineffable splendeur de la gloire éternelle«), erschienen im *Le Journal de Maîtrise,* 1859, Paris 1865
Der 91. Psalm, Trost in Sterbensgefahr, für Solostimme und achtstimmigen Chor, Berlin 1853
Pater noster, Motette für vierstimmigen gemischten Chor a cappella, Berlin, 15. November 1857, Berlin 1858
Prière du matin – Morgengebet (Émile Deschamps), für achtstimmigen Doppelchor, Klavier ad lib., Paris 1864

8. Mélodies, Lieder, Romanzen, Elegien, Canzonetten, Albumblätter
Six canzonettes italiennes (Pietro Metastasio)
12 Ariettes italiennes (Pietro Metastasio), 1810
italienische Arie für Sopran
Aria per Mezzosoprano, Neapel, 20. Juni 1816
italienisches Rondo, 1816
Das Traumgesicht, Rhapsodie (Ludwig Robert), 1824
»Le Ranz des Vaches d'Appenzell – Appenzeller Kuhreigen« (Eugène Scribe – Ignaz Castelli), für 2 Soprane, 1828, revidiert 1846
»Ballade de la Reine Marguerite de Valois«, 1829
»La barque légère« (Joseph Naudet) 1829
»Le vœu pendant l'orage«, Romance (Ambroise Bétourné), 1830
»La nonna (de Lanziere)«, Duett, 1832
»Soave Ristante« (?), 1833, Ms. Sammlung Flörsheim, Schweiz
»Le ricordanze – Les souvenirs« (Gaetano Rossi – Maurice Bourges), 1833
»L'enlèvement« (?), 1834
»Le Moine – Der Mönch« (Émilien Pacini – Ignaz Castelli), 1834
»Rachel à Nephtali – Rachel und Nephtali« (Émile Deschamps – Ignaz Castelli), 1834
»Au revoir« (?); »L'Absence« (Marceline Desbordes-Valmore); »Le Miroir magique« (?), 1835, Mss. nicht nachweisbar
»Sie und ich – Elle et moi« (Friedrich Rückert – Émile Deschamps), 1835
»Hör ich das Liedchen singen – De ma première ami« (Heinrich Heine – Émile Deschamps), 1836
»Le Poète mourant, Élegie« (Charles Hubert Millevoye), 1836
»Fantaisie – Phantasie« (Henri Blaze de Bury – Ignaz Castelli), 1836
»Komm du schönes Fischermädchen – Guide au Bord ta Nacelle« (Heinrich Heine – Émile Deschamps), 1837
»La fille de l'air« (François Joseph Méry), 1837
»La folle de St. Joseph« (Adolphe de Custine), 1837
»Scirocco« (Michael Beer – Émile Deschamps), 1837
»Mina, Lied des venezianischen Gondoliere« (Michael Beer), 1837
»Chant de Mai – Mailied« (Henri Blaze de Bury – Ignaz Castelli), 1837
»Menschenfeindlich – Seul« (Michael Beer – Henri Blaze de Bury), 1837
»La Marguerite du poète – Dichters Gretchen« (Henri Blaze de Bury – Ignaz Castelli), 1837
»Die Rose, die Lilie, die Taube« (Heinrich Heine), 1838
»Nella« (Émile Deschamps), 1838
»Suleika« (Johann Wolfgang von Goethe – Henri Blaze de Bury), 1838
»Die Rosenblätter« (Wilhelm Müller), 1839
»Chant des moissonneurs vendéens – Gesang der Schnitter in der Vendée« (Henri Blaze de Bury – Johann Christoph Grünbaum),1839
»Der Garten des Herzens – Le Jardin du coeur« (Wilhelm Müller - Henri Blaze de Bury), 1839
»Le Baptême – Taufgesang« (Maurice de Flassan – Johann Christoph Grünbaum), 1839, Neutextierung als »Magdalene« (Wilhelmine von Chezy), 1841
»La Chanson de maître Floh – Das Lied von

»Meister Klein« (Henri Blaze de Bury – Johann Christoph Grünbaum), 1839
»A une jeune mère« (Pierre Durand), 1839
»De miei giorni – Délire« (F. N. dei Santo Mango), 1840
»Le repos du gondolier« (Normand), 1840
»Ständchen« (Gabriel Seidl), 1841
»La luna in ciel«, Canzona (Gaetano Rossi), 1841
»Sonntagslied – Le chant du dimanche« (Hermann Kletke – Émile Deschamps), 1841
»Gottergebenheit« (Siegfried August Mahlmann), 1841
»Luft von Morgen – Le Pénitent« (Albert Knapp – Maurice Bourges), 1841
»Gebet am Donnerstag Morgen« (?), 1841
»Denkspruch« (Wolfgang Robert Griepenkerl), 1841
»Am Rhein – Au Victoire« (Karl Kaskel), 1842
»Hirtenlied« (Ludwig Rellstab), für Tenor, Klarinette und Klavier, 1842
»Cantique du trappiste – Gebet der Trappisten« (Anonymus – Ludwig Rellstab), 1842
»Reue, geistliches Lied« (G. Gottschalk), 1843
»Sicilienne« (François Joseph Méry), 1845
»Sur le balcon – Auf dem Altan, Romance« (Amedé Edmond Thierry – Ludwig Rellstab), 1845
»La dame invisible – die unsichtbare Dame, Chanson persane« (Amedé Edmond Thierry – Ludwig Rellstab), 1845
»Und gras' ich am Neckar«, »Mäde murk, murk, murk«, »Ach wie bald wie bald«, »Es regnet, regnet Tropfe«, aus *Schwarzwälder Dorfgeschichten* (Berthold Auerbach), 1845, unveröffentlicht
»Aimez – Aufforderung zur Liebe, Chansonette« (Anonymus – Johann Christoph Grünbaum), 1846
»An den Neugeborenen, für das Album der jungen Frau Gräfe komponiert«, Ms. 1846, unveröffentlicht
»Frühling im Versteck – Printemps caché« (August Ludwig Lua – Émile Deschamps), 1847 »Drei Küsse« (Julius Theodor Klein), 1847, unveröffentlicht
»La Grand-Mère – Großmutter und Enkelin« (Ambroise Bétourné), für 2 Soprane
»La Lai de la pauvre Louise« (Walter Scott), Ms. 1850, unveröffentlicht
»Confidences – Liederbote« (Maurice Bourges – Joseph Samuel Tauber), 1851
»Les plus beaux jours, Arioso« (Crével de Charlesmagne), 1852
»Les fleurs de la vie« (Crével de Charlesmagne), 1853
»Pardonnez-moi, fille d'Ève« (Aulic Langlé), Einlage für dessen Comédie *Murillo*, 1853
»Canzonette Chanson de Spa« (Charles Reynaud – J. Nicodemo), Tgb. Juli 1853, unveröffentlicht
»Ich hatte ihn gefunden« (Sophie Friedericke Mathilde Königin der Niederlande), 1854, unveröffentlicht
»La lavandière, Ballade« (Michel Carré), 1855
»A Venezia, Barcarole« (Pietro Beltrame), Genua, 7.3./20.4. 1856
»Nein, Ballade« (Ignaz Castelli), 1856
»Canzonette Se per tutte ordisce amore« (Pietro Metastasio), aus *L'Eroe cinese*, 1857, auf eine ältere Vorlage: Cavantine »Voici l'heure«, für Jeanne Castellan, die Berthe der Uraufführung in *Le Prophète*, 1849, unveröffentlicht
»Près de toi« für Singstimme, Violoncello und Klavier (Gustave Roger – Joseph Duesberg), 1857
»Des Schäfers Lied – Le Chant du berger« (Ludwig Rellstab), 1857
»Des Dichters Wahlspruch, Kanon für drei Stimmen« (Karl Eduard von Holtei), Beilage zu *Für den Friedhof der evangelischen Gemeinde in Gratz in Steiermark*, Braunschweig u.a. 1857
»Le Revenant du vieux château de Bade« (François Joseph Méry), 1858
»Die helle Sonne leuchtet« (Mirza-Schaffy – Friedrich Bodenstein), 1860
»Le retour« (Charles Hubert Millevoye), um 1860
»Giuseppe in carcere« (?), um 1860
»Sehnsucht des Geliebten« (»Anikita, Du mein Leben«), »Des Mägdleins Wunsch und Klage« (»Duckt sich die weiße, weiße Taube"), Texte aus *Die Balaleika: Russische Volkslieder,* gesammelt und ins Deutsche übertragen von Julius Altmann, 1862, unveröffentlicht

Sammelbände:
– *Dix Mélodies,* 1840
– *30 Mélodies,* Paris 1846 (Ergänzungen der *10 Mélodies*)
– *40 Mélodies,* Paris 1850 (Ergänzungen der *30 Mélodies*)

Neuausgabe: *Lieder/Mélodies,* 1. Band, hrsg. von Reiner Zimmermann, neue deutsche Texte

Literaturverzeichnis

Die Literaturübersicht enthält weiterführende Hinweise, die den Dokumentationsbänden *Briefwechsel und Tagebücher* entnommen sind.

Quellen

Meyerbeer, Giacomo: *Briefwechsel und Tagebücher*, hrsg. von Heinz und Gudrun Becker, Bde 1–4 Berlin 1960, 1970, 1975, 1985, Sabine Henze-Döhring, Bde 5–8, Berlin 1999, 2002, 2004, 2006

Literatur

Abert, Hermann: »Giacomo Meyerbeer«, in: *Jahrbuch der Musikbibliothek Peters 1918*, Leipzig 1918
Agoult, Marie d': »Meyerbeer«, in: *La Presse*, 16. Oktober 1842
Allevey, Marie-Antoinette: *La Mise en Scène en France dans la première moitié du 19e siècle*, Paris 1938
Allroggen, Gerhard: »›Emma di Resburgo‹ und der Streit um das ›Verdauungsvermögen der italienischen Kunstmägen‹«, in: Hans John/Günther Stephan (Hg.), *Schriftenreihe der Hochschule für Musik »Carl Maria von Weber« Dresden*, hersg. von Hans John/Günther Stephan, Heft 24, Wissenschaftliche Konferenz im Rahmen der Dresdner Musikfestspiele 1991 zum Thema »Giacomo Meyerbeer (1791–1864) Große Oper – Deutsche Oper«
Altmann, Wilhelm: »Briefe Meyerbeers an Gottfried Weber«, in: *Die Musik*, VIII, 1928
–: »Meyerbeer im Dienste des preußischen Königshauses«, in: *Zeitschrift für Musikwissenschaft*, 11, 1919
–: »Meyerbeerforschungen«, in: *Sammelbände der internationalen Musikgesellschaft*, IV, 1905
–: »Spontini an der Berliner Oper«, in: *Sammelbände der internationalen Musikgesellschaft*, V, 1905
–: »Richard Wagner und die Berliner General-Intendantur«, in: *Die Musik*, VI, 1903
–: »Geschichte der kgl. preußischen Hofkapelle«, in: *Die Musik*, XII, 1905/04
–: »Spohrs Beziehungen zur Generalintendantur der Königlichen Schauspiele in Berlin«, in: *Neue Zeitschrift für Musik*, 71, 1904
–: »Aus Gottfried Webers brieflichem Nachlaß«, in: *Sammelbände der internationalen Musikgesellschaft*, X, 1909
–: »Meyerbeers Bibliothek«, in: *Allgemeine Musikzeitung*, XLIII, 1916
–: »Über Meyerbeers ›Hugenotten‹«, in: *Allgemeine Musikzeitung*, XLIV, 1917
Anonym: *Les Contemporains, Notice biographique sur la vie et les travaux de M. Meyerbeer*, Paris 1845
Anonym: (Hermann Mendel?), »Die Entstehungsgeschichte der ›Afrikanerin‹ und die Arbeitsweise Meyerbeers«, in: *Neue Berliner Musikzeitung* 1865
Anonym: »Das Duett im vierten Acte der Hugenotten und dessen Entstehungsgeschichte«, in: *Neue Berliner Musikzeitung*, XX, 1866
Anonym: »Meyerbeers bairischer Schützenmarsch«, in: *Neue Berliner Musikzeitung*, XXIV, 1870
Anonym: »Das Meyerbeerfest in Spa«, in: *Die Musik*, XLIV, 1911/12
Anonym: »Das Hoffest zu Ferrara, ein verschollenes Werk Meyerbeers«, in: *Blätter der Staatsoper Berlin*, o. J., 2, 6
Aroin, Neil C.: *Eugène Scribe and the French Theatre*, Cambridge 1924

Baermann, Carl: »Erinnerungen eines alten Musikanten«, in: *Münchner Neueste Nachrichten*, November 1882
Baible, Joseph-Marie: »Les représentations Parisiennes du ›Prophète‹ de Meyerbeer«, in: *Revue Internationale de Musique Française*, 5, 1980
Ballin, Gerhard: »Die Ahnen des Komponisten Giacomo Meyerbeer«, in: *Genealogie*, 8, 15, 1966
Balzac, Honoré de: *Gambara*, in: Œuvres complètes, Nouvelle édition, Bd. 35, Paris 1879
–: *Correspondance*, hersg. Von Roger Pierrot, 3 Bde, Paris 1960–1964
Bauer, Anton: *150 Jahre Theater an der Wien*, Wien 1952
–: »Opern und Operetten in Wien«, in: *Wiener musikwissenschaftliche Beiträge*, hrsg. von E. Schenk, Bd. 2, Graz/Köln 1952
Bauer, Karoline: *Aus meinem Bühnenleben*, hrsg. von Karl von Hollander, Wien 1917
Bauernfeld, Eduard von: *Aus Bauernfelds Tagebüchern I 1819–1848*, hrsg. von Carl Glossy, Wien 1895
Becker, Heinz: »Meyerbeers Ergänzungsarbeit an Webers nachgelassener Oper ›Die drei Pintos‹«, in: *Die Musikforschung*, VII, 1954
–: »Meyerbeers Beziehungen zu Louis Spohr«, in: *Die Musikforschung*, X, 1957
–: *Der Fall Heine-Meyerbeer. Dokumente revidieren ein Geschichtsurteil*, Berlin 1958
–: »Meyerbeers erstes Bühnenwerk ›Der Fischer und das Milchmädchen‹«, in: *Kleine Schrif-*

ten der Gesellschaft für Theatergeschichte, 16, Berlin 1958
–: »Giacomo Meyerbeer«, in: *Year Book IX of the Leo Baeck Institute,* London 1964
–: »Die historische Bedeutung der Grand Opéra«, in: *Beiträge zur Geschichte der Musikanschauung im 19. Jahrhundert,* Regensburg 1965
–: »Meyerbeers Mitarbeit an den Libretti seiner Opern«, in: *Kongreßbericht,* Bonn 1970
– (Hrsg.): *Die »Couleur locale« in der Oper des 19. Jahrhunderts,* Regensburg 1976
–: »›... der Marcel von Meyerbeer‹«, in: *Jahrbuch des Staatlichen Instituts für Musikforschung 1979,* Berlin 1980
–: »Meyerbeer und seine Vaterstadt Berlin«, in: *Studien zur Musikgeschichte Berlins im frühen 19. Jahrhundert,* hrsg. von Carl Dahlhaus, Regensburg 1980
–: *Giacomo Meyerbeer in Selbstzeugnissen und Dokumenten,* Reinbek 1988 (= rowohlt-Monographien, 288)
–: »Doppelporträt in Tönen: Meyerbeers Kantate ›Gli amori di Teolinda‹«, in: *Almanach der Ludwigsburger Schloßfestspiele 1981,* hrsg. von Wolfgang Gönnenwein, Ludwigsburg 1981
–: »Premiere eines Welterfolgs. Meyerbeers ›Robert der Teufel‹ wurde vor 150 Jahren uraufgeführt«, in: *Opernwelt,* 1981
– (mit Gudrun Becker): *Giacomo Meyerbeer. Ein Leben in Briefen,* Wilhelmshaven 1983
–: »Setkání v Boulogne-sur-mer: Wagner a Meyerbeer (Begegnung in Boulogne-sur-mer: Wagner und Meyerbeer)«, in: *Hudební veda,* XXI, Prag 1984
–: »Meyerbeers Wiener Reisetagebuch 1813«, in: *Festschrift für Rudolf Elvers zum 60. Geburtstag,* Tutzing 1985
–: »Zwischen Oper und Drama. Zu Meyerbeers Konzeption der dramatischen Szene«, in: *Wagnerliteratur und Wagnerforschung, Bericht über das Wagner-Symposium München 1985,* hrsg. von Carl Dahlhaus/Egon Voss, Mainz 1985
–: »Eine ›Undine‹-Oper Meyerbeers für Paris«, in: *Festschrift Martin Ruhnke,* Neuhausen-Stuttgart 1986
–: »Fata sua habent documenta. Zur Erwerbung des Meyerbeer-Archivs für die Staatsbibliothek«, in: *Jahrbuch Stiftung Preußischer Kulturbesitz 1987,* Berlin 1988
–: »Reflexionen über Meyerbeers Mélodies«, in: *Liedstudien. Wolfgang Osthoff zum 60. Geburtstag,* hrsg. von Martin Just/Reinhard Wiesend, Tutzing 1989
–: »Die Beersche Villa im Tiergarten. Porträt eines Berliner Wohnhauses«, in: *Jahrbuch des Landesarchivs Berlin,* hrsg. von Hans J. Reichardt, Berlin 1990
– (mit Gudrun Becker): *Giacomo Meyerbeer – Weltbürger der Musik,* Ausst.-Kat. Staatsbibliothek Preußischer Kulturbesitz Berlin, Wiesbaden 1991
–: »Freundschaftliche Indiskretionen. Alexander von Humboldt und Giacomo Meyerbeer«, in: *Jahrbuch der Stiftung Preußischer Kulturbesitz,* Berlin 1991
– (mit Gudrun Becker): »Giacomo Meyerbeers Opéra ›L'Étoile du Nord‹, Anmerkungen zur Entstehungsgeschichte des Librettos«, in: *Festschrift für Hubert Unverricht,* hrsg. von Karlheinz Schlager, Tutzing 1992
–: »›Es ist ein erstes Lebensgeschäft für mich‹. Zur Genese von Meyerbeers Preußenoper ›Ein Feldlager in Schlesien‹«, in: *Festschrift für Anna Amalia Abert,* Kassel 1995
Beer, Michael: *Briefwechsel,* hrsg. von Eduard von Schenk, Leipzig 1857
Beer, Wilhelm: *Genius der Astronomie und Ökonomie,* Berlin 1997
Benois, A.: »Les opéras et opéras-comiques de Scribe«, in: *Revue des Cours et Conferences,* 11, 1885
Berlioz, Hector: *Memoiren mit der Beschreibung seiner Reisen 1805–1865,* hrsg. von Eberhardt Klemm, Leipzig 1967
–: »Chants pour le piano de Meyerbeer«, in: *Gazette musicale de Paris,* 11, 1855
–: *Traité d'instrumentation et d'orchestration moderne,* Paris 1844
–: »Feuilleton L'Étoile du Nord«, in: *Journal des Débats,* 21. Februar 1854
–: *Die Musiker und die Musik,* deutsch von Gertrud Savic, Leipzig 1905
–: *Abendunterhaltungen im Orchester,* deutsch von Elly Ellès, Leipzig 1909
–: *Musikalische Streifzüge,* deutsch von Elly Ellès, Leipzig 1912
Besnier, Patrick: »Berlioz et Meyerbeer«, in: *Revue de Musicologie,* 65, 1977
Beurmann, Eduard: *Brüssel und Paris,* 5 Bde., Leipzig 1837/38
Bieter, G.: »Ein ungedrucktes Schreiben Meyerbeers«, in: *Der Klavierlehrer,* 28, 1905
Bischoff, Bodo: »›Auf eine Bekehrung ließ' ich mich nicht ein ...‹ Anmerkungen zur Meyerbeer-Rezeption Robert Schumanns«, in: *Schriftenreihe der Hochschule für Musik Dresden,* 24
Blaze de Bury, Henri: *Meyerbeer, sa vie, ses oeuvres et son temps,* Paris 1865

Bloom, Peter A.: »Friends and admirers: Meyerbeer and Fétis«, in: *Revue Belge de Musicologie*, XXXII–XXXIII, 1978/79

Body, A.: *Meyerbeer aux eaux de Spaa*, Brüssel 1885

Böhmel, Bernd: *Grundzüge der musikalischen Dramaturgie Giacomo Meyerbeers, untersucht an der Wiedertäuferpredigt aus dem ersten Akt der Oper »Der Prophet«*, Theaterhochschule Leipzig 1968, Ms.

–: »Thesen zu Meyerbeer«, in: *Meyerbeer, Les Huguenots. Materialien zum Werk*, Leipzig 1974,

–: *Les Huguenots (Die Hugenotten)*, vollständiges Textbuch, neue deutsche Übersetzung Leipzig 1979

–: *Nachwort zur Neuausgabe der Lieder Giacomo Meyerbeers*, 1982

Bohe, Walter: *Die Wiener Presse in der Kriegszeit der Oper*, Diss. Würzburg 1955

Boigne, Charles de,: *Petites mémoires de l'Opéra*, Paris 1857

Bose, Fritz (Hrsg.): *Meyerbeer, Sizilianische Volkslieder*, Berlin 1970

Brachvogel, A. E.: *Geschichte des königl. Theaters zu Berlin*, 2 Bde., Berlin 1877/78

Branca, Emilia: *Felice Romani, Critica Letteraria, articoli, raccolti e pubblicati a cura di sua moglie ...*, 2 Bde., Turin u.a. 1853

Breitkopf & Härtel: *Gedenkschrift und Arbeitsbericht von Oskar von Hase*, 2 Bde., Leipzig 1919

Brod, Max: »Some Comments on the Relationship between Wagner and Meyerbeer«, in: *Year Book IX of the Leo Baeck Institute*, London 1964

Brzoska, Matthias: *Die Idee des Gesamtkunstwerks in der Musiknovellistik der Julimonarchie*, Laaber 1995 (= Thurnauer Schriften zum Musiktheater, 14)

Brzoska, Matthias, Andreas Jacob, Nicole K. Strohmann (Hrsg.): *Giacomo Meyerbeer: Le Prophète, Edition – Konzeption – Rezeption, Bericht zum Internationalen Kongress/ Actes du Colloque international, 13.–16. Mai 2007, Folkwang Hochschule Essen-Werden*, Hildesheim u.a. 2009 (= Musikwissenschaftliche Publikationen, hrsg. von Herbert Schneider, 33), mit Beiträgen von Andreas Jacob, Fabien Guilloux, Guillaume Bordry, Jürgen Schläder, Albert Gier, Robert Ignatius Letellier, Jean-Claude Yon, Klaus Wolfgang Niemöller, Arnold Jacobshagen, Maria Birbili, Hugh Macdonald, Christian Ahrens, Ulrich Linke, Elisabeth Schmierer, Hermann Hofer, Marie-Hélène Coudroy-Saghai, Dominique Catteau, Gunther Braam, Herbert Schneider, Marta Ottlová, Cécile Reynaud, Anselm Gerhard, Klaus Döge, Anne-Sophie Métairie, Nicole Wild, Isabelle Moindrot, Udo Širker, Anna Tedesco, Milan Pospíšil, Sven Heed, Bettina Mühlenbeck

Brunelli, Bruno: *I Teatri di Padova dalle origini alla fine del secolo XIX*, Padua 1921

Buchowiecki, Josef: »Ein unveröffentlichter Brief Grillparzers an Giacomo Meyerbeer«, in: *Euphorion* 4, 54, 1960

Budden, Julian: »Verdi and Meyerbeer in relation to ›Les Vêspres Siciliennes‹«, in: *Studi Verdiani*, 1,1982

Bührmann, Max: *Johann Nepomuk Nestroys Parodien*, Diss. Kiel 1935

Bülow, Hans von: *Briefe und Schriften*, hrsg. von Marie von Bülow, 8 Bde., Leipzig 1895–1956

Bulman, Joan: *Jenny Lind*, London 1956

Bunsen, Marie: *Kaiserin Augusta*, Berlin 1940

Carus, Carl Gustav: »Meyerbeer's ›Prophet‹«, in: *Blätter für Literarische Unterhaltung*, 68/69, Dresden 1850

Castil-Blaze, François-Henri-Joseph: *De l'Opéra en France*, 2 Bde., Paris 1820

–: *Mémorial du Grand Opéra. Epilogue de l'Académie Royale de Musique (1645–1847)*, Paris 1847

–: *Théâtres lyriques de Paris. L'Académie impériale de Musique de 1645 à 1855*, 2 Bde., Paris 1855

Castelli, Ignaz: *Memoiren meines Lebens*, hrsg. von Josef Bindtner, 2 Bde., München 1915

Celletti, Rodolfo: »Meyerbeer a Venezia«, in: *Nuova Rivista Musicale Italiana*, 9, 1975

Chabot, C.: »Ballet in the operas of Eugène Scribe: an apology for the presence of dance in opera«, in: *Studies in music from the University of Western Ontario*, 5, 1980

Clement, Felix: *Les musiciens célèbres*, Paris 1875

Cohen, Boberl, H.: »On the Reconstruction of the Visual Elements of French Grand Opera: Unexplored sources in Parisian collections«, in: *Kongreßbericht der Internationalen Gesellschaft für Musikwissenschaft*, Berkeley 1977

Cooper, Martin: »Giacomo Meyerbeer«, in: *Fanfare for Ernest Newnian*, London 1958

Coudroy, Marie-Hélène: »La critique parisienne et le grand opéra Meyerbeerien«, in: *Revue Internationale de Musique Française*, 17, 1985, Druckausgabe Saarbrücken 1988

Crosten, William L.: *French Grand Opera, an Art and a Business*, New York 1948

Curzon, Emmanuel Henry de: »Meyerbeer et l'opéra comique«, in: *L'opéra comique*, 2, 1/2
–: *Meyerbeer,* Paris (um 1910)
–: »L'Opéra en 1845, Mémoire du Directeur Léon Pillet«, in: *Revue de Musicologie,* 2, 21, 1920
Dahlhaus, Carl: »Motive der Meyerbeer-Kritik«, in: *Jahrbuch des Staatlichen Instituts für Musikforschung SPK 1978,* Berlin 1979
–: *Musikalischer Realismus,* München 1980
– (Hrsg.): *Neues Handbuch der Musikwissenschaft, Bd. 6, Die Musik des 19. Jahrhunderts,* Wiesbaden 1980
–: »Französische Musiker und Musik in Paris«, in: *Lendemains,* 31, 52, VIII, 1985
–: »Wagner, Meyerbeer und der Fortschritt. Zur Opernästhetik des Vormärz«, in: *Festschrift für Rudolf Elvers zum 60. Geburtstag,* Tutzing 1985
Damcke, B.: »Meyerbeer und seine Opern«, in: *St. Petersburger Zeitung,* 80/81, 1850
Dauriac, Lionel: *Meyerbeer (Les Maîtres de la Musique),* Paris 1913
–: *La psychologie dans 'Opéra française: Auber, Rossini, Meyerbeer,* Paris 1920
–: »Herbert Spencer et Meyerbeer«, in: *Sammelbände der Internationalen Musikgesellschaft,* V, 1995
Destranges, Etienne: *L'œuvre théatral de Meyerbeer,* Paris 1893
Döhring, Sieghart, »Les œuvres tardives de Meyerbeer«, in: *Schweizer Musikzeitung,* 1975
–: »Multimediale Tendenzen in der französischen Oper des 19. Jahrhunderts«, in: *Kongreßbericht der Internationalen Gesellschaft für Musikwissenschaft,* Berkeley 1977
–: »Die Autographen der vier Hauptopern Meyerbeers. Ein erster Quellenbericht«, in: *Archiv für Musikforschung,* 1982
–: »Réminiscences. Liszts Konzeption der Klavierparaphrase«, in: *Festschrift Heinz Becker,* Stuttgart 1982
–: »Giacomo Meyerbeer: Grand Opéra als Ideendrama«, in: *Lendemains,* 51/52, VIII, 1985, 1
–: »Meyerbeers Konzeption der historischen Oper und Wagners Musikdrama«, in: *Wagnerliteratur und Wagnerforschung,* hrsg. von Carl Dahlhaus/Egon Voss, Mainz 1985
–: »Meyerbeer und die deutsche Oper«, in: *Schriftenreihe der Hochschule für Musik Dresden,* 24
–: Eintrag »Meyerbeer« in: *Pipers Enzyklopädie des Musiktheaters,* Bd. IV, München/Zürich 1991
– und Jürgen Schläder (Hrsg.): *Giacomo Meyerbeer – Musik als Welterfahrung Eine Festschrift, Heinz Becker zum 70. Geburtstag,* München 1985, mit Beiträgen von Carl-Friedrich Baumann, Matthias Brzoska, Sieghart Döhring, Markus Engelhardt, Jens Malte Fischer, Albert Gier, Sabine Henze-Döhring, Jean Mongrédien, Klaus Wolfgang Niemöller, Marta Ottlová, Milan Pospíšil, Frieder Reininghaus, Jürgen Schläder, Reiner Zimmermann
– und Arnold Jacobshagen (Hrsg.): *Meyerbeer und das europäische Musiktheater, Thurnauer Schriften zum Musiktheater,* Laaber 1998, mit Beiträgen von Frank Heidlberger, Markus Engelhardt, Arnold Jacobshagen, Jean Mongrédien, Knud Arne Jürgensen, Kii-Ming Lo, Sigrid Wiesmann, Marta Ottlová, Albert Gier, Robert I. Letellier, Jürgen Schläder, Anselm Gerhard, Karin und Eugen Ott, Sieghart Döhring, Jürgen Maehder, Frieder Reininghaus, Klaus Wolfgang Niemöller, Fabrizio della Seta, Michael Wittmann, Andrew Everett, Milan Pospíšil, Marina Čerkášina, Maria Kostareva, Michael Walter, Reiner Zimmermann, Wolfgang Kühnhold
– und Sabine Henze-Döhring: *Giacomo Meyerbeer. Der Meister der Grand Opéra. Eine Biografie,* München 2014
Duprez, Guilbert: *Souvenirs d'un chanteur,* Paris 1880

Eberly, Felix: *Jugenderinnerungen eines alten Berliners,* mit einem Geleitwort von Georg Hermann, Berlin 1925
Eckardt, Hans: *Die Musikanschauung der französischen Romantik,* Kassel 1955 (= Heidelberger Studien zur Musikwissenschaft, III)
Ehrhardt, Auguste: »L'Opéra sous la Direction Véron«, in: *Revue Musicale de Lyon,* V, 1907
Eichendorff, Joseph Freiherr von: *Chronik,* hrsg. Wolfgang Frühwald, München, Wien 1977
Einstein, Alfred: »Die Hugenotten«, in: *Musikblätter des Anbruch,* 14, 2/3, 1951/52
Enzyclopaedia Judaica, Das Judentum in Geschichte und Gegenwart, Redaktion Jacob Klatzkin, Berlin 1928
Everett, Andrew: »»Bewitched in a magic garden«. Meyerbeer in Italy«, in: *The Donizetti Journal,* 6, Oxford 1988
Everist, Marc: »Giacomo Meyerbeer, the Théâtre Royal de 'Odéon, and Music Drama in Restoration Paris«, in: *19th Century Music,* XVII, 2, 1995
–: »The Name of the Rose: Meyerbeers opéra comique Robert le Diable«, in: *Revue de Musicologie,* 80, 2, 1994

–: *Giacomo Meyerbeer and Music Drama in Nineteenth-Century Paris*, Aldershot 2005
Eyrnieu, Henry: *L'Œuvre de Meyerbeer*, Paris 1910

Félix, François Joseph: »Mélodies de Meyerbeer«, in: *Revue et Gazette musicale de Paris*, VIII, 1841
–: *Biographie Universelle*, Brüssel 1855–1844, Paris ²1860–1865
Fetting, Hugo: *Die Geschichte der Deutschen Staatsoper*, Berlin 1955
Finscher, Ludwig: »La muette de Portici und die Anfänge der Grand Opéra«, in: *Festschrift Heinz Becker*, Stuttgart 1982
Fischer, Georg: *Marschner-Erinnerungen*, Hannover, Leipzig 1918
Fischer, Hans: *Bernd Anselm Weber*, Diss. Berlin 1923
–: *Richard Wagners »Das Judentum in der Musik«. Eine kritische Dokumentation als Beitrag zur Geschichte des europäischen Antisemitismus*, Frankfurt/Main, Leipzig o.J.
Fleury, Albert: »Die Musikzeitschrift ›Caecilia‹ (1824–1848)«, Diss. Frankfurt/Main 1953
Frenzel, Elisabeth: *Stoffe der Weltliteratur*, Stuttgart 1963
Frese, Christhard: *Dramaturgie der großen Opern Giacomo Meyerbeers*, Berlin 1970
Friedrichs, Henning: »Das Rezitativ in den ›Hugenotten‹ Giacomo Meyerbeers«, in: *Beiträge zur Geschichte der Oper, Musikgeschichte des 19. Jahrhunderts*, Bd. 15, hrsg. von Heinz Becker, Regensburg 1969
Fröhlich, Joseph: *Abt Georg Joseph Vogler*, Würzburg 1845
Fryklund, Daniel: »Correspondance de Fétis«, in: *Svensk Tidskrill for Musikforskning*, 1950
Fulcher, Jane: »Meyerbeer and the Music of Society«, in: *The Musical Quarterly*, 67, 1981

Gall, Ferdinand von: *Paris und seine Salons*, 2 Bde., Oldenburg 1844/45
Gänsbacher, Johann Baptist: *Denkwürdigkeiten*, Autobiographie, 2 Bde., Wien, Ms.
Gautier, Théophile: »Feuilleton L'Étoile du Nord«, in: *La Presse*, 21. Februar 1854
–: *Histoire de l'art dramatique en France depuis 25 ans*, 6 Bde., Paris 1859
– und Jules Janin: *Les Beautés de l'Opéra ou Chefs-d'Œuvres lyriques*, Paris 1845
Gaver, Jules van: »Robert le Diable. Hommage à Meyerbeer«, in: *Revue du Midi*, Toulouse 1834
Geiger, Ludwig: *Berlin 1688–1840, Geschichte des geistigen Lebens der preußischen Hauptstadt*, 3 Bde., Berlin 1892/1895
–: *Geschichte der Juden in Berlin*, Berlin 1871
–: *A. W. Ifflands Briefe an seine Schwester Louise und andere Verwandte*, Berlin 1904 (=N Schriften der Gesellschaft für Theatergeschichte, 5 und 6)
Gerhard, Anselm: »Die französische ›Grand Opéra‹ in der Forschung seit 1945«, in: *Acta musicologica*, LIX, 1987, Fasc. III
Gibson, Robert Wayne: *Le Prophète. A Study in Operatic Style*, Diss. Chicago 1971/72
–: *The Ensemble Technique in the Grand Operas of Giacomo Meyerbeer*, Chicago 1972
Gier, Albert: *L'Africaine und die Ideologie des Kolonialismus*, 1991, Ms.
Goldhan, Wolfgang: »Als Depositum auf 99 Jahre. Der Nachlaß Giacomo Meyerbeers in der Deutschen Staatsbibliothek«, in: *Wochenpost*, 17, 1989
Gollmick, Carl: *Auto-Biographie*, Frankfurt/Main 1866
Gomez da Cruz, Gabriela: *Giacomo Meyerbeer's L'Africaine and the End of Grand Opera*, Diss. Princeton 1999
Goslich, Siegfried: *Beiträge zur Geschichte der deutschen romantischen Oper zwischen Spohrs »Faust« und Wagners »Lohengrin«*, Diss. Berlin 1956 (= Schriftenreihe des Staatlichen Instituts für deutsche Musikforschung, 1, Leipzig 1957)
Gounod, Charles: *Mémoires d'un artiste*, Paris 1896, deutsch: Leipzig 1896
Griepenkerl, Robert: *Die Oper der Gegenwart*, Leipzig 1847
Grillparzer, Franz: *Werke in sechzehn Teilen*, hrsg. von Stefan Hock, Leipzig o.J.
–: *Sämtliche Werke*, hrsg. von August Sauer, Bd. 20, Stuttgart 1892
–: *Briefe und Tagebücher. Eine Ergänzung zu seinen Werken*, hrsg. von Carl Gossy/August Sauer, 2 Bde., Stuttgart, Berlin 1903
New Grove, Dictionary or Music and Musicians, 6. Auflage, hrsg. von Stanley Sadie, London 1980
Gubitz, Friedrich Wilhelm: *Erlebnisse*, 5 Bde., Berlin 1868/69
Gülke, Peter: »Versuch mit Meyerbeer«, in: *Musik und Gesellschaft*, 1, 1971
Günther, Ursula: »Wagnerismen in Verdis ›Don Carlos‹ von 1867«, in: *Wagnerliteratur und Wagnerforschung, Bericht über das Wagner-Symposium München 1985*, hrsg. von Carl Dahlhaus/Egon Voss, Mainz 1985
Gumbert, Ferdinand: »Zwei Meistersänger«, in: *Vor den Coulissen, Originalblätter von Ce-*

lebritäten des Theaters und der Musik, hrsg. von Josef Lewinsky, o.O., o.J.
Halft, Franz Werner: »Giacomo Meyerbeer. Eine Anhäufung von Vorurteilen«, in: *fono forum* 1975
Hanslick, Eduard: »Ein Wort über Meyerbeerz«, in: *Sonntagsblätter Wien*, 14. Februar 1847
–: »Meyerbeer, Mit besonderer Berücksichtigung seiner drei letzten Opern«, in: *Die moderne Oper, Kritiken und Studien*, Berlin 1875
–: *Aus dem Tagebuch eines Musikers*, Berlin, 5. Auflage, 1892
–: *Aus meinem Leben*, Berlin ²1894
Hase, Oskar von: »Giacomo Meyerbeer«, in: *Breitkopf & Härtel Gedenkschrift 11*, Leipzig 1919
Haudeck, Rosa: *Scribes Operntexte für Meyerbeer*, Diss. Wien 1928
Hausgen, Birgit: *Studien zu Gustav Mahlers Bearbeitung und Ergänzung von Carl Maria von Webers Opernfragment »Die drei Pintos«*, Regensburg 1985
Hédouin, Pierre: »Meyerbeer à Boulogne-sur-Mer«, in: *Mosaique*, Paris 1856
Heidlberger, Frank: »Meyerbeer und Weber. Zur künstlerischen Wechselbeziehung aus der Sicht der frühen Werke«, in: *Schriftenreihe der Hochschule für Musik Dresden*, 24
Heine, Heinrich: *Sämtliche Werke in zwölf Bänden*, Bde. 10/11, Berlin o.J. M – Französische Zustände, Lutetia, Berichte über Politik, Kunst und Volksleben, Kunstberichte aus Paris, Über die französische Bühne, Musikalische Berichte aus Paris
–: *Zeitungsberichte über Musik und Malerei*, hrsg. von Michael Mann, Stuttgart 1984
–: *Heine und die Musik*, hrsg. von Gerhard Müller, Leipzig 1987
Heitmann, Margret: »Anbruch ›einer neuen und glücklichen Ära‹? 200 Jahre Emanzipationsedikt in Preußen«, in: *Kalonymos, Beiträge zur deutsch-jüdischen Geschichte aus dem Salomon Ludwig Steinheim-Institut an der Universität Duisburg-Essen*, 15, 1, 2012
Hensel, Sebastian: *Die Familie Mendelssohn 1729–1847*, 2 Bde., Leipzig 1924
Herz, Joachim: »Unverantwortliche Gedanken und zu verantwortende Erfahrungen mit Giacomo Meyerbeer«, in: *Musik und Gesellschaft*, 5, Berlin 1989
Hildesheimer, Wolfgang: *Mozart*, Frankfurt/Main 1977
Hiller, Ferdinand: *Aus Ferdinand Hillers Briefwechsel*, hrsg. von Reinhold Sietz, Bd. 1, Köln 1958 (= Beiträge für rheinische Musikgeschichte, 28)
Hirsbrunner, Theo: »Ernest Reyer, ein Komponist zwischen Meyerbeer und Wagner«, in: *Wagnerliteratur und Wagnerforschung*, hrsg. von Carl Dahlhaus/Egon Voss, Mainz 1985
Hirschberg Leopold: »*Meyerbeers religiöse Tonwerke*«, in: *Die Musik* XIII, 14, 1915
–: »Die Hugenotten«, in: *Signale für die musikalische Welt*, 90, 1931/32
Hirth, Friedrich: »Heine und Meyerbeer«, in: *Der Greif*, 1914
–: »Ein musikalischer Aufsatz Heines«, in: *Der Merkur* VIII, 5
–: *Johann Peter Lyser. Der Dichter, Maler, Musiker*, München/Leipzig 1911
–: »Wagner, Meyerbeer und Heine«, in: *Das goldene Tor*, V, 1950
Hitzig, Wilhelm: »Pariser Briefe. Ein Beitrag zur Arbeit des deutschen Musikverlags aus den Jahren 1853–1840«, in: *Der Bär, Jahrbuch Breitkopf & Härtel*, Leipzig 1950
Hoffmann, Paul: »Urkundliches über Michael Beer und seine Familie«, in: *Euphorion, Zeitschrift für Literaturgeschichte*, 15, 1908
Holland, H. S. und W. S. Rockstro: *Jenny Lind. Ihre Laufbahn als Künstlerin*, 2 Bde., Leipzig 1891
Holtei, Karl von: *Briefe an Ludwig Tieck u.a.*, 4 Bde., Breslau 1864
–: *Charpie. Eine Sammlung vermischter Aufsätze*, Breslau 1866
–: *Dreihundert Briefe aus zwei Jahrhunderten*, 2 Bde., Hannover 1872
Huebner, Steven: »Italianate duets in Meyerbeer's Grand opéras«, in: *Journal of Musicological Research*, VIII, 1989
Humboldt, Alexander von: *Briefe Alexander von Humboldts an Varnhagen von Ense aus den Jahren 1827–1858*, Leipzig ²1860
–: *Alexander von Humboldt und das Preußische Königshaus. Briefe aus den Jahren 1835– 1857*, hrsg. von Conrad Müller, Leipzig 1928
–: *Briefe von Alexander von Humboldt an Christian Carl Josias Freiherr von Bunsen*, Leipzig 1869

Istel, Edgar: »Meyerbeer als Protektor Wagners«, in: *Neue Zeitschrift für Musik*, 81, 1914
–: »Meyerbeer's way to mastership«, in: T*he Musical Quarterly*, XII, 1926

Jackson, Jennifer: *Giacomo Meyerbeer, reputation without cause? A composer and his critics*, Newcastle 2011

Jacobi, Martin: »Aus dem Berliner Musikleben in der ersten Hälfte des 19. Jahrhunderts«, in: *Deutsche Musikzeitung*, XL, 1909

Jacobshagen, Arnold/Milan Pospíšil (Hrsg.), *Meyerbeer und die Opéra comique*, Laaber 2004 (= Thurnauer Schriften zum Musiktheater), mit Beiträgen von Olivier Bara, Thomas Betzwieser, Maria Birlbili, Christoph Blitt, Damien Colas, Gabriella Dideriksen, Robert Didion, Mark Everest, Albert Gier, Sabine Henze-Döhring, Naoka Iki, Arnold Jacobshagen, Manuela Jahrmärker, Wolfgang Kühnhold, Hervé Lacombe, Robert Letellier, Ruth E: Müller, Marie-Claire Mussat, Gunhild Oberzaucher-Schüller, Martha Ottlová, Milan Pospíšil, Frieder Reininghaus, Mary-Jean Speare, Sebastian Werr

Jacobson, Egon und Leo Hirsch, *Jüdische Mütter,* Berlin 1936

Jähns, Friedrich Wilhelm, *Carl Maria von Weber in seinen Werken, Chronologisch-thematisches Verzeichnis,* Berlin 1871

Jahn, Michael: *Giacomo Meyerbeer – Les Huguenots: große Oper in fünf Akten; Libretto: Augustin Eugene Scribe und Émile Deschamps; historische Rezensionen von 1839 bis 1933,* Wien 2009 (= International Inventory of Musical Sources/Arbeitsgruppe Österreich: Veröffentlichungen des RISM-Österreich/ Reihe C, Wiener historischer Opernführer, 2)

Jean-Aubry, Georges: »A Romantic Dilettante: Émile Deschamps (1791-1871)«, in: *Music and Letters,* XX, 1939

Join-Dieterle, Cathérine: »Robert le Diable, Le premier opéra romantique«, in: *Romantisme* 1980

Kahane, Martine: *Robert le Diable,* Ausst.-Kat. Paris, Paris 1985

Kalischer, Alfred, »Beethoven und der junge Meyerbeer«, in: *Beethoven und Berlin / Beethoven und seine Zeitgenossen,* Bd. 1, Berlin, Leipzig o J.

Kapp, Julius: »Richard Wagner und Meyerbeer«, in: *Die Musik,* X, 1910/11

–: *Giacomo Meyerbeer,* Berlin 1920

–: »Wagner – Meyerbeer, Ein Stück Operngeschichte«, in: *Die Musik,* XVI, 1923

–: »Webers Aufenthalt in Berlin im August 1814«, in: *Die Musik,* XVIII, 1926

Keller, Wilhelm: »Von Meyerbeers Robert der Teufel zum zweiten Aufzug Parsifal«, in: *Tribschener Blätter,* XXX, 1971

Kippenberg, A.: »Die Sage von Robert der Teufel in Deutschland und ihre Stellung gegenüber der Faustsage, in: *Studien zur vergleichenden Literaturgeschichte,* IV, 1904

Kirchmeyer, Helmut: »Psychologie des Meyerbeer-Erfolges«, in: *Neue Zeitschrift für Musik,* 125, 1964

–: »Zur Frühgeschichte der Meyerbeerkritik in Deutschland«, in: *Neue Zeitschrift für Musik,* 125, 1964

–: *Studien zur Musikgeschichte des 19. Jahrhunderts,* Bd. 7, Situationsgeschichte der Musikkritik und des musikalischen Pressewesens in Deutschland, Das zeitgenössische Wagnerbild, Bd. I, Wagner in Dresden, Regensburg 1972

Klein, John W.: »Meyerbeer und Il Crociato«, in: *The Musical Times,* 113, 1972

Klüppel, K.: *Gustav Schwab,* Leipzig 1838

Knepler, Georg: *Musikgeschichte des XIX. Jahrhunderts,* 2 Bde., Berlin 1961

Knippel, Hermann: *Das großherzogliche Hoftheater zu Darmstadt von 1810–1890,* Darmstadt, Leipzig 1901

Kohut, Adolf: *Meyerbeer,* Leipzig 1890

–: »Meyerbeer als Briefschreiber«, in: *Neue Zeitschrift für Musik,* LXXIX, 1912

Koloff, Eduard: *Schilderungen aus Paris,* Bd. 2, Hamburg 1839

Kościów, Zbigniew: *Giacomo Meyerbeer,* Wołomin 2004

Kracauer, Siegfried: *Jacques Offenbach und das Paris seiner Zeit,* Amsterdam 1937. Neu hrsg. von Karsten Witte, Berlin 1980

Krauss, Rudolf: *Das Stuttgarter Hoftheater von den ältesten Zeiten bis zur Gegenwart,* Stuttgart 1908

Kreissig, Martin: »Schumanns Stellung zu Meyerbeer«, in: Robert Schumann: *Gesammelte Schriften,* Bd. 2, 5. Auflage, Leipzig 1914

Kreitz, Helmut: *Abbé Georg Joseph Vogler als Musiktheoretiker,* Diss. Saarbrücken 1937

Kreutzer, Léon: »Meyerbeer«, in: *Revue Contemporaine,* 1853

Krüger, Hans Karl: *Berliner Romantik und Berliner Judentum,* Berlin 1939

Kruse, Georg Richard: »Das Brandenburger Tor«, in: *Berliner Tageblatt,* 3, V, 1914

–: »Meyerbeers Preußenoper«, in: *Allgemeine Musikzeitung,* 43, 23, 1916

–: »Meyerbeers Jugendopern«, in: *Zeitschrift für Musikwissenschaft,* 1, 19, 1918

–: »Meyerbeers Afrikanerin in der Parodie«, in: *Allgemeine musikalische Zeitung,* 56, 1929

–: *Meyerbeer,* Leipzig o.J.

Kruse, Joseph A.: »Meyerbeers ›Triumph‹ in Berlin‹, in: *Die Musikforschung,* 29, 1976

Kürschner, Joseph: »Richard Wagners Berichterstattung«, in: *Richard-Wagner-Jahrbuch 1*, Stuttgart 1886

Lacey, Alexander: *Pixérécourt and the French Romantic Drama*, Toronto 1928
Lajarte, Théodore de: *Bibliothèque musicale du Théâtre de l'opéra*, 2 Bde., Paris 1878
–: *Curiosités de l'Opéra*, Paris 1883
Landsberg, Hans: »Mama Beer«, in: *Vossische Zeitung*, 8. Mai 1914
Lasalle, Albert de: *Meyerbeer, sa vie et le catalogue de ses œuvres*, Paris 1864
Laube, Heinrich: *Gesammelte Werke in 50 Bänden*, hrsg. Hubert Houten/Albert Hänel, Leipzig o.J.
Legouvé, Ernest: »Eugène Scribe«, in: *Le Ménestrel*, XL, 1874
Lengenfeld, Heike: *Der Kirchenstil im Schaffen G. Meyerbeers*, Diss. Bochum 1980
Leo, Sophie: *Erinnerungen an Paris 1817–1848*, Berlin 1851
Lessing, Gotthold Ephraim, *Sämtliche Schriften*, hrsg. von Karl Lachmann, Stuttgart 1886
Lewald, August: »An Herrn Meyerbeer, Baden, 16. August 1837«, in: *Europa*, 1857
Letellier, Robert Ignatius: The Diaries of Giacomo Meyerbeer, Translated, Edited, and Annotated, 4 Bde., Cranbury u.a. 1999–2004
–: *Meyerbeer Studies, A Series of Lectures, Essays, and Articles on the Life and Work of Giacomo Meyerbeer*, Madison, NY 2005
–: *The Operas of Giacono Meyerbeer*, Madison NY 2006
–: *Giacomo Meyerbeer, a guide to research*, Newcastle 2007
–: *An Introduction to the Dramatic Works of Giacomo Meyerbeers Operas, Ballets, Cantatas, Plays*, Aldershot 2008
Lieber, Natalie: *Die Stellung Casimir Delavignes in der Literatur seiner Zeit*, Diss. Wien 1923
Lietzmann, Berthold: *Clara Schumann. Ein Künstlerleben. Nach Tagebüchern und Briefen*, Leipzig 1910
Lindner, Ernst Otto: *Meyerbeers Prophet als Kunstwerk beurtheilt*, Berlin 1850
Lippmann, Friedrich: »Vincenzo Bellini und die italienische Opera seria seiner Zeit«, in: *Analecta musicologica*, VI, 1969
Liszt, Franz: »Scribe's und Meyerbeer's Robert der Teufel«, »Essays und Reisebriefe eines Baccalaureus der Tonkunst«, in: Ders.: *Gesammelte Schriften*, deutsch von Lina Ramann, 6 Bde., Leipzig 1881
Lobe, Johann Christian: *Musikalische Briefe. Wahrheit über Tonkunst und Tonkünstler, an einen Wohlbekannten*, Leipzig 1852
–: *Fliegende Blätter*, 2 Bde., Leipzig 1855/57
–: *Consonanzen und Dissonanzen. Gesammelte Schriften älterer und neuerer Zeit*, Leipzig 1869
Locatelli, T.: *L'Appendice della »Gazetta di Venezia«*, Venedig 1857
Loebell, J. S.: *Marie von Marra auf der Berliner Hofbühne*, Berlin 1846
Loewe, Carl: *Selbstbiographie*, Berlin 1870
Loewenberg, A.: *Annals of Opera*, Cambridge 1949, Genf ^{2}1955
Loppert, Max: »An Introduction to L'Étoile du nord«, in: *The Musical Quarterly*, 116, 1975
Love, Harold: »Lyster's 1862 ›Huguenots‹: a Milestone of Musical Theatre in Australia«, in: *Studies in Music*, 11, 1977
Ludin, Gabriele: *Meyerbeer und die Presse seiner Zeit*, Diss. Bochum 1979
Ludvova, Jitka: »Meyerbeer na prazském nemeckém jeviste 1815–1855 (Meyerbeer auf der Prager deutschen Bühne 1815–1855)«, in: *Hudební veda*, XXI, Prag 1984
Lumley, Benjamin: *Reminiscences of the Opera*, London 1864
Lyser, Johann Peter: »Giacomo Meyerbeer«, in: *Wiener Allgemeine Musikzeitung*, 154, 1842
–: *Portraits für Freunde der Tonkunst*, Hamburg 1842
–: »Die fünfte Mainacht 1845 – An Giacomo Meyerbeer«, in: *Wiener Zeitschrift für Kunst, Theater, Literatur und Mode*, 229, 1845, erschien ohne Angabe des Verfassers
–: *Giacomo Meyerbeer – Jenny Lind; Fragmente aus dem Tagebuch eines alten Musikus für Freunde der Tonkunst*, Wien 1847, erschien ohne Angabe des Verfassers
–: *Meyerbeer, Sein Streben, Wirken, seine Freunde und Gegner*, Dresden 1857
–: *Die Hugenotten von Meyerbeer*, Dresden 1856

Maehder, Jürgen: »Klangfarbendramaturgie und Orchestertechnik in Meyerbeers Grand Opéras – zur Rolle des Pariser Musiklebens als Drehscheibe europäischer Orchestermusik«, in: *Schriftenreihe der Hochschule für Musik Dresden*, 24
Mahler, Eduard: *Handbuch der jüdischen Chronologie*, Leipzig 1910
Manz, Gustav Friedrich: *Michael Beers Jugend und seine dichterische Entwicklung bis zum Paria*, Diss. Freiburg/Br. 1891
La Mara, *Musikerbriefe aus fünf Jahrhunderten*, 2 Bde., Leipzig 1886
Marx, Bernhard Adolf: *Die Lehre von der musikalischen Komposition*, Leipzig 1847

Massenet, Jules: *Mein Leben, Autobiographie*, hrsg. von Reiner Zimmermann, deutsch von Eva Zimmermann, Wilhelmshaven 1982 (= Taschenbücher der Musikwissenschaft, 78)

Mazzatini, G.: *Lettere inedite e rare di G. Rossini*, Imola 1892

–: *Lettere di G. Rossini*, Florenz 1902

Mendel, Hermann: *Giacomo Meyerbeer. Sein Leben und seine Werke*, Berlin 1869

–: »Die grosse Ouverture zur Feier der Eröffnung der Industrie-Ausstellung, componirt von G. Meyerbeer«, in: *Neue Berliner Musikzeitung*, 1862

Mendelssohn Bartholdy, Felix: *Briefe aus den Jahren 1850–1847*, Bd. 1, *Reisebriefe aus den Jahren 1850–1852*, hrsg. von Paul Mendelssohn Bartholdy, Leipzig 1865

Merbach, Paul Alfred: »Die Wandlungen des Hugenotten-Librettos«, in: *Blätter der Staatsoper* [Berlin], XII, 7, 1952

Meyerbeer, Giacomo: *Robert le Diable*, Paris 1985 (= L'Avant-Scène Opéra, 76)

–: *Les Huguenots*, Paris 1990 (= L'Avant-Scène Opéra, 154)

–: *Exposition organisé avec le concours de la Bibliothèque Nationale de Paris*, Jerusalem 1964

Meyerbeer Magazin, Mitteilungen des Meyerbeer-Instituts e.V. Schloss Thurnau, 1–16, 1993–2007

Meyeerbeer Studien 1, hrsg. vom Meyerbeer-Institut Schloß Thurnau, München 1997, mit Beiträgen von Wolfgang Kühnhold, Sieghart Döhring, Albert Gier, Udo Bermbach, Jean-Claude Yon, Gerd Rienäcker, Siegfried Irmer sowie Veröffentlichung der Editionsrichtlinien der Werkausgabe

Meyerbeer Studien 2: Meyerbeer und der Tanz, hrsg. vom Meyerbeer-Institut Schloß Thurnau und von Gunhild Oberzaucher-Schüller/Hans Moeller, München 1998, mit Beiträgen von Marian Smith, Sibylle Dahms, Sieghart Döhring, Manuela Jahrmärker, Thomas Betzwieser, Peter Kaiser, Thomas Steiert, Hans Moeller, Ivor Guest, Marion Lienhardt, Wolfgang Kühnhold, Gunhild Oberzaucher-Schüller, Marian Kant, Elisabeth Suritz, Frank-Rüdiger Berger, Marta Ottlová, Milan Pospíšil, Knud Arne Jürgensen, Mathias Spohr, Johann Hüttner

Meyerbeer Studien 3: Die Ballettpantomimen von Eugène Scribe, hrsg. vom Meyerbeer-Institut Schloß Thurnau und von Manuela Jahrmärker, München 1999

Meyerbeer Studien 4, hrsg. vom Meyerbeer-Institut Schloß Thurnau und von Sibylle Dahms, Manuela Jahrmärker, Gunhild Oberzaucher-Schüller, München 2002, mit Beträgen von Thomas Steiert, Mathais Spohr, Sibylle Dahms, Stephanie Schroedter, Manuela Jahrmärker, Maria Birbili, Naoka Iki, Marion Linhardt, Michael Heinemann, Christoph Blitt, Andreas Jacob, Daniel Brandenburg, Clemens Höslinger, Gunhild Oberzaucher-Schüller, Robert Didion, Knud Arne Jürgensen, Michael Zywietz, Milan Pospíšil, Marta Ottlová

Mielke, Brigitte: »Das Wirken Gasparo Spontinis an der Königlichen Oper zu Berlin im Spiegel der damaligen Presse«, in: *Studien zur Berliner Musikgeschichte*, Berlin 1989

Miller, Norbert, »Große Oper als Historiengemälde. Überlegungen zur Zusammenarbeit von Eugene Scribe und Giacomo Meyerbeer (am Beispiel des 1. Aktes von ›Les Huguenots‹)«, in: *Oper und Operntext*, hrsg. von Jens Malte Fischer, Heidelberg 1985

Mirecourt, Eugène de: *Meyerbeer*, Brüssel 1854

Moeller, Hans und Eberhard Berg, *Konzeptionelle Überlegungen zu »Robert-le-Diable«*, Detmold 1989, Ms.

–: »Denn die Kunst steht nicht still …« – Zu Franz Liszts Kunstbegriff in den Dramaturgischen Blättern und seine Beziehung zur theatralischen Praxis am Beispiel der Aufführung von Meyerbeers »Robert der Teufel« in Weimar, 1995

–: »Peuple à genoux« – Das Volk in Giacomo Meyerbeers »Le Prophète«

Montmorency, Duc de (Talleyrand-Perigord): *Lettres sur l'Opéra 1840–1842*, Paris 1921

Morel, Auguste: *Le Prophète, Analyse critique de la nouvelle partition*, Paris 1849

Moscheles, Ignaz: *Aus Moscheles Leben. Nach Briefen und Tagebüchern*, hrsg. von seiner Frau, 2 Bde., Leipzig 1875

Moser, Hans Joachim: *Goethe und die Musik*, Leipzig 1949

Müller, Gerhard: »Heines Polemik gegen die ›Poesiemusik‹. Neue Aspekte der Beziehung zwischen Heinrich Heine und Richard Wagner«, in: *Musik und Gesellschaft*, 6, 1985

–: *Heinrich Heine und die Musik*, Leipzig 1987

Die Musik in Geschichte und Gegenwart (MGG), hrsg. von Friedrich Blume, Kassel 1949– 1986,

Neppl, Carla: *Vasco de Gama*, Programmheft der Erstaufführung nach der Kritischen Ausgabe, Chemnitz 2013

Niggli, Arnold: *Giacomo Meyerbeer. Sein Leben und seine Werke*, Leipzig 1884 (= Sammlung musikalischer Vorträge, 57)

Nohl, Ludwig: *Musiker-Briefe*, Leipzig 1867
Noske, Fritz: *La mélodie française de Berlioz à Duparc*, Amsterdam, Paris 1954

Oberzaucher-Schüller, Gunhild unds Jarmila Weißenböck (Hrsg.): *Giacomo Meyerbeer Komponist – Jude – Europäer*, Wien u.a. (= Mimundus, 10), mit Beiträgen von Jürgen Schläder, Marion Linhardt, Matthias Brzoska, Clemens Höslinger, Gunhild Oberzaucher-Schüller, Mathias Spohr, Sibylle Dahms, Jarmila Weißenböck,
Oberzaucher-Schüller, Gunhild, Marion Linhardt und Thomas Steiert: *Meyerbeer – Wagner Eine Begegnung*, Wien u.a.1998
Oehlmann, Werner: »Plädoyer für Meyerbeer und die Große Oper«, in: *Opernwelt*, 7, 1964
Ottlová, Marta und Milan Pospisil: »Smetanuv Meyerbeerizeit (Smetanas Meyerbeer)«, in: *Hudební veda*, XXI, Prag 1984

Paderewski, Ignace Jan (Hrsg.): *The Century Library of Music*, darin: Meyerbeers Brandus Correspondence, Bd. 3, New York 1900
Parthey, Lili: *Tagebücher aus der Berliner Biedermeierzeit*, hrsg. von B. Lepsius, o.O., o.J.
Pascallet, M. E.: *Notice biographique sur M. G. Meyerbeer*, Paris 1845
Pasque, Ernst: *Abt Vogler als Tonkünstler, Lehrer und Priester*, Darmstadt 1884
Pawlowski: *Giacomo Meyerbeer. Notice biographique*. Extrait de la deuxième livraison de l'Europe Théâtrale, Paris 1849
Pearse, Godfrey und Frank Hird: *The Romance of a Great Singer, a Memoir of Mario*, London 1910,
Pendle, Karin: *Eugène Scribe and French Grand Opera of the 19th Century*, Ann Arbor, Michigan 1979
Pergament, Moses: *Jenny Lind*, Stockholm 1945
Pierre, Constant: *Le Conservatoire National de Musique et de Déclamation, Documents historiques et administratifs*, Paris 1900
Pietschmann, Kurt. »Was tun mit dieser Großen Oper«, in: *Opernwelt*, 7, 1964
Pillet, Léon: »Compte-rendu de la gestion de M. L. Pillet«, in: *France musicale*, 6–8, 1848
Pipers Enzyklopädie des Musiktheaters in 8 Bänden, hrsg. von Carl Dahlhaus/Sieghard Döhring, München, Zürich 1986–1997
Pospíšil, Milan: »Dramatická úloha Meyerbeerovy harmonie (Die dramatischen Aufgaben der Harmonie Meyerbeers)«, in: *Hudební věda*, XXI, Prag 1984
–: »›Il Crociato in Egitto‹ als Krönungsoper für den Böhmischen König Ferdinand V. in Prag 1856«, in: *Schriftenreihe der Hochschule für Musik Dresden*, 24
Pougin, Arthur: *Meyerbeer. Notes biographiques*, Paris 1864
Preiss, Cornelius: *Die Hugenotten*, Graz 1908
Prod'homme, Jacques-Gabriel: »Die Hugenotten-Premiere«, in: *Die Musik*, IX, 04, 1905
–: »La première de ›Robert le Diable‹ il y a cent ans«, in: *Le Ménestrel*, 93, 48, 27. November 1931
–: »Meyerbeer à Paris avant ›Robert le Diable‹ (1831)«, d'après son journal inédit, in: *Mercure de France*, 15. April 1936

Quicherat, Louis Marie: *Adolphe Nourrit, sa vie, son talent, son caractère, sa correspondance*, 3 Bde., Paris 1867

Racliciotti Giuseppe: *Gioacchino Rossini*, 3 Bde., Tivoli 1927/29
Remmer, Friedrich von: *Briefe aus Paris und Frankreich im Jahre 1850*, Leipzig 1851
–: *Der Fackeltanz bei Vermählungen im Königlichen preußischen kurbrandenburgischen Hause*, Berlin 1854
Regard, Maurice: »Balzac, est-il l'auteur de ›Gambara‹?«, in: *Revue d'histoire littéraire de la France*, 1951
Reicha, Anton, *Die Kunst der dramatischen Komposition*, hrsg. von Carl Czerny, Wien o.J.
Reininghaus, Frieder: »Tot oder wiedererweckt? Meyerbeers Opern auf den deutschen Bühnen nach 1945«, in: *Neue Zeitschrift für Musik*, 149, 1988
Reipschläger, Erich: *Schubaur, Danzi und Poissl als Opernkomponisten. Ein Beitrag zur Entwicklungsgeschichte der deutschen Oper auf Münchner Boden*, Diss. Rostock 1911
Rellstab, Ludwig: *Paris im Frühjahr 1843, Briefe, Berichte, Schilderungen*, 5 Bde., Leipzig 1844
La Revue Musicale, 40, 1904, Sonderheft zu Meyerbeers 50. Todestag mit Beiträgen von Jules Combrieu, Carl Ettler, L. A. Bourgault-Ducoudray, Fritz Brückner, E. de Solenière, Jan Sol
Richter, Karl: »Zur Operndramaturgie Meyerbeers«, in: *Blätter der Bayerischen Staatsoper*, 14, München 1961
Rienäcker, Gerd: »Gedanken zum Opernschaffen von Giacomo Meyerbeer«, in: *Material zum Theater, Beiträge zur Theorie und Praxis des sozialistischen Theaters, Sektion Musiktheater*, 6, 29 JAHR

–: *Finali in Opern von E. T. A. Hoffmann, Louis Spohr, Heinrich Marschner und Carl Maria von Weber – Gedanken zur Theorie und Geschichte des Opernfinales,* Diss. Berlin 1984

–: »Vier Anmerkungen zu Brechts Wagner-Polemik, in: *Studien zur Berliner Musikgeschichte,* Berlin 1989

–: »Wirkung ohne Ursache? Dramaturgie und Ästhetik Meyerbeers im Spiegel von Richard Wagners Kritik«, in: *Musik und Gesellschaft,* Berlin 1989

–: »Nachdenken über Wagners Meyerbeer-Verriß in ›Oper und Drama‹«, in: *Schriftenreihe der Hochschule für Musik Dresden,* 24

Robert le Diable, hrsg. von der Staatsoper Unter den Linden, Berlin 2000, mit Beiträgen von Sieghart Döhring, Heinrich Heine, Naoka Iki, Louis-Désiré Véron, Wolfgang Kühnhold, Christian Heinrich Spiess, Georg Quander, Knud Arne Jürgensen, Eduard Hanslick, Ilka Seifert, Christoph Blitt

Roberts, John Howell: *The Genesis of Meyerbeer's »L'Africaine«,* Diss. Berkeley 1977

Roch, Francis: »Notice biographique sur M. G. Meyerbeer, in: *Revue générale biographique, politique et littéraire,* Paris ²1845

Roger, Gustave: *Le carnet d'un Ténor,* o.O., o.J.

Rogers, Francis: »Adolphe Nourrit«, in: *The Musical Quarterly,* XXV, 1939

Rognoni, Luigi: *Rossini,* o.O. 1956

Rossi-Scotti, Giovanni Battista: *Della vita e delle opere del Cavaliere Francesco Morlacchi,* Perugia 1860

Rub, O.: *Das Burgtheater,* Wien 1913

Saint-Saëns, Camille: »Meyerbeer«, in: *Musikalische Reminiszenzen,* hrsg. von Reiner Zimmermann, deutsch von Eva Zimmermann, Leipzig 1977

Sand, George: *Lettres inédites de George Sand et de Pauline Viardot (1839–1849),* hrsg. von Th. Marix-Spire, Paris 1951

–: »Le Théâtre Italien de Paris et Mlle Pauline Garcia«, in: *Revue des deux mondes,* 15. Februar 1840

–: *Correspondance 1812–1876,* 6 Bde., Paris 1862–1864

–: *Lettre d'un Voyageur,* Genf 1856

–: *Impressions et Souvenirs,* Paris 1896

Schinkel, Karl Friedrich: Reisen nach Italien, hrsg. von Gottfried Riemann, Berlin 1979

Schladebach, Julius: *Meyerbeers »Prophet«,* Dresden 1850

Schläder, Jürgen: *Das Opernduett, ein Szenentypus des 19. Jahrhunderts und seine Vorgeschichte,* Habil.-Schrift Bochum 1986

Schneider, Herbert: »Die Bearbeitungen des ›Pardon de Ploërmel‹ von Giacomo Meyerbeer im Jahre der Uraufführung«, in: *Festschrift Heinz Becker,* Stuttgart 1982

Schucht, J.: *Meyerbeer's Leben und Bildungsgang, seine Stellung als Opernkomponist,* Leipzig 1869

Schulze-Reimpell, Werner: »Die königlichen Schauspiele« zu Berlin unter dem Generalintendanten Karl Theodor von Küstner (1842–1851), Diss. Berlin 1955

–: »Karl Theodor von Küstner in Berlin«, in: *Kleine Schriften der Gesellschaft für Theatergeschichte,* 17, Berlin 1960

Schuster, Armin: *Die italienischen Opern Giacomo Meyerbeers,* Bd. 1, »Il Crociato in Egitto«, Bd. 2 Von »Romilda e Costanza« bis »L'Esule di Granata«, Marburg 2003

Schwab, Christian Theodor: »Ein Bruder Meyerbeers«, in: *Sonntagsblätter,* 52, Wien, 27. Dezember 1846

Scribe, Eugène: *Œuvres complètes,* Paris 1875

Segalini, Sergio: *Diable ou Prophète? Meyerbeer,* Paris 1985

Servière, G.: »Le Prophète, jugé par la Presse en 1849«, in: *Revue internationale de Musique,* 1898

Simon, James: *Abt Voglers kompositorisches Wirken mit besonderer Berücksichtigung des romantischen Elements,* Diss. München, Berlin 1904

Sonneck, Oskar: »Heinrich Heine's Musical Feuilletons«, in: *The Musical Quartely,* 1922

Speyer, Edward: *Wilhelm Speyer der Liederkomponist (1790–1870),* München 1925

Spiess, Hermann, *Abt Vogler und die von ihm 1805 simplifizierte Orgel von St. Peter in Salzburg,* Mainz 1932 (= Orgelmonographien, V)

Spohr, Louis: *Selbstbiographie,* hrsg. von Arnold Schmitz, Kassel 1954

Sternfeld, Richard: »Wagners ›Hugenotten‹-Aufsatz«, in: *Allgemeine Musikzeitung,* 38, 1911

Strelitzer, Hugo: *Meyerbeers Deutsche Jugendopern,* Diss. Münster 1920

Tappert, Wilhelm: »Meyerbeers musikalischer Nachlaß«, in: *Der Klavierlehrer,* XXII, 1899

–: »Jakob Meyerbeer«, in: *Neue Berliner Musikzeitung,* 1891

Tardel, Hermann: *Die Sage von Robert dem Teufel in neueren deutschen Dichtungen und in Meyerbeers Oper,* Berlin 1900 (= Forschungen zur neueren Literaturgeschichte, XIV)

Tarenne, George: *Recherches sur le Ranz des*

vaches avec musique, Paris 1915
Thayer, Alexander Wheelock: *Ludwig van Beethovens Leben*, 5 Bde., hrsg. von Hugo Riemann, Leipzig 1911
Thomson, Joan Lewin: *Meyerbeer and his Contemporaries*, Diss. New York 1972
Tiersot, Julien: *Lettres de musiciens écrites en français du XVe au XXe siècle*, 2 Bde., Turin 1924
Torri, Luigi: »Meyerbeer a Padova«, in: *La cronaca musicale*, 12, XVI, Pesaro 1916
Tourguénev, Ivan: *Nouvelle Correspondance inédite*, Bd. 1, hrsg. Von Alexandre Zviguilsky, Paris 1971
Trilse, Christoph: *Heinrich Heine*, Leipzig 1984

Varnhagen von Ense, Karl August: *Tagebücher*, hrsg. von Ludmilla Assing, 14 Bde., 1861–1870, Leipzig 1877
Veit, Joachim: »Abu Hassan, Der Admiral und Alimelek - Opern aus der Voglerschen Schule«, in: *Schriftenreihe der Hochschule für Musik Dresden*, 24
Véron, Louis: *Mémoires d'un Bourgeois de Paris*, 3 Bde., Paris 1856
Vogler, Georg Joseph, *Tonwissenschaft und Tonsetzkunst*, Mannheim 1776, Nachdruck Hildesheim 1970
–: *System für den Fugenbau*, Offenbach (um 1814)
–: *Kuhrpfälzische Tonschule*, Mannheim 1778

Wagner, Richard: »Autobiografische Skizze«, in: *Zeitung für die elegante Welt*, Leipzig 1843
–: *Mein Leben*, 2 Bde., München 1911
–: *Mein Denken*, hrsg. von Martin Gregor-Dellin, München, Zürich 1982
–: *Oper und Drama* (1852), Stuttgart 1984
–: »Wie antisemitisch darf ein Künstler sein?«, in: *Musikkonzepte*, 5, München 1978
–: *Sämtliche Briefe*, hrsg. von Gertrud Strobel/ Werner Wolf, Bd. 3, Leipzig 1975
Walter, Friedrich: »Carl Maria von Weber in Mannheim und Heidelberg 1810 und sein Freundeskreis«, in: *Mannheimer Geschichtsblätter*, XXV
Walter, Michael: »'Man überlege sich nur Alles, sehe wo Alles hinausläuft'. Zu Robert Schumanns ›Hugenotten‹-Rezension«, in: *Die Musikforschung*, 3, 1983
–: *Les Huguenots*, Diss. Marburg 1985
–: »Zwei Hugenottenbearbeitungen des 19. Jahrhunderts«, in: *Jahrbuch für Opernforschung*, 1985
–: »Die ideelle Tatsächlichkeit der Oper (zur Meyerbeer-Rezeption)«, in: *Schriftenreihe der Hochschule für Musik Dresden*, 24

Walsh, T. J.: *Second Empire Opera, The Théâtre lyrique, Paris 1851–1870*, London, New York 1981
Weber, Carl Maria von: *Sämtliche Schriften*, hrsg. von Georg Kaiser, Bd. 5, Berlin, Leipzig 1908
Weber, Johannes: *Meyerbeer, Notes et souvenirs d'un ca de ses secrétaires*, Paris 1898,
Weber, Max Maria von: *Carl Maria von Weber. Ein Lebensbild*, 3 Bde., Leipzig 1864
Wedel, Gottschalk (Anton Wilhelm Florentin von Zuccalmaglio): »Vertraute Briefe. An den Dichter Heinrich Heine in Paris«, in: *Neue Zeitschrift für Musik*, 1838
Weiland, Helmuth: »Wagner und Meyerbeer«, in: *Musik-Konzepte* 59, München 1988
Weill, Alexander: *Briefe hervorragender Männer Deutschlands an Alexander Weill*, Zürich 1889
–: »Der Salon der Madame Beer«, in: *Signale*, 1844
–: *Philosophisches Glaubensbekenntnis Meyerbeers*, o.O., o.J.
Weissmann, Adolf: *Berlin als Musikstadt. Geschichte der Oper und des Konzerts von 1740 bis 1911*, Berlin, Leipzig 1911
Wenzel, Steffi: *Jüdische Bürger und Kommunale Selbstverwaltung in Preußischen Städten*, Berlin 1967
Wessling, Berndt W.: *Meyerbeer - Wagners Beute - Heines Geisel*, Düsseldorf 1984
Wessely, Othmar: Eintrag »F. S. Kandler«, in: *MGG*, Bd. 7
Whitehead, P. J. P.: »The Lost Berlin Manuscripts«, in: *Notes*, 55, 1976
Wlassak, E.: *Die Chronik des K. K. Hofburgtheaters in Wien*, Wien 1876
Wolff, Hellmuth Christian: »Die Regiebücher des Louis Palianti für die Pariser Oper 1850–1870«, in: *Maske und Kothurn*, 26., 1/2, 1980

Zelinsky, Hartmut: *Richard Wagner. Ein deutsches Thema*, Frankfurt/Main 1976
Zenger, Max: *Geschichte der Münchner Oper*, hrsg. von Theodor Kroyer, München 1923
Zimmermann, Reiner: *Giacomo Meyerbeer, der Beherrscher der Grand Opéra, als Ehrendoktor der Universität Jena*, Wissenschaftliche Arbeitstagung Jena 1983, Ms.
–: »Die Berufung Giacomo Meyerbeers zum preußischen Generalmusikdirektor«, in: *Studien zur Berliner Musikgeschichte*, Berlin 1989
–: »Die durch Geschichte bedrohte Idylle. Zur Konzeption der Großen Oper Giacomo Meyerbeers«, in: *Musik und Gesellschaft*, 5, 1989
–: »Die Opern Giacomo Meyerbeers auf den Dresdner Bühnen«, in: *Schriftenreihe der Hochschule für Musik Dresden*, 24

Personenverzeichnis

Adam, Adolphe Charles 143, 223, 261, 275, 288
Alboni, Marietta (Marzia, Maria Anna) 257, 272
Albrechtsberger, Johann Georg 22, 34
Alessandri, Felice 24
Alexander I., Zar von Russland 63
Altmann, Wilhelm 8
Andrian (zu Werburg), Leopold, (Freiherr Ferdinand) 289
Apel, Johann August 35
Appiani, Andrea 112
Apponyi, Antal Rudolf, Graf von 121
Arcadelt, Jacques/Jakob 146
Archenhold, Friedrich Simon 115
Arndt, Ernst Moritz 62
Arne, Michael 69
Arroyo, Martina 326
Auber, Daniel-François-Esprit 114, 117, 119, 121ff., 141, 145, 199, 202, 223, 225, 259, 275, 280, 300, 310, 311f., 325
Augusta (von Sachsen-Weimar-Eisenach), Königin von Preußen/Deutsche Kaiserin 221, 299

Bach, Johann Christian 30
- Bach, Johann Sebastian (Vater) 31, 44, 117, 146ff., 151, 184f., 327
Bacher, Joseph 272, 283
Baden, Carl Eugen, Herzog von 58
Bader, Karl Adam 142
Baermann, Heinrich Joseph 16, 48, 54f., 68, 74f., 121
Bagge, Selmar 315
Baker, Janet 326
Balzac, Honoré de 119f., 128, 134, 138, 164
Baranius, Henriette 25
Barbaja, Domenico 106
Barbier, Jules 284, 290f., 305
Bassi, Carolina 106
- Nicola (Bruder) 78, 91
Bataille, Charles-Amable 278
Battu, Marie 307, 318
Baudelaire, Charles 298
Beale, Frederick 268, 283
Beaumarchais, Pierre-Augustin Caron de 66
Beer/Baer, Jacob Liebmann Meyer (Meyerbeer, Giacomo)
- Amalia (Amalie) (geb. Meyer Wulff) (Mutter) 15f., 24, 51, 57, 75f., 79, 84, 86f., 103, 108, 142, 177, 179, 223, 239, 259, 268, 282
- Heinrich (Hans) (Bruder) 16, 19, 21, 30, 95, 142, 172
- Hirtz Aaron (Vorfahre) 14
- Juda Hertz Beer (Großvater) 14
- (Juda) Jacob Hertz (Vater) 14, 16f., 19, 21, 50, 65, 79, 94, 107
- Jules (Julius) (Bruder) 309f.
- Michael (Bruder) 16f., 19, 68, 75, 79f., 95, 107, 109, 128, 139, 141f., 148, 177f., 230, 238f., 276
- Wilhelm (Wolf) (Bruder) 16f., 59, 61, 68f., 71, 75, 96, 141f., 209, 215f., 221, 230, 250, 258, 270
Beethoven, Ludwig van 28, 33, 50, 60f., 63, 73, 79, 116, 127, 136, 164, 165, 172, 187, 202, 229, 239, 266, 312ff.
Bellini, Vincenzo 116, 119, 150, 156, 174, 284
Belval, Jules-Bernard 311
Benda, Georg Anton 250
Benincori, Angelo Maria 126
Bennett, Sir William Sterndale 300
Berchet, Giovanni 72
Berger, Ludwig 23
Berlioz, Hector 66, 93, 112, 119, 120, 127f., 165, 170, 202, 207, 223, 227, 258f., 260f., 265, 275, 281
Bertin, Armand 122, 150, 253
Berton, Henri-Montan 112, 117, 129, 161, 213
Bertuch, Friedrich Justin 115
Beulé, Charles Ernest 311
Beyme, Karl Friedrich, Graf von 37
Birch-Pfeiffer, Charlotte 234, 242, 276, 291, 306
Bishop, Sir Henry Rawley 69
Blanc, Adolphe-Edmond 122
Blanqui, Louis-Auguste 255
Blaze de Bury, Ange-Henri 296f.
Blume, Heinrich 142
Bockelson, Jan (Johann van Leyden) 212, 255, 271
Boieldieu, François-Adrien 25, 113, 117, 128, 141
Borchard, Ernestine 307
Bordogni, (Giulio) Marco 208, 214, 248
Borghi-Mamo, Adelaide 307
Börne, Ludwig 18, 177
Boyer-Collard, Hippolyte 122
Brahms, Johannes 175, 203
Brandt, Georg Friedrich 54
Brandus, Louis 207, 252, 268, 278, 282ff., 286ff., 295, 307, 309f.
- Gemmy (Sohn) 283, 307, 309
Brendel, Franz 175, 197
Brühl, Carl, Graf von 68, 79, 88f., 109f., 115, 238
Buchwieser, Catinka 63
Bülow, Hans Guido, Freiherr von 293
Byron, George Gordon Noel, Lord 72

Cabel, Marie-Josèphe 284, 287, 291f.
Cambon, Charles-Antoine 256
Camões, Luís Vaz de 302
Carafa, Michele 73, 76

346

Carré, Michel 203, 290, 305
Carvalho/Carvaille, Léon 278
- Marie-Caroline (Ehefrau) (geb. Miolan) 295
Castellan, Jeanne-Anaïs 256, 259
Castelli, Ignaz Franz 176, 209f., 243
Castil-Blaze/Blaze, François-Henri-Joseph 107, 125
Cavaignac, Jean-Baptiste 256
Cerfbeer de Medelsheim, Maximilian-Charles-Alphonse 311
Chénier, Marie-Joseph 113
Cherubini, Luigi 25, 33, 65, 72ff., 107, 112, 124, 128f., 177, 202, 219
Chodowiecki, Daniel Nikolaus 115
Chopin, Frédéric 143, 175, 259
Cicéri, Pierre-Luc-Charles 118, 127
Cimarosa, Domenico 72f.
Clementi, Muzio 16
Clerc, Albert 163
Coccia, Carlo 73
Coligny, Gaspard II., Graf von 146, 159
Corneille, Pierre 299
Costa, Sir Michael 268, 283, 295
Costeley, Guillaume 146
Cramer, Johann Baptist 69
Crémieux, Adolphe 156f., 214
Crivelli, Gaetano 99, 103
Crosnier, François-Louis 283, 289
Czerny, Carl 143

Dabadie, Henri-Bernard 125
Dalayrac, Nicolas-Marie 77, 112
Damoreau-Cinti, Laure 131
Dantan, Jean-Pierre 317
Danzi, Franz 31, 58
Da Ponte, Lorenzo 30
Daumont, Herzog von 65f.
David d'Angers, Pierre-Jean 119
David, Félicien-César 294
David, Jacques-Louis 112
Degas, Edgar 138
Delacroix, Eugène 119, 259, 260
De la Motte 55
Delavigne, Germain 114ff., 119, 122, 126, 161, 213, 301f.
Deschamps, Antony 122, 126, 213
- Émile (Bruder) 151, 155, 158, 203
Detmold, Johann Hermann 182
Diderot, Denis 73
Dietsch, Pierre-Louis 194, 316
Dittersdorf, Carl Ditters von 25
Doebbelin, Carl Theophil 25
Domingo, Plácido 326
Donizetti, Gaetano 117, 119, 225, 246, 251f., 287, 292, 325

Donzelli, Domenico 107, 139
Dorn, Heinrich 273
Dorus-Gras, Julie 126, 131, 192, 214
Doucet, Camille 310f.
Duboscq, Jules 257
Du Courroy, Eustache 146
Duesberg, Joseph 291, 306
Dumas, Alexandre 119f., 128, 138, 213
Duni, Egidio Romualdo 117
Duponchel, Charles 118, 122, 126, 144, 147, 155ff., 161, 163, 214f., 246, 252, 256
Duport, Jean-Pierre 24
Duprez, Gilbert 150, 162, 208f., 213, 244, 248, 251f.
- Caroline (Tochter) 278f., 284
Durand, Pierre 203
Dürrenmatt, Friedrich 255
Dusch, Alexander, Freiherr von 35, 40f.
Duveyrier, Anne-Honoré-Joseph 114

Eberl, Anton 48
Eckermann, Johann Peter 109
Eckert, Karl Anton 313
Elßler, Fanny 142
Engel, Johann Jakob 66
Épagny, Jean-Baptiste d' 114
Escudier, Léon & Marie 213, 265, 280, 294, 317f.
Eskeles, Bernhard, Freiherr von 108
Esménard, Joseph-Alphonse 112
Eunicke, Friedrich 25, 49
- Therese (Ehefrau) (geb. Schwachhofer) 25

Falcon, Marie-Cornélie 144, 145, 147, 158, 161, 179, 188, 208, 211, 244, 247f., 301, 306f.
Faure, Jean-Baptiste 291, 307, 311, 318
Favart, Charles-Simon 95
Ferretti, Don Paolo 251
Fétis, François-Joseph 23, 129, 145, 176, 178, 182, 261, 279, 286, 315f., 318, 320, 323f.
Fichte, Johann Gottlieb 19
Fiorentino, Pier Angelo 310
Fischer-Dieskau, Dietrich 203
Fladt, Anton 54
Flotow, Friedrich, Freiherr von 225
Forkel, Johann Nikolaus 31
Förster, Georg 115
Foucault, Jean Bernard Léon 257
Franconi, Antonio 172
Fraschini, Gaetano 251f.
Freigedank, K. (Pseudonym) = Wagner, Richard 197
Friedländer, David 18f.
Friedrich II., König von Preußen 18, 24, 235, 237
Friedrich Wilhelm II., König von Preußen 14, 25

347

Friedrich Wilhelm III., König von Preußen 19, 63, 89, 108, 219ff.
Friedrich Wilhelm IV., König von Preußen 221, 233, 288, 293, 299

Gallet, Louis 213
Gänsbacher, Johann Baptist 31, 34, 37, 40f., 44, 48, 49, 55
Ganz, Leopold Alexander 272
Gardoni, Italo 295
Gautier, Théophile 119, 260, 261, 280, 281, 290
Gaveaux, Pierre 117
Gedda, Nicolai 326
Generali, Pietro 73, 76
Georg, Prinz von Preußen 312
Gern, Johann Georg 49
Ghiaurov, Nicolai 326
Girard, Narcisse 259
Gluck, Christoph Willibald 24ff., 73f., 82, 89, 112, 121, 187, 194, 219, 225, 234, 250, 266, 281, 299
Goethe, Johann Wolfgang von 24, 61, 109, 121, 180, 203, 292, 296f., 305, 308
Goltz, Robert, Graf von der 311
Gomiz, José Melchior 123
Gossec, François-Joseph 112
Gouin, Louis 154, 156, 178, 193, 201, 209, 239, 247ff., 251f., 269, 278, 283f., 286, 288, 301 ff.
Gounod, Charles-François 213, 260, 290, 294, 297, 317, 325
Granville, George, Lord 300
Grattenauer, Carl Wilhelm Friedrich 18
Graun, Carl Heinrich 24, 117, 219, 235, 250
Grétry, André-Ernest-Modeste 14, 30, 70, 73, 112, 116, 121, 223, 266, 280
Griepenkerl, Wolfgang Robert 178
Grillparzer, Franz 243
Grisi, Giulia 283
Gropius, Karl Wilhelm 271
Gros, Antoine-Jean 112
Grünbaum, Therese 76
Gruneisen, Charles Lewis 283, 286
Gubitz, Friedrich Wilhelm 16, 62, 68
Gueymard, Louis 307, 311
Guhr, Karl Wilhelm Ferdinand 53
Guise, François de Lorraine, Herzog von 146
Guizot, François 121, 254
Gürrlich, August 62
Gutzkow, Karl 229s
Gye, Frederick 283, 285f.
Gyrowetz, Adalbert 178

Habeneck, François-Antoine 127f., 157, 161, 192, 213, 259
Hainl, Georges-François 316

Halévy, Ludovic 149, 155ff., 159, 161, 195, 208f., 215f., 223, 244, 247, 312, 325f.
Händel, Georg Friedrich 25, 49, 81, 194, 219, 250, 299
Hanslick, Eduard 175, 317
Hardenberg, Karl August, Freiherr von 18f., 21
Harlas, Helene 48, 54, 57, 63, 74f.
Harnack, Adolf von 8
Hasse, Johann Adolf 24, 49, 86
Haussmann, Georges-Eugène 316
Haydn, Franz Joseph 32, 49, 81, 219, 229
Hegel, Georg Wilhelm Friedrich 16
Heine, Heinrich 14f., 16, 18, 101, 133f., 161, 177ff., 190, 200f., 203ff., 213, 216, 230, 239, 287f.
- Augustine Crescence („Mathilde") (Ehefrau) (geb. Mirat) 287
- Salomon (Onkel) 14, 199, 200
Heinefetter, Clara 248f.
Heinrich VI., König von England 82
Heinrich VI., König von Frankreich/Navarra 146
Hell, Theodor (Pseudonym) = Winkler, Karl Gottfried Theodor 210
Henneville, Hermann-Léon d' 122, 278
Hennigs, Theodor 151
Hensler, Karl Friedrich 113
Herder, Johann Gottfried 33
Hérold, Louis-Joseph-Ferdinand 122, 174, 280, 312
Herz, Henri 143
Herz, Joachim 10
Hiemer, Franz Carl 39
Hiller, Ferdinand 225, 317
Himmel, Friedrich Heinrich 23f., 62
Hirth, Friedrich 178
Hitler, Adolf 200
Hoffmann, E.T.A. 53, 292
Holbein, Franz Ignaz von 53, 270
Horne, Marilyn 326
Hoven, Johann (Pseudonym) = Vesque von Püttlingen, Johann 225
Howard, Blanche Willis 286
Hugo, Victor 113, 119, 122, 126, 146, 259, 292, 314
Hülsen, Botho von 312
Humboldt, Alexander, Freiherr von 14, 21, 221, 232f., 234f., 238, 242, 250, 288
- Wilhelm (Bruder) 18
Hummel, Johann Nepomuk 60
Humphrey, Duke of Gloucester 82

Iffland, August Wilhelm 25, 52, 61
Immermann, Carl 135
Isouard, Niccolò 65, 117, 126

Jähns, Friedrich Wilhelm 276
Janin, Jules 259, 261, 299

Johann, König von Sachsen 285
Joly, Anténor 192
Jommelli, Niccolò 30
Jones, Gwyneth 326
Joséphine, Kaiserin von Frankreich 87

Kalkbrenner, Friedrich Wilhelm Michael 16, 69
Kandler, Franz Sales 84, 86, 90f.
Kapp, Julius 77, 91, 109, 135, 167
Karl X., König von Frankreich 105, 120, 134
Karl Theodor, Kurfürst von der Pfalz und Bayern 30
Kaskel, Karl, Freiherr von 195, 211, 269, 295
- Felix (Sohn) 285
Kastner, Johann Georg/Jean-Georges 47, 310
Katharina I., Zarin von Russland 274, 277
Kauer, Ferdinand 113
Kirnberger, Johann Philipp 31
Kittl, Johann Friedrich 271
Klengel, August Alexander 69
Kletke, Hermann 203
Kley, Eduard 19
Klopstock, Friedrich Gottlieb 44f., 49
Knecht, Justin Heinrich 31
Knobelsdorff, Georg Wenzeslaus, Freiherr von 24, 94, 231
Kopisch, August 273
Korff, Emanuel, Baron von 288
Körner, Theodor 61
Kotzebue, August Friedrich Ferdinand von 28
Kracauer, Siegfried 124
Kranz, Johann Friedrich 58
Kraus, Joseph Martin 31
Krause, Christian Gottlieb 23
Kreutzer, Conradin 54, 58, 117, 210, 220
Kreutzer, Rodolphe 70, 112, 119, 202
Küstner, Karl Theodor von 194, 223ff., 233f., 239, 241, 266, 271

Lablache, Luigi 139
Lachner, Franz 225
Lalande, Henriette Clémentine 103
Laube, Heinrich 26, 177, 239
Lauchery, Étienne 26
Laun, Friedrich (Pseudonym) = (Apel, August; Schulze, Friedrich August) 35
Laurent, M. E. 116
Lauska, Franz 22f., 41
(Vigée-)Lebrun, Marie Elisabeth-Louise 214
Ledru-Rollin, Alexandre-Auguste 254
Lefèvre, Caroline 278f.
Legouvé, Ernest 44
Legrand, Peter 54
Le Jeune, Claude 146
Leopold II., Kaiser von Habsburg 14

Lesueur, Jean-François 112f., 128f., 131
Levasseur, Nicolas-Prosper 91, 97, 105, 107, 125, 128f., 131, 139, 154, 161f., 206, 244, 256
Lewald, August 15, 134, 181
Lewis, Matthew Gregory 119
Lichtenstein, Martin Hinrich 86
Lichtenthal, Peter (Pietro) 78
Lind, Jenny 227, 232ff., 237, 242f., 252
Lindpaintner, Peter Joseph von 220
Lipinski, Karol Józef 285
Lipparini, Mathilde 78
List, Friedrich 250
Liszt, Franz 131, 143, 197, 221, 227, 237, 248, 317
Loewe, Carl 156, 220
Lorenzani, Brigida 99, 103
Lormier, Paul 256
Lortzing, Albert 220, 231, 272
Louis Ferdinand, Prinz von Preußen 16
Louis-Philippe, Herzog von Orléans 120, 122
Lubbert, Émile-Timothé 116, 121
Lucca, Pauline 307, 327
Luce de Lancival, Jean-Charles-Julien 113
Ludwig II., König von Bayern 313
Ludwig XVIII., König von Frankreich 105
Lueger, Karl 200
Luise, Königin von Preußen 48
Lumley, Benjamin 283, 285
Luther, Martin 25, 29, 151, 153, 210
Lüttichau, Wolf Adolf August, Freiherr von 193f.
Lyser, Johann Peter 178f.

Magnan, Bernard-Pierre 311
Mahler, Gustav 110
Mainzer, Joseph 175
Malibran, Maria Felicitá 248
Mälzel, Johann Nepomuk 46
Manzoni, Alessandro 72
Marie, Prinzessin von Preußen 228
Marmont, August-Fréderic-Louis Viesse de 120
Mario di Candia, Giuseppe Marchese 208 213, 252, 283
Marot, Clément 145
Marschner, Heinrich 220, 225, 250
Martini, Giovanni Battista, Padre 25, 30
Marx, Adolf Bernhard 184f.
Marx, Pauline 233
Massenet, Jules 170, 282
Massol, Jean-Étienne-Auguste 245, 268
Matthys, Johann 255
Mauduit, Jacques 146
Mayr, Johann Simon 70, 73, 76f.
Mayseder, Joseph 60
Mazzini, Giuseppe 72
Médici, Catherine de 146, 160

Medori, Giuseppina 307
Méhul, Étienne-Nicolas 25, 53, 55, 112, 117, 266
Meinhold, Willhelm 274
Mélesville (Duveyrier, Anne-Honoré-Joseph) 114, 156
Mellinet, Émile 311
Mendelssohn, Moses 18f., 44
Mendelssohn Bartholdy, Felix 26, 135, 139, 147f., 172, 220f., 240f., 295
Mercadante, Saverio 72, 76
Mérimée, Prosper 120, 126, 147
Méry, Joseph 203, 275
Metastasio, Pietro 37f., 71f., 76, 82, 84
Metternich, Pauline Fürstin von 298, 316
Meyer, Albertine 307
Meyer, Betty 16
Meyer (Mayer), Wilhelmine 58
Meyerbeer, Giacomo
- Alfred (Sohn) 110, 116
- Blanca (Tochter) 110, 122, 217, 288, 312
- Cäcilie (Tochter) 110, 289, 305, 308
- Cornelie (Tochter) 110, 250, 289
- Éugenie (Tochter) 110, 115
- Minna (Ehefrau) (geb. Mosson) 110, 115, 139f., 142f., 145, 148f., 156ff., 162, 205, 209, 211, 216ff., 230, 250, 270, 282, 289, 299, 302, 312, 315
Meyer Wulff, Liebmann 15, 55, 108
- Amalia (Tochter) 108
- Johanna (Tochter) 108
Mitterwurzer, Anton 285, 295
Mombelli, Maria Esther 107
Monglave, Eugène de 114
Monnais, Édouard 246, 291, 310
Monsigny, Pierre-Alexandre 121
Moralt, Joseph 54
Morandi, Rosa 80f.
Morlacchi, Francesco 73, 76, 99, 110f.
Mosca, Giuseppe 70, 73
Moscheles, Ignaz 16, 59f.,
Mosel, Ignaz Franz von 87
Mosson, Joseph Moses 108
- Minna (Tochter) 108
Mozart, Wolfgang Amadeus 11, 14, 23, 25f., 28, 30ff., 44, 52, 74f., 86, 109, 128, 174, 177, 184, 187, 194, 219, 229, 266, 299, 312, 314, 318, 327
Müller, Arnold 231
Müller, Wenzel 48
Müller, Wilhelm 203, 230
Musset, Alfred de 119

Napoleon I. (Bonaparte, Napoleon), Französischer Kaiser 18f., 25, 59, 66f., 71, 89, 105, 112f., 117, 119f., 122, 152, 176, 183, 229
Napoleon III. (Bonaparte, Louis), Französischer Kaiser 259f., 274

Nasolini, Sebastiano 54
Naudet, Joseph 203
Naudin, Emilio 307, 318
Naumann, Johann Gottlieb 24, 250
Nerval, Gérard de (Pseudonym) = Labrunie, Gérard 119
(Bürde-)Ney, Jenny 289, 295
Nicolai, Gustav 178
Nodier, Charles 113
Norman, Jessye 326
Nourrit, Adolphe 126, 128f., 131, 139, 158f., 162, 208
Noverre, Jean-Georges 73

Offenbach, Jacques 144, 277, 289
Ollivier, Émile 312, 325
Onslow, Georges 117
Ortigue, Joseph d' 293f., 309f., 318
Othway, Thomas 68
Owenson, Sydney (Lady Morgan) 302

Pacini, Émilien 205f.
Pacini, Giovanni 72, 80, 116
Paër, Ferdinando 73, 77, 105, 161, 215
Paganini, Nicolò 116
Paisiello, Giovanni 72f., 81
Pálffy von Erdöd, Ferdinand Graf 62 Palianti, Louis 257, 269
Pasta, Giuditta 106f., 220
Pavesi, Stefano 73
Pellico, Silvio 72
Penco, Rosina 307
Perrin, Emile 273, 278, 284, 289, 310f., 315f.
Pestalozzi, Johann Heinrich 21
Peter I., Zar von Russland 274, 277f., 280ff.
Pezzi, Francesco 106
Pfau, Ludwig 295
Philidor, François-André Danican 121
Piccinni, Niccolò 25, 70, 72f.
Pillet, Léon 193, 232, 239, 243, 246ff., 251f., 302
Pisaroni, Rosamunda 78
Pixérécourt, René-Charles Guilbert de 66, 91, 115f.
Pixis, Johann Peter 60
Pleyel, Camille 213
Poirson, Paul 213
Poissl, Johann Nepomuk, Freiherr von 54, 68
Pokorny, Franz 242f.
Polignac, Jules d' 120
Polledro, Giovanni Battista 54
Poniatowski, Fürst Joseph Antonius 316
Pontmartin, Armand, Herzog von 129
Price, Margaret 326
Probst, Heinrich 216
Puccini, Giacomo 72
Puschkin, Alexander 72

Racine, Jean 103, 299
Rameau, Jean-Philippe 299
Rauch, Christian Daniel 273
Raupach, Ernst 219, 229
Redern, Friedrich Wilhelm, Graf von 140, 142, 194, 220, 222, 228, 230, 232, 250
Reicha, Anton 66, 248
Reichardt, Johann Friedrich 23f., 62, 250
Reißiger, Carl Gottlieb 194, 211, 220, 270, 285
Rellstab, Johann Karl Friedrich 49
Rellstab, Ludwig 7, 139ff., 219, 229ff., 236f., 242, 288
Reynolds, Sir Joshua 69
Rhode, Pierre 202
Richelieu, Armand-Jean du Plessis, Kardinal 156, 212
Richter, Cornelie (geb. Meyerbeer) 7f.
- Hans (Sohn) 8
- Raoul (Sohn) 7
Ries, Ferdinand 69, 172
Righini, Vincenzo 15, 24
Robespierre, Augustin 14, 122, 133, 183
Rochefoucauld, Sosthène de la 105
Röckel, August 225
Roger, Gustave 252f., 256, 259, 268
Rohleder, Friedrich Traugott 151
Romani, Felice 76, 90f., 95
Romani, Pietro 278, 307
Romberg, Bernhard 60, 62
Roqueplan, Nestor 252, 272, 275, 283, 291, 294, 305
Rossi, Gaetano 75ff., 84, 92, 94, 96, 98f., 103, 106, 108, 151, 178, 203
Rossini, Gioacchino 73f., 77, 80, 82, 85, 87f., 91, 94f., 97, 103, 105ff., 116f., 119ff., 123, 130, 141, 150, 174, 182ff., 189, 199, 214, 221, 225, 242, 247f., 266, 285, 309, 325
Rothschild, Jakob (Janus) 180f., 311, 316
Rousseau, Jean-Jacques 70
Royer, Alphonse 289
Rubinstein, Anton 317
Rückert, Friedrich 203
Rungenhagen, Carl Friedrich 148
Ruzé, Henri Coiffier de (Marquis de Cinq-Mars) 212

Sacchini, Antonio 72
Sainte-Beuve, Charles-Augustin 119
Saint-Georges, Jules-Henri Vernoy de 114, 212, 310f.
Saint-Léon, Charles 316
Salieri, Antonio 60, 69, 72
Sand, George 148, 260
Sauvage, Thomas 108, 113ff.
Sax, Adolphe 279, 316
Sax/Sasse, Marie 307, 311, 317f.
Sayn-Wittgenstein-Hohenstein, Wilhelm Fürst zu 223, 234, 241
Schelble, Johann Nepomuk 148
Schenck, Eduard von 177
Schiasetti, Adelaide 107, 110f.
Schick, Margarete Luise 25
Schiller, Friedrich 72, 272, 295
Schinkel, Karl Friedrich 103
Schleiermacher, Friedrich 19, 115
Schlesinger, Maurice 17, 144, 149, 207, 240, 250, 282
Schmalz, Amalie Auguste 25, 49
Schmitt, Alois 293
Schneider, Maschinka 142
Schneider, Wilhelm 151
Schönberger, Marianne 41
Schreiber, Aloys Wilhelm 48, 50
Schröder-Devrient, Wilhelmine 121, 124, 126, 172, 209
Schubart, Christian Friedrich Daniel 58
Schubert, Franz 203, 296
Schucht, J. 77 (?)
Schulz, Johann Abraham Peter 23
Schumann, Robert 7, 153, 169f., 172f., 175ff., 193ff., 203, 270
Schwarz, Carl 68
Scott, Walter 119, 245
Scotto, Renata 326
Scribe, Augustin-Eugène 114ff., 121ff., 125f., 131, 134, 136, 141, 144ff., 155, 158, 160ff., 169, 191, 193, 199f., 210, 212ff., 231f., 237, 241, 244ff., 248f., 251, 253ff., 258, 273f., 276f., 282ff., 301ff., 317f., 320, 324
Scudo, Paul 261, 279
Seldnitzky, Josef, Graf von 243
Seebach, Maria, Gräfin von 298
Seidler, Caroline 142
Seyfried, Ignaz, Ritter von 64, 86
Shakespeare, William 69, 113, 119, 189, 241, 292, 314
Snell, Karl 272
Sontag, Henriette 229, 237
Soumet, Alexandre 114, 119
Souvestre, Émile 290
Spazier, Richard Otto 179
Speyer, Wilhelm 148, 202
Spohr, Louis 16, 60, 76, 174, 219, 225f., 284, 288, 297
Spontini, Gaspare Luigi Pacifico 25, 53, 62, 65, 72, 89, 94f., 112f., 117, 141, 164f., 215, 219f., 225, 227ff., 247, 250, 259, 266, 273, 288
Staudigl, Joseph 206, 248
Stegmayer, Ferdinand 172
Stendhal (Beyle, Marie-Henri) 120

Stoltz, Rosine (Noël, Victorine) 208, 248, 251
Strauss, Johann Vater 143
Strauss, Richard 170
Strepponi, Felice 90
Sue, Eugène (Sue, Joseph-Marie) 120, 314
Sutherland, Joan 326

Tacchinardi(-Persiani), Fanny 283
Taglioni, Filippo 131, 139
- Marie (Tochter) 129, 131, 133, 139f., 290
Tamburini, Antonio 283
Tasso, Torquato 189, 229
Taubert, Karl Gottfried Wilhelm 225, 299
Taylor, Isodore Justin Séverin, Baron von 259, 310f.
Thalberg, Sigismund 143
Thiers, Adolphe 252
Tichatschek, Joseph 211, 270f., 285, 295
Tieck, Ludwig 229, 232
Tietjens, Therese 307
Tilmant, Théophile 279
Tomášek, Jan Václav 60
Tosi, Giuseppe Felice 139
Tottola, Andrea Leone 72
Treitschke, Georg Friedrich 63
- Magdalena (Ehefrau) (geb. de Caro) 64
Troupenas, Eugène 216
Tuczek, Leopoldine 233ff.

Ugalde, Delphine 284
Uhlig, Theodor 196, 198
Ungher(-Sabatier), Karoline 150, 249, 307
Unzelmann, Friedrich 25
Urhan, Chrétien 161

Vaccai, Nicola 73, 82
Vaillant, Jean-Baptiste 311
Vallotti, Francesco Antonio 30
Valois, Marguerite de 146, 160, 168
Varnhagen, Rahel 177
Vasco da Gama 301f., 304, 306
Vatel, M. 254
Veit, Salomon 18
Veith, Emanuel 61
Velutti, Giovanni Battista 79, 81, 98f., 103, 106
Verdi, Giuseppe 170, 252, 275f., 280, 285, 287, 290, 300, 316f.
Vernet, Horace 112
Véron, Louis-Désiré 121, 123ff., 129, 131, 135f., 144f., 149f., 154ff., 214f. 215, 247f., 291
Viardot(-Garcia), Pauline 248f.
Victoria, Königin von England 227, 295
Vigny, Alfred de 119, 212
Vinci, Leonardo 82
Vogel, Emil 8

Vogler, Georg Joseph, Abbé 16, 21, 30ff., 41, 44, 48, 50ff., 57ff., 66, 75, 89, 101, 116, 128, 176, 237

Wagner, Richard 7f., 10, 170, 176, 178, 190ff., 211, 225f., 231, 271f., 286, 290, 293, 297f., 313, 323
- Cosima (Ehefrau) (geb. Liszt) 8
- Johanna (Nichte) 271f.
Waleska, Gräfin von 316
Wallner, Franz 181
Wally, Léon de 208, 302
Weber, Auguste 46f.
Weber, Bernhard Anselm 16, 19, 24ff., 28f., 62, 313
Weber, Carl Maria von 16, 31f., 34f., 39ff., 47ff., 59, 61, 64f., 68, 73, 85f., 89, 92f., 107, 125, 137, 151, 174, 198, 216, 219, 225, 266, 276
- Caroline (Ehefrau) (geb. Brandt) 110, 276
Weber, Gottfried 35, 40ff., 66, 153
Weigl, Joseph Anton 54, 63, 91, 250
Weisheimer, Wendelin 313
Werner, Zacharias 25, 29
Westmoreland, Priscilla Anne Fane, Countess of 277
Wieland, Christoph Martin 26
Wieprecht, Wilhelm Friedrich 196, 227f., 313
Wilhelm I., König von Preußen/Deutscher Kaiser 221, 299
Winkler, Karl Gottfried Theodor 111, 210, 276, 285, 288
Winter, Peter von 31, 41, 54, 73, 80, 95
Wohlbrück, Johann Gottfried 54, 58
Wolff, Louise Catherina 307
(Halle-)Wolfssohn, Aaron 19, 21, 30, 50ff., 61f.
Wrangel, Friedrich von 237
Wurm, Aloys 67f.

Zelter, Carl Friedrich 19, 22ff., 38, 48, 61, 109, 116
Zingarelli, Niccolò Antonio 73, 76
Zschokke, Johann Heinrich Daniel 53, 276
Zumsteeg, Johann Rudolf 58